José Paulo Paes

Crítica Reunida sobre Literatura Brasileira & Inéditos em Livros
VOLUME II

Ateliê Editorial

Conselho Editorial

Aurora Fornoni Bernardini
Beatriz Muyagar Kühl
Gustavo Piqueira
João Angelo Oliva Neto
José de Paula Ramos Jr.
Leopoldo Bernucci
Lincoln Secco
Luís Bueno
Luiz Tatit
Marcelino Freire
Marco Lucchesi
Marcus Vinicius Mazzari
Marisa Midori Deaecto
Paulo Franchetti
Solange Fiúza
Vagner Camilo
Walnice Nogueira Galvão
Wander Melo Miranda

Governo do Estado de Pernambuco

Governadora do Estado
Raquel Teixeira Lyra Lucena

Vice-Governadora
Priscila Krause Branco

Secretário de Comunicação
Rodolfo Costa Pinto

Companhia Editora de Pernambuco

Presidente
João Baltar Freire

Diretor de Produção e Edição
Ricardo Melo

Diretor Administrativo e Financeiro
Igor Burgos

Superintendência de Produção Editorial
Luiz Arrais

Superintendência de Produção Gráfica
Júlio Gonçalves

Editor
Diogo Guedes

Editoras assistentes
Gianni Gianni
Mariza Pontes

Produção gráfica
Joselma Firmino

José Paulo Paes

Crítica Reunida sobre Literatura Brasileira & Inéditos em Livros

VOLUME II

Fernando Paixão
Ieda Lebensztayn

(organizadores)

Copyright © 2023 by Organizadores

Direitos reservados e protegidos pela Lei 9.610 de 19.2.1998.
É proibida a reprodução total ou parcial sem autorização, por escrito, da editora.

Dados Internacionais de Catalogação na Publicação (CIP)
(Câmara Brasileira do Livro, SP, Brasil)

José Paulo Paes: Crítica Reunida sobre Literatura Brasileira & Inéditos em
  Livros: volume II / organização Fernando Paixão, Ieda Lebensztayn. –
  1. ed. – Cotia, SP: Ateliê Editorial; Recife: Cepe Editora, 2023.

  Vários autores.
  Bibliografia.
  ISBN 978-65-5580-102-6 (Ateliê Editorial)
  ISBN 978-65-5439-143-6 (Cepe Editora)

  1. Análise literária. 2. Crítica literária. 3. Literatura brasileira – Crítica
e interpretação. 4. Paes, José Paulo, 1926-1998. I. Paixão, Fernando. II.
Lebensztayn, Ieda.

23-150702   CDD-869.909

Índices para catálogo sistemático:
1. Crítica literária : Literatura brasileira   869.909
Aline Graziele Benitez – Bibliotecária – CRB-1/3129

Direitos reservados à

ATELIÊ EDITORIAL
Estrada da Aldeia de Carapicuíba, 897
06709-300 – Cotia – SP
Tel.: (11) 4702-5915
www.atelie.com.br | contato@atelie.com.br
facebook.com/atelieeditorial
blog.atelie.com.br
instagram.com/atelie_editorial

CEPE EDITORA
Rua Coelho Leite, 530
50100-140 – Santo Amaro
Recife – PE
Tel.: (81) 3183-2700

Printed in Brazil 2023
Foi feito o depósito legal

Sumário VOLUME II

PARTE VIII. Canaã e o Ideário Modernista........................... 9
Prefácio.. 11
1. A Circunstância Pré-Modernista 14
2. Registros de Estilo 24
3. Uma Semântica da Paisagem 34
4. Ideia contra Ideia 46
5. Três Mundos... 64
6. O Horizonte Racial 79
Bibliografia.. 97

PARTE IX. Transleituras: Ensaios de Interpretação Literária 101
Utopia e Distopia nas Selvas Amazônicas (Sobre o Romance Frei Apolônio
de Von Martius)... 103
Do Fidalgo ao Guarda-Livros (Um Paralelo entre Caetés e A Ilustre Casa
de Ramires) 112
A Morte Carnavalizada (Sobre A Morte e a Morte de Quincas Berro d'Água) ..119
O Mundo sem Aspas (Sobre A Rainha dos Cárceres da Grécia de Osman
Lins)... 126
Entre a Nudez e o Mito (Sobre As Horas Nuas de Lygia Fagundes Telles) ...133
No Rescaldo do Fogo Morto (Sobre Coivara da Memória de Francisco
José da Costa Dantas)....................................... 137
Para uma Arqueologia da Ficção Científica (Sobre A Espinha Dorsal da
Memória de Bráulio Tavares) 142
O Condor Pragmático (Sobre a Poesia Abolicionista de Castro Alves).... 149
Uma Microscopia do Monstruoso (A Estética do Horror na Poesia de
Augusto dos Anjos) 156
A Rosa Mais que Rosa (Religiosidade e Erotismo numa Valsa de
Pixinguinha) 163
A Trova como Embuste (Sobre a Poesia de Jorge Cooper)............. 169
A Semana e o Mito (22 como a Última Fronteira da Modernidade) 175

A Hora e a Vez do Leitor (Um Precursor da Estética da Recepção). 179

Violência e Literatura (De Rambo a Homero e Kafka) 184

PARTE X. *Os Perigos da Poesia e Outros Ensaios* 189

Poesia nas Alturas/Sonetos Florbelos (Sobre a Poesia de Cecília Meireles
e Florbela Espanca). 191

O Tempero do Exotismo (Sobre a Poesia de Alberto da Costa e Silva) 194

Uma Poesia Hierofânica (Sobre *Retratos da Origem* de Dora Ferreira da
Silva). 198

Poesia Operária? (Sobre *Ouve Meu Grito*, Antologia de Poesia Supostamente
Operária) 202

Erudito em Grafito (Sobre a Obra de Glauco Mattoso) 207

O Mais do Sinal de Menos (Sobre *Decurso de Prazo* de Laís Correa de
Araújo e *Sinal de Menos* de Carlos Ávila) 210

Pela República, com Humor (Sobre *Os Latifúndios e os Humorismos da
Propaganda Republicana* de Hipólito da Silva) 214

A Vida na Flauta (Sobre *Subsolo* de Carlos Felipe Moisés) 221

Um Poeta do Interior (Sobre *Minuto Diminuto* de Flávio Luís Ferrarini). . . 226

Uma Poética da Estranheza (Sobre *Atrito* de Felipe Fortuna). 232

Revisitação de Jorge de Lima (Sobre *Os Melhores Poemas de Jorge de Lima*) . . 234

Pulmões Feitos Coração (Sobre Manuel Bandeira) 239

Entre o Erótico e o Herético (Sobre *A Dança do Fogo* de Armindo
Trevisan). 245

Eu é um Outro e o Poeta Outro Outro (Sobre *O Livro Diverso/A Peleja dos
Falsários* de Bernardo de Mendonça) 251

O Poeta/Profeta da Bagunça Transcendente (Sobre *Os Melhores Poemas de
Murilo Mendes*) 257

As Lições da Pedra (Sobre *Do Silêncio da Pedra* de Donizete Galvão) 265

Sob o Estigma da Beleza Adolescente (Sobre a Poesia de Glauco Flores
de Sá Brito). 268

PARTE XI. *O Lugar do Outro: Ensaios*. 275

OUTRIDADES. 277

O Lugar do Outro (A Representação da Outridade na Prosa de Ficção). . . 279

O Escritor que Fugia de Si Mesmo (Sobre Monteiro Lobato Escritor
e Editor). 288

Jornada pela Noite Escura (*A Noite Escura e Mais Eu* de Lygia Fagundes
Telles). 293

Sumário

A Sabedoria do Bobo da Aldeia (*Romance Negro e Outras Histórias*, de Rubem Fonseca) 298

Gesta e Antigesta (*Os Desvalidos*, Francisco J. C. Dantas) 302

Sob o Peso do Passado (*Boca de Chafariz*, de Rui Mourão) 307

Os Dois Mundos do Filho Pródigo (*As Aves de Cassandra*; *Cemitérios Marinhos às vezes São Festivos*, de Per Johns) 312

As Vidas Paralelas de Moacyr Scliar (*A Majestade do Xingu*, de Moacyr Scliar) 316

A Longa Viagem de Volta (*Tratado da Altura das Estrelas*, de Sinval Medina) . . 319

Sob o Olhar Hiper-Realista (*Benjamin*, de Chico Buarque) 323

Entre o Cálice e o Lábio (*Mulher Fatal*, de Jorge Miguel Marinho) 328

Uma Contista do Interior (*Contos de Cidadezinha*, de Ruth Guimarães) 331

Pinguelos em Guerra no Mato e na Maloca (*A Guerra dos Pinguelos*, de Betty Mindlin) 333

Boletim de Saúde (Sobre a Poesia de Ruy Proença, Fabio Weintraub e Roberval Pereyr) 342

Um Alucinar quase Lúcido (*Novolume*, de Rubens Rodrigues Torres Filho) 348

Um Crítico contra a Corrente (Volume 12 de *Pontos de Vista*, de Wilson Martins) 352

CIRCUNSTANCIALIDADES 357

Por Direito de Conquista (Sobre as minhas *Troias Paulistanas*) 359

O Amigo dos Bilhetes (Sobre Minha Correspondência com Dalton Trevisan) 367

O Vagabundo e a Usura (Sobre o Aviltamento Publicitário da Figura de Carlito) 372

Viva a Diferença (Sobre o Palavrão, o Erotismo e a Tolerância) 375

O Latim do *Marketing* (O Inglês como um Latim Mercadológico) 378

Bruxaria de Primeiro Mundo (Tecnologia e Fetichismo na Voga Esotérica) 381

Somos Todos Réus (O Complexo de Culpa do Brasileiro diante do Poder) 384

PARTE XII. *Ensaios Inéditos em Livros do Autor* 387

Nós num Começo de Vida 389

José Paulo Paes: Aventuras de um Escritor. Entrevista a Antonio Paulo Klein. 393

Carlos Drummond de Andrade e o *Humour* – I, II e III. 402

Pós-Modernismo 411

Uma Profissão de Fé [Sobre "Procura da Poesia", de Carlos Drummond de Andrade] 415

Do Cotidiano [Sobre *Poemas de Câmera*, de José Escobar Faria] 419

Divertimentos. 423

Caderno Ocioso [Erico Verissimo]. 427

Grandeza e Decadência do Samba 432

Caderno Ocioso [Sobre "Permanência e Tempo", de Cesar Mêmolo Júnior, e "Penumbra Murmurante", de Domingos Paolielo] 438

A Musa da Agonia [Sobre a *Obra Poética*, de Jorge de Lima]. 442

As Duas Viagens de Graciliano Ramos 448

As Tentações do Biógrafo [Sobre *Monteiro Lobato, Vida e Obra*, de Edgard Cavalheiro]. 452

O Cachimbo de Orígenes Lessa 456

Poemas Inéditos [de Lúcio Cardoso] 460

Cantografia: a Festa da Linguagem [Carlos Vogt] 465

Traições da Tradução 467

Cantar de Amigo [Sobre *Cantar de Amigo ao Outro Homem da Mulher Amada*, de Geir Campos] 469

O Jogo dos Derrotados, não dos Triunfadores [Sobre *O Jogo Terminado*, de Edilberto Coutinho]. 471

Os Poemas de Régis Bonvicino 473

Paisagem Doméstica [Sobre poemas de Carlos Vogt]. 475

Lira dos Cinquent'Anos [Sobre *Delírio dos Cinquent'Anos*, de Affonso Ávila] 477

História da Literatura Brasileira [Massaud Moisés] 479

História da Literatura Brasileira. Os Méritos de um Método Historiográfico [Massaud Moisés]. 481

Um Panorama Crítico do Modernismo [Massaud Moisés] 485

Oswald de Andrade, um Testemunho Pessoal 489

Entre Lirismo e Ideologia [Sobre a Poesia de Jacinta Passos]. 500

[Jorge Amado, Oitenta Anos] 521

Amor/Humor por Via Postal [Sobre *Cartas de Amor a Heloísa*, de Graciliano Ramos] 526

Índice Cronológico 531

PARTE VIII

Canaã *e o Ideário Modernista*

Prefácio

De alguns anos a esta parte, vem-se delineando um movimento de reavaliação da produção literária do nosso pré-modernismo, com contribuições de mérito como as de Alfredo Bosi, Francisco de Assis Barbosa, Flora Süssekind, Nicolau Sevcenko e outros. Em boa hora deram eles continuidade ao esforço pioneiro de Lúcia Miguel Pereira e Brito Broca, cumprindo ainda não esquecer o trabalho desenvolvido pela Casa de Rui Barbosa, que publicou recentemente um volume *Sobre o Pré-Modernismo* no qual se reúnem novas contribuições e se recenseiam, numa bibliografia, as fontes crítico-informativas acerca do período. Todavia, os autores pré-modernistas continuam esquecidos do público ledor em geral, a não ser por uns poucos como Euclides da Cunha, Augusto dos Anjos, Lima Barreto e Graça Aranha. Falo evidentemente do Graça Aranha de *Canaã*, romance cuja posição singular em nossa literatura melhor do que ninguém definiu Wilson Martins ao escrever:

> Digamos, para repetir a fórmula às vezes usada por críticos norte-americanos, que se trata de um mau "bom romance", uma daquelas obras que nos fascinam, apesar das suas deficiências e no momento mesmo em que as percebemos ou julgamos perceber e sem as quais uma literatura ficaria mutilada. Não se podem imaginar as letras brasileiras sem *Canaã*, embora possamos perfeitamente imaginar sem ele a história do nosso romance. Isso propõe desde logo a extraordinária estatura desse livro – simétrica e paralela à do próprio autor no quadro da nossa história intelectual.

O propósito do presente ensaio não é reexaminar a estatura intelectual ou a posição histórica de Graça Aranha. O papel que ele teria desempenhado na implantação do modernismo entre nós constitui-se em assunto polêmico, ao que parece da alçada da *petite histoire* do movimento, onde o jogo das vaidades pessoais dividiu terreno com o talento para a mobilização proselitista. Não tenho maior curiosidade pelos bastidores da Semana de Arte Moderna, e a obra propriamente modernista de Graça Aranha se me afigura de menor importância que o seu romance de estreia. Além disso, em A *Brasilidade Modernista: Sua Dimensão Filosófica* (Rio, Graal, 1978), Eduardo Jardim de Moraes já cuidou de examinar a "presença subjacente do pensamento de Graça Aranha nas teses modernistas". No seu entender, ela "vem sendo sistematicamente desprezada nas avaliações do movimento", pelo que, através do exame das ideias-chave de *A Estética da Vida*, propôs-se ele a "mostrar como muitos dos problemas levantados durante a década de 20 *só* puderam ser formulados em função da presença dessa obra no panorama da cultura do país".

Em vez de me ocupar de *A Estética da Vida*, livro já cronológica e doutrinariamente modernista, preferi voltar aqui a atenção para *Canaã*, livro essencialmente pré-modernista. Durante a releitura do seu texto, procurei ir além do fascínio experimentado em leituras anteriores para chegar a uma compreensão da sua funcionalidade literária, que desde sempre me parecera mais hábil e mais bem lograda do que o faziam supor os reparos de críticos severos como Otto Maria Carpeaux e Roberto Schwarz. Tal releitura se enquadrava numa linha de preocupações minhas em torno do artenovismo literário que vinha de um artigo de visada panorâmica escrito e publicado em 1983: "O *Art Nouveau* na Literatura Brasileira". A esse artigo se seguiram dois outros voltados para aspectos mais particulares do mesmo tema, quais fossem a terminologia científica usada com fins simbólico-ornamentais na poesia de Augusto dos Anjos, e a escrita artística de *À Rebours*, de J.K. Huysmans, livro que traduzi, como ponto de encontro da teoria e da prática de uma prosa de ficção pioneiramente *art nouveau*.

Tenho para mim que é à luz desta estética tão típica da transição do século xix para o século xx que mais bem se pode compreender a estrutura literária de *Canaã* e o seu caráter pré-modernista no sentido estrito de antecipatoriamente modernista. Daí que, na análise do seu estilo, da sua efabulação, dos seus personagens, das ideias filosóficas e sociais nele debatidas, eu tenha sido repetidamente levado a paralelos com o ideário do modernismo de 22-28. Mas só com o ideário, vale dizer, com posturas intelectuais que, embrionárias ainda em *Canaã*, configuram antes um caso de afinidade de espírito que de influência direta. Do ponto de vista do estilo, com a elegância algo *faisandée* da sua prosa ornamental, o romance de Graça Aranha está longe da ruptura de códigos inaugurada ruidosamente pelos modernistas de São Paulo, se bem a tensão entre ornamento e substância ornada possa ali ser vista como um prenúncio.

VIII. *Canaã e o Ideário Modernista*

Sendo este um ensaio especulativo, não uma douta tese universitária, senti-me desobrigado de fazer, previamente, um levantamento e exame aturado da bibliografia crítica pertinente. Vali-me das fontes ao meu alcance, que usei na medida estrita do necessário, por ter a atenção voltada, o tempo todo, mais para o texto de *Canaã* do que para as suas reverberações hermenêuticas. Isso explica a abundância, aqui, de citações textuais. Como se tratava de um romance de ideias, a discussão delas se impôs durante o processo de análise da estrutura narrativa. Mas elas foram consideradas apenas no que dizia respeito à referida estrutura; em nenhum momento cogitei de lhes discutir o mérito intrínseco. Isso me poupou o desajeito de ter de me aprofundar em campos nos quais sou praticamente jejuno. Foi portanto de maneira sumária, e com base numas poucas fontes elementares de referência, que me atrevi a abordar as ideias filosóficas, sociais e econômicas de *Canaã*, bem como as suas implicações históricas.

Embora obedecessem a um plano geral anterior à sua redação, os vários capítulos deste ensaio foram escritos como textos autônomos, para divulgação em separado, sob a forma de artigos de imprensa. Vem daí certa repetitividade, que possivelmente aborrecerá ao leitor mais atento, de referências, citações e ideias básicas. Preferi deixá-lo assim a refundir o texto dos capítulos antes da sua publicação em livro. Talvez as repetições possam aproveitar ao leitor menos atento ou, na pior das hipóteses, servir de reforço ao essencial da argumentação.

Para o preparo do ensaio, pude contar com o auxílio de uma bolsa de estudos da Ford Foundation que me foi concedida através do Instituto de Estudos Avançados da Universidade de São Paulo. Agradeço a ambas as instituições pela confiança, bem como aos professores Carlos Guilherme Mota e Alfredo Bosi, do conselho diretor do IEA, e aos funcionários do mesmo Instituto pelas atenções com que me distinguiram. Grato sou também, por indicação e empréstimo de livros, a Massaud Moisés, Roberto Ventura, Alfredo Bosi, Telê Porto Ancona Lopez e ao Osmar da livraria Torre de Babel.

J. P. P.
São Paulo, julho de 1989

1. A Circunstância Pré-Modernista

Canaã, o livro de estreia de Graça Aranha, foi publicado apenas dois anos depois do ano-marco de 1900 escolhido por Brito Broca[1] para designar um período da vida literária brasileira que, por suas características, se distingue do modo nítido dos anteriores e, em menor escala, do posterior. É o período que vai aproximadamente do acaso do parnaso-naturalismo ao advento do modernismo e que corresponde ao fastígio da *belle époque* carioca. Esta coincidiu como se sabe, com a reforma urbana do Rio de Janeiro levada a cabo por Rodrigues Alves e Pereira Passos, moldura arquitetônica da modernização do estilo de vida da antiga capital federal, então capital também de nossas letras e artes. Daí que uma recente história literária[2] tivesse chamado, à produção em prosa e verso do dito período, literatura da *belle époque*. Mais comumente, é ele conhecido como pré-modernismo, termo cunhado por Tristão de Ataíde e usado no título de um livro[3] em que lhe estudava alguns dos autores representativos.

O rótulo pré-modernismo implicitamente nos convida a ir buscar, bem antes da Semana de Arte Moderna, os sinais precursores do movimento de renovação por ela oficialmente inaugurado. Alguns desses sinais podem ser encontrados na obra de Graça Aranha. Não me refiro aos seus textos de índole exclusivamente doutrinária coligidos em *A Estética da Vida* e *Espírito Moderno*, o primeiro antecedendo de apenas um ano a Semana e o outro a ela se seguindo dois anos depois. Ambos os livros já apresentam uma ostensiva plataforma modernista cujas ideias-chave, embora ridicularizadas[4] pelos principais

---

1. Brito Broca, *A Vida Literária no Brasil-1900*, Rio de Janeiro, MEC, 1950.
2. Massaud Moisés, *História da Literatura Brasileira*, vol. III, O *Simbolismo*, cap. IV: "Belle Époque"; São Paulo, Cultrix, 1985, pp. 165-276.
3. Tristão de Ataíde, *Contribuição à História do Modernismo*, I: O Pré-Modernismo, Rio de Janeiro, José Olympio, 1939.
4. Diz Mário de Andrade em O *Movimento Modernista* (Rio, Casa do Estudante do Brasil, 1942, p. 23):

semanistas de São Paulo, não se afastavam da programática literária de 22. Precursores, por sua marcada antecedência cronológica, são de fato *Canaã*, de 1901, e, subsidiariamente, *Malazarte*, de 1911. Num e noutro encontramos prenúncios modernistas tanto mais dignos de nota quanto consubstanciados já em prosa de ficção, não de ensaio. Encarados unicamente à luz do código de ruptura de 22, tais prenúncios hão de parecer bem descorados. Sobretudo se se tiver em conta que ao seu autor faltou de todo aquele espírito satírico-paródico[5] que foi a marca registrada da poesia e da prosa dos modernistas paulistanos. A gravidade metafísica da literatura de Graça Aranha guardou sempre um certo ranço acadêmico que não passou despercebido à juvenil malícia dos seus companheiros da Semana e que, se não justifica, pelo menos possibilita entender por que, num panorama do romance brasileiro, um crítico literário de fins dos anos 30 se escusasse de analisar *Canaã* com mais detença, limitando-se a desdenhosamente capitulá-lo "o tipo do romance *medalhão*"[6].

Quando situamos porém os elementos pré-modernistas de *Canaã* no seu respectivo quadro histórico-literário, eles ganham outra ordem de importância e significado. Tal visada diacrônica não atende apenas àquele "critério relativista" ou "ponto de vista mais marcadamente histórico" recomendado por Lúcia Miguel Pereira no estudo de "uma literatura ainda incipiente"[7] como a nossa; ela serve, ademais, para fazer ressaltar o papel de agente de ligação exercido por Graça Aranha entre as ideias da Escola do Recife e as da Semana de Arte Moderna. À primeira vista, a ligação parece disparatada, ainda que José Veríssimo tivesse usado já o termo modernismo[8] para rotular o movimento de renovação intelectual empreendido pela geração dos anos

---

"Nós nos ríamos um bocado da 'Estética da Vida'". E Oswald de Andrade, num artigo de 1924, "Modernismo Atrasado", investia violentamente contra Graça Aranha, chamando-o de "um dos mais perigosos fenômenos de cultura que uma nação analfabeta pode desejar" (*apud* M. R. Batista, T. P. A Lopez e Y. S. de Lima, *Brasil: 1° Tempo Modernista - 1917/29*, Documentação, São Paulo, IEB-USP, 1972, pp. 216-218).

5. Ausência tanto mais de estranhar quanto a alegria era um dos artigos de fé do credo estético de Graça Aranha. Para se ter a medida dessa falta de humor, basta comparar o seu Malazarte com o Macunaíma de Mário de Andrade.

6. Olívio Montenegro, *O Romance Brasileiro*, 2ª ed., Rio de Janeiro, José Olympio, 1958. A 1ª edição deve ser de 1938.

7. Lúcia Miguel Pereira, *Prosa de Ficção* (de 1870 a 1920), Rio de Janeiro, José Olympio, 1950, pp. 9-10.

8. O capítulo xv da *História da Literatura Brasileira*, 3ª ed., Rio de Janeiro, José Olympio, 1954, de Veríssimo se intitula "O Modernismo". Eduardo Jardim de Morais fala, de passagem, numa "ponte" entre o modernismo de 22 e a Escola do Recife: cf. o seu *A Brasilidade Modernista*, Rio de Janeiro, Graal, 1978; devo a indicação desta fonte a Roberto Ventura.

70 do século passado. Mas se ao nome de Graça Aranha juntarmos os nomes de Euclides da Cunha e Augusto dos Anjos, um e outro reconhecidos precursores da nossa modernidade e influenciados, ambos, pelo cientificismo da mesma geração de 70, o sentimento de disparate diminui grandemente. O caso de *Canaã* como elo dessa transição histórica entre os dois modernismos é ainda mais significativo porque ali antecipa seu autor os pontos essenciais da metafísica pessoal que "a aspiração a uma cultura científica"[9] nele incutida pelo exemplo de Tobias Barreto o levaria a desenvolver de modo mais ou menos sistemático em *A Estética da Vida*.

Como ele próprio deixou enfaticamente dito na sua inacabada autobiografia, o destino intelectual de Graça Aranha se decidiu "aos treze anos e meio" de idade, quando, recém-chegado ao Recife para iniciar precocemente os estudos superiores, ali pôde assistir de corpo presente ao célebre concurso de Tobias Barreto para o cargo de professor substituto da Faculdade de Direito. O "choque mental" que experimentou e a amizade que desde então o ligaria ao "grande mestre do pensamento livre" o converteram no quiçá mais jovem discípulo da Escola do Recife ou, o que dá no mesmo, de Tobias Barreto: "Por ele me fiz homem livre. Por ele saí dos nevoeiros de uma falsa compreensão do Universo e da Vida. Por ele afirmei a minha personalidade independente e soberana". Esta confissão dá a perceber que Graça Aranha sofreu o influxo da terceira e última fase da suposta Escola, a fase propriamente filosófica, em que preponderaram as ideias evolucionistas e monistas, sobretudo de pensadores alemães, Noiré, Haeckel, Büchner, Hartmann, ao lado evidentemente das de Darwin e Spencer. Todavia, à diferença de tantos epígonos que se restringiam a papaguear a "verbiagem charlatã"[10] do cientificismo então em moda, Graça Aranha não se contentou em satisfazer a sua "aspiração a uma cultura científica" assimilando-a passivamente. Forcejou por ir além, por chegar a uma visão de mundo própria que – se quando expressa na prosa doutrinária de *A Estética da Vida* só serviu para provocar o riso dos modernistas de São Paulo e, enquanto filosofia, não chegou a ultrapassar o nível das "curiosas fantasias" metafísicas que, entre irônico e complacente, nela viu João Cruz Costa[11] – ad-

9. Graça Aranha, *O Meu Próprio Romance*, São Paulo, Companhia Editora Nacional, 1931, pp. 149-156.
10. A expressão é de Pardal Mallet, num artigo de 1898 em que satiriza os epígonos do cientificismo da Escola do Recife. Esse artigo é transcrito por Elói Pontes em *A Vida Inquieta de Raul Pompeia*, Rio de Janeiro, José Olympio, 1935, p. 152.
11. João Cruz Costa, *Contribuição à História das Ideias no Brasil*, Rio de Janeiro, José Olympio, 1956, p. 94.

quire tal visão, certa validade ou "motivação", para usar o termo saussuriano, ao se incorporar, como linha de força ideológica, à estrutura da sua prosa de ficção, composta de apenas dois romances e uma peça de teatro.

Nisto, o caso de Graça Aranha traz novamente à lembrança, guardadas as naturais diferenças entre eles, os casos de Euclides da Cunha e Augusto dos Anjos. Embora as ideias filosóficas e científicas subjacentes às suas criações literárias tenham envelhecido, estas últimas transcenderam o seu tempo na medida em que lograram dar representação não só ao que nele era resquício do passado ou feição efêmera do presente como ao que já apontava para o futuro. Em casos que tais, onde o ideológico está a serviço do literário, cumpre julgá-lo não em si, isoladamente, mas contextualmente, em função dos demais aspectos da obra. Nessa perspectiva, *Canaã* pode ser visto, a par de *Os Sertões*, do *Eu* e, em plano diverso mas correlato, da ficção e da memorialística de Lima Barreto, como um ajuste de contas com os valores típicos da *belle époque*. Ajuste paradoxal, no tocante aos dois primeiros desses livros, publicados ambos em 1902, quando a época em questão apenas começava: como falar em rompimento com valores que mal se haviam afirmado? Seja como for, o certo é que *Canaã* dá testemunho, por alguns de seus aspectos, daqueles "tempos eufóricos" de que fala Antonio Dimas[12], do mesmo passo em que deles discrepa por outros. Assim, ao invés de estar ambientado na capital federal e de se preocupar em lhe pintar a vida mundana, afeiçoada aos figurinos de Paris, fosse em matéria de usos e costumes, fosse em matéria de ideias, o romance de Graça Aranha se ambientava numa vila obscura do Espírito Santo, a simplicidade de cuja vida rural e o encanto ainda selvático de cujas paisagens se esmerava em retratar. Além disso, seus dois protagonistas debatem o tempo todo menos ideias francesas que ideias alemãs[13], como se o mesmo destino que levara o futuro romancista a se enfronhar no germanismo da Escola do Recife o tivesse de propósito feito juiz municipal numa área de colonização alemã do Espírito Santo.

12. Antonio Dimas, *Tempos Eufóricos* (Análise da Revista Kosmos, 1904-1909), São Paulo, Ática, 1983.
13. Acerca do "germanismo" de *Canaã*, observa Otto Maria Carpeaux (Presenças, Rio de Janeiro, MEC, 1958, p. 60): "As discussões ideológicas que seguem, revelam a pouca profundidade do germanismo da Escola do Recife: o sonhador idealista Milkau e o nacionalista orgulhoso Lentz são cópias dos tipos com que os alemães apareciam aos franceses antes e depois de 1870". De que a formação cultural de Graça Aranha se processara em contato com a cultura francesa e de que as suas simpatias políticas estavam voltadas para a França dão testemunho vários ensaios de *A Estética da Vida e Espírito Moderno*, bem como várias passagens dos seus "comentários e notas" à correspondência entre Machado de Assis e Joaquim Nabuco.

Nem por isso deixam de perpassar *Canaã* a mesma ânsia de modernização que, ao menos superficialmente, animou os anos dourados cariocas, e o mesmo empenho de liquidar a herança colonial que nos entravava o progresso e contra a qual se voltava o bota-abaixo de Pereira Passos. Só que, contrariamente à empresa de cosmetização da realidade brasileira a que se aplicou a *belle époque* a fim de legitimar o novo regime republicano aos olhos ainda desconfiados da Europa e dos Estados Unidos, havia no romance de estreia de Graça Aranha uma rara "consciência crítica dos problemas raciais, sociais e morais do povo brasileiro", como dele disse bem Alfredo Bosi[14]. A discussão desses problemas se faz ali num amplo quadro filosófico onde, ao lado das ideias de Hartmann, Haeckel e Schopenhauer recebidas via Escola do Recife, avultava o influxo das novas ideias nietzschianas e tolstoianas que Brito Broca incluiria entre as "modas literárias"[15] do 1900 carioca. A moda de Nietzsche se entroncava, por sua vez, com a de Wilde e de D'Annunzio, que não foi estranha à voga da prosa de arte ou *écriture artiste*, iniciada entre nós por Raul Pompeia[16], seu primeiro e maior mestre. Com mão segura e senso de medida, Graça Aranha não deixou tampouco de prestar tributo à prosa ornamental de sua época, conforme dão a perceber certas passagens antológicas de *Canaã*, a mais célebre das quais é a cena de Maria Perutz recoberta de pirilampos na noite da floresta.

Já tive ocasião de propor, em outro lugar[17], se considerasse a escrita artística como um homólogo histórico, no plano da literatura, do ornamentalismo *art nouveau*. O fato de o surgimento daquele estilo literário ter precedido de alguns anos o surgimento deste estilo de arquitetura, pintura e artes aplicadas, não constitui impedimento bastante: um e outro exprimiriam, cada qual a seu modo, o mesmo espírito de época ou *Zeitgeist*[18]. O *art nouveau* se distinguiu

---

14. Alfredo Bosi, *O Pré-Modernismo*, São Paulo, Cultrix, 1966, p. 105.

15. O capítulo XI de *A Vida Literária do Brasil - 1900* se intitula "Modas Literárias: Wilde, Nietzsche, Tolstói, Ibsen e Eça de Queirós".

16. A propósito, ver meus ensaios "Sobre as Ilustrações de *O Ateneu*" e "O Art Nouveau na Literatura Brasileira" em *Gregos & Baianos*, São Paulo, Brasiliense, 1985, pp. 49-63 e 64-80. E no primeiro volume desta obra.

17. No artigo "O Art Nouveau na Literatura Brasileira" publicado originariamente no suplemento "Cultura" de *O Estado de S. Paulo* de 29 de maio de 1983 e mais tarde incluído em *Gregos & Baianos*.

18. Mario Praz, em *Literatura e Artes Visuais* (trad. J. P. Paes, São Paulo, Cultrix, 1982, pp. 56-59), defende o uso do conceito de espírito de época na história comparativa das artes. Discerne-o na ocorrência das "mesmas tendências estruturais ou tendências similares [...] em ação num determinado período, no modo por que as pessoas concebem ou veem as coisas". Essas tendências comuns é que possibilitam considerar sob uma rubrica unificadora as diferentes artes de um mesmo período.

VIII. *Canaã* e o Ideário Modernista

sobretudo pela sua preocupação com a consubstancialidade do ornamento. Isto é, do ornamento que fosse, não postiçamente acrescentado à coisa ornada, como no ecletismo arquitetônico do século XIX, mas a ela estivesse ligado essencialmente. Nos melhores exemplos artenovistas, o ornado pode ser visto como uma espécie de fulcro do ornamento, e este como uma espécie de emanação dele. Era principalmente por aí que, na ambição de criar, para o seu próprio século, uma arquitetura nova, integrada, orgânica, o movimento *art nouveau* se opunha ao ecletismo oficializado da Escola de Belas Artes de Paris, servilmente imitado pela *belle époque* carioca nas fachadas dos edifícios da avenida Central. Mas só nas fachadas, pois o que ficava por trás da imponência delas era apenas "um edifício simples, funcional, de todo divorciado, tanto estética quanto funcionalmente, de sua fachada; um corpo brasileiro com uma máscara francesa". Não se esquece Jeffrey D. Needell[19], a quem pertence esta última frase entre aspas, de chamar a atenção para as implicações sociais do ecletismo francês. Por via desse estilo de arquitetura e decoração, em que a modernidade da técnica de construção se casava com o tradicionalismo dos motivos ornamentais, a nova classe dominante da França, a grande burguesia do Segundo Império e da Terceira República, "buscava legitimar-se pelos símbolos das culturas tradicionais, aristocráticas". Tais símbolos, tomados de empréstimo à tradição neoclássica e medieval, constituíam uma espécie de fuga ou reação à cultura industrial da Europa moderna. Já para a nossa grande burguesia cafeeira que, passadas as agitações do período florianista, retomara o leme do poder da República Velha, a imitação do ecletismo francês visava antes aproximá-la dessa mesma moderna cultura europeia. Malgrado tal disparidade de funções, o ecletismo serviu, nos dois casos, de máscara nobilitante ou legitimadora de elites no poder[20].

É o que foi feito proveitosamente com transpor, do terreno das artes plásticas para o da literatura, o conceito de barroco. Não menos proveitosa se revela uma transposição equivalente do conceito de *art nouveau*, tal como propus em meu artigo citado na nota 17. Karl Mannheim também recorre implicitamente à categoria hegeliana de *Zeitgeist* quando propõe o uso do conceito de "estilos de pensamento" na história das ideias. Sobre isso, ver o capítulo II, "Conservative Thought" dos seus *Essays on Sociology and Social Psychology* org. por P. Kecskemetti, Londres, Routledge & Kegan Paul, 1953. Devo a Octavio Ianni a indicação desta fonte.

19. Jeffrey D. Needell, *A Tropical Belle Époque*: Elite Culture and Society in Turn-of-Century. Rio de Janeiro, Cambridge-Nova York, Cambridge University Press, 1987, p. 44.

20. *Idem*, p.148. Cf. também N. G. Reis Filho, *Quadro da Arquitetura no Brasil*, São Paulo, Perspectiva, 1970, pp. 182-186.

JOSÉ PAULO PAES *Crítica Reunida Sobre Literatura Brasileira & Inéditos em Livros*

Voltando agora à oposição entre *art nouveau* e ecletismo, tem ela pertinência no plano da literatura. O período imediatamente anterior ao modernismo também foi, nas nossas letras, um período eclético[21]: nele se prolongaram e se entrecruzaram, por vezes, as tendências dominantes do último quartel do século XIX, a ponto de os historiadores literários poderem falar de um neoparnasianismo e de um neossimbolismo no domínio da poesia, a que se poderia acrescentar, se se quisesse, um neonaturalismo no domínio da prosa de ficção, para abranger manifestações divergentes como o romance de Machado de Assis e de Raul Pompéia. Mas nem tudo é apenas prolongamento ou cruzamento nesses anos intervalares; há neles também, difusa porém perceptível, uma ânsia de renovação[22] que, se já não anuncia por inferência a ruptura modernista, torna-a desde logo previsível. Tal ânsia de renovação ou de modernização é que se constituiria, melhor do que manifestações periféricas de prolongamento de modelos do passado próximo, no cerne diferenciador do pré-modernismo. Para restringir nossa discussão à prosa pré-modernista brasileira: ali, a importância do ornato no plano da expressão, típica da *écriture artiste*, servia para abrandar ou diluir o primado do documento social que, no plano do conteúdo, caracterizara o naturalismo. Por sua vez, a ornamentação verbal podia ser vista, na prosa, como uma espécie de ressonância degradada da obsessão do simbólico que polarizou a dicção poética simbolista, extremando-a da parnasiana. Nela, o símbolo, marca de indirecção, sublinhava a dualidade de raiz entre o ideal e o real, ainda que se propusesse a instaurar entre ambos um sistema baudelairiano de correspondência, mais da ordem abstrata da música que da ordem concreta da pintura e da escultura. Já no parnasianismo, a metáfora, posta a serviço do olho e do tacto, visava tão só

---

21. No seu *Quadro Sintético da Literatura Brasileira* (Rio, Agir, 1956), Alceu Amoroso Lima chama de ecletismo o período compreendido entre 1900-1920 e que ele interpõe entre o simbolismo (1890-1900) e o modernismo (1920-19...). A seu ver, é eclético o dito período "por não poder ser resumido numa escola dominante e, ao contrário, compreender a coexistência de simbolistas, realistas, parnasianos, até mesmo os da geração que, em 1920, iriam desencadear o modernismo" (*Quadro Sintético da Literatura Brasileira*, p. 58).

22. A propósito, escreve Alfredo Bosi (*O Pré-Modernismo*, p. 12): "Entretanto, ao elemento conservador importa acrescentar o renovador, aquele que justifica o segundo critério com que definimos o termo pré-modernismo. Um Euclides, um Graça Aranha, um Monteiro Lobato, um Lima Barreto injetam algo novo na literatura nacional, na medida em que se interessam pelo que se convencionou chamar 'realidade brasileira'". E para Richard Graham, "por volta de 1890, tomaram-se, no rumo da modernização, importantes passos que foram essenciais para as ulteriores mudanças no Brasil desde essa data" (*apud* Antonio Dimas, op. cit., p. 11).

a ratificar o real por intensificação, mesmo que se tratasse, amiúde, do real remoto da antiguidade clássica ou do exotismo oriental, o que, no tocante aos parnasianos brasileiros, implicava, segundo Antonio Dimas, "fugir à increpação de mestiço, de cultura colonizada e mostrar-se refinado e afinado com a temática poética em voga na Europa"[23].

O *art nouveau* literário[24], cuja conceptualização se demonstra menos difícil no terreno da prosa que no da poesia, buscou, tanto quanto o *art nouveau* das artes visuais e aplicadas, ultrapassar o ecletismo novecentista por via de uma síntese das tendências estéticas de fim de século, síntese que fosse capaz de exprimir organicamente a vida moderna como tal. Donde encontrarmos, na nossa prosa artenovista, traços naturalistas, decadentistas, esteticistas, simbolistas, mas amalgamados numa unidade que, apesar de instável, transcende, nos casos mais bem-sucedidos, a simples soma dos traços constituintes. Impõe-se ainda notar que, nessa prosa, o gosto da ornamentação verbal pode estar ora a reboque de um "costumismo de superfície", voltado para a celebração das "elegâncias e vícios"[25] mundanos do Rio afrancesado do começo do século – como acontece nas crônicas, contos e romances de João do Rio, cuja máscara parisiense quase lhe esconde inteiramente as feições brasileiras –, ora busca veicular uma metafísica ou teoria de conciliação entre barbárie e civilização que desde sempre esteve na base do utopismo americano, como no romance de ideias de Graça Aranha, onde o rosto autóctone se sobrepõe à máscara. Ainda aqui, neste empenho de conciliação, transluz outra característica de base do *art nouveau*, qual fosse reaproximar o mundo da técnica, da indústria e da ciência do mundo natural dos seres vegetais, animais e minerais do qual, por sua artificialidade mecânica, elas estavam tão distanciadas. Reaproximação feita sob o signo do ornato, cujas caprichosas volutas estilizavam no limite os embates das forças vitais da Natureza e cuja simbiose com os

23. Antonio Dimas, *Tempos Eufóricos (Análise da Revista Kosmos, 1904-1909)*, p. 87.
24. Ao falar de *art nouveau* literário, não pretendo com isso postular a existência de um movimento organizado e programático, como o foram o romantismo, o naturalismo, o parnasianismo etc. Penso antes em termos de homologias ou afinidades estruturais implícitas entre o *art nouveau* das artes visuais e aplicadas e certas obras literárias do mesmo período, sobretudo no terreno da prosa de ficção, em que à *écriture artiste* se vêm somar preocupações de modernização e crítica do *status quo*. As homologias entre um e outro campo vão além da preocupação com o ornato orgânico ou consubstancial e chegam às afinidades de visão de mundo, como adiante se verá, quando considerarmos o vitalismo nietzschiano de tão marcada presença no ornamentalismo naturista *art nouveau* quanto na metafísica de integração cósmica já postulada em *Canaã*.
25. As expressões entre aspas são tiradas do meu ensaio "O *Art Nouveau* na Literatura Brasileira".

produtos manufaturados buscava reintegrá-los no âmbito delas. Mas o ornamental deixa sempre à mostra uma fissura em relação ao substancial a que se aplica, fissura que só a interpenetração espaço-temporal[26] da arte moderna viria a soldar de todo, como acontece, no domínio das artes plásticas e da literatura, com a síntese expressionista ou cubista, e no domínio da arquitetura e do *design*, com o funcionalismo.

Na prosa de ficção de Graça Aranha, a fissura entre ornamento e substância ainda permanece visível. Todavia, o ornamento não é ali postiço nem intempestivo; está ligado consubstancialmente à matéria narrativa. As descrições de paisagens, iterativas em *Canaã*, ainda que nada acrescentem ao progresso do enredo ou à caracterização das personagens, servem para instituir, em nível ornamental, uma mediação simbólica entre a natureza brasileira e o projeto utópico de Milkau, protagonista do romance. Com isso se agudiza, como em toda prosa *art nouveau* digna do nome, uma tensão significativa entre ornato e substância que caberia à prosa modernista da década de 20 resolver numa síntese radical. Na gesta de *Macunaíma*, por exemplo, a fala do narrador e as das personagens não se distinguem umas das outras e quer a primitividade silvestre da Amazônia, quer a modernidade industrial de São Paulo, são vistas ambas do prisma da mítica ameríndica e figuradas numa linguagem congenial desta. Outrossim, nas *Memórias Sentimentais de João Miramar*, a exuberância neológica e as elipses futuristas articulam a própria fala do desejo do seu herói epônimo, que tem nos refinamentos modernos da Europa o seu Éden e no atrasado provincianismo do Brasil o seu calvário.

No terreno das ideias, igualmente, ao tematizar o choque cultural, econômico e racial trazido pelas novas correntes imigratórias, e ao ver nesse traumático mas necessário abalo os primórdios de uma futura cultura tropical onde o ser e o pensar brasileiro coincidissem afinal sob a égide da autenticidade, *Canaã* antecipava de certo modo a devoração cultural que o manifesto da Antropofagia consagraria como a estratégia básica do novo Brasil caraíba a que aspirava. Antecipava ainda o que Mário de Andrade figurou simbolicamente na busca da muiraquitã em *Macunaíma*: a recuperação, pelo brasileiro, de suas

---

26. Para Mario Praz (*Literatura e Artes Visuais*, pp. 199 e s.), a interpenetração espaço-temporal é a estrutura geral característica do movimento modernista do século xx: "Interpenetração de planos em pintura, escultura e arquitetura; interpenetração de palavras e significados na linguagem de Joyce [...] 'intercalar realidades [...] é a única maneira de ser fiel ao Tempo, pois a cada instante do Tempo as possibilidades são infinitas em sua multiplicidade'".

"raízes tropicais", o que implicaria uma rejeição dos "princípios cristãos-europeus" que herdamos de Portugal. Tal recuperação e rejeição possibilitariam finalmente corporificar-se o sonho marioandradino de uma civilização orientada "pela nossa geografia", a exemplo das "grandes civilizações tropicais, China, Índia, Peru, México, Egito, filhas do calor"[27].

A utopia solar-fraterna que é o ponto de fuga ideológico de *Canaã* não está muito distante desse sonho autóctone. Tal proximidade, de par com o seu tensionamento da escrita artística, mostra que, dentro das limitações da consciência possível à circunstância pré-modernista[28], *Canaã* foi mais do que um "romance medalhão". Se um crítico de época, José Veríssimo, pôde considerá-lo um "romance do novo e, sobretudo, tão original pela concepção e pela forma"[29], cabe a nós, seus pósteros, ir além e vê-lo já como um batedor do radicalismo de 22.

27. As frases entre aspas, de Mário de Andrade, foram tiradas de textos dele, citados e comentados por Telê Porto Ancona Lopez em seu importante *Mário de Andrade*: Ramais e Caminhos (São Paulo, Duas Cidades, 1972, pp. 113-118) e nos escólios da sua edição crítica de *Macunaíma* (Rio de Janeiro, LTC, 1978, pp. 325-326).

28. Consciência possível no sentido em que a entende Lucien Goldmann em *Ciências Humanas e Filosofia* (Trad. L C. Garaude e J. A. Gianotti; São Paulo, Difel, 1967, pp. 94-103), embora sem a restringir, como ele, à ação social e política e à luta de classes.

29. José Veríssimo, *Estudos de Literatura Brasileira*, 5ª série, Rio de Janeiro, Garnier, 1905, p. 19.

2. Registros de Estilo

Ao estudar as correspondências estruturais entre artes visuais e literatura no século XIX, Mario Praz cita uma observação de Rudolf Zeitler acerca da "estrutura dualística" típica de muitos quadros pintados nessa época, quadros nos quais a "um primeiro plano formado por circunstâncias cotidianas, ou de algum modo relacionadas com o mundo dos fenômenos, serve como ponto de fuga para um anseio, um sonho, que se projeta numa distância cheia de mistério, um mágico além"[1]. Praz, que aponta homólogos literários da mesma dualidade cá/lá em poemas de Wordsworth e Keats, chama a esse tipo de estrutura "telescópica". A ela se contrapõe simetricamente, mas em sentido inverso, um outro tipo de estrutura recorrente no mesmo período que Zeitler denomina de "monística" e Praz de "microscópica". Caracteriza-a o gosto pela profusão de pormenores, a exemplo do "apinhamento da decoração de interiores nos meados da época vitoriana" ou das "minuciosas descrições adotadas pelos romancistas (Balzac, por exemplo) em que todos os elementos que formam um exterior são inventariados a despeito da economia narrativa ou das reações das personage"[2]. Este último exemplo traz logo à memória do leitor brasileiro certos romances de Coelho Neto nos quais avulta um "deter-se entre folhetinesco e mundano no universo dos objetos: vestes, móveis, alfaias e ninharias de alcova onde se respira um pesado odor de *belle époque* e onde se põe entre parênteses, com muita frequência, o desenrolar dos fatos e a vida interior das personagens"[3].

Nem seria preciso a menção à *belle époque* feita por Alfredo Bosi nessa sua arguta observação para mostrar a importância da estrutura microscópica/telescópica para um estilo de época como *o art nouveau*, que tinha no panteísmo

---

1. Mario Praz, *Literatura e Artes Visuais*, p. 166.
2. *Idem*, p. 182.
3. Alfredo Bosi, *O Pré-Modernismo*, p. 80.

vitalista o seu principal ponto de fuga. A tal ponto de fuga remetem, em última instância, os motivos ornamentais mais característicos do *art nouveau* (a começar da sua famosa "chicotada"), que estilizam o entrechoque e o entrelaçamento das forças cósmicas mais profundas, articulando o universo, do átomo à estrela, do microcosmo ao macrocosmo, num todo dinâmico[4]. Num ensaio em torno de "Augusto dos Anjos e o *art nouveau*"[5], procurei mostrar a relevância das estruturas telescópica e microscópica ou monística na semântica do *Eu*, sem esquecer de vinculá-las de perto ao monismo cientificista da Escola do Recife, monismo cujas virtualidades estéticas, até então desaproveitadas, Augusto dos Anjos soube desenvolver numa poesia das mais estranhas e chocantes. De modo menos chocante, fora ele antecedido nisso pelo Graça Aranha de *Canaã*, livro onde também as virtualidades estéticas do monismo se desdobram numa metafísica de integração cósmica, mas em linguagem que se abstém da pletora de termos científicos típica da poesia de Augusto dos Anjos.

A dualidade estrutural microscópica/telescópica transparece no próprio caráter de romance de ideias que *Canaã* pioneiramente ostentou em nossa prosa de ficção[6]. Grande parte de seu texto é dedicada ao registro das digressões filosóficas em que se comprazem seus protagonistas, Milkau e Lentz, especialmente o primeiro, o mais loquaz e filosofante dos dois. Nele se centra o foco narrativo, amiúde reforçado pela intromissão do narrador onisciente, de que Milkau seria uma espécie de *alter ego*. A rigor, o assunto de Canaã é o que acontece com Milkau e Lentz desde a sua vinda da Alemanha para o Brasil. Os demais incidentes e personagens da narrativa só servem para infundir algum interesse dramático à desacidentada vida rural dos dois jovens imigrantes, bem como para lastrear, com um mínimo de realidade palpável, a névoa de abstração doutrinária em que Milkau ama se perder, arrastando atrás de si o companheiro de exílio e, mais para o fim do romance, o juiz municipal de Cachoeira,

---

4. Segundo Renato Barilli (*Art Nouveau*, trad. inglesa de R. Rudorff, Londres, Hamlyn, 1969), "Gaudí – e os artistas art nouveau em geral –, […] queriam exprimir a essência da criação natural num momento da sua maior tensão e exuberância" (p. 36). Tanto assim que Endell, na fachada de um estúdio fotográfico de Munique, estilizou as "tumultuosas e desencadeadas forças naturais em decorações murais" (p. 52). Outrossim, "a natureza que interessava Redon não era a das aparências superficiais, mas uma natureza mais profunda, que ele examinava como que sob um microscópio, ouvindo-lhe cada pulsação, uma natureza de embriões, de sementes, de microcosmos" (p. 96).

5. Publicado originariamente no "Folhetim" da *Folha de S. Paulo* de 23 de novembro de 1984 e incluído depois em *Gregos & Baianos, op. cit.*

6. Ronald de Carvalho (*Pequena História da Literatura Brasileira*, Rio, Briguiet, 1949, p. 361) considera *Canaã* "o precursor do romance de ideias, no Brasil".

também mordido pelo vírus filosofante. Quando se procura estabelecer uma hierarquia de valores entre o assunto principal e os motivos secundários da narrativa de *Canaã*, chega-se à conclusão algo paradoxal de que, do ponto de vista de interesse dramático, o principal avulta ali menos do que o secundário. Nesta última rubrica se incluem os episódios mais vívidos do livro. Episódios como a visita das autoridades judiciais à casa de colonos para fazer inventário de bens e extorquir-lhes custas exorbitantes; como a morte do velho caçador cujo corpo é atacado pelos abutres e defendido ferozmente pelos cães, que impedem a aproximação de estranhos; como o ritual cigano do cavalo espancado até a morte para o seu sangue fecundar a terra; como, finalmente, a tragédia de Maria Perutz, para a qual se desloca o centro de interesse da narrativa na sua segunda metade. O deslocamento é tão acentuado que chega a inculcar no leitor a suspeita de essa tragédia ser o ponto nodal do romance, não passando a história de Milkau e Lentz de uma espécie de prelúdio. Em seu favor, a hipótese teria a circunstância *hors texte* de um processo por infanticídio no qual Graça Aranha atuou como juiz municipal ao tempo em que servia na magistratura do Espírito Santo[7]. Tal processo teria sido o germe do romance, conquanto inspirasse de início, ao escritor, um conto, publicado antes daquele. Contra a mesma hipótese se levanta porém uma objeção mais forte: enquanto romance de ideias, *Canaã*, desde o título, tem o seu centro de gravidade posto mais nos ideais utópicos da mente de Milkau que nos fatos distópicos[8] da vida de Maria.

Com falar em utópico e distópico, caracterizamos por antecipação o modo pelo qual a visada telescópica e a visada microscópica vão aparecer incorporadas à estrutura de *Canaã*. Ali, a minuciosidade objetiva que releva na descrição dos episódios acima citados contrasta frontalmente com as generalizações abstratas a que tendem as mais das vezes os diálogos de Milkau. Ao particularismo da visada microscópica corresponde um registro estilístico de índole naturalista ou verista, no qual a preocupação do documento[9] corre

7. Acerca desse processo, da estada de Graça Aranha no Espírito Santo e das circunstâncias e pessoas que lhe inspiraram passagens ou personagens de *Canaã*, ver o volumoso, difuso mas em certos aspectos útil, *Graça Aranha e o "Canaã"*, de Augusto Emilio Estellita Lins, Rio de Janeiro, Livraria São José, 1967.

8. Os dicionários de língua portuguesa registram distopia apenas na sua acepção médica de "situação anômala de um órgão". Entretanto, em inglês, *dystopia* é antônimo de utopia; o *Webster New Twentieth Century Dictionary* a consigna como "um lugar, estado ou situação hipotética em que as condições e as qualidades de vida são penosas".

9. Sobre o caráter documentário de *Canaã*, ver o livro de Estellita Lins citado na nota 7.

parelhas com a ênfase no pormenor de impacto. Já a frouxa conexão da maior parte das ideias debatidas no livro com a vida imediata, o aqui e agora dos protagonistas, apontaria antes para a vaguidade de um registro doutrinário que sobrepõe o eixo do ideal ao eixo do real. É essa sobreposição que gera aquela sensação de "ponto de fuga para um anseio, um sonho que se projeta na distância cheia de mistério, num mágico além" notado por Zeitler-Praz na estrutura dualista da pintura e da literatura do século XIX e que o utopismo de *Canaã* nos infunde o tempo todo, até o acorde irresolvido do seu desfecho: "E tudo era silêncio e mistério... Corriam... corriam. E o mundo parecia sem fim, e a terra do Amor mergulhada, sumida na névoa incomensurável..."[10].

A copresença de dois registros estilísticos diversos, que correm paralelos mas como que independentes um do outro, sem nenhuma relação visível de necessidade entre si, parece-me apontar menos para uma fraqueza estrutural[11] de *Canaã* enquanto romance – e atribuível portanto à inabilidade do romancista –, do que a uma fissura esteticamente motivada, ligada de perto à sua semântica. Semântica que se pode representar como um campo de força entre dois polos inconciliados, o utópico e o distópico. O primeiro desses polos corresponde à interioridade de Milkau, a que temos acesso por duas vias: uma indireta, através da voz descritiva do narrador, e a outra direta, através da voz dialogal ou autodialogal do próprio Milkau. Por esta última via ficamos sabendo que sua vinda para o Brasil se deveu a uma crise de consciência cujo ponto de partida foi um amor de adolescência prematuramente frustrado pela morte. Depois de um interlúdio de dor que o mergulha na desilusão e na dúvida existencial, levando-o às fronteiras do suicídio, ele se salva deste

---

10. *Canaã*, 5ª ed. rev., Rio de Janeiro, Garnier, 1913. Todas as citações são feitas de acordo com esta edição, atualizando-se apenas a grafia. O texto da *Obra Completa* organizada por Afrânio Coutinho é insatisfatório e contém gralhas visíveis. Não traz nenhuma indicação dos critérios edóticos utilizados na sua apuração. Tampouco faz o volume inteiramente jus ao seu título, já que deixa de recolher o prefácio de Graça Aranha ao livro de Fausto Cardoso *Concepção Monística do Universo*; ademais, sob a rubrica de "Outros Ensaios", ali figura apenas, segundo indicação expressa do organizador da edição, uma "seleção" de ensaios publicados esparsamente, o que faz supor a existência de outros não recolhidos em volume; não há nenhuma referência à correspondência ativa, subsistente, de Graça Aranha.

11. No seu ensaio em torno de "Estrutura de *Canaã*", que figura em *A Sereia e o Desconfiado* (Rio de Janeiro, Civilização Brasileira, 1965), Roberto Schwarz faz uma severa avaliação crítica desse romance de Graça Aranha, sobretudo do que considera nele uma "deficiência estrutural", apontando uma incompatibilidade entre a sua "dimensão realista" e a sua "dimensão explicativa", de que resultaria ser um "romance malsucedido por não solucionar o que propõe".

pela providencial reflexão de que "se todos sofrem e se resignam, é porque a vida é mais desejável do que a morte"[12]. Tal solução de um impasse individual pelo paradigma do coletivo ilumina simultaneamente a consciência egoística de Milkau com "o clarão benfazejo da solidariedade"[13]. E é em nome do solidarismo que, desgostoso da "velha civilização" da Europa onde nascera, "desfiladeiro apertado de combate, que ela divide em senhores e escravos, ricos e pobres"[14], resolve ele emigrar para o Brasil. Aqui, pouco depois de chegado, tem o sonho de "uma nova raça, que seria a incógnita feliz do amor de todas as outras, que repovoaria o mundo e sobre a qual se fundaria uma cidade aberta e universal, onde a luz se não apague, a escravidão se não conheça, onde a vida fácil, risonha, perfumada, seja um perpétuo deslumbramento de liberdade e de amor"[15].

O sonho utópico, todavia, vai-se chocar contra a realidade distópica do que lhe será dado ver nos dias que se seguem. Nenhum dos episódios de que será testemunha de vista ou de ouvido trará qualquer respaldo, por remoto que seja, aos seus ideais humanitários. Em vez da "vida nova que se abra para nós um sonho realizado", o que ele vem aqui encontrar são os mesmos vícios do Velho Mundo de onde fugia. A prepotência e a venalidade dos magistrados aos quais compete a administração da lei no vale do Rio Doce vai-lhe confirmar o primado do egoísmo sobre o altruísmo, da força sobre a fraqueza, como dá a entender o episódio do inventário de bens de colonos falecidos. Igual primado se evidencia nos valores e na conduta dos colonos alemães. Porque almejam um casamento rico para o filho Moritz, os Kraus, patrões de Maria Perutz, a expulsam quando ela é engravidada por Moritz; em nome da moralidade, o pastor luterano se exime de ajudá-la, no que é secundado por todos os seus paroquianos, cujos ódios logo se acendem contra a escorraçada. E o gosto da crueldade e do sangue, obliterando as coerções da piedade ou os impulsos do afeto, esplende na cena do cavalo flagelado pelos ciganos para irrigar ritualmente a terra de plantio. Pouco depois, no mesmo capítulo, a cena do cadáver do velho caçador atacado pelos abutres e defendido pelos cães, e, no capítulo seguinte, a cena culminante dos porcos a devorarem o recém-nascido de Maria, ilustram, no nível da inconsciência animal ou cósmica,

12. *Canaã, ed. cit.*, p. 64.
13. *Canaã, idem.*
14. *Canaã*, p. 66.
15. *Canaã*, p. 112.

VIII. *Canaã* e o Ideário Modernista

a mesma ferocidade que os demais episódios cuidaram de ilustrar no nível do comportamento humano.

A minuciosidade verista posta na descrição desses episódios distópicos, em contraste com as largas pinceladas e a vaguidade de contornos que preponderam nas teorizações utópicas de Milkau ou de seus interlocutores, Lentz, o companheiro de exílio, e Pedro Maciel, o juiz municipal, mostra por si só ter o distópico, em *Canaã*, peso bem maior que o utópico, como seria tipicamente de esperar da estrutura microtelescópica. Não fosse a circunstância de o clímax da narrativa desmentir-lhe o curso até então – na fuga de Porto de Cachoeira, Milkau é tomado da "vertigem da morte", sendo impedido por Maria de atirar-se no abismo –, e poder-se-ia filiar *Canaã* àquela linhagem do romance da desilusão de que fala Lukács[16] a propósito de *A Educação Sentimental*, de Flaubert. O tema reiterativo desse tipo de romance é o malogro dos ideais no choque contra a realidade, pelo que ao seu protagonista, ou herói problemático, não resta senão acomodar-se à sociedade tal como ela se lhe apresenta, ainda que decepcionante, ou isolar-se dela para acalentar, no recesso da interioridade, o ideal irrealizável. No caso de *Canaã*, não se pode falar a rigor nem de acomodação nem de retirada, mas sim de adiamento, o qual seria intrínseco ao romance utópico. Já que malogra no espaço a busca da sua sonhada utopia, Milkau a transfere, no tempo, para o porvir da mesma "terra nova" onde a viera procurar, como está dito na sua exortação final a Maria:

> A terra da Promissão, que eu te ia mostrar e que também ansiosamente buscava, não a vejo mais… Ainda não despontou à Vida. Paremos aqui e esperemos que ela venha vindo no sangue das gerações redimidas. Não desesperes. Sejamos fiéis à doce ilusão da Miragem. Aquele que vive o Ideal contrai um empréstimo com a Eternidade.[17]

Eis a estrutura microtelescópica *in nuce* na oposição entre o "paremos aqui" sobre o que se detém a escrita verista de *Canaã* e o "ainda não despontou", horizonte de referência para o qual se volta a sua escrita doutrinária. Mas o fundamental a observar é o sentido crítico, metalinguístico, dessa oposição. Ao se valer do contraste entre microscopia objetiva e telescopia abstrata para

---

16. Georg Lukács, *A Teoria do Romance*, trad. A. Margarido, Lisboa, Presença, s.d., capítulo II da 2a. parte, pp. 117-139

17. *Canaã, ed. cit.*, p. 359.

marcar estilisticamente por implicitação (em nenhum momento se declara semelhante intento) a inviabilidade e o irrealismo da sua proposta utópica, Graça Aranha antecipava um dos traços marcantes da vindoura ficção modernista: o seu sentido autocrítico. Tal sentido é discernível tanto no *Miramar* e no *Serafim Ponte Grande* de Oswald de Andrade, enquanto "índice cretino, sentimental e poético" ou "necrológio" das veleidades cosmopolitas de seu autor, "palhaço de classe"[18], e por extensão, da burguesia cafeeira de São Paulo, quanto no *Macunaíma* de Mário de Andrade, epitáfio do sonho antropofágico nascido ao mesmo tempo que este[19].

Mas é bem de ver que, ao longo de *Canaã*, a oposição entre o registro verista e o registro doutrinário não chega a assumir caráter de exclusão ou polaridade absoluta. Surge amiúde, para mediá-los, um terceiro registro, a que poderíamos chamar simbólico. O registro verista, de natureza eminentemente descritiva, visa a registrar o fato em si, pelo que os recursos de ênfase de que eventualmente lança mão, em especial os de ordem metafórica, são de *intensificação* de sentido. Já o registro doutrinário, pela generalidade do seu enfoque, desborda do aqui e agora caucionadores do fato objetivo, para projetar-se na distância indeterminada do abstrato e/ou do utópico; diferentemente do registro verista, voltado para as conexões causais entre os fatos, privilegia ele a conexão lógica entre as ideias, melhor dizendo, entre premissas e conclusões teóricas. É no registro doutrinário que se veiculam as concepções dos protagonistas e, ocasionalmente, de outros personagens, acerca da realidade brasileira em particular, e do sentido da vida em geral. Sendo por via desse registro que se tem acesso à interioridade de Milkau e Lentz, interioridade na qual o racional ou especulativo prima sobre o afetivo ou intuitivo, compreende-se que seja o registro dominante em boa parte de *Canaã*.

Entre exterioridade distópica e interioridade utópica intromete-se porém, à guisa de mediação, o registro simbólico, de pendor sobretudo ornamental. Diferentemente dos dois outros registros, dá mais ênfase à ordem da homologia do que à ordem da lógica ou da causalidade. Daí que nele preponderem as conexões metafóricas, de dúplice função: de um lado, intensificar o poder

---

18. As frases entre aspas são citações do prefácio de *Serafim Ponte Grande*, 2ª ed. (em vol. 2 das *Obras Completas de Oswald de Andrade*, Rio de Janeiro, Civilização Brasileira, 1971, pp. 131-137).

19. Cf., a propósito, meu ensaio "Cinco Livros do Modernismo Brasileiro", em *Estudos Avançados*, vol. 2, n. 3, São Paulo, IEA-USP, set-dez.1988; especialmente pp.103-104. E no primeiro volume desta obra.

de persuasão dos lances utópico-doutrinários; de outro, estabelecer vínculos de correspondência consubstancial ou orgânica entre ornamento e substância ornada, entre o domínio do natural e o domínio do ideal. Um exemplo ajudará a entender melhor tais distinções. Trata-se do episódio da flagelação ritual do cavalo a que já fizemos referência e que aparece no capítulo VIII. Dele se transcrevem aqui apenas os três parágrafos finais:

E o relho soava, enquanto o mártir ia lento, de pescoço estirado, pernas trôpegas, esvaindo-se pelas veias abertas, como torneiras de sangue. O cigano mais terrível, mais feroz, transfigurava-se e da sua garganta afinada irrompeu brusco, sonoro, o canto de guerra dos velhos tártaros. O chicote cruel e rápido marcava o compasso desse ritmo estranho. O contágio do furor apoderou-se dos outros, que, imobilizados, assistiam ao sacrifício. E embriagados pouco a pouco pelas frases da música, pela sugestão do rito, pelo odor de carne sangrenta, acompanhavam o canto, num coro infernal. O animal, exausto, caíra de lado, como um peso inerte. O açoite inexorável ainda o levantou uma vez, e no solo, como numa verônica, ficou estampada a imagem do seu corpo, impressa em sangue. Prosseguia sem interrupção, fogoso, lúgubre, o canto que feria asperamente o ar, e era o eco da melodia satânica da morte. O cavalo deu mais alguns passos, cambaleando como um alucinado, e afinal prostrou-se sobre a terra. Arquejando, resfolegando num espaçado estertor, morria vagarosamente. Nas suas pupilas de moribundo fotografaram-se num derradeiro clarão as fisionomias dos algozes. E esta imagem medonha, que se lhe guardara no interior dos olhos, era a infinita tortura que o acompanharia além da própria morte, presidindo à dolorosa decomposição da sua carne de mártir.

Cessaram as vozes. Os homens agruparam-se em torno do cadáver, rezando como fantasmas loucos. Poças e fios vermelhos manchavam o sulco. A camada de argila, lisa, escorregadia como uma couraça, tomava o seio da terra impenetrável ao sangue, que, sorvido pelo sol, se evaporava e dissolvia no ar. Era a rejeição do sacrifício, o repúdio da imolação, rompendo a cruenta tradição do passado. A nova Terra juntava a sua contribuição aos límpidos ideais dos novos homens…

— E para quê? dizia Milkau comovido até as lágrimas, e para que a tortura, a fecundação pelo sangue, se Ela, risonha e alegre, como uma rapariga bela e fresca, lhes daria os seus frutos, cedendo tão somente às brandas violências do amor?…[20]

20. *Canaã, ed. cit.*, pp. 288-290.

Escolheu-se esse trecho porque nele se entrecruzaram bem ilustrativamente os três registros de estilo. Como não cabe aqui uma análise pormenorizada de todas as relações dos recursos retóricos ocorrentes no trecho com a semântica geral do romance de onde foi tirado, limitemo-nos àqueles que têm a ver de imediato com as distinções que ora nos ocupam.

Quem esteja familiarizado com a linguagem do romance naturalista brasileiro não poderá deixar de reconhecer na contenção dramática, na economia de efeitos e na eficácia persuasiva desse trecho um momento comparável aos melhores da prosa de ficção de Aluísio Azevedo. Se temos preferido até agora a designação italiana de verista[21] à francesa, mais usual, de naturalista, tem sido para evitar equívocos terminológicos: em *Canaã*, o natural, sobretudo o paisagístico, assume quase sempre valor simbólico, como se constatará em seguida. O registro verista dá sinal de si, no trecho acima, quando mais não fosse pela visualidade da descrição, a que o acústico do som do relho, do canto de guerra do cigano e do arquejo do cavalo moribundo, tanto quanto o olfativo do odor de carne sangrenta, só servem de reforço. De reforço ou intensificação são, de igual modo, as metáforas mais convencionais, a exemplo das "torneiras de sangue" das veias abertas e do cambalear "como um alucinado" do animal mártir. Por mais elaboradas, mais originais e mais ricas de implicações, dir-se-ia que as metáforas da verônica ("como numa verônica, ficou estampada a imagem do seu corpo, impressa em sangue") e da fotografia pupilar ("nas suas pupilas de moribundo fotografaram-se num derradeiro clarão as fisionomias dos algozes" etc.) já pertencem ao domínio do registro simbólico. Entretanto, como a ideia de martírio ou sacrifício ritual fora explicitada desde o começo do episódio ("Naquele sacrifício cumpria-se uma missão sagrada. [...] Quando os antepassados tártaros [...] renunciaram à vida errante dos pastores, para lavrar o campo [...] sacrificaram aos velhos deuses o velho companheiro de peregrinação. E, assim, a imolação ficou sempre no espírito dos descendentes

---

21. Sobre o conceito de verismo, ou melhor, do que ele chama de "poética dos veristas", ver *Disegno Storico della Letteratura Italiana de Natalino Sapegno* (Florença, Nuova Italia, 1958, pp. 700-703). Entre os "cânones essenciais" dessa poética, destaca Sapegno "o primado da literatura objetiva, narração ou drama, sem intrusões líricas ou autobiográficas", a "pureza dos elementos figurativos: diálogo e paisagem" e, sobretudo, "'o estudo do verdadeiro, como diriam os pintores', a escolha e enquadramento do 'documento humano', donde o esforço de reconstruir com precisão objetiva, científica, o processo dos fatos, não do exterior, mas aderindo intimamente às razões necessárias, naturais, dele". Os momentos veristas de *Canaã* atendem no geral a esses cânones, ainda que não muito estritamente. Devo a indicação dessa fonte a Alfredo Bosi.

como um dever, cujas raízes se estendem até ao fundo da alma das raças."), tais metáforas elaboradas confirmam simplesmente a ideia explicitada, sem lhes acrescentar valores de outro campo semântico.

O mesmo não se pode dizer da metáfora conclusiva do episódio, a da camada de argila impermeável impedindo a absorção do sangue mártir pelo solo, numa como (conectivo de comparação que, por habilmente escamoteado, enriquece a expressividade do clímax) rejeição do cruel – e inútil – sacrifício. Mas as implicações mais distantes da metáfora são a seguir desenvolvidas: com rejeitar, juntamente com o sangue derramado, "a cruenta tradição do passado", a nova terra perfilhava "os límpidos ideais dos novos homens". Aqui se condensa, miniaturalmente, o eixo semântico de *Canaã*, ou seja, a oposição utopia/distopia a cujo serviço estão os três registros, o verista e o doutrinário para a desenvolver substancialmente, o simbólico para a enriquecer adjetiva ou ornamentalmente. Ao registro simbólico pertence evidentemente a metáfora da argila recusadora de sangue, pois articula por homologia o mundo exterior da natureza ao mundo interior do protagonista. E é neste ponto que melhor ressalta a diferença entre o registro doutrinário e o registro simbólico. Aquele desdobra, num discurso explicativo, o que este figura implicitamente numa imagem palpável. A fala conclusiva de Milkau ("para que a tortura, a fecundação pelo sangue se Ela [a terra] lhes daria os seus frutos, cedendo tão somente às brandas violências do amor?") é uma interpretação ou explicitação do que a imagem da argila recusadora sugeria metaforicamente. Essa metaforia, por sua vez, extrapola a semântica do real, a que se atém o registro verista, rumo à semântica do ideal, a que se aplica o registro doutrinário. Por ficar a meio caminho entre real e ideal, conciliando-os, é que a metáfora da argila recusadora pode ser tida como de ornamento. Nisso faz lembrar os caprichosos motivos decorativos que, estilizando as formas orgânicas, o *art nouveau* usava para adornar objetos utilitários, inclusive industriais, como máquinas de costura. Ainda que extrapolassem da função utilitária dessas máquinas, não se pode dizer que os ornatos fossem de todo supérfluos ou intempestivos: visavam a aproximar o mundo da técnica do mundo da natureza, o utilitário do belo, no empenho de "criar a imagem de um mundo de beleza e felicidade universais", empenho paralelo ao sonho utópico de Milkau com uma "cidade aberta e universal [...] onde a vida fácil, risonha, perfumada, seja um perpétuo deslumbramento de liberdade e de amor".

3. Uma Semântica da Paisagem

A prosa de *Canaã* está longe da neutralidade da prosa de código civil postulada por Stendhal como a mais conveniente aos propósitos especulares do romance. Trata-se, antes, de uma prosa trabalhada, onde não é difícil distinguir o ornamento da substância ornada. Nisso, *Canaã* é bem um livro de época, daquela época de "transição ornamental" a que se referiu David Salles[1] ao lhe estudar um dos autores típicos, Xavier Marques, muito embora o corifeu, em matéria de ornamentalismo, fosse reconhecidamente Coelho Neto. Comparada às intemperanças da prosa deste, com o seu léxico opulento, o seu abuso dos efeitos cumulativos, o seu pendor para o termo inusitado ou precioso, a prosa de Graça Aranha até passa por discreta, o que não a impede de ostentar empostação ornamental. A função decorativa de numerosos lances de *Canaã* se deixa ver na circunstância de eles nada acrescentarem de efetivamente substantivo à narrativa, seja no que respeita ao "desenrolar dos fatos", seja no que respeita à "'vida interior das personagens", para repetir as palavras com que Alfredo Bosi caracterizou o ornamentalismo *belle époque* de Coelho Neto. Mas nem por isso se pode dizer que tais lances decorativos sejam supérfluos na economia ficcional de *Canaã*. Eles ali funcionam com nexos de mediação – mediação de índole simbólica, já se vê – entre o mundo exterior dos acontecimentos e o mundo interior dos protagonistas. Nesse mundo exterior, a paisagem é uma presença constante, quase se diria obsessiva.

Ela não atua como um pano de fundo que só servisse para enquadramento dos conflitos humanos que, estes sim, constituiriam o primeiro plano da narrativa e, como tal, o seu foco de interesse dramático. Trata-se, ao contrário, de uma paisagem intensamente semantizada, que participa também da dramática da narrativa. Seus valores se alinham pelos valores da interioridade utópica

---

1. David Salles, *O Ficcionista Xavier Marques*: Um Estudo da "Transição Ornamental", Rio de Janeiro, Civilização Brasileira, 1977.

VIII. *Canaã e o Ideário Modernista*

de Milkau, o protagonista masculino, e contra os valores distópicos da realidade que ele vem encontrar na sua suposta, e sucessivamente desmentida, *Canaã*. Há, portanto, um nexo visível de consubstancialidade entre paisagem e interioridade, e a consubstancialidade[2] é, como já se acentuou, a principal característica do ornamentalismo *art nouveau*, de que *Canaã* é, entre nós, um alto exemplo no terreno da prosa de ficção.

Na fala rememorativa do capítulo 2, em que Milkau, para responder à curiosidade de Lentz, faz a sua autobiografia, são enumeradas as fases da crise de consciência por que ele passou na juventude, após perder o pai, a mãe e a jovem a quem amara desde a infância. Primeiro, a fase negativa: a mudança para Berlim, o trabalho de crítico literário num jornal, a progressiva insatisfação com "uma arte vazia, sem ideal e saturada de sensualidade"[3], a doença moral, a desilusão do mundo e o desejo de suicídio. Depois, a fase positiva: a reflexão salvadora de que não adianta, pelo suicídio, "libertar um só dos mártires, é preciso que todos se salvem"[4]; o reconforto da contemplação estética: ("A Beleza entrava no meu espírito como um doce sustento"[5]); a passagem, do amor da arte, ao amor da natureza ("Foi pela arte que comecei a amar a natureza […] pois até então […] eu só tinha os olhos voltados para o meu caso pessoal"[6]). Esta última citação deixa à mostra o quão intimamente o naturismo de Milkau está ligado ao seu humanitarismo, integrando um mesmo

---

2. A noção da consubstancialidade do ornamentalismo *art nouveau* parece não ser perfilhada por Lara-Vinca Masini quando escreve: principal característica do *Art Nouveau*, que o distingue de qualquer outro estilo contemporâneo, é o de tomar autônomos os elementos decorativos dentro da obra de arte" (*Art Nouveau*, trad. ingl. de L Fairbairn, Londres, Thames e Hudson, 1984, p. 12). E mais adiante (pp. 14-15), no mesmo livro: "Só quando à linha e à forma [*pattern*] é dado um papel independente na obra de arte […] realizam elas em plenitude seu potencial decorativo". Outros autores, em vez de falar no caráter autônomo do ornamentalismo *art nouveau*, preferem destacar-lhe a função estrutural. De William Morris e seus seguidores, diz Renato Barilli que, por fiéis ao ideal da arte medieval, não queriam que existisse "nenhuma diferença entre estrutura de base e decoração de superfície; a lógica inerente à concepção de uma obra deve transparecer também na decoração". (*Art Nouveau*, trad . ingl. de R Rudorff, Londres, Felthorn, Middlesex, Paul Hamlyn, 1969, p. 24.) É nesse último sentido que falo aqui da noção de consubstancialidade entre o ornato e matéria ornada. Outro especialista no assunto, B. Champigneulle, mostra que artistas artenovistas como Van de Velde, Guimard e Majorelle "davam ao ornamento um lugar preponderante, fazendo-o ocupar um lugar estrutural". (*A "Art Nouveau"*, trad. M. J. C. Viana, São Paulo, Verbo/Edusp, 1976, p. 90.)
3. *Canaã*, 5ª ed. rev., Rio de Janeiro, Garnier, 1913, p. 64.
4. *Idem, ibidem.*
5. *Idem*, p. 66.
6. *Idem, ibidem.*

JOSÉ PAULO PAES *Crítica Reunida Sobre Literatura Brasileira & Inéditos em Livros*

percurso de dentro para fora, do egocêntrico ao solidário. O culto da natureza exerce a princípio um efeito paradoxal: induz nele uma ânsia mística de "mortificação e sofrimento" e ei-lo que se isola no coração dos Alpes, para, emulando "a vida solitária dos monges, evaporar a (sua) animalidade e dissolvê-la na combustão de um sentimento ativo e fecundo"[7]. Mas não tarda a se dar conta do perigo desse isolamento à Zaratustra: "O meu isolamento era apenas intelectual, uma forma de desdém do mundo, uma expressão mesquinha de quem foge do seu lugar na vida"[8]. E, como Zaratustra, que acabou por se cansar da sua solidão de eremita e buscou companhia humana a quem anunciar o advento do Super-homem, assim também Milkau volta à planície dos homens, ainda que movido por diferentes razões. Volta para "gerar o amor, ligar(-se) aos espíritos, dissolver(-se) no espaço universal e deixar que toda a essência da (sua) vida se espalhasse por toda a parte, penetrasse nas mínimas moléculas, como uma força de bondade"[9].

Esta ânsia panteísta de comunhão, por trás da qual não é difícil perceber o magistério do monismo filosófico da Escola do Recife, impregna as páginas de *Canaã* e responde, no plano da sua coerência interna, pelo alinhamento ali tão marcado entre natureza e interioridade. Logo no seu capítulo de abertura, onde começa a se esboçar o quadro de sucessivas antíteses que ao longo do romance irao extremar as interioridades de Milkau e Lentz numa estrutura de tipo dialógico, manifesta-se a empatia do primeiro e a dispatia do segundo para com a natureza tropical. Enquanto Lentz confessa preferir "os campos europeus com suas mutações" sazonais e se queixa do "sol implacável" dos trópicos, com seu "amarelo sempre a nos perseguir" e a não consentir nenhum "descanso para uma suave matização de cor", Milkau declara "amar esta natureza até a paixão"[10]. Paixão que um parágrafo anterior do mesmo capítulo evidenciara estar ligada de perto às suas esperanças utópicas:

> Milkau nesse panorama aberto lia a história simples daquela obscura terra. Porto do Cachoeiro era o limite de dois mundos que se tocavam. Um traduzia, na paisagem triste e esbatida do nascente, o passado, onde a marca do cansaço se gravava nas coisas minguadas. Aí se viam destroços de fazendas, casas abandonadas, senzalas

7. *Canaã*, 5ª ed. rev. Rio de Janeiro, Garnier, 1913, p. 66.
8. *Idem*, p. 68.
9. *Idem, ibidem*.
10. *Idem*, p. 69.

em ruínas, capelas, tudo com o perfume e a sagração da morte. A cachoeira é um marco. E para o outro lado dela o conjunto do panorama rasgava-se mais forte, mais tenebroso. Era uma terra nova, pronta a abrigar a avalanche que vinha das regiões frias do outro hemisfério, e lhe descia aos seios quentes e fartos; e ali havia de germinar o futuro povo que cobriria um dia todo o solo, e a cachoeira não dividiria mais dois mundos, duas histórias, duas raças que se combatem, uma com a pérfida lascívia, outra com a temerosa energia, até se confundirem num mesmo grande e fecundante amor[11].

Haveria muito que tirar desse parágrafo tão rico de implicações. Mas contentemo-nos, por ora, em ressaltar a condição de fronteira entre dois mundos que Porto do Cachoeira, onde se passa a ação toda do romance, nele assume. Nada mais natural fosse a semelhante espaço de encontro do passado com o futuro, da decadência com a utopia, que, desiludido do Velho Mundo e ansioso de um Novo Mundo solidário e fraterno, seu protagonista acorresse como que trazido pela lógica da narrativa. Um espaço cuja paisagem é imantada pelo mesmo polo utópico para o qual se volta a interioridade de Milkau, donde o alinhamento ou simetria entre ambos. Sua empatia pela natureza tropical não teme os extremos na hora de manifestar-se. Quando ele vai ver, com Lentz, o lote de terra a que juntos se candidataram como agricultores neófitos, a necessidade de derrubar as árvores ali existentes para limpar o terreno de plantio de café provoca-lhe uma reflexão em que utopia e ecologia se irmanam:

Compreendo bem que é ainda a nossa contingência essa necessidade de ferir a Terra, de arrancar do seu seio pela força e pela violência a nossa alimentação; mas virá o dia em que o homem, adaptando-se ao meio cósmico por uma extraordinária longevidade da espécie, receberá a força orgânica da sua própria e pacífica harmonia com o ambiente, como sucede com os vegetais; e então dispensará para subsistir o sacrifício dos animais e das plantas[12].

O encantamento de Milkau com a natureza brasileira não o impede porém de refletir criticamente a seu respeito. Tais momentos de distanciamento ana-

11. *Canaã*, 5ª ed. rev. Rio de Janeiro, Garnier, 1913, p. 37.
12. *Idem*, p. 31.

lítico como que lhe contradizem a empatia espontânea por ela. Diante do espetáculo da exuberância da floresta tropical – espetáculo que inspira à escrita artística do autor de *Canaã*, logo no início do capítulo segundo, uma página onde o comprazimento descritivo com o "esplendor da força na desordem" parece derivar do desamor do *art nouveau* pela simetria das linhas retas e do seu pendor para o vitalismo das linhas sinuosas a se combaterem e a se entrecruzarem dinamicamente –, observa ele ao seu companheiro de exílio que "a floresta do Brasil é sombria e trágica". Nela, "o espírito é esmagado pela estupenda majestade da natureza" e, ofuscados por "esta força, esta luz, esta abundância [...] passamos por aqui em êxtase, não compreendemos o mistério". Perde assim o espírito a faculdade racional e se paralisa na adoração, "escravo de uma hipnose: a personalidade se escapa para se difundir na alma do Todo"[13]. Ora, como se viu por uma citação um pouco mais atrás, Milkau, após vencer a crise de consciência que o afligiu na juventude, passou a almejar "dissolver(-se) no espaço universal", o que faria supor fosse o poder de hipnose ou de êxtase da natureza tropical, induzindo a individualidade do contemplador a se dissolver panteisticamente nela, o mais grato dos incitamentos a quem queria que "toda a essência de (sua) vida se espalhasse por toda a parte, penetrasse nas mínimas moléculas, como uma força de bondade".

Configura-se aqui, mas agora na própria interioridade do protagonista, uma cisão dialógica entre encantamento e reflexão, entre irracional e racional, entre contemplação e ação. Aliás, também no âmbito das tensões dialógicas se situa o continuado debate entre a vontade de amor de Milkau e a vontade de poder de Lentz, tanto quanto o repetido choque de ideais utópicos contra acontecimentos distópicos que constituem a matéria narrativa de *Canaã*. Com interiorizar esse tipo de cisão, a personalidade de Milkau se redime em parte do seu intelectualismo exagerado e ganha alguma redondez ficcional, no sentido que E. M. Forster dá à palavra quando contrapõe personagens redondas a personagens planas. Um momento de cisão autocrítica é aquele em que Milkau se reconhece "inferior às suas ideias". Isso acontece logo após uma discussão com Lentz em torno da noção de pátria (capítulo 8). Vendo tal noção como uma barreira ao "amor dos homens", barreira que "é preciso quebrar" em nome do humanitarismo, ele censura no companheiro o germânico apego ao que este chama de "fontes da minha alma", nascidas do chão

---

13. *Canaã*, 5ª ed. rev. Rio de Janeiro, Garnier, 1913, p. 126.

da pátria, à qual, numa estranha simbiose de individualismo com espírito de ela, Lentz vê como uma soma de eus congeniais multiplicados até o infinito. Apesar da sua aversão aos exclusivismos nacionais, nem por isso Milkau deixa de sentir-se "também expatriado" na Canaã dos seus ideais utópicos: "e percebia, num grande desalento, que o conjunto tropical do país do sol o deixava extático, errante e incompreensível, e que a sua alma emigrava dali, incapaz de uma comunhão perfeita, de uma infiltração definitiva com a terra..."[14].

Medo de anular a própria personalidade na comunhão com a natureza brasileira; mágoa de não conseguir jamais chegar a essa comunhão perfeita: entre as duas pontas desse dilema schopenhaueriano se debate o espírito exilado de Milkau, dividido que está entre consciência e inconsciência, melhor dizendo, entre inteligência e inocência. Isso porque só à inocência é dada a ventura de viver em total unidade com o cosmos. Ventura assim, para sempre negada à lucidez de Milkau, pôde desfrutá-la a inocência de Maria Perutz enquanto ela viveu "por muitos anos [...] como inconsciente [...] sem perceber o mundo, com o qual se confundia". Nesse passo da sua biografia, narrada no capítulo 6, antes de a tragédia sobre ela se abater, o narrador intervém para doutrinariamente explicar-nos: "Viver puramente, viver por viver, na completa felicidade, é adaptar-se definitivamente ao Universo, como vive a árvore. Sentir a vida é sofrer; a consciência só é despertada pela Dor"[15]. Quando, grávida, Maria é expulsa pelos patrões da casa onde trabalhava, e pouco depois pela irmã do pastor protestante a quem vai pedir abrigo, ela se refugia, ao cair da noite, numa "pequena mata". Sua confusão de sentimentos é então esmiuçada pelo olho onisciente do narrador: a dor desperta nela a consciência da realidade, a realidade do seu desvalimento, e, apesar do terror que a toma à beira da mata, onde lhe parece ver "a natureza toda agitando-se para sufocá-la", ela sente, não obstante, "uma inexplicável e funda atração por aquele sombrio e tenebroso mundo"[16]. Duas décadas mais tarde, o autor de *Canaã* iria desenvolver essa confusão de sentimentos da sua personagem numa metafísica sistemática em que a consciência é apresentada como percepção da separação entre o indivíduo e o universo, e o terror cósmico como o primeiro balbucio na consciência, ou antes, na subconsciência dos homens primitivos — e esse "terror inicial" chegaria até nós por via de uma suposta "hereditariedade psicológica"

14. *Canaã*, 5ª ed. rev. Rio de Janeiro, Garnier, 1913, p. 47.

15. *Idem*, pp. 270-273.

16. *Idem*, p. 191.

—, da "fragmentação do Universo e da separação dos seres"[17]. A mesma metafísica do terror cósmico, formulada no ensaio de abertura de *A Estética da Vida*, irá especializar-se, no ensaio seguinte, numa metafísica brasileira por via da qual o ensaísta concita seus compatriotas a vencerem dentro de si mesmos, mediante uma disciplina intelectual que ele não chega a explicar satisfatoriamente o que seja, "o espírito tenebroso da terra [...] o terror que assombra e separa". Terror cósmico suscitado pela "descorrelação insuperável entre o meio físico e o homem", vale dizer, pelo ciclopismo da natureza tropical, nos "espíritos grosseiros, fracos e apavorados"[18] de nossos antepassados selvagens, índios e negros, dos quais o recebemos como herança a ser descartada.

Talvez falte a essa sistemática mas abstrata elaboração *a posteriori*, por habilidosa que possa ser a dialética do ensaísta de *A Estética da Vida*, o poder de persuasão que o lastro de concretude ficcional agenciado pelo romancista de *Canaã* soube dar ao desamparo de Maria Perutz na noite da floresta. Desamparo que a inconsciência do sono vai transfigurar em cósmico aconchego quando miríades de pirilampos lhe cobrirem o corpo de pedrarias luminosas, como a Salomé *art nouveau* do quadro célebre de Gustave Moreau. Trata-se, evidentemente, de um lance ornamental dentro da economia estrita da narrativa, mas de um ornamentalismo "motivado", como todo ornamentalismo artenovista, na medida em que faz o mundo exterior da natureza se sintonizar, por nexos de baudelairianas *correspondances*, com o mundo interior dos indivíduos. É como se (um "como se" de correlação simbólica) a compaixão da natureza buscasse compensar a impiedade dos homens ao transfigurar a campônia escorraçada em princesa recoberta de joias. Mas a transfiguração compensativa só dura enquanto dura a inconsciência do sono: ao despertar dele, a princesa se vê de volta aos seus trapos de escorraçada: "Abandonada pelos pirilampos, despida das joias misteriosas, Maria foi emergindo do sonho, e a sua inocência de todo o pecado, a sua perfeita confusão com o Universo acabou ao rebate violento da consciência"[19].

Em dolorosa lucidez ou semilucidez viverá ela o restante do seu calvário – o bebê devorado pelos porcos ao nascer, a execração pública, os trâmites do processo judicial, a ignomínia do encarceramento – até a fuga com Milkau. Durante a fuga, conforme se vai distanciando de Porto do Cachoeira, local do

17. *Canaã*, 5ª ed. rev. Rio de Janeiro, Garnier, p. 244.
18. Graça Aranha, *A Estética da Vida*, Rio de Janeiro, Garnier, 1925, p. 4.
19. *Idem*, pp. 95 e 89.

seu calvário, vai ela recuperando a inocência primeva de criatura da natureza até se converter na própria figuração desta:

Animada, transmudada pelo misterioso poder do Sonho, a Mulher enchia de novas carnes o seu esqueleto de prisioneira e mártir; novo sangue batia-lhe vitorioso nas artérias, inflamando-as; os cabelos cresciam-lhe milagrosos como florestas douradas deitando ramagens, que cobriam e beneficiavam o mundo[20].

Tal vegetalização, que faz de Maria uma espécie de divindade telúrica, começara um pouco antes, num momento de desânimo de Milkau, durante o esforço de galgar os rochedos escarpados, quando ele se deixa então seduzir pela "tentação satânica da morte" e quer arrastar a companheira para o abismo. Ela resiste, luta com ele, retém-no e salva a ambos: "Os braços dela, enlaçando-se como correntes a uma árvore, o retinham [...] a força dele que a queria levar para a morte, teve de ceder à dela, que os prendia à vida...". Pouco importa que à luz do amanhecer — a fuga se dera durante a noite — a figuração vegetalizadora se dissipe e Milkau volte a ver em Maria "a primitiva face moribunda, os mesmos olhos pisados, a mesma boca muda, a mesma figura de martírio"[21]. Enquanto durou a metamorfose noturna dela em mulher-floresta, em *genius loci* da natureza tropical, pôde ela salvar da dúvida e do aniquilamento o companheiro de fuga, reacendendo nele a fé quase extinta na "força criadora da utopia" e preparando-o para a espera messiânica dela "na alma dos descendentes"[22].

Culmina assim, nas páginas finais de *Canaã*, o processo de semantização simbólico-ornamental da paisagem, cujos valores, introjetados pela protagonista feminina, vão-se somar aos da utopia encarnados no protagonista masculino. Soma artenovística de ornamento e substância, num simulacro da união sexual do par edênico de que haverão de nascer as "gerações redimidas" da afinal terra da Promissão. Isso não obsta todavia a que o remate do romance soe como um acorde irresolvido no qual persistem as tensões dilemáticas vida x morte, consciência x inconsciência, fusão no Todo x alienação dele. Entretanto, bem antes (capítulo 4), Milkau insinuara, de passagem, uma possível solução para tais dilemas, solução que antecipa em parte a proposta,

20. *Canaã*, 5ª ed. rev. Rio de Janeiro, Garnier, 1913, p. 247.
21. *Idem*, p. 358.
22. *Idem*, p. 359.

tantos anos mais tarde, pela metafísica sistemática de *A Estética da Vida*. Enquanto passeiam pelo vale do rio Doce ainda coberto de cerração matinal, a um reparo pessimista de Lentz de que, com seus "pérfidos e doces venenos", a natureza acorrenta o homem à vida a fim de martirizá-lo, responde otimisticamente Milkau:

> Mas a vida é mais natural do que a morte, o prazer mais do que o sofrimento... E tu emprestas à natureza uma consciência que ela não tem. Ela não existe como entidade, distinguindo-se pela vontade. A nossa superioridade sobre ela, tu sabes, está exatamente nessa consciência que é nossa, que percebe as suas leis, as suas fatalidades, e nos obriga a tomar o caminho mais seguro para a harmonia geral[23].

Tem-se aí, é fácil ver, uma retomada do tema do caniço pascaliano cuja nobreza estava em saber-se esmagado por um universo que não sabe que esmaga. Só que, em vez de falar-se em esmagamento, fala-se agora em caminho seguro e harmonia geral. Isso não é de estranhar em se tratando de um ex-discípulo da Escola do Recife que, malgrado uma perigosa inclinação para a metafísica e certas notas irracionalistas à Nietzsche ou pessimistas à Schopenhauer, não chegou a perder a confiança do monismo de Haeckel nas luzes da ciência, a ciência do século XIX, bem entendido. Felizmente, ao inverso do que ocorre com o fechamento doutrinário de *A Estética da Vida*, a abertura imaginativa de *Canaã* não permite à consciência segura de suas luzes racionalistas levar a melhor sobre as obscuras pulsões vitais do inconsciente. E foi por ter sabido manter as tensões dinâmicas entre uma e outra que *Canaã* acabou por paradoxalmente ficar mais perto do ideário de 22 do que *A Estética da Vida* e o *Espírito Moderno*, ainda que estes já se apresentem como uma plataforma modernista.

Uns poucos exemplos ajudarão a entender a discreta medida dessa proximidade. Mário de Andrade, que lembraria em 1942 ter rido "um bocado da *A Estética da Vida*" juntamente com os seus companheiros paulistas da Semana, faz Marido e Mulher, dois dos protagonistas de "Moral Cotidiana", uma tragédia bufa publicada no n° 2 de *Estética* (1924), exclamarem quando se resolvem a trocar a civilização pelo mato: "Lá dentro dos matos americanos, onde as iraras pulam, os chocalhos das cascavéis charram, onde zumbem milhões de insetos venenígeros, seguiremos o conselho de Rousseau, de João Jaques

---

23. *Canaã*, 5ª ed. rev. Rio de Janeiro, Garnier, 1913, p. 319.

Rousseau, e segundo as bonitas teorias do sr. Graça Aranha nos integraremos no Todo Universal!". Como se fala aqui em "teorias", é de supor que a alusão caçoísta tenha a ver com *A Estética da Vida*. Mas num longo poema divulgado no número seguinte da mesma revista, "Noturno de Belo Horizonte", Mário diz a certa altura, de si e dos seus compatriotas, que "Nós somos na Terra o grande milagre do amor!"; noutro verso, preconiza que "As pátrias têm de ser uma expressão de Humanidade"; e noutro, ainda, vê os "brasileiros auri-verdes", de par com as pedras preciosas, aves e frutas típicas da sua natureza tropical, empenhados todos numa "fremente celebração do Universal".

Esta visão de um Brasil edênico como *locus* por excelência do amor entre os homens e da celebração do Universal (que, assim com maiúscula, fica perto do Todo Universal caçoado em "Moral Cotidiana") traz-nos à lembrança, até nos torneios de expressão, o discurso utópico de Milkau em *Canaã*. E quando o mesmo Milkau, intimidado pela majestade "sombria e trágica" da selva brasileira, a contempla "em êxtase", interdito ante o seu "mistério", ao mesmo tempo em que sua personalidade, vale dizer, a consciência de si e do mundo, "se escapa para se difundir na alma do Todo", sua postura tem algo da postura antropofágica tal como a concebiam os modernistas de 1927. O vocabulário da Antropofagia cuidou de nacionalizar a alma do Todo na "alma embrionária" de "um outro Brasil carregado de assombro", os assombros capazes de gerar em Milkau o "êxtase" ante o mistério da floresta brasileira e em Maria o terror repassado de fascínio pelas suas ameaças noturnas. Para os antropofagistas, era do êxtase ou terror cósmico que nascia o *mussunga-lá*, uma disposição psicológica definida por Raul Bopp como "um estado de aceitação, de instinto obscuro, subconsciente, mágico, pré-lógico"[24]. E Bopp fala também, no prefácio a uma das edições de *Cobra Norato*, de "mistério em casa"[25] a propósito da selva brasileira geradora de "mundos mágicos".

Quase escusava dizer que não se está cogitando aqui, e nem caberia cogitar, de casos de influência literária, mas sim de afinidades de ideias ou posturas. Somente neste último sentido é que *Canaã*, por algumas de suas formulações, prenuncia assaz embrionariamente tendências do modernismo vindouro. Sob a égide da psicanálise ("Remexer raízes da raça, com um pen-

---

24. Raul Bopp, *Movimentos Modernistas no Brasil* (1922-1928), Rio de Janeiro, Livraria São José, 1966, p. 64.
25. *Idem*, p. 84.

samento de psicanálise", postula Raul Bopp no prefácio há pouco citado)[26], a Antropofagia privilegiou a lógica não cartesiana do subconsciente, ao passo que *Canaã*, não obstante suas tensões dialógicas entre inteligência e inocência, está ainda demasiado próximo do monismo racionalista da Escola do Recife. Seu namoro com o Inconsciente nada tem a ver com a psicanálise e sim com um conceito metafísico central na filosofia de Eduard von Hartmann, que influenciou Tobias Barreto e, através dele, seus epígonos, entre os quais Farias Brito, Augusto dos Anjos e Graça Aranha.

O compromisso com o racionalismo filosófico, de um lado, e, de outro, o apego à escrita artística – compromisso e apego típicos do *Zeitgeist* pré--modernista – ajudam a entender por que as tensões entre consciente e inconsciente, entre erudito e popular, não chegam, nem em *Canaã* nem em *Malazarte*, a uma síntese como a de *Macunaíma* e *Cobra Norato*, obras em que a insatisfação com o estabelecido ultrapassa a dialogia para se resolver em ruptura de modelos. Quer no primeiro romance de Graça Aranha, quer, mais ostensivamente, na sua única peça de teatro, o erudito e o popular, ainda que se confrontem, permanecem estanques, como de resto permaneceram na ficção regionalista da época. Em *Canaã*, a matéria folclórica é episódica, não se integra substantivamente à narrativa, onde, tanto quanto a paisagem semantizada a que está ligada em essência como expressão do *genius loci*, tem função de ornato artenovisticamente motivado. Tal função subsidiária decorre, quando mais não fosse, da circunstância de o ponto de vista narrativo centrar-se num intelectual cuja relação com o mundo popular – o mundo do trabalho a que pertencem os artesãos da vila, os auxiliares do agrimensor Felicíssimo, os próprios colonos alemães – é antes de simpatia que de congenialidade propriamente dita. A esse mundo popular está consagrado todo o capítulo 3 do romance, e o dialogismo estrutural deste se espelha ali numa alternância de lendas contadas pelos trabalhadores alemães – a do Rochedo da Monja, as dos feitos de Siegfried, a da Lorelei – com a lenda brasileira do currupira contada pelo mulato Joca. De observar-se é que, enquanto esta é uma experiência vivida pelo narrador e comunicada portanto com a força de convicção dos testemunhos pessoais, aquelas não passam de repetição já impessoalizada de uma tradição remota, com o que fica bem marcada a maior pertinência do

---

26. Raul Bopp, *Cobra Norato e Outros Poemas*, "Edición dispuesta por Alfonso Pintó", Barcelona, Dau al Set, 1954, p. 15.

VIII. *Canaã* e o Ideário Modernista

local em relação ao alienígena. Mas tanto a lenda brasileira quanto as alemãs servirão de igual modo a Milkau como pontos de partida para uma reflexão em torno da importância do folclore[27]. Neste discerne ele uma via de acesso privilegiada à gênese de um espírito nacional, pois, a despeito do seu universalismo confesso, as diferenças entre os homens lhe interessam tanto quanto a sua essencial unidade. As estórias que ouve aos "homens primitivos" com os quais tem oportunidade de conviver algumas horas no barracão de Felicíssimo lhe mostram de que maneira a imaginação coletiva perpetua "os quadros da infância de cada povo gerador" nas suas respectivas "fantasias e mitos". Os mitos dão um vislumbre das "almas dos povos". Conquanto não use o termo junguiano, Milkau vê essa alma como uma espécie de inconsciente coletivo em cujos "feitiços" — a exemplo da lenda do currupira, "divindade errante" que simboliza "as forças eternas da natureza que assombram" o brasileiro — se imprimiram, camadas fósseis, "os instintos, os desejos, os hábitos diferentes dos homens". Tanto assim que ele chega a aventar a possibilidade de se rastrear nas "células cerebrais" de uma "alma isolada", isto é, na psique individual, "as remotas sensações dos povos"[28].

Temos assim, na fala do materialismo vulgar do século XIX, onde "células cerebrais", um tecnicismo, convive sem pejo com a vaguidade de uma frase feita do tipo de "almas dos povos", um encarecimento do documento folclórico intimamente ligado ao encarecimento rousseauniano da inocência e da inconsciência, ainda que no quadro de uma visão ortodoxamente racionalista. Ambos os encarecimentos preludiam o empenho da Antropofagia de esquadrinhar — palavras de Raul Bopp — os "anais totêmicos" ou "raízes da raça" ainda vivas nos "arrabaldes subconscientes"[29] da "alma embrionária" de um "Brasil subjacente". Assim como preludiam a busca empreendida por Mário de Andrade da "personalidade racial" do brasileiro. Personalidade cuja crise de crescimento ele iria fixar em *Macunaíma* e cujos traços definidores nunca deixou de continuar buscando nos seus estudos do folclore.

---

27. A preocupação com a concretude (e imediatez) da experiência folclórica brasileira se marca ainda em *Canaã* no episódio do cadáver do velho caçador atacado pelos urubus e defendido pelos seus cães. Depois de o enterrarem, os trabalhadores de Felicíssimo ouvem à noite um ruído aterrador no mato — os roncos de uma vara de queixadas —, que é logo folcloricamente interpretado por Joca como o das "almas dos cachorros, feitos caititus para desenterrar e ressuscitar o velho demônio... Formava-se assim um novo mito no Rio Doce" (*Canaã*, *ed. cit.*, p. 284).

28. *Idem*, pp. 110-112

29. Raul Bopp, *Movimentos Modernistas no Brasil (1922-1928)*, Rio de Janeiro, Livraria São José, 1966, p. 83.

4. Ideia contra Ideia

Romance de ideias mais do que romance de tese[1], *Canaã* tem no dialógico a sua estrutura de base. O prefixo *diá* da palavra grega *diálogos* involucra a noção de dualidade, tanto no sentido de oposição quanto de conjugação de elementos − "um com o outro, um contra o outro" −, donde também a noção subsidiária de mediação ou trânsito − "através de". Por sua vez, a rica semântica de *logos* se organiza em dois campos nacionais, o primeiro voltado para o lado do significante, "palavra, máxima, argumento, relato, revelação", enquanto o segundo recobre antes a área do significado, "razão, inteligência, juízo, opinião, razão de uma coisa ou valor que se dá a ela". Em suma: no diálogo, por intermédio da palavra, confrontam-se duas razões diversas, seja para discordarem uma da outra, seja para concordarem entre si por convergência, seja ainda para, a partir do discorde, chegarem a uma terceira razão que, síntese das anteriores, tem valor maior do que a simples soma delas. Mas a ternaridade da síntese já ultrapassa o binarismo do dialógico no rumo do dialético propriamente dito, método de raciocínio que Aristóteles distinguia da mera habilidade polêmica por ver nele "um processo de crítica que abre o caminho para os princípios de toda e qualquer indagação"[2].

Essas diversas acepções de dialógico são ilustradas em *Canaã* pela matéria narrativa e pelo modo com que ela se estrutura. No nível da efabulação, as

---

1. No difuso estudo que consagrou a *Canaã* em "O Romance Brasileiro" (org. por Aurélio Buarque de Holanda, Rio de Janeiro, *O Cruzeiro*, 1952), Orris Soares, embora cite a distinção feita por Paul Bourget entre romance-tese e romance-ideia, não vê muita diferença entre um e outro, por serem ambos, no seu entender, "romances de fins expressos". Tanto assim que situa *Canaã*, ao lado de *A Carne* e *O Missionário*, entre "os romances-teses de melhor fama em letras do Brasil". Wilson Martins (*História da Inteligência Brasileira*, São Paulo, Cultrix, 1978, vol. 5, p. 199) segue o alvitre de Andrade Murici e prefere considerá-lo um romance ideológico, ressalvando-lhe porém a "sutil dialética ideológica" para esconjurar as conotações mais grosseiras ou negativas desse adjetivo.

2. Ver o verbete "Dialectic" no *Dictionary of Philosophy*, org. por Dagobert D. Runcs, 15ª. ed. rev., Nova York, Philosophical Library, 1960 (*copyright*).

VIII. *Canaã* e o Ideário Modernista

expectativas utópicas de Milkau, o protagonista, vão-se chocar dialogicamente, repetidas vezes, contra a realidade distópica do que lhe é dado ver e viver na Canaã brasileira dos seus sonhos de imigrante. Paralelamente, no nível do estilo, a dialogia se estabelece entre um registro naturalista ou verista ocupado em pintar objetivamente os sucessos quase sempre distópicos da efabulação, e um registro doutrinário ao qual compete exprimir a interioridade do protagonista (ou de seus eventuais interlocutores), interioridade feita, não de sensações ou sentimentos mais ou menos informes, mas de pensamento articulado, como seria de esperar num romance de ideias. Todavia, incumbe a um terceiro registro de estilo, o simbólico-ornamental, que se vale de motivos e sugestões da paisagem tropical, mediar dialeticamente a oposição entre os outros dois registros numa síntese em que utopia e distopia, realidade e interioridade, se integram sob a égide corretiva do por vir.

Raramente o registro doutrinário de *Canaã* assume a elocução de terceira pessoa, característica da fala do narrador onisciente. As mais das vezes, constrói-se no *eu* e *tu* dos longos debates sobre temas sociais e filosóficos que Milkau trava com Lentz, imigrante alemão recém-chegado ao Brasil como ele e seu parceiro na exploração do lote de terra de plantio que ambos requerem e logo conseguem das autoridades brasileiras. Mais para o fim do romance, Milkau irá encontrar em Pedro Maciel, juiz municipal de Porto do Cachoeira, um novo interlocutor, interessado como ele na discussão especulativa dos problemas socioeconômico-culturais do Brasil, sobretudo no que tenham a ver com as consequências do fluxo imigratório. Secundariamente, o registro doutrinário, mas agora com inflexões satíricas, aparece também nas discussões entre as autoridades judiciárias de Porto do Cachoeira – o juiz de direito, o promotor público e o meirinho – acerca dos mesmos problemas. Malgrado a amplitude e a variedade das questões versadas por Milkau e Lentz nos seus constantes diálogos, os quais constituem por assim dizer a espinha dorsal doutrinária ou ideológica de *Canaã*, eles as versam sistematicamente sob duas ópticas conflitantes: a do amor, que é a de Milkau, e a do poder, que é a de Lentz. Por estar o foco narrativo centrado no primeiro desses personagens e por coincidirem as ideias do narrador onisciente, nas contadas vezes em que ele as veicula como tal, com as ideias do próprio Milkau – isso para não falar da ostensiva empatia do narrador por ele –, Milkau se inculca uma espécie de *alter ego* do narrador. De resto, impõe-se considerar a circunstância de as concepções daquele anteciparem, em muitos pontos-chave, as que serão expostas por Graça Aranha nas páginas de *A Estética da Vida* e de *Espírito Moderno*. Ainda que voltadas para problemas de ordem social, tais concepções se estribam em pressupostos filosóficos nos quais não é difícil discernir o influxo da Escola do Recife, ou mais precisamente, do pensamento de Tobias Barreto.

A começar da ideia de evolução, que Tobias, por ver no "evolucionismo darwínico-haeckeliano" a base "da moderna intuição do mundo"[3], se fez o campeão entre nós, especialmente no terreno do direito e da sociologia. O que não quer dizer que ele o perfilhasse sem discussão. Tão fiel a uma concepção monista do universo quanto inimigo do dualismo filosófico ou religioso (mas não do "sentimento religioso, estudado na consciência e nos livros e monumentos dos povos"[4]), o autor dos *Estudos Alemães* cuidava de distinguir o que chamava de monismo filosófico, o qual, "conciliável com a teologia, não tem horror às causas finais", do monismo naturalístico do "professor Haeckel", preocupado tão só com "a intuição mecânica [...] a simples concatenação de causas e efeitos"[5], demasiadamente preso ainda ao "domínio das ciências naturais" e como tal avesso, para citar palavras do próprio Haeckel, às "estéreis meditações [...] dos puros metafísicos"[6]. Contrariamente a isso, Tobias, por neokantiano além de darwínico-haeckeliano, achava que "a ciência tem limites" e que nos fenômenos havia "um resto incalculável [...] mecanicamente inexplicável", que Hartmann chamava de "hipersensível" e cujo enfoque competia à metafísica ou "filosofia crítica"[7]. Ao domínio da metafísica pertence, pois, a consideração das causas finais da liberdade humana, já que Tobias timbrava em dar ênfase à autonomia do homem, o qual podia deixar de "obedecer passivamente à necessidade física, para agir conforme a Razão"[8]. Tal distinção entre o determinismo cego da natureza e a liberdade racional do homem subjaz inclusive à sua visão da sociedade. Visão que, sem lhe desmentir a fé evolucionista, não partilha em nada a crueza de vistas do chamado darwinismo social. Para Tobias, o homem não era o último elo da cadeia evolutiva. Acima dele havia "os grupos orgânicos sociais", nos quais prevalecia, "em maior escala do que no indivíduo"[9], o

3. *O Pensamento Vivo de Tobias Barreto* apresentado por Hermes Lima, São Paulo, Martins, 1943, p. 166.
4. *Idem*, p. 57.
5. *Idem*, pp. 68-69.
6. Ernesto Haeckel, *Os Enigmas do Universo*, trad. J. Filinto, 3ª ed., Porto, Chardron, 1926, p. 442.
7. Tobias Barreto, *op. cit.*, pp. 70-73.
8. *Apud* Guillermo Francovich, *Filósofos Brasileiros*, trad. I. Strenger, São Paulo, Flama, s.d., p. 73.
9. Tobias Barreto, *op. cit.*, p. 170.

mesmo "princípio da *finalidade*"[10] que redimia o homem da tirania das causas eficientes. Afinado com o "ímpeto democrático do século"[11], Tobias se preocupou outrossim com a questão da liberdade política, que ele via como "um direito que tende a traduzir-se no fato"[12]. Entretanto, ainda que se declarasse animado de "indignação contra os opressores, e [...] entusiasmo pelos oprimidos"[13], considerava a igualdade incompatível com a liberdade, a ponto de ter o comunismo — e na sua obra já aparece referido o nome de Karl Marx — como "o mais alto grau de servidão"[14]. Tampouco mostrava grande estima pelo princípio de fraternidade, que reputava "mais um conceito religioso do que um conceito político"[15].

No terreno das ideias sociais, destacou-se Tobias pela objetividade da sua visão crítica da realidade brasileira, no que, juntamente com seu coetâneo e apologista Sílvio Romero, teve sem dúvida papel precursor. Foi dos primeiros a denunciar a inadequação entre o modelo inglês das instituições do Segundo Reinado e as peculiaridades das suas condições econômicas, sociais e políticas, o descompasso entre o "país real" e o "país legal"[16], apontando inclusive "um desarranjo nas ideias dominantes"[17] que lembra a noção de "ideias fora do lugar" ultimamente desenvolvida por Roberto Schwarz nos seus estudos em torno do romance brasileiro[18]. É em especial no "Um Discurso em Mangas de Camisa"[19], texto surpreendentemente moderno pela desafetação da linguagem e pela pertinência das formulações críticas, que Tobias empreende uma análise pioneira da sociedade brasileira do seu tempo. Ao reputar o município um espelho do "nosso caráter nacional", propunha ele com isso, ao mesmo tempo, um método de análise que partia da especificidade objetiva do local rumo à generalização indutiva do nacional, e um conceito caracterológico que, não obstante mergulhar raízes na estereotipia, haveria de ter longa

10. *Idem, ibidem.*
11. *Idem*, p. 30.
12. *Idem*, p. 36.
13. *Idem*, p. 38.
14. *Idem*, p. 36.
15. *Idem*, p. 37.
16. *Idem*, p. 8.
17. *Idem*, p. 26.
18. Ver particularmente o capítulo desse nome em *Ao Vencedor as Batatas: Forma Literária e Processo Social nos Inícios do Romance Brasileiro*, São Paulo, Duas Cidades, 1977, pp. 13-28.
19. Tobias Barreto, *op. cit.*, pp. 31-46.

carreira entre nós[20]. Esse debruçamento sobre o local lhe daria a ver, como traço marcante da psicologia coletiva do brasileiro, "a falta de coesão social" e, concomitantemente, o caráter "amorfo e dissolvido" do nosso povo, "sem outro liame entre si, a não ser a comunhão da língua, dos maus costumes e do servilismo", do que resultava um "modo de viver *à parte*, de sentir e pensar *à parte*", juntamente com a "indiferença, com que olha cada um para aquilo que pessoalmente não lhe diz respeito" – indiferença ou impassibilidade que "não se revela somente por uma certa ausência de sincero amor e caridade, nas relações puramente humanas, mas também pela falta de patriotismo, nas relações nacionais, pela ausência de senso político e dignidade pessoal, nos negócios locais". Quase escusava sublinhar a consubstancialidade dessa visão pessimista do caráter brasileiro com a análise histórico-sociológica intentada por Paulo Prado no *Retrato do Brasil* e com a figuração mítico-paródica proposta por Mário de Andrade em *Macunaíma: O Herói sem Nenhum Caráter*, o que comprova não ser nem descabida nem remota a noção de um vínculo de continuidade entre o modernismo entre aspas da Escola do Recife e o modernismo sem aspas da Semana de 22. Em favor de Tobias Barreto, é de justiça ressaltar que o pessimismo com que ele descrevia os traços negativos do caráter nacional estava matizado por uma aguda compreensão de suas condicionantes sociais, sobretudo a circunstância de ser "a sociedade brasileira [...] uma sociedade de privilégios [...] de cujos dislates a lei é cúmplice, não lhe opondo a precisa resistência". Nessa sociedade, "dividida não somente em classes, mas até em castas", e onde os privilégios se fazem acompanhar de "um pauperismo medonho", o povo não passa de "um número abstrato, um número que não é a força – perseguido, humilhado, abatido, a ponto de sobre ele os grandes disputarem e lançarem os dados, para ver quem o possui, como os judeus sortearam a túnica inconsútil do mártir do calvário". Tal consciência das desigualdades sociais e de suas consequências morais faltou aos modernistas de São Paulo, pelo menos na fase heroica do movimento, a que vai de 1922 a 1930, quando foram publicados *Retratos do Brasil* e *Macunaíma*.

Esta digressão um pouco longa, recheada de citações para balizar as ideias-chave de Tobias Barreto, não é fora de lugar aqui. Reencontraremos a maioria dessas ideias na obra de Graça Aranha, refratadas pelo prisma de uma me-

---

20. Ver a propósito Dante Moreira Leite, *O Caráter Nacional Brasileiro: História de uma Ideologia*, 3ª ed., São Paulo, Pioneira, 1976.

tafísica de integração cósmica que, se não é original nos seus fundamentos, o é no seu acabamento. Metafísica sistematizada, como se sabe, em *A Estética da Vida* (1921), mas de que encontramos antecipações esparsas em *Canaã* (1901), as quais nos interessam mais aqui do que a filosofia sistemática daquele outro livro. Tais antecipações surgem nas falas, interiores ou explícitas, de Milkau e, bem menos frequentemente, nas intervenções do narrador. Já no capítulo 2, num diálogo entre Milkau e Lentz onde a fala de cada um é encimada pelo seu respectivo nome, como nas peças de teatro, o primeiro faz uma profissão de fé evolucionista ao sustentar que o progresso da humanidade – um Todo em que se cumpre "a fatalidade do Universo" de que, passe o paradoxo aparente, esse Todo é parte – "se fará numa evolução constante e definida"[21]. Um pouco mais adiante, no mesmo capítulo, reafirma ele a crença na evolução como fatalidade cósmica ao falar de sua "dupla consciência da continuidade e da indefinidade do progresso"[22]. A evolução social, ainda que lhe pareça, de conformidade com o modelo evolucionista de Spencer, uma contínua passagem do homogêneo ao heterogêneo, ou melhor, do menos ao mais heterogêneo, ele a vê, como antes dele a vira Tobias Barreto, regida não pelo determinismo das causas mecânicas que atuam nos demais domínios da natureza, mas antes pelo princípio da finalidade ou da liberdade própria do mundo humano:

> Quando a humanidade partiu do silêncio das florestas para o tumulto das cidades, veio descrevendo uma longa parábola da maior escravidão à maior liberdade. Todo o alvo humano é o aumento da solidariedade, é a ligação do homem ao homem, diminuídas as causas da separação. No princípio, era a força, no fim será o amor. [...] Toda a marcha humana é uma aspiração da liberdade[23].

Nessa citação tão significativa, onde a noção de solidariedade e amor entre os homens como força motriz do progresso social se afasta decididamente do ceticismo com que Tobias encarava o para ele meramente religioso "princípio de fraternidade", merece ser sublinhada a ideia de a evolução da humanidade se constituir numa progressiva diminuição das "causas da separação". Na filosofia de Graça Aranha, desde os primórdios de *Canaã*, a ideia de separação tem a mesma importância que a noção de queda na escatologia judaico-cristã. Em

21. *Canaã*. 5ª ed. rev., Rio de Janeiro, Garnier, 1913, p. 50.
22. *Idem*, p. 56.
23. *Idem*, pp. 52-53.

A Estética da Vida, retomando o enfoque de Tobias Barreto, do homem como consciência que transcende o determinismo[24], escreve ele ser a "consciência que nos explica o Universo"[25], o qual só existe, subjetivamente, nela e por ela. A consciência metafísica do universo resulta, por sua vez, da autopercepção do indivíduo como um em-si distinto e separado dos demais seres, percepção que nele funda ao mesmo tempo o sentimento da outridade. Deste é correlato um doloroso "sentimento de separação" entre o sujeito cognoscente e o Todo cósmico, um "terror inicial" que foi experimentado pelos nossos antepassados mais remotos diante de ameaçadora alteridade do mundo e que ficou guardado nos recessos da nossa subconsciência, até onde foi trazido por uma suposta "hereditariedade psicológica". Para Graça Aranha, "o terror cósmico é o princípio de toda a vida reflexa", mas à nossa faculdade racional subjaz o tempo todo um "sentimento da unidade do cosmo" que permanece "como o estado profundo e íntimo da (nossa) vida inconsciente". Aí têm suas raízes primevas a religião, a arte e a filosofia, cuja função precípua é vencer o terror cósmico e a "tremenda separação do Indivíduo e do Universo", restaurando "a homogeneidade universal na indiscriminação dos seres, na integração de todos os seres no Todo infinito".

Por trás desta metafísica de integração cósmica, transparece claramente o magistério de Schopenhauer, para quem a própria existência do mundo dependia do delgadíssimo fio da "consciência em que aparece", consciência que de resto não passa de "mera superfície de nossa mente"[26]. Abaixo dela se estende o *iceberg* do Inconsciente, que um continuador de Schopenhauer, Eduard von Hartmann, filósofo hoje esquecido mas muito estimado por Tobias e seus discípulos, se encarregaria de converter num absoluto metafísico. E. de Carla assim resume o que Hartmann entendia por ele:

---

24. Na sua introdução aos *Ensaios de Crítica* de Arthur Orlando (São Paulo, Grijalbo, 1975), escreve Antônio Paim que "a grande significação do pensamento de Tobias Barreto, no empenho de restaurar a metafísica, consiste na abordagem do homem como consciência, a seu ver a única forma de retirá-lo do determinismo a que o havia cingido o positivismo".

25. Todas as frases aspeadas são dos capítulos "O Universo e a Consciência" e "A Função Psíquica do Terror" de *A Estética da Vida*, Rio de Janeiro, Garnier, 1925, pp. 3-12.

26. Arthur Schopenhauer, *O Mundo como Vontade e Representação*, III parte; *Crítica da Filosofia Kantiana; Parerga e Paralipomena*, caps. V, VIII, XII, XIV; trad. de W. L Maar, M. L Mello e O. Cacciola, São Paulo, Abril Cultural, 1980, pp. X-XI.

VIII. *Canaã* e o Ideário Modernista

Na origem do ser, está o Inconsciente, que não é, como para Schopenhauer, apenas vontade cega, mas também ideia ou representação incônscia. [...] Por isso Hartmann considera conciliáveis pessimismo e otimismo: enquanto existência, devida à vontade irracional, o mundo é mal e dor; mas enquanto essência devida à racionalidade da ideia, ele pode redimir-se do mal e realizar uma finalidade. [...] O fim do processo cósmico consiste em a Ideia emancipar-se da servidão do Querer, o intelecto da vontade, portanto no próprio desenvolvimento da consciência[27].

Mas como é que a consciência se pode libertar da vontade para teleologicamente cumprir o processo cósmico evolutivo? Pela contemplação desinteressada da natureza, tal como a praticam o artista e o místico, responde Schopenhauer. Nesse estado contemplativo, há "dissolução na intuição, perda no objeto, esquecimento de toda individualidade". Voltamos então a ser "uma unidade com o mundo, sua incomensurabilidade não nos oprime, mas nos eleva" e podemos então dizer, como o verso dos Upanixades que o autor de *O Mundo como Vontade e Representação* tanto gostava de repetir: "Sou todas estas criaturas em conjunto, e fora de mim não há nenhum outro ser"[28].

Tais alicerces schopenhauriano-hartmannianos subjazem à metafísica de integração cósmica formulada em *A Estética da Vida*. Ali, a opressão da incomensurabilidade se traduz em terror cósmico e a contemplação desinteressada da natureza numa concepção estética da existência como fluxo heraclitiano onde "tudo é forma [...] tudo é espetáculo"; por sua vez, o "sentimento estético do Universo é a função mágica do inconsciente e estende-se a toda a vida do homem, que é uma perpétua e integral criação artística". Só falta acrescentar o papel essencial que, na metafísica integrativa de Graça Aranha, o amor assume:

> É o próprio inconsciente do amor que o leva ao inconsciente universal. [...] Cessado o instante doloroso da consciência, o homem se abisma misticamente na inconsciência absoluta. O amor, unindo-nos a outro ser, dá-nos a ilusão da universalidade que elimina as separações, que nos arrebata para além da relatividade consciente das coisas para nos confundir infinitamente com o Todo universal[29].

27. Centri di Studi Filosofici di Gallarate, *Enciclopedia Filosofica*, Florença, Sansoni, 1957, p. 980.
28. Schopenhauer, *O Mundo Como Vontade e Representação*, pp. 26 e 24.
29. Graça Aranha, *A Estética da Vida*, op. cit., pp. 29-30, 59 e 65-66.

De sublinhar, nisso tudo, é a curiosa mescla de racionalismo e irracionalismo que uma vaga religiosidade panteísta vem coroar, sem bem se trate de uma religiosidade sem Deus: com efeito, o que teria Deus a fazer numa metafísica confessadamente monista, que exclui *in limine* do universo qualquer princípio causal seu? Também entre os modernistas de São Paulo vamos encontrar um namoro com o irracional que se evidencia na ênfase por eles posta nas motivações subconscientes ou inconscientes da criação artística, assim como num culto do mítico e do mágico que roça as fronteiras do sagrado. Em *A Escrava que Não É Isaura* (1925), Mário de Andrade, tão atento à lição do dadaísmo e do surrealismo quanto à do cubismo, aponta na poesia modernista uma "destruição da ordem intelectual" pela "Ordem do Subconsciente"[30]; de outra parte, o tom bufo *de Macunaíma* não chega a esconder de todo um fascínio de seu autor pela religiosidade animista que ultrapassa os limites da curiosidade antropológica, assim como a irão ultrapassar os "mundos mágicos" entrevistos por Raul Bopp[31] nas ominosas penumbras da Amazônia. Mesmo o cosmopolita Oswald de Andrade, que no Manifesto Antropófago de 1927 se recusava a admitir "o nascimento da lógica" no "país da cobra grande", onde só "podemos atender ao mundo oracular", confessaria mais tarde, nas suas inconclusas memórias: "tendo da Igreja a pior ideia, nunca deixei de manter em mim um profundo sentimento religioso, de que nunca tentei me libertar. A isso chamo eu hoje sentimento órfico. Penso que é uma dimensão do homem"[32].

Aqui se impõe estabelecer uma distinção cardeal entre as ideias postuladas em *A Estética da Vida* e as discutidas em *Canaã*. Este é um romance cuja estrutura dialógica repele por si só o fechamento doutrinário tão à mostra num texto filosófico de tendência normativa como é aquele. Em *A Estética da Vida*, o postulado do terror cósmico serve de ponto de partida para uma empresa de reintegração do homem no cosmo conduzida pelas luzes da racionalidade contra as trevas de um instinto primevo, ainda que nele tivesse sua origem. Uma empresa diametralmente oposta, na aparência, à empreendida pelos an-

---

30. Mário de Andrade, A *Escrava que Não É Isaura: Discurso sobre Algumas Tendências da Poesia Modernista*, São Paulo, Liv. Lealdade (dep.), 1925.

31. Raul Bopp, *Movimentos Modernistas no Brasil (1922-1928)*, Rio de Janeiro, Liv. São José, 1966, p. 84.

32. Oswald de Andrade, *Do Pau-Brasil à Antropofagia e às Utopias: Manifestos, Teses de Concursos e Ensaios*, Rio de Janeiro, Civilização Brasileira, 1972, pp. 11-20. *Um Homem sem Profissão: Memórias e Confissões*, 1º vol., 1890-1919, "Sob as Ordens de Mamãe", Rio de Janeiro, José Olympio, 1954, p. 84.

tropofagistas. Conforme assinala Benedito Nunes[33], a Antropofagia de Oswald de Andrade seria "uma inversão parodista da filosofia de Graça Aranha" na medida em que, ao propor uma "metafísica bárbara que assume o terror primitivo", ia ela de encontro à formulada em *A Estética da Vida*, de a imaginação brasileira buscar libertar-se, pela compreensão racional do universo, do cego pavor inculcado no seu inconsciente pela "alma das raças selvagens"[34] que a geraram, a fim de converter esse pavor na alegria de uma lúcida reintegração no cosmo. Entretanto, bem vistas as coisas, essas duas visões de mundo não são tão excludentes quanto semelham. A exemplo de Graça Aranha, que sistematizou ulteriormente num texto filosófico ideias a princípio tratadas na sua obra de ficção, também Oswald de Andrade converteu a "metáfora crítica"[35] da antropofagia, nascida das suas polêmicas literárias dos anos 20, numa douta tese escrita e publicada quase no fim da vida. Outro ponto de contato entre ambos é o projeto de uma utopia brasileira, tematizado em *Canaã* como encontro sincrético de raças e culturas diversas, e que, sob a figura emblemática do antropófago tecnizado a viver um novo matriarcado, irá preocupar cada vez mais Oswald de Andrade, desde os manifestos de 1924 (Pau-Brasil) e de 1928 (Antropofagia) até *A Crise da Filosofia Messiânica*, de 1950, e *O Mundo das Utopias*, de 1953. Em ambos os casos, não obstante a diferença de ênfase neste ou naquele termo, temos sempre um confronto entre o autóctone e o alóctone, entre barbárie (natureza) e civilização (técnica). Acresce finalmente que, tanto em *Canaã* quanto no ideário de 22, o otimismo utópico não é inconciliável com uma visão pessimista da realidade brasileira. Tal visão, por sua postura eminentemente crítica, é aliás quem abre caminho para aquele. Se do otimismo modernista dão uma boa medida os manifestos de Oswald de Andrade, o pessimismo modernista pode ser exemplificado, no plano das figurações simbólicas, pelo desfecho melancólico de *Macunaíma*, e, no plano da teorização histórico-sociológica, pela visão crítica da formação nacional presente no *Retrato do Brasil*.

Contracenando dialogicamente sob a forma de diferentes vozes dramáticas — Milkau *x* Lentz, Milkau *x* Paulo Maciel —, ou convergindo momentanea-

---

33. Benedito Nunes "Antropofagia ao Alcance de Todos", introdução a *Do Pau-Brasil à Antropofagia e às Utopias, op. cit.*, pp. xiii-liii.

34. *Idem*, p. 99.

35. *Idem*.

mente numa só – o Milkau desiludido das páginas finais –, otimismo utópico e pessimismo crítico se defrontam o tempo todo em *Canaã*. A oposição entre os dois se estabelece em função de um ponto de referência comum: a realidade brasileira tal como ilustrada *en abîme* ou em microscopia pelas condições de vida das colônias alemãs nos vales do Rio Doce e do Santa Maria. Trata-se de uma visada que, como a de Tobias Barreto em "Um Discurso em Mangas de Camisa", parte do local no encalço do nacional, conquanto subsumidos um e outro no cósmico, se se tiver em conta o panteísmo confesso de Milkau. Este viera para o Brasil em busca de uma paz que não encontrava no Velho Mundo. Viera atrás de "uma harmonia infinita", a seu ver só encontrável nas "coisas simples e aproximadas da situação do futuro" – o futuro do Novo Mundo que ele timbrava em contrapor ao Velho, onde pululavam os que "se colocam no passado, aqueles cujas almas se fazem artificialmente antigas", profetas que são "do tédio e da morte". Aqui, diante de um mundo "jovem, verde e glorioso", teria, mais bem do que lá, condições propícias à realização do que sonhara: "ligar-me aos espíritos, dissolver-me no espaço universal e deixar que toda a essência de minha vida se espalhasse por toda a parte, penetrasse nas mínimas moléculas, como uma força de bondade"[36].

Se a ânsia panteísta de dissolução de Milkau pode ser filiada de pronto às virtudes da renúncia da vontade, do esquecimento de si e do mergulho na intuição que a metafísica de Schopenhauer foi buscar às escrituras indianas e que via superiormente ilustradas no desinteresse da contemplação artística (de onde procederia outrossim o sentimento estético do universo predicado em *A Estética da Vida*), já a "força de bondade" ou amor fraterno subjacente à mesma ânsia tem prováveis raízes no tolstoísmo, apontado por Brito Broca[37] como uma das modas do nosso 1900 literário. O desgosto que Milkau experimentava, quando ainda vivia na Europa, por "uma arte vazia, sem ideal, e saturada de sensualidade"[38] está perto das diatribes com que, em nome de uma visão ferozmente moralista, Tolstói verberou, em *O que é a Arte?*, a literatura, a pintura, a música e a filosofia de sua época[39]. Também a decisão de Milkau

---

36. As citações deste parágrafo são todas de *Canaã*, 5ª ed. rev. Rio de Janeiro, Garnier, 1913, pp. 34, 270, 161 e 69 respectivamente.

37. Brito Broca, *A Vida Literária no Brasil–1900*, Rio de Janeiro, MEC, 1956, cap. XI, "Modas Literárias: Wilde, Nietzsche, Tolstói, Ibsen e Eça de Queirós", pp. 102-126.

38. *Canaã, idem*, pp. 64-65.

39. Ver Boris Schnaiderman, *Tolstói*, São Paulo, Brasiliense, 1983, especialmente o cap. 7, "O Extremismo Tolstoiano", pp. 75-89.

de trocar o jornalismo, a crítica literária e o diletantismo artístico a que se dedicava na Alemanha pelo trabalho braçal de lavrador na terra de imigração faz lembrar o entusiasmo com que Tolstói perfilhou a "lei de Bondarev que obriga o homem ao trabalho da terra como um dever imperioso e que resume todos os outros", não sendo lícito a ninguém "furtar-se a essa obrigação do trabalho físico, como se faz hoje, a pretexto de estar absorvido pelas especulações filosóficas e científicas". As duas citações são de um breve artigo intitulado "O Trabalho"[40], onde, ao comentar aprobativamente um livro homônimo de Bondarev, Tolstói reafirma a radicalidade do seu cristianismo criticando o "excesso de trabalho" a que "uma minoria egoísta [...] em meio das riquezas e da ociosidade" obriga "a maior parte da humanidade", insistindo no "preceito de amor universal" ensinado por Cristo, já que "a felicidade está no bem que fazemos aos outros e não nas satisfações egoístas".

O anarquismo cristão de Tolstói se fundava numa "lei do amor" fraterno que, embora tivesse sido explicitada pelo Cristo, era inata nos homens, filhos todos do mesmo Pai[41]. À luz dessa lei suprema, preconizava ele a desobediência civil e a resistência passiva ao Estado, suas leis e agentes opressores – o fisco, os tribunais, o exército, a polícia etc. – em prol de uma "nova forma de vida"[42] por ele entrevista como uma frugal utopia anarquista de artesãos e lavradores que assinalaria o advento do "reino de Deus" sobre a terra, ou seja, daquelas mesmas "coisas simples e aproximadas da situação do futuro" que Milkau viera procurar na sua Canaã brasileira. Por ser visceralmente contrário à propriedade privada, cuja defesa se constituía no fim precípuo do Estado e de suas instituições, Tolstói se insurgia, sob o signo da humanidade, contra a noção de pátria: "Não posso reconhecer Estados ou nações e participar de suas lutas, seja tomando partido nos meus escritos, seja servindo um Estado particular"[43]. Outra não é a posição de Milkau, que, num debate com Lentz em torno do assunto, declara enfaticamente: "A Pátria é pequenina, mesquinha, uma limitação para o amor dos homens, uma restrição que é preciso quebrar"[44].

---

40. Léon Tolstói, *Plaisirs Vicieux*, trad. Halpérine-Kaminski, Paris, Charpentier & Frasquelle, 1892, pp. 153-177.
41. *O Pensamento Vivo de Tolstói*, apresentado por Stefan Zweig. trad. L. R. Pereira, São Paulo, Martins, s.d., pp. 74-75 e 100.
42. *Idem*, pp. 102-103.
43. *Idem*, p. 28.
44. *Canaã*, 5ª ed. rev., Rio de Janeiro, Garnier, 1913, p. 271.

É bem de ver que o altruísmo cristão e universalista de Tolstói, a sua "lei do amor", tinha a amparar-lhe a imperatividade um fundamento religioso ausente do altruísmo laico de Milkau. Mas este não se furtava a reconhecer que "o espírito religioso é irredutível" e só pode ser superado na medida em que o homem explique "o universo e a vida" pela ciência, conquanto persista sempre, horizonte inatingível, "o desconhecido", cujo culto, corporificado num deus ou numa abstração, "é inseparável do homem"; serve para exprimir o "nosso eterno pasmo no universo ou a exaltação do nosso amor, e é sempre uma força salutar, divina"[45]. Nessa religiosidade residual ou fantasmática e, sobretudo, nessa perene margem de desconhecido, inexplicado pela ciência, sente-se a marca do neokantismo de Tobias Barreto. Por sua vez, o eterno pasmo e a força salutar-divina do amor antecipam as ideias-chave de terror cósmico e "inconsciente do amor" – via de acesso, este, ao "inconsciente universal" e, por conseguinte, meio de reintegração no Todo –, tal como as codificaria depois *A Estética da Vida*. É ademais o pavor metafísico da separação do indivíduo do Todo (o qual configura, na filosofia de Graça Aranha, uma espécie de trauma cósmico do nascimento da consciência de si próprio), e a ânsia não menos metafísica de recuperação da unidade perdida que fundamentam, como imperativos, o altruísmo de Milkau, levando a um evolucionário "aumento da solidariedade [...] a ligação do homem ao homem, diminuídas as causas da separação"[46]. Separação, entenda-se, provocada pelo pecado original da força e da violência que estremou os homens em senhores e escravos e que será redimido pela própria marcha do progresso humano para a liberdade: "No princípio era a força, no fim será o amor [...] a busca e a realização da liberdade como fundamento da solidariedade são o fim de toda a existência"[47].

O altruísmo tolstoiano apoiava-se num Deus transcendente; o deus de Milkau, se bem ele não o nomeie, é imanente. É o deus do panteísmo, cuja presença se faz sentir "em cada partícula da natureza" sob as espécies de "uma vitalidade que é inacessível ao rígido intelecto com seus conceitos abstratos e genéricos". Palavras estas, de Karl Mannheim[48], que, estudando o pensamento conservador na Alemanha do século XIX, mostra as tendências panteístas

---

45. *Canaã*, 5ª ed. rev. Rio de Janeiro, Garnier, 1913, p. 148.
46. *Idem*, p. 52.
47. *Idem*, p. 83.
48. Karl Mannheim, *Essays on Sociology and Social Psychology*, org. por Paul Kecskemetti, Londres, Routledge & Kegan Paul, 1953, pp. 131-132.

do romantismo alemão como uma forma de reação irracionalista à racionalidade *enragée* da Ilustração. Donde não ser de todo estranha a ênfase posta pelo panteísmo de *Canaã* no inconsciente da natureza; seus quadros paisagísticos timbram em realçar, na exuberância da floresta tropical, "o ruído incessante da vida, o movimento perturbador que cria e destrói", divinizando tal *élan* vital como "um poder misterioso que anima as moléculas mais íntimas de todo aquele mundo novo". Lentz antevê inclusive seus louros compatriotas guerreiros se retemperando nesse poder para fundar "um novo império" branco no Brasil, após terem expulso "definitivamente o homem moreno que ali se gerara"[49].

Vem a propósito recordar que o vitalismo, ligado tão de perto à *Weltanschauung* panteísta, é também um dos artigos de fé do *art nouveau*, cujos artistas se propunham

> buscar as raízes mais fundas da criação natural, surpreender os processos ocultos que determinam o surgimento do desenvolvimento de plantas e animais. [...] Eis por que os traços estilísticos mais óbvios do *Art Nouveau* são as formas fluidas e retorcidas, as linhas que se entrelaçam e que visavam a representar o infinito processo da criatividade natural[50].

Essas mesmas retorcidas e entrelaçadas linhas vitalistas comparecem nas descrições da mata virgem em *Canaã*, constituindo-se no ponto alto da sua escrita artística. Tanto o vitalismo quanto o irracionalismo dele correlato ajudaram a compor a atmosfera intelectual do fim de século, uma de cujas modas foram, alhures como aqui, as ideias de Nietzsche[51], campeão da vida contra os "sábios" que se atrevessem a negá-la, defensor da saúde dos instintos contra a doença socrática da "razão a todo custo"[52]. No nível mais ostensivo do dialogismo de *Canaã*, onde o discurso do amor celebrado por Milkau é sistematicamente contestado pelo discurso da força com que Lentz lhe responde,

---

49. *Canaã*, 5ª ed. rev. Rio de Janeiro, Garnier, 1913, pp. 2 e 112-113, respectivamente.
50. Renato Barilli, Art *Nouveau*, trad. ingl. de R Rudorff, Londres, Paul Hamlyn, p. 17.
51. Neste contexto, e para a visada aqui proposta, de a escrita artística de *Canaã* ilustrar um *art nouveau* literário que seria o estilo de época diferencial do nosso pré-modernismo, ganha particular significatividade a observação de J. P. Stern (*As Ideias de Nietzsche*, trad. O. M. Cajado, São Paulo, Cultrix, 1982, p. 7) de haver na prosa de *Zaratustra* uma "retórica *art nouveau*".
52. *O Pensamento Vivo de Nietzsche*, apresentado por Heinrich Mann, trad. rev. por S. Milliet, São Paulo, Martins, 1944, p. 67.

teríamos uma espécie de oposição polar entre um altruísmo de tipo tolstoiano e um individualismo de tipo nietzschiano. Mas tal polaridade é menos nítida do que possa parecer a uma primeira leitura. Não apenas porque, como observa Carlos Dante de Morais, "Lentz é quase sempre uma vulgarização fácil de Zaratustra"[53], mas também porque há traços nietzschianos em Milkau. No fundo, o que os dois incansáveis interlocutores de *Canaã* fazem é exprimir as perplexidades de *um mesmo* fim de século em que a razão científica começava a duvidar de suas certezas e o modelo biológico de explicação a tropeçar em suas próprias armadilhas.

Um recente estudioso do pensamento de Nietzsche assinala, neste, as marcas do darwinismo social corrente na época, a principiar da vontade de potência que encontrava seu fundamento nos "valores biológicos por cujo intermédio a parte sadia e forte da humanidade vive e deve governar o resto"[54]. É à luz da mesma vontade e dos mesmos valores que Lentz encara a missão do imigrante alemão no Brasil: "isto é a lei da vida e o destino fatal deste país [...] a civilização desta terra está na imigração de europeus; mas é preciso que cada um de nós traga a vontade de governar e dirigir"[55]. Contrariamente a Milkau, que já vimos considerar a liberdade como um aumento de solidariedade entre os homens, Lentz perfilha o conceito expresso em *Crepúsculo dos Ídolos*, de que "liberdade significa que os instintos viris, que se alegram com a guerra e a vitória, têm domínio sobre os outros instintos, por exemplo, sobre a 'felicidade'"[56], donde retruca ele ao companheiro: "Não, Milkau, a força é eterna e não desaparecerá; cada dia ela subjugará o escravo". Na mesma fala, ao altruísmo do outro contrapõe Lentz o egoísmo do homem forte "que um dia atinge a consciência de sua personalidade, que se entrega a uma livre expansão de seus desejos"[57]. Foi aliás para poder expandir livremente os próprios desejos que ele optou por deixar a Europa, onde se sentia peado pela tirania da família, da classe e da raça a que pertencia ("tirania poderosa que lhe anula a individualidade e lhe traça na fisionomia as linhas de uma máscara comum e sem distinção própria") e emigrar para o Brasil,

53. Carlos Dante de Morais, *Viagens Interiores*, Rio de Janeiro, Schmidt, 1931, p. 78.
54. J. P. Stern, *As Ideias de Nietzsche*, p. 35.
55. *Canaã*, 5ª ed. rev. Rio de Janeiro, Garnier, 1913, p. 42.
56. Friedrich Nietzsche, *Obras Incompletas*, sel. de G. Lebrun, trad. de R. R. Torres Filho, São Paulo, Abril Cultural, 1974, p. 349.
57. *Canaã*, 5ª ed. rev. Rio de Janeiro, Garnier, 1913, p. 52.

"mundo maior, ainda virgem e intemerato do contato lascivo e deprimente dessa moral cristã"[58]. Esta última objurgatória traz logo à lembrança a voz de Zaratustra a anunciar a morte de Deus e a proclamar que tudo é agora permitido, assim como o ímpeto individualista de Lentz ecoa o encarecimento feito por Nietzsche em *Além do Bem e do Mal*, em oposição a uma moral de escravos ou de rebanho que predica "a compaixão, a complacente mão pronta para ajudar, o coração caloroso, a paciência, a diligência, a humildade e amabilidade", de uma moral de senhores, ferozmente individualista, onde preponderasse "a crença em si mesmo, o orgulho de si mesmo, uma hostilidade fundamental, e ironia, contra o 'altruísmo'"[59].

Se até aqui as posições de Lentz são mais ou menos fiéis ao pensamento de Nietzsche, já dele se afastam, como vulgarização caricaturesca, mais do que propriamente fácil, a veneração do mesmo Lentz pela "tendência imperial, a fibra belicosa, a expansão universal" de sua pátria, o apego passadista aos valores míticos da "antiga Germânia", cujos "batalhadores eternos" ele antevê desembarcando no Brasil, "com sua áspera virgindade de bárbaros", para aqui reconstruírem "a cidade antiga, forte, dominadora"[60]. Ora, avesso ao "espírito estreito e o gosto nacional" fomentados pelo Reich bismarckiano; admirador confesso da França, para ele "o refúgio da cultura mais intelectual e mais requintada da Europa"; inimigo da "loucura da nacionalidade" por sentir que "a Europa quer ser unida" – Nietzsche foi um crítico implacável do germanismo e via pesarem na consciência de seus compatriotas alemães "todos os grandes crimes contra a cultura nos últimos quatro séculos"; ele próprio dizia ser, em seus "mais profundos instintos, estrangeiro a tudo o que é alemão"[61]. Daí, pelo que tem de estereótipo o imperialismo teutonicamente guerreiro de Lentz, justificar-se a censura feita por Otto Maria Carpeaux à "pouca profundidade do germanismo da Escola do Recife" tal como *Canaã* dele dá testemunho ao apresentar protagonistas que eram meras "cópias dos tipos com que os alemães apareciam aos franceses"[62]. Salva-se Lentz todavia do estereotípico no momento em que os valores do seu individualismo de homem forte nietzschiano entram em crise de dissolução. Isso acontece

---

58. *Canaã*, 5ª ed. rev. Rio de Janeiro, Garnier, 1913, pp. 61-62.
59. Nietzsche, *Obras Incompletas*, p. 300.
60. *Canaã*, 5ª ed. rev. Rio de Janeiro, Garnier, 1913, pp. 271, 113 e 117.
61. *O Pensamento Vivo de Nietzsche*, *op. cit.*, pp. 104, 107 e 117, e *Obras Incompletas*, *op. cit.*, p. 379.
62. Otto Maria Carpeaux, *Presenças*, Rio de Janeiro, 1968, p. 60; *Canaã*, *op. cit.*, pp. 342-346.

no penúltimo capítulo de *Canaã* quando, em meio ao silêncio e à solidão da natureza tropical abrasada de sol, o espírito dele se põe a delirar: o universo se mostra de todo estéril "aos seus pés sobre-humanos", o passado que tanto encarecia se lhe apaga da memória, e ele então vê a sua individualidade tão ciumentamente cultivada multiplicar-se numa progênie de eus todos iguais entre si, de uma mesmice que só lhe causa tédio e desespero.

Desmorona-se a sua "força solitária e desdenhosa" de *Übermensch*. Apavorado com a solidão de si mesmo, sedento de alteridade, ele se volta implorativamente para o amigo e companheiro de exílio em busca de companhia humana. Move-o agora o mesmo "instinto de ligação universal"[63], que repetidas vezes negara ao altruísmo social de Milkau, contrapondo o egoísmo daquela "moral nobre" definida por Nietzsche como "um triunfante dizer-sim a si próprio"[64]. Esse momento de crise interior, que põe em xeque a coerência de Lentz enquanto estereótipo ideológico, serve paradoxalmente para humanizá-lo, para arredondar-lhe os contornos de personagem de ficção, como já acontecera antes com Milkau num momento semelhante de cisão autocrítica, em que se reconhecera "inferior às suas ideias"[65].

De par com tal desnietzschização de Lentz, convém não esquecer os eventuais ingredientes nietzschianos[66] que desde sempre entraram na composição da personalidade de Milkau, seu antípoda intelectual, especialmente a ânsia metafísica de dissolver a individualidade no todo, ânsia dionisíaca que o filósofo de *O Nascimento da Tragédia*, contrariamente ao "horrível da nossa existência individual", saudava como a suprema "felicidade de viver, não como indivíduos, mas na unidade total da vida, confundidos e absorvidos

---

63. Otto Maria Carpeaux, *Presenças*, Rio de Janeiro, 1968, p. 345.

64. Friedrich Nietzsche, *Obras Incompletas*, *op. cit.*, p. 309.

65. *Canaã*, 5ª ed. rev. Rio de Janeiro, Garnier, 1913, p. 272.

66. A comum influência de Nietzsche é outro elo histórico entre certas ideias debatidas em *Canaã* e as do modernismo, especialmente na sua vertente antropofágica. Benedito Nunes ("Antropofagia ao Alcance de Todos", Introdução *Do Pau-Brasil à Antropofagia e às Utopias*) chama a atenção para o caráter "profundamente nietzschiano" da metafísica bárbara proposta no Manifesto Antropófago e lembra ter sido Nietzsche uma das "leituras prediletas de Oswald de Andrade em sua juventude". Ainda que se empenhe em destacar o sentido crítico, desmistificador e contestatório da Antropofagia, contrariamente à "ideologia da ordem" infusa no programa neoindianista do grupo Anta, não deixa Nunes de referir o quanto havia de ambíguo na mesma Antropofagia, concepção que "favorável ao ímpeto de todas as revoluções generosas, podia também justificar o canibalismo político de Hitler". Graça Aranha escapou de certo modo dessa ambiguidade com dicotomizar em dois personagens antitéticos de *Canaã* os lados negativo e positivo do vitalismo nietzschiano.

em sua alegria criadora"[67]. A problematização de estereótipos é, de resto, um recurso estratégico de que, no encalço da concretude e da verossimilhança, o romance costuma lançar mão, pelo menos a partir de *D. Quixote*, onde a progressiva quixotização de Sancho Pança se compensa simetricamente na desquixotização final do seu amo e senhor. O uso de igual recurso num livro como *Canaã* serve, quando mais não seja, para mostrar que não são propriamente as ideias, mas os homens que põem o mundo em marcha. E que, por conseguinte, mesmo num romance de ideias, a ênfase deve recair sempre no primeiro desses dois substantivos.

---

67. *O Pensamento Vivo de Nietzsche*, pp. 152-153.

5. Três Mundos

O capítulo de abertura de *Canaã* deixa entrever, nos juízos de valor esparsos ao longo do fio da narrativa, alguns dos seus *Leitmotive*. Num cavalo alugado, o protagonista do romance chega a Porto do Cachoeira, sede da região capixaba onde ele se vem fixar – um colono alemão a mais na próspera comunidade agrícola que compatriotas seus ali estabeleceram havia já um bom número de anos. Acompanha o novo imigrante, na qualidade de guia, um menino filho do homem de quem Milkau alugara o cavalo que monta. O menino-guia nos é apresentado pelo narrador, cuja voz se articula na terceira pessoa da onisciência fabular, como o "rebento fanado de uma raça que se ia extinguindo na dor muda e inconsciente das espécies que nunca chegaram a uma florescência superior, a uma plena expansão da individualidade"[1]. A leitor familiarizado com a poesia de Augusto dos Anjos, essa notação mais parece um eco antecipatório daquele estranho evolucionismo às avessas[2] do *Eu e Outras Poesias* que timbrou em dar voz ao inarticulado sofrimento de seres mais ou menos rudimentares aos quais foi negado acesso aos patamares mais altos da cadeia evolutiva. Eco que não é de admirar quando se tem em mente haver pertencido o autor de *Canaã* à mesma geração de 70 da qual Augusto dos Anjos foi um genial epígono.

Essa primeira notação ou juízo de valor é complementada por outras de natureza semelhante no correr do mesmo capítulo. Durante a cavalgada até Porto do Cachoeira, Milkau e seu guia passam pela fazenda Samambaia, propriedade de um certo coronel Afonso. Pelo nome português, percebe-se que se trata de um antigo morador da terra, já ali instalado quando começou o fluxo imigratório alemão. Sua antiguidade é confirmada pela casa-grande de

---

1. *Canaã*, 5ª ed. rev., Rio de Janeiro, Garnier, 1913, cap. 1, pp. 1-43. As citações a seguir são do mesmo capítulo.
2. Ver meu ensaio "Augusto dos Anjos ou o Evolucionismo às Avessas", de introdução a *Os Melhores Poemas de Augusto dos Anjos*, São Paulo, Global, 1986, pp. 7-32.

varanda à volta, pela capela e pela casa de farinha ao lado dela e, mais adiante, por uma choupana onde vive um ex-escravo com sua família. Tais remanescentes de um passado anterior à chegada dos imigrantes são pintados com tintas sombrias, de modo a inculcar uma sensação de fim de raça, de decadência. O que se afina, de resto, com as ideias nietzschianas que perpassam *Canaã* de ponta a ponta (não se jactava Nietzsche de ser mestre em reconhecer "o secreto trabalho de instinto de *décadence*"?)[3] e que estavam em voga à altura em que o romance foi escrito, um fim de século para o qual o tema da decadência era prioritário, a ponto de ter emprestado seu nome a um movimento literário bem expressivo das preocupações e perplexidades de então. Todavia, a decadência sobre que se debruça *Canaã* nada tinha a ver com o decadentismo importado pioneiramente da França por Medeiros e Albuquerque e em seguida esposado pelos nossos simbolistas de primeira hora. Tratava-se, ao contrário, da constatação de um estado de coisas lidimamente nacional: a ruína da lavoura cafeeira logo após a Abolição nas regiões que, à diferença de São Paulo, não haviam cuidado de substituir em tempo hábil o trabalho escravo pela mão de obra imigrada.

O caso da região onde se passa a ação de *Canaã* é tanto mais ilustrativo quanto ali a prosperidade da nova colônia de imigrantes alemães contrastava com o declínio das antigas propriedades escravocratas dela convizinhas. A intensidade do contraste justifica, por si só, a ênfase da descrição: a terra da fazenda Samambaia se apresenta "sem forças, exausta", e "a plantação medíocre", o terreno permanece em grande parte "inculto, coberto de matapasto crescido" e nele pascem uns bois magros com anuns trepados "nas suas costas de esqueletos, piando como pássaros da morte"; a casa-grande está enegrecida pelo tempo, "com bolor sobre as paredes", e a sua capela, há "muitos anos fechada", guarda "os túmulos de senhores e de escravos, igualados pela morte e pelo esquecimento". A figura do velho dono da fazenda, descalço, o olhar sem vida, numa imobilidade de autômato, não destoa da paisagem de declínio que o circunda: sua fisionomia tristonha é de quem "tivesse consciência de que sobre si recaía o peso do descalabro da raça e da família". A outra parte do díptico não é menos desoladora. Pouco adiante da Samambaia, Milkau topa com um ex-escravo, à porta do seu rancho coberto de palha, que em conversa

---

3. Friedrich Nietzsche, *Obras Incompletas*, sel. de G. Lebrun, trad. de R. R. Torres Filho, São Paulo, Abril Cultural, 1974, p.378.

lhe confidencia: "Tempo hoje anda triste. Governo acabou com as fazendas, e nos pôs todos no olho do mundo, a caçar de comer, a comprar de vestir, a trabalhar como boi para viver". E quando, estranhando-lhe as saudades do tempo da escravidão, Milkau lhe pondera que afinal ele era agora dono da sua terra e de si mesmo, tem como resposta: "Qual terra, qual nada... [...] Hoje em dia tudo aqui é de estrangeiro, governo não faz nada por brasileiro, só pune por alemão"[4].

Deixando para trás esse sombrio panorama de decadência, Milkau em pouco chega ao seu antípoda, à povoação de Porto do Cachoeira que, "cheia de luz, com a sua casaria toda branca", era bem emblemática da prosperidade trazida à região pelo advento do colono alemão, ali instalado sob o regime da pequena propriedade, em substituição ao latifundismo de outrora. Levado por Felicíssimo, agrônomo a quem incumbe demarcar os lotes de terra cedidos pelo governo aos imigrantes, Milkau e Lentz, um jovem compatriota seu também recém-chegado, saem a conhecer a região. E a paisagem que a seus olhos se descortina é de pronto semantizada pela imaginação utópica de Milkau:

> Milkau nesse panorama aberto lia a história simples daquela obscura terra. Porto do Cachoeira era o limite de dois mundos que se tocavam. Um traduzia, na paisagem triste e esbatida do nascente, o passado, onde a marca do cansaço se gravava nas coisas minguadas. Aí se viam destroços de fazendas, casas abandonadas, senzalas em ruínas, capelas, tudo com o perfume e a sagração da morte. A cachoeira é um marco. E para o outro lado dela o conjunto do panorama rasgava-se mais forte, mais tenebroso. Era uma terra nova, pronta a abrigar a avalanche que vinha das regiões frias do outro hemisfério e lhe descia aos seios quentes e fartos; e ali havia de germinar o futuro povo que cobriria um dia todo o solo, e a cachoeira não dividiria mais dois mundos, duas histórias, duas raças que se combatem, uma com a pérfida lascívia, outra com a temerosa energia, até se confundirem num mesmo grande e fecundante amor.

4. O descaso do poder público pelo pequeno lavrador nacional e a atenção dada ao lavrador imigrado não passaram despercebidas de outros ficcionistas da época. No capítulo 3 da segunda parte do *Triste Fim de Policarpo Quaresma* (1911), de Lima Barreto, há uma referência a respeito durante a conversa de Olga com Felizardo, empregado de seu padrinho. Ao explicar a ela por que trabalha para outrem em vez de cultivar sua própria terra, diz Felizardo, entre outras coisas: "Nós não 'tem' ferramenta [...]. Isso é bom para italiano ou 'alamão', que governo dá tudo... Governo não gosta de nós".

VIII. *Canaã* e o Ideário Modernista

Para bom entendimento desse parágrafo rico de implicações, que pode ser considerado uma espécie de súmula do argumento ideológico de *Canaã*, cumpre atentar para a sutileza do jogo dialógico de oposições nele estabelecido. Note-se, antes do mais, a distribuição de cargas negativas ou positivas sobre os termos do trinômio passado-presente-futuro. Por estar vinculado à noção de decadência, o passado assume aí valor negativo, embora se trate de uma negatividade relativa, de ordem dialética, como em seguida se verá. Relativa é também a positividade do presente onde ocorre o fluxo imigratório, comprometido por um excesso, uma violência: dá-o a entender o sentido hiperbólico de "avalanche", reforçado aliás pelo adjetivo "farto" que acompanha a imagem de seio nutriz implícita em Canaã, "terra que mana leite e mel" (Deuteronômio 26:9). Confirmando o viés utópico da imaginação de Milkau, a maior carga de positividade recai sobre o futuro, por ele antevisto como uma síntese do autóctone e do alóctone na qual, sob a égide tolstoiana do amor, se conciliariam dialeticamente os opostos em tensão – passado x presente, decadência x progresso, lascívia x energia, perfídia x temibilidade.

A linha delimitadora da passagem da tensão à conciliação dialética é um elemento da paisagem, a paisagem intensamente semantizada de *Canaã*, alinhada sempre com o utópico no seu reiterado choque contra o distópico. A importância desse elemento paisagístico se mostra já no fato de ele dar nome ao *locus* da ação narrativa, Porto do Cachoeira. A mesma cachoeira que no aqui e agora do tempo da narração divide distopicamente o mundo do passado do mundo do presente servirá para unir utopicamente aquele ao mundo do futuro, numa soma em que valores negativos e positivos se cancelam mutuamente para o dois se poder fazer três.

A relativização de opostos pela ternariedade dialética mostra que *Canaã*, mais do que "o romance geral da imigração" cujo pioneirismo como tal foi logo assinalado por José Veríssimo[5], é sobretudo um romance *crítico* da imigração. Esta não é vista ali à luz de um progressismo mais ou menos ingênuo em que o presente aparecesse como corretivo do passado; entre um e outro se instaura uma tensão dramática envolvendo sentimentos de violência e perda. Se função corretiva há, será antes do futuro, a quem compete dissolver a violência do presente e reparar a perda do passado. Embora tematize a chegada do herói utópico à sua terra de promissão, o capítulo de abertura do romance está

---

5. José Veríssimo, *Estudos de Literatura Brasileira*, 5ª série, Rio de Janeiro, Garnier, 1905, p. 18.

paradoxalmente voltado para o passado dela, que o herói não viveu mas do qual sente uma estranha nostalgia. Antes de vir para o Espírito Santo, pensara ele estabelecer-se em Minas Gerais, que foi conhecer de perto, impressionando-se particularmente com São João del Rei: ali pôde penetrar o "passado intacto do Brasil [...] os tempos mortos por toda a parte e que ainda lá prolongam a sua vida". Convém neste ponto abrir um parênteses para lembrar ter sido igualmente com as cidades mineiras que se deu a "redescoberta do passado brasileiro pelos modernistas", quando da famosa excursão do grupo paulista a Minas – Tarsila do Amaral, Oswald e Mário de Andrade, acompanhados de Blaise Cendrars. Como observa Aracy Amaral, não "se pode deixar de relacionar a viagem a Minas ao lançamento do manifesto 'Pau-Brasil' por Oswald de Andrade"[6]; um dos pontos altos da excursão foi a Semana Santa passada em São João del Rei, que inspiraria a Oswald alguns dos melhores poemas de *Pau-Brasil*, como "Procissão do Enterro".

Foi também em São João del Rei, e numa Semana Santa, que Milkau, ao contemplar as "igrejas singelas, tristes" alternando-se com trechos de terra "toda marcada de cicatrizes" pela ambição do ouro, num testemunho da "passagem do homem terrível", e ao ouvir a música dos velhos sinos, sentiu despertar em si "uma alma longínqua", a qual o fez sonhar com a Idade Média, ao mesmo tempo que lamentar o próximo "desmoronamento daquela cidade circundada de colônias estrangeiras que a estreitam lentamente até um dia a vencer e transformar sem piedade". O interlocutor de Milkau e seu oponente dialógico, Lentz, a quem cabe assumir o discurso nietzschiano da violência em contraponto ao discurso tolstoiano do amor proposto pelo outro, desdenha tais "lugares mortos de um país que se vai extinguir" e declara ter os olhos voltados para o futuro, quando, coberta totalmente pelos "corpos brancos" dos imigrantes alemães, a nação enfim se renovará. De notar-se, nessa fala, a recorrência ao futuro, como que a mostrar o lado agressivo da utopia, cujo advento exigiria, condição prévia, uma tábula rasa do passado. A contragosto reconhece Milkau, no presente distópico, o caráter "dissolvente" da imigração, que vem matar as tradições locais, embaralhar as línguas, trazer deuses diferentes. Daí vislumbrar ele, tão empaticamente ligado à terra do seu exílio voluntário,

---

6. Aracy Amaral, *Tarsila, sua Obra, seu Tempo*, São Paulo, Perspectiva, vol. I, p. 119.

uma tragédia na alma do brasileiro, quando ele sente que não se desdobrará mais até ao infinito. [...] a tradição rompeu-se, o pai não transmitirá mais ao filho a sua imagem, a língua vai morrer, os velhos sonhos da raça, os longínquos e fundos desejos da personalidade emudeceram, o futuro não entenderá o passado...

Esta última notação ou juízo de valor nos leva em linha reta de volta à primeira, aquela sobre o menino-guia como "rebento fanado" de uma raça cujas virtualidades evolutivas ficaram irremediavelmente a meio caminho, que aparece nas páginas iniciais de *Canaã*. Uma e outra nos convidam a ver no Brasil de ascendência portuguesa – latifundiário, escravocrata, mestiço – um malogro evolucionário do ponto de vista da modernidade que, em vez de uma continuação, seria um recomeço a partir da estaca zero. Pelo menos como ponto de fuga, visão similar parece ter informado a fase primitivista do modernismo. Houve então uma volta fenomenológica aos tempos cabralinos, ao momento inicial do encontro do índio com o europeu colonizador. Esse momento é visto como ponto de partida para uma empresa de refundação da nacionalidade que, com pôr entre parênteses todo o interlúdio da colonização portuguesa cujos estigmas de base se prolongaram Império e Primeira República adentro, ligasse diretamente o "estado de inocência" do primitivo ao *know-how* tecnológico da contemporaneidade – "o necessário de química, de mecânica, de economia e de balística", para citar a palavra de ordem do Manifesto da Poesia Pau-Brasil de 1924[7]. Assim se chegaria a um Brasil passado a limpo (título que bem poderia ser de um dos livros modernistas da época) do qual ficasse de fora sobretudo o nosso "lado doutor", fórmula em que o mesmo Manifesto resumia todo o legado cultural da metrópole à colônia, mercê da anacrônica educação jesuítico-bacharelesca imposta a esta por aquela num mundo que já marchava a passos largos para a ciência e para a técnica; daí a outra palavra de ordem: "Engenheiros em vez de jurisconsultos". O Manifesto Antropófago de 1928, radicalizando e ampliando numa metafísica ou visão de mundo a contestação ainda restritamente artístico-literária de *Pau-Brasil*, pregaria uma revolução caraíba com base no ideal do bárbaro tecnizado. Esse ideal, Oswald de Andrade o fora buscar ao Keyserling de *O Mundo que Nasce*, livro onde, atento à "marcha triunfal da técnica", particularmente em países

---

7. Recolhido, juntamente com o Manifesto Antropofágico, em: Oswald de Andrade, *Do Pau-Brasil à Antropofagia e às Utopias*, vol. 6 das Obras Completas, Rio de Janeiro, Civilização Brasileira, 1972.

não europeus em que se "faz tábua rasa de toda a tradição antiga", propunha Keyserling o *chauffeur* ou "primitivo tecnizado" como o "tipo-modelo"[8] da nova era das massas, vale dizer, da própria modernidade.

Não se deve perder de vista, entretanto, que a redução primitivista do Modernismo se mostrava tão hostil ao legado civilizacional português quanto simpática à primitividade da cultura popular brasileira. Entre as manifestações desta não se esquecia o Manifesto Pau-Brasil de arrolar os casebres da favela, o carnaval do Rio, o vatapá e a cozinha nacional, "a sala de jantar domingueira", os passarinhos na gaiola, a valsa para flauta, as cantigas de ninar, a "preguiça solar" e, mais que tudo, a "contribuição milionária" dos erros da linguagem oral em que o "como falamos" coincide ditosamente com o "como somos"[9]. Não surpreende a empatia dos modernistas de primeira hora pela tradição popular, que vinha dar testemunho, numa prática *avant la lettre*, da estratégia de devoração cultural preconizada no Manifesto Antropófago. Os não reconhecidos antecessores dessa estratégia podem ser encontrados no conceito de mestiçagem cultural sugerido por Sílvio Romero[10] e na teoria da obnubilação[11] esboçada por Araripe Júnior, uma e outra confirmando o vínculo de continuidade histórica entre o modernismo da Escola do Recife e o da Semana de Arte Moderna. Atentos à lição de Taine, ambos os críticos deram ênfase à ação decisiva, nesse processo de sincretismo cultural, do meio ou clima, que ali aparece como um avatar do *genius loci* aplicado em diferençar a nossa produção simbólica das fontes estrangeiras que lhe serviram de modelo. Para Sílvio Romero, "a ação do clima [...] tem ajudado a efusão sentimental de nosso lirismo, mais doce, mais suave e ardente que o lirismo herdado dos portugueses"[12]; Araripe Júnior, por sua vez, aponta o calor da zona intertropical, onde "o homem sensualiza-se até com o contato do ar e o genesismo terrestre assume proporções enormes", como responsável direto pelo surgimento de

---

8. H. de Keyserling. *Le Monde qui Nait*, trad. e pref. de Christian Senéchal, 5ª ed., Paris, Stock, 1927, pp. 45, 46 e 50.

9. Oswald de Andrade, *Do Pau-Brasil à Antropofagia e às Utopias*, vol. 6 das Obras Completas, Rio de Janeiro, Civilização Brasileira, 1972.

10. Antonio Candido (*A Educação pela Noite & Outros Ensaios*, São Paulo, Ática, 1987, p. 105) destaca, já nos primeiros trabalhos publicados por Sílvio Romero, "a visão da sociedade brasileira como produto da mestiçagem, no sentido amplo da fusão racial e assimilação de cultura".

11. Ver *Obra Crítica de Araripe Júnior*, Rio de Janeiro, Casa de Rui Barbosa, vol. I (1958), p. 497, o vol. II (1960), p. 478.

12. Silvio Romero, *História da Literatura Brasileira*, 5ª ed., Rio de Janeiro, José Olympio, 1953, t. I, p. 104.

VIII. *Canaã* e o Ideário Modernista

um estilo diferencialmente tropical, "doido de cores, de tintas gritadoras [...] tons orgiásticos de imaginação inominada"[13], em nossa literatura naturalista. Ainda em 1923, Mário de Andrade prestava tributo ao mesmo gênio ao declarar-se criador do "matavirgismo" e ao recomendar à pintora Tarsila do Amaral que trocasse as "estesias decadentes" de Paris pela "mata virgem, onde não há arte negra, onde não há também arroios gentis", mas sim aquilo de que "o mundo, a arte, o Brasil e minha queridíssima Tarsila precisam"[14].

O afã modernista de passar o Brasil a limpo se constituía, pois, numa empresa a um só tempo de destruição do legado português no que ele tinha de anacrônico, e de conservação do que dele permanecesse vivo na tradição popular ao fim de um processo de transmutação ou devoração de valores. De modo semelhante, ao enfocar o problema da imigração como linha de frente do processo de modernização do Brasil recém-egresso do escravismo, *Canaã* o polariza em torno de duas posições extremas: a política de tábula rasa defendida por Lentz e a utopia da fusão criadora acalentada por Milkau.

Sob o acicate de uma nietzschiana vontade de potência e de uma obsessão bem menos nietzschiana com a superioridade da raça alemã, Lentz abomina "o sonho da democracia, da fraternidade" por achar que "viver a vida na igualdade é apodrecer num charco". Para ele, individualista *à outrance*, a vida é a luta, é o "crime" e "todo gozo humano tem o sabor do sangue, tudo representa a vitória e a expansão do guerreiro". Quando deixou a Alemanha para se livrar do que lhe pudesse tolher a ânsia de afirmação de si, cuidou de procurar além-Europa um mundo que pudesse ser o "verdadeiro domínio para o homem novo". Veio encontrá-lo sob medida na "virgindade" da selva brasileira, onde sonha estabelecer um dia, "o desejo e a razão do meu sangue", uma espécie de império ariano: "E Lentz via por toda a parte o homem branco apossando-se resolutamente da terra e expulsando definitivamente *o homem moreno que ali se gerara*". Sublinhou-se a parte final dessa citação para destacar-lhe o caráter inadvertidamente alusivo: ela como que aponta para a mestiçagem vista, ao modo de Sílvio Romero e Gilberto Freyre, como o processo constitutivo por excelência de uma cultura diferencialmente brasileira. Por mestiça, tal cultura há de ser necessariamente arrasada numa colonização

13. Araripe Júnior, *Obra Completa de Araripe Júnior*, vol. II, pp. 68-73. Consultar também "Estilo Tropical: A Natureza como Pátria", de Roberto Ventura, em *Ideologies and Literature*, nova série, vol. II, n° 2, out 1987, Universidade de Minnesotta.

14. *Apud* Aracy Amaral, *Tarsila, sua Obra, seu Tempo*, p. 110.

modernizadora em que a competência ou superioridade do colonizador se sobreponha por inteiro à incompetência ou atraso do colonizado, atraso devido a razões de ordem biológica, supostamente irrefutáveis, como as invocadas pelo mesmo Lentz: "O homem brasileiro não é um fator de progresso: é um híbrido. E a civilização não se fará jamais nas raças inferiores"[15].

Em polo diametralmente oposto se situa a utopia da fusão criadora imaginada por Milkau, cujo progressismo vê a História como "uma longa parábola da maior escravidão à maior liberdade" rumo a um crescente "aumento da solidariedade" entre os homens, pois se no "princípio era a força, no fim será o amor". Por ter os olhos inteiramente voltados para o futuro, Milkau vê o presente do mundo como um momento de "crise em tudo". Na Europa, uma "civilização de guerreiros persiste no meio do surto da alma pacífica do homem"; ali se trava "a velha e tremenda batalha entre senhores e escravos" típica de uma "sociedade que se acaba" e na qual as leis não são mais do que "o escudo perturbador do governo e da riqueza". A essa sociedade injusta, cujo "excesso de grandeza" serve tão só para anunciar-lhe "o primeiro toque da decadência", opõe Milkau a generosidade da sua Canaã brasileira, onde as "riquezas não têm dono" e onde não vigem "as separações miseráveis" entre os homens, o que a vocaciona naturalmente para berço da utopia. Desta, antevê ele os nebulosos contornos no "puro sonho" de uma

> nova raça que seria a incógnita feliz do amor de todas as outras, que repovoaria o mundo e sobre a qual se fundaria a cidade aberta e universal, onde a luz não se apague, a escravidão não se conheça, onde a vida fácil, risonha, perfumada, seja um perpétuo deslumbramento de liberdade e amor.

Para chegar-se a tal cidade de sonho, cumpre antes porém, já que o "mal está na força, [...] renunciar a toda a autoridade, a todo o governo, a toda a posse, a toda a violência". Só assim, desaparecido o afã possessivo "com a desnecessidade, com a supressão da ideia da defesa pessoal, que nele tinha o seu repouso", poderão então "a terra e suas coisas" ser finalmente "propriedade de todos, sem venda nem posse"[16].

---

15. As citações deste parágrafo são de *Canaã, op. cit.*, pp. 52, 70, 62, 112-113 e 40.
16. *Idem*, pp. 52, 54, 55, 332, 81, 112, 73, 119 e 118.

A ênfase no amor fraterno como fundamento do contrato social, a renúncia completa à força como instrumento da ação política, e a aversão a toda e qualquer forma de autoridade denunciam claramente, aqui, o influxo do anarquismo cristão de Tolstói, com a sua tática da desobediência civil e da resistência passiva aprendidas em Thoreau. Nesse sentido, o pensamento social de Milkau é de índole marcadamente utópica na medida em que se demonstra "incongruente com o estado de realidade no qual ocorre", do mesmo passo que, se fosse posto em prática, tenderia, para citar as duas características de base da mentalidade utópica tal como descrita por Karl Mannheim, "a destruir, parcial ou completamente, a ordem de coisas existente em determinada época"[17]. Poderia haver algo mais incongruente com a nossa realidade de então do que o igualitarismo econômico postulado pelo protagonista de *Canaã* numa altura em que, recém-emerso o país da Abolição e após um breve interlúdio de jacobinismo republicano, as rédeas do poder voltaram, nas presidências Campos Sales e Rodrigues Alves, à mesma oligarquia rural que havia sido o sustentáculo do Império? Falar de extinção da propriedade privada num país que continuava a proclamar-se essencialmente agrícola e cuja indústria mal ensaiava então os primeiros passos titubeantes, não era colocar-se totalmente fora do tempo da História?

É bem verdade que a utopia de Milkau, fiel nisto ao modelo tolstoiano, parece inculcar-se antes uma utopia de artesãos e pequenos agricultores que de operários. Dá-o a entender uma observação sua de que "o trabalho digno do homem é a lavoura nos países novos e férteis como este, e a indústria no velho continente". Perfilhava ele assim a ideologia do essencialmente agrícola que os centros de decisão do imperialismo industrial, europeu e/ou norte-americano, cuidavam de acoroçoar nas nações periféricas. Isso não obstante ter o mesmo Milkau criticado o "sentimento romântico" de Lentz, para quem a máquina viera escravizar e embrutecer o homem. Contra esse ludistismo sentimental, argumentava ele que

a máquina, especializando e eliminando os homens, tirou-lhes a percepção integral da indústria; hoje, porém, que o homem a transformou em um instrumento de movimentos próprios, ele se libertou, readquiriu a sua inteligência, dirigindo o maquinismo engrandecido quase à altura de um operário.

17. Karl Mannheim, *Ideologia e Utopia: Introdução à Sociologia do Conhecimento*, trad. de E. Willems, Porto Alegre, Globo, 1950, p. 179.

José Paulo Paes *Crítica Reunida Sobre Literatura Brasileira & Inéditos em Livros*

Daí haver, no entendimento de Milkau, "uma poesia mais forte e mais sedutora na vida industrial de hoje"[18].

Mas num aspecto pelo menos o utopismo de Milkau não perdia inteiramente de vista a nossa realidade histórica: com opor-se à doutrina da tábula rasa em nome do que chamava fusão criadora, reconhecia ele a hegemonia do sincretismo na formação de nossas matrizes culturais e civilizacionais. Ao afirmar que as "raças civilizam-se pela fusão" e que "é no encontro das raças adiantadas com as raças virgens, selvagens, que está o repouso conservador, o milagre do rejuvenescimento da civilização"[19], ecoava a preocupação do nosso pré-modernismo com o conflito entre barbárie e civilização, de um lado, e de outro, com a necessidade de interiorizar a empresa civilizadora, até ali confinada à faixa litorânea, caranguejo a arranhar a costa, na imagem pitoresca de uma cronista dos tempos da Colônia. Recuperar o sertão como valor era o empenho da literatura regionalista da época; nela, a diferença de registro elocucionário entre o narrador culto e seus personagens incultos, do mesmo passo em que punha à mostra a distância a separá-los, implicava o subconsciente desejo de vencê-la. Preocupação idêntica pode ser rastreada nas reflexões teóricas de então a respeito da realidade nacional e de seus antecedentes históricos. Tobias Barreto a manifestava sob a forma de consciência de um profundo divórcio entre o que chamava de país real e país legal. Araripe Júnior também a levava em conta na sua teoria da obnubilação, acerca de o colono europeu outrora aqui arribado ter de asselvajar-se para poder concorrer em pé de igualdade com os naturais da terra, mais bem adaptados do que ele à natureza tropical. Sílvio Romero não a esquecia tampouco nas suas ideias em torno da mestiçagem como processo formador da nacionalidade, no sentido étnico-cultural. Todavia, foi no livro-denúncia de Euclides da Cunha que o choque entre o primitivo e o moderno, sertões abandonados à sua própria sorte e cidades litorâneas cada vez mais europeizadas, ganhou finalmente o relevo dramático capaz de o impor às atenções gerais. Quando apontava, na nota preliminar de *Os Sertões*, para a "deplorável situação mental" em que vegetavam as "sub-raças sertanejas do Brasil [...] destinadas a próximo desaparecimento ante as exigências crescentes da civilização e a concorrência material intensiva das correntes migratórias que começam a invadir

---

18. Citações do parágrafo também de *Canaã*, 5ª ed. rev., Rio de Janeiro, Garnier, 1913, pp. 34 e 78.
19. *Idem*, p. 49.

profundamente a nossa terra", estava Euclides equacionando um problema sobre que, naquele exato momento (1901), se debruçava *Canaã*. Outrossim, quando definia os brasileiros como "etnologicamente indefinidos, sem tradições nacionais uniformes, vivendo parasitariamente à beira do Atlântico dos princípios civilizados elaborados na Europa e armados pela indústria alemã" e, logo mais adiante, declarava assumir a figura do narrador sincero de Taine, capaz de sentir-se "bárbaro, entre os bárbaros, e entre os antigos, antigo"[20], estava ele antecipando de certo modo um tema e uma atitude de espírito caros ao modernismo de 22-28: a falta de caráter do brasileiro enquanto povo, tematizada em *Macunaíma*, e a anamnese primitivista postulada no Manifesto da Poesia Pau-Brasil e no Manifesto Antropofágico.

Um e outra estão embrionariamente presentes em *Canaã* na ideia de fusão criadora. Ao contrário da política de tábula rasa defendida por Lentz, de esmagamento da cultura supostamente inferior dos naturais da terra e de sua total substituição pela cultura superior dos imigrantes, Milkau se mostra sensível aos valores do passado brasileiro, em que discerne "um conjunto de poesia, de tradição nacional". Daí a "grande responsabilidade" que, no seu entender, recai sobre o imigrante, de fazer com que a provável substituição, "por outra civilização", de "toda a cultura, a religião e as tradições de um povo", ocorra de maneira "tão pura e tão luminosa que sobre ela não caia a amargura e a maldição das destruições". No presente distópico – e, na dialética temporal de *Canaã*, ele sempre o é –, Milkau vê a si e aos seus compatriotas como "um dissolvente da raça desta terra". Sua mentalidade utópica não acha, porém, dificuldade alguma em apagar tal traço de negatividade pela visão de um futuro idealizado no qual, ainda que não possa o brasileiro continuar desdobrando "até ao infinito"[21] sua alma – a alma luso-brasileira, é de supor –, nem por isso estará de todo amputado de seu passado histórico. Nesse mesmo futuro, a fusão criadora há de redimir o presente do seu negativo poder de dissolvência e o passado de seu não menos negativo impulso de decadência.

O conceito de fusão criadora é colocado sumariamente por Milkau no curso de uma discussão com Paulo Maciel, o juiz municipal de Porto do Cachoeira, que, tanto quanto ele, é outro *alter ego* do narrador: na "sutil dialética ideológica" de *Canaã*, conforme assinala com finura Wilson Martins, "Milkau

20. Euclides da Cunha, *Os Sertões*, ed. preparada por A. Bosi e H. Ângelo, São Paulo, Cultrix, 1973, pp. 29-30.
21. Citações do parágrafo também de *Canaã*, 5ª ed. rev., Rio de Janeiro, Garnier, 1913, pp. 41, 42 e 43.

e Paulo Maciel são as duas vozes ou as duas faces complementares de Graça Aranha; Lentz é a sua imagem antagônica ou repulsiva e, por isso, oposto, ao mesmo tempo, a Paulo Maciel"[22]. Numa ocasião anterior, em que, ao ouvir o mulato Joca falando alemão, Lentz vira nisso uma prova "da insuficiência do meio brasileiro para impor uma língua" e uma possível "brecha para os futuros destinos germânicos daquela magnífica terra", Milkau lhe observara que "a língua dos brasileiros dominará no seu país". Das eventuais influências de idiomas estrangeiros sobre ela, achava ele que resultaria "ainda uma língua, cujo fundo, cuja índole serão os do português, trabalhado na alma da população por longos séculos, fixado na poesia e transportado para o futuro por uma literatura que quer viver". Esse português que o gênio da terra se encarregou de afeiçoar numa nova língua, a qual, sem esquecer suas matrizes ultramarinas, tomara outro rumo que não os nelas implícitos, testemunhava o mesmo processo telúrico de diferenciação que fizera do mulato Joca uma como que emanação da própria terra: "Não havia, na verdade, entre ele e a terra", pergunta-se o narrador de *Canaã*, "um remoto convívio, perpetuado no sangue e transmitido de geração em geração?". A tal substrato de nacionalidade, constituído antes do fluxo migratório estrangeiro, é que virá este somar-se, não para fazer dele tábula rasa, mas para dar-lhe a continuidade historicamente possível: "Se não tivesse havido a fatal mistura de povos mais adiantados com populações atrasadas, a civilização não teria caminhado no mundo. E no Brasil, fique certo, a cultura se fará regularmente sobre esse mesmo fundo de população mestiça, porque já houve o toque divino da fusão criadora"[23].

Atente-se, nesta citação, para a importância do advérbio *já*, indicativo de que a mesma mestiçagem que plasmou a população brasileira antes da vinda do fluxo migratório exercerá papel de relevo, com pulsão básica, no orientar os rumos futuros da cultura e da civilização do país. Tem-se assim uma antecipação pré-modernista, e como tal timidamente embrionária, de temas e posturas que iriam ser característicos do modernismo de 22-28. O tema da amorfia ou falta de caráter nacional aí aparece como resultante de uma interrupção histórica: as novas correntes migratórias que vieram perturbar ou dissolver, antes de ele completar-se, o processo de transfiguração nacionalizadora da herança portuguesa. Por sua vez, a tática de devoração cultural, ou

22. Wilson Martins, *História da Inteligência Brasileira*, vol. v, São Paulo, Cultrix, 1978, p. 199.
23. Citação do parágrafo também de *Canaã*, 5ª ed. rev., Rio de Janeiro, Garnier, pp. 87, 88, 86 e 331.

seja, de assimilação pragmática do aporte estrangeiro, tem na ideia de fusão criadora uma espécie de primeiro rascunho. Finalmente, a valorização do primitivo e do bárbaro acha como que um álibi antecipado no reconhecimento de os povos "atrasados" contribuírem tanto quanto os "adiantados" para a marcha geral da civilização[24].

Em *Canaã*, pois, cabe à fusão criadora restabelecer, entre passado e futuro, um laço de continuidade que o presente distópico tendia a romper. Na mesma medida em que o passado é ali visto com olhos nostálgicos, e o futuro com olhos esperançosos, o presente é sempre visto com olhos críticos. Se não se tiver em linha de conta tais dimensões temporais e suas respectivas ênfases, corre-se o risco de interpretar erroneamente as intenções do romancista ou de subestimar-lhe a *performance*. É o caso de Nestor Vítor, quando atribui à "irresistível admiração pela cultura germânica" herdada por Graça Aranha da Escola do Recife, o fato de não haver "um tipo dólico-louro em *Canaã* que, ao menos de certo modo, não revele superioridade, enquanto se mostram inferiores e, muitas vezes, até odiosos quase todos os brasileiros em contato com eles"[25]. Não seria difícil respigar no texto do romance elementos probatórios tanto pró como contra semelhante ponto de vista. O juiz de direito e o promotor de Porto do Cachoeira, por exemplo, são ali pintados como prepotentes e inescrupulosos agentes do Poder, ocupados tão só em oprimir os mais fracos e satisfazer suas ambições pessoais, ao mesmo tempo em que lisonjeiam servilmente um subordinado hierárquico, o escrivão Pantoja, que, chefe político do lugar, é responsável pela arregimentação de um significativo número de votos de cabresto, o que lhe dá indiscutida primazia na ordem de mando. Por este ângulo, guardadas as proporções, *Canaã* pode ser visto, ao lado de *O Triste Fim de Policarpo Quaresma* de Lima Barreto, como um típico romance de desilusão republicana. Não só porque a sua ação transcorre

---

24. Numa conferência de 1903 sobre "A Civilização Latina e a Alma Brasileira" (recolhida na seção "Outros Ensaios" da sua *Obra Completa*, ed. dir. por A. Coutinho, Rio de Janeiro, INL, 1969) dizia Graça Aranha: "Hoje as emigrações se fazem em sentido inverso da antiga, é a cultura que tem sede e fome de carne e alma selvagem, é ela que busca os bárbaros, a nós americanos". Entretanto, num discurso de 1925 (*idem*, pp. 859-862), ele critica severamente, em nome da mesma cultura, "a volta à barbárie" que se manifestava numa "arte de preguiça, de tristeza, e de infantilidade, que pretende exprimir toda a psique brasileira". A farpa, como é fácil perceber, tinha endereço certo: o primitivismo literário de Mário e Oswald de Andrade.

25. Nestor Vítor, *Os de Hoje: Figuras do Movimento Modernista Brasileiro*, São Paulo, Cultura Moderna, 1938, p. 17.

nos primeiros anos do novo regime mas sobretudo porque lhe põe a nu as mazelas de duas das instituições de base, a administração da justiça e o sistema eleitoral, pontos críticos para os quais se voltará a atenção do tenentismo dos anos 20, de cujo espírito reformista há, no romance de estreia de Graça Aranha, prenúncios que seu romance seguinte, *A Viagem Maravilhosa*, se encarregará de desenvolver.

Em contraposição à triste decadência dos antigos habitantes de Cachoeira com o fim da economia escravista de que dependiam, quer enquanto aproveitadores, quer enquanto vítimas dela, a vida dos colonos alemães é descrita em *Canaã* como próspera e feliz. Isso não impede porém o narrador, através do seu *alter ego* Milkau, de apontar o efeito "terrível" e "dissolvente" da imigração sobre a cultura do país nem de a certo momento ver criticamente "naquele ajuntamento de alemães o caráter camponês e militar que fundara a obediência e a tenacidade de sua raça e reduziu tudo o que ela podia ter de beleza, de elevação moral, à monotonia de um precipitado único"[26]. Os extremos a que pôde chegar a falta de elevação moral desse "precipitado" camponio-militar ficam bem à mostra na crueldade com que o velho casal Kraus se desvencilha de sua criada Maria Perutz quando a descobre engravidada pelo jovem Kraus, para quem têm em vista os pais um casamento vantajoso. E a crueldade se confirma logo depois na acrimônia com que toda a colônia alemã se volta contra a suposta infanticida, muito antes de ela ter sido julgada pelo crime de que a acusam.

A ambiguidade ou inconcludência destes exemplos que, por contraditórios entre si, se anulam mutuamente, decorre de um erro de enfoque. O valor relativo de cada um dos dados da efabulação de *Canaã*, tanto os vinculados ao pretérito como os vinculados ao presente, se define em função do futuro utópico para que, ponto de fuga, se orienta toda a perspectiva da narração. É tal perspectiva, e somente ela, que pode definir o significado final de cada elemento. Não há nada de intrínseca e definitivamente negativo ou positivo no "tipo dólico-louro" nem "nos brasileiros que entram em contato com eles" [*sic*] em *Canaã*. Um e outro são apenas parcelas da soma algébrica da utopia na qual concorrem, cada um com seu calor relativo, para a solução da "incógnita feliz" da nova raça fundadora da cidade "aberta e universal", o terceiro mundo, e o mais verdadeiro, da ternaridade dialética de *Canaã*.

---

26. *Canaã*, 5ª ed. rev., Rio de Janeiro, Garnier, 1913, p. 23.

6. O Horizonte Racial

O pensamento dos séculos XVII e XVIII teve na mecânica, como se sabe, o seu modelo epistemológico por excelência. Já o século XIX, sem abrir mão inteiramente da causalidade mecanicista, voltou-se de preferência para outro modelo de explicação do mundo: o biológico. Sob o influxo do evolucionismo darwiniano, e inspirando-se nos resultados da zoologia, da botânica, da anatomia e embriologia comparadas, e da microbiologia, os teóricos desse século autodenominado da ciência extrapolaram com frequência o molde explicativo de tais disciplinas para outros campos dela distanciados. No terreno das teorias sobre a sociedade humana, vulgarizou-se então o chamado darwinismo social, uma de cujas manifestações extremas foram as teorias racistas. Elas vinham de resto ao encontro dos interesses do colonialismo europeu, sob cuja égide as noções de civilização e barbárie, saturadas de conteúdo ideológico, ofereciam um álibi supostamente objetivo para a fundamentação das noções subsidiárias de raças superiores e raças inferiores.

Empenhada como andava em sintonizar o pensamento brasileiro com a filosofia e a ciência mais avançadas de sua época, nada mais natural que a geração de 70 lhe sofresse, em maior ou menor grau, a influência do racismo "científico". Todavia, em vez de contentar-se em copiar passivamente as categorias e postulados instrumentais do saber europeu do século XIX, alguns dos representantes e continuadores da Escola do Recife cuidaram de adaptá-los às peculiaridades da nossa realidade sócio-histórico-cultural. Sílvio Romero, por exemplo, embora se louvasse em autores como Gobineau e Oto Amon e, na esteira deles, considerasse índios e negros como "povos inferiores", do mesmo passo em que tinha o "genuíno Ariano" como "o verdadeiro autor da civilização", nem por isso deixava de chamar a atenção para a importância do "nosso mestiçamento fundamental inegável" e de enumerar-lhe as vantagens do ponto de vista da aclimatação ao meio, do avanço da civilização, da "possível unidade da geração futura" e do desenvolvimento das "faculdades estéticas da imaginativa e do sentimento". Como dá a perceber a referência a uma "possível unidade da geração futura", idealizava Sílvio um tipo ético definido de brasileiro, a que corresponderia um caráter e uma cultura nacionais igualmente definidos. O mestiçamento lhe parecia ser, não obstante suas eventuais vantagens, "uma das causas de certa instabilidade moral na população, pela desarmonia das índoles e das aspirações no povo, que traz a dificuldade da formação de um ideal nacional", donde ele adiar para um "futuro mais ou menos remoto" a consecução da nossa "almejada unidade" racial, que se traduziria, a seu ver, num progressivo embranquecimento da população brasileira: "será mister que se deem poucos cruzamentos dos dois povos inferiores (os negros e os índios) entre si, produzindo-se assim a natural diminuição destes, e se deem ao contrário, em escala cada vez maior com indivíduos da raça branca"[1].

No pensamento de Euclides da Cunha, vamos encontrar a mesma confusão entre cultura e raça, típica da ciência do seu tempo. Num dos luminares desta, Gumplowitz, "o grande professor de Gratz", foi o autor de *Os Sertões* buscar o "belo axioma" de a luta de raças se constituir na "força motriz da história". À luz de tal axioma, vê ele também a "raça forte" esmagando sempre a "raça inferior", seja pela guerra, seja pela "sua diluição no cruzamento", seja enfim pela civilização. Os mestiços lhe aparecem como os "mutilados inevitáveis" da luta racial: histéricos, neurastênicos, desequilibrados, seriam "espíritos fulgurantes, às vezes, mas frágeis, irrequietos, inconstantes" para os quais a "raça superior torna-se o objetivo remoto" a que tenderiam. O suposto desequilíbrio de caráter do mestiço, particularmente do mulato, Euclides o atribui ao choque entre a ânsia de igualar-se à raça superior e a incapacidade de avir-se com "a sobrecarga intelectual e moral de uma civilização" para a qual não estaria biológica ou racialmente qualificado. Daí infere Euclides aquela que se poderia chamar de moral antropológica de *Os Sertões*: apesar de mestiço, o sertanejo é "antes de tudo, um forte" porque, perdido nas lonjuras do interior do país, onde ficou esquecido da sua civilização eminentemente costeira, não se viu forçado, como os "mestiços neurastênicos do litoral", a enfrentar as tensões da "adaptação penosíssima a um estádio social superior", nem tampouco a descambar nas "aberrações e vícios dos meios adiantados". Lá, teve tempo histórico bastante para enrijecer o organismo na "intimidade

---

1. Nelson Romero (org.), Citações da *História da Literatura Brasileira*, 5ª ed., Rio de Janeiro, José Olympio, 1954, vol. 5, p. 1666 e vol. 1, pp. 335-336.

VIII. *Canaã* e o Ideário Modernista

com o meio físico", criando uma "raça cruzada [...] autônoma e, de algum modo, original", vocacionada para "novos e mais altos destinos", quais sejam "alcançar a vida civilizada por isto mesmo que não a atingiu de repente". Vida civilizada que tudo leva a crer Euclides idealizasse não como apenas a "cultura de empréstimo" com que se têm contentado os litorâneos brasileiros, "etnologicamente indefinidos, sem tradições uniformes", e sim como uma cultura simetricamente "autônoma e, de algum modo, original"[2].

A mesma ordem de ideias, de indistinção entre raça e cultura[3], ou de subordinação desta àquela, é a que vamos encontrar nas páginas de *Canaã*, mas não em registro monódico, como em Sílvio Romero e Euclides da Cunha. Por se tratar de um romance de ideias, elas ali aparecem em registro polifônico, dialeticamente contrapostas umas às outras. A defesa da causa racista fica por conta de Lentz, jovem imigrante alemão cuja figura foi talhada pelo figurino nietzschiano, e que é secundado nisso, com menor veemência, pelo brasileiro Paulo Maciel, um juiz municipal bovaristicamente inconformado com a vida de província e descrente do futuro de sua pátria. A refutação do racismo incumbe a outro imigrante alemão, Milkau, cuja voz solitária tem a vantagem de ser a do protagonista do romance e seu principal foco narrativo.

Ainda que não chegue a falar em termos explícitos dos arianos tão estimados por Sílvio Romero, Lentz estava pensando implicitamente neles quando, numa noite de insônia pouco depois de sua chegada ao Espírito Santo, tem uma visão dos "batalhadores eternos" da "antiga Germânia" desembarcando em terras brasileiras, "com sua áspera virgindade de bárbaros", para nelas fundar "um novo império" e as cobrir com os seus "corpos brancos"[4]. A idolatria de Lentz

---

2. *Os Sertões*, ed. preparada por Alfredo Bosi e Hersílio Ângelo, São Paulo, Cultrix, 1973, pp. 98-99 e 29.

3. Segundo Thomas E. Skidmore – cujo *Preto no Branco, Raça e Nacionalidade no Pensamento Brasileiro* (Rio de Janeiro, Paz e Terra, 1976) é até agora o estudo mais completo acerca das ideias raciais no Brasil –, cabe a Capistrano de Abreu, com os seus *Capítulos de História Colonial* (1907), a primazia da substituição do "conceito de raça pelo de cultura, refletindo assim a mudança no pensamento antropológico que triunfou nos Estados Unidos e na Europa entre 1900 e 1930" (*op. cit.*, p. 120). Nisso, Capistrano foi secundado de perto por Alberto Torres, que, ao criticar o racismo no Brasil, "endossava a escola culturalista de pensamento que estava então (na década imediatamente anterior à Primeira Grande Guerra) emergindo sob a liderança de Franz Boas, da Columbia University" (*Idem*, p. 136).

4. Até o fim deste parágrafo, as citações de *Canaã*, feitas pelo texto da 5. ed. rev., Rio de Janeiro, Garnier, (1913), são respectivamente das pp. 113, 42, 271 e 50. Não obstante suas opiniões agressivas, Lentz é apresentado como um idealista do mesmo estofo de Milkau, que o estimava e compreendia, conforme dá a entender nesta avaliação dele: "O caráter fraco [de Lentz] traía a audácia do

pela "tendência imperial, a fibra belicosa, a expansão universal, a tenacidade, o gênio militar, a disciplina" dos seus compatriotas teuto-arianos se faz acompanhar, como não poderia deixar de ser, de um completo desdém pela inferioridade racial dos povos não arianos e, principalmente, dos mestiços. No brasileiro ele vê tão só um híbrido incapaz de progresso, com o que se mistura, num mesmo estereótipo, a noção de progresso como fruto da capacidade genésica ou criativa do homem com a ideia subliminar de o híbrido ou mestiço humano ser pouco ou de todo infecundo, esdrúxula inferência zoológica que, louvado em Broca, Sílvio Romero parece ter também perfilhado[5]. Por não acreditar Lentz que a mestiçagem ou "fusão com espécies radicalmente incapazes [...] se possa desenvolver a civilização", tem ele como ponto pacífico que o "problema social para o progresso de uma região como o Brasil, está na substituição de uma raça híbrida, como a dos mulatos, por europeus"; a imigração tem para ele, portanto, menos o sentido de um encontro e interpenetração de culturas diferentes que de uma política de tábula rasa em que uma cultura superior vem erradicar totalmente uma cultura inferior para a ela se substituir.

No preconceito contra os mulatos incorre igualmente Paulo Maciel, o juiz municipal de Porto do Cachoeira que, nos capítulos finais de *Canaã*, durante os trâmites do processo contra Maria Perutz — a suposta infanticida cujo transe se encarrega de infundir um pouco de dramaticidade nesse que José Veríssimo já incluíra na moderna "categoria dos romances sem enredo"[6] —, se torna amigo de Milkau e seu outro interlocutor, afora Lentz, em "longas e nobres"[7] palestras acerca do presente e do futuro do país. Palestras nas quais se vai esboçando uma espécie de teoria do Brasil que tem como fundo de quadro permanente o horizonte racial, ou seja, a já referida indistinção entre cultura

sonhador, e a bondade de sentimento entorpecia-lhe as maldades grandiosas do seu idealismo". (p. 143). Nesse sentido, tanto Milkau quanto Lentz tipificam, em contraposição ao estereótipo do homem-da-vida apontado por Mário de Andrade como o lado pragmático do caráter alemão, o seu antípoda, o homem-do-sonho "trapalhão, obscuro, nostalgicamente filósofo, religioso, idealista incorrigível, muito sério" (*Amar, Verbo Intransitivo*, São Paulo, Martins, 1944, pp. 25-26). Esta tipificação, que se diria inspirada nos dois protagonistas de *Canaã*, fora de resto antecipada pelo próprio Graça Aranha num trecho do romance (*op. cit.*, pp. 23-24) em que, glosando o tema goethiano das duas almas fáusticas alemãs, contrasta o "gênio livre" da "pátria do individualismo" com a "obediência e tenacidade" do seu "caráter camponês e militar".

5. Nelson Romero, *História da Literatura Brasileira*, vol. 1, p. 335.
6. José Veríssimo, *Estudos de Literatura Brasileira*, 5ª série, Rio de Janeiro, Garnier, 1905, p. 27.
7. Até o fim do parágrafo, citações de *Canaã*, 5ª ed. rev., Rio de Janeiro, Garnier, 1913, pp. 322, 324, 325, 326, 329 e 330 respectivamente.

e raça que se prolongaria da Escola do Recife ao modernismo paulista de 22-28, cujo ideário influenciou. Para Maciel, que argumenta com base na sua experiência jurídica de campo, o Brasil, onde "já houve talvez uma aparência de liberdade e de justiça", não passa "hoje" de "um cadáver que se decompõe". Tendo em vista o tempo e lugar da narrativa de *Canaã*, decorrida entre o ocaso do Império e os primórdios republicanos, quando se agravou ainda mais a decadência das velhas propriedades rurais do Espírito Santo que não substituíram, ou não puderam substituir, o braço escravo pelo trabalho livre, é lícito inferir que o "já houve" se refere ao Segundo Reinado e o "hoje" aos primeiros dias da República. Sobre o cadáver do Brasil recém-republicano, Maciel vê lançarem-se os urubus do imperialismo europeu e norte-americano, contra cuja fome de conquista nada podia o arremedo de nação em que nos transformáramos. Tal incapacidade se devia, no seu entender, à "crise de caráter" do país, à falta de "um fundo moral comum", já que "não há dois brasileiros iguais", crise responsável pela nossa "inércia moral" e pelo avanço cada vez maior de "um cosmopolitismo dissolvente" entre nós. A conclusão pessimista de Maciel reflete bem uma preocupação com a decadência que era típica do *Zeitgeist* de fim do século em que *Canaã* foi concebido e escrito: "A decadência aqui é um misto doloroso de selvageria dos povos que despontam para o mundo e do esgotamento das raças acabadas". Os dois termos deste binômio podem ser identificados respectivamente com os mestiços brasileiros e os brancos europeus. Levando avante uma colocação de Milkau acerca do mulato, Maciel reconhecia que no Brasil era preciso mesmo "formar-se do conflito de nossas espécies humanas um tipo de mestiço, que se conformando melhor com a natureza, com o ambiente físico, e sendo a expressão das qualidades médias de todos, fosse o vencedor e eliminasse os extremos geradores". Os óbvios pontos de semelhança entre esta média racial evolucionariamente adaptada à ambiência tropical e o sertanejo forte e autônomo idealizado por Euclides da Cunha dispensam maiores comentários. Mas não passe sem registro que, branco de "uma inteligência mais fina, de uma sensibilidade maior e mais distinta" que lhe são reconhecidas por Milkau, lamenta-se Maciel ironicamente, a páginas tantas, de não ter nascido mulato, com o que seu "equilíbrio com o país seria então definitivo" e ele se alinharia entre os "donos da terra", ao lado do escrivão Pantoja e do promotor Brederodes, personificações, juntamente com o juiz de direito Itapecuru, da venalidade e da prepotência do poder público.

Articulado em oposição ao arianismo agressivo de Lentz e ao pessimismo racial de Maciel, nem por isso o discurso de Milkau consegue ultrapassar-lhes o horizonte de preocupações. A certa altura, afirma ele que a ideia de raça não passa de um "preconceito aristocrático"[8], dada a dificuldade de definir o que seja exatamente, e que tampouco existe uma "raça privilegiada" capaz de arrogar-se o papel de "agente da civilização", desempenhando já tanto pelo semita e pelo hindu antigos quanto pelo francês e pelo inglês de hoje. Esboça-se com isso uma desvinculação entre as noções de raça e de civilização ou cultura, mesmo que esta última, assim expressa num singular generalizador, esteja ainda longe da pluralidade e equiponderância de culturas tão encarecidas pelo antropólogo de nossos dias ansioso de inocentar-se do eurocentrismo de que enfermavam os seus antecessores. Não obstante, avulta no discurso de Milkau uma recorrência ao critério de raça que lhe compromete o propalado antirracismo. Além disso, ao mesmo tempo em que afirma que as "raças civilizam-se pela fusão", estabelece ele uma distinção entre "raças adiantadas" e "raças virgens, selvagens", atribuindo aos "povos superiores" a iniciativa do "desdobramento da cultura", da qual seriam eles supostamente os únicos criadores e promotores. Uma visão que tal corresponde ao conceito linear de progresso em voga no monismo evolucionista do século XIX, a que Graça Aranha se filiou desde os dias de acadêmico de Direito no Recife, onde foi discípulo e amigo de Tobias Barreto. Sem chegar ao encarecimento do bárbaro e do selvagem por via do qual o primitivismo modernista de 22-28 contestou a academização do critério de civilização, *Canaã*, confirmando o seu caráter eminentemente pré-modernista, dava um primeiro passo nesse sentido ao reconhecer a participação das "raças virgens, selvagens" no processo civilizatório, ainda que lhes atribuísse, dentro dele, um papel dependente e passivo.

Ao questionar o racismo "científico" posto em moda pela Escola do Recife, Graça Aranha, embora não conseguisse se desvencilhar da noção de raça enquanto categoria instrumental, antecipava de quatro anos o desmascaramento ideológico desse mesmo racismo por Manuel Bonfim no seu memorável e quase esquecido *A América Latina* (1905)[9]. Entretanto, a teoria do Brasil que se esboça na discussão travada entre Maciel e Milkau no antepenúltimo capítulo

8. Citações deste parágrafo ainda de *Canaã*, 5ª ed. rev., Rio de Janeiro, Garnier, 1913, pp. 48 e 49.
9. A respeito, consultar, de Roberto Ventura e Flora Süssekind, *História e Dependência: Cultura e Sociedade em Manuel Bonfim*, São Paulo, Moderna, 1984, que se propõe a resgatar do esquecimento o pensamento de Manuel Bonfim.

do *Canaã*, gira em torno do postulado de que só com base numa unidade étnica é que poderá haver uma civilização ou cultura brasileira diferenciada e una. A ausência de um "caráter de raça" ou "fundo moral comum" no Brasil, que tanto Milkau quanto Maciel deploram, é atribuída por eles a uma "profunda disparidade entre as várias camadas da população", a uma "falta de homogeneidade" pela qual explicam o "desequilíbrio" e a "instabilidade" do temperamento nacional, termos esses que trazem logo à lembrança os mestiços litorâneos, histéricos e desequilibrados, do esquema caracterológico de Euclides da Cunha. Até este ponto, os dois interlocutores concordam entre si; daí por diante, vão discordar frontalmente. No seu pessimismo radical, Maciel não vê salvação possível para o Brasil, que padeceria de "uma incapacidade de raça para a civilização", estando fadado a se tornar branco em breve, "quando for conquistado pelas armas da Europa". Já na visão utópica de Milkau, cujo otimismo o drama distópico de Maria Perutz conseguiu apenas abalar, mas não destruir, a crise por que o país passa tem raízes históricas "na luta de classes, de dominados contra dominadores". Felizmente para nós, porém, "a sensualidade dos conquistadores" portugueses teve o mérito involuntário de deitar abaixo "os muros de separação" entre brancos, de um lado, e índios e negros de outro, para formar "essa raça intermediária de mestiços e mulatos, que é o laço, a liga nacional, e que, aumentando cada dia, foi ganhando os pontos de defesa dos seus opressores". Milkau vê culminar esse processo de gradual conquista do espaço do poder no momento em que o exército passa a ser "dominado pelos mestiços". A revolta destes – conquanto não seja dado nome a tal revolta, é de supor se trate da República equivaleu a uma "desforra de oprimidos" em consequência da qual surgiram "instituições" que estavam em consonância com "os instintos psicológicos que as criaram". Assim, por via de um "choque do inconsciente", foi que se afirmou enfim "a nacionalidade".

Esta ênfase nos fatores instintivos ou inconscientes da dinâmica social merece ser sublinhada. Entre as influências que plasmaram o pensamento da Escola do Recife no geral, e a metafísica de integração cósmica de Graça Aranha em particular, estava a filosofia do inconsciente de Eduard von Hartmann. Pensador de orientação schopenhaueriana, Hartmann fez do Inconsciente um absoluto metafísico e o pôs na origem do Ser como a um só tempo vontade irracional e ideia inconsciente; o fim para o qual se orientaria o processo cósmico seria a Ideia emancipar-se do Querer para que o dito processo pudesse tomar consciência de si e com isso autodeterminar-se. Ao condimentar o racionalismo cientificista do século XIX com o irracionalismo hartmanniano, o pensamento metafísico de Graça Aranha, tal como esboçado fragmentariamente em *Canaã* e duas décadas mais tarde sistematizado em *A Estética da Vida*, reafirmava o seu caráter vincadamente pré-modernista no antecipar, de forma embrionária, um dos pontos-chave do ideário de 22-28, que privilegiou a ordem subconsciente como a ordem por excelência da criação poética e fez da perquirição psicanalítica das "raízes da raça"[10] o principal meio de estabelecer contato com "um outro Brasil dos enlaces profundos, ainda incógnito, por descobrir".

Mas voltando à questão do ascenso social do mestiço até chegar ao domínio do exército e à tomada do poder político, trata-se de uma ideia que, apenas apontada em *Canaã*, seria desenvolvida por Graça Aranha num dos ensaios *de Espírito Moderno* (1925). Ali, ao discorrer sobre um dos seus temas favoritos, "Mocidade e Estética"[11], refere-se ele ao "resultado tumultuário da transformação social" que se seguiu à Abolição e à República, quando a mocidade brasileira, depois de se ter ilustrado filosoficamente no monismo e no positivismo dos fins do século XIX, submergiu-se na "inconsciência nacional", abrindo assim as comportas para o desencadeamento de todos "os instintos mais primitivos, todas as aspirações mais grosseiras". É então que o ensaísta vê surgir a figura do "homem novo" do Brasil, por ele descrito negativamente como "o rebento da mestiçagem, a flor da plebe (que) invade a sociedade, de que os seus incertos antepassados eram excluídos". O caráter desse homem supostamente novo, que se dedica as mais das vezes à politicagem rasteira, ao jornalismo venal e ao ganho fácil, é o de um "tenebroso demônio da concupiscência, do ódio e da rapacidade". Daí não estranhar mergulhasse o país numa "crise de decrepitude precoce", em que a inteligência, sob a ação dissolvente da "preguiçosa languidez tropical", definhava numa "dolorosa mistura de decrepitude e infantilidade".

Descontada a ênfase do traço, que chega a beirar a caricatura, temos aí, a par de uma imagem ferozmente crítica da República Velha, a imagem correlata e emblemática do mestiço vitorioso tal como a esboça o antepenúltimo capítulo de *Canaã*. Imagem típica de quem olhasse o social pelo prisma do determinismo geográfico, o que é o caso por excelência da geração de 70,

10. Frases de Raul Bopp em *Movimentos Modernistas no Brasil (1922-1928)*, Rio de Janeiro, Livraria São José, 1966, pp. 97 e 64.

11. Graça Aranha, *Espírito Moderno*, 2ª ed., São Paulo, Companhia Ed. Nacional, s.d., pp. 85-102.

VIII. *Canaã* e o Ideário Modernista

haja vista a noção de "estilo tropical" formulada por Araripe Júnior. Para ele, a "influência catalítica da terra" explicava o temperamento do homem dos trópicos, que "sensualiza-se até com o contato do ar" porque ali "o genesismo terrestre assume proporções enormes"[12]. No mesmo texto, refere-se mais adiante, numa articulação causal entre o geográfico e o racial, o trópico e a mestiçagem, a "todo o sensualismo que queima os nervos do crioulo". E num outro texto, a Biografia de Gregório de Matos (1894), propõe-se Araripe Júnior traçar a certa altura o que chama de psicologia dos mulatos, deles dizendo que "graças ao ódio dos reinóis, os quais os afagavam quando escravos e desprezavam quando forros, mantinham toda a dinâmica liberal daquelas regiões", de vez que neles existiria, "como temperamento, o espírito de insurreição [...] espírito de revolta, de ódio inquebrantável"[13].

Ao temperamento insurrecional do mulato tal como aparece no perfil psicológico dele estereotipicamente traçado por Araripe Júnior correspondem, na descrição não menos estereotípica de Graça Aranha, aqueles "instintos mais primitivos" e aquelas "aspirações mais grosseiras" em que se alicerçaria o próprio "inconsciente nacional'". Outrossim, o que nos tempos de Gregório de Matos se restringia a uma "dinâmica liberal", converte-se ao fim de dois séculos, com a progressiva ascensão dos mestiços e a sua crescente hegemonia nos quadros do exército, em revolta aberta, a "desforra de oprimidos" ou "choque do inconsciente" a que se refere Milkau caracterizando o golpe armado por que se instaurou a República entre nós e a cujos primórdios de jacobinismo florianista parecem se aplicar ambos os rótulos. Tampouco falta, no mulato ou mestiço estereotipado em *Canaã*, o sensualismo de índole que lhe atribuía Araripe Júnior. Esse traço não só avulta no retrato de Jaca, o mulato maranhense por cujos versos perpassa "o frêmito da luxúria meiga e doce de toda a sua raça", como principalmente nas diatribes racistas de Lentz, para quem a civilização no Brasil não passava de um "artifício, todos os minutos roto pelo sensualismo, pela bestialidade e pelo servilismo inato do negro"[14]. Note-se aliás, de passagem, que os dois protagonistas alemães de *Canaã*, por sua castidade de conduta e de pensamento, mais parecem encarnações do Par-

---

12. Araripe Júnior, *Obra Crítica*, vol. 2 (1888-1894), pp. 68-73, "Estilo Tropical. A Fórmula do Naturalismo Brasileiro", Rio de Janeiro, Casa de Rui Barbosa, 1960.

13. *Idem*, p. 432.

14. Citações de *Canaã* até o fim deste parágrafo conforme 5ª ed. rev., Rio de Janeiro, Garnier, 1913, pp. 136, 50, 264, 31 e 112.

sifal wagneriano. Milkau se sente "humilhado, confuso, arrependido" por certa noite ter desejado Maria carnalmente, e quando consegue dominar a "sua agonia sexual", tem-se por um altivo e virtuoso "vencedor de si mesmo". Entretanto, na antevisão que o panorama de Porto do Cachoeira lhe suscita logo depois de ali chegado, discerne ele a "pérfida lascívia" com que a gente morena da terra combate a "temerosa energia" dos imigrantes louros como uma força positiva para a criação da "nova raça que seria a incógnita feliz do amor de todas as outras, que repovoaria o mundo e sobre a qual se fundaria a cidade aberta e universal" da utopia fraterno-solar sonhada por ele como a Canaã moderna.

Acerca desta última citação, impõem-se duas observações fundamentais. A primeira diz respeito à composição étnica dessa raça futura, que, embora se vá constituir sobre o "mesmo fundo de população mestiça" do passado e do presente do país, assinalará a "idade dos novos brancos, vindos da recente invasão" substituindo-se à "época dos mulatos", aos quais só restará o consolo de os substitutos reconhecerem "o patrimônio dos seus predecessores mestiços, que terão edificado alguma coisa, porque nada passa inutilmente na terra"[15]. Eis-nos assim de volta à estratégia do embranquecimento progressivo que vimos coroar a teoria racial de Sílvio Romero. Ela seria retomada por Oliveira Viana, em cuja tese do branqueamento ou "evolução arianizante" da população brasileira Guerreiro Ramos vê "uma racionalização do preconceito de cor vigente em nosso país", uma ideologia na qual "se contém, de maneira muito sutil, a discriminação de cor". Racionalização do mesmo tipo subjaz às contradições facilmente detectáveis no pensamento racial de *Canaã*, onde posições "progressistas" – a refutação da ideia de superioridade de raça e a defesa do sincretismo e da mestiçagem como formas de incorporação do imigrante à tradição da cultura brasileira – convivem com estereótipos ideológicos, a exemplo da visão pejorativa do ascenso social do mulato, que se torna assim uma espécie de bode expiatório das mazelas da Primeira República, cuja crítica em *Canaã* antecipa a do reformismo tenentista dos anos 20. Com isso se configura uma ambígua alternância de otimismo (Milkau) e de pessimismo (Maciel) quanto aos destinos vindouros do Brasil como nação, alternância que se faz também sentir no ideário do modernismo de 22-28, conforme logo se verá.

15. *Canaã*, 5ª ed. rev., Rio de Janeiro, Garnier, 1913, p. 331.

VIII. *Canaã* e o Ideário Modernista

A segunda observação que se impõe fazer sobre a utopia racial sonhada por Milkau tem a ver com o qualificativo "fraterno-solar" por que a caracterizamos. O fraterno, no caso, corre por conta do anarquismo cristão de Tolstói onde, ao que tudo indica, Graça Aranha teria ido buscar as ideias sociais que veicula pela boca de Milkau: este tem o espírito voltado o tempo todo para um vago coletivismo a que se chegaria, em futuro indeterminado, pela via incruenta do aumento de solidariedade entre os homens e não pela violência da luta de classes. Quanto ao adjetivo "solar", aponta precipuamente para o espaço tropical em que ele espera ver um dia erguida a sua "cidade aberta e universal". É um espaço que, pela sua exuberância de vida, se contrapõe ao clima temperado da Europa, *locus* da decadência para Milkau. Daí a recorrência do sol como fulcro da paisagem fortemente semantizada de *Canaã*. Ao influxo dele está ligada, por um nexo de causalidade que na sua teoria do estilo tropical Araripe Júnior cuidou de acentuar, tanto a tez escura da população mestiça quanto a sensualidade que lhe é inata. Não estranha pois que o racismo de Lentz se queixe do "sol implacável"[16][17] com o seu "amarelo a nos perseguir", nem que tenha por impossível a subsistência da civilização num país onde a "violência" e a "exuberância" da natureza se constituem num "imenso embaraço". Em polo oposto, Milkau se embriaga com a vitalidade e luminosidade dos trópicos, tanto assim que, quando chega a Porto do Cachoeira, desaponta-se com o aspecto demasiadamente ordeiro da cidade. A "branca aridez" de suas ruas que nenhuma árvore sombreia, e a "esterilidade rigorosa e sistemática" de suas casas sem jardim nem quintal, avessas aos "prazeres do convívio dos animais domésticos" e à "expansiva preocupação da cultura das plantas e das flores", põem de manifesto que só podem mesmo servir de abrigo a uma população de comerciantes cujo pragmatismo grosseiro "tinha matado a poesia, a graça daquele canto excepcional da natureza".

Se relacionarmos este sentimento de incongruência entre construção artificial e espaço natural à antevisão de uma nova cultura prolongando, modernidade adentro, o "toque divino da fusão criadora" pela qual desde os seus primórdios se pautou sincreticamente a formação da nacionalidade brasileira, a correlação aponta claramente para o ideal de uma civilização tropical em que os avanços materiais e/ou culturais recebidos de fora, em vez de serem mero

16. Guerreiro Ramos, *Introdução Crítica à Sociologia Brasileira*, Rio de Janeiro, Andes, 1957, p. 140.

17. Até o fim do parágrafo, citações de *Canaã*, 5ª ed. rev., Rio de Janeiro, Garnier, 1913, pp. 37, 48 e 27.

transplante, passem por um processo de assimilação transfiguradora que lhes dilua ou apague a marca de origem. Deste prisma, o utopismo de *Canaã* não está muito distante do da Antropofagia, com a sua estratégia de devoração cultural e o seu sonho de uma Revolução Caraíba. Tem igualmente mais de um ponto de contato com as ideias subjacentes a dois episódios de *Macunaíma* cujo significado alegórico Mário de Andrade explicitaria, muitos anos depois da primeira publicação de sua rapsódia, num artigo de imprensa[18]. Um dos episódios consta no capítulo 8: Macunaíma se engraça com uma portuguesa vendedora de peixe e vai-se com ela, abandonando uma das filhas de Vei com quem prometera casar-se. O outro episódio aparece no capítulo final do livro: depois de hesitar um bom tempo de medo da água fria, o herói acaba se atirando aos braços da uiara do lago que buscava seduzi-lo; quando sai de dentro da água, percebe que está todo mutilado, sem a perna direita, os dedões do pé, as orelhas, o nariz e os "cocos-da-Bahia". No artigo em que esclarece a alegoria, Mário de Andrade diz que ambos os episódios estão ligados ao "problema de formarmos, de querermos formar uma cultura e civilização de base cristão-portuguesa" nos trópicos. A Vei do primeiro episódio é a representação mitológica do Sol e quando, em vez de se unir a uma das suas filhas solares, Macunaíma e o Brasil por ele simbolizado se amanceba com a vendedora de peixe, está na realidade se jungindo ao "Portugal que nos herdou os princípios cristãos". O episódio subsequente tematiza a desforra de Vei: é ela quem "faz aparecer a uiara que destroça Macunaíma", destruição em que se configura uma "vingança da quente região solar"; por não ter desposado a filha de Vei, preferindo uma estrangeira, "Macunaíma não se realiza, não consegue adquirir um caráter". Outrossim, na cena da uiara sedutora, o medo do frio que faz o herói hesitar em entrar na lagoa é explicado como o de quem se "arreceia de uma civilização, de uma cultura de clima moderado europeu". Donde a sedutora mandada por Vei ser uma "uiara-dona-Sancha", isto é, europeia. Vei "europeíza o seu instrumento de vingança" a fim de atrair Macunaíma, pois não fosse "o europeísmo a que se acostumou" durante o seu longo desfrute dos luxos civilizados de São Paulo e ele não se deixaria enganar.

---

18. O artigo intitulado "Notas Diárias" e originariamente publicado, em 1943, no quinzenário *Mensagem*, de Belo Horizonte, vem transcrito na edição crítica de *Macunaíma* feita por Telê Porto Ancona Lopez (São Paulo, Rio de Janeiro, LTC/Secretaria da Cultura, Ciência e Tecnologia de São Paulo, 1978, pp. 325-326).

VIII. *Canaã* e o Ideário Modernista

Conforme mostra Telê Porto Ancona Lopez em seu fundamental estudo do pensamento de Mário de Andrade, a adesão dele ao "tropicalismo brasileiro" desde 1926, antes do Manifesto Antropofágico portanto, se deu sob o influxo das ideias de Hermann de Keyserling acerca da cultura do futuro, da valorização do primitivo e do predomínio dos valores intuitivos sobre os racionais na psique do homem americano. Ao prefaciar o seu até agora impublicado *Na Pancada do Ganzá*, Mário faz o elogio do caboclo ou caipira brasileiro em termos que lembram os de Euclides da Cunha em relação ao sertanejo, ou seja, como modelo de "uma adaptação físico-química à geografia", e acrescenta, significativamente:

Talvez nosso maior erro seja a fatalidade de importar uma civilização europeia, que não se adaptará absolutamente ao nosso local, civilização primordialmente anticlimática. Quando, mesmo que aproveitemos da civilização europeia algumas das suas verdades práticas, o que tínhamos e talvez tenhamos de fazer, é criar uma civilização menos orientada pelo nosso homem que pela nossa geografia. Uma civilização que sem ser indiana, chim (dar exemplo de civilização negro-africana), egípcia, ou incaica, se orientaria pelas linhas matrizes destas civilizações antigas, ou pseudoantigas[19].

A propósito, convém lembrar que a filha de Vei a quem Macunaíma promete casamento é, segundo explica o próprio Mário no artigo supracitado, "uma das filhas da luz, isto é, as grandes civilizações tropicais, China, Índia, Peru, México, Egito, filhas do calor".

Um outro episódio alegórico de *Macunaíma* tem também relevância para a ordem de ideias que ora nos ocupa. Trata-se do episódio do banho na água encantada de uma lapa do Araguaia onde Sumé deixara impressa a marca do seu pé. Esse banho, narrado no começo do capítulo 5, logra tornar Macunaíma, que nascera preto porque era "filho da tribo retinta dos Tapanhumas", branco, louro e de olho azul, ao passo que seu mano Jiguê, por lavar-se na água já suja da negrice do herói, só consegue ficar "cor do bronze novo", e Maanape, para quem sobrou apenas um restinho de água, continua negro, a não ser nas palmas das mãos e dos pés, que ainda pôde molhar. A exegese

19. *Apud* Telê Porto Ancona Lopez, *Mário de Andrade: Ramais e Caminho*, São Paulo, Duas Cidades, 1972, pp. 111-118.

corrente é a de ser o episódio uma representação etiológica do surgimento das três raças formadoras da nossa etnia. Todavia, não se deve perder de vista que o poder mágico da água advinha do seu contato com Sumé, o mítico civilizador branco que, com diferentes nomes, aparece nas mitologias da América como o mestre de quem seus naturais receberam as técnicas, as artes e as regras morais[20]. Civilizador que Frei Vicente do Salvador identificou com o "bem-aventurado apóstolo São Tomé" que, de passagem pelo Brasil a caminho da Índia, teria ensinado nossos índios a adorar e servir a Deus e não ao demônio. É nessa função que o evoca o texto de *Macunaíma*: a marca do pé dele vinha "do tempo em que andava pregando o evangelho de Jesus à indiada brasileira".

Ora, se o próprio Mário pretendeu alegorizar no episódio do enrabichamento do seu herói sem nenhum caráter pela portuguesa vendedora de peixe nossa submissão ao "Portugal que nos herdou os princípios cristãos", não seria o caso de, com mais fundadas razões, ver-se igual sentido alegórico no episódio do banho encantado, com o que a traição de Macunaíma às suas raízes tropicais receberia um reforço prévio? E mais: não é ainda de se pensar que no dito episódio está simbolizada a compulsão de embranquecimento do mestiço brasileiro a que as doutrinas raciais de Sílvio Romero, Graça Aranha, Oliveira Viana e outros intentaram dar respaldo teórico? A ser assim, o simbolismo só confirmaria a continuidade, no ideário do modernismo de 22-28, do mesmo horizonte racial de referência que deparamos nos pensadores da geração de 70.

A vinculação entre a "eugenia" racial do Brasil e as novas correntes migratórias que a ele afluíram em número crescente após a Abolição repercute inclusive nos contos de Antônio de Alcântara Machado reunidos em *Brás, Bexiga e Barra Funda*, protagonizados todos por imigrantes italianos da Pauliceia e descendentes seus. O pitoresco dos costumes, do linguajar, das ambições e dos valores desse microcosmo ítalo-paulista é surpreendido pelo contista num traço caricaturesco que não exclui a simpatia ou sequer o enternecimento. Mas nem sempre se pode dizer que tal óptica preponderasse na literatura modernista. Em *Macunaíma*, por exemplo, o ogre ameríndio que se apodera da preciosa muiraquitã, penhor da nacionalidade do "herói de nossa gente", é significativamente o italiano Venceslau Pietro Pietra, a quem cabe o papel de vilão da narrativa. Nada tem tampouco de lisonjeira a representação ficcio-

---

20. Ver o verbete "Sumé" em Luís da Câmara Cascudo, *Dicionário do Folclore Brasileiro*, Rio de Janeiro, INL, 1954, e Hernâni Donato, *Dicionário das Mitologias Americanas*, São Paulo, Cultrix/MEC, 1973.

nal do imigrante nas *Memórias Sentimentais de João Miramar*. O ítalo-paulista Chelinini, colega de escola do protagonista, pintado com o traço grosso da irrisão, não passa de um carreirista e de um escroque; por sua vez, os agiotas tão detestados quando procurados por Miramar são todos italianos e "turcos".

No prefácio de *Brás, Bexiga e Barra Funda*, Alcântara Machado nos dá conta das razões da sua simpatia pelos "novos mamelucos", que assim chama os ítalo-brasileiros: eles representavam a melhoria do processo de miscigenação das "três raças tristes" que nos formaram, já que nele introduzem um novo ingrediente, particularmente caro aos modernistas: a alegria[21]. Outrossim, ao registrar em *Cavaquinho & Saxofone* suas impressões de viagem à Argentina, faz ele um elogio da eugenia racial quando intitula seu texto "Onde o Homem o É" e quando assinala que lá o

> branco não quer se tisnar de negro nem de amarelo e repele, com indisfarçável repugnância, convencido da sua superioridade, a parte negra e mulata da população brasileira. [...] Com sangue europeu do sul, do norte, inclusive judeu, aqui se está formando uma raça de ombros largos, estatura alta, saudável, sólida, igualmente feita para o trabalho e os prazeres da vida[22].

O viés étnico costuma estar sempre ligado, direta ou indiretamente, às tentativas de definição de um caráter nacional brasileiro. Indicações esparsas nesse sentido não deixam de aparecer em *Canaã*, ora compondo o estereótipo do homem cordial − é o caso de Felicíssimo, o agrimensor, o de Joca, seu auxiliar, nos quais Milkau admira "a espontaneidade da raça, a coragem e a bondade" −, ora sublinhando traços menos positivos, como o gosto da vadiagem, a luxúria de índole e a falta de aplicação ao trabalho, notados por Paulo Maciel ao contrastar a ordem, o asseio e o progresso da colônia alemã de Porto do Cachoeira com o desleixo, o abandono, a tristeza das "terras cultivadas por brasileiros"[23]. Fiel, nisto, ao contraponto que informa a estrutura toda de *Canaã*, do estilo à efabulação, tal alternância de notas de encarecimento extrínseco (Milkau) e notas de crítica intrínseca (Maciel) prenuncia a ambivalência entre pessimismo crítico e otimismo utópico que marca a atitude do modernismo de 22-28 frente à realidade nacional. É possivelmente em *Retrato*

---

21. Cf. *Brás, Bexiga e Barra Funda / Laranja da China*, São Paulo, Martins, s.d.

22. *Cavaquinho e Saxofone (solos), 1926-1935*, Rio de Janeiro, José Olympio, 1940, p. 187.

23. *Canaã*, 5ª ed. rev., Rio de Janeiro, Garnier, 1913, pp. 277 e 209.

do Brasil (1928), de Paulo Prado, que a dita ambivalência encontra sua formulação mais nítida. Ao traçar o perfil do caráter brasileiro numa perspectiva de psicologia social lastreada de erudição histórica, Paulo Prado ressalta feições que não haviam escapado à atenção do romancista de *Canaã*. À semelhança deste, hartmanniano para quem o comportamento coletivo tal como historicamente testemunhado afunda raízes num "inconsciente nacional", também aquele, para traçar, mais do que o retrato, a radiografia do Brasil, vai procurar "no fundo misterioso das forças conscientes ou instintivas, as influências que dominaram, no correr dos tempos, os indivíduos e a coletividade"[24]. Dessa prospecção histórico-psicanalítica, Paulo Prado traz à tona, como pulsões de base da psicologia da descoberta e da própria formação nacional, o binômio ouro-sexo, vale dizer, a ambição de riquezas que moveu a Europa à conquista da América e, sobretudo, a "sensualidade livre e infrene" que o colonizador veio aqui satisfazer na índia e na negra, conquanto, para o ensaísta, o negro se fosse constituir no "problema mais angustioso" da nossa "formação racial". Conforme tivemos ocasião de ver, o suposto "sensualismo" e "bestialidade" do negro brasileiro eram, no entender de Lentz, um impedimento para a civilização, e mesmo Milkau, embora a tivesse por positiva, não deixava de sublinhar a "pérfida lascívia" da raça mestiça. Num outro passo de *Retrato do Brasil*, seu autor chama a atenção para a "falta de proporção" entre o homem e a floresta tropical, que "abafa, sufoca e asfixia o invasor"; mais adiante, mostra os povoadores das vastidões do território brasileiro "abafados e paralisados em geral por uma natureza estonteadora de pujança, ou terrivelmente implacável". Ora, a vitalidade e exuberância da natureza tropical são semantizadas, na escrita caracteristicamente *art nouveau* do romance de Graça Aranha, como valores simbólico-ornamentais que subscrevem a utopia social do Novo Mundo sonhada pelo seu protagonista, um egresso da decadência e do esgotamento vital do Velho Mundo. Para Milkau, "a floresta do Brasil é sombria e trágica" e ele sente ali o seu espírito "esmagado pela estupenda majestade da natureza"; mais pragmaticamente, a "terra só por si, com esta violência, esta exuberância" oferece, para Lentz, um "embaraço imenso" no que toca à marcha da civilização no país.

---

24. Paulo Prado, *Retrato do Brasil*, 5ª ed., São Paulo, Brasiliense, 1944, p. 161. As demais citações deste e do outro parágrafo são das pp. 11, 163, 17, 175-176, e 166, 167, 171, 170, 162 e 169.

VIII. *Canaã e o Ideário Modernista*

Mas a principal plataforma de encontro entre as ideias – talvez se devesse dizer ideologias – de *Canaã* e *Retrato do Brasil* é a questão da mestiçagem. Ela se confunde com a da própria identidade nacional, e um e outro livro a consideram um processo ainda em curso a que, numa impressiva similitude de linguagem, atribuem duração cósmica e cujo termo lhes é por enquanto uma incógnita. Mostrando que no final da década de 20 o horizonte racial continuava a ser a barreira não ultrapassada das cogitações em torno da realidade brasileira, Paulo Prado não se pejava de ver na miscigenação um tríplice problema, "o da biologia, o da etnologia *e mesmo o da eugenia*" (grifo meu). Embora perfilhe a tese de uma democracia racial brasileira, onde o "negro não é um inimigo: viveu, e vive, em completa intimidade com os brancos e os mestiços que já parecem brancos"; embora rejeite a tese da desigualdade de raças, que lhe "parecem essencialmente iguais em capacidade mental e adaptação à civilização", tem todavia o mulato como "o ponto mais sensível do caso brasileiro", do mesmo passo em que reputa "a arianização do habitante do Brasil [...] um fato de observação diária", ligado de perto "às imigrações europeias de vário sangue que deverão ter profunda influência no Brasileiro futuro".

Entre os estigmas deixados pela escravidão "nas profundezas inconfessáveis do caráter nacional", vários dos apontados por Paulo Prado – a preguiça, o desleixo, a imprevidência, para não falar da tristeza, traços que nos teriam vindo já dos descobridores portugueses – são os mesmos que *Canaã* aponta sem se esquecer de os vincular a uma circunstância histórica, às "terras cultivadas por brasileiros" na época da decadência da propriedade tradicional por força da abolição do trabalho escravo. Para o ensaísta de *Retrato do Brasil*, ainda não culminaram os "efeitos da recíproca penetração biológica" que irão definir "o novo tipo étnico que será o habitante do Brasil". E ele se pergunta "que influência pode ter no futuro essa mistura de raças", acrescentando a esta uma segunda pergunta, anacrônica numa altura em que a medicina já havia negado nexos necessários de causalidade entre mestiçagem e enfermidade: a de se "a fraqueza física" de grande parte de nossa população, e sua vulnerabilidade "às doenças e aos vícios [...] não provém do intenso cruzamento de raças e sub-raças". Mas não se arrisca, no *post-scriptum* do seu livro polêmico, a responder tais perguntas embaraçosas, preferindo antes esperar, "na lentidão do processo cósmico, a decifração do enigma" ou "incógnita".

O utopismo do romancista pré-moderno de *Canaã* que, levado pelos pendores filosóficos da Escola do Recife, deu amplitude cósmica ao problema da imigração estrangeira e do seu impacto sobre os destinos da civilização brasileira, foi bem mais afoito do que o ceticismo do ensaísta modernista de *Retrato do Brasil*. Se bem Graça Aranha falasse também de "incógnita", abrandou a ambiguidade ominosa desse substantivo com o adjetivo "feliz" e pôde discernir, no horizonte antecipatório do pré-modernismo, "uma nova raça, que seria a incógnita feliz do amor de todas as outras, que repovoaria o mundo e sobre a qual se fundaria a cidade aberta e universal".

Bibliografia

AMARAL, Aracy. *Tarsila, Sua Obra e Seu Tempo*. São Paulo, Perspectiva, 1975.

ANDRADE, Mário de. *A Escrava que Não É Isaura: Discurso sobre Algumas Tendências da Poesia Modernista*. São Paulo, Livraria Lealdade (dep.), 1925.

_____. *Amar, Verbo Intransitivo*. São Paulo, Martins, 1944.

_____. *Macunaíma*. Ed. crít. de Telê P. A. Lopez. São Paulo/Rio de Janeiro, LTC/SCCT de SP, 1978.

_____. "Moral Cotidiana". In: *Estética: 1924/1925*. Ed. fac-similada, apres. de Pedro Dantas. Rio de Janeiro, Gemasa, 1974, n. 2, ano II, vol. I, jan.-mar. 1925.

_____. *O Movimento Modernista*. Rio de Janeiro, Casa do Estudante do Brasil, 1942.

ANDRADE, Oswald de. *Do Pau-Brasil à Antropofagia e às Utopias; Manifestos, Teses de Concursos e Ensaios*. Intr. de Benedito Nunes (vol. 6 das *Obras Completas*). Rio de Janeiro, Civilização Brasileira, 1972.

_____. *Memórias Sentimentais de João Miramar; Serafim Ponte Grande* (vol. 2 das *Obras Completas*). Rio de Janeiro, Civilização Brasileira, 1971.

_____. *Um Homem sem Profissão: Memórias e Confissões*. 12 vol., 1890-1919, "Sob as Ordens de Mamãe". Rio de Janeiro, José Olympio, 1954.

ARANHA, Graça. *A Estética da Vida*. Rio de Janeiro, Garnier, 1925.

_____. *Canaã*. 5. ed. rev. Rio de Janeiro, Garnier, 1913.

_____. *Espírito Moderno*. São Paulo, Companhia Editora Nacional, s.d.

_____. *O Meu Próprio Romance*. São Paulo, Companhia Editora Nacional, 1931.

_____. *Obra Completa*. Org. sob a direção de Afrânio Coutinho. Rio de Janeiro, MEC/INL, 1969.

ATAÍDE, Tristão de. *Contribuição à História do Modernismo, I. O Pré-Modernismo*. Rio de Janeiro, José Olympio, 1939.

ARARIPE JÚNIOR. *Obra Crítica*. Rio de Janeiro, Casa de Rui Barbosa, 1959-1960.

BARILLI, Renato. *Art Nouveau*. Trad. ingl. de R. Rudorff. Londres, Paul Hamlyn, 1969.

BARRETO, Tobias. *O Pensamento Vivo de Tobias Barreto*. Apresentado por Hermes Lima. São Paulo, Martins, 1943.

BOPP, Paul. *Cobra Norato e Outros Poemas*. "Edición dispuesta por Alfonso Pintó". Barcelona, Dau al Set, 1954.

_____. *Movimentos Modernistas no Brasil (1922-1928)*. Rio de Janeiro, Livraria São José, 1966.

Bosi, Alfredo. *O Pré-Modernismo*. São Paulo, Cultrix, 1966.

Broca, Brito. *A Vida Literária no Brasil-1900*. Rio de Janeiro, MEC, 1959.

Candido, Antonio. *A Educação pela Noite & Outros Ensaios*. São Paulo, Ática, 1987.

Carlo, E. de. Verbete "Hartmann, Eduard von". In: Centri di Studi Filosofici di Gallarate, *Enciclopedia Filosofica*. Florença, Sansoni, 1957.

Carpeaux, Otto Maria. *Presenças*. Rio de Janeiro, MEC, 1958.

Carvalho, Ronald de. *Pequena História da Literatura Brasileira*. Rio de Janeiro, Briguiet, 1949.

Cascudo, Luís da Câmara. *Dicionário do Folclore Brasileiro*. Rio de Janeiro, INL, 1954.

Champigneulle, B. A. *Art Nouveau*. Trad. M. J. C. Viana. São Paulo, Verbo/Edusp, 1976.

Costa, João Cruz. *Contribuição à História das Ideias no Brasil*. Rio de Janeiro, José Olympio, 1956.

Cunha, Euclides da. *Os Sertões*. Ed. preparada por A. Bosi e H. Ângelo. São Paulo, Cultrix, 1973.

Dimas, Antonio. *Tempos Eufóricos (Análise da revista* Kosmos, *1904-1909)*. São Paulo, Ática, 1983.

Donato, Hernâni. *Dicionário das Mitologias Americanas*. São Paulo, Cultrix/MEC, 1973.

Francovich, Guillermo. *Filósofos Brasileiros*. Trad. I. Strenger. São Paulo, Flama, s.d.

Goldmann. *Ciências Humanas e Filosofia*. Trad. de L. C. Garaude e J. A. Gianotti. São Paulo, Difel, 1967.

Haeckel, Ernesto. *Os Enigmas do Universo*. Trad. J. Filinto. 3ª ed. Porto, Chardron, 1926.

Leite, Dante Moreira. *O Caráter Nacional Brasileiro: História de uma Ideologia*. 3ª ed. São Paulo, Pioneira, 1976.

Lima, Alceu Amoroso. *Quadro Sintético da Literatura Brasileira*. Rio de Janeiro, Agir, 1956.

Lins, Augusto Emilio Estellita. *Graça Aranha e o "Canaã"*. Rio de Janeiro, Livraria São José, 1967.

Lopez, Telê Porto Ancona. *Mário de Andrade: Ramais e Caminho*. São Paulo, Duas Cidades, 1972.

Lukács, Georg. *A Teoria do Romance*. Trad. A. Margarido. Lisboa, Presença, s.d.

Machado, Antônio de Alcântara. *Brás, Bexiga e Barra Funda / Laranja da China*. São Paulo, Martins, s.d.

_____. *Cavaquinho e Saxofone (solos), 1926-1935*. Rio de Janeiro, José Olympio, 1940.

Mannheim, Karl. *Essays on Sociology and Social Psichology*. Org. P. Kecskemetti. Londres, Routledge & Kegan Paul, 1953.

_____. *Ideologia e Utopia: Introdução à Sociologia do Conhecimento*. Trad. E. Willems. Porto Alegre, Globo, 1950.

Martins, Wilson. *História da Inteligência Brasileira*. São Paulo, Cultrix, 1978, vol. 5.

Masini, Lara-Vinca. *Art Nouveau*. Trad. ingl. L. Fairbairn. Londres, Thames e Hudson, 1984.

Moisés, Massaud. *História da Literatura Brasileira: O Simbolismo*. São Paulo, Cultrix, 1985.

Montenegro, Olívio. *O Romance Brasileiro*. 2ª ed. Rio de Janeiro, José Olympio, 1958.

MORAIS, Carlos Dante de. *Viagens Interiores*. Rio de Janeiro, Schmidt, 1931.

MORAIS, Eduardo Jardim de. *A Brasilidade Modernista: Sua Dimensão Filosófica*. Rio de Janeiro, Graal, 1978.

NEEDELL, Jeffrey D. *A Tropical Belle Epoque: Elite Culture and Society in Turn-of-Century*. Rio de Janeiro, Cambridge-Nova York, Cambridge University Press, 1987.

NIETZSCHE, Friedrich. *Obras Incompletas*. Sel. de G. Lebrun, trad. de R. R. Torres Filho. São Paulo, Abril Cultural, 1974.

_____. *O Pensamento Vivo de Nietzsche*. Apresentado por Heinrich Mann, trad. rev. por S. Milliet. São Paulo, Martins, 1944.

PAES, José Paulo. "Augusto dos Anjos ou o Evolucionismo às Avessas". In: *Os Melhores Poemas de Augusto dos Anjos*. São Paulo, Global, 1986, pp. 7-32.

_____. "Cinco Livros do Modernismo Brasileiro". *Estudos Avançados*, vol. 2, n° 3, São Paulo, IEA da USP, set.-dez. 1988.

_____. *Gregos & Baianos*. São Paulo, Brasiliense, 1985.

PAIM, Antonio. Introdução a *Ensaios de Crítica* de Arthur Orlando. São Paulo, Grijalbo, 1975.

PEREIRA, Lúcia Miguel. *Prosa de Ficção (de 1870 a 1920)*. Rio de Janeiro, José Olympio, 1950.

PEVSNER, Nikolaus. *Os Pioneiros do Desenho Moderno*. Trad. de J. P. Monteiro. Lisboa, Ulisséia, s.d.

PONTES, Elói. *A Vida inquieta de Raul Pompeia*. Rio de Janeiro, José Olympio, 1935.

PRADO, Paulo. *Retrato do Brasil: Ensaio sobre a Tristeza Brasileira*. 5ª ed. São Paulo, Brasiliense, 1944.

PRAZ, Mario. *Literatura e Artes Visuais*. Trad. J. P. Paes. São Paulo, Cultrix, 1982.

RAMOS, Guerreiro. *Introdução Crítica à Sociologia Brasileira*. Rio de Janeiro, Andes, 1957.

ROMERO, Sílvio. *História da Literatura Brasileira*. 5ª ed. rev. por Nelson Romero. Rio de Janeiro, José Olympio, 1954.

RUNES, Dagobert D. (org.). *Dictionary of Philosophy*. 15ª ed. Nova York, Philosophical Library, 1960 (cop.).

SALLES, David. *O Ficcionista Xavier Marques: Um Estudo da "Transição Ornamental"*. Rio de Janeiro, Civilização Brasileira, 1977.

SAPEGNO, Natalino. *Disegno Storico della Letteratura Italiana*. Florença, Nuova Italia, 1958.

SCHNAIDERMAN, Boris. *Tolstói*. São Paulo, Brasiliense, 1983.

SCHOPENHAUER, Arthur. *O Mundo como Vontade e Representação*, III parte; *Crítica da Filosofia Kantiana, Parerga e Paralipomena*, caps. V, VIII, XII, XIV; trad. de W. L. Maar, M. L. Mello e O. Cacciola. São Paulo, Abril Cultural, 1980.

SCHWARZ, Roberto. *Ao Vencedor as Batatas: Forma Literária e Processo Social nos Inícios do Romance Brasileiro*. São Paulo, Duas Cidades, 1977.

_____. *A Sereia e o Desconfiado*. Rio de Janeiro, Civilização Brasileira, 1965.

SKIDMORE, Thomas E. *Preto no Branco: Raça e Nacionalidade no Pensamento Brasileiro*. Rio de Janeiro, Paz e Terra, 1976.

STERN, J. P. *As Ideias de Nietzsche*. Trad. de O. M. Cajado. São Paulo, Cultrix, 1982.

Süssekind, Flora. *Cinematógrafo das Letras, Literatura, Técnica e Modernização no Brasil*, São Paulo, Companhia das Letras, 1987.

Tolstói, Léon. *O Pensamento Vivo de Tolstói*. Apresentado por Stefan Zweig, trad. de L.R. Pereira. São Paulo, Martins, s.d.

_____. *Plaisirs Vicieux*. Trad. de Halpérine-Kaminski. Paris, Charpentier & Fraquelle, 1982.

Ventura, Roberto. "Estilo Tropical: A Natureza como Pátria". In: *Ideologies and Literature*, nova série, vol. II, n° 2, out. 1987, Universidade de Minnesotta.

Ventura, Roberto & Süssekind, Flora. *História e Dependência: Cultura e Sociedade em Manuel Bonfim*. São Paulo, Moderna, 1984.

Veríssimo, José. *Estudos de Literatura Brasileira*. 5ª série. Rio de Janeiro, Garnier, 1905.

_____. *História da Literatura Brasileira*. 3ª ed. Rio de Janeiro, José Olympio, 1954.

Vitor, Nestor. *Os de Hoje: Figuras do Movimento Modernista Brasileiro*. São Paulo, Cultura Moderna, 1938.

PARTE IX

Transleituras: Ensaios de Interpretação Literária

Utopia e Distopia nas Selvas Amazônicas
(Sobre o Romance *Frei Apolônio* de Von Martius)*

Sob o influxo ou a pretexto das comemorações dos quinhentos anos da "descoberta" da América – comemorações cujo brilho oficial nem os raros momentos de má consciência dos antigos colonizadores nem os eventuais assomos de ressentimento dos ex-colonizados chegaram a empanar sequer minimamente –, vieram a lume entre nós numerosas publicações de caráter as mais das vezes historiográfico e ensaístico. Uma exceção é *Frei Apolônio* (São Paulo, Brasiliense, 1992), cujo subtítulo de "Um Romance do Brasil" desde logo o estrema dessa tendência hegemônica.

Ainda que a ação de *Frei Apolônio* se situe a três séculos de distância do ciclo histórico das descobertas, esse curioso romance do botânico alemão Karl Friedrich Philipp von Martius está mediatamente ligado a elas pela natureza das ideias que, no curso de uma acidentada viagem pelo Amazonas acima, seus protagonistas vão trocando a propósito dos selvícolas e da colonização do Novo Mundo. Martius terminou de escrever seu único romance em 1831, onze anos depois de ter voltado definitivamente para a Alemanha. Isso ao fim da sua viagem de parceria com o zoólogo Spix, viagem da qual iria resultar o *Reise in Brasilien*, um dos clássicos da nossa chamada literatura de informação. Até há pouco, no entanto, os manuscritos de *Frei Apolônio* haviam ficado esquecidos e inéditos numa biblioteca da Baviera, de onde o zelo do germanista brasileiro Erwin Theodor foi finalmente resgatá-los para os colocar ao alcance da curiosidade do público leitor. Tanto da Alemanha, na língua original em que foram redigidos, quanto do Brasil, através de uma criteriosa tradução que deles fez.

No texto com que prefaciou a sua versão brasileira e no qual, além de arrolar informações acerca da vida e das atividades de Martius, esboça uma análise dos aspectos lítero-ideológicos mais salientes de *Frei Apolônio*, Erwin Theodor

---

* Publicado originariamente em *Nuestra América/Nossa América*, São Paulo, Memorial da América Latina, 1993, n. 2, pp. 56-64.

propõe seja esse considerado o primeiro romance do Brasil por anteceder de vários anos os de precursores como Teixeira e Sousa e Joaquim Manuel de Macedo. O argumento cronológico é convincente, mas, ao aceitá-lo, deve-se ter em mente que o romance de Martius foi escrito em alemão e que seu autor não se insere de modo algum no sistema da nossa literatura.

Pelo comprazimento em transes de perigo e em situações de mistério só deslindadas no capítulo final; pela ênfase no pitoresco da paisagem amazônica e no exotismo da vida indígena comparativamente à familiaridade da vida civilizada a partir da qual se arma a óptica narrativa (os acontecimentos são vistos pelos olhos de três personagens europeus), *Frei Apolônio* se filia de pronto ao romance geográfico de aventuras, cujo fastígio ao longo do século XIX refletiria, em simetria, o fastígio do colonialismo europeu nas Américas, na Oceania, na África e na Ásia. Mas não será errado vê-lo também como um *Bildungsroman* ou romance de formação, modalidade de ficção em prosa tipicamente alemã que teve o seu paradigma no *Wilhelm Meister* de Goethe. Este é aliás citado a certa altura por Hartoman, narrador e personagem de *Frei Apolônio*, como lhe explicita o subtítulo: "um romance do Brasil, vivido e narrado por Hartoman". Esclarece Erwin Theodor que na primeira versão do manuscrito o narrador aparecia com o nome de Suitram, anagrama de Martius; ao rebatizá-lo como Hartoman, Martius só apagou a marca de sua identificação explícita com ele; as marcas implícitas, e são tantas, abundam ao longo da narrativa, conforme mais adiante se verá.

A condição de romance de formação se patenteia, em *Frei Apolônio*, no caráter palinódico da sua efabulação: o contato direto com o indígena brasileiro vai modificar radicalmente a visão distorcida que o jovem naturalista Hartoman dele tinha quando chegou da Alemanha. Mal comparando, esse choque corretivo da realidade não é muito diverso do de Euclides da Cunha ao descobrir, *surte champ*, que em Canudos havia muito mais do que a suposta sublevação monarquista na qual o seu jacobinismo republicano até então candidamente acreditara. Só resta acentuar que, sem deixar de ser um romance de aventuras e de formação, *Frei Apolônio* é também, ou melhor se diria sobretudo, um romance de ideias de vagas conotações utópicas que, outra vez comparando mal, o tornam um remoto antecessor do *Canaã* de Graça Aranha, protótipo desse tipo de romance em nossa literatura.

Canaã e *Frei Apolônio* têm em comum não apenas a nacionalidade de seus respectivos protagonistas – Hartoman é alemão como Milkau – mas também

IX. Transleituras: Ensaios de Interpretação Literária

a absorvente preocupação de ambos com o problema do choque entre autóctones e alóctones. Problema que a miscigenação, vista como o momento de síntese numa dialética étnico-cultural em que civilização é a tese e barbárie a antítese, resolveria numa totalidade integradora à qual não é descabido chamar utópica. Semelhantemente a *Canaã*, essa visão dialética vai-se consubstanciar, na escrita ficcional de *Frei Apolônio*, em repetidos confrontos de ideias entre os seus personagens principais. Enquanto porta-vozes de pontos de vista ideológicos bem marcados, tais personagens ficam bem perto de configurar-se silogismos ambulantes para usar a saborosa expressão de Lúcia Miguel Pereira. Disso os salva porém a habilidade do romancista, que cuida de afeiçoar-lhes a carnadura ficcional não apenas com ideias mas também com histórias de vida capazes de lhes garantir um mínimo de redondez humana.

Dessas histórias, a de Frei Apolônio é de longe a mais rica de incidentes e de cores, não fosse ele, por epônimo do romance, o centro focal da sua dramática. Pois, bem mais que as aventuras da subida do Amazonas em que assenta o presente da narrativa, são os vários *flashbacks* da história de vida de Frei Apolônio que lhe vão dar caráter propriamente romanesco. Nesses lances retrospectivos comparecem alguns dos ingredientes típicos da ficção romântica: nascimento nobre, amores prematuramente atalhados pela morte das amadas ou inquinados pela culpa do amante, estroinices de juventude, naufrágios, atribuladas andanças pelo Oriente, impasse entre fés religiosas, culminando a série ascendente na pobreza, arrependimento e expiação final do herói, o qual, para redimir-se dos seus erros, toma a roupeta de jesuíta e passa a dedicar-se ao trabalho missionário entre os índios do Brasil. Outrossim, do acidentado e pecaminoso passado de Apolônio é que irá emergir a figura do gigante negro, fantasmagórica aparição que mais de uma vez adverte ou salva os três viajantes do Amazonas de perigos iminentes.

Entretanto, a história de vida do seu herói epônimo vai servir apenas de moldura folhetinesca para o verdadeiro quadro do romance, onde o que avulta em primeiro plano é a gente e a selva da Amazônia, cuja exuberância é pintada com tintas retóricas que fazem de Hartoman-Martius, mais que naturalista, um poeta *doublé* de filósofo. Dá-lo a entender ele próprio quando, na abertura do seu relato, diz ter vindo ao "continente esplendoroso" da América, ou, mais particularmente, ao "poderoso Amazonas" atraído pela "inescrutabilidade da natureza, em nenhum lugar mais intensamente sentida do que naquelas abençoadas regiões". Foi só ali que ele pôde enfim ter uma

105

percepção mais profunda da "plenitude infinita da natureza, e a convicção da beleza eterna da criação, do esplendor da ordem divina do Universo". Mesmo porque, confessa ainda no preâmbulo da sua narrativa, sempre o dominara "a vontade indefinida de resolver os múltiplos enigmas que nos aguardam, longe de cultura e costumes europeus, no país das florestas eternamente verdes".

Não é difícil rastrear, neste embevecimento cósmico, um afloramento do ímpeto panteísta do pré-romantismo alemão, o qual encontraria na prosa e na poesia de Hölderlin sua mais alta expressão. Insatisfeitos com o prosaísmo da religião estabelecida, onde a ânsia de transcendência do arroubo religioso se amesquinhava em burocrática observância de dogmas, os pré-românticos da Alemanha acabaram por fazer da natureza uma nova religião. No dizer de H. A. Korff, tratava-se menos de "uma religião na qual um Deus concebido como anterior fosse percebido na natureza, que uma natureza da qual o homem se apodera para dela fazer um Deus"[1]. A essa poetização do natural estava ademais subjacente a lição do Rousseau do *Discurso sobre a Desigualdade* quando, vendo na vida civilizada a "fonte de todos os males do homem", encarnava no mito do bom selvagem a sua nostalgia de um hipotético estado natural.

Há, na necessidade sentida por Hartoman de distanciar-se da cultura e costumes europeus para afundar-se nas florestas eternamente verdes da Amazônia, um eco reconhecível da síndrome rousseauísta. Tanto mais que o que o leva até lá não é apenas o interesse do botânico pela flora brasileira mas também a preocupação do filósofo com a humanidade do índio. Àquela altura, em que ainda não se precisara a figura especializada do antropólogo, o naturalista, isto é, aquele a quem incumbia o estudo de todos os seres da natureza, da pedra ao homem, lhe fazia as vezes; daí não estranhar que tal amplitude de visada levasse eventualmente Hartoman à especulação filosófica. No final do preâmbulo, diz ele ter realizado sua "extensa viagem" para ir "ao encontro dos selvagens" amazônicos, e durante os longos debates de ideias que trava com seus dois interlocutores europeus, Apolônio e Riccardo, em torno da condição selvagem, não se esquece de invocar expressamente em certo momento o nome e as ideias do filósofo de *O Contrato Social*. Mesmo que seja para contestar as "criaturas da fantasia, descritas por um Jean-Jacques Rousseau como representantes do homem natural" e que eram comumente

---

1. *Apud* J.-F. Angelloz, *La Littérature Allemande: des Origines à nos Jours*, Paris, Presses Universitaires de France, 1953, p. 29.

IX. Transleituras: Ensaios de Interpretação Literária

identificadas aos selvagens, sobretudo da América; o "vil estado atual" em que a Hartoman parecem estar os índios do Brasil é a seu ver um desmentido frontal da idealização rousseauniana.

Lembra Manuela Carneiro da Cunha que o pensamento europeu do começo do século XIX estava particularmente preocupado com o traçado dos "limites da espécie" humana, ou seja, com "o que faz um homem ser um homem". Rousseau, e depois dele Kant e Herder, fundaram na perfectibilidade – "o poder [...] de se extrair da natureza, de se impor a si mesmo suas determinações"[2] – o critério distintivo do humano. Mas, na óptica eurocêntrica dos colonizadores do Novo Mundo, o ponto de chegada dessa perfectibilidade só poderia ser a sua própria civilização urbana, industrializada e cristã. Confrontado com ela, o estado de "barbárie" no qual viviam os naturais da América em pouco ou nada se distinguia da animalidade pura e simples. Para o pragmatismo colonizador, a ideia de culturas aborígenes com pesos e valores específicos extravasava os limites da sua consciência possível; mostra-o o à-vontade com que o interesse econômico se consorciou à ação evangelizadora para apagar a identidade cultural dos índios – invisível ou irrelevante aos olhos de ambos – numa cruzada etnocida.

É esse horizonte histórico de referência que vai informar a trama ideológica de *Frei Apolônio*, a qual, bem mais que os lances aventurosos ou folhetinescos a lhe condimentarem o entrecho, é o seu verdadeiro centro de gravidade, não fosse um romance de ideias. Ideias polarizadas em três diferentes pontos de vista assumidos pelos três personagens principais, o naturalista Hartoman, o comerciante Riccardo e o missionário Apolônio. As longas conversações que eles mantêm durante a viagem de subida e descida do Amazonas articulam uma estrutura dialógica de tipo platônico. Nela, a linha de argumentação não progride linearmente das premissas às conclusões, mas sim num ziguezague de avanços e recuos que acompanha de perto o jogo das afirmações e contestações. Com isso, vai-se desenhando um campo de forças definido do qual, numa maiêutica pedagógica, Hartoman vai extrair a sua lição palinódica, remate do romance de formação.

O primeiro e mais importante interlocutor que o jovem naturalista encontra no Brasil é Riccardo, florentino casado com brasileira e que, fixado

---

2. Manuela Carneiro da Cunha, *Antropologia do Brasil: Mito, História, Etnicidade*, São Paulo, Brasiliense, 1986, pp. 168-9.

no Pará, integrara-se em definitivo nos costumes locais. A ele confidencia Hartoman as primeiras impressões do seu contato com o gigantismo da natureza amazônica ante o qual "o homem vê-se despojado de sua dignidade e relevância históricas". É precisamente esse despojamento que ele, Hartoman, busca, na medida em que, à Rousseau, ambiciona ser tão só "um habitante da Natureza" e não mais, também palavras suas, "filho do meu tempo, nem membro da sociedade, nem integrante do Estado". Contrariamente à paisagem da selva tropical, cuja virgindade dá ao forasteiro a impressão de estar testemunhando o próprio "dia da Criação", a paisagem europeia, com seus escombros de civilizações mortas, suscita "observações sombrias" no espírito de Hartoman, sensível àquela poesia das ruínas tão cara à sensibilidade pré--romântica, que se enlevava nos melancólicos "sons da harpa de Ossian". Esta última frase entre aspas é da fala em que Hartoman confidencia a Riccardo entusiasmá-lo o "porvir religioso" da Europa, sua "humanidade cristã", o maior penhor da superioridade dela sobre a barbárie da América, em cujos autóctones Hartoman não encontra qualquer indício de espiritualidade. Naturalista rousseauniano não apenas no sentido de estudioso da Natureza mas também de seu defensor – um ecologista *avant la lettre*, a bem dizer –, ele toma posição contra o Estado e contra a indústria. O Estado porque garante aos cidadãos o direito de "assalto à natureza"; a indústria porque rompe "as entranhas da Terra [...] prende os elementos inofensivos [...] atenta contra o ingênuo e silencioso reino da flora [...] e mata a fauna, só para satisfazer a milhares de necessidades perfeitamente inúteis".

Na dialogia estrutural de *Frei Apolônio*, o discurso utilitário de Riccardo vai-se contrapor ao discurso idealista de Hartoman e ao discurso catequético de Apolônio. Admirador confesso da "indústria, essa excelsa filha da burguesia", acha Riccardo que o que faz falta ao Novo Mundo não é a religião da Europa, mas sim a sua tecnologia, "as pontes de Londres, a iluminação pública e todos aqueles frutos gigantescos da civilização". Rebatendo os reparos rousseauístas de seu amigo aos vícios e males da civilização, sustenta ele que fomos "constituídos para de tudo usufruir, destinados a adquirirmos conhecimentos e ciência, fomentados através da civilização".

Mas é na descoberta da fundamental humanidade do aborígene que o dialógico, alcançando sua plenitude como instrumento de acesso ao saber experiencial, faz de *Frei Apolônio* um legítimo romance de formação. Quando chega ao Brasil, seu narrador-personagem traz ainda consigo uma noção preconcebida e falsa dos índios da Amazônia. Por vê-los como apenas "os restos decadentes" de uma "antiga e nobre civilização" da qual só restam ruínas, considera impossível desenvolvê-los, por via da educação cristã, numa "nova humanidade", tanto mais quando neles "de cultura não se percebe nada!"; o desenvolvimento da América antes terá de ser obra de "outras raças, espiritualmente mais emancipadas", ou seja, dos colonizadores europeus.

A antiga civilização de que os aborígenes da Amazônia brasileira seriam restos decadentes é o império inca, destruído pelos "cães sanguinários europeus [...] Pizarro e Almagro e o terrível monge Valverde", conforme os revê Hartoman nas visões de uma noite de insônia. E um remanescente confirmatório vai aparecer dramaticamente, a ele e aos seus dois companheiros de viagem, durante a subida do rio Japurá. Trata-se de Tsomei, que se diz o filho do Inca e que veio refugiar-se no oco das selvas brasileiras para escapar do "espanhol sanguinolento" e do "português usurário". Os índios "aviltados" da região o chamam de "homem príncipe" e o cultuam como um ser superior. Tsomei é inimigo ferrenho dos brancos, inclusive dos missionários e de sua empresa de catequese, que abomina: "Vossos altares foram erigidos sobre as ossadas do meu povo".

A comparação depreciativa do aborígene aldeado e/ou nômade da planície amazônica com o inca urbanizado do altiplano, de que ele representaria tão só um estado de decadência, é fruto daquela "confusão entre a ausência de cidades e a barbárie" a que se refere a etnóloga francesa F.-M. Renard-Casevitz[3], confusão igualmente responsável pela preconceituosa contraposição das "altas civilizações" andinas à "selvageria" das terras baixas em que incidiram longo tempo os "estudos peruanistas". Martius a perfilhou não só em *Frei Apolônio* como também no seu ensaio sobre *O Estado do Direito entre os Autóctones do Brasil*, de 1832. Assinala Manuela Carneiro da Cunha ter-se ele ali inspirado nas ideias do abade prussiano De Paw, para quem o selvagem americano, longe de ser o homem natural de Rousseau, anterior a qualquer pacto social e ainda em estado de edênica inocência, não passava de "uma humanidade degenerada, corrupta e fraca"[4].

À opinião negativa de Hartoman, de que os índios "não poderão jamais se alçar desta vida uniforme e espiritualmente pobre a um estado mais elevado

3. In: *História dos Índios no Brasil*, org. Manuela C. da Cunha, São Paulo, Companhia das Letras, 1992, p. 199.
4. *Antropologia do Brasil*, ed. cit., loc. cit.

da existência", vai-se contrapor a opinião positiva de Riccardo. Visão empírica a retificar a visão meramente teórica, como reconhece a contragosto o próprio Hartoman. Numa longa fala, Riccardo censura ao companheiro de viagem ver os aborígenes à luz de "preconceitos e sentimentos europeus" e, fundado na sua própria experiência de um longo convívio com ele, faz-lhe o elogio dos "indivíduos da raça vermelha [...] talvez mais felizes do que nós, europeus, na camisa de força da nossa assim chamada cultura [...] felizes na simplicidade de suas necessidades e, o que é especialmente significativo, felizes na uniformidade dos seus costumes e de sua formação espiritual". A parte final desta citação aponta, embrionária mas indubitavelmente, para o reconhecimento de uma cultura própria, integrada, entre os autóctones do Brasil, ao mesmo tempo que para a noção de equiponderância tantos anos depois erguida pelo culturalismo antropológico como bandeira contra o preconceito de superioridade ou inferioridade de culturas, entre as quais só há é diferenças. E a fala de Riccardo completa-se com uma observação que, se não infirma, pelo menos põe em tela de juízo a necessidade ou conveniência da evangelização missionária: "em muitos desses índios rudes, não iluminados por nenhum fulgor do Evangelho, bate um coração mais meigo, mais receptivo às verdadeiras sensações de alegrias humanas e familiares do que em muitos europeus, que desde sua juventude foram expostos à doutrina e à exortação cristãs, sem entretanto conseguirem superar sua grosseria moral".

O efeito pedagógico dessa admoestação é devidamente anotado pela pena do narrador-personagem, que a partir daí se compromete "consigo mesmo a vir a ser, a partir daquele dia, um observador imparcial da vida familiar dos índios". E cumpre ao pé da letra a promessa nas páginas finais da sua narrativa onde proclama a sua "profunda convicção de que a parte da raça índia, que considerava decadente e perdida, e cujo primitivismo rejeitava, era carne da minha carne e espírito do meu espírito!".

O *happy end* desse romance geográfico de aventuras, de formação e de ideias é realçado pela visita de despedida que faz Hartoman a uma colônia de pescadores da Ilha Redonda ou do Chapéu Virado. As tintas com que ele pinta a vida dos "pescadores semicivilizados, descendentes de brancos e índios", são declaradamente idílicas como convém às figurações da utopia. Já a referência a semicivilizados e à mestiçagem de branco com índio aponta para um sincretismo de "barbárie" e "civilização" (as aspas visam aqui a acentuar com quantos grãos de sal convém temperar a semântica dessa antítese) que teria caráter inclusivo e não excludente, como na arqueologia dos comportamentos brasileiros proposta por Gilberto Freyre um século mais tarde. Sincretismo que Hartoman hiperboliza no que ele próprio chama de representação idealizante do paraíso: "Um povinho sem necessidades, sem paixões, sem farturas e sem carências; seres humanos que imergiram na vida como num suave deslizar de momentos agradáveis, que conhecem o trabalho apenas como passatempo, e que não se sentem perseguidos pelo tempo inclemente".

Mas o reverso da moeda da utopia não tarda a mostrar-lhe o preço: "é bem verdade que *esses* seres, aparentados com os índios pelo *sangue*, são muito mais felizes, porque sofreram transformações mais profundas no espírito. A sua existência [...] não é *instintiva*, é antes *refletida* e *provada*". Quase escusava dizer que tal antítese, enfatizada pelos itálicos do próprio autor, subsume a oposição depreciativa da suposta instintividade ou irracionalidade da vida selvagem à autoproclamada racionalidade da vida civilizada. Quase escusava dizer outrossim que as "transformações mais profundas do espírito" remetem àquele processo eufemisticamente chamado de aculturação no qual os valores hegemônicos do dominador, embora não aniquilem *todos* os valores do dominado, tiram aos remanescentes o nexo de sentido orgânico com a totalidade original.

Para se ter uma ideia do viés ideológico e impositivo dessa idealização da mestiçagem aculturadora, basta comparar as cores de idílio com que o narrador-personagem de *Frei Apolônio* pinta a vida dos pescadores curibocas da Ilha Redonda às cores de anátema com que ele registra a "atrocidade" cometida pelos índios mura contra seu cacique que os queria convertidos à fé dos brancos: "sua própria gente matou-o perfidamente a pancadas, como traidor da religião (ou melhor, superstição) confusa dos antepassados e depois fugiram, com medo da vingança dos europeus [...], esses filhos cegos de Satã".

Felicidade maior ao preço da transformação; religião *versus* superstição; direito de vingança do mais forte, nunca do mais fraco – os limites da palinódia de Hartoman, que são os limites do tempo histórico de seu *alter ego* Martius, patenteiam-se. A visão do naturalista, pioneiramente ecológica na defesa da flora e da fauna depredadas pelo pragmatismo da civilização, enceguece no limiar do humano, a ponto de confundir a distopia de um apagamento cultural da autoctonia com a utopia de uma redenção pela mestiçagem. Mas o olhar empático com que soube ver tantas outras coisas nossas, se não o faz o primeiro romancista *do* Brasil, fá-lo sem dúvida, como diz bem seu editor e tradutor, o "verdadeiro precursor dos 'brasilianistas' dos nossos dias".

Do Fidalgo ao Guarda-Livros
(Um Paralelo entre *Caetés* e *A Ilustre Casa de Ramires*)

Num ensaio escrito a propósito do cinquentenário da primeira publicação de *Caetés*, Ledo Ivo lembrava de passagem as reminiscências de romances de Eça de Queirós perceptíveis nesse livro de estreia de Graciliano Ramos, a começar do nome de sua protagonista feminina, Luísa, o mesmo "da heroína do grande clássico da ficção de adultério em língua portuguesa que é *O Primo Basílio*". Apontava Ledo Ivo a seguir, como a "fonte clara" em que Graciliano Ramos se abeberara, *A Ilustre Casa de Ramires*, com o qual *Caetés* tinha em comum o motivo da busca da "ancestralidade perdida" por via da composição de "um romance histórico fadado ao inacabamento e à frustração"[1]. Na verdade, não é bem assim. Conquanto Gonçalo Ramires não chegasse a escrever o grande livro em dois volumes que de começo planejara, conseguiu ao menos completar uma novela histórica em torno das proezas de Tructesindo Ramires, seu truculento antepassado, novela cuja publicação no número inaugural dos *Anais de Literatura e História* vai servir para consagrá-lo como "um erudito e um artista". Diferentemente, João Valério, depois de afanar-se cinco anos a encher mais de "cem folhas, quase ilegíveis de tanta emenda", acaba deixando os seus caetés de lado, a pretexto de que "um negociante não se deve meter em coisas de arte", e desistindo de levar avante a novela em torno do episódio histórico da devoração do bispo Sardinha. Como nada chega a publicar, não colhe fruto algum da sua esporádica escrevinhação. No fecho do romance, enfim ajustado à sua condição de guarda-livros promovido a sócio da casa comercial do mesmo Adrião de

---

1. Ledo Ivo, "Um Estranho no Ninho", *Colóquio Letras*, n. 77, Lisboa, Fundação C. Gulbenkian, jan. 1984, pp. 35-44. A influência de *A Ilustre Casa de Ramires* sobre *Caetés* já havia sido anteriormente apontada por Álvaro Lins em 1947 (ver: "Romances, Novelas e Contos: Visão em Bloco de uma Obra de Ficcionista", texto reproduzido como posfácio em Graciliano Ramos, *Vidas Secas*, Rio de Janeiro, 61 ed., Record, 1991.

ix. Transleituras: Ensaios de Interpretação Literária

quem seduzira a mulher, vemo-lo conter-se toda vez que lhe vem "de longe em longe o desejo de retomar" a pena de escritor.

Tal discrepância de desempenho entre os protagonistas dos dois romances, tão ou mais significativa do que a afinidade de base entre eles, justifica por si só uma análise comparativa, ainda que ligeira, de *Caetés* com *A Ilustre Casa de Ramires*. Não para um balanço de débitos epigonais, totalmente despropositado no caso de escritor de personalidade já tão vincadamente própria no livro de estreia, mas para um inventário dos eventuais pontos de contato e/ou afastamento entre os dois romances que possam apontar para os primeiros lineamentos do projeto de Graciliano Ramos.

A narração de *A Ilustre Casa de Ramires*, feita na terceira pessoa da onisciência fabular, compraz-se repetidas vezes em contrastar, no plano dos valores, o assomado destemor e a instransigência de princípios de Tructesindo com a covardia física e o espírito de acomodação do seu remoto descendente, ora ocupado em recordar-lhe as façanhas a fim de devolver "à nação abatida uma consciência da sua heroicidade". Por força desse contraponto entre o passado e o presente, que articula algo simploriamente o viés crítico do romance, a voz narrativa se duplica. De um lado, o estilo "alto" da evocação histórica, com o colorido e a sonoridade do seu léxico medievalesco tomado de empréstimo ao saudosismo romântico de Herculano. De outro, o estilo "baixo" da pintura de costumes contemporâneos, com o seu foco realista inteiramente voltado para a horizontalidade do cotidiano, a esmiuçar-lhe de caso pensado o trivial, o sentimental, o ridículo – em suma, o anti-heroico.

Um pequeno mas expressivo exemplo é a cena de Gonçalo "no meio do quarto, em ceroulas, com as mãos nas ilhargas" a sonhar com a glória político-literária, cena paralelizada em *Caetés* pela de João Valério "civilizado, triste, de cuecas" a lamentar-se de não ser um selvagem para vencer pela força os pudores de Luísa. O paralelo aponta para a vigência, também em *Caetés*, da contraposição estilística do alto ao baixo, aquele marcado por palavras tupis "de grande efeito" que João Valério colhe ao acaso em Alencar e Gonçalves Dias a fim de dar cor local à sua novela, este pela própria narração, em primeira pessoa, do dia a dia da cidade interiorana onde se passam os sucessos do romance e onde vive o seu narrador-protagonista. O mesmo que, ao aventurar-se a "fabricar um romance histórico sem conhecer história", pergunta-se a certa altura se não faria melhor escrevendo sobre aquilo que conhecia, ou seja, as pessoas à sua volta, "padre Atanásio, o Dr. Liberato, Nicolau Varejão, o Pinheiro, D. Engrácia". Mas, nesse caso, conclui ele, "só conseguiria garatujar uma narrativa embaciada e amorfa", narrativa que, embora em nenhum momento se refira a ela, como repetidamente o faz com relação à sua frustrada novela, acaba sendo a principal de *Caetés*[2]. A desproporção entre principal e secundário inexiste em *A Ilustre Casa de Ramires*, ali, a romântica narrativa da gesta de Tructesindo divide terreno, em igualdade de condições, com o registro realista dos percalços e vitórias de Gonçalo.

O contraste entre os níveis estilísticos da representação do histórico e do contemporâneo, se bem não deixe de estar presente, é muito menos acentuado em *Caetés*. Quando mais não fosse porque nele o passado está longe de ter a importância que tem na semântica de *A Ilustre Casa de Ramires*, onde, como nos demais romances da última fase da carreira de Eça de Queirós, a decadência da sociedade portuguesa passa a ser vista da óptica de um idealismo restaurador a que não é de todo estranho o arquétipo sebastianista. Já a devoração do bispo Sardinha, *fait divers* em que se parece resumir todo o argumento da emperrada novela histórica de João Valério, não assume em *Caetés* sentido muito diverso daquele que, mais ou menos à mesma época em que o seu texto começava a ser escrito, iria ter no manifesto antropofágico de Oswald de Andrade – o de uma metáfora cômica. Metáfora, no caso da Antropofagia, de sua estratégia de devoração cultural; no caso do romance de Graciliano Ramos, da avaliação crítica que seu protagonista faz do próprio caráter e motivações mais profundas. Com isso não se está querendo dizer, sendo inclusive pouco provável alguma conexão direta desse tipo, que o romance tivesse sido influenciado, mesmo remotamente, pelas ideias do manifesto. Tratar-se-ia, mais verossimilmente, de uma coincidência ditada pelo *genius loci* – o toponímico da cidade em que se ambienta a ação ficcional, Palmeira dos Índios, e a sua proximidade do suposto local onde os caetés haviam devorado séculos antes o bispo náufrago; tanto assim que, degradados pela vida civilizada, alguns últimos caetés ainda lá moram.

As mais das vezes, a análise crítica da interioridade do protagonista se faz, em *A Ilustre Casa de Ramires*, pela onisciência da narração indireta; os ocasio-

---

2. A "narrativa embaciada e amorfa" do romance propriamente dito – isso pelo contraste com a escrita romântico-indianista da novela nele embutida e fragmentariamente tematizada – é a da escrita realista. O fato de esta não apontar para si própria, na mesma reflexão metalinguística em que se compraz com relação à novela embutida, mostra-lhe a pretensão de ser um homólogo da realidade narrada, tão perfeito que dela nem se distingue.

nais vislumbres que Gonçalo tem de suas falhas de caráter acabam sendo minimizados pela lógica do interesse próprio. Em *Caetés*, ainda que Isidoro exerça em certo momento o mesmo papel de eventual diretor de consciência do Titó do romance de Eça, é a João Valério que cabe examinar-se e julgar-se introspectivamente. A despeito dessa diferença de enfoque crítico, os caracteres de Gonçalo e João Valério têm mais de um ponto em comum. É o que se pode facilmente ver dos inventários psicológicos de um e de outro feitos no final de ambos os romances. Os "fogachos e entusiasmos que acabam logo em fumo", a "imaginação que o leva sempre a exagerar até a mentira", a "vaidade, o gosto de se arrebicar, de luzir", um certo "fundo de melancolia, apesar de tão palrador, tão sociável", a "desconfiança terrível de si mesmo, que o acobarda, o encolhe, até que um dia se decide", e mesmo a consciência da "antiguidade de raça", apontada como traços característicos de Gonçalo pelo seu amigo João Gouveia na última página de *A Ilustre Casa de Ramires*, vão encontrar equivalentes mais ou menos simétricos no autorretrato introspectivo que João Valério esboça no capítulo final de *Caetés*. Ali fala reprovativamente dos seus "desejos excessivos que desaparecem bruscamente", da sua "inconstância", dos seus "dias extensos de preguiça e tédio", da sua "inteligência confusa", do seu "gosto pelos desregramentos da imaginação", da sua "admiração exagerada às coisas brilhantes" e, a despeito dos quatrocentos anos decorridos, de ser também "no íntimo um caeté".

Tanto no caso de Gonçalo quanto no de João Valério, esses traços de caráter são referidos às suas respectivas matrizes ancestrais. Com isso se estabelece uma linha de continuidade moral entre antepassados e descendentes que define em última instância, pela remissão do individual ao coletivo, uma espécie de caráter nacional[3]. Mas há uma diferença de monta em que é preciso atentar.

Pela óptica idealista do Eça da última fase, Gonçalo, como continuador da mais antiga linhagem portuguesa, é, nas suas qualidades e nos seus defeitos, um retrato do próprio Portugal, conforme João Gouveia diz dele no final feliz de *A Ilustre Casa de Ramires*. Redimido do seu complexo de covardia física por um assomo de corajosa indignação que lhe granjeia prestígio junto aos seus futuros eleitores, Gonçalo consegue eleger-se deputado e, "com entusiasmo

---

3. Não será demais lembrar, neste ponto, que a definição de um caráter nacional brasileiro foi uma das preocupações dos modernistas de São Paulo, como se pode ver em *Macunaíma* tanto quanto em *Retrato do Brasil*.

de fundador de Império", vai mais tarde para a África ajudar Portugal a levar avante a "forte expansão colonial" em que, a seu ver, estava o caminho da regeneração da grandeza de outrora. A noção de ancestralidade se afirma portanto como um valor positivo na ideologia do romance de Eça. Em nada lhe diminui a positividade a ocasional aversão que seu protagonista afeta sentir pela barbárie e ferocidade dos antepassados suevos e visigodos, com as quais se identifica, exultante, no momento de revidar ferozmente, às chicotadas, o atrevimento do Ernesto das Narcejas.

A consciência de raça de João Valério se situa nos antípodas da de Gonçalo Ramires; parecem-lhe uma "chusma de sandices" as alusões do advogado Barroca aos "fidalgos lusos" em que supostamente entroncava a família do prefeito Mesquita, e concorda com Nazaré quando este depreciativamente identifica, nos "varões austeros da conquista, os precursores da raça" evocados pelo mesmo Barroca, "uns brutos" que "comiam com os dedos". Mais do que isso, seu reconhecimento final de trazer em si a alma de um caeté envolve não um sentimento de orgulho, mas de autodiminuição. Aqui nada há da irreverente ufania com que os modernistas de 22 remontavam aos seus supostos antepassados tupis para neles descobrir uma prefiguração do bárbaro tecnicizado de Keyseding, ideal do novo brasileiro enfim libertado da secular doença da bacharelice.

No léxico de João Valério, índio é sinônimo de bárbaro ou bruto e ele não lhe acha nenhuma das virtudes "naturais" que Rousseau ensinara os modernistas de São Paulo a reencontrar nos seus avós da selva. Melhor dizendo: por serem o contrário das "necessidades sociais" da civilização, elas não são virtudes, são vícios. Como os que o mesmo João Valério vai descobrir na forçada promiscuidade estabelecida entre os amigos de Adrião quando fazem vela em sua casa nos dias de doença que lhe precedem a morte. Dormem então "juntos, homens e mulheres, sentados como selvagens", selvageria que, com a extinção das "necessidades sociais", vem à tona sob a forma de "impaciência, irritação, aspereza de palavras [...] egoísmo". Mais negativos ainda são os traços de barbárie caeté que detecta em sua própria alma durante a autoanálise do capítulo XXI a que já fizemos referência: inconstância, hábito de vagabundagem, preguiça, tédio, inteligência confusa e crédula, timidez, passionalidade teatral seguida de indiferença, admiração por miçangas e enfeites, falsidade, desregramentos da imaginação. E seu autoaviltamento chega ao auge quando, transitando dos caetés de outrora para os de agora, ele termina por se identificar aos índios Pedro Antônio e Balbino, "dois pobres degenerados" residentes "ao pé da cidade, na Cafurna, onde houve aldeia deles", que "bebem como raposas e não comem gente". Pelo que dá a entender o trecho revelador, a degenerescência desses últimos abencerragens viria do seu forçado contato com a civilização, donde o hábito da embriaguez e a perda dos costumes selváticos: já "não comem gente".

Também ele, João Valério, não passa de um degenerado. A civilização lhe corrompeu a selvageria ancestral ao fazer dele "um caeté descrente". Embora, logo depois de a formular, procure desmentir a contradição dizendo-se crédulo ainda, o desmentido fica invalidado pela admissão de que ele próprio acaba derrubando os deuses ou ídolos que cria, "uma estrela no céu, algumas mulheres na terra". Termina assim *Caetés* num clima de descrença e malogro pessoal que se irá prolongar até *São Bernardo*, *Angústia* e *Vidas Secas*, os dois primeiros escritos também em primeira pessoa.

A despeito da confessa posição política de Graciliano Ramos, a perspectiva dos seus romances se furta àquele ponto de fuga utópico a que tende comumente a chamada ficção de esquerda. É como se só tivesse lugar para a negatividade, o que levou Álvaro Lins a falar com propriedade de niilismo[4]. Desse niilismo, *Caetés* nos dá os lineamentos iniciais ao concluir em polo oposto ao do idealismo otimista de *A Ilustre Casa de Ramires*, de que no entanto aproveitou mais de uma sugestão, conforme se viu. Em outro lugar, ao tratar da recorrência da figura do pobre-diabo no romance brasileiro[5], tive ocasião de apontar no Luís da Silva de *Angústia* uma de suas mais bem logradas representações. Mas é bem de ver que alguns dos traços mais característicos do protagonista de *Angústia* estão antecipados no de *Caetés*, de igual modo um típico "romance de desilusão", ainda que não tão radical quanto o outro. Como Luís da Silva, João Valério, que vem aparentemente de uma família de proprietários rurais, é rebaixado pela necessidade econômica à condição subalterna de guarda-livros: "depois que fiquei órfão [...] precisei vender a casa, o gado". Donde não ser estranhável que, ao chamar "pobres-diabos" os dois caetés degenerados de que se sente espiritualmente um igual, inclua-se a si mesmo nessa categoria em que se estrema o tipo de

---

4. Álvaro Lins num texto de 1945, "As Memórias do Romancista Explicam a Natureza e a Espécie dos Seus Romances", incluído no posfácio da edição de *Vidas Secas* citada na nota 2 acima.

5. José Paulo Paes, *A Aventura Literária: Ensaios sobre Ficção e Ficções*, São Paulo, Companhia das Letras, 1990, pp. 39-62. Tal livro integra o primeiro volume desta obra.

herói fracassado cuja proliferação na ficção brasileira dos anos 30 e 40 tanto preocupara Mário de Andrade.

A circunstância de João Valério ascender, no fim do romance, a coproprietário da mesma firma comercial de que fora empregado em nada lhe diminui o sentimento de fracasso. Antes o agrava na medida em que o força a abdicar de suas pretensões de escritor, ligadas de perto a um desejo de fuga das limitações da vida provinciana, de "ser feliz, em Andaraí, na Tijuca ou em outro bairro dos que vi nos livros". O emurchecimento da paixão por Luísa e o malogro das ilusões literárias de que até então se nutrira deixam-lhe a alma vazia, como vazia haverá de ficar a de Paulo Honório depois de só ter tido olhos para a miragem da posse e do poder. E como Luís da Silva no seu quintal de lixo em decomposição, ou o vaqueiro Fabiano sob o azul implacável dos céus da seca, João Valério vai terminar os dias preso na planície aquém das montanhas que seus desejos "sem força" jamais conseguirão transpor.

O que não quer dizer que o criador de João Valério não tivesse conseguido transpor, já no primeiro romance, as barreiras do epigonismo, fatais a tantos estreantes, para cedo descobrir o seu próprio caminho para as montanhas.

A Morte Carnavalizada
(Sobre *A Morte e a Morte de Quincas Berro d'Água*)*

No título do romance de estreia de Jorge Amado, a palavra "carnaval" tinha um sentido de metáfora crítica a que não era de todo estranho o espírito de irreverência de 22. Como se pode ver bem em *Miramar, Serafim Ponte Grande* ou *Macunaíma*, a carnavalização da realidade brasileira se constituía numa espécie de estratégia satírica por via da qual os modernistas de São Paulo buscavam pôr-lhe a nu alguns dos aspectos negativos mais risíveis. Já em *O País do Carnaval*, a discussão das mazelas nacionais pelos intelectuais do círculo de amigos de Paulo Ridder, sem excluir a ironia e a sátira, se processava as mais das vezes num tom de seriedade repassado até de notas de inquietação religiosa. Será preciso esperar pela segunda fase da ficção de Jorge Amado, iniciada com *Gabriela, Cravo e Canela*, para ouvir-se enfim o riso carnavalesco soar festivamente como cumpre. Isso vai acontecer de maneira exemplar em *A Morte e a Morte de Quincas Berro d'Água*.

Na duplicidade de mortes do protagonista dessa novela ou conto longo, cuja concisão lapidar não encontra paralelo nas demais obras do autor, está a chave da sua semântica. A primeira morte de Quincas Berro d'Água é a morte real que lhe sobrevém de surpresa e o repõe inerme nas mãos de sua burguesa família. Com dar-lhe um enterro "módico mas respeitável", esta quer redimi-lo (e redimir-se) das suas estroinices de rei dos vagabundos da Bahia, reintegrando-o postumamente no seu antigo papel de funcionário exemplar, marido obediente e bom pai, papel de que ele abdicara vinte anos antes a fim de escapar à tirania da esposa. A segunda é a morte imaginária que seus companheiros de boêmia lhe propiciam, levando-lhe o cadáver a passear até uma jangada de onde ele supostamente se atira às ondas para, "velho marinheiro sem barco e sem mar", acolher-se ao único túmulo "digno da sua

---

* Publicado originariamente, sem título, no suplemento "Cultura" de *O Estado de S. Paulo* em 8 de agosto de 1992.

picardia" e cumprir assim o "solene juramento" que fizera aos mestres de saveiro seus amigos.

O uso aqui de palavras como "imaginária" e "supostamente" visa tão só acentuar a recusa do autor dessa ficção breve de entregar-se às seduções (e facilidades) do chamado realismo mágico ou fantástico. Através de uns poucos lembretes espalhados ao longo da narrativa – a incapacidade do morto de engolir a cachaça que insistem em meter-lhe goela abaixo, a fixidez do seu sorriso cadavérico, o seu obstinado silêncio –, o leitor é repetidamente advertido a não tomar ao pé da letra a extraordinária viagem *post-mortem* de Quincas Berro d'Água. Ele continua tão morto quanto antes e a animação que lhe atribuem os seus companheiros de noitada não passa de um simulacro alcoólico-compensativo. De uma como que paródia do ritual viking de sepultamento de guerreiro no mar, o fogo da pira sendo substituído no caso pelo fogo da cachaça: "estar de fogo" diz-se, na gíria, de quem está embriagado... Há outrossim, nessa grotesca jornada de um morto pelo mundo dos vivos, uma cômica inversão da viagem do vivo pelo mundo dos mortos tal como ilustrada no mito de Orfeu, modelo da descida aos Infernos do herói da *Eneida*, tanto quanto do narrador de *A Divina Comédia*.

Estas referências ao grotesco, ao cômico e ao paródico trazem logo à mente a teoria da carnavalização desenvolvida por Mikhail Bakhtin, convidando-nos a filiar o *Quincas Berro d'Água* na mesma linhagem do "realismo grotesco" em que Bakhtin filia, como sua mais alta realização, a obra de François Rabelais[1]. Guardadas todas as necessárias, possíveis e imagináveis distâncias, a filiação teria como pressuposto de base a fidelidade de Jorge Amado, pelo menos desde *Jubiabá*, aos valores da cultura popular da Bahia, no que ele paralelizaria a fidelidade de Rabelais, tão bem estudada por Bakhtin, aos valores da cultura popular da Idade Média. Esta se contrapunha à cultura oficial do clero e da aristocracia, de que era amiúde o avesso paródico. É o que se patenteia sobretudo na festa do carnaval, a mais abrangente das manifestações da cultura cômico-popular medieval. Enquanto as comemorações da cultura oficial transcorriam no recinto fechado do templo, do castelo ou da casa burguesa, as festas populares, sobretudo o carnaval, se realizavam no espaço aberto da praça do mercado e das ruas das cidades. Diferentemente porém dos

---

1. Mikhail Bakhtin, *A Cultura Popular na Idade Média e no Renascimento: o Contexto de François Rabelais*, tradução de Y. F. Vieira, São Paulo, Hucitec, 1987.

mistérios, que eram encenados num palco ao ar livre, o carnaval não estabelecia nenhuma diferença entre espectadores e atores: todos exerciam ambos os papéis ao mesmo tempo. Durante o seu transcurso, as distinções de classe e de condição social perdiam a nitidez costumeira. Seculares e religiosos, nobres e plebeus participavam em pé de igualdade da alegria comum; as máscaras e disfarces baralhavam os papéis sociais. Havia uma suspensão provisória dos interditos e proibições, tão imperativos na ética da Igreja, a qual, voltada de todo para a sorte da alma no além, diabolizava as ambições e prazeres terrenos em nome de um rígido salvacionismo ascético. Ao exaltar dionisiacamente os excessos no comer, beber e fornicar, excessos aos quais o poder laico e religioso fazia vista grossa durante o curto reinado da efusão carnavalesca, esta se proclamava o avesso das práticas ascéticas, transfigurando-lhes a atormentada taciturnidade em alegria festiva.

O signo da inversão paródica alcançava seu zênite no coroamento do bufão ou doido como rei da festa, com o que se subvertia radicalmente a hierarquia e a racionalidade da ordem social vigente. Por outro lado, os alegres diabos a cabriolar pelas ruas e os espantalhos carregados em triunfo pelos foliões degradavam em irrisão os temores do Juízo Final e das penas infernais inculcados nos pecadores pela incansável pregação religiosa. Inclusive a morte, pintada com tintas tão macabras e tão assustadoras no discurso catequético da Igreja, aparecia na cultura popular também transfigurada, pelo riso, na "morte alegre" de que Bakhtin arrola vários exemplos. Assim, com transtornar a ordem do mundo de todos os dias, o carnaval instaurava simbolicamente, em sua breve vigência, um mundo de utopia no qual a alegria, a fartura, a liberdade, a igualdade e a fraternidade estavam como que ao alcance de todos.

Ainda que sumaríssimo, este esboço das características mais marcantes do complexo carnavalesco medieval, tão detidamente analisado por Bakhtin no seu ensaio sobre Rabelais, será o bastante para orientar-nos no levantamento dos elementos carnavalizantes da efabulação de *Quincas Berro d'Água*. E o primeiro deles a merecer atenção é o contraste do espaço fechado do quarto (e do esquife) onde o cadáver de Quincas é velado por seus familiares com o espaço aberto da paisagem lá fora, cuja luz e cujos ruídos invadem o quarto. Para deter-lhes a invasão, Vanda, a burguesmente respeitável filha de Quincas, cuida de fechar a janela: afinal de contas, fora nessa mesma paisagem popularesca do porto, do Mercado e das ladeiras de má fama que transcorrera a "existência de infame desvario" do seu pai depois que ele deixara a família para ir viver com os "bêbados, à margem da lei e da sociedade".

Daí que, quando os companheiros de boêmia de Quincas, acicatados pela cachaça que lhes pagara o tio do morto antes de deixar este entregue aos seus cuidados para a velada, tiram-no do caixão e o levam a passear pelas ruas, esse gesto se inscreva reconhecivelmente na oposição carnavalizante do espaço aberto ao fechado. Há aí também uma abolição não menos carnavalesca da linha de demarcação entre o ator, no caso o morto encerrado em seu esquife – o qual tem a mesma função delimitadora do palco –, e os espectadores, ou seja, os que velam de olhos compungidamente voltados de quando em quando para o finado, centro focal do espetáculo. A abolição da linha demarcatória põe em xeque os comportamentos convencionais, a começar da compunção e seriedade de rigor na cerimônia mortuária, abrindo caminho para a transgressão carnavalesca. Significado parecido tem a troca das roupas do morto. Antes de levá-lo a passeio, os companheiros não só lhe vestem os andrajos habituais para restituí-lo à sua personalidade boêmia como dividem entre si as roupas "decentes" em que a família o enfatiotara. É mais do que justificado ver, nessa troca vestuária, uma reminiscência da fantasia carnavalesca através da qual se efetua a troca simbólica de personalidades e papéis sociais. O arremedo é reforçado pelo esgar de riso que contrai a face do morto e que sua filha interpreta como uma permanente zombaria dos esforços da família em torná-lo postumamente respeitável. Mas pode-se de igual modo interpretá-lo como um simulacro da máscara carnavalesca que fizesse a morte perder a sua terribilidade para tornar-se risonha. É a máscara do bufão ou louco promovido a rei do carnaval, papel que Quincas não tem maior dificuldade em assumir. "Rei dos vagabundos da Bahia" era como lhe chamavam, em suas crônicas de jornal, os "literatos ávidos de fácil pitoresco", e de "maluco" o chama o genro por terminar a vida num miserável quarto de cortiço da ladeira do Taboão. Mas é bem de ver que, no mundo às avessas do carnaval, a loucura, com pôr em tela de juízo as limitações da vida ordinária, se faz sensatez, donde não estranhar que os mesmos literatos também chamassem Quincas de o "filósofo esfarrapado da rampa do Mercado".

A exaltação carnavalesca da bebida está desde o começo emblematizada no próprio apodo do protagonista da fábula, apodo a ele conferido desde o dia da peça de mau gosto que lhe pregaram servindo-lhe às escondidas água em vez de cachaça, o que deu origem ao berro memorável. Quando a notícia de sua morte se difunde pela cidade, vai deixando um "rastro de tristeza onde quer que se consumisse cachaça". E são as libações do velório que inspiram seus companheiros a levar-lhe o cadáver pelas ruas afora, espantalho exorcizando com o riso os terrores da morte. Que o império desta é momentaneamente abolido pelo entusiasmo alcoólico, di-lo a "noite de encantamento" em que decorre a última jornada de Quincas. É como vivo que a negra Quitéria o acolhe de volta aos seus braços amorosos, ralhando com ele pelo susto que lhe causara ao fingir-se de morto. É como vivo que ele participa da briga no bar do Cazuza contra os maconheiros. E quando, como vivo também, desfila em cortejo pela ladeira de S. Miguel, ao lado da amante e dos companheiros de velada, soam vivas e aclamações a que ele agradece "com a cabeça, como um rei de volta ao seu reino".

O encontro com Quitéria e a briga do bar do Cazuza podem ser tidos como estações de passagem na jornada rumo à segunda morte, desta vez a morte escolhida, que se vai consumar a bordo do saveiro de Mestre Manuel, oficiada com uma farta peixada de arraia, com moqueca de dendê, pimenta e garrafa de cachaça a correr de mão em mão. Quincas percorre assim, de ponta a ponta, toda a extensão do reino da utopia carnavalesca, o reino da abundância, da fraternidade, da alegria e da liberdade – inclusive a de escolher a melhor morte.

Tal resumido levantamento dos traços carnavalizadores da fábula de Berro Dágua não teria maior interesse se, no seu arremate, deixássemos de correlacioná-lo ao projeto geral da ficção de Jorge Amado. A despeito das mudanças de curso ocorridas ao longo do seu itinerário histórico, esta guardou fidelidade àquilo que, recorrendo a um conceito desenvolvido por William Empson num ensaio hoje famoso, chamei em outra ocasião[2] de "princípio pastoral". Para Empson, o pastoralismo não é apenas a oposição idealizada da vida do campo à vida da cidade, mas, em sentido lato, qualquer empenho de explicar o complexo pelo simples, numa óptica da ingenuidade sob cuja visada as máscaras sociais perdem a maior parte do seu poder de engodo. Em *L'Ingénu* de Voltaire, para citar um exemplo ilustre, as hipocrisias e absurdos do comportamento dito civilizado são postos a nu quando passam pelo crivo da ingênua mas sempre alerta curiosidade de um selvagem recém-convertido ao cristia-

---

2. José Paulo Paes, *De "Cacau" a "Gabriela": um Percurso Pastoral*, Salvador, Fundação Casa de Jorge Amado, 1991.

nismo. De igual modo, em *Gabriela, Cravo e Canela*, os tabus da moralidade conjugal burguesa são desmascarados pela simplória e espontânea heroína da narrativa, figuração da liberdade do desejo individual contrapondo-se às coerções da sexualidade socialmente regulamentada. Uma típica contraposição rousseauniana e bem por isso tipicamente pastoral.

Essa mesma oposição está no cerne de *A Morte e a Morte de Quincas Berro d'Água*, cujo protagonista abdica da respeitabilidade burguesa em nome de uma liberdade pessoal que ele não teme levar às últimas consequências: "vagabundear pelas ruas, beber nos botequins baratos, frequentar o meretrício, viver sujo e barbado, morar em infame pocilga, dormir em um catre miserável". Assim a filha Vanda lhe resume reprovativamente a nova vida, na qual entretanto ele se notabilizaria como o "pai da gente" da "orla dos cais" e das "ladeiras e becos escusos". Ou seja, do "povo da Bahia, o mais pobre e o mais civilizado". Enquanto trânsfuga de classe, Quincas Berro d'Água é um avatar de José Cordeiro, o filho de industrial que se torna trabalhador da gleba para protagonizar *Cacau*. Mas entre os dois há diferenças de monta. A deserção de classe do novo-proletário José Cordeiro tem o sentido de uma opção política; a do novo-vagabundo Quincas Berro d'Água, de opção existencial. Entre uma e outra opções, não obstante o nexo comum de pastoralidade – pastoralidade às avessas, já que transita do socialmente "superior" para o socialmente "inferior", ao contrário dos idílios tradicionais em que pastor ou pastora se viam de repente elevados a fidalgos –, abre-se o mesmo hiato que separa o romance ideológico do romance lírico. O ficcionista de *Cacau* estava a serviço de um proletarismo politicamente engajado; o de *Quincas Berro d'Água*, sem abrir mão do alinhamento em favor dos despossuídos, alarga seu proletarismo até as raias do populismo. Este, mais lírico do que ideológico, tende a idealizar a vida popular da Bahia e os seus comportamentos sociais, convertendo-os num modelo que, quando contraposto ao modelo burguês, hegemônico e "oficial", adquire conotações utópicas.

É o que salta à flor do texto já na cena de abertura de *Quincas Berro d'Água*, quando do cotejo depreciativo que os familiares do morto estabelecem entre a respeitabilidade dos valores burgueses a que se apegam e a indignidade da "ralé" a que ele tresloucadamente se ligara. O subsequente desenvolvimento da fábula não faz mais do que ir progressivamente invertendo os polos desse cotejo, para creditar toda positividade à malsinada "ralé" e toda negatividade à gente dita "respeitável". Com isso, a carnavalização se demonstra menos um processo de inversão, como no paradigma bakhtiniano, que de restituição: os amigos de Quincas, ao tirarem-no do caixão e ao lhe despirem a fatiota "decente", trazem-no de volta à sua verdade pessoal e o ajudam a levar-lhe a coerência até o fim, até a morte escolhida.

Da inversão à restituição – uma alternativa que configura o próprio itinerário da ficção amadiana, de *Cacau* a *Os Subterrâneos da Liberdade*, e de *Gabriela, Cravo e Canela* aos livros ulteriores. É o itinerário que vai da utopia ideológica posta no futuro – revolução como tomada do poder pelos que dele foram desde sempre excluídos – à utopia lírica voltada para o aqui e agora do povo como fonte permanente de todos os valores.

O Mundo sem Aspas
(Sobre *A Rainha dos Cárceres da Grécia* de Osman Lins)[*]

A concepção especular de romance proposta por Stendhal num dos prefácios de *Lucien Leuwen* tem de ser sutilizada caso se deseje aplicá-la a *A Rainha dos Cárceres da Grécia* de Osman Lins. Aqui já não se trata, como na ficção verista, de um único espelho a refletir homologicamente as cenas do mundo real para o qual está voltado. Trata-se, mais bem, de um dispositivo de espelhos conjugados em que o jogo de mútuos reflexos põe em xeque não só a noção de homologia como de realidade. Também a designação de "romance" na página de rosto de *A Rainha dos Cárceres da Grécia* é subvertida duas páginas à frente quando quem o escreve, confessando-se inapto para a "arte de narrar", propõe-se a redigir um estudo ou ensaio, o qual acaba sendo o próprio livro que o leitor tem em mãos. O tema desse ensaio é um romance inédito, *A Rainha dos Cárceres da Grécia*, cuja falecida autora, Julia Marquezim Enone, fora amante do elocutor. Chamemo-lo elocutor, já que em nenhum momento ele declina o próprio nome e já que a sua voz em primeira pessoa conduz a principal elocução do livro.

Desde o princípio, pois, essa que foi a última obra de ficção de Osman Lins publicada em vida do autor instaura um jogo especular de ambiguidades que, ao longo do seu texto, só fará agravar-se. A começar do título, que é tanto o do romance de Julia Marquezim Enone quanto o do ensaio do seu amante. Aliás, como o romance nunca foi publicado (nem o será), tudo quanto se pode conhecer-lhe do texto são as breves citações feitas no ensaio. Uma existência vicária, por conseguinte, a apontar para um suposto primado da interpretação sobre a criação. Suposto, sim: na verdade *A Rainha dos Cárceres da Grécia* é, ao fim e ao cabo, uma ilustração e defesa da arte do romance, sem deixar de ser ao mesmo tempo uma sátira a certas pretensões da crítica ou hermenêutica literária.

---

[*] Escrito especialmente para um número de *The Review of Contemporary Fiction* dedicado a Osman Lins e organizado por Ada Frizzi, da Universidade do Texas.

ix. Transleituras: Ensaios de Interpretação Literária

Para se compreender o porquê dessa dúplice visada de celebração e sátira, impõe-se ter em mente a época em que o livro foi escrito, os meados dos anos 70. Sua primeira edição é de 1976, vale dizer, a três anos de distância de *Avalovara* e a dez de *Nove Novena*. Como esses seus dois predecessores mais imediatos, *A Rainha dos Cárceres da Grécia* se preocupa também com o problema sempre em aberto da estrutura narrativa, buscando-lhe uma nova e inventiva solução. Aqui, através do rebaixamento do estatuto da metalinguagem, a qual deixa de ser uma instância autônoma de interpretação e julgamento do texto ficcional para ser, ancilarmente, mero veículo seu. Pois quer se fale de romance-ensaio ou ensaio-romance, a tônica vai sempre recair em "romance".

Essa irônica simbiose de gêneros tem raízes mergulhadas nas peculiaridades de uma circunstância histórica e, mais do que isso, numa peripécia de ordem pessoal. À altura em que escrevia *A Rainha dos Cárceres da Grécia*, Osman Lins, desiludido com o ensino universitário, optara por dele se afastar. Demitindo-se do cargo de professor de literatura brasileira numa faculdade do interior de São Paulo, passou a dedicar-se inteiramente ao ofício de escritor; até aí, só o pudera exercer nos intervalos de outras ocupações profissionais que nada ou pouco tinham a ver com ele. As motivações desse gesto de ruptura estão sumariamente expostas em seis artigos que, sob a rubrica de "O ensino universitário", constam em *Do Ideal e da Glória: Problemas Inculturais Brasileiros*, coletânea de ensaios publicada um ano depois de *A Rainha dos Cárceres da Grécia*.

Depois de referir ali algumas de suas experiências pessoais como professor de letras, volta-se Osman Lins para uma avaliação crítica do ensino delas entre nós. Esse ensino estava então sob a égide da voga estruturalista, cuja rápida proliferação nos meios universitários brasileiros fora acoroçoada pelo clima de repressão do regime militar de 64, que desestimulara, por politicamente suspeitas, as abordagens de cunho socioideológico. Um ponto da preceptística estrutural que mais de perto incomodava esse demissionário professor de letras era sua tendência a "considerar o texto literário como um sistema imanente [...] cortando [...] as suas ligações com as ansiedades dos homens". Outro, o de incitar os professores nela nutridos a impor aos alunos "uma dieta maciça de escritos teóricos"[1] de autores da moda – Barthes, Jakobson, Moles e Eco, entre outros. Isso em prejuízo da leitura das obras de imaginação

---

1. Osman Lins, *Do Ideal e da Glória: Problemas Inculturais Brasileiros*, São Paulo, Summus, 1977, p. 82 e 85.

propriamente ditas, sem as quais a chamada teoria literária sequer teria razão de existir.

Tal quadro contextual vai-nos ajudar a entender melhor algumas das características de base de *A Rainha dos Cárceres da Grécia*. Uma delas é a de, sendo embora obra de refinada elaboração formal, não estar centrada formalisticamente no seu próprio fazer-se, mas sim aberta o tempo todo ao mundo de fora – o mundo das "ansiedades dos homens" – através da fábula de Maria de França, mulher do povo a percorrer em desespero de causa os impiedosos labirintos do sistema previdenciário, os quais se vão progressivamente confundindo com os da sua loucura. Outra característica é ser uma ficção que já traz em si a sua própria glosa crítica, com isso zombeteiramente condenando qualquer outra abordagem do mesmo tipo a ser necessariamente glosa de uma glosa. Ademais, não deixa de haver algo de manhoso e de ambíguo no fato de a linguagem primeira da criação ficcional só aparecer, em *A Rainha dos Cárceres da Grécia*, como eco ou reflexo da linguagem segunda da sua exegese crítica. Mais do que representar uma encarecedora equiparação desta àquela, parece antes apontar ironicamente para a mesma superfetação da teoria literária denunciada em *Do Ideal e da Glória* como um dos problemas inculturais brasileiros.

Seja como for, o elocutor de *A Rainha dos Cárceres da Grécia* timbra sempre em sublinhar o seu papel subalterno em relação à ficcionista sobre cujo impublicado romance amorosamente se debruça: numa das primeiras entradas do seu ensaio, que é redigido em forma de diário, fala-nos da atração sobre ele exercida pela criação romanesca, ao mesmo tempo que confessa sua inaptidão para ela. Mais adiante, por considerar papel "próprio de loucos" tentar inocular didaticamente em outrem a paixão da literatura, vê o magistério das letras tão só como transmissão de um conhecimento "útil" mas "falto de alegria". Daí que, em vez de dedicar-se a ele, como seria de esperar de quem tinha paixão pela arte literária, houvesse preferido ser um "obscuro professor secundário" de história natural.

O ensaísta/elocutor de *A Rainha dos Cárceres da Grécia* não é nem deseja ser um "teórico universitário". A sua atitude diante da obra ficcional é de reverência, não de suficiência, e, ao debruçar-se sobre o romance da sua falecida amante, o que ele busca é sobretudo conhecê-la, "desvendar, mediante o aprofundamento do seu texto, o ser que amei e amo ainda". Essa relação pessoal do analista com o objeto de análise é herética, conforme ele próprio reconhece, por discrepar polarmente da atitude de impessoalidade que a noço de obra literária como um sistema imanente de significados impõe aos seus exegetas. E ele cita, a propósito, uma frase admonitória de um teórico *up to date* acerca da "vantagem, para o analista, de não levar em conta o autor, o que impede reações estereotipadas de admiração e confiança".

Quase escusava sublinhar a íntima conexão disso tudo com as há pouco citadas restrições que, em *Do Ideal e da Glória*, são feitas a alguns pontos-chave do estruturalismo literário. No correr de *A Rainha dos Cárceres da Grécia*, elas também aparecem, mas com uma obliquidade que ajuda a realçar-lhes o matiz irônico-satírico. É o caso, por exemplo, da referência ao "crítico digno e que adota, ante obra literária, uma postura solene, como implicitamente legislam os centros mais prestigiosos"; diferentemente dele, o elocutor, "homem sensível", resguarda a sua liberdade de poder fazer do seu ensaio uma "aventura intelectual" e um "ato de amor". E é igualmente o caso da sua crítica a boa parte da "arte de hoje [...] muitas vezes a demonstração inflexível, fechada, de princípios teóricos".

Em contraposição a esse tipo de arte de "tese, não ideológica, mas formal", o romance de Julia Marquezim Enone assume o compromisso da nomeação com as coisas nomeadas. Ao eleger como fábula a luta sem glória de Maria de França contra a ominosa indiferença do aparelho burocrático, toma-lhe implicitamente o partido, assim como Graciliano Ramos – exemplo chamado à colação pelo próprio elocutor/ensaísta – se pusera ao lado dos vidas-secas com só narrar a odisseia de Fabiano e sua família. É graças a esse compromisso implícito, e por implícito de todo avesso às estridências da arte engajada, que a fábula alcança ser universal: tanto quanto a de Fabiano, a história de vida de Maria de França subsume o tema do "homem desarmado perante um meio hostil".

Aparentemente caudatário do modelo mais tradicional de ficção por contrariar o dogma moderno "que condena o enredo", nem por isso *A Rainha dos Cárceres da Grécia* deixa de ser um típico romance da modernidade. Na sua estrutura complexa, as "ressonâncias mitológicas, inquietação metafísica, estudo social, clamor reivindicatório, aversão às instituições, tentativa de análise da psicologia dos pobres" estão inextricavelmente enlaçadas a *"problemas formais de grande atualidade"*. Grifei esta última frase da citação porque é sobre tais problemas que, de Huysmans a Proust, de Joyce ao *nouveau roman*, de Adelino Magalhães a Osman Lins, a ficção da modernidade se tem de preferência debruçado, para eles buscando sempre novas respostas. No melhor dos casos, a inovação formal serve para enriquecer de ressonâncias por vezes vertiginosas a matéria fabular; no pior deles, para elidi-la inteiramente, como acontece a "toda uma família do romance ciosa da pesquisa formal, desdenhosa em relação às ideias e às fábulas". Por via de reparos que tais, o elocutor (e por sua boca o autor) de *A Rainha dos Cárceres da Grécia* critica, sem abrir mão da perene ânsia inovadora da modernidade, alguns dos seus pruridos de ortodoxia. Particularmente o de insistir na "construção artística" como a única razão de ser da arte literária. Longe de significar uma opção ideológica pelo conteúdo, essa crítica à ortodoxia formalista vem acompanhada do reconhecimento de que "o romance – construção verbal, feixe de alusões, laboratório de instrumentos, campo de provas de materiais tanto novos como aparentemente obsoletos – o romance, digo, fingindo servir às fábulas que narra, delas se serve para existir, a tal ponto que talvez se afirme: ele não conta uma história, é a história que o conta".

Se fizermos umas pequenas substituições na parte final desta citação, teremos *in nuce* a própria definição de *A Rainha dos Cárceres da Grécia* enquanto "complicada máquina astuciosa", enganador jogo de espelhos conjugados: trata-se não de um ensaio que conta um romance, mas de um romance que se conta a si próprio sob a forma de ensaio. E que se vale de tal oblíqua óptica metalinguística para celebrar menos a si mesmo do que à prosa de ficção em geral. Se em mais não fosse, o intento de celebração avulta nas numerosas alusões de *A Rainha dos Cárceres da Grécia* aos grandes mestres da arte de narrar, de Chaucer e Boccaccio a Joyce e Musil, assim como nas repetidas discussões de seus problemas técnicos, sobretudo os que dizem respeito ao ponto de vista narrativo, à construção do espaço romanesco e à correlação deste com o tempo ficcional.

O leitor familiarizado com a ensaística de Osman Lins de pronto reconhece, nesse empenho celebratório, ecos de *Guerra sem Testemunhas* (1969), onde, ao discutir a condição do escritor, seu autor a restringe quase sempre à do romancista, com isso implicitamente postulando a prosa de ficção como o gênero representativo por excelência da arte literária nos dois ou três últimos séculos. Tampouco é difícil ver, na preocupação com o ponto de vista e com o espaço ficcional, um prolongamento das preocupações que informavam *Lima Barreto e o Espaço Romanesco* (1976). Só que em *A Rainha dos Cárceres da Grécia* elas estão voltadas *ad hoc* para o desvendamento de peculiaridades da poética de Julia Marquezim Enone.

Algumas dessas peculiaridades fazem lembrar de perto as de *Avalovara*. Em especial o uso de "práticas e especulações" alquímicas, astrológicas ou quiromânticas na constituição da simbólica subjacente à fábula de Maria de França, a qual serve para dar-lhe reverberações cósmicas. Se bem confessadamente incrédulo de tais "práticas e especulações", o elocutor/ensaísta de *A Rainha dos Cárceres da Grécia* não se furta a reconhecer-lhes a utilidade *literária* como "componente ampliador e mágico" na empresa de vincular o destino do indivíduo à ordem do universo e embeber assim "de eternidade a nossa passagem tão breve". Esse recurso de ampliação, que desponta no *Retábulo de Santa Joana Carolina* e esplende em *Avalovara*, irá assumir um caráter "irônico" no "projeto de Julia Marquezim Enone".

A ironia é de resto congenial do fio de sátira que costura, as mais das vezes sem alarde, o ensaio onde é deslindado o projeto, mas que ressalta sorrateiramente aqui e ali para desqualificar em nível hipermetalinguístico (se é que cabe termo tão arrevesado) a metalinguagem do próprio ensaio. Exemplo disso é a inclusão, no elenco de prestigiosos teóricos da literatura invocados pelo ensaísta – Pound, Propp, Curtius, Lubbock, Booth etc. –, de autores fictícios como Dorothy E. Severino, autora de um livro sobre a memória do leitor, ou a linguista Dora Paulo Paes, estudiosa da "estilística das bulas", ou ainda a socióloga Cesarina Lacerda, "aluna por correspondência" de Lucien Goldmann. Paródia do bizantinismo de uma certa hermenêutica literária *à la mode* é igualmente a perseguição das pistas onomásticas de personagens do romance de Julia Marquezim Enone, perseguição que acaba levando o ensaísta/elocutor a remotas fontes bibliográficas como Eudóxio de Alexandria ou Giovanni Baptista della Porta.

O pendor satírico-paródico dessa intempestiva e extravagante erudição é explicitado pelo próprio ensaísta quando lhe gaba a função de prestigiar o seu ensaio "com um vistoso simulacro de erudição, ornato indispensável ao gênero". Ao leitor de *Avalovara* há de certamente estranhar tal paródico rebaixamento da mesma simbólica astrológica e alquímica que naquele outro romance era usada por assim dizer *a sério*. Com isto, não se está querendo afirmar fosse o romancista de *Avalovara* um adepto das doutrinas esotéricas, mas simplesmente que nelas encontrou uma metafórica eficaz para exprimir os obscuros vínculos entre o homem e o cosmos, vínculos a que, desde a sua estrutura palindrômica e helicoidal, aquele singularíssimo romance buscava dar figuração.

Que a mesma simbólica pudesse ocasionalmente assumir refrações paródicas explica-se pela peculiaridade do projeto de *A Rainha dos Cárceres da Grécia*: através de um *simulacro* de glosa crítica, entrecortadamente narrar um romance que só em estado virtual existe como obra acabada. Por força do jogo de reflexos desse dispositivo de espelhos conjugados, a noção de simulacro acaba por contaminar o próprio objeto da glosa e a ironia instala, soberanamente, o seu reino de ambiguidades ou duplicidades. A todo momento somos convidados a fazer duplas leituras. O fato de a linguagem da crítica ter sido posta aqui a serviço da linguagem da ficção pode ser visto tanto como um rebaixamento de sua autonomia quanto sua promoção ao mesmo estatuto criativo daquela. Por sua vez, a obra de ficção necessitar de uma glosa explicativa para completar-se é de certo modo um *capitis diminutio*.

Mas essas duplicidades paradoxais vão-se resolver todas no final de *A Rainha dos Cárceres da Grécia*, quando, com a eliminação das datas que vinham encabeçando as entradas do diário-ensaio, o tempo real é abolido, subvertendo-se do mesmo passo as delimitações de espaço. Já não vige mais tampouco a diferença entre a escrita analítica do ensaio e a escrita figurativa do romance: esta invade aquela. Desaparecem as aspas gráficas das citações do texto de Julia Marquezim Enone. E mais que isso: anulam-se as aspas mentais a separar o mundo da realidade – o aqui e agora da vida do elocutor – do mundo imaginário do romance sobre o qual ele obsessivamente se debruça. O estropiado gato de Maria de França surge-lhe de inopino dentro do seu apartamento em São Paulo e eis que São Paulo é também Recife e ele já não é só ele mas também o Bácira, espantalho criado pela loucura de Maria de França para protegê-la das ominosas ameaças do mundo. Esse lance de transmutação se faz acompanhar de uma transfiguração verbal: o elocutor incorpora à sua própria fala a alucinada e colorida fala de Maria de França. As duas ou três páginas conclusivas de *A Rainha dos Cárceres da Grécia* são um tropel de imagens e alusões folclóricas culminado numa enfiada de palavras-valises sufixadas pelo *-fero* grego do transporte e da metamorfose: "limitíferos" "eraumavezíferos", "universífero" e assim por diante.

Sob a égide desse sufixo proteico, mundo e texto, linguagem e metalinguagem, sátira e celebração, autor e leitor, realidade e imaginação, tempo e espaço se interpenetram e se confundem no vertiginoso calidoscópio que, antes de calar-se para sempre, a refinadíssima escrita de Osman Lins logrou montar em louvor da arte do romance.

Entre a Nudez e o Mito
(Sobre *As Horas Nuas* de Lygia Fagundes Telles)*

Para fins de ilustração didática, poder-se-ia relacionar, com autores que as exemplificaram paradigmaticamente, cada uma das preocupações maiores da ficção brasileira de 45. Este é, como se sabe, o rótulo cronológico mais comumente usado para diferençar os ficcionistas do imediato pós-guerra de seus antecessores da geração de 30, voltados de preferência para a problemática social e econômica, ao passo que aqueles se iriam debruçar antes sobre questões de ordem psicológica e existencial. Mas a hegemonia de determinadas preocupações num autor não significa a ausência de outras preocupações além da hegemônica. Trata-se de uma questão de ênfase, não de exclusividade. Assim é que em Osman Lins e Autran Dourado sobressai a preocupação com a arquitetura da narrativa, o risco do bordado, conforme dão a entender obras do tipo de *Avalovara* e *A Barca dos Homens*. Já em Clarice Lispector e Guimarães Rosa é a perquirição interior e existencial, a angústia das opções que avulta no primeiro plano de, por exemplo, *A Paixão segundo G. H.* ou *Grande Sertão: Veredas*. Em Antônio Calado, o existencial e o político-social confluem, isso desde *Assunção de Salviano*. O grotesco, cujo campo se polariza no obsessivo, de um lado, e, de outro, no ridículo, é explorado sistematicamente por Dalton Trevisan, enquanto o obsessivo em estado puro se constitui no território de eleição de Breno Acióli. O fantástico, por sua vez, a oscilar ambiguamente, para além do simbólico, entre o absurdo e o sobrenatural, encontra em Murilo Rubião e José J. Veiga seus representantes de primeira hora.

Salta à vista que ficam fora desse esquema simplificador autores como Ricardo Ramos, Maria Alice Barroso, Julieta de Godoy Ladeira, Rubem Fonseca, Nélida Piñon e outros, em cujas obras as preocupações mencionadas ocorrem compositamente, as mais das vezes sem que nenhuma delas assuma

---

* Publicado originariamente no suplemento "Cultura" de *O Estado de S. Paulo* em 25 de novembro de 1989.

hegemonia declarada, a não ser de maneira episódica. No mesmo caso está Lygia Fagundes Telles, como se pode ver em *As Horas Nuas* (Rio de Janeiro, Nova Fronteira, 1989). Quarto de seus romances e décimo oitavo título de sua bibliografia de autora, *As Horas Nuas* nos trazem a romancista na maturidade da sua arte, uma arte em que as preocupações típicas da sua geração literária concorrem sinfonicamente. Com este advérbio, busca-se destacar menos a copresença de tais preocupações de base do que o seu rico e dinâmico entre-laçamento numa escrita onde a ausência de ênfases hegemônicas não significa absolutamente falta de originalidade. Ao contrário, o estilo narrativo de Lygia Fagundes Telles é inconfundível, e em *As Horas Nuas* alcança o ponto de mes-tria, conforme perceberá o leitor mais sensível aos valores da forma.

Alternada com a do autor onisciente, a técnica do fluxo de consciência é ali habilmente posta ao serviço da perspectiva ficcional. Ou seja, da bem dosada anteposição de um primeiro plano iluminado pelo *spotlight* da autoanálise a um fundo de cena em cujas obscuridades o mítico e o inexplicável se emboscam. O fluxo de consciência é ora implícito, ora verbalizado, conforme o leitor ora partilhe as introspecções de Rosa Ambrósio, protagonista do romance, ora lhe ouça as confidências a Ananta Medrado, sua analista, ou as memórias que vai ditando a um gravador, memórias a que ela pensa dar o título de *As Horas Nuas*, para lhes realçar o caráter de desnudamento ou *strip-tease* emocional. Rosa é uma atriz de meia-idade que, após a morte do marido, o rompimento com o amante, a comunicação cada vez menor com a filha única e o afasta-mento mais ou menos compulsório dos palcos, se vê às voltas com os fantas-mas da solidão, do envelhecimento e do ostracismo. Para poder fazer-lhes frente, ela tem de beber cada vez mais. A testemunha fiel da sua solidão alcoó-latra é um gato, Rahul, a cuja interioridade também temos acesso por via do seu próprio monólogo interior, que vem introduzir a dimensão do fantástico no realismo psicológico – se é que o rótulo ainda significa alguma coisa em literatura – de *As Horas Nuas*. Mas um fantástico temperado de humor: Rahul se define ironicamente em certo momento como "um gato memorialista e ag-nóstico". O memorialismo corre por conta de suas vidas anteriores, que ele se compraz em recordar o tempo todo. Aqui é fácil perceber um aproveitamento *ad hoc*, circunstancial, da crença popular nas sete vidas do gato. Esse tipo de aproveitamento é comum – aliás no estilo de Lygia Fagundes Telles, em cuja elaborada tessitura a metáfora nasce com frequência dos próprios elementos da circunstância a que ela busca dar voz. Um bom exemplo aparece logo nas primeiras páginas do romance, quando Rosa Ambrósio, refletindo acerca de como o bem e o mal se misturam ambiguamente na vida real, compara-os a dois bibelôs que enfeitavam a vitrine de sua mãe: "Dois gordos menininhos de cabelo encaracolado, cada qual na sua pedra, o cestinho de morangos no colo e o sorriso. Enfeitando a mesma prateleira, Deus do lado direito e o Diabo por perto com a sua sedução sem intenção. Sem malícia".

A ocasionalidade deste lance metafórico é ilustrativa da finura da arte de Lygia Fagundes Telles, onde a simplicidade dos meios contrasta com a complexidade dos fins, quais sejam os de iluminar os meandros da interioridade, os impasses existenciais, as crises de identidade. As protagonistas mais típicas da sua ficção são mulheres bem postas na vida, às quais não preocupa a luta pela subsistência e que por isso dispõem de lazeres para o cultivo de suas frustrações, reais ou imaginárias. Entretanto, somos levados, pela mestria da romancista, para além do que haja de frívolo nisso. Ela nos conduz até o dolorido ponto de fuga onde o frívolo se transmuda no humano, demasiadamente humano, capaz de, como no verso famoso, converter o "hypocrite lecteur" no "mon semblable, mon frère" da personagem de ficção. Esse processo de aliciamento atua com rara eficácia ao longo de *As Horas Nuas* para fazer Rosa Ambrósio emergir do seu autodesnudamento como uma figura rica de substância dramática. Todavia, o *tour de force* de Lygia Fagundes Telles em *As Horas Nuas* me parece estar no ardiloso desvio do centro de interesse da narrativa na sua parte final. Quando se esperava que então, mais do que nunca, o centro do palco fosse ser ocupado pela protagonista, eis que ali avulta uma personagem secundária, Ananta Medrado, a psicanalista de Rosa. De sua interioridade tivera o leitor apenas alguns vislumbres ocasionais, já que o foco narrativo ficara a maior parte do tempo voltado para Rosa Ambrósio. Isso dá a Ananta Medrado uma opacidade que vai beirar o inexplicável quando ela subitamente desaparece, sem que se tenha qualquer ideia dos motivos do seu desaparecimento, ao que tudo indica voluntário. A sua vida tão organizada, tão metódica, o seu autodomínio e a discrição do seu comportamento só servem para aumentar o mistério. É como se a romancista quisesse passar ao leitor o encargo de inventar, por conta própria, alguma explicação do inexplicável sumiço. Mas, para ajudá-lo nisso, cuidou de semear antes algumas pistas significativas ao longo da narrativa. A primeira é a circunstância de Ananta Medrado morar sozinha, não ter nenhum envolvimento de ordem amorosa e parecer estar asceticamente concentrada no seu trabalho. Outro dado significativo é a sua

JOSÉ PAULO PAES *Crítica Reunida Sobre Literatura Brasileira & Inéditos em Livros*

militância feminista, preocupada principalmente com as violências sofridas pela mulher às mãos do homem: ela presta assistência psicológica gratuita às vítimas atendidas pela Delegacia da Mulher. Quando o associamos a estas duas circunstâncias, ganha um relevo de paradoxo o fascínio de Ananta pelo misterioso vizinho do andar de cima do seu consultório. Ela nunca chegou a vê-lo, mas ouve-lhe os ruídos que faz quando chega em casa, estranhos ruídos que ela interpreta como as fases sucessivas da metamorfose dele em cavalo. E pronta e irracionalmente se apaixona por esse invisível homem-cavalo.

Desponta com isso em *As Horas Nuas*, complementarmente ao fluxo de consciência de Rahul, o gato irônico, uma segunda dimensão do fantástico, não verbalizada nem analítica como a primeira, mas apenas insinuada, inarticulada, enigmática. Seu sentido refoge à análise e à explicitação, confinado que fica no plano ambíguo do poético, onde o "poderia" e o "deveria ser" se confundem inextricavelmente com o "é". Esse é também o plano do mítico a que pertence o obscuro vizinho de Ananta, centauro a figurar mitologicamente o predomínio das pulsões inconscientes do instinto sobre as forças racionais da consciência. Que Ananta, uma investigadora profissional do inconsciente, acabe seduzida por uma de suas figurações míticas e se evada do mundo da racionalidade para supostamente ir-lhe ao encontro – eis um lance fabular cuja poesia vai mais fundo que a das metáforas à flor do texto. Vai até as profundezas habitadas pelos obscuros deuses do sangue que D. H. Lawrence cultuou. Nas sombras desse mundo ínfero, onde as luzes superficiais do feminismo jamais penetraram, é que se trava, com uma violência que os interditos sociais não conseguiram obliterar de todo, a luta biológica dos sexos. São essas sombras de fundo de cena que, por contraste, dão relevo ao desnudamento psicológico sobre o qual incide o *spotlight* de *As Horas Nuas*. Um relevo irônico, impõe-se reconhecer, já que, para afirmar-se, a luz carece do contraste das trevas, mas estas, preexistentes a todo contraste, dele não precisam. Por via, assim, da problematização dos jogos de claro-escuro, o refinado psicologismo da arte de Lygia Fagundes Telles aponta autocriticamente para os seus próprios limites. Mas não se contenta em apontá-los: cuida de os superar pela incorporação do mítico ao seu espaço de confluências, embora sem atender a nenhuma injunção da moda, ciosa tão só de suas necessidades internas.

A constante superação parece ser, de resto, a lei da obra em progresso de Lygia Fagundes Telles, onde *As Horas Nuas* aparecem como o seu ponto mais alto até agora – o que não é dizer pouco.

No Rescaldo do Fogo Morto
(Sobre *Coivara da Memória* de Francisco José da Costa Dantas)[*]

Poucas vezes terá visto o romance brasileiro uma estreia tão segura de si quanto a de Francisco J. C. Dantas com *Coivara da Memória* (São Paulo, Estação Liberdade, 1991). O precedente, ilustre, que logo acode à lembrança é obviamente o de Graciliano Ramos com *Caetés* (1933). Tal como o ex-prefeito de Palmeira dos Índios que se apresentou escritor já feito aos olhos dos seus primeiros leitores, este sergipano professor de Letras que, além de ter cumprido a penitência de duas teses universitárias, só publicara até agora contos e ensaios esparsos, é dono de uma linguagem vigorosa, pessoal, rara de encontrar-se num romance de estreia. Isso a par de, não menos raros, o domínio do andamento da narrativa e, sobretudo, a capacidade de criar personagens "verdadeiros" – no sentido de convincentes, não de apenas verossímeis. Pois, mais do que na verossimilhança, é no poder de convencimento que está a pedra de toque da "verdade" da prosa de ficção: Gregório Samsa é um personagem convincente, embora esteja longe de ser verossímil.

Coivara da Memória é outrossim, como *Caetés*, um romance meio fora de moda. Melhor dizendo: providencialmente fora de moda. O naturalismo à Eça de Queirós do retrato de costumes provincianos em que *Caetés* se esmerava era reconhecivelmente tardio em relação ao tom da nova prosa de ficção inaugurada desde 1930 por *O Quinze* de Rachel de Queiroz, seguido dois anos depois por *Menino de Engenho* de José Lins do Rego, com cuja desafetação tão coloquialmente brasileira contrastava o leve ranço lusitano do Graciliano estreante. Mas já a partir de *São Bernardo* (1934), sua linguagem, sem nada perder do rigor ou da economia expressiva, cuidará de estilizar as inflexões da fala do Nordeste e de lhe tematizar a ruralidade, a qual não deixa sequer de estar presente, subliminar, na urbanidade de *Angústia*.

---

[*] Publicado originariamente no suplemento "Cultura" de *O Estado de S. Paulo* em 7 de dezembro de 1991.

A circunstância de *Coivara da Memória* ser um romance rural cuja ação se passa toda ela num velho engenho de açúcar e, subsidiariamente – palavras do próprio narrador –, numa dessas "cidadezinhas indefinidas do Nordeste", fá-lo por si só anacrônico numa altura em que a ficção brasileira mais representativa parece estar preferencialmente voltada para a vida das grandes cidades e para os seus conflitos existenciais. Não bastasse isso, o forte travo regional da linguagem de Francisco J. C. Dantas vai em sentido contrário ao do cada vez mais acelerado apagamento de diferenças operado pelos meios de comunicação de massa nos falares brasileiros, processo gêmeo da padronização de consumidores a que a produção em série necessariamente obriga. A opulência léxica de *Coivara da Memória* salta à vista desde as suas primeiras páginas, em especial pelo inusitado de muitos dos termos. Ainda que os aficionados de literatura não possam de modo algum ser confundidos com aquela geração sem palavras batizada por Paulo Rónai, é de duvidar-se que à média dos leitores de *Coivara da Memória* não estranhem expressões como "badalejadas", "calete", "esfarcelar", "corriboque", "recavém", "bimbarras", "reimoso", "licoticho", "canga de coice", "safra de papouco", "gungunar", "levunco", "mungangas" e outras que tais.

Talvez alguns desses leitores, por desavisados, cheguem até a pensar em Guimarães Rosa, sem se dar conta de não haver, no caso, nem sombra do gosto do neológico que celebrizou desde o começo a escrita rosiana. Mas de comum entre os dois narradores há, sim, idêntica preocupação de reatar fios históricos intempestivamente cortados pelo açodamento da tesoura da moda. Assim como *Sagarana* veio mostrar, ao arrepio da voga da análise existencial em que se compraziam os então jovens ficcionistas da Geração de 45, o quanto ainda se podia batear no garimpo supostamente esgotado do regionalismo, assim também *Coivara da Memória* vem desmentir o esgotamento, diagnosticado pelos historiadores de literatura, da tradição do romance nordestino de 30. A força de convencimento do livro de estreia de Francisco C. Dantas serve para provar que essa tradição continua viva e tem ainda o que dizer ao Brasil modernoso de nossos dias, ofuscado com a miragem daquele a que bovaristicamente chama de Primeiro Mundo.

A presença de uma palavra como "memória" no título do livro denuncia-lhe de imediato a filiação. Por trás do empenho de denúncia social que, numa época de intensa polarização ideológica, deu pronta atualidade ao romance nordestino de 30, havia neste uma paradoxal, mas nem por isso me-

ix. Transleituras: Ensaios de Interpretação Literária

nos perceptível, nostalgia dos valores de vida daquele mesmo patriciado rural contra cuja obsolescência e iniquidades ele se voltava. E foi certamente esse conflito de sentimentos que lhe deu vitalidade, salvando-o do maniqueísmo a que toda arte de engajamento está exposta. Quer no memorialismo indireto porque fictivo de *Menino de Engenho* ou de *Angústia*, quer no memorialismo direto porque confessional de *Meus Verdes Anos* ou de *Infância*, salta aos olhos o primado do rememorativo. Também o narrador-protagonista de *Coivara da Memória* – um tabelião neto de senhor de engenho, à espera de ser julgado por crime de vingança contra outro mandão local com cuja sobrinha tinha um caso amoroso – é um rememorador obsessivo. Enquanto aguarda o dia do julgamento com o explicável temor de quem conhece por dentro a hipocrisia e a venalidade das engrenagens da Justiça, entrega-se ele aos devaneios da memória. Em prisão domiciliar no seu próprio cartório, evoca e registra por escrito o fluxo de suas lembranças do engenho de açúcar onde, órfão de mãe criado pelos avós maternos, passou toda a meninice. Vai assim desfilando aos nossos olhos uma série de admiráveis retratos de caracteres, desde o primeiro Costa Lisboa a que remonta o devaneador por linha materna, passando pelo seu avô e avó, até a mãe, morta ao dá-lo à luz, e o pai, rompido com o sogro e morto numa emboscada às mãos dos capangas do mesmo mandão por cujo assassinato o filho irá agora ser julgado. Esse exercício da memória não é gratuito: por via dele, percorre o escrivão-escritor "as trilhas erradas das origens" para entender "o temperamento chocho e subtraído que apanhei desses meus antepassados, com a ardência e a desenvoltura da banda de meu pai". Percorre-as não apenas para entender-se, mas sobretudo para "apanhar coragem do que tenho resgatado dos meus mortos [...] querendo dos mortos uma resposta qualquer que me ilumine para o diabo do júri".

No raconto dessa viagem rememorativa do protagonista às suas origens familiares são revisitados alguns dos momentos mais característicos do romance nordestino de 30, mas isso com um toque de inventividade que os enriquece de novos matizes. O tema com que, sob o signo da nostalgia, José Lins do Rego inaugurou o seu ciclo da cana-de-açúcar, ou seja, o do neto de potentado rural a recordar o ambiente do engenho onde foi criado, é retomado em *Coivara da Memória* numa escrita cuja precisão de traços está a serviço do lirismo de uma imaginação hábil no evocar as sensações físicas e, com elas, as ressonâncias emotivas do ido e vivido. À figura ao velho José Paulino, de *Menino de Engenho*, corresponde, em *Coivara da Memória*, a do avô do narrador,

139

um senhor feudal de caráter áspero só adoçado no trato com o neto. Por sua vez, o tema de *Fogo Morto*, de declínio e queda da dinastia dos senhores de engenho ante a crescente hegemonia das usinas, reaparece no capítulo em que o mesmo avô, "triste senhor retardatário", se vê finalmente forçado a apagar os fogos do seu já então agonizante engenho Murituba. O episódio ganha ainda maior dramaticidade com a morte do negro Garangó, o foguista de "bruto coração de fogo maior que o mundo" que não consegue sobreviver ao apagamento da fornalha por ele alimentada anos a fio e a que devia sua identidade no mundo. Também o episódio do colégio interno de Aracaju onde, separado do avô e do engenho, o neto sofre as agruras do exílio, remete-nos ao tema de *Doidinho*, ao passo que as fanfarronadas do estrambótico tio Burunga não nos deixam esquecer as do Vitorino Papa-Rabo de *Fogo Morto*.

Já a personalidade interiormente dividida do escrivão-escritor de *Coivara da Memória*, a remoer suas próprias fraquezas e frustrações, tem a ver de perto com a linhagem daquele "herói fracassado" que Mário de Andrade apreensivamente detectou no romance de 30 e que encontrou no Luís da Silva de *Angústia* uma de suas mais cabais representações. Neto de potentado rural como o protagonista de *Coivara da Memória*, ele também fora criado na fazenda do avô, por cuja figura de homem autoritário e seguro de si ele mede sua própria insegurança e passividade, se bem às suas ideias democráticas e igualitárias repugne o mandonismo do avô. Ao protagonista de *Coivara da Memória* repugna pelas mesmas razões a severidade com que o senhor do engenho Murituba tratava os humilhados e ofendidos que lhe vinham expor seus gravames; ele, neto, se punha a favor deles, embora jamais tivesse tido coragem de contestar abertamente as sentenças draconianas do avô. Sua compaixão pelos mais fracos se estendia inclusive aos bichos maltratados, e passagens como a do galo cego estão entre as mais tocantes do romance.

Tal conflito de gerações, no quadro do patriarcalismo agrário brasileiro, configura um padrão de psicologia social já estudado por autores como Gilberto Freyre e Luís Martins. Ou seja, a discrepância de valores entre o liberalismo ou libertarismo dos filhos, bacharéis urbanizados, e o conservadorismo dos pais, patriarcas rurais. O reaparecimento desse padrão num romance de nossos dias estaria a indicar a persistência de um traço sociocultural que a nossa pós-modernice não conseguiu apagar de todo. Reforça-se ademais a persistência histórica pelo fato de o padrão ter pulado uma geração ao reaparecer entre neto e avô. No caso do conflito entre o bacharel e o patriarca, Luís

Martins chegou a falar da geração republicana como uma geração parricida, o que leva a conjecturar se, em *Coivara da Memória*, não haveria uma relação de simetria, no nível das compensações simbólicas, entre o mandão assassinado pelo protagonista para vingar o pai e o avô intolerante que sempre se negou a reconhecer o genro, embora acolhesse o neto órfão. Mas este é um problema que fica em aberto para os críticos psicológicos.

De momento, o que importa acentuar é que, ao reatar certos fios temáticos do romance de 30 no seu livro de estreia, Francisco C. Dantas quis possivelmente mostrar a riqueza de instigações que podem ainda oferecer ao ficcionista de hoje. Instigações que ele soube desenvolver com marcante originalidade numa obra onde tradição e invenção se completam e se enriquecem mutuamente. Ao entrar no corredor de ecos da intertextualidade brasileira, o estreante de *Coivara da Memória* não veio apenas recolher vozes alheias mas também ali deixar a sua, desde já inconfundível.

Para uma Arqueologia da Ficção Científica
(Sobre *A Espinha Dorsal da Memória* de Bráulio Tavares)*

Pena que, por ter sido publicado em Portugal, onde foi inclusive premiado, *A Espinha Dorsal da Memória*, de Bráulio Tavares, não tenha recebido entre nós, quando do seu aparecimento, a atenção que merecia. Bráulio Tavares já era conhecido como estudioso da ficção científica; com esse livro, ele nela estreou também como autor. Estreia no mínimo auspiciosa: em vez de um imitador mais ou menos servil dos Bradbury e dos Clarke, o que esse livro nos traz é um contista original, imaginativo, que se movimenta desembaraçadamente quer no domínio do fantástico, com o qual têm a ver alguns dos contos do volume, quer no da ficção científica propriamente dita, a que se filia a maioria deles. Por tal simbiose do fantástico com o científico, assim como pelo tema iterativo da milagrosa superioridade da ciência e da técnica dos Intrusos extragalácticos, horizonte de referência dos contos da sua segunda parte, *A Espinha Dorsal da Memória* me proporcionou, além do prazer da leitura, uma oportunidade de repensar certos aspectos da ficção científica que desde sempre me fascinaram.

Há tempos atrás, num ensaio em torno da conceituação de literatura de entretenimento[1], sugeri a adivinha como a "forma simples" em que a ficção científica teria as suas raízes mais recuadas. "Forma simples" é uma categoria de análise proposta pelo teórico de literatura André Jolles para caracterizar os "gestos verbais" elementares[2] por cujo intermédio o Homem mapeia, via linguagem, a multiplicidade da sua experiência do mundo, donde cada forma simples traduzir uma disposição de espírito diferenciada e específica. Jolles distingue oito formas simples – legenda, saga, mito, adivinha,

---

* Publicado originariamente no suplemento "Cultura" de *O Estado de S. Paulo* em 30 de junho de 1990.
1. Ver "Para uma Literatura Brasileira de Entretenimento" in José Paulo Paes, *A Aventura Literária*, São Paulo, Companhia das Letras, 1990, p. 30. Também no primeiro volume desta obra.
2. André Jalles, *Formas Simples*, trad. A. Cabral, São Paulo, Cultrix, 1976, p. 47.

ditado, caso memorável, conto e chiste –, mas delas só nos vão interessar essencialmente aqui a adivinha e a legenda. A primeira, pelo formato de pergunta e resposta com que se apresenta – o "o que é, o que é?" das adivinhas folclóricas –, se aparenta ao mito, ele também um tipo de resposta ao espanto interrogativo do Homem diante do universo: os grandes mitos são etiológicos, isto é, visam a explicar a origem das coisas, fenômenos e seres do mundo. Mas enquanto a forma do mito é a resposta virtual, anterior a ele, a adivinha se formula desde o princípio como "uma pergunta que pede uma resposta". Resposta crucial, significando por vezes a diferença entre a vida e a morte: no célebre enigma da Esfinge, o interrogado que não soubesse responder-lhe à pergunta morria no ato. Assinala André Jolles que *tunkal*, palavra por que é designada a adivinha em velho-alto alemão, quer dizer "a coisa tenebrosa".

Na medida em que propõe uma resposta tecnológica à momentosa indagação de como será o futuro da Humanidade, a ficção científica, sobre cujo viés futurista ou futurológico nem é preciso insistir, mergulharia suas primeiras raízes na forma simples da adivinha. Nesta forma, nossos antepassados remotos espelharam uma disposição de espírito para a qual do saber pode depender a própria sobrevivência do indivíduo e da comunidade. Por ser assim tão valioso, o saber tem de ser protegido por uma cifra e tornar-se um segredo de iniciados, conforme dá a entender o torneio despistador em que é formulada a pergunta da adivinha. Aliás, nos ritos de iniciação e de passagem das sociedades ditas primitivas, adivinhas costumam figurar entre as provas por que deve passar o neófito para poder receber o grau de iniciado ou de varão. Aponta Jolles, como um avatar contemporâneo da adivinha, o romance policial, onde a figura cifrada do criminoso e a do detetive decifrador da adivinha proposta pelo crime são elementos estruturais cuja filiação a tal forma simples é fácil de perceber. Não se esquece tampouco mesmo Jolles de sublinhar que na sociedade de nossos dias, organizada sob a égide da razão iluminista, já não há lugar para o saber cifrado de que a adivinha dá um testemunho arqueológico. Hoje, o saber científico, racional e universal por definição, está supostamente ao alcance de todos.

É bem de ver, todavia, que o tipo de saber involucrado na adivinha, por seu caráter cifrado ou esotérico, tanto quanto por seu momentoso poder de decisão sobre a vida e a morte, se aproxima muito do saber comumente tematizado na ficção científica. Basta atentar numa de suas primeiras (senão a primeira, como quer Brian Aldiss)[3] manifestações históricas, o *Frankenstein* de Mary Shelley. O perigo que o monstro criado pelo Dr. Frankenstein, descobridor do segredo da vida e da morte, pode representar para a sobrevivência de toda a Humanidade, força-o a levar consigo para o túmulo a chave da sua extraordinária descoberta. De modo semelhante, em "Cão de Lata no Rabo", um dos melhores momentos de *A Espinha Dorsal da Memória*, o invento revolucionário de David – um fendedor do *continuum* espaço-tempo –, termina por converter o inventor num mártir de sua própria ciência. Para impedir que as tenebrosas criaturas de outras dimensões irrompam pelo buraco negro aberto no *continuum* e invadam a nossa dimensão, David se alonga numa linha infinita a fim de tapar a fenda. Ali ficará até a morte, sua e do seu desastroso invento.

Nestes dois exemplos assoma, de maneira exemplar, uma preocupação a que se poderia dar o nome de síndrome do aprendiz de feiticeiro. Se bem, como seu próprio nome indica, a ficção científica se compraza em projetar no campo do imaginário, até os limites do absurdo, as possibilidades de desenvolvimento da ciência e da técnica, nem sempre o faz sob o signo da positividade. Ostenta ela, no caso, uma curiosa ambiguidade que parece ser-lhe estrutural. De um lado, vê a ânsia prometeica de conhecimento como o impulso básico do Homem, a culminar na conquista do espaço sideral e no contato com civilizações não terrestres. Por tal ênfase nas maravilhas do progresso do conhecimento, a ficção científica prolonga a linha de força da razão iluminista do século XVIII. De outro lado, porém, o mesmo progresso científico-tecnológico pode nos levar à distopia, vale dizer, a um futuro catastrófico, à hecatombe nuclear tematizada em "clássicos" como *Um Cântico para Leibowitz*, de Walter M. Miller Jr., com o que se desmentiria o progressismo iluminista.

É por força dessa duplicidade de posturas que a ficção científica se aproxima da ficção fantástica. Embora esta última mergulhe raízes no folclore medieval em torno de feitiços, aparições e vampiros, nasceu ela oficialmente, como subgênero definido de prosa de ficção, nos fins do século XVIII com *Le Diable Amoureux*, de Jacques Cazotte. Nasceu portanto no apagar das luzes do século chamado filosófico, que se empenhou em contrapor, aos dogmas da fé e às trevas da superstição, as luzes da razão e a positividade da ciência. Tal circunstância histórica do nascimento da ficção fantástica ajuda a entender-lhe as características de base, qual seja instaurar a dúvida ou hesitação

---

3. Brian Aldiss, *Billion Year Spree: the History of Science Fiction*, London, Weidelfeld & Nicholson, 1973.

IX. Transleituras: Ensaios de Interpretação Literária

entre uma explicação natural e uma explicação sobrenatural para os sucessos fora do comum que escolhe para narrar. Pela brecha da dúvida ou hesitação, o irracional se imiscui dentro da própria fortaleza da racionalidade erguida pelos filósofos da Ilustração[4]. Brecha semelhante abre-a a ficção científica quando põe em tela de juízo os benefícios do progresso científico-tecnológico, apontando para os riscos nele emboscados[5]. Aliás, o parentesco entre esses dois subgêneros populares de prosa de ficção se patenteia desde os primórdios de ambos, tão próximos entre si. Se *Le Diable Amoureux* é de fins do século XVIII, *Frankenstein* é do começo do século XIX, cabendo ainda notar que o livro pioneiro de Mary Shelley se filia à tradição do romance gótico, variante inglesa da ficção fantástica de Cazotte e Hoffmann. Também nos contos de Edgar Allan Poe, o fantástico e o científico se dão as mãos numa aliança que chegaria até o século XX com H. P. Lovecraft. Entre nós, como já ficou dito no começo deste texto, ela pode ser vista nos contos de Bráulio Tavares em *A Espinha Dorsal da Memória*.

Mas não é apenas à adivinha mitológica ou folclórica que podemos fazer remontar, arqueologicamente, a ficção científica. Por outros aspectos, ela tem igualmente a ver com a forma simples da legenda. André Jolles entende legenda – do latim, "coisas que devem ser lidas" – no seu sentido estrito de relato da vida dos santos. Nesta acepção, etimologia e significado histórico coincidem na medida em que, pelo seu caráter edificante, as vidas dos santos eram de leitura por assim dizer obrigatória para os fiéis. Elas mostravam o santo como uma espécie de herói da virtude, pelo grau extremado em que dela dava testemunho. Para Aldous Huxley, que maliciosamente viu "uma extraordinária semelhança entre o moderno *sportman* profissional e certo tipo de asceta cristão", São Francisco de Assis "tinha algo de um batedor de recordes"[6].

Com recolher depoimentos acerca da vida e dos feitos dos santos, a legenda lhes ilustra a virtude *ativa*. Esta se diferencia da passiva, virtude de homens não santos, pela confirmação que recebe do Alto sob a forma de milagre. É pelo poder de operar milagres que o santo comprova de forma irrefutável a sua santidade e faz jus à canonização com que a Igreja o distingue postuma-

---

4. Cf. meu ensaio "As Dimensões do Fantástico" in *Gregos & Baianos*, São Paulo, Brasiliense, 1958, p. 180.
5. *Gregos & Baianos*, ed. cit., pp. 221-30 e 240-1.
6. Aldous Huxley, "Francisco e Gregório ou as Duas Humildades" in *Visionários e Precursores*, trad. E. Pontes e C. A. Lima, Rio de Janeiro, Vecchi, 1942, pp. 211-2.

mente. Opera-os em vida com a sua presença física ou, *post mortem*, através de objetos que a ele estiveram ligados – sua roupa, seu túmulo, os instrumentos do seu martírio. Por ser homem, ainda que excepcional, o santo assume, mais bem que o Cristo, deus encarnado, um caráter exemplar para o fiel, a quem cumpre tentar igualar-lhe a virtude paradigmática. Daí que a disposição mental de onde se origina a legenda seja a imitação (*Imitação de Cristo* se chama o famoso devocionário de Tomás de Kempis), a qual faz da vida dos santos o paradigma a imitar. Entretanto, no imaginário maniqueu do Medievo em que nasceu a forma simples da legenda, assim como ao Bem se opunha o Mal e o diabólico era o inverso simétrico do divino, assim também ao santo se opunha o antissanto, manifestação do diabólico. Entre as diversas figurações medievais e pós-medievais do antissanto, Jolles destaca a do Judeu Errante, o sapateiro condenado a viver eternamente – dolorosa imortalidade que se constituía num antimilagre –, porque expulsou de sua porta Cristo carregando a cruz, e a do Doutor Fausto, sábio alquimista cuja ânsia de conhecimentos e de poderes miraculosos o impeliu a vender a alma ao Diabo. Na lenda faustiana, o milagre às avessas, marca da antissantidade, avulta no rejuvenescimento anômalo do pactário e na transformação dos seus ducados mágicos em lixo.

Esta referência ao Fausto alquimista e aos seus antimilagres nos leva de volta àquele viés da ficção científica preocupado com os perigos da busca irrestrita do conhecimento e da inovação tecnológica a qualquer custo. Viés em que o diabólico assume a condição do distópico, do avesso do utópico, como pode ser visto no canto de Bráulio Tavares mais atrás citado: ali, a fenda no *continuum* espácio-temporal é uma passagem para o inferno: marcadamente infernais são as criaturas que por ela tentam irromper, "cérberos, cães de tíndalos, hordas de grifos-dragões ladrantes". Mas a positividade do milagre, vinculado ao domínio do sagrado, ocorre de igual modo na ficção científica, as mais das vezes sob a forma da superioridade científica e técnica de alienígenas invasores do nosso planeta. Graças a ela, inculcam-se eles avatares do deus ou herói-civilizador semidivino das várias mitologias – o Prometeu dos gregos, o Quetzalcoatl dos astecas, o Sumé dos índios brasileiros. Um avatar de nossos dias é o deus-astronauta ou astronauta-deus vulgarizado pelo livro de Däniken e cuja melhor representação literária encontramos no *2001: uma Odisseia no Espaço*, de Arthur C. Clarke. Nesse "clássico" da ficção científica, o salto evolutivo do pré-humano para o humano – enigma para o qual a ciência ainda não encontrou explicação – se dá pela intervenção de uma

IX. Transleituras: Ensaios de Interpretação Literária

raça superior, extraterrestre, "que utiliza uma tecnologia extraordinária para auxiliar o desenvolvimento de espécies inteligentes, dando-lhe impulsos no momento adequado"[7]. A cena famosa dos antropoides e do monolito negro, logo na abertura do filme de Kubrik, fixa emblematicamente esse momento inaugural, assim como o desfecho do mesmo filme emblematiza a passagem divinizadora de humano ao cósmico.

Temos aí, numa exemplaridade difícil de ser igualada, os elementos estruturais da legenda traduzidos no idioma da ficção científica. A santidade ou condição semidivina, desde logo caucionada pela procedência dos civilizadores, vindos do Alto, do espaço sideral, se confirma no seu milagroso poder de levar avante a obra da Criação, de afeiçoar o humano a partir do pré-humano, tal como Prometeu afeiçoou o homem a partir da argila e o presenteou com o fogo roubado a Zeus. O milagre deles se cumpre *in absentia* por via de uma relíquia em que transfundiram o seu poder taumatúrgico – o misterioso monolito negro cuja recorrência ao longo da narrativa lhe confirma tal poder. Por sua vez, a disposição mental em que se funda a forma simples da legenda – a imitação – está infusa no poder pedagógico do monolito, que ensina o antropoide a se fazer homem e o homem a se fazer deus.

Sob novas figurações – e é na capacidade de refigurar motivos de base que reside a inventividade do autor de ficção científica –, vamos reencontrar os elementos estruturais da legenda nos cinco contos da segunda parte de *A Espinha Dorsal da Memória*. No primeiro, cuja ação se passa em 2006, quando começam a chegar à Terra emissões de rádio alienígenas, um escritor de ficção científica testemunha no Rio de Janeiro uma aurora boreal produzida por "algum tipo de raio cósmico" procedente das sondas dos Intrusos – milagre tecnológico por cujo intermédio dão a conhecer sua virtude taumatúrgica. O segundo conto se passa dois anos depois, quando o primeiro grupo de terrestres viaja "rumo ao espaço" para "dialogar com criaturas vindas de outro ponto do Universo". No terceiro conto, o contato com os Intrusos finalmente se estabelece por meio de uma simbiose mental deles com os terrestres, que então recebem "as chaves do Hipertempo" – a relíquia milagrosa –, num processo de imitação invasora do superior pelo inferior, do "santo" pelo leigo, típico da disposição mental da legenda.

---

7. D. David Allen, *No Mundo da Ficção Científica*, trad. A. A. Faccioli & G. P. Toloy, São Paulo, Summus, s. d., p. 243.

À guisa de conclusão, convém sublinhar não ter sido por amor de banalidades do tipo nada de novo sob o sol que se procurou traçar aqui, arqueologicamente, os nexos de similitude entre a legenda, forma simples em que se configurou literariamente a religiosidade popular do Medievo, e a forma atualizada da ficção científica, em que se expressa, no nível da cultura de massa, o pasmo reverente do homem comum da Modernidade ante os prodígios da ciência e da tecnologia, ao mesmo tempo que o seu supersticioso temor ante os ominosos poderes delas. Ao apontar para uma similitude de disposições mentais subjacentes a uma e outra forma de expressão literária, o cotejo ajuda a entender a popularidade das narrativas de ficção científica e, por extensão, o modo por que a cultura de massa passou a assumir, na sociedade informatizada de nosso século, algumas das funções da cultura folclórica das sociedades analfabetas ou semialfabetizadas do passado. Foi o que viu bem Leslie A. Fiedler quando escreveu ser a cultura contemporânea de massa "a expressão quase espontânea dos habitantes desarraigados e culturalmente despojados das cidades anônimas, imaginando mitologias que reduzem a uma forma manipulável a ameaça da ciência", pelo que as suas produções são "herdeiras, apesar de todas as diferenças superficiais, dos impulsos *interiores* da arte folclórica tradicional"[8].

8. Leslie Fiedler, "O Meio contra as Duas Pontas" in Bernard Rosemberg & David M. White (orgs.), *Cultura de Massa*, trad. O. M. Cajado, São Paulo, Cultrix, 1973, p. 627.

O Condor Pragmático
(Sobre a Poesia Abolicionista de Castro Alves)[*]

A curva da fortuna crítica de Castro Alves é a curva típica de quase todo sucesso literário prematuro, ao pico da exagerada consagração seguindo-se, simétrico mas de sinal contrário, o pico das tentativas de desmitificação *post-mortem*. Se o silêncio de um século ainda tecnologicamente despreparado para o registro da imagem e do som vivos calou para sempre o ruído dos aplausos populares que acompanharam a fulgurante carreira do Condor, o aplauso não menos ruidoso dos homens de letras seus contemporâneos logrou chegar até nós por escrito; aí está, de par com outros textos de incensamento, a correspondência entre José de Alencar e Machado de Assis, os dois mandarins do nosso século XIX literário, a propósito dos dotes invulgares do então jovem poeta arribado à Corte.

Tal incensamento se prolongou até o apagar das luzes do Pré-modernismo (se é que elas jamais estiveram acesas), quando Gilberto Amado ainda pôde ver no Condor "o mais belo instante do Brasil"[1]. Os trâmites desmitificadores só começam realmente com o Modernismo. Em tom de piada, esse mestre da galhofa que foi Antônio de Alcântara Machado propõe, num dos artigos recolhidos em *Cavaquinho e Saxofone*, a compilação de uma antologia das asneiras literárias do nosso Romantismo em cujas páginas teriam lugar de honra "as imagens disparatadas, as imprecações heroico-asnáticas, as tiradas patético-pernósticas"[2]. Igualmente impiedoso para com as incontinências da retórica castro-alvina se mostrou Mário de Andrade no fundamental estudo que lhe dedicou em *Aspectos da Literatura Brasileira*[3]. De uma severidade crítica cuja

---

[*] Publicado originariamente no suplemento "Cultura" de O *Estado de S. Paulo*, ano VII, n. 409 , de 21 de maio de 1988.

1. Ver "Castro Alves" in *A Dança sobre o Abismo*, Rio de Janeiro, José Olympio, 1952.

2. Antônio de Alcântara Machado, *Cavaquinho e Saxofone (Solos), 1926-1935*, Rio de Janeiro, José Olympio, 1940, pp. 362-3.

3. Mário de Andrade, "Castro Alves" in *Aspectos da Literatura Brasileira*, São Paulo, Martins, s. d.

percuciência estava bem longe do piadismo mais ou menos fácil, esse estudo fora escrito em 1939, momento em que o pesadelo da guerra e a luta contra o fascismo haviam reposto na ordem do dia a questão da arte participante. Daí que, ao debruçar-se sobre os problemas técnicos da poesia de Castro Alves com uma meticulosidade analítica que nem a moda do *new criticism* dos anos 50-60 conheceu igual entre nós, Mário não deixasse de sublinhar a "genialidade" com que, enquanto poeta dos escravos, ele soube manifestar "a sua adesão aos problemas coletivos", pelo que, "como preocupação social [...] é por certo um dos poetas de que mais nos podemos orgulhar, atualmente".

Esta ênfase na vertente social ou engajada ou participante da poesia castro-alvina tinha endereço certo. Visava a uma certa crítica, supostamente mais refinada, que, para esconder o seu desgosto da arte demasiado clangorosa do Condor, afetava preferir nele o poeta amoroso ao poeta social. Contra esses refinados, Mário tomava o partido dos "críticos moços" do seu tempo e não temia ver muito de "sublime" no "enceguecimento apaixonado com que Castro Alves se entregou a uma grande causa social do seu como do nosso tempo, a dos escravos". E este ano de 1988, em que se comemora o primeiro centenário dessa por mais de um título discutível efeméride que é a Abolição, parece ser o momento oportuno para reconsiderar a opção crítica de Mário de Andrade, com vistas menos a esmiuçar-lhe os fundamentos teóricos do que suplementá-la com argumentos de reforço. Aliás, no ensaio sobre Castro Alves, não se demora Mário a justificar criticamente sua preferência por *Os Escravos*, já que o seu empenho principal era discutir os três crimes de lesa-poesia a seu ver cometidos pelo Condor, a saber: o descaso pelas virtualidades sugestivas da palavra, a preferência pelo tema particular em detrimento do assunto geral, e a complacência no encompridamento e na escultorização verbal. O melhor que lhe ocorre dizer em favor do Castro Alves antiescravista e engajado foi ele ter criado, "dentre todos os poetas sociais, o melhor pragmatismo". Mas não chega a analisar o modo por que tal pragmatismo se concretizou em termos de expressão. Limita-se a apenas chamar-nos a atenção para "a habilidade com que o grande poeta usa todos os recursos intelectuais insertos na Poesia ou deformadores dela, pra nos infundir piedade pelo escravo e asco pela escravidão".

Não será difícil, a quem saiba ler nas entrelinhas, discernir aqui os lineamentos de uma contradição em termos que não se dá sequer ao trabalho de disfarçar-se. De um lado temos que Castro Alves foi o maior dos nossos poetas sociais porque soube lançar mão, na sua arte, do "melhor pragmatismo".

De outro, que os instrumentos desse pragmatismo, vale dizer, "todos os recursos intelectuais insertos na Poesia", de certo modo a deformam e traem. Numa palavra: o Condor foi um grande poeta social porque traiu a poesia.

Foge ao propósito igualmente "pragmático" destas considerações discutir em que medida semelhante "traição" se patenteia por si mesma e em que medida ela é produto do ponto de vista assumido pelo acusador. Se traição há de fato, Castro Alves traiu em boa companhia: na dos clássicos de vária época que, sem abrir mão da "força de sugestão e vagueza de sentido" louvadas por Mário de Andrade nos versos de Cláudio Manuel da Costa, Gonçalves Dias e Fagundes Varela, preferiram no entanto dar mais destaque aos "recursos intelectuais insertos na Poesia", que nem por o serem são "deformadores dela". Acresce ainda notar que o *parti-pris* psicologizante da poética de Mário, tão bem estudado por Roberto Schwarz[4], o levava a naturalmente encarecer tudo quanto, em poesia, pudesse ensejar a "substituição da Ordem Intelectual pela Ordem Subconsciente" – para citar, com as suas maiúsculas de ênfase, uma frase típica de *A Escrava que Não É Isaura*[5].

Na questão do pragmatismo da poesia social de Castro Alves, tenho para mim que o ponto essencial foi levantado por Amadeu Amaral numa palestra sobre "A Literatura da Escravidão", cujo texto saiu publicado num velho número da *Revista do Brasil*, o número 29 do ano III (fase Monteiro Lobato), datado de maio de 1918. A certa altura dessa palestra, refere-se Amadeu Amaral ao caráter de "reflexão e imitação" da literatura brasileira, apontando como exemplo concreto disso a idealização do índio em nosso Romantismo, onde era um personagem "puramente imaginário, forte de corpo e de alma", que nada tinha a ver com o pobre "índio real", reduzido ao cativeiro, explorado e degradado pelo *soi-disant* civilizador. Dessa idealização literária não se pôde beneficiar o africano importado para substituir o índio porque "o escravo negro falava pouco à fantasia: era o quadro visível a toda a hora, que embota a curiosidade e bambeia os estímulos. O índio já não estava tão próximo e tão à vista: interpunha-se entre ele e os olhos dos imaginativos espaço bastante para largas transfigurações".

4. Ver "O Psicologismo na Poética de Mário de Andrade" in *A Sereia e o Desconfiado*, ensaios críticos, Rio de Janeiro, Civilização Brasileira, 1965.
5. Mário de Andrade, *A Escrava que Não É Isaura, Discurso sobre Algumas Tendências da Poesia Modernista*, São Paulo, Liv. Lealdade (depositários), 1925, p. 48.

O grande feito levado a cabo pelo pragmatismo da poesia de *Os Escravos* foi ter arrancado o negro da sua circunstância cotidiana, onde, confundido com a besta de carga ou, no melhor dos casos, com o bicho doméstico de estimação, se tornara tão corriqueiro, tão desinteressante, tão invisível quanto eles, para impô-lo de novo à atenção de uma sociedade que o tinha perdido de vista enquanto ser humano porque o havia definitivamente convertido em bicho ou coisa. Tratava-se, bem feitas as contas, de reverter o processo de automatização da percepção através do procedimento de estranhamento ou singularização descrito pelo formalista russo Victor Chklovski. É por via desse procedimento que o poeta, "instigador da revolta dos objetos", torna cada um deles novamente perceptível ao transferi-lo da anodinia ou trivialidade da "série dos fatos da vida" para uma outra "série semântica", a literatura, onde lhe "sentimos assim a novidade, pela colocação do objeto numa nova série"[6]. O fato de tratar-se, no caso, menos de objetos que de pessoas não constitui impedimento: no regime escravocrata, o cativo é normalmente considerado não uma pessoa mas um objeto de uso.

Para completar essa, se cabe o termo, ressemantização do escravo, soube Castro Alves, com admirável pragmatismo, tocar os pontos mais sensíveis da psicologia dos seus contemporâneos tal como havia sido ela afeiçoada pelo *Zeitgeist* do Romantismo. Assim é que, já no poema de abertura de *Os Escravos*, a ode dedicada a "O Século", explorava ele um *tópos* caracteristicamente romântico de que *As Confissões de um Filho do Século* de Musset são a expressão mais dramática. Qual fosse a oposição moços *x* velhos, polarizando no primeiro termo dela os valores da luz, da esperança e da liberdade, e no segundo os valores da treva, do ceticismo e da tirania. O caráter pragmático dessa polarização está, evidentemente, em ter sido na juventude acadêmica do seu tempo – os futuros bacharéis que, para recorrer à feliz antinomia proposta por Luís Martins, iriam suceder seus pais patriarcas no comando da máquina social[7] – que Castro Alves recrutou o seu público leitor e/ou ouvinte mais fiel mais empático.

Mas é no poema seguinte, "Ao Romper d'Alva", que ele fere aquela que haveria de ser a nota dominante de *Os Escravos*, ao celebrar a natureza selvática do Brasil – matas, cordilheiras, campos, rios – como um cenário natural de liberdade dentro do qual a escravidão era um corpo estranho, "nojento cro-

---

6. Victor Chklovski, "La Construction de la Nouvelle e du Roman" in *Théorie de la littérature*, textes des formalists russes réunis, presentés et traduits par Tzvetan Todorov, Paris, Seuil, 1965, pp. 170-96.

7. Luís Martins, O *Patriarca e o Bacharel*, São Paulo, Martins, 1953.

codilo/ da onda turva expulso lá do Nilo", aqui trazido para conspurcar-lhe a edênica pureza. Trata-se, logo se vê, de uma adaptação abrasileirante da ideia motriz de *O Contrato Social* de Rousseau, "o homem nasce livre e em toda parte encontra-se a ferros", que as gerações românticas sempre interpretaram, pouco importa se ortodoxamente ou não, como um alinhamento em favor da natureza, única fonte de bondade e liberdade, e contra a civilização, corruptora histórica dessas virtudes primeiras. Donde na literatura do Romantismo, pelo menos nisto continuadora da idealização pastoril de seus antecessores e opositores neoclássicos, a cidade ser vista como o espaço por excelência do vício (o artificialismo, a hipocrisia, a usura, a prostituição, a miséria), ao passo que o campo ou natureza, não a natureza ajardinada da arte rococó, mas a natureza bravia dos cantos de Ossian, se define como o espaço da virtude (a liberdade do indivíduo, a sinceridade dos sentimentos, a vida simples dos instintos, a grandeza moral). Não é portanto de estranhar que quase todos os poemas de *Os Escravos* em que o negro aparece como protagonista estejam ambientados em lugares sertanejos ou selváticos, espaço positivamente carregado para a sensibilidade romântica.

A escolha espacial tinha a ver também com a circunstância de o público a quem a poesia de Castro Alves se dirigia ser um público eminentemente urbano para o qual, dentro da óptica bovarista do pastoralismo, o campo era o "outro" lugar, que, por "outro", podia ser investido pela imaginação de atrativos compensatórios, ausentes da experiência do dia a dia citadino. Naquele espaço idílico, o vício da escravidão – que na viciosa paisagem urbana, por dela congenial, passava despercebido, a ponto de o negro de ganho tão bem fixado pelo lápis de Debret ali parecer "natural" – ganhava especial destaque por dele destoar consubstancialmente. Noutras palavras: dentro do espaço por assim dizer teatral da natureza, o negro se ressemantizava.

Não parou nisso o pragmatismo da arte de Castro Alves. Em vez de focalizar a escravidão em termos gerais, ideológicos, como tanta má poesia abolicionista antes e depois dele, preferiu as mais das vezes pintar o escravo numa circunstância particular, dramaticamente significativa. Pintou-o no tombadilho de "O Navio Negreiro" a dançar grotescamente sob o estalo dos chicotes. Pintou o sofrimento da mãe negra a quem é negado o primeiro dos direitos naturais, o de criar o próprio filho: ou ela tem de matá-lo no berço para o poupar do futuro cativeiro ("Mater Dolorosa"), ou ele lhe é arrancado dos braços pela ganância do senhor que o vai vender alhures ("Tragédia no Lar"), ou então é o próprio poeta quem a exorta a ensinar ao filho só vícios, em vez de virtudes, para que não sinta tanto quando tiver de se avir com a iniquidade da sua condição, como a órfã de "A Órfã na Sepultura". Pintou finalmente, e mais de uma vez, o esbulho sofrido pelo escravo de outro direito natural, o de amar: separado "dona do [seu] coração", o violeiro da "Canção do Violeiro" se lamenta: "Ai! triste que eu sou escravo!/ Que vale ter coração?"; por sua vez, o tropeiro de "Manuela" geme na viola a perda da sua companheira de cativeiro, forçada a tornar-se "amante do senhor", enquanto o elocutor de "Lúcia" é afastado irremediavelmente de sua namorada de infância porque "Venderam para longe a pobre Lúcia".

Em poemas que tais, Castro Alves apela ostensivamente para uma sentimentalidade que os seus contemporâneos tinham à flor da pele e adestravam o tempo todo na escola do romance-folhetim e do libreto de ópera. Justifica-se, no caso desses poemas, a acusação de Mário de Andrade de que seu autor "usou e abusou da piedade", muito embora se pudesse invocar como atenuante uma busca pragmática do ponto sensível do leitor/ouvinte para aliciar-lhe a adesão sentimental e conseguir assim aquela "suspensão da descrença" que Coleridge tinha por fundamental no ato de fruição do poema. Já a outra acusação de Mário, de que "Castro Alves jamais ergue os escravos até sua altura, mas se abaixa até os seus irmãos infelizes", não se sustenta, e deixa inclusive à mostra certo fundo de má vontade, diante de três momentos que não seria demasia considerar os momentos supremos de *Os Escravos*. Refiro--me especificamente aos poemas "A Criança", "Bandido Negro" e "Saudação a Palmares". No primeiro, parafraseia ele um poema homônimo das *Orientais* de Victor Hugo, em torno do menino grego que, como único presente, quer balas e pólvora para lutar contra os turcos que lhe arrasaram a ilha natal, Quios, e o adapta à circunstância brasileira, onde é um filho de escrava que pede "o ferro da vingança" para voltá-lo contra os que lhe açoitaram a mãe até matá-la. Também em "Bandido Negro" aproveita Castro Alves a sugestão de um poema bíblico de Eugène Sue e a desenvolve num refrão ominosamente marcado pela monotonia da acentuação ternária do verso de nove sílabas:

> Cai, orvalho de sangue do escravo,
> Cai, orvalho, na face do algoz.
> Cresce, cresce, seara vermelha,
> Cresce, cresce, vingança feroz.

Tanto em "Bandido Negro" quanto na "Saudação a Palmares", o que ressalta, na figura do escravo que se revolta contra o seu jugo e dele foge para se converter em fora-da-lei ou quilombola, é outra hábil exploração pragmática, desta vez das virtualidades do tema do "bom criminoso", *tópos* romântico caracterizado por Brito Broca como o do herói transgressor que "rompe com os compromissos de uma civilização deformadora" e "inverte o conceito de crime, transferindo a culpa para a sociedade"[8]. A dimensão heroica que a figura do escravo revoltado assume na poesia de Castro Alves a estrema, por si só, da figura antitética do escravo vítima passiva e sofredora a cujo favor, em outro registro, o poeta buscara despertar a indignação moral dos seus leitores/ouvintes. Aqui já não cabe mais falar daquele sentimento de "comiseração, de piedade ... quase vicentina"[9] reprovativamente apontado por Mário de Andrade num poeta social dos seus dias. Em vez desse sentimento, que mal esconde a consciência da inferioridade do compadecido em relação ao compadecedor, o que se percebe, nos três poemas de Castro Alves recém-citados, é antes a "verdadeira e dura fraternidade" admirada pelo mesmo Mário nos "milhores versos" participantes de Maiacóvski, Aragon e Whitman.

Ao se fazer arauto dessa fraternidade igualitária, e ao propor, na figura poeticamente ampliada do quilombola, o modelo da transgressão necessária de uma legalidade iníqua, Castro Alves não falava apenas aos seus coetâneos mas também à sua posteridade imediata. Nunca é demais lembrar que, anos depois da morte do Condor, os estudantes da Academia de Direito de São Paulo, já descontentes dos caminhos morosos do legalismo e ansiosos pela ação direta como todo jovem que se preza, alistaram-se nas hostes dos caifases de Antônio Bento para converter em estratégia política organizada a revolta fisiológica dos quilombolas. Quando a Abolição veio afinal, foi só para reconhecer, de papel passado, um irrecusável estado de fato cujo advento havia sido significativamente apressado por essa estratégia. Ou seja: a Abolição veio simplesmente repetir na desapontadora prosa da História o que um – não há por que temer o adjetivo – grande poeta já dissera antes e melhor nos versos sempre áureos da Utopia.

---

8. Brito Broca, *Machado de Assis e a Política e Outros Estudos*, Rio de Janeiro, Simões, 1957, pp. 188 e 191. Ver também o meu artigo "Ainda o Bom Criminoso" in *Mistério em Casa*, São Paulo, CEC, 1961, pp. 47-52. E no primeiro volume desta obra.

9. Mário de Andrade, O *Empalhador de Passarinho*, São Paulo, Martins, s. d., p. 58.

Uma microscopia do monstruoso
(a estética do horror na poesia de Augusto dos Anjos)*

Em "Le Monstre", um dos ensaios de *Certains*, J. K. Huysmans, que além do inovador e influente romancista de *À Rebours*, foi também um crítico de arte dos mais perspicazes, discute o problema da representação artística do monstruoso. Problema que, se já teve fundamental importância na escultura antiga e medieval, hoje não tem praticamente nenhuma. Isso porque, ao ver de Huysmans, os monstros da arte "não mais parecem ser capazes de suscitar em nós as sensações às quais os destinou o artista que quis simbolizar as divindades malignas e o crime, e suscitar o horror"[1]. No seu ensaio, Huysmans se compraz em sumariar algumas das figurações histéricas do monstruoso, desde os touros androcéfalos da Assíria e os deuses egípcios de corpo de gente e cabeça de bichos, passando pelos gigantes indianos de múltiplos braços e pernas e pela esfinge grega de complicada "estrutura bestial e humana", até os monstros empoleirados nos balcões de pedra de Notre Dame nos quais estavam exemplificadas instâncias da emblemática zoológica cristã. No abutre se corporificava a rapacidade do demônio, na lebre a prudência da alma perseguida pela tentação, no elefante a desmesura do orgulho, no caracol a ressurreição dos mortos, na rã e no lagarto a avareza e a luxúria. Todavia, por se entremesclarem nos hieróglifos de pedra de Notre Dame, tais símbolos vão adquirir uma complexidade de significados cuja compreensão cabal escapa hoje aos iconógrafos em virtude do rompimento do fio de continuidade histórica da linguagem dos emblemas.

Embora não chegue a formular uma teoria explícita do monstruoso, Huysmans nos dá no seu ensaio algumas indicações úteis para se chegar a ela. Do seu inventário de exemplos ressaltam pelo menos duas características

---

* Publicado originariamente, com o título de "Augusto dos Anjos: a Monstruosidade Art-Nouveau do Filho do Carbono", no suplemento "Cultura" de *O Estado de S. Paulo* de 9 de maio de 1992.

1. J.-K. Huysmans, *L'Art Moderne/Certains*, pref. de H. Juin, s. l., Union Générale d'Éditions, 1975, pp. 379-92.

IX. Transleituras: Ensaios de Interpretação Literária

de base da representação estética do monstruoso. Uma é a exageração ou deformação dos traços de animalidade; a outra, a simbiose do bestial com o humano. Enquanto na primeira se põe em questão a escala de magnitude e simetria, na segunda avulta a noção de aberração e incongruência. As civilizações antigas conservavam, ainda que atenuado, aquele vínculo totêmico do homem com o animal e o vegetal a que estava tão afeito o pensamento chamado selvagem. Daí a animalização do humano não ter então o caráter aberrante que passou a ter para a sensibilidade cristã. Nesta, a nitidez da linha de demarcação entre o homem e o animal decorria da separação escatológica entre divino e demoníaco. Tanto que a simbologia zoológica deste último era bem mais copiosa do que a do outro, praticamente restrita ao cordeiro e ao pelicano. A extremada hegemonia do espiritual sobre o carnal na ética da Igreja tinha por si só o condão de demonizar o animalesco fazendo-o signo dos apetites e instintos mais baixos. Não era de estranhar portanto que a simbiose do bestial com o humano adquirisse de pronto o caráter de monstruoso.

O afrouxamento cada vez maior das coerções mais drásticas dessa ética ao longo da Idade Moderna deve certamente ter contribuído para o progressivo enfraquecimento do poder de choque do monstruoso. E o desgaste se acentuou grandemente no século XIX com a linha de ininterrupta continuidade estabelecida pelo evolucionismo darwinista na escala zoológica que vai da ameba ao homem. Huysmans não chega a tocar nisso; contenta-se em sugerir que o enfraquecimento adviria da circunstância de a "estrada dos monstros" ter sido demasiadamente trilhada desde então por artistas como Lochner, Schongauer, Bosch, os Brueghel, Callot, Goya, Ingres, Hokousai. Contudo, não se furta ele a reconhecer, algo contraditoriamente, que essa estrada é "ainda nova". E o reconhece para poder chegar ao ponto culminante de sua argumentação: o de mais engenhosa desta vez que o homem, a natureza ter criado os verdadeiros monstros, não nos 'animais de grande porte', mas no 'infinitamente pequeno', no mundo dos animálculos, dos infusórios e das larvas cujo supremo horror nos é revelado pelo microscópio". Entende que a "ideia do monstro", possivelmente nascida no espírito humano sob o influxo das visões das noites de pesadelo, jamais conseguiu igualar "a angústia e o pavor difundidos pelas pululações dessas tribos atrozes" do mundo microscópico.

Tudo isso serve apenas de prólogo ou nariz-de-cera para a parte principal do ensaio, que é chamar a atenção para a novidade da obra de Odilon Redon.

No entender do crítico, Redon era o único dos pintores da época que podia ser tido como um "apaixonado do fantástico". Só que, em vez de se confinar ao domínio tradicional das "feras exageradas dos velhos mestres", preferira explorar um domínio até então intocado pela arte: o dos "seres líquidos e fosforescentes, vesículas e bacilos, corpúsculos orlados de pelos, cápsulas providas de cílios, glândulas aquosas e felpudas [que] voam sem asas e se enredam nas tiras das triquinas e das tênias". Em meio "à fauna dos vermes filarídios [...], das colônias de parasitas", Redon fazia aparecer "subitamente a face humana". Huysmans não se esquece de sublinhar que, não obstante o caráter de novidade do fantástico microscópico de Redon, o *frisson* do monstruoso é mais uma vez alcançado pelo recurso aos "antigos conceitos" de casar o humano com o bestial para "criar de novo o monstro". Isso acontecia na série de litografias por ele feitas pra ilustrar *A Tentação de Santo Antão* de Flaubert e que foram publicadas em álbum entre 1888 e 1896.

Da primeira vez que li o ensaio de Huysmans, ocorreu-me aplicarem-se os argumentos nele invocados à poesia de Augusto dos Anjos sem necessidade de qualquer outro ajuste que não fosse transferi-los do campo das artes visuais para o da arte literária. Mais tarde, refletindo melhor no assunto, dei-me conta de que não se tratava de uma coincidência fortuita e sim de um parentesco espiritual que tinha a ver com um mesmo clima de época e com um mesmo gosto pelo fantástico e pelo onírico vistos da óptica do biológico; melhor dizendo: do microbiológico.

No tocante ao clima de época, há um óbvio atraso do poeta brasileiro em relação ao gravurista francês. Redon viveu, desde os anos setenta do século passado, um momento cultural que Augusto dos Anjos só iria viver vinte anos depois, naquele atraso típico do periférico em relação ao central. Nesse momento, para nos restringirmos à área da pintura, o realismo de Courbet e Manet abrira caminho para o impressionismo de Monet e Pissarro, para o pontilhismo de Seurat, para o "cloisonismo" de Gauguin e Van Gogh, para o simbolismo de Moreau e do próprio Redon, e para o decorativismo dos Nabis. Este último nos leva diretamente ao decorativismo da Arte Nova, entre cujos numes tutelares Renato Barilli não hesita em incluir o mesmo Redon: "nenhum outro pintor merece tanto ser incluído no Art Nouveau quanto Odilon Redon, um contemporâneo dos impressionistas que também se sentia atraído pela natureza [...] Mas a natureza que interessava Redon não era a das aparências superficiais e sim uma natureza mais profunda que ele examinava

IX. Transleituras: Ensaios de Interpretação Literária

como que ao microscópio [grifo meu], ouvindo-lhe cada pulsação: uma natureza de embriões, de sementes, do microcosmo"[2].

O trecho grifado, cujo teor concorda estritamente com as ideias de Huysmans há pouco citadas, requer um comentário. Não obstante as tendências irracionalistas que, principalmente pelo influxo da filosofia de Schopenhauer e Nietzsche, iriam marcar a atmosfera decadentista-simbolista do último quartel do século XIX, esse foi sobretudo um século cientificista. E, das ciências, iria ele privilegiar, como modelo epistemológico de sua reflexão sobre a vida o mundo, a biologia, não fossem os Oitocentos também, *et pour cause*, o século do evolucionismo. Ora, como, no domínio da biologia, a microbiologia iria então conhecer, com Pasteur e seus continuadores, um grande desenvolvimento, era natural que nela fossem Odilon Redon e Augusto dos Anjos buscar alguns dos motivos iterativos de suas respectivas artes.

Em outro lugar[3], para tentar explicar a novidade da poesia cemiterial de Augusto dos Anjos, que Anatol Rosenfeld já antes comparara ao expressionismo necroscópico de Gottfried Benn[4], procurei caracterizá-la como arte-novista. Não no sentido de perfilhar ostensivamente um programa de escola (nem se pode dizer que tivesse jamais existido uma escola literária arte-novista), mas no sentido de ter refletido as tendências de uma época cujo gosto do ornamentalismo encontrou sua expressão mais refinada no *art nouveau*. Refinada porque ali o ornamento não era um acréscimo arbitrário: era algo consubstancialmente ligado à essência da coisa ornada. Esta surgia como o fulcro do ornamento que, por sua vez, era uma espécie de emanação dela.

Na poesia de Augusto dos Anjos, o vocabulário científico-filosófico exerce uma função reconhecivelmente ornamental na medida em que serve para cunhar-lhe algumas das metáforas mais originais assim como para, com suas extravagantes sonoridades, enriquecer-lhe o estrato sonoro de aliterações e choques consonantais que configuram a música dissonante do *Eu*. Note-se, porém, que esse vocabulário está consubstancialmente ligado a uma visada não menos típica da arte do século XIX em geral e do *art nouveau* em particular, visada que Mario Praz chamou de *telescópico-microscópica*[5]. Como o próprio

---

2. Renato Barilli, *Art Nouveau*, trad. ingl. de R. Rudorff, London, Paul Harnlyn, 1969, p. 96.
3. José Paulo Paes, "Augusto dos Anjos e o *Art Nouveau*" in *Gregos & Baianos*, São Paulo, Brasiliense, 1985, pp. 81-92.
4. Anatol Rosenfeld, *Texto/Contexto*, São Paulo, Perspectiva, 1973, pp. 263-70.
5. Mario Praz, *Literatura e Artes Visuais*, trad. de J. P. Paes, São Paulo, Cultrix, 1982, pp. 168 e 182.

nome indica, tal visada articula organizadamente, num mesmo espaço de representação, o muito longe ao muito perto. Na poesia cosmogônica do *Eu*, a articulação se faz, reiteradamente, entre o reino infinitamente pequeno do germe e do átomo e o reino infinitamente grande do espaço cósmico, mediado, sempre pela figura humana, as mais das vezes a do próprio poeta anunciada desde o título do livro. Não é de surpreender a dualidade microscópico-telescópica nesse confesso discípulo do monismo de Buechner e Haeckel. Em *Os Enigmas do Universo*, o mais popular dos seus livros, Haeckel ia da microbiologia à astronomia em busca de um suposto álibi científico para as suas elucubrações filosóficas, que temerariamente se propunham a converter numa ontologia a teoria evolucionista de Darwin, para susto do próprio Darwin e para reconforto dos "autodidatas de espírito ousado e de precária formação histórico-filosófica [mas] curiosos e sôfregos de respostas definitivas"[6], como era o caso do nosso Augusto dos Anjos.

Antes, porém, de discutir a pertinência da visada microscópica para a figuração do monstruoso nos poemas do *Eu*, é conveniente considerar outras figurações mais tradicionais dele que ali compareçam. Como a do cemitério assombrado, ligada amiúde ao motivo da necrofagia e da necrofilia: a seção VIII de "Os Doentes", os defuntos oferecem ao poeta carne apodrecida e roída pelos vermes; no "Poema Negro", o mesmo poeta arranca os cadáveres das lousas para examinar-lhes as partes podres. Mas o cemiterial não se confina, no *Eu*, à necrópole propriamente dita, mas dela extravasa para contaminar toda a paisagem urbana, à guisa de uma *imago mundi* obsessiva. As suas figurações se fazem sempre acompanhar de sensações de asco às quais não falta um certo paradoxal comprazimento nele. Em "As Cismas do Destino", de uma ponte de Recife, o poeta tem uma visão da "falta de unidade da matéria" através de um desfile de imagens alucinatórias: fetos a estender-lhe as mãos rudimentares, uma criança de estômago esfaqueado, um pedaço de víscera escarlate, a hemoptise dos tísicos a lhe encher a boca, os bêbados a vomitarem gosmas amarelas, os olhos de defuntos a perseguirem-no com suas escleróticas esverdeadas.

Voltando agora às duas características de base que deduzimos do exemplário de Huysmans, aqui também a monstruosidade dessas figurações, típicas

---

6. *Apud* João Cruz Costa, *Contribuição à História das Ideias no Brasil*, Rio de Janeiro, José Olympio, 1956, p. 302.

de quem se intitulava "o poeta do hediondo" e se acreditava nascido para "cantar de preferência o Horrível", decorre da escala de sua magnitude e de sua aberração. A insistência nelas, obsessiva a ponto de as converter, insista-se, em *imago mundi*, funciona como uma espécie de lente de aumento que lhes monumentaliza as proporções e as retira da esfera da normalidade, de que são uma componente natural na medida em que se mantenham no terreno daquilo que, por desagradável ou chocante, só se menciona quando indispensável, e assim mesmo com a maior discrição. A par disso, a simbiose do asco com o comprazimento, nos versos do *Eu*, aponta enfaticamente para o caráter aberratório de tal confusão de sentimentos. Todavia, a despeito do teor de originalidade e do vigor expressivo dessas figurações do hediondo, nascidas todas sob o signo paradoxal do asco comprazido, remontam elas reconhecivelmente à estética da *charogne* e do paradoxo contestatório em que exceleu a arte de Baudelaire, cuja influência sobre a de Augusto dos Anjos foi desde sempre admitida.

Se a monstruosidade envolve por definição uma magnificação de traços – donde a "grandeza desmedida" ou a "conformação extravagante" de que falam os verbetes de dicionário ao conceituá-la –, pareceria haver algo de paradoxal no intento de figurá-la pela pequenez dos corpúsculos, dos vermes ou das larvas, como o faz Redon, e a visada microscópica do germe ou bactéria, tão iterativa na imagética do *Eu*, leva a seu ponto mais extremo. Sem dissipar-se de todo, o paradoxo atenua-se grandemente, porém, quando se tem em mente ser a visada microscópica também magnificadora na medida em que põe ao alcance da visão humana aquilo que, por diminuto demais, ela não consegue enxergar quando desajudada de instrumentos. A par disso, a enorme velocidade de proliferação dos microrganismos como que lhes agiganta, compensativamente, a pequenez. Por isso tudo, tal visada microscópica tem, homorganicamente, tanto poder aumentativo quanto aquela ênfase retórica, de índole predominantemente visual e táctil, que, malgrado suas impregnações simbolistas, a poesia de Augusto dos Anjos herdou do parnasianismo.

A noção de magnificação implícita no conceito de microscopia é no entanto remota demais para afiançar por si só o poder de impacto de uma pequenez monstruosa. Tal poder lhe viria antes de outra característica estrutural – a de irmanar o bestial ao humano, como no exemplário de monstros tradicionais arrolado por Huysmans. Nem por ser microscopicamente diminuto deixa o microrganismo de ser bestial, um qualificativo no qual se entrecruzam os eixos semânticos do não humano e do ameaçador. Na poesia necrofílica de Augusto dos Anjos o poder de impacto desses dois eixos é potencializado pela introjeção; o bestial que nos ameaça está *dentro* de nós. É a "bacteriologia inventariante" que no "Monólogo de uma Sombra" oficia o apodrecimento do corpo. É o "quimiotropismo erótico" dos micróbios a rondarem o organismo canceroso de "Os Doentes". Dentro de nós se abriga, insidiosa e terrível, a mesma fauna larvar ou microscópica que formiga no estrume – o sarcode, o vibrião, o colpode e outros irmãos da ameba arrolados em "Noite de um Visionário" –, com o que se confirma o indestrutível vínculo genésico entre o homem e o barro em que foi afeiçoado pelo Demiurgo no mítico dia ou noite da Criação.

Esta alusão, que pode parecer descabida no caso de um poeta ortodoxamente cientificista como Augusto dos Anjos, é todavia pertinente. Por sob o seu cientificismo à século XIX, cuja terminologia pedante ele soube transfundir numa dicção poética surpreendentemente nova, há pulsões mítico-religiosas. Em outra parte, tive ocasião de estudar, a propósito do que chamei de evolucionismo às avessas, a figura do Cristo evolucionário[7] que, no *Eu*, sofre a paixão dos seres rudimentares e das forças indiferenciadas do universo. Na introjeção da bestialidade microscópica a que acabamos de fazer referência não é difícil tampouco perceber antecedentes religiosos. Assim como Huysmans pôde, a despeito da "estrutura tão moderna" das figurações larvares de Odilon Redon, fazê-las remontar à simbólica religiosa do Medievo, não será despropositado vermos nas figurações microbiológicas do *Eu* um avatar cientificista da possessão por íncubos e súcubos com que aquela época dita das trevas se comprazia em representar a humana fragilidade ante as aporias do bem e do mal, da perdição ou da salvação.

Com atualizar a força de impacto do monstruoso no limiar da Modernidade, artistas como Odilon Redon e Augusto dos Anjos consorciaram mais uma vez o histórico ao mítico. Pois, na infinita variedade de suas manifestações, a arte não tem feito senão reelaborar, sem jamais lhe esgotar o poder de sedução, um mesmo repertório de arquétipos míticos no qual a condição humana se espelha na sua essencialidade.

---

7. "Augusto dos Anjos: o Evolucionismo às avessas", *Novos Estudos* n. 33, São Paulo, Cebrap, jul. 1992.

A Rosa Mais que Rosa
(Religiosidade e Erotismo numa Valsa de Pixinguinha)[*]

A rosa de que se vai aqui falar não é a rosa tautológica de Gertrude Stein que, por sê-la tão *ad nauseam*, fez por merecer o castigo de se ter convertido em lugar-comum. Ao contrário dela, a *Rosa* de Pixinguinha, rosa-flor e rosa-mulher como as de Caymmi, ascendeu, por via dessa duplicidade, ao privilégio de ser também uma outra coisa de que o leitor será informado a tempo e hora se tiver a paciência de nos acompanhar até o fim.

Salvo melhor juízo, Pixinguinha foi, além do autor da melodia, o responsável pela letra dessa valsa que a voz de Orlando Silva espalhou pelos céus do Brasil na época das chamadas ondas hertzianas. Isso é o que, com ceticismo embora, se pode deduzir da regravação lançada em 1970 pela Abril na sua série Música Popular Brasileira e feita sobre a matriz da gravação original RCA, n. 23 181, de 2 de maio de 1937. No fascículo apenso ao disco, o qual inclui outras composições de Pixinguinha, todas de parceria com letristas devidamente identificados, ele é dado como o único autor de "Rosa", cuja primeira gravação, informa o mesmo fascículo, remonta a 1917 e ostenta o selo da Casa Édison. Mas, deixando de parte o intricado problema da autoria, vale mais a pena é recordar a letra da valsa antológica:

> Tu és/ divina e graciosa/ estátua majestosa/
> do amor/ por Deus esculturada/ e formada com o ardor/
> da alma da mais linda flor/ de mais ativo olor/
> que na vida/ é preferida pelo beija-flor./
>
> Se Deus/ me fora tão clemente/ aqui neste ambiente/
> de luz,/ formado de uma tela/ deslumbrante e bela,/

---

[*] Publicado originariamente no suplemento literário *Minas Gerais*, Belo Horizonte, a 13 de julho de 1985.

o teu coração,/ junto ao meu lanceado/
pregado e crucificado/ sobre a rósea cruz/
do arfante peito teu./

Tu és/ a forma ideal,/ estátua magistral/
ou alma perenal/ do meu primeiro amor,/
sublime amor./ Tu és de Deus a soberana flor./

Tu és/ de Deus a criação/ que em todo coração/
sepultas o amor,/ o riso, a fé e a dor/
em sândalos olentes/ cheios de sabor,/
em vozes tão dolentes/ como um sonho em flor./

És láctea estrela,/ és mãe da realeza,/
és tudo enfim que tem de belo/ em todo o resplendor/
da santa natureza./ Perdão/ se ouso confessar-te/
eu hei de sempre amar-te./

Oh flor,/ meu peito não resiste./ Oh, meu Deus, quanto é triste/
a incerteza de um amor/ que mais me faz penar/
e esperar/ em conduzir-te um dia ao pé do altar./

Jurar/ aos pés do Onipotente/ em prece comovente/
de dor/ e receber a unção/ da tua gratidão./
Depois de remir meus desejos,/ em nuvens de beijos/
hei de te envolver/ até meu padecer/ de todo fenecer.

O que salta à vista e ao ouvido nessa versalhada é o pernosticismo da sua
linguagem, patente no vocabulário precioso ("esculturada", "olor", "lancea-
do", "perenal", "alentes") tanto quanto num incoercível gosto da hipérbole,
a que se deve a escolha de adjetivos como "majestosa", "deslumbrante", "ma-
gistral", "sublime", "soberano", "realeza", "resplendor". Nisto, os supostos
versos de Pixinguinha mostram sua dívida para com a moda de um tempo
em que Catulo da Paixão Cearense e Cândido das Neves, para gáudio dos
imortais da Academia Brasileira de Letras, prolongavam século adentro, no
terreno da canção popular, as incontinências do Romantismo. Depois deles,

IX. Transleituras: Ensaios de Interpretação Literária

Vicente Celestino iria levá-las ainda mais longe, desta vez para gáudio dos tropicalistas, que fizeram de *Coração Materno* um monumento do *Kitsch* lítero-musical. E é precisamente graças à sua generosa dosagem de *Kitsch* que a letra de *Rosa*, passados tantos anos e tantas modas, não perdeu de todo o seu encanto, realçado pela melodia inesquecível.

Outra verificação que de imediato se impõe à leitura dessa letra é a repetida interseção, nela, de dois eixos semânticos – o do divino e o do natural. O primeiro dá sinal de si nas nada menos de seis ocorrências da palavra "Deus", reforçada por termos correlatos como "Onipotente", "divina", "cruz", "crucificado", "santa", "altar" e "preces". Quanto ao eixo do natural, centra-se a rigor naquela referência à "santa natureza" do final da segunda parte, muito embora a referência tivesse sido precedida de alusões a "flor", "beija-flor", "sândalos", "estrela", e a sabor e perfume, ou seja, a seres e sensações que, por físicos, pertencem ao mesmo campo semântico. Mas o caráter centralizante da referência à "santa natureza" decorre principalmente de ali se intersecionarem às claras o eixo do divino e do natural. A interseção tem como *locus* a mulher que dá nome à valsa, nome cujas virtualidades metafóricas lhe são desenvolvidas na letra. O letrista faz da Rosa-rosa uma criação direta das mãos de Deus, a quem reintegra assim no seu antigo ofício de escultor do barro humano; fá-la inclusive uma "forma ideal" platônica em que se compendiam todas as galas da Natureza. Nem era preciso dizer que semelhante divinização da mulher remonta diretamente ao Romantismo de que os versos de *Rosa* frequentaram o arsenal de hipérboles. Por sua vez, nostálgicos da Idade Média, os românticos a imitaram do *dolce stil nuovo* de Dante e Petrarca, que se ocupava em fazer "do amor um meio de elevação espiritual e da mulher amada uma criatura celestial"[1]. O "doce estilo novo" extremou, como se sabe, o idealismo do amor cavaleiresco celebrado pelos trovadores da Provença e apontado por Engels como "a primeira forma histórica de amor sexual". O mesmo Engels não se esqueceu de acentuar que o idealismo do amor cortês jamais o impediu de marchar "a todo pano para o adultério"[2].

Para cabal entendimento do processo de divinização ou "elevação espiritual da mulher amada" tão bem ilustrado nos versos de *Rosa*, pode-se recorrer

1. Attilio Mornigliano, *História da Literatura Italiana, das Origens até os Nossos Dias*, trad. L. Washington e A. d'Elia, São Paulo, Instituto Progresso Editorial, 1948, p. 19.
2. Friedrich Engels, *A Origem da Família, da Propriedade Privada e do Estado*, trad. M. Rangel, Rio de Janeiro, Liv. Incahuasi, 1945, pp. 88-9.

com vantagem ao esquema arquetípico ou simbólico do número quatro desenvolvido por Jung na sua análise do dogma da Trindade. A tríade teológica Pai, Filho e Espírito Santo se completa, na interpretação junguiana, com um quarto termo, o Diabo, que, ainda que nela escamoteado, está virtualmente presente no maniqueísmo de base da consciência/inconsciência cristão-ocidental, sempre às voltas com o problema da culpa e do pecado. Em *Antropologia do Cinema*, lembra Massimo Canevacci que Jung faz uma leitura psicanalítica desses quatro termos, identificando o Pai ao Super-ego, ao poder em geral, à "potência genital que dá viela à sucessão elas gerações"; o Filho ao "Ego ou herói" que aspira a suceder o Pai; o Diabo à "zona [...] incontrolada [...] e rebelde do inconsciente", intimamente ligada ao princípio do prazer; e o Espírito Santo ao "elemento feminino irracional e irrefletido, a fenomenologia da natureza". É importante notar que o aparecimento da mulher como Espírito, e não como "Mãe", na trindade teológica, onde se reflete distorcidamente a estrutura elementar da família, deve-se à condenação, pela Igreja, "da sexualidade enquanto tal, do princípio do prazer, que terminou por se concentrar apenas no corpo da mulher", pelo que "a 'fêmea' eleva-se a símbolo da 'natureza' e de *'diabolus'* para sofrer a condenação de toda uma civilização"[3].

Após esta sumaríssima incursão aos primórdios trovadoresco-românticos do processo de divinização da mulher e aos seus bastidores teológico-psicanalíticos, estamos mais bem aparelhados para deslindar os nexos metafóricos entre a rosa-flor e a Rosa-mulher propostos na letra da velha valsa de Pixinguinha. Não é difícil localizar ali as figuras teologais do esquema de Jung. O Pai é obviamente Deus, cujo nome o letrista invoca tão amiúde e a cujos pés o enamorado de Rosa promete ir-se prostrar para, feito o juramento matrimonial, poder enfim saciar ou remir os seus desejos. O enamorado, que é a voz do próprio poeta a falar na primeira pessoa, corresponde à figura do Filho-Cristo, identificação abertamente proclamada nos versos em que se descreve a si mesmo "pregado e crucificado" como o Outro, só que, bem mais confortavelmente, sobre a "rósea cruz" do "arfante peito" da mulher amada. Esta, entretanto, que no esquema arquetípico de Jung surge dessexualizada e sublimada em Espírito, vai-se sexualizar de novo, obliquamente embora, na medida em que, nos versos de "Rosa", é identificada à própria Natureza.

---

3. Massimo Canevacci, *Antropologia do Cinema, do Mito à Indústria Cultural*, trad. de N. Coutinho, São Paulo, Brasiliense, 1984, pp. 54-7.

A obliquidade decorre, no caso, de a Natureza ser apresentada não como exterior ao Criador, uma alienação dele, e sim como seu prolongamento santificado, livre, portanto, da mancha do pecado original. Tal *naturalização* da mulher ressalta na ênfase dada à sua palpabilidade de estátua mais do que à sua impalpabilidade de Espírito, "alma perenal". E a ocorrência de palavras como "desejos" e "beijos" no final da letra, ali sublinhadas pela rima, denuncia o caráter sexualizador do símile estatuário.

É à luz desse disfarçado empenho de sexualização que se pode chegar ao âmago do nexo metafórico entre flor e mulher em *Rosa*. Atente-se, primeiramente, no cheiro intenso, o "mais ativo olor", para o qual é chamada a nossa atenção e que rima logo a seguir com "ardor" a latejar na "alma" ou recesso da flor. Esse "ativo olor", enfatiza-o a rima reiterativa, tem por função atrair o "beija-flor", figuração do enamorado, assim como a flor o é da amada. Mas a metáfora avícola não é destituída de implicações, sem dificuldade vindas à tona quando se recorda o longo bico do beija-flor ou pica-flor introduzido até o recesso da rosa para sugar-lhe o néctar. Com a sua malícia barroca, Gregório de Matos já explicitara no século XVII quais podiam ser essas implicações ao responder, a uma freira que o havia chamado de pica-flor devido à sua "delgada fisionomia", numa décima cujos primeiros versos diziam: "Se Pica-Flor me chamais,/ Pica-Flor aceito ser,/ mas resta agora saber,/ se no nome que me dais/ meteis a flor que guardais,/ no passarinho melhor!"[4].

Nesta ordem de ideias, ganha também outro sentido a "nuvem de beijos" em que, para remir seus desejos, o enamorado, uma vez munido do passaporte matrimonial, ameaça envolver a amada até o seu, dele, "padecer de todo fenecer". Ao fenecimento desse padecer, que se percebe ser de ordem mais glandular do que sentimental, é que está consagrada, pelo menos em tese, a instituição da lua-de-mel, quadra ou interlúdio por excelência da colheita do néctar, para levar avante a linguagem floral. E se o paciente leitor que nos acompanhou até aqui se der agora ao trabalho de completar, com os atributos de olor ativo, íntimo ardor e néctar tão avidamente buscado pelo beija-flor, as sugestões anatômicas das pétalas maiores e menores a lhe ocultarem a entrada ao róseo recesso, alcançará enfim compreender a que rosa mais que rosa quis o letrista da valsa referir-se, ao fim e ao cabo. Não estranhem, ao dito leitor, os

---

4. *Obras Completas de Gregório de Matos, Crônica do Viver Baiano Seiscentista*, ed. org. por James Amado, Salvador, Ed. Janaína, 1969, vol. 4, p. 854.

rodeios de expressão e os despistamentos religiosos de que aquele se valeu para sorrateiramente acercar-se do verdadeiro e resguardado alvo dos seus desejos. São um tributo necessariamente pago ao pudor (ou hipocrisia) de tempos em que o eufemismo enriquecia de tantos substitutos metafóricos o inconsciente da linguagem, duplo simétrico do da psique humana. É certamente a esse inconsciente verbal, mais do que à lúcida deliberação do autor deles – Pixinguinha ou outrem de quem ele fez as vezes –, que o *Kitsch* dos versos de "Rosa" deve o seu *after-taste*, o nostálgico sabor do quase interdito que a permissividade impaciente dos nossos dias já não tem mais a pachorra de apreciar.

A Trova como Embuste
(Sobre a Poesia de Jorge Cooper)*

Acompanhado de uma carta amargurada do poeta Marcos de Farias Costa, recebi há tempos, de Maceió, um exemplar de *A Solidão que Soma* (1990), coletânea de poemas inéditos de Jorge Cooper. A edição fora promovida por um grupo de amigos deste em seguimento a *Sonho pelo Avesso*, coletânea anterior saída em 1986 da qual, infelizmente, não cheguei a ter vistas. Na sua carta, Marcos de Farias Costa deplorava o desconhecimento em que "um lírico do porte de Jorge Cooper continua no Brasil", contrapondo tal desconhecimento ao generalizado prestígio do "outro Jorge, o de Lima", alagoano como Cooper e seu amigo, ao que informa um dos escólios que acompanham os poemas reunidos em *A Solidão que Soma*. O tom enfático desses escólios – todos testemunhos de admiração de pessoas que conviveram com o poeta nos seus últimos anos de vida em Maceió – dá a perceber ter sido ele uma figura humana cativante, da qual a sua lírica, por bem mais reflexiva do que propriamente confessional, só nos consente porém um longínquo vislumbre. Faltam outrossim, nos escólios de *A Solidão que Soma*, as informações de ordem biográfica que possivelmente constavam da coletânea anterior, no posfácio escrito pelo filho do poeta. Os poucos dados esparsos nesses escólios só nos dão a saber que Jorge Cooper era de ascendência "alago-angla", que morou no Rio de Janeiro, que voltou para Maceió lá por 1980 e que não publicou nenhum livro anteriormente.

Ao primeiro contato com a poesia de Cooper, o leitor mais sensível não poderá deixar de se sentir grato aos amigos do poeta por a terem salvado de um injusto ineditismo, nem de lamentar que, por falta de melhor distribuição, a edição ficasse fora do alcance da maioria dos aficionados de poesia, os quais, se não chegam ainda a constituir legião em nosso país, já formam um

---

* Publicado originariamente no suplemento "Cultura" de *O Estado de S. Paulo* em 5 de janeiro de 1991.

público digno do interesse dos editores menos rotineiros. Para tal público, havia de ser no mínimo curioso comparar a concisão epigramática, a condensação expressiva, a unidade de registro e a pouquidade numérica da obra de Jorge Cooper com a vastidão, a exuberância, a variedade e a copiosidade do outro Jorge também alagoano, o Jorge de Lima regionalista de *Poemas Negros*, surrealista-católico de *Anunciação e Encontro de Miraceli*, camerístico de *Livro de Sonetos*, épico-lírico de *Invenção de Orfeu*. Uma comparação que tal tem evidentemente apenas utilidade hermenêutica, dela ficando logo excluída, por absurda, qualquer preocupação de ordem judicativa. Mesmo porque Jorge Cooper e Jorge de Lima pertencem a "famílias" espirituais — se é lícito ainda usar o hoje antiquado critério de diferenciação de Sainte-Beuve — muito diversas, tanto no que respeita ao tipo de expressão, a de um contida, a do outro exuberante, quanto de visão de mundo, um cético confesso, o outro crente não menos confesso.

Se fosse mister apontar, como melhor termo de comparação, um poeta mais congenial de Cooper, eu pensaria antes no Fernando Pessoa ortônimo. Não o de *Mensagem* nem o de "Chuva Oblíqua", mas o das peças líricas breves, amiúde sem título, onde a sutileza de uma inteligência desconfiada de si e do mundo vivifica, pelo oximoro sistemático ("o que em mim sente 'stá pensando"), as rimas sem surpresa da trova popular. Também na poesia de Cooper esses ingredientes de base — desconfiança ou ceticismo patente, oximoro ou paradoxo sistemático, simpleza e brevidade troveira — se combinam numa "metalírica" (a expressão é de Marcos de Farias Costa) que, congenial embora da de Pessoa, nada tem de imitativa dela. Muitas das metaliras de Cooper intitulam-se simplesmente "Poema", o que é quase não ter título. Constam, as mais das vezes, de duas ou três estrofes de poucos versos curtos, de duas a dez sílabas, feitos das palavras mais comuns (o "menecma" do primeiro poema da coletânea é a exceção confirmadora da regra), em boa parte pertencentes ao campo semântico ou do tempo e da duração, ou da duplicidade e da reflexividade. Palavras portanto mais de quem pensa e avalia *a posteriori* do que de quem veja e sinta *in fieri*. A despeito do viés reflexivo, a essencialidade lírica lhes é garantida pela constância do eu e suas vivências próprias como ponto de ida e volta das incursões "filosofantes" — as aspas servindo aqui para lembrar que a reflexão lírica não se avém com princípios abstratos cuja coerência pretendesse demonstrar, mas com experiências pessoais de que busca extrair a quintessência significativa.

A metalírica de Cooper leva avante, nisto, uma linha secundária, mas nem por isso menos importante, da tradição poética do nosso idioma, linha que, vindo do Camões de "Sôbolos Rios", passa pelo Pessoa orto- e heteronímico para chegar ao Drummond de "A Máquina do Mundo". Se para mais não fosse, ela serve para contrabalançar, na sua contida sobriedade, as incontinências da linha principal, a do nosso confessionalismo mais epidérmico, onde "amor" rima necessariamente com "dor" ou com "flor". Desse lirismo pegajosamente *cantabile*, Cooper parece querer se esquivar pela discrição com que usa a rima ostensiva, preferindo-lhe de hábito a assonância quando se trate de confirmar a ligação de sentido entre versos, e pela raridade com que se compraz nas metáforas de impacto, como em "Lá em cima/ a lua/ como um dente de alho", que bem vale, na moeda do humor, o que valia a *faucille* hugoana na do a-sério.

A discreta amarração assonante, somando-se à desafetação de léxico, é quanto basta para dar à metalírica de Cooper um ar enganadoramente simplório de trova. O embuste funciona, no caso, como uma estratégia retórica: ao descobrir as sutilezas que se podem esconder por trás dessa aparente simplicidade, o leitor fica agradavelmente surpreendido de ter comprado lebre por gato. Um poema como "Esquecimento" dá uma boa medida das características de base da dicção de Cooper:

Morto
o homem é de pronto
relegado ao esquecimento

Comigo
dá-se o contrário
É que me antecipo ao esquecimento
alheio

— Que minha memória se esvazia
de momento a momento
E eu próprio estou a me fechar a porta
Antes do tempo

Note-se, preliminarmente, que a ausência de pontuação não se deve a nenhum prurido modernoso, mas a um senso de economia: a divisão do discurso em versos dispensa o uso de vírgula ou ponto e vírgula, assim como a maiúscula de abertura de um verso já põe um ponto final implícito no que o precede; além disso, o travessão com que começa a estrofe terceira faz as vezes de um "É" cuja repetição evita. Mas note-se sobretudo como a assonância dos êê em "alheio", "tempo", "esquecimento" e "momento" tem mais pertinência semântica do que a rima ostensiva entre estes dois últimos termos.

Embora se possa eventualmente resumir num lema do tipo "esqueço-me antes que os outros me esqueçam" o sentido geral do poema, tal resumo não bastaria para dar conta da finura com que ele se articula. Isso porque a articulação se processa por meio de uma falsa oposição ou antítese centrada no adjetivo "contrário". O esquecimento de si próprio ainda em vida, pelo gradual e voluntário apagamento da memória do vivido, não evitará, *post-mortem*, o esquecimento do morto pelos outros: simplesmente o confirmará por antecipação, donde "contrário" ter aqui o significado paradoxal de corroboração, mais que de inversão ou negação. Mas uma corroboração em si mesma paradoxal: se eu me esqueço de mim mesmo antes que os outros me esqueçam, então estou sendo eles por antecipação, em vez de ser eu próprio: o eu é antes consciência que esquecimento. Além disso, se me esqueço de mim ainda em vida, é porque me considero morto, pois só aos mortos se esquece: os vivos aí estão a impor a sua presença. Donde sermos implicitamente obrigados a complementar com outros lemas, tipo "eu é os outros" ou "vida como morte para si", o lema inicial, num jogo de espelhamentos sucessivos, típico daquela abertura ou funil às avessas em que culmina a semântica de um poema digno do nome.

No caso da metalírica de Cooper, o ceticismo ou desconfiança de si e do mundo que lhe afeiçoa as concreções desemboca quase sempre num niilismo em que não há amargura, salvo como ressaibo de uma implacável lucidez. Uma lucidez por assim dizer dialética para a qual a síntese a que levam suas antíteses é sempre o nada. Isso está dito lapidarmente em

O NADA

O nada
é o que resulta da luz
quando se apaga

O sal deste haicai não canônico está todo naquele "resulta" que lhe ocupa o próprio centro. Por conglobar o valor dos fatores de uma operação, o resultado é da mesma natureza deles, à qual natureza serve de expressão final. Ora, se o resultado da luz é nada, então ela é da natureza dele e não se distingue substancialmente, pois, da trova originária a que supostamente se contrapunha.

Esta dialética da síntese zero, campo de força subjacente a todas as agudezas conceptuais da metalírica de Jorge Cooper, é claramente discernível na maioria dos 34 poemas de *A Solidão que Soma* – título que, depois do que acaba de ser dito, adquire uma conotação irônica. O tempo, um dos *Leitmotive* do livro, ali se afirma como o próprio curso progressivo da nadificação. À síntese conduz de igual modo uma dialética da duplicação e da reflexividade, outro dos seus *Leitmotive*: a soma do reflexo e da coisa refletida também é nula:

Um dia
entendi de ser ator
e passei a me fingir
de mim

Só que não deu
o resultado esperado
– Vi-me mais só
ator de mim

É de se esperar que as poucas citações até aqui feitas e os breves comentários com que se procurou traçar-lhes as conexões significativas com o *corpus* de onde foram tiradas tenham bastado para mostrar a impressionante coerência do projeto de Jorge Cooper. A coerência, como se sabe, nunca foi virtude da impulsão lírica, que prefere antes ser fiel às incoerências da passionalidade. Por isso, ao avultar na metalírica de Cooper, ela serve superlativamente para justificar o "meta-" que a prefixa, sinal de superação do prefixado por si próprio. O autor de *A Solidão que Soma* pertence ao grupo dos poucos que – "o que em mim sente 'stá pensando" – souberam, por via de uma longa guerra travada no sigilo de suas personalidades criadoras, separar o grama de ouro da tonelada de minério em que o confessionalismo costuma, sem pejo, deixá-lo perdido.

Pode-se ver, na circunstância de só recentemente ser dado ao leitor pesar na sua balança os quilates da lavra de Cooper, o melhor paradoxo da vida e da arte dele, que nisso coincidiram simetricamente. O mesmo poeta que ao longo de sua vida não se empenhou em impor sua presença no palco do *merchandising* literário porque desdenhava ser ator de si mesmo, começa agora a tornar-se um morto incomodamente inesquecível.

A Semana e o Mito
(22 como a Última Fronteira da Modernidade)*

Desde o momento em que se institucionalizou como acontecimento fundador por excelência, a Semana de Arte Moderna transitou do domínio da História para o domínio do mito. A aura de culto e celebração que daí por diante passou a envolvê-la adensou-se compreensivelmente por ocasião das comemorações do seu primeiro cinquentenário, quando seus chefes de fila receberam um emolduramento por assim dizer hagiológico. Era mais uma instância daquele processo de compensação que o tempo se encarrega de estabelecer no plano dos valores, ao fazer com que as vaias de outrora se convertam nos aplausos de agora para que o novo, institucionalizando-se, possa deixar o caminho livre a algum outro novo que o queira eventualmente substituir.

O cultual e o celebratório são, como ninguém ignora, consubstanciais ao mito. Têm por função atualizar simbolicamente o acontecimento originário para integrá-lo à vida histórica sob a forma e recorrência: o que foi uma vez, será sempre. Donde impor-se naturalmente a pergunta: que é que o mito da Semana de Arte Moderna busca atualizar recorrentemente? As duas respostas possíveis à questão foram dadas ambas por Mário de Andrade em "O Movimento Modernista" quando ali se referiu, de um lado, à "estabilização de uma consciência criadora nacional" e, de outro, ao "direito à pesquisa estética e de atualização universal da criação artística"[1] como duas das conquistas básicas do movimento. Tais palavras, escritas em 1942, dão testemunho de, a essa altura, já ter-se firmado o Modernismo numa hegemonia indiscutível e indiscutida. Tanto assim que seus antigos chefes de fila podiam dar-se ao luxo de assumir, em relação a ele, uma postura autocrítica que em nada lhe abalava a solidez. Às palavras do Mário de Andrade de "O Movimento Modernista"

---

*   Publicado originariamente no suplemento "Letras" da *Folha de S.Paulo* de 8 de dezembro de 1992.
1. Mário de Andrade, O *Movimento Modernista*, Rio de Janeiro, Casa do Estudante do Brasil, 1942, p. 45.

faziam eco as do Oswald de Andrade de "O Caminho Percorrido" (1944)[2]. É significativo que ambos esses textos sejam conferências públicas proferidas por seus autores numa espécie de ato de contrição por sob cujo tom autocrítico reponta não obstante uma compreensível nota de autossatisfação.

Voltando agora às duas respostas de Mário de Andrade: embora palavras como "estabilização" e "pesquisa" não sejam antitéticas em sentido estrito, são-no em sentido lato na medida em que recobrem dois impulsos divergentes a que poderíamos chamar centrífugo e centrípeto, respectivamente. Em "estabilização" há uma conotação de comprazimento com o já-feito que, se não leva propriamente à inércia, torna menos urgente a ânsia de busca, a qual salta à vista numa palavra como "pesquisa", onde a conotação é antes de insatisfação com o conseguido. Era esse o sentimento dominante entre os modernistas de 22 no começo de sua jornada histórica contra o passadismo. Mas, uma vez vitorioso *urbi et orbi* o movimento por eles iniciado, sua ânsia de busca de novos caminhos, sem se apagar de todo, diminui consideravelmente de intensidade; já que o momento era antes de consolidar o já alcançado. Daí o seu impulso centrífugo de afastamento do olho ou centro do furacão destrutivo ("o nosso sentido era especificamente destruidor", diz Mário de Andrade de si e dos seus companheiros de 22)[3]. O afastamento pôde inclusive chegar às raias do *mea culpa:* "Eu creio que os modernistas da Semana de Arte Moderna não devemos servir de exemplo a ninguém"[4], proclama o mesmo Mário; menos enfaticamente diz Oswald: "Se me perguntarem o que é *Pau--Brasil* eu não vos indicarei o meu livro, paradigma de 1925, mas vos mostrarei os poetas que o superaram — Carlos Drummond de Andrade, Murilo Mendes, Ascenso Ferreira, Sérgio Milliet e Jorge de Lima"[5].

Esses dois polos, o centrífugo ou polo da estabilização e o centrípeto ou polo da experimentação, irão imantar definitivamente a tradição modernista menos como um momento histórico de fronteiras definidas do que como um mítico campo de força ainda atuante, sempre aberto ao por-vir. Para um ou outro dos polos se orientarão os submovimentos que sobrevieram dentro do campo de força. Os teóricos da chamada Geração de 45, por exemplo, optarão por colocar-se ostensivamente sob o signo da estabilização ao manifestar

2. Oswald de Andrade, *Ponta de Lança*, São Paulo, Martins, s. d., pp. 117-30.
3. Mário de Andrade, *O Movimento Modernista*, p. 41.
4. *Idem*, p. 79.
5. Oswald de Andrade, *Ponta de Lança*, p. 120.

seu desgosto do poema-piada e, nos antípodas do plebeísmo da escrita de 22-28, ao fazer da "nobreza" da forma o seu cavalo de batalha, inclusive ressuscitando o culto do soneto. Nisso, aliás, eles apenas atualizavam aqui uma tendência que lá fora parecia ser típica do imediato pós-guerra, cuja ânsia de ordem, ao cabo de tanta destruição guerreira, tal tendência refletia no plano da literatura. Basta pensar na defesa da rima e do verso regular feita por Aragon no prefácio de *Le Crève-coeur*, em 1942, ou naquela "silent generation" a que se refere Louis Simpson[6] quando agrupa os poetas norte-americanos que começaram a aparecer em fins da década de 40 sob o signo comum da "elegância" de seus versos, de sua preferência pelas "formas mais estritas" de versificação, e de sua tentativa de restaurar a ordem do mundo dentro do espaço simbólico do poema.

Já as preocupações dominantes entre os teóricos da Poesia Concreta, voltados que estavam para o inovador e o experimental, iam em sentido contrário. Não importa saber se nisso paralelizavam o desenvolvimentismo tecnológico do governo Kubitschek, como inculca um sociologismo meio simplório. O que importa é que, ao traçar sua ascendência histórica, a Poesia Concreta privilegiou necessariamente o lado-pesquisa do Modernismo, encarecendo-lhe sobretudo o impulso experimentalista dos seus primórdios, em contraposição ao ulterior lado-estabilização, privilegiado pela Geração de 45. Daí a revalorização, pelos teóricos concretos, da prosa e da poesia de ruptura de Oswald de Andrade.

Todavia, para a perspectiva que aqui nos interessa – a do processo de mitificação da Semana de Arte Moderna –, contam menos as divergências programáticas entre a Geração de 45 e o Concretismo do que a circunstância de ambos se reportarem ao Modernismo como horizonte de referência comum. Aliás, não é demais lembrar que Neomodemismo foi o rótulo proposto por Tristão de Ataíde para caracterizar periodologicamente a Geração de 45, assim como hoje se fala correntemente de Pós-Moderno para caracterizar, com mais do que discutível propriedade, certas tendências atuais no campo da literatura e de outras artes. "Neo", tanto quanto "pós", são no caso prefixos por assim dizer eufêmicos que simplesmente confirmam a perenidade de um movimento cuja sombra, infranqueável círculo de giz, continua a limitar as excursões

---

6. Louis Simpson, "Poets of the 'Silent' Generation", *New World Writing 11*, New York, New American Library, 1957, p. III.

de heterodoxia de sua progênie histórica. É como se 22 houvesse sido, no domínio da arte, última fronteira da Revolução: com institucionalizar o direito de livre pesquisa e atualização universal da *intelligentsia* brasileira, teria posto fim à História como uma dialética de contrários.

Quem nos garante não surja ainda algum outro Fukuyama que, invocando mais uma vez o construto hegeliano de um "estado universal homogêneo"[7], venha a equiparar o Modernismo ao liberalismo para anunciar, também no domínio da evolução das formas estéticas, o fim do processo histórico? Mas no que respeita à extrapolação de teorias peregrinas e apocalípticas, o pior será alguém ter a ideia de ver a explosão modernista como uma espécie de *big bang* originário cuja expansão só pode ter sentido entrópico. Algo parecido ocorreu ao poeta Stephen Spender quando, num artigo intitulado "O Movimento Modernista está Morto", assim lhe diagnosticou a *causa mortis*. "Só se pode admirar os modernistas enquanto conseguem manter a tensão de contraste entre a sua individualidade e a brutalidade da cidade. Mas a partir do momento em que uma atitude que tal começa a render dividendos, eles passam a ser favorecidos pela lógica do sucesso. Então a atitude se converte em pose e isso logo lhes transparece na obra"[8].

Sob esta óptica sombria, não há como negar que o lema rimbaudiano do é preciso ser absolutamente moderno transforma-se – ai de nós todos – de bandeira de luta em pedra de Sísifo.

---

7. Francis Fukuyama, "O Debate sobre 'Será o Fim da História?'", *Diálogo*, vol. 23, Rio de Janeiro, Usis, 1990, pp. 8-13.
8. Stephen Spender, "The Modernist Movement Is Dead" in *Highlights of Modern Literature*, org. F. Brown, New York, New American Library, 1954, p. 83-91.

A Hora e a Vez do Leitor
(Um Precursor da Estética da Recepção)[*]

A publicação, a esta altura dos acontecimentos, de um livro como *Estética da Recepção e História da Literatura*, de Regina Zilberman (São Paulo, Ática, 1989), mostra que essa estética ainda não perdeu a sua atualidade no contexto do nosso ensino universitário. Surgida na Alemanha Ocidental em fins dos anos 60, ela não demorou muito a repercutir por aqui como uma espécie de substituto mais ou menos providencial do estruturalismo, cuja voga começava a declinar por força da própria rapidez com que se implantara. Em 1979, numa coletânea organizada e traduzida por Luís Costa Lima, *A Literatura e o Leitor*, foram enfim postos a circular no Brasil alguns dos textos mais importantes de Jauss, Iser, Stierle e Grumbrecht. Textos cujo entendimento nem sempre é fácil, embora estejam longe, nisso, dos alambicamentos neológicos que desde sempre celebrizaram o estruturalismo. Por esse lado, o livro de Regina Zilberman tem uma útil tarefa a cumprir, qual seja colocar ao alcance do público dos cursos de Letras as conceituações de base dos teóricos do recepcionalismo. E o cumpre idônea e competentemente. Conforme se pode ver pela bibliografia comentada que fecha o volume, sua autora foi diretamente às fontes em alemão da chamada escola de Constança para poder resumir, em linguagem acessível, o que nelas havia de essencial. Regina Zilberman não se limitou a glosar didaticamente ideias alheias, mas passou-as pelo crivo de sua própria interpretação crítica. Cuidou outrossim de ilustrar a eficácia do enfoque recepcional aplicando-o à análise de um texto literário específico, *Helena*, de Machado de Assis, cuja estrutura deslinda do ponto de vista do efeito que visa a provocar no leitor.

Não cabe aqui discutir, ainda que de raspão, as muitas questões abordadas em *Estética da Recepção e História da Literatura*. Contentemo-nos em assinalar que o contributo principal da escola de Constança foi deslocar o centro de

---

[*] Publicado originariamente no suplemento "Letras" da *Folha de S.Paulo* de 11 de novembro de 1989.

gravidade dos estudos literários, da relação da obra com o seu autor, para a relação dela com o seu leitor. Dessa maneira, foi como que posta entre parênteses a preocupação com o que, tanto no nível do conteúdo quanto no da forma, a obra literária possa exprimir da interioridade do autor ou do seu contexto social. Em vez disso, importa mais discernir quais os efeitos que ela intenta provocar no leitor. Neste verbo, "intentar", está boa parte da resposta a um primeiro problema suscitado por tal deslocamento de foco no processo hermenêutico. O problema diz respeito à subjetividade do leitor, uma variável cuja magnitude é de tal monta que antecipadamente condena ao malogro as tentativas de determinar-lhe o valor, ou seja, as *n* diversas impressões ou efeitos provocados por uma obra literária em seus *n* diversos leitores. Para obviar semelhante inconveniente, os teóricos do recepcionalismo lançam mão de um duplo critério objetivo. De um lado, ao tradicional método da fortuna crítica, ou seja, ao testemunho da crítica literária, por via do qual podem mapear o itinerário histórico da recepção da obra por parte desses leitores privilegiados que são os críticos, capazes de verbalizar sistematicamente a sua experiência de leitura. O outro recurso de que se valem os recepcionalistas no empenho de esconjurar o espectro do subjetivismo ou impressionismo é esquadrinhar, na estrutura temática e formal da obra literária, os efeitos já ali embutidos. Tais efeitos embutidos apontam, por sua vez, para um leitor hipotético, implícito no texto, o qual pode ser visto como o ponto de fuga para onde convergem as linhas de força temático-estruturais da obra. É o que Iser chama de "estrutura de apelo da obra". Pelo recurso a esses dois critérios, podem os recepcionalistas reconstituir, no tocante a uma determinada obra literária, o seu "horizonte de expectativa", termo técnico que Regina Zilberman define, via R. Holub, como "um 'sistema de referências' ou um esquema mental que um indivíduo hipotético pode trazer a qualquer texto", acrescentando que tal horizonte é um misto de códigos vigentes e da experiência social acumulada, e lembrando que uma obra tanto pode reforçar os padrões dominantes de uma época (seus valores de ordem estética, moral, religiosa etc.) como romper com eles.

Aqui se impõe estabelecer uma diferença entre o *efeito* que uma obra exerce sobre o leitor no momento do seu consumo ou fruição, e as diferentes interpretações de que será objeto no correr do tempo: são estas últimas que constituem, a rigor, sua *recepção*. Tal recepção tem a ver de perto com a historicidade da literatura, que o fundador da estética recepcional, Hans Robert

Jauss, se empenhou em acentuar, no que se contrapôs de certo modo à visada estruturalista, preocupada mais com as constantes formais do que com as variáveis históricas do sistema de significações da obra literária; para Greimas, aliás, a História enclausura as significações em vez de as revelar. O propósito de Jauss é reabilitar a história da literatura, não à luz dos tradicionais modelos biográfico, sociológico, psicológico, formalista etc., e sim à luz de um novo modelo: o intercâmbio sincrônico/diacrônico entre as obras literárias e os leitores seus contemporâneos ou pósteros.

A certa altura da sua *mise au point*, Regina Zilberman aponta o conceito de "leitor implícito" de Wolfgang Iser como "uma conquista da estética da recepção". Tenho minhas dúvidas de que realmente o seja. Desde o primeiro contato com textos recepcionalistas, através da coletânea de Costa Lima e do número de *Poétique* (39, dezembro de 1979) dedicado à "teoria da recepção na Alemanha", chamou-me a atenção a similitude entre várias de suas ideias-chave e a teoria da forma literária de Kenneth Burke, tal como ele a formulou em *Counter-Statement*, seu primeiro livro de crítica (1931) e o ponto de partida de toda a sua obra subsequente em torno do conceito de ação simbólica. Empenhei-me para que *Counter-Statement* fosse publicado em português; traduzi-o, inclusive, e sugeri que se lhe substituísse o título original, tão anódino, por outro mais revelador do seu conteúdo. Assim foi que em 1969 apareceu, com o título de *Teoria da Forma Literária*, uma edição brasileira desse livro seminal (São Paulo, Cultrix, 1969). Logo no seu segundo capítulo, intitulado "Psicologia e Forma", Kenneth Burke desenvolve, ilustrando-a com uma cena do *Hamlet*, a noção de forma como "a psicologia do público", ou seja, "a criação de um desejo ou anseio na mente do ouvinte [leitor] e a satisfação adequada desse anseio". Tal satisfação pode envolver, às vezes, "um conjunto temporário de frustrações", as quais acabam se demonstrando um "tipo mais complexo de satisfação na medida em que, com retardar o advento desta, a tornam ainda mais desejável". Exemplo elementar desse tipo de suscitamento, retardo e satisfação de expectativas ou desejos no espírito do leitor é uma narrativa de suspense.

É bem de ver que, malgrado o uso de uma palavra como "psicologia", a visada de Burke não é psicológica em sentido estrito, mas retórica. Nisto, ele, como grande parte dos neocríticos americanos, se filia ostensivamente à linhagem aristotélica. Para Burke, os procedimentos retóricos não fazem mais do que atualizar, através da linguagem, "formas inatas da mente" entre as quais ele enumera os processos de crescendo, contraste, comparação, equilíbrio, repetição, revelação, inversão, contração, expansão, aumento, seriação e assim por diante. E é precisamente essa correspondência entre os procedimentos retóricos e os processos psicológicos que dá à forma literária o seu atrativo ou *appeal*: a simetria entre tal *appeal* e a "estrutura de apelo" apontada por Wolfgang Iser na obra literária salta aos olhos. Outro termo que Burke usa com frequência é *efeito*: a certa altura, assinala por exemplo que "uma discussão da eficácia da literatura deveria incluir efeitos involuntários bem como efeitos deliberados". Exemplo do primeiro tipo de efeito, involuntário, seria o de uma narrativa realista sobre a vida no Tibete que, para um leitor do Ocidente ignorante do modo de vida tibetano, pode parecer cheia de romântico exotismo. No caso, o efeito depende do que Burke, em contraposição à psicologia da forma, chama de psicologia da informação: "Na medida em que os pormenores, numa obra, sejam oferecidos não por sua conexão com a tarefa de moldar e atender às expectativas do leitor, mas porque tais pormenores são interessantes por si mesmos, o atrativo da forma se coloca atrás do atrativo da informação". Na mesma ordem de ideias, observa ainda ele que o escritor atinge os efeitos a que visa não apenas manipulando as expectativas do leitor, mas também as suas pressuposições ideológicas. Assim é que a dramaticidade do *Otelo* está centrada no pressuposto do casamento monogâmico e do código de fidelidade que lhe é próprio; para os membros de uma sociedade poliândrica, o sofrimento do personagem de Shakespeare pode parecer menos convincente do que para os de uma sociedade monogâmica, ou até ridículo para os que desfrutam as benesses de uma sociedade permissiva.

Espero que estas sumaríssimas e esquemáticas citações do rico e matizado pensamento de Kenneth Burke tenham bastado, ao menos, para pôr-lhe em destaque dois aspectos básicos. Primeiro, o de que a ênfase no papel do leitor faz deste o ponto focal do processo de comunicação literária. Trata-se, evidentemente, não de um leitor em carne e osso, mas de um leitor virtual ou hipotético, implícito no texto (ainda que Burke não chegue a usar expressamente o adjetivo de Iser), com o qual, levado pela própria retórica da expressão literária, o autor dialoga o tempo todo, mesmo sem ter expressa consciência disso. Em segundo lugar, a noção de um horizonte histórico de expectativas por parte do leitor de um texto literário também está infusa no pensamento de Burke, mesmo que não seja assim chamada: além do caráter não imediatamente histórico dos seus procedimentos retóricos *stricto sensu*, a obra literária, segundo Burke, está empapada de historicidade na medida em que manipula os pressupostos ideológicos, historicamente condicionados, de seus leitores.

Não seria demais assinalar, à guisa de conclusão, que jamais encontrei qualquer menção ao nome de Kenneth Burke, ou à sua pioneira promoção do leitor no campo da teoria da literatura, em textos da ou sobre a estética da recepção que me foi dado ler. Mas omissões ou esquecimentos dessa natureza não são de estranhar. Se não se pode jurar em cruz sobre o velho lugar-comum do *nil nove sub sole*, tampouco é prudente confiar sem um pé atrás na novidade das novidades. Especialmente numa sociedade de consumo como a nossa, onde a obsolescência a toque de caixa se torna um imperativo categórico para a própria sobrevivência do sistema, o novo de ontem não conta: só conta o de hoje. Inclusive no domínio das modas intelectuais, metodológicas e terminológicas.

Violência e Literatura
(de Rambo a Homero e Kafka)[*]

Os cortes que a Censura brasileira impôs às cenas de maior brutalidade de um dos filmes da série *Rambo* suscitaram reações tanto de apoio quanto de protesto por parte de setores da chamada opinião pública. Não é meu propósito discutir aqui o mérito dessas reações, mas antes valer-me do episódio como pretexto para algumas reflexões em torno da representação da violência na literatura. Representação que tem a ver quer com a espinhosa questão da moralidade ou amoralidade da arte, quer com a questão não menos espinhosa do papel social que cabe a esta desempenhar.

Para começar do princípio, remontemos ao conceito de catarse ou purgação das paixões tão laconicamente formulado por Aristóteles em sua *Poética*, naquela famosa passagem onde define a tragédia como a "imitação de uma ação" que, "suscitando a compaixão e o terror, tem por efeito obter a purgação dessas emoções". No afã de trazer à luz o que poderia estar implícito nessa breve passagem, os comentadores de Aristóteles têm feito correr rios de tinta; o verbete "catarse" do utilíssimo *Dicionário de Termos Literários* de Massaud Moisés[1] nos dá um resumo das principais interpretações de que esse conceito vem sendo objeto. "Purgação", *kathársis* em grego, é um termo que Aristóteles foi buscar ao vocabulário da medicina de sua época, onde servia para designar a eliminação de humores nocivos pelo corpo para que este pudesse voltar à normalidade do seu funcionamento. De modo semelhante, ao assistir aos padecimentos do herói trágico, tal como representados em cena, o espectador, ao mesmo tempo que se aterroriza com a impiedade do destino de que aquele é vítima, se compadece dele. Todavia, como não se trata de padecimentos *reais*, mas *imaginários* – e a arte é o domínio do imaginário, a vida é que é o domínio do real –, o espectador, depois de sofrer com o herói por via

---

[*] Publicado originariamente em *O Escritor*, São Paulo, UBE, n. 43, dez. 1986.

1. Massaud Moisés, *Dicionário de Termos Literários*, São Paulo, Cultrix, 1974.

de um mecanismo de empatia, experimenta um sentimento de alívio quando, terminada a representação, ele se vê de volta à realidade e percebe então que sofreu apenas imaginativamente. Este sentimento de alívio é o sinal de que se processou uma purgação de emoções equivalente à sensação de bem-estar que se segue à eliminação dos humores maléficos, com o retorno do organismo à normalidade, ao equilíbrio de suas funções.

Uma excelente ilustração do amor grego ao equilíbrio e, conjuntamente, da função catártica da arte, encontramo-la na *Ilíada*. Simone Weil, uma de suas mais argutas estudiosas modernas, chamou-lhe "o poema da força", isso para destacar-lhe a "extraordinária equidade", já que a vividez com que Homero pinta "a fria brutalidade dos fatos da guerra" alcança realçar "tudo o que está ausente da guerra, tudo o que a guerra destrói ou ameaça" e fazer com que vencedores e vencidos não provoquem no ouvinte ou leitor "nem admiração nem desprezo, mas tão somente a lástima de que os homens se possam transformar assim"[2].

Por outras palavras: ao escolher como tema de sua epopeia a ira de Aquiles e os seus feitos no campo de batalha, Homero estava menos empenhado em advogar a justiça da causa grega na guerra de Troia do que em mostrar os extremos de desumanidade, os desatinos e as crueldades a que os homens podem chegar na defesa de uma causa, já nem importa se justa ou injusta. Ademais, a impressionante e convincente justeza com que na *Ilíada* é representada "a fria brutalidade dos fatos da guerra" nasce não do gosto do poeta por ela e sim do seu compromisso com a "verdade" artística. Assim também – num salto de mais de vinte séculos – o chocante realismo com que Franz Kakfa nos descreve em *A Colônia Penal* o funcionamento de uma máquina de tortura num campo de prisioneiros deriva, não de qualquer prazer sádico de reviver espetáculos de sofrimento humano, mas antes daquele mesmo empenho de suscitar no leitor o dúplice sentimento de horror e comiseração que a arte, quando arte de fato e não alguma de suas falsificações mais ou menos habilidosas, tem por função produzir, catártica e terapeuticamente.

Se, deixando de parte por um momento a abissal diferença de valor estético que as separa, compararmos essas duas obras-primas literárias que são a *Ilíada* e *A Colônia Penal* com certas produções contemporâneas da cultura de

---

2. Simone Weil, "A *Ilíada* ou o Poema da Força" in *A Condição Operária e Outros Estudos sobre a Opressão*, sel. e apres. de Ecléa Bosi, trad. T. G. G. Langlaa, Rio de Janeiro, Paz e Terra, 1979, pp. 319-44.

massa, produções de que *Rambo* pode ser tomado como paradigma, salta aos olhos uma diferença de ordem ainda mais essencial que a estética. Tais produções são, no fundo, uma apologia da brutalidade pelo gosto da brutalidade; à violência dos seus inimigos, o herói responde com violência ainda maior, exacerbamento justificado, aos olhos do espectador, pela condição de resposta ou contra-ataque a uma agressão anterior. Trata-se, como é fácil perceber, da mesma visão maniqueísta ou ideologicamente orientada das histórias de contraespionagem, onde o prefixo *contra-* involucra o álibi de uma deliberada miopia moral. Miopia moral e deliberação ideológica são porém incompatíveis com a arte. Tanto é assim que o cego Homero enxergava muito melhor do que os seus compatriotas, a quem via, no campo de batalha, igualados aos troianos, uns e outros desatinados, lamentáveis joguetes nas mãos dos Deuses. E se da *Ilíada* se pode tirar uma lição de horror e de compaixão ante o absurdo das guerras, tal lição decorre unicamente da justeza artística da representação, não de qualquer viés ideológico que o poeta lhe tivesse deliberadamente imprimido. Tampouco se percebe deliberação no novelista de *A Colônia Penal*, para quem torturador e torturado configuram os extremos de abjeção a que pode chegar a condição humana, e ao revelá-los, com sua arte impiedosa, ao *hypocrite lecteur* seu igual, seu irmão, Kafka nos faz purgar, a um só tempo, a crueldade do torturador e a miséria do torturado.

A deleitada brutalidade dos Rambos deste mundo não pode suscitar nem compaixão nem horror: apenas indiferença. Uma indiferença cuja utilidade social para quantos dela se beneficiam – e entre seus beneficiários avulta o *establishment* militar – é facilmente perceptível. Quando não é purificada pela alquimia da arte, a representação da violência, especialmente a cultivada *ad nauseam* na cultura de massa, gera a indiferença. Foi o que Marshall McLuhan viu muito bem quando pôs em dúvida a possibilidade de se reeducarem motoristas infratores obrigando-os a assistir filmes documentários em que apareciam carros despedaçados e cadáveres mutilados em acidentes de trânsito. Diz McLuhan: "O espetáculo da brutalidade usado como meio dissuasório só pode brutalizar o espectador [...] o entorpecimento é o resultado de qualquer terror relongado"[3].

---

3. Marshall McLuhan, *Understanding Media: the Extensions of Man*, 3 ed., New York, McGraw-Hill, 1966, p. 30.

IX. Transleituras: Ensaios de Interpretação Literária

Isto foi escrito antes de Rambo se ter tornado o herói da moda, mas se aplica muito bem aos filmes por ele protagonizados, contra os quais a Censura brasileira voltou suas inúteis tesouras. Pois não há tesoura que valha contra a realidade de que o vídeo e a tela de cinema são apenas, ai de nós todos!, o cru, ideológico, mas nem por isso menos representativo espelho.

PARTE X

Os Perigos da Poesia e Outros Ensaios

Poesia nas Alturas/Sonetos Florbelos
(Sobre a Poesia de Cecília Meireles e Florbela Espanca)*

POESIA NAS ALTURAS

No mapa da poesia brasileira, Cecília Meireles é dona de um território de fronteiras tão bem delimitáveis quanto as capitanias de que Manuel Bandeira, Carlos Drummond de Andrade, Murilo Mendes e João Cabral de Melo Neto são, mais do que donatários, donos naturais. Isso porque tais capitanias não lhes foram outorgadas por nenhum senhor de baraço e cutelo, desejoso de premiar válidos seus. Elas lhes pertencem por direito de conquista, reconhecido por esse juiz supremo que é a opinião dita culta e confirmado em escritura pela crítica, tabelioa a quem compete traçar os limites de cada território assim conquistado, a fim de prevenir ulteriores litígios de posse.

A capitania de Cecília Meireles é uma região de terras altas, mais perto das nuvens que da cidade dos homens lá em baixo. O silêncio e a solidão de suas alturas convidam naturalmente ao solilóquio lírico, e o ar diáfano que ali se respira como que impõe a cristalinidade de linguagem, de quando em quando modulada em opalescência. Tais marcas paisagísticas estão bem presentes nos dois primeiros livros com que a poeta afirmou a singularidade de sua voz no concerto modernista – *Viagem*, de 1939, e *Vaga Música*, de 1942, ora reeditados num só volume (Rio de Janeiro, Nova Fronteira, 1983).

Os ritmos breves, de um *cantabile* reforçado pela frequência da rima; o vocabulário declaradamente "poético", mais próximo da seriedade e da nobreza simbolistas que do plebeísmo paródico de 22; uma metafórica generalizante em que o real perde o que tenha de grosseiro ou de chocante para sutilizar-se em arabesco; o fluido, o fugaz, o inefável, o ausente promovidos a *Leimotive* – eis alguns dos marcos de delimitação do território poético de Cecília Mei-

---

* Originalmente publicado no suplemento "Cultura" de *O Estado de S. Paulo* em 13 de fevereiro de 1983 e 26 de junho de 1983.

reles. Ainda que nossos pulmões afeitos ao ar mais grosso cá de baixo respirem a custo essa atmosfera de sonho e anseiem por voltar ao mundo inferior, uma vez cumprida a escalada, nem por isso ela deixa de valer a pena. Tanto mais que, mesmo dessas altitudes neossimbolistas, onde tudo é metáfora e o mundo mero espelho para as viagens de reconhecimento do Eu lírico em torno de si, o real consegue irromper, parietária teimosa, em "Domingo de Feira" e "Mexican List and Tourist", dois poemas por assim dizer fotográficos em que a fina, mas algo fantasmagórica arte de Cecília Meireles se enriquece de um saboroso humor à Cesário Verde ao avir-se com um cotidiano não simbólico.

SONETOS FLORBELOS

Muito menos comumente do que se supõe é que uma vigorosa vocação literária alcança vencer as limitações do seu próprio tempo para ecoar além dele. Aí está, para ilustrar essa melancólica constatação, o caso de Florbela Espanca (1894-1930), a poetisa portuguesa cujos sonetos foram recentemente postos ao alcance do leitor brasileiro numa edição com estudo crítico de José Régio (São Paulo, Difel, 1983).

Se a leitura desses sonetos hoje, mais de cinquenta anos decorridos da morte de sua autora, alcança convencer o leitor de achar-se ele em presença de um temperamento poético de exceção, nem por isso consegue apagar em seu espírito a incômoda sensação de que se trata de uma poesia datada. Quem escreveu versos como "Sou a roupagem/ De um doido que partiu numa romagem/ E nunca mais voltou", poderia declarar-se sem susto coetânea de Fernando Pessoa e Mário de Sá Carneiro.

Infelizmente, esses lampejos "modernistas" são pouco frequentes nos sonetos de Florbela Espanca. As mais das vezes, estão eles vazados num molde retardatariamente simbolista, desde logo denunciado pela abundância de reticências e maiúsculas, quando não de palavras estereotípicas como "sonho", "névoas", "castelo", "vitrais", "convento", "roxo" etc. Outras vezes, o que transluz, ainda mais retardatário, é o molde parnasiano, com seus enfáticos pontos de exclamação e o seu gosto pela tirada filosófica de voo mais ou menos rasante.

Nesses moldes desgastados pela imperícia dos epígonos, alcança todavia a poetisa expressar-se com uma força lírica que nada tem de epigonal. Em peças como "Supremo Enleio", "Horas Rubras", "Volúpia" e poucas outras aflora também um erotismo vigoroso e diferencialmente feminino, cuja verdade e cuja novidade marcaram época na poesia portuguesa, tanto quanto, na brasileira, o advento de Gilka Machado. Um soneto como "Crucificada", onde, no arrebatamento de sua paixão amorosa, a elocutora chega a sonhar-se mãe do homem amado, dá bem a medida dessa verdade, sobretudo nos dois tercetos:

Crucificada em mim, sobre os meus braços,
Hei de poisar a boca nos teus passos
Pra não serem pisados por ninguém.

E depois... Ah! Depois de dores tamanhas
Nascerás outra vez de outras entranhas,
Nascerás outra vez de uma outra Mãe!

Versos assim fazem esquecer a data em que foram escritos, muito simplesmente porque estão acima do tempo.

O Tempero do Exotismo
(Sobre a Poesia de Alberto da Costa e Silva)*

Num artigo publicado nos *Studi di Iberistica* (1987) da Universidade de Ná-poles, questionava Wilson Martins o alcance, quando não a utilidade mesma das traduções de autores brasileiros aparecidas na França e em outros países da Europa. Para o crítico, o caráter de todo esporádico e aleatório dessas traduções só fazia acentuar "a enorme distância entre a leitura deste ou daquele autor, ao acaso das edições e das modas, de um lado, e de outro, a leitura no interior de um 'sistema literário'". Daí não estranhar que, à falta de uma visão de conjunto, por sumária que seja, da nossa cultura, o público estrangeiro costume ler "os livros brasileiros como representativos de uma cultura exótica".

Imagino tenha sido para alertar os leitores italianos contra semelhante erro de perspectiva que, na sua introdução a *Le Linee della Mano*, antologia poé-tica de Alberto da Costa e Silva organizada e traduzida por Adelina Aletti e Giuliano Macchi, julgou Luciana Stegnano Picchio necessário advertir, a eles habituados "à turgidez tropical, ao aspecto mais vulgarizado da literatura brasileira", de que iriam encontrar nesse livro algo bem diverso, qual fosse um lírico "contido, sutil, filtrado".

A edição feita por Schweiwiller "all'insegna dei pesce d'oro" (Milão, 1986) na sua "Collana Luso-Brasiliana" recolhe quarenta dos seis poemas constantes de *As Linhas da Mão* (Rio de Janeiro; São Paulo, Difel; INL, 1978), volume que reunia toda a obra de Alberto da Costa e Silva até a data, ou seja, os cinco livros que iam de *O Parque* (1953) a *As Linhas da Mão* (1977). A esses quarenta poemas foram acrescentados nove outros tirados de *A Roupa no Estendal, o Muro e os Pombos* (1981), a mais recente coletânea do poeta. Com isso, o leitor italiano pôde ter em mãos uma boa amostragem que, por bilíngue, talvez o estimule a cotejar de quando em quando o texto traduzido com o original,

---

* Originalmente publicado no suplemento "Cultura" de *O Estado de S. Paulo* em 1º de agosto de 1987.

menos para comprovar a competência do trabalho tradutório, do que para aspirar, um pouco que seja, o perfume para ele irremediavelmente "exótico" da última flor do Lácio.

Num texto prefaciatório à edição Difel da poesia de Alberto da Costa e Silva, assinalava-lhe Antônio Carlos Villaça a filiação, cronológica se por mais não fosse, à geração "que começou a criar e a publicar entre 1950-1960". Vale dizer, a geração de Ferreira Gullar, Mário Faustino, Carlos Nejar e outros, geração que se dividiu entre a persistência de certos módulos temáticos e formais de seus predecessores de 45 e os primeiros experimentos da poesia concreta. Embora não se tivesse mostrado de todo imune ao experimentalismo – como o dá a entender o cuidado com a fisiognomia tipográfica de poemas como "Um Artesão" e "Giro", – o temperamento essencialmente lírico, ou melhor, elegíaco de Alberto da Costa e Silva o vocacionava antes para uma dicção cuja gravidade rememorativa iria encontrar, nas formas tradicionais da lírica de língua portuguesa, o seu veículo de eleição. Mas é bem de ver que, mesmo quando recorre a formas como o soneto, o poeta não se deixa pear por coerções de rima ou métrica, com o que o seu verso nada perde de sua fluência nem mecaniza a sua musicalidade. Do ponto de vista da dicção, é instrutivo observar a mudança ocorrida de *O Parque* para os livros subsequentes. Naquela obra de estreia já definia Alberto da Costa e Silva os seus temas preferidos: a preocupação da morte, as mais das vezes centrada no sentimento da perda do pai; a nostalgia da infância, vinculada de perto ao tema anterior pela circunstância de que, para o poeta, "a morte retoma as cousas da infância tangível"; o culto do sonho e da memória, tão bem explicitado numa "Ode a Marcel Proust". Esses temas se consubstancializavam numa linguagem que, pelo gosto do vago, do outonal e do noturno, faz por merecer o rótulo de neossimbolista e dá a supor um eventual influxo de Rilke, cuja popularidade nos anos 50 se traduziu entre nós pelo que se poderia chamar de "mania da morte", uma palavra de presença quase obrigatória nos poemas da época. Que, no caso do autor *de Le Linee della Mano*, não se tratava de simples adesão a uma moda transitória e sim de uma preocupação mais permanente e mais profunda, demonstra-o a ininterrupta linha de continuidade entre os seus primeiros poemas e a sua produção ulterior. Ao longo desse percurso, entretanto, Alberto da Costa e Silva foi ganhando em concretude o que perdia de vaguidade.

Em *O Parque*, os nomes dados às coisas palpáveis não levavam até elas: levavam para longe delas, para um além metafórico que as desmaterializava, que as convertia em fantasmas de si próprias. A partir de *O Tecelão* e *As Cousas Simples*, que se seguiu ao livro de estreia depois de um silêncio editorial de dezesseis anos, as referências à realidade vão-se precisando, vão-se adensando, vão-se cotidianizando. O poema de abertura desse segundo livro, "De Pé na Varanda Recordando", fala-nos menos da infância em geral que de uma infância específica, passada num típico ambiente de fazenda brasileira, entre tosquia de carneiros, folhas de mamoeiro, odor de mangas, cilhas de cavalo. o quanto essa retomada de contato com a espessura e o peso das "cousas simples" enriqueceu a arte do poeta é fácil de ver na beleza e precisão de imagens como "bilha, um sol/ fresco de água e terra". Tal retomada não só não o impedia de continuar versando sua temática saudosista-elegíaca como até servia para dar a ela maior poder de convencimento, por estabelecer uma tensão entre o físico e o metafísico, a intensidade do prefixo *meta-* tornando-se tanto maior quanto mais rico fosse o campo nocional do físico.

A riqueza da dialética entre físico e metafísico, concretude e abstração, regional e universal, pode ser mais bem apreciada nos poemas em que Alberto da Costa e Silva rememora a sua infância rural. Ainda que nascido em São Paulo, passou ele a meninice – de onde procede o principal filão temático da sua poesia – no interior do Ceará. Mais tarde, a carreira diplomática, com obrigá-lo a correr mundo e distanciar-se ainda mais do seu chão de infância, só lhe fez crescer a nostalgia. Daí a rara força expressiva de peças como "As Cousas Simples", "Rito de Iniciação", "A Travessia do Rio Volta", "Paisagem de Amarante", "Diálogo em Sobral", "A Bem-Amada", "Um Sobrado em Viçosa", nas quais a memória se empenha em recuperar imaginativamente o pretérito para presentificá-lo em poesia. Presentificação cujo ápice está certamente em "O Menino a Cavalo", um dos poemas finais de *As Linhas da Mão* e, sem favor, um dos mais bem logrados jamais escritos, em seu gênero, na língua portuguesa.

Transposta agora para o italiano, a lírica de Alberto da Costa e Silva, por força da refração tradutória, passa a ter acentuados os seus valores de universalidade, na medida mesma em que perde o suporte linguístico no qual foi concebida e que por si só a regionalizava. Mas nem mesmo assim perde ela de todo a sua marca de origem. Como toda tradução digna do nome, a de Adelina Aletti e Giuliano Macchi, longe de incorrer na falácia de querer parecer, não uma versão, mas um texto originariamente escrito em italiano, soube preservar aquele *quid* de estranheza capaz de inculcar na sensibilidade do leitor a noção de estar ele adentrando outro mundo que não o do seu vernáculo.

Quando mais não fosse, a irrupção, no texto italiano, de designações como "manghi", "jaqueira", "tamarindo", "goiaba" – para citar apenas o exemplo do poema "Rito di iniziazione", onde não obstante "cresciúma" foi inexpressivamente vertida por uma simples "erba" – dão-lhe um mínimo de exotismo útil. Exotismo que nada tem a ver com o pitoresco de exportação, mas decorre antes do compromisso com a nomeação absoluta, com a perfeita coincidência entre o nome e o ser a que os poetas, demiurgos do verbo, sempre aspiraram.

Uma Poesia Hierofânica
(Sobre *Retratos da Origem* de Dora Ferreira da Silva)*

Ainda que um grande poeta se houvesse dito fazendeiro do ar, o certo é que de terra pisável não podem os poetas prescindir, quando mais não seja para dela alçar voo. Nem este seria concebível sem a noção antitética de solo, em contraposição ao qual se define o próprio ato de voar: voa-se a partir de, voa-se sobre.

Estes truísmos aviatórios me ocorreram logo no começo da leitura de *Retratos da Origem* (São Paulo, Roswhitha Kemp, 1988). Eu já conhecia e admirava os livros anteriores de Dora Ferreira da Silva, de *Andanças* de 1970 a *Talhamar* de 1982, sem esquecer as suas traduções das elegias duinenses de Rilke e dos poemas místicos de S. João da Cruz. Parece-me todavia que é neste seu novo livro que ela leva sua arte à plenitude de suas virtualidades.

Como dão a perceber suas preferências de tradutora, Dora Ferreira da Silva pertence à linhagem daqueles poetas cuja palavra, fiel nisto às próprias origens da poesia, quando canto e ritual eram indistinguíveis um do outro, ronda o tempo todo as fronteiras do sagrado. Não porque queiram dar testemunho de sua adesão a esta ou aquela confissão religiosa, mas porque uma natural disposição de sensibilidade os leva a ver na realidade menos o espaço fechado do material e do sensório que o espaço aberto da hierofania, para usar o termo proposto por Mircea Eliade para designar "o ato da manifestação do sagrado"[1]. No domínio da poesia, esta presença do sagrado não deve ser entendida no sentido restrito de manifestação direta do divino, e sim no sentido mais amplo de ânsia de transcendência do Eu rumo ao Outro.

No limite, o Outro é o divino, o celeste do qual o terrestre não passaria de criação transitória ou degradada, quando não de aparência ilusória, maia, sombra na parede da caverna platônica. Entre o Eu e o limite da transcendên-

---

* Originalmente publicado no *Jornal da Tarde*, São Paulo, 21 de julho de 1988.

1. Mircea Eliade, *O Sagrado e o Profano*, trad. de R. Fernandes, Lisboa, Livros do Brasil, s. d., p. 20.

cia, estende-se porém o domínio todo do humano e do natural, cujos seres se revestem, para a imaginação hierofânica, de uma aura que lhes denuncia a comparticipação maior ou menor no divino e os resgata assim das limitações do tempo, do espaço e da mortalidade. É a sensação de presença "como uma dimensão independente da realidade", a sensação do mistério do Outro, em que um estudioso da teoria da metáfora, Philip Wheelwright[2], vê o motor tanto da imaginação mítica quanto da imaginação poética em sentido estrito. Na mesma linha de pensamento, Octavio Paz não hesita em caracterizar a imagem poética como a consciência da outridade e a própria poesia como "procura dos outros, descoberta da outridade"[3].

Nos poemas das três partes em que se divide *Retratos da Origem*, a saber "A Porta", "Conchas" e "Cantares de Itatiaia", esse caráter "presencial da realidade" se faz sentir com um poder de convencimento – e portanto com um selo de autenticidade, já que, na pragmática do texto literário, esta decorre daquele, – raros de se encontrar na poesia brasileira, sobretudo de tempos mais recentes. Tal presencialidade se deixa ver de pronto nas fotos que faceiam os poemas de "A Porta", consignando-lhes visualmente o débito para com o solo firme da realidade, de onde eles alçam voo no rumo da sobrenaturalidade, em obediência, por um lado, à epígrafe do livro, "O ser humano é um animal místico", por outro, ao seu próprio título de retratos. Retratos de família, retratos antigos revestidos daquela pátina de estranheza que só o tempo dá.

O tempo é, de resto, a dimensão que avulta tanto em "A Porta" quando na seção subsequente do livro, "Conchas". Mas, como seria de esperar de uma poesia que se compraz na retórica de paradoxos de toda poesia mística em busca de exprimir o inexprimível, o tempo ali avulta na medida em que é contestado. Ao bater à "porta da origem", à porta de seus antepassados cigano-greco-calabreses, a poeta almeja anular os muitos anos que deles a distanciam para, reencontrando-se com suas origens, reencontrar-se a si mesma. Daí que, nessa paradoxal conversão do passado em presente, o mundo dos mortos, em vez de ser o mundo das trevas, seja o mundo solar do conhecimento órfico, ficando as trevas confinadas ao ignorante mundo dos vivos, caverna onde só há sombras projetadas por um sol que lhes é anterior e exterior:

---

2. Philip Wheelwright, *Metaphor & Reality*, Bloomington, Indiana U. P., 1967, esp. cap. 7, pp. 129-52.
3. Octavio Paz, *Signos em Rotação*, trad. Sebastião Uchoa Leite, São Paulo, Perspectiva, 1972, p. 102.

Lá
dentro
é dia claro
e entro
na Origem solar
aquém (além)
do mundo em trevas

Nesse mesmo tipo de verso escalonado, de rimas ocasionais – escalonamento que lhe dinamiza a dicção e a agiliza para os lances descritivos a que, por sua óptica eminentemente presencial (o presente como cifra do ausente) se aplica a poesia de Dora Ferreira da Silva, – são celebrados os fastos da colorida gesta dos seus ancestrais, os Bulliaris, desde suas andanças de ciganos albaneses pelas estradas do Épiro até o nascimento, no outro lado do mundo, de Dora Calamares, a quem os reis magos presentearam no berço com "o ouro/ o incenso/ a mirra/ da poesia".

A segunda parte de *Retratos da Origem*, "Conchas", focaliza a sequência brasileira da crônica dos Bulliaris, agora sob o signo do regresso à casa paterna, o tema nostálgico do *ubi sunt*. A poeta vai revisitar a cidade de sua infância em cujo nome, "concha/ de um princípio qualquer", ela pode ouvir, por via de uma acústica simbólica, o ressoar antepassado do "carroção de cigano" que lhe trouxe até ali o avô farmacêutico. Mas no município que "virou cidade/ tão sem graça/ meu Deus", ela só reencontra os vestígios mudos do outrora a fluir no rio do tempo e é através da aura presencial deles que, com a sua imaginação hierofânica, ela recupera o ido e vivido, as "formas pulsantes" do pretérito neles preservadas em "permanência e beleza", donde a evocação terminar não numa nota de pesar e sim de júbilo:

adeus esquecimento!
o céu é sempre e calmo

Ainda que o presencial se faça sentir como um sentimento de continuidade entre o agora e o antes, entre o lá e o cá, as duas primeiras partes de *Retratos da Origem* não deixam de infundir no leitor a noção da distância entre esses dois extremos por cujo vão a poeta se empenha em lançar as pontes do sangue e da memória. Já na parte final do livro, "Cantares de Itatiaia", presente e passado se misturam intimamente, como o dá a perceber a constante alternância do imperfeito e do perfeito da rememoração com o presente do indicativo da sensação. Selando essa unidade, que faz do "foi" um "ainda é" indistinguível do "é" puro e simples, está o Amor, no entanto celebrado como ausência do Outro e incompletude por falta dele:

Incompleta sou
querendo ouvir a música
de outrora
à sombra das árvores
pois não vens com o peso do teu corpo

Sob mais de um aspecto, os "Cantares de Itatiaia" se inserem na tradição milenar da poesia bucólica, cujos idílios, por terem como cenário obrigatório o prado ou o bosque, articulavam numa mesma equação a felicidade amorosa com a vida no seio da natureza. Equação equivalente se repete nos dez cantos da seção final de *Retratos da Origem*, em especial no Canto VIII, que a formula lapidarmente:

Tua pele
minha pele
sentem o tato
da lua próxima
os corpos se aproximam
fugindo ao frio
que a natureza é cálida
seu cantar copioso
linguagem de Deus
(para quem ouve
sem escudo
de dureza)

Completando assim a sondagem do Eu profundo até as suas raízes ancestrais com o encontro do Outro através da plenitude amorosa, a poesia hierofânica de Dora Ferreira da Silva nos dá o melhor de si, do mesmo passo em que se afirma como um dos pontos altos do lirismo meditativo em língua portuguesa.

Poesia Operária?
(Sobre *Ouve Meu Grito*, Antologia de Poesia Supostamente Operária)*

Uma antologia como *Ouve Meu Grito* (Rio de Janeiro, Marco Zero, 1987) suscita, pela sua própria natureza, uma série de interrogações. A principal delas é a de se se trata realmente de uma antologia literária. A julgar pelo enfático do título, tomado de empréstimo a um dos sonetos nela incluídos, bem como pelo subtítulo de "antologia de poesia operária (1894-1923)", dir-se-ia que sim. Entretanto, os seus dois organizadores não parecem ser pessoas voltadas para os estudos literários: Bernardo Kocher é mestrando na área de História Urbana, e Eulalia Lahmeyer Lobo, catedrática de História da América. Outrossim, conforme está dito na introdução de *Ouve Meu Grito*, o material ali reunido o foi com vistas a servir de "fonte documentária no contexto de uma pesquisa sobre operariado". É de supor tenha sido esse empenho documental a serviço de uma investigação no campo da História social, e não da História literária propriamente dita, o responsável por algumas das limitações da antologia.

Uma delas é a indiscriminada mistura de textos de autores brasileiros com textos de autores portugueses ou até mesmo traduções de outras línguas, como a da letra do hino "A Internacional", simplesmente porque figuravam ao lado dos primeiros nos jornais operários que Bernardo Kocher pesquisou. Pena o levantamento por ele feito ter-se restringido à imprensa do Rio de Janeiro. Com isso ficou de fora a de São Paulo, cuja importância histórica de principal centro operário seria ocioso encarecer. Desde o começo do século aqui se manifestou uma intensa atividade anarquista e sindicalista que deu origem aos vários periódicos citados por Everardo Dias na cronologia final da sua *História das Lutas Sociais no Brasil*. Talvez nas páginas desses periódicos ou outros congêneres eventualmente não ali relacionados se pudesse encon-

---

* Originalmente publicado no suplemento "Cultura" de *O Estado de S. Paulo* em 6 de agosto de 1988.

x. Os Perigos da Poesia e Outros Ensaios

trar material de interesse merecedor de figurar numa antologia do tipo de *Ouve Meu Grito*.

Isso para não falar de poesia já recolhida em livro, como a de José Oiticica, Afonso Schmidt e outros poetas do mesmo período, que se voltaram também para as lutas operárias, alguns deles lembrados por Fernando de Azevedo no artigo sobre poesia social que consta numa das séries dos seus *Ensaios*. Uma antologia de poesia "operária" brasileira deveria inclusive ter abrangência bastante para remontar a antecedentes históricos como as *Peregrinas* de Otaviano Hudson, operário tipógrafo que foi amigo de Fagundes Varela e poeta como ele, ainda que de envergadura mais modesta.

Note-se que, ao falar de poesia "operária", cuidei há pouco de pôr entre aspas o adjetivo, a fim de destacar a relativa impropriedade do seu uso no caso em questão. A rigor, ele deveria servir para designar tão somente poesia feita por operários, em especial aquela que, ou por elementos da sua temática, ou por peculiaridades da sua elocução, pusesse à mostra tal condição de origem. Raríssimas vezes isso acontece em *Ouve Meu Grito*. Dos autores ali antologiados, apenas dois se autoidentificaram como operários ao assinar seus poemas. Poemas que, sublinha Eulalia Lahmeyer Lobo, e não sem alguma estranheza, na introdução do volume, "fogem do ideário anarquista; em vez de pregar ou exaltar a luta, sugerem a fuga e o reconhecimento do trabalho operário". Um deles, Orlando Fausto, sócio da União Operária de Engenho de Dentro, dedica uma espécie de ode "Ao Trabalho", que vê como fonte de felicidade para os seus "devotos" (aos quais contrapõe outros tantos "hereges"), pelo que não hesita em chamar "templos santos e sagrados" às oficinas e fábricas onde ele é praticado e em jurar, em seu nome e nos de seus companheiros, defendê-los, não permitindo que sejam jamais "derrubados/ por qualquer mão".

Bastaria o vocabulário religioso a que este operário poeta recorre para extremá-lo desde logo dos ideólogos anarquistas e socialistas que enxameiam em *Ouve Meu Grito*, uma de cujas seções temáticas está dedicada ao "anticlericalismo". Mas o que mais importa na ode literariamente ingênua de Orlando Fausto – e por ingênua, mais convincente do que tantos dos arroubos ideológicos compendiados na antologia – é, não obstante o reconhecimento de que "a bem pouco monta" o ganho propiciado pelo trabalho aos seus "devotos", insistir ele em santificá-lo. Santificação no mínimo significativa em país cuja tradição católica semelha nunca ter esquecido o estigma bíblico do

203

"no suor do teu rosto comerás o pão", tanto assim que timbrou sempre em rodear o trabalho, sobretudo o trabalho manual, de uma aura de degradação social. Daí que, ao santificá-lo, nosso operário-poeta se redimisse a si mesmo e aos seus companheiros do estigma, convertendo em coroa de glória a aura de degradação.

Em dois outros momentos de mais interesse de *Ouve Meu Grito*, os poemas de Maximino Valencia Vila (p. 60) e de M. T. Vasconcelos (p. 80), reencontramos a mesma ingenuidade de visão e de dicção ainda não contaminadas pelos clichês da ideologia. Pela sua desafetação, esses poemas podem ser tidos como uma espécie de homólogo literário dos quadros de pintores ditos primitivos, cujo mérito está precisamente na sua espontaneidade "inculta" e como tal reveladora do que, na sensibilidade popular, ainda não foi desvirtuado de todo pelas convenções da arte "culta". Pois são estas que respondem em boa parte pela mediocridade poética dos textos antologiados por Bernardo Kocher. Neles, a carpintaria parnasiana, com os seus cacoetes, se junta à sentimentalidade romântica, com as suas demasias, para celebrarem lugares-comuns da propaganda anarcossocialista: a ação política das massas, o internacionalismo e solidariedade entre os povos, as injustiças sociais, o anticlericalismo, a revolução russa, o antimilitarismo, a exaltação do trabalhador etc.

Cerca de metade dos poemas recolhidos em *Ouve Meu Grito* é composta de sonetos, forma fixa privilegiada pelos parnasianos porque particularmente adequada à expressão de um tipo de dicção sentenciosa que, desenvolvendo-se através da oposição de conceitos, a resolvia apoteoticamente num fecho de ouro. Não é de estranhar que essa forma pudesse servir também, sob medida, aos propósitos de uma visão ideológica que projetava o conflito possuidores e despossuídos até o ponto de fuga da utopia social.

Para o mesmo ponto de fuga converge a maior parte dos poemas de *Ouve Meu Grito*, poemas que têm sua matéria menos na experiência de vida e de trabalho do operariado que em figurações abstratas como Socialismo, História, Guerra, Concórdia, Mundo Comunista, Fome, Trabalhador etc., grafadas as mais das vezes assim, com maiúsculas alegorizantes, numa vã tentativa de personalizar ou dar alguma concretude, ainda que fantasmática, à impessoalidade das ideias abstratas. Por força do seu afastamento do mundo da experiência e do seu incontível ímpeto rumo ao mundo da ideologia, a poesia compilada no volume objeto destas considerações mais bem mereceria ser chamada, em vez de operária, poesia social ou de engajamento.

Mesmo porque, na esmagadora maioria, seus autores, pelo menos os que podem ser identificados (além de composições anônimas ou assinadas apenas com iniciais, há em *Ouve Meu Grito* poetas de ocasião de que a História não parece ter guardado lembrança), nada têm de operários. Não o eram certamente os mais conhecidos, como Guerra Junqueiro, Max de Vasconcelos, Hermes Fontes, Ricardo Gonçalves. Ao número deste cumpre acrescentar outros dois cujos nomes a Profª. Eulalia Lahmeyer Lobo, na sua introdução, deixou passar em silêncio: Hipólito da Silva (1858-1909), publicista campineiro que se destacou na campanha abolicionista com o seu curioso poema "Os Latifúndios!"[1] a que pertence o excerto transcrito em *Ouve Meu Grito*, e Gomes Leal (1848-1921), poeta lisboeta da geração de Junqueiro e Antero, que se dividiu entre a poesia maldita e a poesia revolucionária.

Em que pesem a generosidade de seus ideais humanitários e a sinceridade de sua dedicação à causa dos oprimidos, tais poetas não nos têm a dizer, acerca da condição operária, mais do que as generalidades de praxe em torno do contraste entre espoliadores e espoliados. Foi o que, nesse tipo de poesia, desagradou a Carlos Drummond de Andrade que, no entanto, passou anos organizando, sem chegar a publicá-la, uma Antologia Brasileira de Poesia Social. Confessa ele num dos ensaios de *Passeios na Ilha*:

> Ao coligir o material da obra, notei a relativa escassez de poemas inspirados em técnicas de trabalho e na personalidade dos trabalhadores. Boa parte da nossa poesia social fica em declaração de princípios, isto é, não chega a produzir-se. [...] Mas é que tal poesia, inspirada em ideias políticas e sociais, tendia antes à abstração que ao realismo, e de cada espécie viva ou natural preferia extrair um significado, mais do que uma nota humana[2].

Na verdade, o gosto da abstração não é vício em que tivessem incorrido apenas os poetas sociais ou engajados. Também os teóricos do socialismo em cujas ideias eles se inspiraram incorreram no dito vício, donde havê-los Simone Weil acusado de nunca "terem estado pessoalmente no número de arruelas de uma fábrica". A mesma Simone Weil, para poder conhecer em sua concretude a condição operária, foi trabalhar ela própria na linha de monta-

---

1. Ver, neste mesmo volume, "Pela República, com Humor".
2. Carlos Drummond de Andrade, *Passeios na Ilha*, Rio de Janeiro, Simões, 1952, cap. "Trabalhador e Poesia", pp. 93-100.

gem de uma fábrica e, com base nessa experiência pessoal, escreveu um dia: "Nenhuma poesia sobre o povo é autêntica se a fadiga não está presente nela e a fome e a sede nascidas da fadiga"[3].

Infelizmente, a fadiga de que os versos de *Ouve Meu Grito* dão testemunho mais frequente não é a do operário ao fim da jornada de trabalho; é antes a do poeta de ocasião, bem-intencionado mas não muito bem-dotado, ainda meio estonteado pelos embates daquela luta pela expressão a que Fidelino de Figueiredo se referiu. Tampouco sua fome e sua sede são físicas; são antes fome abstrata de justiça e igualdade social. Por tal razão, a despeito do seu inegável interesse de documento para uma história das ideias sociais no Brasil, o material coligido em *Ouve Meu Grito* não chega realmente a configurar, como pretende Bernardo Kocher, um "diálogo-tensão" entre duas culturas, a dos dominantes e a dos dominados. É, quando muito, o monólogo-tensão de uma cultura ainda incaracterística que, descontente de si, almeja evadir-se do círculo de giz da sua culpa histórica.

---

3. Simone Weil, *A Condição Operária e Outros Estudos sobre a Opressão*, organização de Ecléa Bosi, tradução de T. G. G. Langlada, Rio de Janeiro, Paz e Terra, 1979, pp. 32 e 34.

Erudito em Grafito
(Sobre a Obra de Glauco Mattoso)*

Para aqueles que só conseguem aceitar o novo depois de terem conseguido grudar-lhe algum rótulo de classificação, Glauco Mattoso passa por ser um representante da poesia marginal na sua vertente mais agressiva – a pornográfica. A culpa dessa rotulagem cabe em grande parte ao próprio Glauco, que escreveu em 1981 um pequeno volume sobre *O que é Poesia Marginal*. Ali, ao mesmo tempo em que fornecia pistas para a compreensão dos laços de afinidade que mantinha com a marginália dos anos 70, apontava nesta certas características com as quais ele nada tem a ver.

As afinidades são óbvias: o mesmo gosto pelo sexo livre, pela gíria e pela chulice; o mesmo empenho de contestar os valores estabelecidos menos a partir de uma posição ideológica que de uma opção existencial; o mesmo alinhamento em favor do mau gosto contra o bom gosto das elites lítero-sociais; a mesma veiculação da própria produção em edições de autor ou através de publicações alternativas. Entretanto, reverso da medalha, Glauco Mattoso não compartilha a desorientação e desinformação que reconhece nos poetas marginais da década de 70 nem tampouco aquele "descompromisso com qualquer diretriz estética" que acabou por fragilizar a produção deles, tornando-a tão circunstancial e efêmera, as mais das vezes.

Basta correr os olhos pelo último livro de Glauco Mattoso para ver logo que se está diante de um poeta, mais que bem informado, culto, embora se esforce o tempo todo por exorcizar, com a molecagem da sua poesia, o que possa haver de colarinho duro nesse adjetivo. Na verdade, não se trata bem de um livro, desses que param de pé na estante, lombada à vista, mas de um pequeno álbum grampeado, de poucas páginas, com o título de *Limeiriques & Outros Debiques Glauquianos* (Sabará, Edições Dubolso, 1989). Para a graça

---

* Originalmente publicado no *Jornal da Tarde*, São Paulo, em 5 de agosto de 1989.

safada do álbum contribui bastante a programação visual de Sebastião Nunes, o editor da Dubolso.

A palavra *limeirique*, não incluída ainda nos dicionários da língua, é uma invenção do poeta Bráulio Tavares, que juntou trocadilhescamente o *limerick* inglês – forma poética fixa, de cinco versos rimados, sentido disparatado e caráter humorístico, quando não fescenino – ao nome do cantador nordestino Zé Limeira, cognominado "o poeta do absurdo". Conforme explica no prefácio do voluminho, Glauco adaptou essa forma anglo-nordestina ao "hermetismo/eruditismo" de sua própria poesia. Poesia de sistemática inflexão satírica que combina a grossura do palavrão e do grafito de mictório ao refinamento da alusão erudita e do debique *savant*. Poesia iconoclasta que não teme ir às raias do nojento, como nos haicais "Vento Frio" e "Ouvido de Mercador", pois entre os onze poemas recolhidos em *Limeiriques*, há três deles. Além de tirar partido humorístico das rimas (e falsas rimas) obrigatórias, Glauco o tira igualmente da sonoridade exótica das palavras japonesas – *hihonjin*, *inkei*, *hanakuso*, *mimiaka* – que enxerta aqui e ali na sua dicção de falso haicaísta ocupado em subverter, pelo escatológico, "o conceito 'nobre' do haicai", conforme ele próprio explica numa das chaves em prosa de que faz acompanhar os seus versos.

Se bem lhe demonstre, acima de qualquer dúvida, a habilidade de versificador, não me parece que o reduzido compasso do limeirique e do haicai possa dar toda a medida da versatilidade poética de Glauco Mattoso. Esta vamos encontrá-la antes no seu *Jornal Dobrabil*, cuja escrachada contestação do filisteísmo de *establishment* político-militar pós 64 se constitui, sem favor, no ponto mais alto alcançado pela imprensa alternativa ou nanica daqueles anos que não deixaram saudade alguma. O mosaico da página de jornal, onde ele combinava a tradição do barão de Itararé com a do marquês de Sade, numa como nobiliarquia antropofágica, oferecia o espaço ideal para a imaginação, a irreverência, a erudição e o senso de humor de Glauco Mattoso – para nada dizer de sua inventividade datilográfica – deitarem e rolarem como quisessem.

Bem mais recentemente, com suas *Rockabillyrics* (São Paulo, Olavobrás, 1988), a versatilidade do poeta deu outro sinal de si ao se valer dos estilemas das letras de rock para criar uma dicção "rocabileira" cujo coloquialismo de saborosa fluência se autodefine nesta estrofe de "Spik(sic) tupinik":

x. Os Perigos da Poesia e Outros Ensaios

Tem híbridos morfemas a língua que falo
  meio nega-bacana, chiquita maluca;
no rolo embananado me embolo, me embalo
  soluço – hic – e desligo – click a cuca.

E assim, desde o mosaico de jornal até o limeirique anglo-nordestino, desde os trocadilhos da rocabileira até o haicai nojento, Glauco Mattoso vai desdobrando em leque as suas potencialidades de poeta que tem no humor – um humor cujo refinamento ultrapassava desde o começo os limites de um marginalismo datado – o seu signo ascendente.

O Mais do Sinal de Menos
(Sobre *Decurso de Prazo* de Laís Correa de Araújo e *Sinal de Menos* de Carlos Ávila)*

No poema manuscrito que serve de prefácio a *Sinal de Menos* (Ouro Preto, 1989), Haroldo de Campos celebra a filiação de seu autor, Carlos Ávila, à "casa dos Ávilas/ solar de poesia". Ao que tudo indica, essa "casa" está fadada a repetir, nas letras mineiras, o exemplo da "casa" dos Guimaraens, que as enriqueceu de tantos nomes de escritores, do Bernardo romântico ao Afonso Henriques pós-moderno.

Em 1988, outro membro da "casa dos Ávilas", Laís Correa de Araújo, nos deu um livro breve e intenso impresso na mesma tipografia ouro-pretana onde o poeta Guilherme Mansur vem demonstrando a sua versatilidade de artesão de livros. Refiro-me a *Decurso de Prazo*. Valendo-se ironicamente de uma figura jurídica de triste memória, ligada pelo umbigo aos tempos de arbítrio dos quais apenas emergimos, Laís Correa de Araújo articula nesse livro o existencial ao social sob o signo de um desassombro que vai encontrar, nos ritmos ágeis e rios espelhamentos maliciosos do verso epigramático, o seu veículo de eleição. Desassombro é a palavra certa. Sobretudo na primeira parte do livro, "Erostática", a condição de mulher esplende em toda a sua inteireza, sem se deixar intimidar pela cerca de arame das chamadas conveniências, cujo espaço de proibições coincide com o da hipocrisia pura e simples. Daí que o desassombrado discurso de *Decurso de Prazo* comece pelo levantamento de um "Vocabulário" – título do poema inicial do livro – onde as palavras que mapeiam o corpo e, seus imprescritíveis direitos ganham preeminência. São essas palavras fundamentais que imantam a fala erótica da poeta, a qual talvez encontre em "Silogismos" o seu momento epifânico. Ali, o hábil tecido paronomásico da elocução, ponteado de interrogações que antes servem para afirmar do que para duvidar, vai desdobrando em leque as

---

* Originalmente publicado na *Folha de S.Paulo*, de 5 de agosto de 1989.

possibilidades de uma arte amatória cujo horizonte é a plenitude. Ainda que possa entestar com a morte, como está dito em "Os Réus", ou desembocar numa dolorida lucidez de suas frustrações, como o dão a entender "Serva" e "Profissão de Esposa", nem por isso a feminilidade de *Decurso de Prazo* abdica de sua colérica verdade:

Quero datar a minha cólera
Quero danar a minha cólera
Quero o dardo da minha cólera
Quero de arte a minha cólera
Quero doar-te a minha cólera.

Se a imagem autoral que *Decurso de Prazo* propõe aos seus leitores é o de uma mulher na plena posse de sua maturidade, *Sinal de Menos* faz pensar nas virtualidades da juventude, não mais porém na latência das intenções e sim já na força das realizações. Nenhum dos vinte e seis poemas enfeixados nesta segunda coletânea de Carlos Ávila ostenta título. Pela circunstância de encimá-lo e amiúde definir-lhe a essência ou tema numa como divisa, o título de um poema naturalmente desloca o centro de gravidade para fora dele. Talvez essa deslocação fosse indesejável numa poesia autocentrada como a de Carlos Ávila. Autocentramento que se manifesta, quando mais não seja, na constante referência do verbal a si mesmo, através de alusões a poema, *poiesis*, linguagem, palavra, quando não à materialidade da página que lhe serve de suporte. Graças a isso, ao mesmo tempo em que lucidamente se reconhece um artífice e ao poema um artefato, o poeta se exime das falácias do confessional, responsável por tantos e tão repetidos equívocos. Principalmente da parte daqueles que, como o jovem interlocutor de Teócrito no poema de Kaváfis, ainda estão no primeiro degrau da alta escada da poesia.

Não é evidentemente o caso de Carlos Ávila, que já o deixou para trás, conforme demonstra pela segurança de fatura dos seus poemas. A dicção destes incorpora, refratada pelo prisma de uma sensibilidade original o bastante para safar-se das armadilhas do epigonismo, os procedimentos da poesia de vanguarda. Mas o que me parece mais alvissareiro na arte de Carlos Ávila é a consciência dos seus próprios limites e da possibilidade de superá-los. Por um lado, essa consciência se manifesta numa espécie de fadiga do logocêntrico ("poesia/ meia palavra gasta"; "partitura vazia"; "perdido entre signos";

José Paulo Paes *Crítica Reunida Sobre Literatura Brasileira & Inéditos em Livros*

"mudo/ diante de tudo"), sinal de menos a que responde, sinal de mais, um sentimento de mundo que se coloca antes e além da elocução:

> Voltei à vida
> aprendiz de mim
> por outras vias
> que não a poesia

Que esse sentimento, melhor se diria, que essa fome de mundo precede o ato de verbalização, à maneira de uma plataforma de salto ("as estrelas/ alcanço/ no chão/ os pés/ tocando"), está implícito nos pretéritos que balizam a elocução referencial e autobiográfica de "paris/ era uma fera", poema que se conclui sintomaticamente neste terceto:

> bebi
> (*il faut être toujours ivre*)
> o mundo

Embriagado pelo vinho do mundo, cuja asperidade é certamente mais imperativa e mais nutritiva, que a do brando vinho da poesia com que fingidamente (o poeta é um fingidor) se satisfaziam Mallarmé e os convivas do seu brinde: "*Rien, cette écume, vierge vers/ a ne designer que la coupe*" – Carlos Ávila rompe o círculo de giz da poesia-sobre-poesia ao descobrir em tempo hábil que "o amor voa em toda parte" e que "O sol/ bate/ na estante".

Tenho a impressão de que esta abertura da poesia autocentrada de Carlos Ávila para o mundo fora dela assinala um momento, senão de ruptura, de correção de rumos. Sem abrir mão do instrumental de demiurgo da linguagem que já sabe manejar com a desejada desenvoltura, começa ele a superar uma idolatria do poder dele ínsito na qual se configura o que, lembrando o mítico protagonista do poema de João Cabral, se poderia chamar de complexo de Anfion. Nesse complexo, à obsessão com o puro fazer ou fazer-se do poema corresponde, inverso simétrico, o descaso pela sua eventual referencialidade. Desde o Bilac de "Profissão de Fé", passando pelo Drummond de "Procura da Poesia" e o João Cabral de "Psicologia da Composição", até o processualismo da poesia-para-poetas das vanguardas que se seguiram a este último, o complexo anfiônico é de fácil diagnóstico entre nós. Ainda que ele tenha desempenhado o papel histórico de coibir terapeuticamente os destemperos da catarse e as paralisias da sonetice, é mais que tempo de dar-lhe por cumprido o papel.

É o que me parece querer dizer, com a palinódia do seu sinal de menos, a poesia alerta de Carlos Ávila, que se investe assim do sinal de mais indispensável em qualquer álgebra do futuro.

Pela República, com Humor
(Sobre *Os Latifúndios e os Humorismos da Propaganda Republicana* de Hipólito da Silva)[*]

Ainda que não tivesse tido, sobre a literatura brasileira de fins do século passado, o mesmo impacto que sobre ela teve o movimento abolicionista, a causa da República deixou-lhe também algumas marcas, passíveis de serem classificadas sob duas rubricas principais. De um lado, o que se poderia chamar de literatura da ilusão republicana, a qual reflete o engajamento direto dos escritores na propaganda antimonárquica. É o caso por exemplo, em poesia, de Fontoura Xavier com seu *O Régio Saltimbanco* ou de Lúcio de Mendonça com as suas *Vergastas*, tanto quanto, em prosa de ficção, o de Raul Pompeia com suas *As Joias da Coroa*. Todas essas obras foram escritas antes do 15 de novembro, ao passo que suas antípodas, da simétrica mas contrária literatura da desilusão republicana, seriam posteriores àquela que consideravam uma segunda *journée des dupes* entre nós e à crítica de cujos vícios procederam ocasionalmente, conforme se pode ver em romances como *Canaã* de Graça Aranha e o *Triste Fim de Policarpo Quaresma* de Lima Barreto, para não falar de esquecidos panfletos rimados do tipo de *A Florianeida* de Ignotus Vindex, pseudônimo de Pedro Antônio Gomes Júnior, ou das *Páginas Humanas* de Brito Mendes[1].

Não menos esquecidos ficaram os *Humorismos da Propaganda Republicana* de Hipólito da Silva, poeta que pela modéstia dos seus dotes literários e pelo caráter puramente circunstancial dos seus versos parece haver feito jus ao esquecimento em que ficou. Esquecimento do qual as atuais e compreensivelmente desenxabidas comemorações do primeiro centenário da República oferecem um pretexto ainda que fugaz para redimi-lo. Informações a respeito de sua vida e atividade de escritor podem ser colhidas no *Dicionário de Autores Paulis-*

---

[*] Originariamente publicado no suplemento "Cultura" de *O Estado de S. Paulo*, de 18 de novembro de 1989.

1. Ver a propósito "Cancioneiro de Floriano" no meu *Mistério em Casa*, São Paulo, C.E.L., 1951. E também no primeiro volume desta obra.

tas de Luís Correia de Melo[2], por onde fica os sabendo ter-se ele chamado por extenso José Hipólito da Silva Dutra. Nascido em Campinas em 1858, morreu em Águas Viçosas, Minas Gerais, em 1909. Iniciou-se no jornalismo e na propaganda republicana, uma ligada de perto ao outro, em Santos. Depois, na capital do Estado, fundou o jornal *Grito do Povo* e colaborou assiduamente em *A Província de S. Paulo*. A sua obra literária se restringe a dois livros de versos, hoje raridades bibliográficas, numa como compensação pelo esquecimento em que jazem.

O primeiro deles, *Os Latifúndios*, de 1887, é dedicado à memória de Luís Gama, iniciador e campeão do abolicionismo em São Paulo, tendo sido impresso pelo mesmo editor paulista J. Lousada[3] que publicou as *Trovas Burlescas* deste último. *Os Latifúndios* enfeixam nove poemas que, interligados por um tema comum – a exploração do trabalho escravo pelos grandes proprietários rurais, – estão escritos todos no verso alexandrino privilegiado pelos parnasianos, muito embora o de Hipólito da Silva tenha sonoridades hugoanas a oscilarem entre a oratória de comício e as tiradas de melodrama, traindo a influência de Guerra Junqueiro, comum naquela quadra. Ainda que explorasse de quando em quando alguns dos *topoi* sentimentais em voga na poesia abolicionista, a exemplo do escravo libertado de seus grilhões pela morte, preferiu o autor de *Os Latifúndios* voltar-se para os contrassensos de ordem jurídica da escravocracia. Em "O Código", terceiro poema do livro, aparece um cativo que, contra as crueldades do seu senhor, recorre à justiça, a qual lhe responde que, do ponto de vista das leis, o escravo é considerado irresponsável e não pode postular direitos, por conseguinte. Em desespero de causa, o cativo mata então o feitor e volta à presença da Justiça: esta lhe esclarece que o crime o tornou legalmente responsável e que ele será pois julgado e condenado por um tribunal:

---

2. Em *A Campanha Abolicionista, 1879-1888* (Rio de Janeiro, Leite Ribeiro, 1924, pp. 261-2), Evaristo de Morais faz uma breve referência a Hipólito da Silva e ao seu poema *Os Latifúndios*. Também Fernando de Azevedo, nos *Ensaios* (São Paulo, Melhoramentos, 1924-25), ao estudar a poesia social no Brasil, cita "Gênese Sombria", o segundo poema de *Os Latifúndios*.

3. A esse editor se refere Hipólito no prefácio dos *Humorismos*, contando ironicamente que a República premiou Lousada pela sua dedicação à causa dela "fazendo-o aparecer misteriosamente *enforcado* nas grades de sua prisão no quartel da Luz, nos tempos em que as *revoluções* eram tramadas pela polícia, pela necessidade de *castigar inimigos da pátria e perturbadores da ordem!...*" (grifos do próprio autor). Um perfeito e sinistro antecedente histórico, como se vê, do caso Herzog.

Se queres que te diga, eu mesmo não entendo
Estas tricas da lei. Creio que ficas sendo
Animal – se és escravo, e escravo – se suportas
Tudo, sem te queixar. Se o crime abre-te as portas
De um tribunal, então não olha-se à tua cor:
Criminoso – és no júri igual ao teu senhor!

Outro aspecto curioso de *Os Latifúndios* é a sua crítica a republicanos paulistas donos de escravos, cujos interesses haviam preponderado na convenção de Itu, a ponto de o manifesto republicano de 1870, no que foi severamente criticado por Luís Gama, não ter incluído a abolição da escravatura entre as medidas reformadoras que preconizava. Para o autor de *Os Latifúndios*, República e Abolição se confundiam no mesmo anseio libertário, pelo que ele se insurgia contra a "voz potente" de um interesse capaz de dizer:

São escravos, é certo, e eu sou... republicano;
Em política tem a liberdade uns brilhos...
Mas em casa... ai de mim! tenho mulher e filhos
Que não hão de querer, decerto, ir para o eito.
Sempre quero ver, pois, como e por que direito
Me virão despojar daquilo que possuo.

Mal foi assinada a Abolição, passou Hipólito da Silva a divulgar no *Grito do Povo* seus primeiros *Humorismos da Propaganda Republicana*, que reuniu depois em livro entre 1904 e 1905. Publicou-os em três volumes, dos quais só o primeiro corresponde realmente ao título. Os dois outros recolhem colaborações da seção "Pipocas" que manteve em *O Estado de S. Paulo* após o 15 de novembro. Nelas, o cronista bem-humorado dos fatos pitorescos do dia a dia toma o lugar do satirista político, o qual todavia não abandona a trincheira um momento que seja no volume inicial dos *Humorismos da Propaganda Republicana*. Este, que traz o subtítulo de "O Grito do Povo – 1888", é oferecido pelo autor a Francisco Glicério, Campos Sales e Quirino dos Santos, "chefes da propaganda republicana iniciada em nossa terra, quando se não sonhava ainda com a possibilidade de próximo triunfo", e inclui, além de poemas do próprio Hipólito, versos e prosas de outros propagandistas republicanos, entre eles Silva Jardim, Bueno de Andrada e Vicente de Carvalho. As sátiras versificadas de Hipólito ostentam o título genérico de "Correio Imperial", no que parodiam ao pé da letra o título de um jornalzinho então editado em Petrópolis pelos netos de D. Pedro II, "os jovens príncipes brasileiros, sob a direção de seu preceptor, o ilustrado Dr. Ramiz Galvão", conforme esclarece o prefácio do volume I dos *Humorismos da Propaganda Republicana*.

Os versos satíricos de Hipólito da Silva eram maliciosamente atribuídos por ele a "Os Augustos", que amiúde lhe assumiam a elocução na primeira pessoa do plural para comentar os sucessos da família real. Outras vezes fazia-se ouvir a voz do conde d'Eu, "príncipe consorte, *cabeça de turco* de toda a propaganda republicana". É o que está explicado numa nota de pé de página ao poema "Anúncios", em que diz o marido da princesa Isabel:

O estado do meu sogro
Traz-nos muito assustadiços,
E eu receio levar logro
Nos aluguéis dos cortiços.

Ao conde d'Eu, pintado como um usurário ocupado em explorar a população mais pobre do Rio de Janeiro com os aluguéis extorsivos dos cortiços de que era ali proprietário, atribuíam os propagandistas da República insopitável ambição continuísta, tanto mais de recear quanto o estado de saúde do velho imperador já não era dos melhores. Estaria quiçá tão carunchado quanto o trono que ocupava, donde proclamar a seção final dos mesmos "Anúncios":

Muita atenção! Sendo baldado
Ir de encontro à aspiração
Deste país escravizado,
Vende-se um trono carunchado
Para final liquidação.

De si, os antimonarquistas não tinham dúvidas quanto à eficácia da sua pregação revolucionária no sentido de abalar as instituições monárquicas:

Há muito aqui não se ouvia
Tal barulho e confusão!

Quando diz um: – Monarquia,
Gritam dez: – Revolução!

Mas não era só contra a família imperial que se voltavam as farpas dos *Humorismos*. Algumas sobravam para ministros da Coroa como o visconde de Ouro Preto, responsável por um imposto sobre as passagens de bonde, logo suspenso por causa da chamada "revolução do vintém" que desencadeou entre a população carioca. Dele e do seu título nobiliárquico zomba um pretenso diálogo entre as altezas imperiais e seu preceptor Ramiz Galvão:

– "Mas *ouro preto* é sandice
Que as demais põe no chinelo",
Retorquimos. E ele disse:
"– Distingo. O ouro é amarelo!"

E atendendo ao nosso rogo
Explicou: "A gente nobre
É *cobre*, e vale ouro... logo
Ouro Preto vale... cobre!"

– "Por que, então, sábio extremoso..."
Replicamos-lhe também,
"Não dão-lhe o título honroso
De Visconde do Vintém?"

Outras farpas eram dirigidas contra o Zé da Triste Figura, cognome posto pelos republicanos em seu antigo correligionário José do Patrocínio, que logo após a Abolição se dispôs, com os capoeiras da sua Guarda Negra, a quixotescamente defender a Redentora e seu trono dos ataques adversários. A esse monarquista de última hora visavam estes versos em que as mesmas jovens altezas se dirigem à sua mãe, a princesa Isabel:

– A coerência leal do amigo Patrocínio,
Que após jurar-nos guerra, e guerra de extermínio,
Porque lhe deste a mão, veio beijar-te o pé.
Vai mais – a Guarda Negra. O que esta guarda é,

Pergunta ao Patrocínio, o Júpiter do assunto.
Minerva, ela nasceu-lhe, armada, do bestunto.
Só para te servir, amar e defender.

Tampouco escapavam à atenção dos satiristas os vaivéns da política monárquica. Sentindo-se espoliados pela Abolição, os lavradores reclamavam do governo indenização das perdas sofridas, e o ministério João Alfredo, embora não lhes pudesse atender aos reclamos, cuidou de tomar, em favor da lavoura em crise, uma medida paliativa, satirizada nestas quadras:

O temor de uma incoerência
Fez tremer o João Alfredo:
— "Indenizar... é indecência
Disse ele, mas tenho medo [...]

Em todo caso fizemos
Um *jogo* trapaceador:
À dor da lavoura demos
Remédio indeniza dor.

Saltamos esse barranco
Fazendo — não é chalaça! —
Que o Tesouro empreste a um banco
Doze mil contos... de graça!

Para este, sob hipoteca,
Ao lavrador *em atraso*
Dizer: — Aí vai peteca;
— Juro curto, e longo prazo".

Outro paliativo a que recorreu a abalada monarquia no afã de mitigar o descontentamento dos proprietários rurais e tentar evitar que se bandeassem para as hostes republicanas, como acontecia com frequência cada vez maior, foi o de prodigalizar-lhes títulos de nobreza. Isso não obstante os barões da Pedra Alta e da Palmeira terem devolvido os seus ao governo e de Antônio Prado ter recusado o de visconde de São Paulo. Era o que os *Humorismos* registravam numa nota de rodapé a estas quadrinhas pérfidas:

Ela faz barões... aos centos;
Comendadores ... às grosas;

Já lançou aos quatro ventos
Títulos, fitas pomposas...

Deixando a todos no caso
De se fazerem barões
Criou títulos – a prazo
Pagáveis em prestações.

Todas essas citações dos *Humorismos da Propaganda Republicana*, convém insistir, são do seu primeiro volume. Nos dois outros, a verve satírica de Hipólito da Silva vai-se voltar cada vez mais para assuntos não políticos, perdendo com isso boa parte do seu sal. Ademais, com a queda da Monarquia, desapareceu o alvo natural das suas farpas. Nos primórdios da República, Hipólito ainda chegou a lançar algumas contra abusos do governo provisório, tais como a supressão da liberdade de imprensa, a estapafúrdia concessão de patentes de general a chefes republicanos e os escândalos financeiros do Encilhamento. Mas faltava a essas farpas ocasionais a agudeza das anteriores, antimonárquicas, como se a má consciência do republicano lhes tivesse neutralizado o veneno. A mesma má consciência se põe às escâncaras no prefácio em prosa dos *Humorismos*, que ostenta a data de 1º de janeiro de 1904, quando seu autor já engrossava as fileiras dos desiludidos do novo regime, por cuja instauração tanto se havia batido, ele e seus companheiros. Isso nos tempos em que as "eleições eram puras no seio do partido" e ainda não se institucionalizara a fraude eleitoral nem se cogitava da necessidade de "consolidar, ao lado do *marechal de ferro*, esta patuscada que começou a 15 de novembro". É o que a prosa melancólica de Hipólito da Silva assinala ao contrastar o antes com o depois da República: "Ser republicano, naquela época, era ter civismo, sentir-se independente e possuir a coragem da honestidade e do trabalho. Presentemente, já não se exigem tantos predicados: não temos ideais, e – o que é pior – já não temos espírito".

Com esta nota de desalento conclui-se o prefácio dos *Humorismos da Propaganda Republicana*, elegiacamente oferecidos pelo seu autor aos "colecionadores de curiosidades históricas" de uma geração que, junto com as ilusões idealistas, perdera o espírito, a capacidade de rir. Inclusive e sobretudo de si mesma.

A Vida na Flauta
(Sobre *Subsolo* de Carlos Felipe Moisés)*

Não é por acaso que em *Subsolo* (São Paulo, Massao Ohno, 1989), o poema de abertura está dedicado ao flautista Jean Pierre Rampal e se ocupa em desdobrar as virtualidades simbólicas do mesmo instrumento de música que dera a Carlos Felipe Moisés o título do seu livro de estreia, *A Poliflauta de Bartolo* (São Paulo, Massao Ohno, 1960). Tal simetria mostra a fidelidade do poeta aos sonhos e ilusões da juventude. Mas fidelidade de modo algum implica imutabilidade ou incapacidade de evoluir. Muitas coisas mudaram entre os versos do estreante promissor, mas ainda em busca de voz própria, dos anos 60, e os do poeta maduro de fins dos anos 80, senhor do seu canto, desencanto e contracanto, que afinal "tudo é canto", como ensina a reveladora paronomásia do penúltimo poema de *Subsolo*. Não obstante as mudanças, o poeta permaneceu substancialmente o mesmo, à semelhança do Proteu mítico, cuja identidade reside na sua própria capacidade de mudar: aquém e além de todos os eus possíveis, está sempre um proto-eu, Proteu.

Ao grudar o prefixo *poli-* à redundante flauta de Bartolo, que não cansa de remoer o mesmo refrão popularesco, o estreante dos anos 60 simbolizava num oximoro ou paradoxo a multiplicidade de caminhos que a juventude lhe desdobrava à frente, convite à aventura. Para o poeta maduro de fins dos anos 80, todos os caminhos se estreitaram em reconhecimento inescapável de suas limitações. Agora, em vez da poliflauta, a flauta solo. Solo: solidão. Fechado dentro do próprio corpo, a que chama significativamente de sua pátria, o poeta confessa:

O que não fiz, guardei no subsolo.
A flauta ardendo no escuro é o meu consolo.

---

* Originalmente publicado na *Folha de S. Paulo*, de 16 de dezembro de 1989.

Ao longo de dezesseis outros dísticos igualmente fechados sobre si pelo ferrolho da rima, tal qual o poeta dentro do seu corpo, oximoros irão articular, na rica tessitura do poema inicial de *Subsolo*, aquele que me parece ser o motivo obsessivo do livro todo: a noção de perda como ganho. Pois o que armazena o poeta no subsolo da sua memória mais profunda, de onde retiram nutrimento as raízes de sua poesia, senão as frustrações da vida que desenham em negativo o perfil do que gostaria de ter feito, sido ou tido, e que, embora doa, é o que afinal lhe importa, mais do que aquilo que de fato fez, é ou tem? Daí a dialética de solo e subsolo a pervagar a simbólica do livro inteiro. Solo como monólogo e solidão; como delgado chão da vida mal-lograda debaixo do qual, avesso simétrico, negatividade positiva, se aprofunda bandeirianamente o subsolo de tudo o que poderia ter sido e que não foi. Mas se não foi em realidade, é-o em poesia: a perda do homem é o ganho do poeta. Um ganho impossível de estimar, pois o seu maior valor está na dúvida de existir, dúvida diafanamente sugerida pelos arabescos da flauta de Rampal:

O que não foi deixou de acontecer
ou queima nesta flauta até o amanhecer?

Assim, desde o seu pórtico, *Subsolo* timbra em pôr de manifesto as vigas-mestras de sua arquitetura, feita de paradoxos e alusões. Ainda há pouco, através de um advérbio, mencionei Manuel Bandeira, a quem remete alusivamente o título de uma peça como "Boi Morto"; a presença de outros poetas pode ser facilmente rastreada nos versos do autor, quando não está explicitada, conforme ocorre no belo e palinódico "A Paixão segundo Camões", em "Garcilaso", no gonzaguino "Inconfidência" e no caudaloso "Mário de Andrade em S. Francisco". Essa alusividade mais ou menos sistemática faz-se presente nas quatro partes em que está dividido *Subsolo*, identificadas tão só por numerais romanos. A primeira é de índole mais confessional e rememorativa; a segunda reúne descrições poéticas de animais como o boi, o cavalo, a tarântula, a lagartixa etc., formando um pequeno bestiário; a terceira revê a significatividade de figuras míticas como Tirésias ou históricas como Joana d'Arc, quando não se ocupa em glosar com extrema liberdade versos-chave de poetas como D. Dinis ou Garcilaso; variações e desenvolvimentos ainda mais livres podem ser vistos nos dois primeiros poemas da quarta parte, sobre alusões à poesia de Mário de Andrade e Tomás Antônio Gonzaga, ao passo que o terceiro e último poema, em que o poeta celebra, em clave melancólica e autocrítica, seu próprio aniversário, retoma a linha confessional do início do livro, fechando-o assim em círculo.

Mesmo quando se volta para temas exteriores, o autor de *Subsolo* continua a nos falar de si, não fosse a sua uma expressão entranhadamente lírica. Quando, por exemplo, ele se põe a descrever um polvo com seus oito braços a esculpirem "maravilhas na água", a objetividade da descrição não demora a assumir um viés subjetivo a partir do instante em que, cansado do seu balê aquático, o polvo

Expele o negro óleo do tédio
(cortina? biombo?)
e ao limbo devolve
as imagens sonhadas.

Como não ver aqui um *alter ego*, propositalmente grotesco, do poeta entediado de dar uma fugaz vida fictícia, no imaginário da arte, a sonhos até então confinados ao subsolo ou limbo do invivido? Por outro lado, quando entretece, numa operação de intertextualidade, versos ou sugestões de outros autores à sua própria dicção, Carlos Felipe Moisés fica sempre nos antípodas do epigonismo. O desenvolvimento que dá a esse material de enxerto é tão pessoal que mais parece ele estar levando à plena floração virtualidades que seus autores não souberam ou não quiseram desenvolver. Um caso particularmente ilustrativo é o de "A Paixão segundo Camões". Na forma hoje fossilizada do soneto que, ao tempo de Camões, estava ainda em pleno florescimento, Carlos Felipe leva ironicamente às últimas consequências, com apenas mudar-lhe o final, as implicações de um verso famoso: "Transforma-se o amador em coisa alguma". Pela voz de Emily Bronte, "Eu sou Heathcliff!", o Romantismo lograra converter em grito da carne a fusão amorosa das almas que nos neoplatônicos da Renascença não passara de um elegante *tópos* intelectual. Já na nossa pós-modernidade niilista, um *tópos* que tal só pode ter trânsito sob a forma de irrisão: "coisa alguma". Mas, bem feitas as contas, a palinódia ou retratação de Carlos Felipe – contracanto, desencanto do canto alheio – acaba por dizer aquilo que, como possibilidade última, estava implícito na matriz camoniana. Se o amador pudesse de fato transformar-se na coisa amada, a mesmice tomaria o lugar da alteridade, a chama da infelicidade amorosa deixaria de queimar e, com ela, a da própria lírica camoniana, que nunca teria sido escrita.

É de esperar que esta ilustração mais ou menos didática sirva para dar uma ideia do papel do intertextual ou alusivo em *Subsolo*. Quando ele ali aparece, é tão somente o ponto de partida ou deflagramento de um processo de criação lírica cujas operações são daí por diante autógenas, como em toda poesia digna do nome.

Restaria assinalar que a reiterada presença do paradoxo ou oximoro como princípio de composição ao longo dos trinta e três poemas de *Subsolo* aponta basicamente para um condimento de ironia que dá um sabor todo seu ao desencanto do mundo nele tematizado. Quem diz ironia, diz duplicidade de visão, que, por sua vez, é típica do paradoxo, onde o olho da negação está a piscar maliciosamente o tempo todo para o olho da afirmação, e vice-versa. Em *Subsolo*, o olho aberto da juventude, não cegado pela poeira dos dias idos e vividos, fica de guarda para impedir que alguma lágrima piegas ou melodramática possa assomar intempestivamente ao olho desencantado da madureza, "essa terrível prenda". Com isso, rege-se a poética de Carlos Felipe Moisés por um saudável equilíbrio no qual, sem prejuízo de sua originalidade, há algo de drummondiano – e Drummond é uma presença alusiva frequente ao longo do livro. Tal equilíbrio, feito de ironia e pudor, vai esplender-lhe no poema de encerramento, "Mais um Dia", que não será demais considerar, pela riqueza da sua metafórica, pela vivacidade da sua rítmica, pela pluralidade de sua semântica, uma espécie de recolha em *gran finale* de motivos-chave disseminados pelos restantes poemas da coletânea. A pretexto dos seus trinta anos de atividade poética, o poeta faz um balanço de vida cuja severidade autocrítica, melancólica embora, não abdica do senso de humor, palavra que ressalta nesta estrofe reveladora:

> A pele mais grossa,
> os cabelos ralos,
> o humor, o mesmo,
> o coração que estala
> explode
> e espelha no teto
> a sua matilha de lobos
> e cansaços.

x. Os Perigos da Poesia e Outros Ensaios

Logo adiante, outra estrofe não menos reveladora se apoia numa palavra-
-chave, "recomeçar":

Sei que tudo já foi dito,
e melhor, tantas vezes.
mas é minha vez
de dizer mal-
dito e recomeçar.

Posto assim entre a poliflauta da juventude e a monoflauta da madureza,
entre a negação e a afirmação de si, entre a perda de viver e o ganho de sonhar,
entre o desencanto de tantos dias e o encanto de mais um dia, *Subsolo* assume
o oximoro ou paradoxo da vida sob o signo do sempre recomeço, que é, de
resto, o próprio signo da poesia.

Um Poeta do Interior
(Sobre *Minuto Diminuto* de Flávio Luís Ferrarini)*

Bem se disse que, como o Espírito Santo, a poesia sopra onde quer e quando quer. Em fins de 1990, ela soprou reconhecivelmente numa pequena cidade do Rio Grande do Sul. Digo pequena fiado no testemunho de um natural da terra:

As casas na cidade pequena
são vacas deitadas à sombra
as ruas são cobras tristes
esticadas ao sol

Esta é a primeira estrofe de um dos poemas mais característicos de *Minuto Diminuto* (edição do autor), a sexta coletânea de poemas de Flávio Luís Ferrarini. Foi publicada em Caxias do Sul, embora o autor seja de Flores da Cunha, onde nasceu no começo dos anos 1960 e ainda hoje vive, teimosamente contrapondo o minuto diminuto dos seus epigramas às vacas, às cobras e às línguas desse *hinterland* cujos encantos a música chamada sertaneja timbra em idealizar mas a literatura dita erudita algumas vezes desmascarou como pura mitificação. É o que ressalta da *Madame Bovary* de Gustave Flaubert ou das *Cidades Mortas* de Monteiro Lobato, isso para não falar do exemplo mais trágico do grego Kostas Karyotákis, o qual em 1928 se suicidava na mesma cidade de província sobre cuja vulgaridade escrevera um poema ferozmente sarcástico, "Preveza".

A fidelidade de Flávio Luís Ferrarini à sua condição interioriana se manifesta, quando mais não fosse, numa reiterada preocupação com a ideia de pequenez, patente já no adjetivo que figura no título do seu livro e que se confirma a cada passo no tipo de dicção ali privilegiado – a do epigrama,

---

* Originariamente publicado no suplemento "Cultura" de *O Estado de S. Paulo* de 27 de abril de 1991.

um gênero "menor" lapidarmente definido por Coleridge como um todo anão cuja alma é agudeza e cujo corpo é concisão. A preocupação, compendiada desde logo na oposição cidade pequena *x* cidade grande, parece estar entronizada na psicologia do interioriano sob as espécies de um complexo de inferioridade/superioridade de que as exagerações das histórias de caçadores e pescadores, tanto quanto as rivalidades intermunicipais, são afloramentos típicos. E não é raro a questão extravasar do domínio do puramente físico ou quantitativo para o do metaforicamente moral ou intelectual toda vez que à latitude do espírito cosmopolita se contrapõe a estreiteza do espírito provinciano. Dessa estreiteza a poesia de Ferrarini nada tem, mesmo porque o nexo que ela estabelece com a sua circunstância é um nexo dialético, feito de contradições – aceitação e recusa, proximidade e isenção, imersão e fuga que criam um campo de tensões alargadoras. Se da condição interioriana o poeta por assim dizer minimalista de Flores da Cunha tira aquele gosto pelo "pequenino, calado, indiferente/ o solitário vivo", que outro interioriano, esse de Itabira, certo dia celebrou em "A Vida Menor" como a matéria-prima da sua poesia, não se esquece ele tampouco, como o itabirano, de procurar nesse mínimo toda a amplitude da "vida: captada em sua forma irredutível".

Pelo talento pouco comum de saber discernir e exprimir o *multum in parvo* sob as lentes bifocais da inquietude metafísica e da autoironia vigilante, pode-se justificadamente filiar a poesia de Ferrarini numa linhagem drummondiana que, digam o que disserem em contrário, ainda é a mais fecunda da nossa, com perdão da má palavra, pós-modernidade. Isso evidentemente sem prejuízo, de um lado, do visível teor de originalidade que a dicção de *Minuto Diminuto* ostenta, nem, de outro, do seu também muito pessoal aproveitamento de certas lições da poética de vanguarda. A mais importante dessas lições é possivelmente ter a atenção sempre voltada para a fisicalidade da palavra em si, de modo a poder atualizar-lhe as possibilidades de desdobramento semântico, as mais das vezes por via paronomásica. Como neste "achados e perdidos", onde o faro para as simetrias comutativas e a mecânica da frase-feita governam o processo de composição:

quem deixa de andar corcunda
quem deixa de vazar inunda
quem deixa de nadar afunda
quem deixa de procurar redunda

José Paulo Paes *Crítica Reunida Sobre Literatura Brasileira & Inéditos em Livros*

É precisamente por ter como bússola a procura constante que a poesia de Ferrarini raramente se extravia pelo labirinto das redundâncias confessas ou implícitas. Nessa procura, ele não se deixa pear sequer pelo sentimental, clave em que, com a contenção e o humor de esperar-se num poeta seguro de sua arte, se inscreve inegavelmente este "como homenagear a mãe":

esconder o sapato em um canto qualquer
pedir à mãe para sapato encontrá-lo
como custe a dar com o pé no sapato
ficar um sapato qualquer no canto amarrado
chegar tarde em casa com um caso triste
procurar o ombro travesseiro da mãe
a mãe de tarde em casa só e cansada
chegar em casa e dar o ombro para nada
em maio do dia das mães a mãe de um dia
dar a ela um beijo e um polvo de abraços
jurar que ela é o mais puro dos diamantes
depois voltar a fazer tudo como antes

Uma sensibilidade assim que, sem receio de mostrar-se "conteudística", tampouco se compraz no desfrute ególatra, preferindo antes medir-se ironicamente com o mundo que a limita – no caso, o mundo do Interior – salva a dicção *up-to-date* da epigramística de Ferrarini de estagnar-se na mesmice da poesia-sobre-poesia em que retardatariamente insistem certos epígonos do vanguardismo. Esquecem-se eles, decerto, que o logocêntrico da "Fábula de Anfion" ou, anterior, da "Procura da Poesia", é apenas um momento fático em trajetórias que foram muito além dele, até à poesia sobre acontecimentos e a poesia sobre coisas. A propósito desta última, é bom não esquecer que por trás de um Williams ou de um Ponge objetivistas há sempre de tocaia um La Fontaine apologal.

Aliás, não falta tampouco ao autor de *Minuto Diminuto* olho vivo para a imagem visual semanticamente desenvolvida, como em "Falsidade" ("uma melancia rindo verde por fora/ sangrando vermelho por dentro") ou em "Truque Ótico" ("às quatro da madrugada/ pernas abertas indecentes/ por sobre o carpete/ os óculos me olham/ sonolentos e indiferentes"), embora o melhor do livro me pareça estar naqueles lances em que o desdobramento vai

x. Os Perigos da Poesia e Outros Ensaios

além do moral ou do sentimental para chegar às raias do metafísico. "Dúvidas" constitui-se num exemplo elementar:

minha boca dispara
perguntas mudas
contra a enorme e surda
orelha de um deus

Como é fácil ver, vige aqui o mesmo processo de exploração da frase-feita e das simetrias virtuais dos exemplos mais acima citados: o gesto do tiro no ouvido é o paradigma que agencia o léxico ("disparo", "orelha", "surdo-mudo") desse epigrama admiravelmente bem travado. Já em "Contemplação", o foco de interesse se desloca para a metáfora ("como uma luz dentro de outra luz") e para o oximoro ("a luz intensa que não havia"), usados como os usavam os místicos barrocos, para dizer o indizível:

bastava apagar os corredores do corpo
deixar os chinelos da mente à porta
e tudo se tomava muito estranho
o corpo às vezes ficava claro
como uma luz dentro de outra luz
depois não ficava mais nada
somente a luz intensa que não havia

Particularmente digna de atenção aqui é a ocorrência deliberada de um prosaísmo como "chinelos da mente" num contexto que intenta comunicar uma experiência de natureza inefável. O contraste entre prosaico e inefável gera um efeito de humor o qual, em vez de perturbar, antes reforça o efeito de estranheza que o poeta quer infundir no espírito do leitor ao tentar tornar-lhe presente uma sutil vivência metafísica. Tal conjunção de humor e metafísica teve no Drummond de *Claro Enigma*, como se sabe, o seu corifeu entre nós, e foi palmilhando uma estrada interiorana das suas Minas Gerais que o poeta teve a revelação da própria máquina do mundo, naquele *feedback* entre o local e o universal típico da sua inspiração.

Esse *feedback* existe de igual modo na poesia de Ferrarini, segundo procurei acentuar desde o título deste artigo. Mas o interioriano nela aparece muito pouco como tema explícito: a rigor, somente dois dos poemas de *Minuto Diminuto* falam ostensivamente da vida provinciana, a saber: "Cidade Pequena", já mencionado, e "Na Fazenda a Vida Não Passa", cuja estrofe final desabafa:

na fazenda a vida não passa
a vida é um açude de águas paradas
onde os sapos com seus martelos
deixam a vida um prego dos diabos

Onde a interiorice se revela com maior frequência, conquanto obliquamente, é nos poemas que falam da solidão como experiência pessoal. Poder-se-ia observar neste ponto, lembrando do livro famoso de Riesman, *A Multidão Solitária*, ser antes nas metrópoles superpopulosas que tal experiência se exacerba. Mas a solidão do metropolitano é uma solidão em série a irmaná-lo virtualmente com milhões de outros solitários no mesmo vasto espaço urbano. A do interiorano, por ele estar preso numa teia de relações de família e de convívio mais cerrada porque mais cônscia de si, é um caso ou de opção ou de segregação. Seja porém sob a forma ativa de recusa da uniformidade gregária para cultivo das diferenças individuais, seja sob a forma passiva de segregação imposta a quem é visto ou se vê como aberrante do padrão tribal, subjaz a esse tipo de solidão uma ânsia de ultrapassagem do *hic et nunc* confinadores e, por confinadores, insatisfatório. Como a tematizada em "gaiola":

a gaiola pendurada no quarto
com uma linha de nylon invisível
na gaiola pendurada no quarto
canários vários presos
toda noite abrem a porta livres
saem livres toda noite
mas voltam toda noite para casa
meus sonhos impossíveis de asas

Poder-se-ia objetar que este enfoque de *Minuto Diminuto* pelo ângulo do que se poderia chamar o seu sentimento interioriano soa um pouco redutor. Todavia, se à circunstância do *locus* de publicação somarem-se os poemas de crítica ao tédio provinciano, o interesse pelos temas da vida menor, a fuga para dentro de si como resposta a uma sensação de confinamento, e o *feedback* entre as miúdas determinações do local e as arejadas indeterminações do metafísico, o enfoque talvez pareça menos redutor. De qualquer modo, é de esperar que o nível de qualidade dos poemas aqui citados no todo ou em parte tenha bastado para persuadir o leitor de que os minutos interiorianos da poesia de Flávio Luís Ferrarini valem bem horas inteiras de muito poeta de cidade grande cujo nome, sabe-se lá por quê, já circule nacionalmente.

Uma Poética da Estranheza
(Sobre *Atrito* de Felipe Fortuna)*

Se se dissesse serem a morte e a vida os dois polos que organizam o sistema de significados de *Atrito* (Rio de Janeiro, Alarme, 1992), não se estaria dizendo grande coisa. Por ser igualmente aplicável a uma infinidade de outros livros de poesia, tal lugar-comum é anódino. Para que ele possa ter alguma utilidade hermenêutica, impõe-se ao menos delimitar o sentido que ambas as noções assumem na semântica diferencial dessa segunda coletânea de poemas de Felipe Fortuna.

Como dá a entender um dos seus poemas iniciais, "Modos de Morrer", a morte é ali vista com uma objetividade e um distanciamento por assim dizer "clínicos". Só que, em vez de veiculados no jargão dos médicos, corporificam-se em metáforas e oximoros capazes de dar conta, homorganicamente, de "o que a morte tem de susto". Semelhante distanciamento está evidentemente nos antípodas daquela ânsia órfica que, em clave de celebração, ressoa na poesia de Rainer Maria Rilke, a mais prestigiosa instância moderna da poetização da morte. Tampouco nele se percebe – para citar duas outras instâncias – o que quer que seja do comprazimento quase perverso com que o expressionismo de Gottfried Benn se debruça sobre os espetáculos de degradação orgânica, ou a obsessão cientificista de Augusto dos Anjos sobre a "química feroz dos cemitérios" enquanto caminho evolucionário (ou involucionário) para o Nirvana schopenhaueriano.

Se a morte não passa de um "certo acaso", como diz um dos versos de *Atrito*, a vida é de igual modo uma lenta "construção de acaso", como diz outro. Construção que o olho do poeta escolhe surpreender no momento muscular e energético de uma aula de ginástica a que está dedicada uma série de nove poemas nos quais erotismo e ironia confluem numa dicção particularmente vivaz. Tal confluência marca um duplo movimento – busca erótica

---

* Originalmente publicado no suplemento "Mais!" de *O Estado de S. Paulo* em 19 de fevereiro de 1995.

x. Os Perigos da Poesia e Outros Ensaios

de aproximação e consciência irônica de um infranqueável distanciamento entre o sujeito e o objeto – que parece ser a pulsão de base subjacente à visão de mundo proposta em *Atrito*.

Esta é formulada com particular clareza nos três "Poemas à Distância", os quais postulam que a distância a separar as coisas umas das outras permanece mesmo quando as próprias coisas desapareçam. Constitui-se pois ela, a distância, uma espécie· de "maldição" ou "problema eterno" a estremar o homem de Deus, Deus do entendimento, o desejador do corpo desejado: "mesmo quando nos servimos em festa/ é com nossa distância que nos divertimos". Dessa metafísica distância é que nasce o sentimento existencial de estranheza em face das coisas e dos seres: as coisas cuja impenetrabilidade o poema "Em--si" busca exprimir sob a epígrafe sartriana de "O em-si não tem segredo: ele é *maciço*"; os seres, inclusive a mulher amada, cuja pele é a barreira contra a qual se atritam, sem jamais lograr franqueá-la, o olhar e o tacto, melhor, o olhar-tacto inutilmente perscrutador do poeta. Daí não lhe restar outra alternativa senão a de uma distanciada e objetiva visão "clínica" que, nos seus eventuais assomos de ir além do atrito com a superfície da realidade, arma-se das lentes da ironia para desculpar-se do seu próprio malogro. O balanço final desse atrito decepcionante está compendiado em "Anagrama":

No instante em que se desmancha
a pele, o hálito, a dança
ouve-se o aviso enorme
de algo que invade e que envolve: é
coisa estranha, a morte.

No entanto, mesmo cansado,
mesmo com sono ou com tédio,
convivo com o que vejo,
e, frente a ela, percebo
a coisa estranha: a vida.

Filosoficamente falando, convenhamos, um balanço que tal é paupérrimo. Mas a linguagem em que vai sendo inventariado ao longo dos vinte e seis poemas de *Atrito* é suficientemente rica de achados expressivos para que se possa falar, no caso, de uma verdadeira poética da estranheza. O que, convenhamos ainda, não é dizer pouco.

Revisitação de Jorge de Lima
(Sobre *Os Melhores Poemas de Jorge de Lima*)*

Como todo país de cultura rala, o Brasil parece ter pressa em enterrar os seus poetas. A uns sepulta, ainda vivos, na indiferença pela sua obra; a outros, depois de mortos, no pronto esquecimento do pouco que leu deles. Quando falo de poetas, não estou evidentemente me referindo à chusma de rabiscadores de papel que usurpam o título por sua conta e risco. Refiro-me antes aos *happy* – se cabe o adjetivo otimista – *few* cuja marca de fábrica ficou reconhecivelmente gravada no registro de patentes da poesia brasileira.

Jorge de Lima pertence a essa seleta minoria, de que serve para ilustrar, à maravilha, o melancólico destino. No ano passado, por ocasião do primeiro centenário de seu nascimento, o que ainda resta da nossa destroçada imprensa literária voltou a se ocupar dele, após tê-lo esquecido durante tantos anos. Mas os poetas não vivem da piedade dos necrologistas; vivem da atenção dos leitores. E esta, se chegou a ser despertada pela comemoração centenária, não deve ter quase achado alimento com que satisfazer sua curiosidade em torno do memorável autor de *A Túnica Inconsútil*.

Tanto quanto sei, faz tempo que a poesia e a prosa de ficção de Jorge de Lima estão ausentes das livrarias. Pelo menos em edições acessíveis, visto a edição Aguilar de sua obra completa – se é que ainda continua comercialmente disponível – estar longe de fazer jus ao qualificativo. Felizmente, tal descaso editorial – mais uma instância confirmadora de serem os poetas reis daquele reino sem súditos de que fala Kannelopoulos, – acaba de ser remediado em parte. Isso graças à publicação, pela Global (1995), da coletânea *Os Melhores Poemas de Jorge de Lima*, na série dirigida por Edla van Steen.

A coletânea foi organizada por Gilberto Mendonça Teles, que soube selecionar com mão segura algumas das pedras de toque da poesia de Jorge de Lima. No estudo crítico que antepôs à sua seleção, o antologista divide a pro-

---

* Originariamente publicado na página "Cultura" de *O Estado de S. Paulo* de 6 de agosto de 1994.

dução do poeta em três fases, respectivamente de formação, transformação e confirmação. Eu as reduziria a duas apenas, a fase consubstancialista e a fase formalista, deixando de fora os primeiros sonetos esparsos e os XIV *Alexandrinos* como meros tentames de versejador, mais que de poeta.

Este só vai nascer de fato com os *Poemas* de 1927, quando passa a se exprimir no verso livre dos modernistas de 22. Nele é que nos irá falar consubstancialmente de si e do seu mundo nordestino, num momento localista que lhe marca a poesia até 1933, ano em que a publicação de *Tempo e Eternidade* inaugura o momento universalista da "poesia em Cristo". Consubstancialidade é a palavra que mais bem define, estilisticamente, esses dois momentos da primeira fase da poesia de Jorge de Lima. Em ambos vige uma consubstancial adequação entre o dito e o modo de dizer: este nasce imediatamente daquele, que, por sua vez, só por ele pode ser adequadamente expresso. Não há demasias nem carências de um em relação ao outro; o desequilíbrio só se fará sentir mais tarde, na fase formalista.

O verso livre se instaurou entre nós como o emblema por excelência da modernidade, e os vanguardeiros paulistas desde cedo o agilizaram num descritivismo de tom coloquial e de reverberações entre irônicas e nostálgicas que é o registro dominante tanto em *Pauliceia Desvairada* quanto em *Pau-Brasil*. Tal registro irá servir providencialmente ao versejador Jorge de Lima para afinal descobrir sua voz própria de poeta. Largando de mão decassílabos e alexandrinos em torno dos lugares-comuns, impessoais e abstratos, do bilaquismo – a Grécia, a Saudade, a Natureza, a Ciência etc. etc., – volta-se o autor dos *Poemas* de 27 para a concretude de suas vivências nordestinas de "menino impossível", vistas sob a óptica de um infantilismo de rebeldia que os modernistas opunham à seriedade bem comportada dos passadistas.

Também na poesia localista de Jorge de Lima – a qual, melhor que a de Ascenso Ferreira, veio incorporar uma rica matéria nordestina ao pitoresco poético de 22, até então feito só de matéria paulista, mineira e fluminense – aflora uma curiosa tensão entre a modernidade da visão e o provincianismo do visto. Tensão que se resolve menos numa recusa perempta do anacrônico que num re-conhecimento (um ver com novos olhos) de índole a um só tempo nostálgica e irônica. É o que ressalta exemplarmente de "GWBR", talvez o mais representativo dos *Poemas* de 27. A viagem do trenzinho pelos campos e cidadezinhas do Nordeste vai desdobrando aos olhos recém-modernistas do poeta postais paisagísticos e humanos onde o ridículo do "condutor de

José Paulo Paes *Crítica Reunida Sobre Literatura Brasileira & Inéditos em Livros*

bigodes parnasianos" alterna com o sentimental da "mulher proibida" que dá "um adeus ao maquinista que ela nunca há de beijar" e com o patético dos mendigos e aleijados a pedir esmola pelos vagões. Embora fugaz, esta última nota já é reconhecivelmente social e, tanto quanto a visada nostálgica do paradoxo moderno/atrasado, antecipa em verso parte daquilo que o romance de 30 iria dizer em prosa.

Como se mencionou acima, o momento universalista da primeira fase da poesia de Jorge de Lima instaura-se em *Tempo e Eternidade* (1935) sob a égide de um cristianismo restaurador cuja retórica de "grandes palavras" contrasta com a simplória religiosidade popular dos *Poemas* de 27. Mas nos *Poemas Escolhidos* que precederam de um ano *Tempo e Eternidade*, o poeta, tendo trocado a vida provinciana pela vida metropolitana, já se confessara "homem de cimento armado" e como tal devoto do "Cristo Turista" do Corcovado que, também de cimento armado, está apto a acompanhá-lo por todas as substâncias, perspectivas e distâncias.

Para falar de, com e em nome desse Cristo ubíquo, o poeta já não pode usar a mesma fala localista com que se dirigia ao Menino Jesus, ao Anjo da Guarda e aos santos da devoção folclórica. Por isso, o seu verso livre vai perder o timbre irônico sentimental para ganhar, consubstancialmente com a grave matéria que se propõe celebrar, amplitude e solenidade de versículo bíblico. Não o versículo dos quatro evangelistas, mais ameno e doutrinal, mas o versículo do Apocalipse que, por terrível e sibilino, serve melhor para dizer as "grandes palavras" capazes de dar testemunho não só da conturbação dos tempos em que o poeta vive mas sobretudo daquilo "que está acima do tempo, o que é imutável" – a dimensão do sagrado. Essa visada transtemporal chega ao titanismo em *Anunciação e Encontro de Mira-Celi*, de 1943, livro com que se encerra a primeira fase da poesia de Jorge de Lima. Ali (poema 56) o olhar do poeta devassa os milênios inúmeros da história da criação, seu corpo se dilata cosmicamente até o infinito e seus pés são atravessados pelos meridianos da própria Trindade.

A fase a que chamo de formalista começa, na obra poética de Jorge de Lima, pelo *Livro dos Sonetos*, de 1949, onde o verso livre cede seu lugar ao verso metrificado e rimado. Amiúde, a coerção de rima passa a governar o agenciamento das palavras, comprometendo a fluência do discurso e, pior que isso, a consubstancialidade do modo de dizer com o que é dito. Como se o relevo formal do significante se fizesse às expensas de um empobrecimento do significado. A essa volta a uma forma fixa como o soneto não são estranhas as preocupações de certa vertente da geração de 45 com o "enobrecimento" da linguagem poética, em oposição ao que considerava "vulgar" e "prosaico" na tradição modernista.

Em *Invenção de Orfeu*, o último e mais ambicioso livro de poesia de Jorge de Lima, a retomada de formas fixas "nobres" vai além do soneto, até a oitava rima, a sextina e o verso branco. Concomitantemente, sob a égide da alusão, da paráfrase e da glosa (ou da intertextualidade, se se preferir um termo mais da moda), a dicção do poeta vai-se abeberar nas fontes da tradição clássica, sobretudo nos *Lusíadas* e na lírica de Camões, na *Eneida* (através da tradução de Odorico Mendes, conforme demonstrou Luiz Busatto)[1] e no *Paraíso Perdido*. Tal empenho restaurador ou classicizante tem a ver de perto com a ambição de criar em português uma épica moderna, ambição quiçá ditada por um obscuro sentimento de inferioridade.

Atualizando uma postura de que Calímaco já fora o campeão no século III a. C., Poe negou, como se sabe, poeticidade ao poema longo, salvo numa ou noutra passagem ocasional, e a deu como exclusiva do poema curto. Ainda que perfilhassem as mais das vezes tal postulado na sua prática poética, nem por isso alguns expoentes da modernidade deixaram de sentir a nostalgia e a atração da épica, de que tentaram criar um equivalente moderno. Tentou-o também Jorge de Lima em *Invenção de Orfeu*. Mas sem emular, como o Kazantzákis da *Odisseia*, o metro e a estrutura narrativa do modelo homérico, nem tampouco forjar um novo modelo, como as colagens ideogramáticas do Pound dos *Cantos* ou o "estilo-metralhadora", inspirado na linguagem do noticiário de jornal, que William Carlos Williams usou em *Paterson*.

A unidade estrutural desses modernos tentames épicos lhes é garantida ora por um fio narrativo, ora por alguma homogeneidade de dicção. Já isso não acontece em *Invenção de Orfeu*, cujos dez cantos não desenvolvem nenhum tipo de argumento: a ocasional reiteração de motivos-chave, como o da busca da ilha mítica ou da progressiva e emblemática fundação do poeta pelo seu próprio cantar metalinguístico, não chega nem de longe a dar um mínimo esqueleto de sustentação à mole verbal de mais de nove mil versos. Tampouco há qualquer homogeneidade de dicção: verso branco e verso rimado se alternam discricionariamente; discricionariamente se misturam variados

---

1. Luiz Busatto, *Montagem em* Invenção de Orfeu, Rio de Janeiro, Âmbito Cultural, 1978.

JOSÉ PAULO PAES *Crítica Reunida Sobre Literatura Brasileira & Inéditos em Livros*

tipos de estrofação. E como já acontecia no *Livro de Sonetos*, o discurso poético parece estar governado menos por uma vontade composicional do que pelas instigações dos nexos rimáticos ou do jogo de palavra puxa palavra, metáfora puxa metáfora, alusão puxa alusão, quando não o é pelo comprazimento (já assinalado por Ledo Ivo) em enumerações mais ou menos caóticas. Mesmo o leitor mais atento dificilmente deixará de experimentar a sensação de estar bracejando num magma verbal onde inexistem pontos de apoio.

Se todavia, além de atento, o dito leitor for medianamente sensível, não deixará de encontrar, na sua travessia desse magma, regiões da mais alta beleza – para citar apenas dois exemplos imediatos, o soneto sobre a garupa palustre e bela, as estâncias sobre o desassossego de Inês, – e, a cada braçada, versos memoráveis como o "há sempre um copo de mar/ para um homem navegar". Tampouco deixará de sentir, o tempo todo, a pujança de um temperamento criador que, mesmo nos seus desacertos, dá a medida de sua grandeza. Só um grande poeta teria a audácia de meter ombros a uma empresa do porte e do risco de *Invenção de Orfeu*. E se se pode falar de malogro no caso, trata-se de um grandioso e desafiante malogro que convida à perene revisitação.

Pulmões Feitos Coração
(Sobre Manuel Bandeira)*

Foi lendo e relendo a obra poética de Manuel Bandeira, na antiga edição de 1944 publicada pela Americ-Edit, que consegui chegar ao entendimento e fruição de poesia moderna. Isso nos idos da adolescência, dois ou três anos depois de completado o curso ginasial, do qual saíra eu com a anacrônica concepção de ser poesia um tipo de linguagem obrigatoriamente rimada, metrificada e enfeitada. À altura dos meus anos ginasiais, as antologias para o ensino do vernáculo davam ainda testemunho daquele "mundo estagnado" que dois decênios mais tarde Osman Lins iria anatematizar pela imprensa numa série de artigos posteriormente recolhidos em *Do Ideal e da Glória*. Em matéria de poesia, tais antologias contentavam-se com os lugares mais comuns do romantismo e do parnasianismo, já que para seus compiladores verso livre era pedra de escândalo.

Para oficiar o rito de passagem deste seu leitor neófito, da poética tradicional para a nova poética, ninguém estava aliás mais bem qualificado do que Manuel Bandeira. Diferentemente de Oswald e de Mário de Andrade, que já estrearam como poetas modernistas, ele primeiro sacrificou nas aras do parnaso-simbolismo antes de perfilhar o credo de 22. Mas, num como no outro caso, sem quaisquer ardores de cristão-novo: à grandeza da sua personalidade de poeta repugnava decerto a estreiteza das jaulas epigônicas. Donde, por sob a discrição de um tom desejadamente "menor", a sua poesia ter sido sempre "desviante", se assim se pode dizer. Na fase pré-modernista, culminada em *Carnaval* (1919), Bandeira já fazia ouvir uma nota de modernidade de audível timbre antecipatório. E desde o início da sua fase propriamente modernista, iniciada por *Libertinagem* (1930), manteve um nexo de continuidade com a tradição que a *Lira Paulistana* de Mário de Andrade só faria ratificar, mas uma década depois.

---

* Originariamente publicado na página "Cultura" de *O Estado de S. Paulo* de 18 de setembro de 1994.

Se no seu minucioso e brilhante *Humildade, Paixão e Morte*, Davi Arrigucci Jr. já fez plena justiça hermenêutica ao Bandeira modernista, quem sabe a recente (1944) edição crítica de *A Cinza das Horas, Carnaval* e *O Ritmo Dissoluto* não venha a estimular o reexame do Bandeira pré-modernista. Competentemente preparada por Júlio Castañon Guimarães e Rachel T. Valença, essa edição crítica (na qual figuram 25 poemas até agora inéditos em livro) dá continuidade à importante série de publicações da Fundação Casa de Rui Barbosa dedicadas ao pré-modernismo.

Trata-se de um período que os historiadores de nossa literatura habitualmente menosprezam por não lhe encontrarem uma estética própria, capaz de diferençá-lo dos demais períodos. Daí o rótulo diminutivo de "período sincrético" com que costumam caracterizá-lo estilisticamente. Pelo menos no domínio da poesia, o rótulo tem cabimento: a produção poética do pré--modernismo mostra de fato vincadas influências retardatárias que justificam falar-se de um neoparnasianismo e de um neossimbolismo como as suas duas principais vertentes. Mas o prefixo "neo" pode ser às vezes enganador e, sob a máscara do simplesmente ressurrecto, obscurecer a emergência do realmente novo. É o que acontece no caso da poesia cientificista e necrofílica de Augusto dos Anjos, que extrapola visivelmente os limites do parnaso-simbolismo, a ponto de ter levado um de seus estudiosos, Anatol Rosenfeld, a compará-la à de Gottfried Benn e a ver nela antecipações expressionistas. Outro caso de extrapolação, mais discreto, mas não menos marcado, é o de boa parte dos poemas de *Cinza das Horas, Carnaval* e *O Ritmo Dissoluto*.

Nesses três livros pré-modernistas de Bandeira, os poemas "desviantes" são significativamente mais numerosos do que os meros pastiches. Para mais bem entender a originalidade daqueles, falemos antes do epigonismo destes. Um claro exemplo de pastiche é "A Aranha", de *A Cinza das Horas*, soneto onde o recurso a figuras da mitologia grega e o tom narrativo-apologal da dicção lhe denunciam, de pronto, a filiação à mesma preceptística bilaquiana que o poeta iria satirizar em "Os Sapos", de *Carnaval*. Por sua vez, o octossílabo francês, as reticências em *smorzando* e certos estereótipos de escola ("esgarça névoas ao luar", "morreu pecando alguma santa", "a alma penada de uma infanta") não escondem o molde simbolista em que foi vazado "Dentro da Noite", também de *A Cinza das Horas*.

Todavia, em "O Inútil Luar", poema consecutivo a "Dentro da Noite", uma série de notações prosaicas – o velhote que faz contas, os rapazolas que discutem política, a senhora que fala à amiga em mandar matar uma galinha para a visita da mãe – põem em xeque a poeticidade da melancolia lunar evocada nas três primeiras estrofes, corroendo assim o molde simbolista com o cáustico de uma ironia desviante. Não é contudo indispensável o distanciamento irônico para marcar a desviação. Mesmo sem discrepar da atmosfera chuvosa e tristonha de "Cantilena", outro poema de *A Cinza das Horas*, uma metáfora como "Minh' alma é um menino doente/ Que a ama acalenta mas em vão" releva da mediania simbolista pela sua novidade, antecipando nisso a dicção, de tão vincada pessoalidade, do Bandeira modernista. Mas já na sua produção pré-modernista, um gosto inato pela expressão mais desafetada, mais natural, subsequentemente apurada até o grau de mestria, levava-o com frequência a abrandar o tom proclamadamente "literário" que ainda era moda na época.

Em polo oposto ao timbre grave, repassado de desalento, tristeza, insatisfação e resignada mansidão, dos poemas de corte simbolista, a exaltação sensual de peças como "Vulgívaga" ou "O Súcubo", de *Carnaval*, poderia ser vista como puro resquício bilaquiano, se certas notas de perversa e comprazida morbidez não traíssem o influxo baudelairiano. Mas o importante no caso é menos rastrear a fonte de influência que ressaltar o jogo paradoxal, a um só tempo opositivo e complementar, entre mansidão e exaltação, jogo a que subjaz um campo de força cujos polos ordenam alguns dos temas, motivos e posturas mais característicos da lírica bandeiriana.

Mesmo ao risco de incorrer na chamada falácia biográfica, não seria descabido ver aí um certo influxo, no nível da representação poética, daquilo a que se poderia chamar eros tuberculoso – alternância de momentos astênicos de desalento e resignação com surtos de insatisfação sexual acoroçoados pela febre hética, uns e outros inquinados (pelo menos naqueles tempos) pelo tabu isolacionista do contágio. Não se deve esquecer, porém, serem os polos da carnalidade e da espiritualidade mediados, no caso, por toda uma complexa gama de valores ético-religiosos que, de par com as vicissitudes da longa doença, concorreram para afeiçoar a sensibilidade, já de si ensimesmada e contida, do poeta. O mesmo poeta que mais tarde, embora curado, continuaria a dizer-se "tuberculoso profissional", e que nos primeiros livros falava, com conhecimento de causa, da sua "dor de tossir bebendo o ar fino,/ A esmorecer e desejando tanto", da sua "humanidade irônica de tísico".

Sob a óptica dessa peculiar humanidade afigura-se menos estranha aquela estranha simbiose entre ternura e volúpia, ardor e apaziguamento, aguilhão do desejo e ânsia de pureza que se reitera na lírica amorosa de Bandeira como uma espécie de idiossincrásica marca de fábrica. Marca que assume, na sua fase pré-modernista, um caráter de conciliação da carnalidade parnasiana com a espiritualidade simbolista. Por exemplo: em "Boda Espiritual", de *A Cinza das Horas*, o amante busca, com uma longa carícia no dorso da amada, *"amortecer"* (o grifo é meu) o "ardente desejo" dela; poema de ostensiva sensualidade apesar do título, é no mínimo paradoxal o verso que lhe dá remate, "E te amo como se ama um passarinho morto", verso de resto tipicamente bandeiriano. Em "Natal", outro poema do mesmo livro, o poeta envia imaginativamente à amada-amiga uma "carícia filial", aspirando a que a sua, dele, ternura "se torne insexual". Por fim, já na fase modernista, o verso famoso da peça que dá nome a *A Estrela da Manhã* irá extremar a simbiose: "Pura ou degradada até a última baixeza/ Eu quero a estrela da manhã".

Ao falar aqui em eros tuberculoso, está-se invocando, como o provam as alusões do poeta à sua própria enfermidade, uma categoria interpretativa de ordem *intratextual*. E isso para mostrar que, ao fazer dos pulmões coração – se me permitem alterar a frase feita, – Bandeira vinculou poesia e vida não confessionalmente, em nível puramente temático, mas estruturalmente, articulando, num *continuum* ordenador da expressão poética, as vicissitudes da doença, os valores éticos de uma formação religiosa e as idiossincrasias de um temperamento meigo e grave, para usar dois adjetivos tipicamente bandeirianos.

Estas sumárias anotações acerca da poesia pré-modernista de Bandeira ficariam incompletas se não se fizesse uma referência ainda que de passagem a traços *art nouveau* nela rastreáveis. Em outras ocasiões,[1] procurei mostrar como o conceito de ornamentalismo consubstancial, que é típico do *art nouveau* – o ornato não como acréscimo arbitrário à coisa ornada, mas como legítima exteriorização de sua própria essência, – pode ser vantajosamente transposto do domínio das artes visuais para o da literatura pré-modernista. Foi aliás o que Jost Hermand fez convincentemente ao organizar uma antologia de poesia

---

1. Ver "O Art Nouveau na Literatura Brasileira" e "Augusto dos Anjos e o Art Nouveau" em meu *Gregos & Baianos*, São Paulo, Brasiliense, 1985, pp. 64-80 e 81-92, e no primeiro volume desta obra; "Huysmans ou a Nevrose do Novo" em J.-K. Huysmans, *Às Avessas*, tradução e introdução de José Paulo Paes, São Paulo, Companhia das Letras, 1987; meu *Canaã e o Ideário Modernista*, São Paulo, Edusp, 1992, também no primeiro volume desta obra; e "Uma Microscopia do Monstruoso" no meu *Transleituras*, São Paulo, Ática, 1995, pp. 74-80.

x. Os Perigos da Poesia e Outros Ensaios

Jugendstill ou Estilo-Juventude, designação por que ficou conhecido o *art nouveau* alemão.

Entre os temas e motivos característicos do Estilo-Juventude arrolados por Hermand, dois deles, o carnaval e a embriaguez da vida, comparecem na produção pré-modernista de Bandeira. *Carnaval* chama-se um dos seus livros dessa fase e em poemas como "À Sombra das Araucárias", "Voz de Fora" e "Plenitude", de *A Cinza das Horas*, há um encarecimento do *élan* vital que contrasta com a melancolia simbolista dominante nos demais poemas.

Com a sua dionisíaca e multicolorida profusão ornamental de fantasias, confetes, serpentinas, cortejos, danças, o espetáculo carnavalesco haveria por força de seduzir a imaginação *art nouveau*. E a componente dionisíaca não deixa de estar presente no *Carnaval* de Bandeira, em cujo poema de abertura, ao celebrar aos brados de "Evoé Baco" e "Quero beber! cantar asneiras!" o "torvelim da mascarada" e as "serpentinas dos amores", o poeta parece despedir-se em definitivo dos seus desalentos simbolistas. Entretanto, nos poemas subsequentes, vai ele dando mostras de identificar-se antes com a esqualidez, a tristeza e a frustração sexual de Pierrot do que com a alegre devassidão de Arlequim. Daí que ao falar, no "Epílogo" do livro, do seu "Carnaval todo subjetivo [...] sem nenhuma alegria", revele-se ele mais uma vez desviante.

O vitalismo arte-novista era igualmente de índole dionisíaca, nisso traindo o influxo do pensamento de Nietzsche, tão marcado no final do século passado e na primeira década deste. A exaltação da embriaguez da vida, do *élan* vital, avultava nos ornatos *art nouveau* inspirados nas formas e forças do mundo natural, ornatos que, aplicados aos artefatos modernos, visavam a integrar estes no seio daquele, corrigindo assim o divórcio entre natureza e técnica. Ainda que traga o selo do espírito de época, o encarecimento da natureza ganha conotações de ordem bem mais pessoal nos poemas vitalistas de Bandeira. Neles, a paisagem assume um sentido palinódico-terapêutico, por assim dizer. Deixa de ser estado d'alma, – hieróglifo da subjetividade, como nos poemas mais vincadamente simbolistas, para assumir função corretiva, opondo sua sanidade, sua força de vida, ao desalento e à morbidez então usualmente tematizados pelo poeta. É o que estas quadras de "À Sombra das Araucárias", que me permito citar por extenso, deixam bem claro:

Não aprofundes o teu tédio.
Não te entregues à mágoa vã.

O próprio tempo é o bom remédio:
Bebe a delícia da manhã. […]

Ah! fosse tudo assim na vida!
Sus, não cedas à vã fraqueza.
Que adianta a queixa repetida?
Goza o painel da natureza.

Cria, e terás com que exaltar-te
No mais nobre e maior prazer.
A afeiçoar teu sonho de arte,
Sentir-te-ás convalescer.

A arte é uma fada que transmuta
E transfigura o mau destino.
Prova. Olha. Toca. Cheira. Escuta.
Cada sentido é um dom divino.

A transfiguração de um suposto mau destino em poesia da mais nobre e alta que jamais se escreveu entre nós mostra que Bandeira não fez ouvidos moucos ao seu próprio e providencial conselho.

Entre o Erótico e o Herético
(Sobre *A Dança do Fogo* de Armindo Trevisan)*

Em seu volumoso panorama crítico e antológico de *A Poesia da Geração 60* (Rio de Janeiro, Topbooks, 1995), Pedro Lyra nela distingue quatro vertentes de discurso. A primeira, que chama de "herança lírica", ele a subdivide por sua vez em quatro "diretivas": lirismo ostensivamente erotizado, lirismo universalista de fundo cosmológico, lirismo de fundo místico, e lirismo de fundo mítico. Dentro desse esquema classificatório, o nome de Armindo Trevisan só aparece na rubrica de lirismo de fundo místico seguido de uma confirmação entre parênteses: "(toda a obra, particularmente *O Ferreiro Harmonioso, O Moinho de Deus*)".

Creio que, em face da última coletânea de poemas de Armindo Trevisan, a rígida classificação de Pedro Lyra terá de ser revista. A coletânea intitula-se *A Dança do Fogo* e foi lançada em fins de 1995 por uma editora gaúcha, a Uniprom. Fazendo justiça ao título que os congrega, os noventa e dois breves poemas de *A Dança do Fogo* estão repassados de um erotismo por assim dizer ígneo. Mas esse erotismo em momento algum ultrapassa as fronteiras da conjugalidade – o que não deixa de ser curioso.

Desde *Antologia Palatina*, a poesia erótica tem mostrado decidida preferência pelos amores extraconjugais. Que essa preferência se institucionalizou, não digo como norma do gênero, mas como tendência hegemônica, é o que pode facilmente verificar quem se dê ao trabalho de percorrer a breve amostragem histórica que reuni em *Poesia Erótica em Tradução*. Ali também há pelo menos duas diatribes contra o amor conjugal; uma delas "Casamento", de Samuel Butler, poeta inglês do século XVII, diz: "O homem casado é quase um morto, e o prova/ Indo pra cama como quem fosse pra cova". Remontando o curso dos séculos, o epigrama de Butler vai ao encontro de um epigrama de Agatias Escolástico, poeta bizantino do século VI d. C. que se perguntava:

---

* Originariamente publicado na página "Cultura" de *O Estado de S. Paulo* de 20 de novembro de 1996.

"Quem suportaria, por dever, excitar os insípidos/ ardores daquela a quem se uniu em matrimônio?".

Mas não é de estranhar que, a contracorrente da tradição do gênero, Armindo Trevisan confine sua poesia erótica aos limites do amor matrimonial sacramentado pela Igreja. Ainda recentemente, numa coletânea de "ensaios de estética cristã" intitulada *A Sombra Luminosa* (Petrópolis, Vozes, 1955), refletia ele acerca das "condições para uma poesia cristã". A certa altura, sua reflexão vê-se a braços com o problema de conciliar poesia e ortodoxia: "a expressão pessoal do poeta, *ocasionalmente herética*, [...] do ponto de vista da poesia, não é menos fecunda que a experiência – digamos assim – ortodoxa". A frase que grifei nessa citação tem a ver de perto com a dialética de *A Dança do Fogo*, isto é, com uma certa tensão de elementos antagônicos forcejando por integrar-se.

Ninguém ignora que, na tradição cristã, carne e pecado andaram sempre juntos. Já em sua *Epístola aos Romanos*, o apóstolo Paulo recorria à pedagogia do testemunho expiatório para não só se confessar "carnal, vendido ao pecado" como para reconhecer que "na minha carne, não habita bem algum". Se bem o cristianismo mais arejado de nossos dias tenha aparado as arestas desse horror à carnalidade, nem por isso deixa este de continuar rondando, como uma espécie de assombração, os porões da consciência cristã. Para exorcizar a assombração é que a jubilosa carnalidade de *A Dança do Fogo* se apressa em dizer-se filha legítima do próprio Criador:

Com sutileza, a quem lhe exige contas
das erupções da carne, contradiz:

o seu autor é o Criador do mundo,
e já não pode o instrumentista hábil

amar e odiar, a um tempo, os dedos,
e as melodias que lhe fluem das cordas.

Ainda que prudentemente ancorada no porto seguro do matrimônio, essa jubilosa carnalidade dá, vez por outra, sinais de uma certa nostalgia da livre navegação dos amores extraconjugais:

É tão habilidosa que, na rua
subindo a um táxi, ou simulando olhar

as mangas que o fruteiro lhe oferece,
toda a nudez do corpo ela insinua,

e assim, quando o marido, à noite, a pede,
não é ele, mas ela quem tem sede.

Nesse poema tão conciso quanto intenso, o desejo feminino se compraz no mesmo tipo de erotismo por tabela a que se aplica o desejo masculino num dos epigramas venezianos de Goethe: "Não vos irrite, mulheres, admirarmos as moças:/ Gozais de noite o que elas de dia excitam".

Na erótica "ocasionalmente herética" de *A Dança do Fogo*, há outros momentos de fina percepção dos caprichos meandros da sensualidade. Um deles tem como ponto focal o tédio do costumeiro e do conhecido contraposto à ânsia do inédito e do desconhecido, tédio e ânsia copresentes no quadro da conjugalidade como uma insatisfação que ali só se pode resolver numa revisão do já-visto. É o que, com despojamento e fluência de dicção, está dito em:

De súbito, a mulher que sempre amara
lhe pareceu uma outra! E tão estranho

lhe pareceu seu corpo, sua cara,
que suspeitou que lhe faltara o juízo.

Porém, quando a tateou, viu que era ela,
com os seus brincos, mais corpórea e bela,

e então, pela primeira vez na vida,
amou uma mulher desconhecida.

Num outro poema ainda mais conciso, o erotismo "ocasionalmente herético" de *A Dança do Fogo* se radicaliza ao envolver o próprio Criador no jogo carnal:

Em certas noites, tu, cristã submissa,
aprende a desatar os nós da carne.

Depois, adora a Deus, alucinada,
E dá-Lhe de beber em teu marido.

O álibi desse envolvimento está na própria sequência da Criação, sobretudo no seu quinto dia, quando, depois de pôr no mundo os répteis, as aves, o gado e as bestas feras – e antes de criar Adão, – "viu Deus que era bom". Assim, quando o poeta de *A Dança do Fogo* recorre, para figurar os ímpetos da carne, a uma metafórica da animalidade cuja criação antecede a do homem e sua Queda – o que a isenta do estigma desta, – está conferindo à mesma carne um estatuto de naturalidade que a re-inocenta. Essa metafórica animalizadora pode inclusive remontar até os confins do tempo e fazer da união sexual uma espécie de anamnese evolucionária:

Numa só carne os dois se reuniram.

E, breve, uma outra carne navegaram,
a de animais que tinham, na Pré-História,
construído os alvéolos da memória.

Em "Metamorfose", embora não vá cronologicamente tão longe, o remonte metafórico chega a beirar o grotesco quando se propõe comparar os lábios da amada a um focinho de égua ou vaca. Graças porém à hábil modulação por que articulam os polos da metáfora, esta passa de grotesca a lírica: o aroma de hortelã que o poeta sente nos lábios da amada viria do instante primordial em que "alguém soprou na carne triste e vã/ aquilo que desabrochou em alma". Essa alma, por sua vez, "é um focinho que se iluminou/ com o que viu, sentiu, e cogitou./ (Nasceram os teus lábios dessa alma)".

A proeminência do metaforismo na poética de Armindo Trevisan filia-o desde logo à da Geração de 60. Mais de um poeta dessa geração levou ao descomedimento uma exuberância metafórica que já se fazia sentir na dicção da geração anterior e que conferia a ela, dicção, um timbre ostensivamente "literário". Ou, para citar dois corifeus da Geração de 45, uma desejada "elevação do vulgar" que a pudesse estremar da linguagem "descuidada e 'prosaica' do

x. Os Perigos da Poesia e Outros Ensaios

Modernismo de 22". A exuberância dá ao metaforismo uma função antes adjetiva que substantiva. Em vez de cada metáfora ser trabalhada em profundidade, com vistas a adensar-lhe a semântica, a proliferação delas à flor do texto acaba por gerar um efeito ornamental que só serve par esgarçar o sentido.

Esgarçamentos de sentido não são raros em *A Dança do Fogo*. Como no poema da página 15, onde a "voz" dos ossos colhe "o azul do céu nos quatro ângulos", num nexo metafórico arbitrário que desvia a atenção da ideia principal, em vez de intensificá-la. Mas, bem feitas as contas, os a-propósitos metafóricos de Armindo Trevisan compensam-lhe os despropósitos. Permito-me citar, à guisa de exemplo, os três versos finais do poema da página 35:

As espumas irão ao teu encalço, saltimbancos que
atiram suas facas
beijando-te na boca das ressacas.

Como a quase totalidade das peças enfeixadas em *A Dança do Fogo*, esse poema é construído em dísticos, ou seja, em estrofes de dois versos. Algumas vezes, todos os versos rimam entre si. Mais comumente, porém, a rima se confina aos dois versos finais, como nesse exemplo. O dístico é um tipo de associação de verso/sentido de índole epigramática, que convida à concisão e à lapidaridade. Daí ter sido privilegiado pelos epigramistas da Antiguidade clássica, quer no registro lírico quer no registro satírico. Os neoclássicos franceses e ingleses do século XVIII o ressuscitaram como o veículo por excelência daquela propriedade e inteligibilidade de expressão a que almejavam em sua *art de plaire*, obediente às regras tão estritas quanto racionais do preceituário de Boileau. Em contrapartida, o romântico Coleridge ouvia reprobativamente no dístico a voz tão somente "da lógica do engenho", ou seja, de "pensamentos *traduzidos* em linguagem de poesia", não de "pensamentos poéticos" propriamente ditos.

Paradoxalmente, a lapidaridade dos dísticos de *A Dança do Fogo* advém de estarem interligados, não por nexos de coerência lógica, e sim de coerência analógica. Voltando ao exemplo há pouco citado, a discrepância entre a evanescência das espumas do mar e a solidez das facas de saltimbancos – discrepância que tornaria a metáfora "imprópria" – se apaga diante da similitude de ambas irem, cada qual a seu modo, no encalço do alvo – no caso uma mulher numa paisagem marinha de dunas e rochas. Por sua vez, o nexo rimático entre

249

José Paulo Paes *Crítica Reunida Sobre Literatura Brasileira & Inéditos em Livros*

"facas" e "ressacas", palavra do mesmo campo semântico de "espumas", reforça a analogia anterior. Tal ênfase analógica mostra por si só que a metáfora aqui, em vez de adjetivamente ornar um pensamento lógico com ouropéis poéticos, funda substantivamente o processo mesmo da *poiesis*.

Esta ilustração mais ou menos simplória, e por isso mesmo mais didática, está longe de fazer justiça à bravura dos melhores lances metafóricos de *A Dança do Fogo*. Essa bravura de dó de peito ressalta em "Noturno", onde o agenciamento das palavras e metáforas parece obedecer, em primeira instância, à constrição das rimas e, em segunda instância, do campo analógico gerado por elas induzido:

> É sobre a noite que teus seios rugem,
> pedindo, como leões, o seu sustento:
>
> penso que pedem à inflação do vento,
> como o metal à água sua ferrugem.
>
> Enfim, entumescidos como pombos
> que bicam milho no adro de uma igreja,
>
> eu os comparo a um barco que veleja.
> Teus seios são meus ovos de Colombo.

Lances assim, mais do que testemunhar um cacoete estilístico da geração a que, pela fatalidade da sua data de nascimento e/ou da estreia em livro, pertence cronologicamente Armindo Trevisan, apontam para uma inventividade que, sem abrir mão dos brilhos de superfície, empenha-se em neles consubstancializar expressão literária e visão de mundo. Uma consubstancialização que, ao afirmar-se "ocasionalmente herética", mostra estar sendo fiel à sua própria ortodoxia: a do poeta dando um sentido mais puro às palavras da tribo – ou do rebanho do Senhor, como mais bem conviria dizer em se tratando de um poeta cristão.

Eu é um Outro e o Poeta Outro Outro
(Sobre O *Livro Diverso*/*A Peleja dos Falsários* de Bernardo de Mendonça)

Neste Brasil de olhos postos nas miragens do primeiro mundo e de pés apressados no rumo da globalização econômico-cultural, a publicação de uma coletânea de poemas como O *Livro Diverso: a Peleja dos Falsários*, de Bernardo de Mendonça (Rio de Janeiro, Graphia, 1995), soa quase como heresia ou anacronismo. Não cometerei, contra esses poemas, a injustiça de chamá--los nacionalistas ou regionalistas, dois adjetivos caídos em desgraça entre os bem-pensantes e bem-viventes. Advertido a tempo pelo dito de Vlaminck de que a inteligência é cosmopolita, a burrice nacional e a arte local, prefiro chamá-los localistas. Mas de um localismo em trânsito, se me permitem o paradoxo. É que "A Peleja dos Falsários", peça de resistência dessa segunda coletânea de poemas de Bernardo de Mendonça, se ambienta no trajeto da estrada Rio-Bahia, comprazendo-se o tempo todo em enumerar os locais por onde transita – cidades e bares. Outrossim, para nada dizer do localismo dos cursos d'água invocados na "Cantiga dos Rios que Bebi", os logradouros e as comida da cidade natal do autor são arroladas no penúltimo texto do livro, "Cantigas para a Cidade de Maceió".

Títulos como "cantigas", reforçados por subtítulos como "recitativo", "romances", "parolagem", apontam desde logo para um certo viés de oralidade. E o metro preferido pelo poeta é o redondilho menor, de quando em quando trocado pelo maior, da poesia folclórica e da literatura de cordel. À tradição de ambas esteve sempre ligado Ascenso Ferreira que, ao lado de Augusto dos Anjos, protagoniza a – não há por que temer o adjetivo – esplêndida "Peleja dos Falsários". Na mesma tradição foi buscar régua e compasso o João Cabral de Melo Neto dos "poemas em voz alta", cujo influxo é perceptível em O *Livro Diverso*, menos como modelo que como horizonte.

No caso de uma poesia tão minuciosamente "construída" como a de João Cabral e de Bernardo de Mendonça, o termo "oralidade" deve ser tomado com mais do que um grão de sal. Designa não a espontaneidade descuidosa do *sermo vulgaris*, mas uma estilização cuja economia artística exclui quanto haja nele de aleatoriamente espontâneo e negligente. E ao aproximar aqui os nomes do poeta mais velho e do poeta mais jovem, não estou querendo denunciar nenhum nexo epigônico de imitação que só sirva para confirmar o Mesmo, mas, ao contrário, destacar um nexo de sucessão criativa que, sem escamotear a noção de fundador, aponta para a emergência do Outro. Em registro irônico, é o que está dito no poema de abertura de *O Livro Diverso*, quando seu "escriba", ao declarar-se "museu e usina do lixo/ de toda a lira perdida", anuncia os ecos intertextuais que se vão fazer ouvir nos poemas ulteriores. Neles, o intertextual andará sempre acompanhado do metalinguístico que, vindo do Drummond de "Procura da Poesia", iria logo depois ecoar no João Cabral de "Psicologia da Composição" e "Fábula de Anfion".

Sob uma óptica entre irônica e depreciativa – como a de chamar-lhe "escriba" –, o poeta e seu ofício são tematizados a cada passo em *O Livro Diverso*, título em que "diverso" pode bem ser lido como corruptela de "de verso". As referências a poetas brasileiros são iterativas: Ascenso Ferreira e Augusto dos Anjos protagonizam "A Peleja dos Falsários"; em "Citações" há epigramas sobre Anchieta, Gregório de Matos, Cláudio Manuel da Costa, Gonzaga, Álvares de Azevedo, Gonçalves Dias, Bilac, Mário de Andrade, talvez Oswald ("O Escolhido"), Torquato Neto; Fernando Pessoa, o único não brasileiro, é o destaque de "Números". E na "Fábula" final, cujo subtítulo contrapõe "o verso e a mercearia", há como que um eco longínquo da objurgatória do prólogo de *As Primaveras* contra o "homem sério" que prefere "uma moeda de cobre a uma página de Lamartine". Embora o lúcido e ácido desencanto de Bernardo de Mendonça esteja a anos-luz das desconfiadas ilusões de Casimiro de Abreu, irmana-os o mesmo despaisamento num "mundo de coisas negociáveis" onde o simples anúncio de um livro de versos provoca exclamações: "que coisa antiga [...] que coisa inútil [...] que coisa ridícula".

No texto com que se encerra *O Livro Diverso* e de onde foram tiradas as expressões aspeadas do parágrafo acima, seu autor troca o verso pela prosa e, em primeira pessoa, nos fala de sua *gaucherie* de poeta enfrentando nas ruas do Rio "a pressa motorizada e buzinante" da "formidável simulação urbana de vida útil" e aguentado com horror "o pequeno coro de zombarias" aos produtos de sua arte. Pode-se ver, na primeira pessoa verbal dessa prosa de encerramento, uma espécie de recolha dos problemáticos eus de poetas disseminados pelos poemas que a antecederam. Problemáticos porque, dentro da óptica irônico-depreciativa a que já me referi, eles se comprazem em questionar a identidade da figura social do poeta – e identidade, com o seu oposto simétrico, falsidade, são os dois polos em torno dos quais se ordenam as linhas de força da semântica de O Livro Diverso.

Ambos os polos ressaltam com particular ênfase na sua, como já foi dito, peça de resistência, "A Peleja dos Falsários". Trata-se de um poema longo em redondilho menor cujo narrador, identificado pelo pronome de primeira pessoa, sai a beber cachaça com o poeta Ascenso Ferreira, ao longo da Rio-Bahia, por sucessivos bares de Minas. Há nexo de pertinência analógica entre cachaça e poesia em "A Peleja dos Falsários": na sua seção 1, a poesia, "indústria da sina" em que "se destila/ o acaso na escrita", é comparada ao alambique em que se destila a cachaça. Mas, voltando aos beberrões do poema, eles cortam caminho para chegar a Leopoldina, onde, como é sabido, passou os últimos dias e foi enterrado o poeta Augusto dos Anjos. Pela porta de um bar da cidade, que será o palco da cena principal do poema, Ascenso crê ter visto passar o vulto de Augusto. Logo em seguida surge no bar a figura do poeta paraibano, "a pele esticada/ na caveira ossuda,/ orelhas de abano/ e um bem cultivado/ e lhano bigode", e no breve diálogo que trava com ele, Ascenso, "bêbado irado", o escarnece e nega-lhe a identidade: *"Augusto dos Anjos/ não é este viado! [...] Augusto dos Anjos/ não é este doido!"*. O escarnecido revida com igual negação: *"esse/ que estava aqui,/ contando vantagem,/ dizendo besteira [...] não é nem de longe/ Ascenso Ferreira"*.

Tal póstumo, fantástico, disparatado e polêmico encontro de dois poetas tão opostos entre si enseja ao narrador ressaltar-lhes as diferenças: cada um deles "observa o outro/ como se a si mesmo,/ ao avesso relesse". Num procedimento formal que, sob variadas formulações, vai reaparecer em outros momentos do livro – qual seja o recurso a séries de parelhas de elementos opositivos, – essas diferenças são desenvolvidas sobretudo nas secções 4 e 6, em que o fio narrativo é provisoriamente interrompido por longas sequências de dísticos do tipo de "Escreva: morena./ Releia: monera./ Escreva: pirão./ Releia: caixão". A primeira parelha ou dístico contrapõe, em anagrama ("morena" e "monera" têm exatamente as mesmas letras), uma palavra emblemática do popularismo de Ascenso a outra não menos emblemática do cientificismo de Augusto; semelhantemente, a segunda parelha contrasta, sob nexo de rima, uma iguaria da culinária popular com um termo-chave da necrofilia do Eu.

Malgrado as fundas discrepâncias entre os dois poetas, eles têm em comum uma mesma aura de popularidade que, por opostas razões, lhes cerca (ou cercou, no caso de Ascenso Ferreira, hoje esquecido e ausente das livrarias) a figura e a poesia. Para sublinhar o equívoco dessa aura, a seção final da "Peleja dos Falsários" põe Ascenso no centro de uma roda dos "grandes da terra" a cuja frente está o promotor público que o quer homenagear com um banquete; por sua vez, "o exótico Augusto" era outrora lido por "igual companhia/ de ricos e doutos [...] a dar gargalhadas" do seu extravagante vocabulário e das extravagantes rimas a que convidava. No fecho do poema, a empatia do narrador, afastando-se do loquaz e festejado Ascenso, vai toda para o "paraibano/ que o bar ignora" e com o qual ele, narrador, passa a dividir "o mais solitário/ ocaso de um bar/ em que andei bêbado".

Mas não é nessa seção final que a semântica do poema tem o seu centro de gravidade. Este avulta em duas outras. Primeiramente, num lance da seção 5 em que, aplicando o construto verlainiano do poeta maldito a "tantos [...] devastado(s)/ pela maldição/ de saber em vão", a voz narrativa os agremia no

esquisito clã
dos que dão a vida
por somente um verso que decifre o instante e alguém repita:
ó mamãe, eu quero.

O último verso em grifo é de uma marchinha carnavalesca de Jararaca a cuja "transparência" aspira a poesia de Bernardo de Mendonça, segundo informa o texto das abas de O Livro Diverso. Ao invocar esse verso como uma espécie de imagem em abismo da missão e da ambição da poesia – decifrar algum instante da vida tão epifânico que sua decifração possa valer a própria vida, – o narrador da "Peleja" atribui especial significância à figura do poeta, reabilitando-a. A dimensão social dessa significância aflora no verso "e alguém repita": quando um leitor ou ouvinte repete para si ou para outrem um verso que o impressiona, está-lhe confirmando o poder decifrador, o sentido mais puro dado às palavras da tribo pela "destilação" poética.

Não há incoerência entre esse lance de reabilitação da figura do poeta e a óptica irônico-depreciativa por que é vista as mais das vezes em O Livro Diverso. Uma coisa é conceber idealmente a missão da poesia; outra ter os olhos abertos para a pragmática social que a constrange. O banquete com que "os grandes da terra" pretendem homologar o renome de um dos poetas da "Peleja", tanto quanto as gargalhadas com que os "ricos e doutos" liam as extravagâncias do outro, se confundem num mesmo ritual de incompreensão do que seja poesia e de para que serve.

O outro ponto-chave da semântica da "Peleja" avulta neste passo da sua seção 8:

(Avisem na terra: não há eu em
mim. Há tudo, há todos. Porém
não há eu.

[...]

Não existe eu:
nem muitos, nem poucos,
nem falsos, nem outros
[...]
pensa sem descanso, quem não é
em si.)

Difícil não ver aqui, intencional ou não, um eco do famoso aforismo de Rimbaud em sua carta dita do Vidente: "Porque EU é um outro". Na esclarecedora análise que faz da poética rimbaudiana, Hugo Friedrich não se esquece de completar a frase: "É falso dizer: penso. Dever-se-ia dizer: pensa-se em mim"[1]. Ao redimir o eu poético do comprazimento em si a que o acostumara o individualismo romântico e ao impessoalizar-lhe o olhar até o ponto crítico de ele se ver como outro, a lírica moderna pôs definitivamente em xeque a ipseidade do poeta. O exemplo mais teatral é o dos heterônimos de Pessoa e do "fingimento" como estratégia de despersonalização. Foi o que, em compasso microscópico, tentei exprimir num epigrama, "O Último Heterônimo", que diz: "O poema é o autor do poeta."

Será que, nas anamorfoses amiúde desconcertantes e ambíguas a que a óptica ironicamente depreciativa de Bernardo de Mendonça sujeita a figura

---

1. Hugo Friedrich, *Estrutura da Lírica Moderna*, tradução de M. M. Curioni e D. F. da Silva, São Paulo, Duas Cidades, 1978, p. 72.

do poeta, algo parecido não está sendo dito? Pelo menos, é o que faz pensar a recíproca negação de identidades na "Peleja". A identidade pública de Ascenso estaria não na poesia que escreveu mas no renome que ela lhe granjeou: a este, mais do que àquela, é que visa o banquete de homenagem, no equívoco de preterir a poesia pelo poeta. E no Augusto ressurrecto *ad hoc* há uma preterição equivalente: o autor se agarra fantasmaticamente à autoria como tábua de salvação contra o esquecimento não de seus versos – alguns deles ainda vivos, posto que anônimos, na boca do povo – mas de si próprio. Não há tampouco como deixar de lembrar, neste ponto, outra passagem da carta do Vidente em que Rimbaud escarnece os "velhos imbecis" que, apegados à "falsa significação" do Eu, insistem em se declarar autores desses "milhares de esqueletos" que são as obras geradas por sua "inteligência caolha". Salva de tal ossário pela sua "transparência", a marchinha de Jararaca ainda ressoa na memória de muitos, embora pouquíssimos a saibam dele.

Não sei se estas considerações meio descosidas e simplórias conseguem lançar alguma luz hermenêutica, mínima que seja, sobre as zonas de sombra dos doze intensos poemas coligidos em *O Livro Diverso: a Peleja dos Falsários*. Mas, com ter-nos levado de Ascenso Ferreira a Arthur Rimbaud, servem ao menos para mostrar que no local pode estar encapsulada uma *imago mundi* mais convincente que as fotopsias da globalização. E servem também para insinuar a suspeita de que no supostamente anacrônico pode subsistir uma atualidade menos fugaz que a do ortodoxamente *up to date*.

O Poeta/Profeta da Bagunça Transcendente
(Sobre *Os Melhores Poemas de Murilo Mendes*)[*]

"Qual em si mesmo enfim a eternidade o muda." É de supor que a eternidade prometida por Mallarmé ao destinatário do seu soneto-epitáfio fosse, não a do bronze ou discurso embalsamadores, mas a da memória viva de gerações de leitores. Entende-se, por outro lado, a indispensabilidade da morte para a fixação do si-mesmo de um poeta, teoricamente passível de modificação a cada novo poema que ele viesse a escrever. Contudo, nem todo poeta precisa esperar pelo último poema para afirmar a sua fisionomia própria, a sua marca de fábrica. Para nos restringirmos à prata de casa, Castro Alves afirmou-a bem antes, justificando-se assim a observação de Andrade Muricy, encampada por Mário de Andrade com a gota de vitríolo de que ele morreu na hora certa, pois não tinha nada mais que acrescentar à sua obra. Augusto dos Anjos também afirmou seu si-mesmo no *Eu*, a que os *Outros Poemas* postumamente recolhidos pela piedade de Órris Soares nada trouxeram de diferencial.

Se um poeta deve seu quinhão de eternidade ou, melhor dizendo, de sobrevida, ao interesse dos leitores futuros, não será justo negar a estes o direito de definir o que entendem seja o si-mesmo dele. E a essa definição chegam intuitivamente a partir do momento em que começam a descobrir traços da dicção de um poeta na de outro, a ponto de poderem dizer consigo: "mas isto é Drummond!", "mas isto é Bandeira!", "mas isto é Murilo!". Tenho para mim que o meio mais expedito para se chegar ao *lui-même* de um poeta seja uma boa antologia. Como a que Luciana Stegagno Picchio organizou da poesia de Murilo Mendes para a série "Melhores Poemas", dirigida por Edla van Steen e editada pela Global. Dentro das limitações de espaço a que teve de sujeitar-se, a organizadora dos recém-lançados *Melhores Poemas de Murilo Mendes* logrou realizar uma seleção de textos modelar, a que acrescentou um prefácio.

---

[*] Originariamente publicado na página "Cultura" de *O Estado de S. Paulo* de 20 de abril de 1996.

Nesse prefácio, Luciana Stegnano Picchio nos diz que, estando já fixado o texto definitivo da obra muriliana, é chegado o momento de "escolher o 'nosso' Murilo Mendes". E para essa escolha ela propicia ao leitor um bom itinerário ao pinçar, de cada uma das dezessete coletâneas de poemas em que, de 1925 a 1974, o poeta foi recolhendo sua produção, algumas das peças mais características ou pedras de toque. Relendo agora, em compasso antológico, o Murilo com que desde 1946 venho me deleitando em primeiras edições ciumentamente guardadas, vejo que cedo lhe consegui intuir o si-mesmo. No meu livrinho de estreia, *O Aluno* (1947), há uma "Muriliana" em que, sob a égide do pastiche, uma dicção ainda insegura de si murilianizava-se de caso pensado. Nisso, antecipava-se ela ao poeta de *Convergência* (1993-1965), que nessa coletânea se comprazeria em webernizar-se, joãocabralizar-se, francis-ponjar-se e mondrianizar-se.

No virtuosismo desse Murilo "do exílio sem regresso" de que fala Luciana Stegnano Picchio, voltado para "inovações vindas de toda a parte, mas especialmente de um Brasil experimental de poesia concreta e invenções cabralinas", não me parece estar o Murilo essencial, aquele cuja marca de fábrica se gravou indelevelmente no Modernismo brasileiro. Tal marca fez sua primeira e ainda hesitante aparição nos *Poemas* (1925-1929), ausentou-se da saborosa *História do Brasil* (1932), para reaparecer em *O Visionário* (1930) e prolongar-se, por mais sete livros, até *Sonetos Brancos* (1946-1948). A datação desses volumes cobre, pois, toda a década de 30 e boa parte da seguinte. Vale dizer: o período de surgimento das ditaduras totalitárias na Europa, período durante o qual os conflitos de interesses e ideologias se vão acirrando até o ponto de explosão, a Segunda Guerra Mundial. Na caixa de ecos da poesia de Murilo Mendes, esse período conturbado se reflete em imagens apocalípticas que bem lhe exprimem a ominosa significância.

Para exprimi-la, Murilo talvez estivesse mais bem qualificado do que qualquer outro poeta da geração de 30. Isso porque não apenas soubera manter vivo o ímpeto da rebeldia de 22 como radicalizá-lo conforme cumpria. Pois o que era cosmopolitismo turístico ou nacionalismo pitoresco na poesia do Oswald e do Mário da fase primitivista vai-se essencializar, aprofundar e dramatizar — sem descambar no patético ou perder seu travo de humor modernista — na visada universal de *O Visionário* e livros subsequentes. Nele ressalta com particular evidência aquela estrutura de base que

x. Os Perigos da Poesia e Outros Ensaios

Mario Praz considera específica da arte do século xx[1]. Qual seja a interpenetração espácio-temporal, estrutura que a visão múltipla e simultânea do cubismo ilustra à perfeição. Através de Apollinaire sobretudo, a lição do cubismo cedo transitou da pintura para a poesia – e os "minutos de poesia" de *Pau-Brasil*, com sua minimização dos nexos gramaticais, suas elipses verbais e seus deslocamentos qualificativos, testemunham o influxo cubista no primitivismo de 22.

O efeito mais imediato provocado por um poema cubista no espírito do leitor é o de descontinuidade, em consequência não só da sua pletora de imagens e das suas elipses frequentes como da ausência de conexão lógica ou até mesmo gramatical entre os versos ou grupos de versos, cada um dos quais é como que um bloco autônomo de sentido. E, na sua obsessão do onírico, o surrealismo levaria às últimas consequências a ilogicidade posta em moda pela poesia cubista, cujo pendor construtivo pouco tinha a ver com a espontaneidade da escrita automática, muito embora fosse também Apollinaire o criador do termo "surrealismo".

Pode-se ver no "surrealismo lúcido" que Luciana Stegnano Picchio refere como típico de Murilo Mendes, um encontro da lucidez construtiva do cubismo, que ele aprendera dos modernistas de S. Paulo, com a ilogicidade onírica do surrealismo, que o convívio com Ismael Nery nele acoroçoou logo depois. Esse encontro já dá sinal de si nos *Poemas* de 1925-1929, alguns dos quais começam a definir a dicção e as preocupações essenciais do poeta. "Os Dois Lados", por exemplo, ilustra um gosto pelas séries repetitivas ou anafóricas de itens mais ou menos desconexos que se vai reiterar nos livros posteriores. E em "O Poeta na Igreja" avulta o caráter dilemático do catolicismo muriliano, dividido entre a sedução do mundo das formas, onde a carnalidade feminina esplende ("seios decotados não me deixam ver a cruz"), e a eternidade das ideias a que o espírito deve aceder pela mediação da fé. Finalmente, em "Mapa", o poeta extravasa a sua consciência cósmica movimentando-se vertiginosamente no tempo e no espaço para estar presente "em todos os nascimentos e em todas as agonias", à espera de que o mundo mude de cara e a morte revele "o verdadeiro sentido das coisas". Para que essa consciência cósmica não incorra em nenhuma grandiloquência à Whitman, o poeta cuida

---

1. Mario Praz, *Literatura e Artes Visuais*, trad. de J. P. Paes, S. Paulo, Cultrix, 1982, cap. VII, "Interpenetração Espacial e Temporal".

de nela infundir o corretivo da irreverência modernista: do "seu quarto modesto da praia de Botafogo", propõe-se a inaugurar no mundo nada mais nada menos que "o estado de bagunça transcendente".

O Visionário, de 1930, já é um livro plenamente muriliano. Num de seus poemas mais representativos, a figura da mulher ganha dimensões ciclópicas: o mundo começa "nos seios de Jandira", cujo braço esquerdo às vezes "desaparecia no caos"; em meio a uma paisagem de "anúncios luminosos", seu corpo se mecanizava, "seus cabelos cresciam furiosamente com a força das máquinas", enquanto ela esperava pelos "clarins do juízo final". Esse agigantamento do feminino num espaço povoado de signos da tecnologia moderna e perpassado pelo sopro da escatologia cristão-apocalíptica, dá a medida da originalidade com que Murilo Mendes irá utilizar *pro domo suo*, durante a fase mais marcante da sua produção poética, as virtualidades da interpenetração espácio-temporal que, de Joyce a Picasso, de Eliot a Stravinski, funda as poéticas da modernidade.

Tempo e Eternidade, sob a divisa evangélica de "restaurar a poesia em Cristo", anuncia um "novo olhar" que, sem se deter mais na carnalidade, busca ir além dela, até o "amor essencial". A visada universalista desse novo olhar se afirma nos "vim" anafóricos de "Vocação do Poeta" – um poeta nascido "para experimentar dúvidas e contradições", "afirmar o princípio eterno" de onde proveio e anunciar que "a palavra essencial de Jesus Cristo dominará as palavras do patrão e do operário". Esta última e dúplice referência mostra que os tempos modernos aparecem agora na poesia de Murilo não mais como exterioridade tecnológica mas como interioridade dramática, donde a antevisão utópica do dia em que "a voz dos homens abafará a voz da sirene e da máquina".

As peças de *Os Quatro Elementos* (1935) antologiadas por Luciana Stegnano Picchio ilustram a dicção em *staccato* tão caracteristicamente muriliana: verso ou pequenos grupos de versos de medida breve e de sentido autônomo, com verbos no presente do indicativo, em séries enumerativas sem conexão lógica entre os itens. Leia-se, a título de exemplo, estes versos de "O Poeta Marítimo":

A noite vem de Bornéu
Clotilde se enrola no astracã
A tempestade lava os ombros da pedra

O grande navio ancora nos peixes dourados [...]
A sereia enrola o mar com o rabo

Como seu título adverte, *A Poesia em Pânico*, de 1936-1937, vai radicalizar o "estado de bagunça transcendente" que, desde o livro de estreia, seu autor inaugurara na poesia brasileira. O casamento dos contrários a que essa "bagunça" aspira transluz na perspetiva apocalípica por que contempla o mundo já então se precipitando na loucura da guerra: "Bordéis e igrejas, maternidades e cemitérios levantam-se no ar para o bem e para o mal". Ou então: "Quem são estes velhos que andam de velocípede? Quem são estes bebês empunhando machados?". Os tempos históricos se baralham caleidoscopicamente, a ponto de Madalena esperar pelo poeta num porão da Idade Média; por sua vez, as imagens ganham uma assustadora nitidez de pesadelo:

Um manequim assassina um homem por amor.
Sete pianos ululam na extensão do asfalto.

A própria Igreja aparece ao restaurador da "poesia em Cristo" como um espaço de aporias:

A igreja toda em curvas avança para mim,
Enlaçando-me com ternura – mas quer me asfixiar.
Com um braço me indica o seio e o paraíso,
Com outro braço me convoca para o inferno. [...]
Suas palavras são chicotadas para mim, rebelde.

[...] Aponta-me a mãe de seu Criador, Musa das musas,
Acusando-me porque exaltei acima dela a mutável Berenice.
[...] Não posso sair da igreja nem lutar com ela
Que um dia me absolverá
Na sua ternura totalitária e cruel.

Os dois adjetivos que rematam essa "Igreja mulher" remetem diretamente para o clima da época em que o poema foi escrito. Um tempo de totalitarismos e crueldades cujas trevas começam a ser atravessadas de quando em quando pelo sol da utopia em *As Metamorfoses* (1938-1941).

A primeira edição desse livro pelo qual tenho particular afeição traz quatro ilustrações de página inteira feitas por Portinari. Nelas, soube o ilustrador captar bem os entretons de certas imagens iterativas que amainam o desespero da quadra guerreira ao contrapor-lhes figurações de esperança. Como a da amada de rosto de "lua moça" que abandona "o reino dos homens bárbaros que fuzilam crianças com bonecas ao colo" para, de mãos dadas com o amante, atravessar a criação agarrados ambos à cauda de um cometa. Ou então da "doce Armilavda" vinda, com seu nome de exótica sonoridade, dos dias dos jogos de bilboquê para assistir ao espetáculo de tiranos retalhando "partituras de sinfonias austríacas" e de "crianças e velhos metralhados" na China. Ou ainda os míticos cavalos azuis "de uma antiga raça companheira do homem" que, embora tenham sido substituídos "pelos cavalos mecânicos" e atirados pelo mesmo homem ao "abismo da história", galopam no rumo do horizonte para despertar "os clarins da alvorada".

A atualidade das premonições apocalípicas que dividem terreno com as utópicas em *As Metamorfoses* reponta sobretudo em "1941", poema cuja primeira estrofe diz profeticamente:

> Adeus ilustre Europa
> Os poemas de Donne, as sonatas de Scarlatti
> Agitam os braços pedindo socorro:
> Chegam os bárbaros de motocicleta,
> Matando as fontes em que todos nós bebemos.

Quem não reconhece nesses bárbaros de motocicleta o arquétipo daqueles batedores das distopias do futuro cujo próximo advento os filmes de ficção científica da televisão não se cansam de anunciar?

Não passe tampouco sem registro uma peculiaridade da metafórica de Murilo Mendes que ressalta com frequência em *As Metamorfoses*, embora já estivesse presente nos seus livros anteriores. Refiro-me àquela inversão do trajeto normal da metáfora, a qual, em vez de ir buscar ao mundo natural ou cósmico, como de hábito, símiles para exprimir aspectos do mundo humano ("teus olhos são duas estrelas"), toma deste símiles para exprimir aspectos daquele. Tal inversão foi estudada por Gerard Genette na poesia barroca, cuja afinidade com a poesia moderna ele não se esquece de acentuar. Uma e outra têm predileção pelos efeitos de surpresa, e os conseguem pelo recurso ao caráter hiperbólico das metáforas de trajeto invertido, que aproximam "por uma espécie de intrusão, realidades naturalmente distanciadas dentro do contraste e da descontinuidade"[2]. Intrusão e distanciamento que tais são perceptíveis em lances metafóricos de *As Metamorfoses*, a exemplo de "A manhã veste a camisa" ou "Conto as estrelas pelos dedos, faltam várias ao trabalho. Desmontam o universo-manequim". Em ambos os lances, a desmesura do cósmico assume a pequenez humana do vestuário, do emprego e da vitrine.

A poesia modernista de 22-28 usou e abusou da metáfora de trajeto invertido. Notadamente *Cobra Norato*, com as suas saborosas animizações da seiva amazônica: "Rios magros obrigados a trabalhar", "Aqui é a escola das árvores. Estão estudando geometria", "O céu tapa o rosto", e assim por diante. Mas nisso Raul Bopp estava apenas sendo fiel ao espírito da matéria folclórica em que se inspirava: desde suas raízes totêmicas, tal matéria traduz a intimidade estabelecida entre o mundo do homem e o mundo da natureza pela analógica do pensamento selvagem. Se bem possa ter aprendido dos modernistas históricos seus antecessores imediatos a técnica da metáfora de trajeto invertido, Murilo Mendes lhe deu sentido diverso. Ao fazer dela recurso de base do processo de interpenetração espácio-temporal a que a sua poesia cedo se aplicou, ele lhe infundiu reverberações metafísicas. Pois é preciso ter sempre presente que o centro magnético dessa poesia é a fé católica e, malgrado os assomos de rebeldia, a obediência à sua Igreja.

Uma fé e uma igreja que, por multisseculares, atam por um elo de copresença seus vários passados ao seu presente vivo, do mesmo passo em que, com seu providencialismo, consorciam o humano e o cósmico, o indivíduo e a divindade por um nexo consubstancial. Para representar tudo isso é que a poesia em Cristo de Murilo Mendes explora com tanta pertinência as virtualidades da interpenetração espácio-temporal e da metáfora de trajeto invertido. O hiperbolismo desse tipo de metáfora é uma rua de mão dupla. Tanto traz para a medida do humano a desmesura do cósmico-divino quando amplia aquela até as escalas desta, renovando assim o casamento do céu e da terra já celebrado por um visionário do século XVIII. Todavia, inimigo feroz do industrialismo, William Blake excluía de sua utopia as máquinas dos tempos modernos. Já Murilo Mendes as leva em conta nos instantâneos apocalípticos da sua bagunça transcendente, proclamando Deus-Cristo não só o criador do sol, das

---

2. Gérard Genette, *Figuras*, trad. de I. F. Mantoanelli, São Paulo, Perspectiva, 1972, p. 240.

estrelas, dos frutos e das flores mas também dos cinemas, das locomotivas e dos submarinos.

Não sei de outro poeta católico que se tivesse empenhado com tanto poder de convencimento em enquadrar no conflituoso espaço-tempo da modernidade os dogmas intemporais da sua fé. Em Murilo, o *renouveau* católico brasileiro ganha uma radicalidade que o estrema do conservadorismo, quando não do aberto reacionarismo, dos seus corifeus. Daí ser no mínimo de estranhar tivesse escapado o verdadeiro sentido dessa radicalidade a um crítico tão perceptivo quanto Mário de Andrade. A propósito de *A Poesia em Pânico*, escrevia Mário reprobativamente: "a atitude desenvolta que o poeta usa nos seus poemas para com a religião, além de um não raro mau gosto, desmoraliza as imagens permanentes, veste de modas temporárias as verdades que se querem eternas, fixa anacronicamente numa região do tempo e do espaço o Catolicismo, que se quer universal por definição"[3].

O Murilo essencial cujo percurso se tentou aqui traçar em sumaríssimas pinceladas reaparece em *Mundo Enigma*, de 1942, e *Poesia Liberdade*, de 1943-1945. Os *Sonetos Brancos*, quando mais não fosse pelo cultivo dessa forma fixa reposta em circulação por vários poetas da geração de 45, aponta para uma mudança de rumos que *Contemplação de Ouro Preto* confirma: diga-o a sua peça de resistência, o encantador "Romance da Visitação" de versos metrificados e rimados. Por fim, *Convergência*, de 1963-1965, com as suas elucubrações meta-poéticas em torno da palavra e não mais da Palavra, nos traz um Murilo ainda inventivo, virtuoso mesmo, se quiserem. Mas, perdoem-me, não é mais o "meu" Murilo.

---

3. Mário de Andrade, *O Empalhador de Passarinho*, São Paulo, Martins, s.d., p. 42.

As Lições da Pedra
(Sobre *Do Silêncio da Pedra* de Donizete Galvão)*

Das penhas de Minas que, feitas estado de alma, serviram para temperar com uma pitada de cor local o arcadismo cosmopolita de Cláudio Manuel da Costa; da pedra de escândalo modernista contra a qual Carlos Drummond de Andrade fez tropeçar o seu mal-estar-no-mundo; dos exemplos de mineralidade recolhidos pela arte de João Cabral de Melo Neto numa congenial educação pela pedra – a dita pedra frequentou desde sempre a simbólica da poesia brasileira. De que continua a frequentá-la dá testemunho fiel uma recente coletânea de poemas de Donizete Galvão, *Do Silêncio da Pedra* (São Paulo, Arte Pau-Brasil, 1996).

Ao escolher para epígrafe uns versos de Octavio Paz acerca das "pedras do Princípio", Donizete Galvão como que estava sublinhando já *in limine* a visada cosmogônica do seu livro. Cosmogônica na medida em que se volta, inquiridoramente, para a essencialidade do eu e do mundo, um e outro inseparáveis na experiência lírica. A esse remonte é impelido o poeta por uma dupla ânsia metafísica: penetrar as entranhas da pedra para do vislumbre extrair um modelo de ser. Daí a significatividade do verso de Paul Éluard, *o duro desejo de durar*, embutido em "Silêncio", poema de abertura da coletânea. O contraste tematizado no poema, da durabilidade da pedra com a fugacidade das empresas humanas, é um lugar-comum da poesia de todos os tempos, versado aliás lapidarmente por um esquecido romântico brasileiro, Paulo Eiró: "O homem sonha monumentos/ mas só ruínas semeia/ para pousada dos ventos".

Na sua retomada do velho *tópos*, o autor de *Do Silêncio da Pedra* não esquece de contrapor o horizonte da História ao ponto de fuga da intemporalidade. Daí a referência a "legiões com seus ossos expostos" e à Troia "sete vezes destruída" para a qual um "maciço de rocha" volta as costas num silêncio

---

* Originariamente publicado no suplemento "Especial-domingo" de *O Estado de S. Paulo* de 30 de junho de 1966.

multissecular. Mas a lição da rocha não é aqui a, moral, do *vanitas vanitatum* tradicionalmente associada ao *tópos*. É, antes, a lição existencial de que cumpre "De pedra ser" porque "a pedra cala/ o que nela dói". Lição continuada no poema seguinte, "José", onde os versos iniciais, "Grito espremido" e "Seixo perfeito", criam, por contiguidade, a bela imagem de a dor calada arredondar-se como um seixo voltado para o núcleo do seu próprio silêncio. Calar a dor de viver – essa a lição hierofânica da pedra. Pedra na qual, dos penhascos délficos aos dólmens e menires druídicos, as civilizações antigas viram como o *locus* por excelência de manifestação do divino ou hierofania.

Nos três breves poemas inspirados a Donizete Galvão pelos alcantis de Itatiaia, o vislumbre hierofânico se explicita: "Silêncio dos deuses/ que no miolo da pedra/ fizeram sua morada". E um salto do primordial para o contemporâneo se cumpre, em "Deus do deserto", pela transmutação da pedra rústica em concreto urbano: "deus de concreto/ asséptico/ deus que não pune/ deus que não salva". O arco histórico entre o silêncio prenhe de promessas da pedra hierofânica e a asséptica indiferença da pedra *erzats* foi paradigmaticamente traçado, como se sabe, pelo T. S. Eliot de *The Waste Land*. Na mesma devastada paisagem se ambientam também alguns dos poemas finais de *Do Silêncio da Pedra*.

É da beira do Tietê, o rio morto da "cidade das cinzas" cujo "mar de pedra/ soterra a árvores dos brônquios", que o poeta roga a uma irmã de ofício, Anna Akhmátova, não deixe que a alma dele "vire pedra". E em "Anel caucasiano", revisitando o mito de Prometeu, pede ele ao herói crucificado sobre a pedra que lembre sempre a razão de sua crucifixão a fim de que não "reste apenas a montanha de pedra". A ênfase no humano em contraposição ao pétreo já aparecia aliás no poema imediatamente anterior a "Anel Caucasiano". Ali, a menção ao "odor de pele humana" e ao "sangue pisado" estabelece também uma ênfase conflitiva com o título do poema, "Os Sentidos da Pedra".

Como entender esse conflito de ênfases? Seria uma palinódia, uma negação daquela empatia existencial com o modelo de ser imêmore e silencioso da pedra dominante na primeira metade do livro? Ou tão só uma contraposição crítica da artificialidade do contemporâneo, o mundo do concreto armado, à edênica naturalidade do mundo primordial da pedra-pedra? Ou talvez um tácito reconhecimento da impossibilidade de o humano jamais poder, não digo emular, mas sequer aproximar-se do silêncio dos deuses "que no miolo da pedra/ fizeram sua morada"?

Cada leitor de *Do Silêncio da Pedra* terá de responder por si: à poesia não cabe responder coisa alguma. Cabe-lhe, sim, interrogar angustiadamente tudo que a cerca para impedi-lo de estagnar-se no mar morto das opiniões assentes. E é no suscitar perguntas que os poemas intensos e concisos de Donizete Galvão cumprem a contento a função por ele próprio atribuída, no posfácio de seu livro, ao poeta, que "filtra e depura para transformar o desprezo, a humilhação e a decomposição do corpo e da mente em matéria poética".

Sob o Estigma da Beleza Adolescente
(Sobre a Poesia de Glauco Flores de Sá Brito)*

Glauco Flores de Sá Brito foi poeta no sentido mais forte da palavra – aquele que serve para distinguir o criador autêntico, *poietés*, do mero versejador, *stixopoiós*. Nele, a poesia nascia como que espontaneamente, dádiva da inspiração mais que esforço da inteligência. Isso não excluía, contudo, uma aguda consciência do ofício, sempre alerta para aparar as eventuais demasias ou corrigir os eventuais descaminhos da espontaneidade. Nos quatro anos em que convivi com Glauco em Curitiba, como seu camarada de lutas literárias, dele aprendi mais de uma lição de poesia. Não pela didática da teorização – ele nunca foi um teórico, – mas pela força do exemplo. Em "Canção do Afogado", um dos poemas do meu livrinho de estreia, a influência do marinhismo de Glauco é patente e não passou despercebida a Carlos Drummond de Andrade, o qual, numa carta, declarou-me incomodá-lo "um certo ar de família" que notava entre *O Aluno* e *O Marinheiro*, o livro de estreia de Glauco editado, como o meu, em 1947, pela revista *O Livro*, de Curitiba, ambos com desenho de capa e projeto gráfico de Carlos Scliar.

Como se pode ver pela *Obra Poética de Glauco* (Curitiba, Ed. Ghignone, s.d.), as duas coletâneas que ele publicou depois de *O Marinheiro* – *Cancioneiro de Amigo*, em 1960, e *Azulsol*, em 1967, mantiveram-se fiéis à matriz lírica daquela sua primeira coletânea, embora lhe alargassem os horizontes incluindo, ao lado de poemas lírico-amorosos, alguns poemas "engajados". Todavia, estes últimos são cronologicamente anteriores aos de *O Marinheiro*, onde, se bem me lembro, só uma peça, "O Anatomista", dava testemunho das preocupações sociais do seu autor. Tais preocupações remontavam aos anos de

---

* Originariamente publicado em *Nicolau*, Curitiba, ano x, n. 58, agosto de 1996, e incluído como introdução na reedição da *Obra Poética* de Glauco Flores de Sá Brito a ser publicada pela Secretaria de Cultura do Estado do Paraná. [Cf. Glauco Flores de Sá Brito, *Poesia Reunida*, Introdução: Eduardo Rocha Virmond; apresentação e notas sobre o texto: José Paulo Paes. Curitiba, Secretaria de Estado da Cultura, 1997.]

guerra e eram mais uma imposição do clima de ideias então reinante que uma opção espontânea do próprio Glauco. Naquela época de mobilização geral, cobrava-se também dos artistas um ostensivo engajamento na causa dos humilhados e ofendidos. Entre nós, quem mais dramaticamente viveu essa cobrança foi o Mário de Andrade de *O Movimento Modernista* e da "Elegia de Abril", a que Glauco foi buscar a epígrafe da sua "Ode aos Poetas".

Se a memória não me trai, essa ode, incluída em *Azul-Sol* juntamente com "Balada de Belsen" e "O Mar Aproxima os Homens"[1] – tanto quanto "Identificação", "O Muro", "Poema em Dois Tempos", "História" e "Presença de Garcia Lorca", que figuram em *Cancioneiro de Amigo*, – pertence ao rol dos poemas de engajamento anteriores aos de *O Marinheiro*. Conquanto neles se exprima um sentimento do mundo cuja gravidade logrou salvá-los do pendor demagógico da arte dita social da década de 30 e primeira metade da de 40, eles não são o que de melhor tem a oferecer a poesia de Glauco. O melhor está na lírica amorosa, felizmente privilegiada nas duas coletâneas que se seguiram à de estreia.

Essa vertente hegemônica da sua produção ilustra à maravilha o conceito de poesia lírica formulado por Hegel:

> Pelo que concerne à forma mediante a qual um conteúdo subjetivo passa a ser uma obra de arte lírica, diremos que também aqui é o indivíduo, com as suas representações mentais e sentimentos íntimos, quem constitui o centro de tudo. Tudo emana do coração e da alma ou, mais exatamente, das disposições e situações particulares do poeta. [...] O poeta não se anula ante o objeto, confunde-se com ele; com ele relaciona os seus desejos, [em] combinações engenhosas e descobertas inesperadas[2].

Na lírica de Glauco, experiência e representação estavam muito próximas uma da outra: lembro-me inclusive das circunstâncias de ordem biográfica que inspiraram alguns dos seus poemas. Isso não deve levar-nos contudo à falsa noção de uma coincidência entre vida e poesia. Aquela só pode aceder a

---

1. Creio que "O mar aproxima os homens" foi originariamente publicado na revista *Ideia*, que circulou em Curitiba no começo dos anos 40. A versão desse poema incluída na edição da *Obra Poética de* Glauco é incompleta. Aliás, malgrado suas boas intenções de repor ao alcance do público ledor a poesia de Glauco, essa edição é descuidada e lacunosa. Sua editoração deixa bastante a desejar.
2. Hegel, *Estética: Poesia*, tradução de A. Ribeiro, Lisboa, Guimarães, 1980, pp. 223-4.

esta ao fim de um processo de transfiguração lírica no qual o desejo, ao estampar o real com a sua matriz, refaz-lhe os lineamentos.

Tenho para mim que a matriz lírica de Glauco Flores de Sá Brito é única na poesia brasileira na medida em que dá novo conteúdo àquela síndrome de amor e medo tão finamente estudada por Mário de Andrade na "rapazice irritantemente inacabada" dos românticos brasileiros, especialmente na de Álvares de Azevedo: "Não tem dúvida nenhuma que um dos mais terríveis fantasmas que perseguem o rapaz é o medo do amor, principalmente entendido como realização sexual"[3]. Para poder bem entender a originalidade do viés por que o tema do amor e medo aparece na lírica de Glauco é mister estudar o contexto de representações metafóricas que o enquadram.

Comecemos por assinalar, nesse contexto, o encarecimento da infância e da adolescência como momento inaugural em que, inextricavelmente ligados um ao outro, poesia e amor vão definir o norte da vida do autor. Nas suas três coletâneas de versos, são numerosos os lances rememorativos da meninice. Em "O Mar", do *Cancioneiro de Amigo*, a palavra-título do poema é uma metáfora da memória onde jaz, submerso, "o ingênuo namoro./ Impreciso despertar do anseio/ Azul adolescente". Nessa citação, são particularmente significativos os vínculos entre "impreciso", "anseio", "azul" e "adolescente"; eles compõem aquilo que Kenneth Burke chama de uma equação metafórica, equação a que está igualmente ligado o "estigma da beleza adolescente" sob cuja égide vive o elocutor de "Herança"', outro poema do mesmo livro. Voltaremos mais adiante à semântica desses vínculos. De momento importa destacar, ainda no *Cancioneiro de Amigo*, outro lance particularmente revelador, qual seja "Marítimo n. 2", onde o Eu poético confessa que, por estar então isolado "no planalto", não viveu "o mar quando criança". A ausência de mar o fez sofrer "enorme ânsia" afinal aplacada por um Tu que, inundado de mar "desde a infância", lhe trouxe o oceano de suas "palavras de espumas e de sal" onde o Eu pôde gostosamente naufragar "a cada instante".

Este momento ajuda a entender o marinhismo metafórico que desde o livro de estreia impregnou a poesia de Glauco. O isolamento no planalto é uma referência à cidade de seu nascimento, Montenegro, na serra gaúcha, de cuja paisagem ele faria mais de uma descrição idílica. Como em "Montenegro na Distância", de *Azulsol*, onde nos fala do menino que, embora lamente estar

---

3. Mário de Andrade, *Aspectos da Literatura Brasileira*, São Paulo, Martins, s.d., pp. 199-200.

"tão longe o mar!", "leva em si o mar". O mesmo menino teve, na "cidade verde" como o seu nome [Glauco], "a revelação do amor primeiro"; ali sentiu também pela vez primeira "o visgo da aranha do desejo" e viu nascer a "estrofe de um poema". Para completar este rol de citações probatórias, só falta assinalar a unidade entre amor e poesia reiterada nas três coletâneas e que tem a sua formulação mais plena em "Integração", de *O Marinheiro*. Ali, o Eu poético declara estar à espera do Tu "no centro da poesia/ neste meridiano sem divisa" onde:

Desnudo nesta claridade
posso me possuir sem o menor limite
para que sem limite me recebas
na ascendente pureza.

Quase escusava dizer que Eu e Tu são, aqui como alhures, a figuração pronominal do par amoroso. Digno de nota é que, nos poemas líricos de Glauco, nenhuma flexão de gênero traia o sexo desse Tu. Trata-se de uma omissão deliberada que ocorre também, embora não tão sistematicamente, na poesia de Kaváfis. Com essa poesia, a de Glauco partilha a mesma dolorida consciência da anomia ou ilicitude social daquele "pendor erótico,/ de todo interdito,/ de todo desprezado/ (embora fosse inato)" a que se refere Kaváfis em "Dias de 1896", poema cujo protagonista é descrito como "uma simples, autêntica,/ criatura do amor, que acima da honra/ e da reputação, punha sem mais refletir,/ de sua carne pura a pura volúpia"[4].

Em resposta ao estigma social que pesa sobre tal interdito pendor erótico, Kaváfis enfatiza aí as noções de autenticidade ou fidelidade às próprias inclinações, e da pureza ou naturalidade destas, como antídoto para o sentimento de culpa que a sua ilicitude social tende forçosamente a gerar. Também na lírica de Glauco, valores que tais são amiúde invocados. Só que num registro de transfiguração utópica onde não há lugar para a ideia de ilicitude que o realismo de Kaváfis destaca como o preço público dos "prazeres anômalos".

---

4. Konstantinos Kaváfis, *Poemas*, tradução de José Paulo Paes, Rio de Janeiro, Nova Fronteira, 1982, 2 ed., p. 169. Conforme está dito no final da "Nota Liminar", dediquei essa tradução "à memória de um companheiro das lutas literárias da juventude, morto injusta e prematuramente: o poeta Glauco Flores de Sá Brito".

A infância, como vimos pelas citações há pouco feitas, é o espaço simbólico do dúplice nascimento do desejo amoroso e da inspiração poética. Edênica por definição, a infância está aquém da noção de culpa. Edênico é também o espaço simbólico do mar, embora traga implícito, em contraposição ao espaço protegido da infância, as incertezas da aventura e o risco do naufrágio, umas e outro gratos à impulsividade e à inquietação da alma adolescente. A adolescência, na tábua de valores da lírica glauquiana, tem natureza de igual modo edênica ou celeste e como tal está imune à culpa, quando mais não fosse por ser o lugar por excelência do surgimento do belo, que é indistinguível do bom: *kalós* significa, em grego, tanto "belo" como "bom". Platão explorou essa duplicidade no seu "Banquete", de cujo conceito de amor o pensamento poético de Glauco está reconhecivelmente próximo. Leiam-se por exemplo estas estrofes de "Elegia", do *Cancioneiro de Amigo*, nas quais a figura do anjo, tão iterativa nessa como nas duas outras coletâneas, traz a convencional conotação metafórica de pureza e inocência:

Jovens e anjos
diferença não existe
Que são adolescentes?
Ainda sexo e terra
há prenúncio de asas

Se maldade os habita
é invólucro terrestre
sem raízes

[...]

Próxima a fronteira
do invisível
   mas aos puros
somente permitido
transpor o seu limite

Em face dessa angelização, soa no mínimo contraditório o "estigma da beleza adolescente" a que se refere o poeta em "Herança". A negatividade de uma palavra como "estigma" denuncia a invasão da instância inocentadora do imaginário pelas limitações inculpadoras do real. A tensão entre aquele e este é que vai infundir dramaticidade no lirismo de Glauco e dar à síndrome de amor e medo nele latente inflexão diversa dos "pavores juvenis do ato sexual" rastreados por Mário de Andrade na poesia de Álvares de Azevedo. Essa inflexão é a da angustiada incompletude de um tipo de amor que não ousa declarar nem seu nome nem o seu medroso desejo. Isso pelo receio de romper o ambíguo vínculo de proximidade que, sob o álibi de amizade ou camaradagem, o liga ao objeto do desejo – a beleza adolescente. Nessa ordem de ideias, é significativo o título de *Cantigas de Amigo* dado pelo poeta à serie de poemas seus em que mais bem transparece tal peculiar inflexão: o sentido estrito que a palavra "amigo" tem no cancioneiro galaico-português funde-se aí ao seu sentido lato para dar conta da duplicidade de uma ânsia temerosa de revelar-se. É o que está expresso, com lírica finura, no poema V de "Azulsol", uma das partes do livro do mesmo nome:

Procuro compreender, justificar
os teus caminhos
todos de incerteza
ante o amor
que busquei esconder
   (pra meu tormento)
que ousei revelar
   (pra não morrer)

Por isto nesta noite em que me encontro
a sós com o segredo revelado
e aceito, com o segredo
em dois fragmentado
justifico tua fuga, a despresença

Porque sei neste instante tu me buscas
não no que fui
– no que em ti habito

E amanhã poderás melhor saber

e amar o amor que em ti me transformou

Como essas três estrofes dão bem a perceber, ao atormentado amor que se escondia não faltavam boas razões para temer revelar-se. Pois a revelação só serviu para pôr em fuga o objeto do desejo, completando a síndrome do amor e do medo com o sentimento de incompletude que lhe é consubstancial[5]. Não passe sem registro, no último verso, a transformação camoniana do "amador na coisa amada/ em virtude do muito imaginar": o imaginário é o único espaço onde o desejo se pode revelar sem riscos.

Conforme já tivemos oportunidade de ver, esse espaço é a mais das vezes figurado, na lírica de Glauco, por um cenário marinho governado pelo azul e pelo sol: o azul celeste da pureza e/ou inocência; o sol cuja luz, espancando, as sombras do temor, da incompletude e do disfarce, devolve o mundo à sua edênica clareza. Mais do que simples componentes paisagísticos, azul e sol são, pois, aqui valores a um só tempo éticos e poéticos unificados pelo signo indiferenciador do *kalós*. E o espaço utópico por eles regido é o lugar de eleição para a epifania da beleza adolescente. Lá, desembaraçada do estigma da culpa, ela pode ser fruída na completude do amor sem medo.

Se a lírica de Glauco Flores de Sá Brito se tivesse aplicado tão só à pintura desse espaço utópico, estar-lhe-ia escamoteando o avesso distópico ao qual ele deve inclusive sua significatividade dramática. Pois é o estigma que dá a beleza adolescente celebrada em *O Marinheiro*, *Cantiga de Amigo* e *Azulsol* a particular pungência por ele ali assumida, numa dialética que faz, desses livros, obras não de *stixopoiós*, mas – de verdadeiro *poietés*.

---

5. Segundo Mário de Andrade, em op. cit., p. 223: "Mais outra vez em que Álvares de Azevedo tange o amar sem ser amado, é no *Poemas do Frade*, em que descreve a 'estátua' numa posição importantíssima pro medo de amor: dormindo". A essa luz é mais do que significativo um poema como "Ante teu corpo adormecido", em *Azulsol*.

PARTE XI

O Lugar do Outro: Ensaios

Outridades

O Lugar do Outro
(A Representação da Outridade na Prosa de Ficção)*

Nem por ser puramente quantitativa deixa a conceituação de romance proposta por E. M. Forster em *Aspects of the Novel*[1] de apontar-lhe para um aspecto qualitativo fundamental. Com efeito, ao conceituá-lo como uma obra de prosa de ficção de não menos de 50 mil palavras, Forster delimita um compasso narrativo que estrema o romance de formas congêneres de menor extensão – o conto e a novela. É bem de ver que na noção de "compasso" estão conglobadas duas outras noções complementares: a noção temporal de "duração" e a noção espacial de "abrangência". Mas antes de discutir o papel delas na estruturação da forma romanesca, convém traduzir a medida anglo-americana de número de palavras na medida, mais habitual entre nós, de número de páginas.

Como uma página de livro tem habitualmente de trezentas a quatrocentas palavras, 50 mil palavras corresponderiam a cerca de 120 páginas. Desse limite – que é inferior, convém não esquecer – aproximam-se romances concisos como *Pedro Páramo* de Juan Rulfo ou *A Rainha dos Cárceres da Grécia* de Osman Lins. Já o limite superior permanece sempre indefinido para poder dar conta de romances longos como o *D. Quixote* de Miguel de Cervantes, com suas mais de mil páginas, ou *O Homem sem Qualidades* de Robert Musil, com suas mais de 1 300 páginas, ou ainda o caudaloso *Astrée* de Honoré d'Urfé, com suas para além de 5 mil páginas.

Não estranha tamanha latitude no tocante à extensão física quando se tem em mente que o romance é uma forma, mais que aberta, onívora. Sem nada perder da sua especificidade diante de outras formas literárias, ele pode acolher e integrar ao seu tecido fabular narrativas autônomas de menor extensão,

---

* Este ensaio retoma algumas das questões discutidas no curso sobre meta-romance que em 1996, a convite da disciplina de Teoria Literária e Literatura Comparada, ministrei em nível de pós-graduação na Faculdade de Filosofia, Letras e Ciências Humanas da USP. Foi originariamente publicado na página "Cultura" de *O Estado de S. Paulo* de 19 de abril de 1997.

1. E. M. Forster, *Aspects of the Novel*, New York, Harcourt, Brace, 1954, copyr. 1927.

como as em prosa e verso interpoladas na ação do *D. Quixote*, ou materiais heterogêneos como a discussão de problemas da atualidade política e de generalidades filosóficas que enxameiam as páginas de *O Homem sem Qualidades*, ou então as transcrições de notícias de jornal que pontuam a história de vida da protagonista de *A Rainha dos Cárceres da Grécia*.

Voltando agora à questão do compasso narrativo: para poder entender como cumpre o papel desempenhado pelas noções de duração e abrangência na estruturação da forma romanesca, temos de deter a atenção naquilo que lhe constitui a essência. A qual não está, como seria de supor à primeira vista, nos acontecimentos narrados, e sim naqueles que os protagonizam, isto é, as personagens. Embora reconheça que o aspecto fundamental do romance é a história, fábula ou enredo, a cuja falta ele sequer existiria, nem por isso deixa Forster de deplorar que seja assim. A seu ver, a curiosidade em torno da história, daquilo que vai acontecer em seguida, é uma pulsão atávica de ordem inferior.

A tal pulsão satisfazem à farta os chamados "romances de ação", em que o interesse do leitor é totalmente solicitado pelas peripécias do enredo. Nas narrativas policiais mais típicas, por exemplo, o enredo tem como ponto de partida crimes ou roubos misteriosos ao fim e ao cabo desvendados pela interpretação de indícios aparentemente insignificantes a outros olhos que não sejam os, argutos, do detetive. E as narrativas de aventuras configuram sucessivas situações de perigo das quais o herói se safa graças à sua coragem, determinação e presença de espírito.

Essa hegemonia da história ou fábula se faz à custa de uma depreciação das personagens, via de regra estereótipos cujo caráter, definido de antemão – o detetive invariavelmente sagaz, o herói invariavelmente destemido, – em nada é afetado pelo curso dos acontecimentos nos quais se envolvem e a que servem de mola propulsora. Os sucessos do romance de ação propiciam ao leitor o ensejo de viver vicariamente, na burguesa segurança do seu lar, momentos de perigo ou de trangressão da lei sem qualquer consequência ou penalidade. Desse tipo de literatura de entretenimento diz Edwin Muir, em *The Structure of the Novel*, que é "antes uma fantasia do desejo que um retrato da vida"[2].

Ressalta Muir mais adiante que as personagens do chamado "romance de caracteres" também têm atributos fixos, mas não atributos pressupostos como os protagonistas da ficção policial ou de aventuras. Tampouco são, essas per-

---

2   Edwin Muir, *The Structure of the Novel*, New York, Harcourt, Brace, s. d., p. 23.

sonagens, estereótipos ou meros suportes da ação. Esta é que está a serviço delas para explicitar-lhes, por via de situações típicas, as peculiaridades de temperamento e enriquecer-lhes assim, progressivamente, o teor de humanidade[3]. Eles passam então de "planas" a "redondas", segundo a célebre tipologia com que E. M. Forster distingue a personagem mais simples, composta a partir de uma única ideia ou sentimento, da personagem mais complexa, "arredondada" pela introdução de mais traços no desenho de seu caráter.

É o que se pode ver bem no *Tristram Shandy* de Laurence Sterne, um típico romance de caracteres cujas personagens principais — o tio Toby, o velho Shandy, o próprio Tristram — surgem a princípio diante dos olhos do leitor como tipos meramente cômicos, pela extravagância de seus temperamentos e de suas condutas. Mas ao longo da narrativa, quase toda ela feita de digressões, interpolações, citações e comentários autorais não menos extravagantes que os protagonistas, estes vão demonstrando outras qualidades que os humanizam e arredondam.

Importa assinalar que o compasso narrativo do romance de ação tem uma duração condicionada pelo seu padrão fabular. As sucessivas peripécias mediante as quais, para satisfação do leitor *naif* com ele imaginativamente identificado, o herói confirma a sua heroicidade, exigem um tempo de leitura longo o bastante para poder corporificar-se de modo convincente. A duração é, no caso, de índole puramente *corroborativa*, já que a sucessão de peripécias visa tão só a reafirmar a heroicidade do herói.

O compasso narrativo deve ter também abrangência bastante para poder caracterizar, descritivamente, o espaço onde as peripécias acontecem e que amiúde ele condiciona. Tal caracterização é particularmente importante no caso do chamado "romance geográfico de aventuras". Na medida em que se situa nos antípodas do espaço familiar e seguro da vida civilizada, o espaço exótico da selva, do deserto, do mar ou das regiões polares, em que o perigo se atocaia a cada passo, é emocionante por si só, donde a importância do seu papel de realce nessa modalidade de romance, como dá a entender desde logo o adjetivo "geográfico".

A duração do compasso narrativo do romance de caracteres decorre da natureza específica do seu enfoque. Para poder dar conta da série de situações reveladoras desta ou daquela idiossincrasia dos seus protagonistas, requer ele

---

3. Ver Edwin Muir, *The Structure of the Novel*, p. 41.

uma determinada extensão em número de palavras ou de páginas, a qual se traduz, por sua vez, num determinado tempo de convivência do leitor com o texto. Com ilustrar, em termos de generalização, a variedade de temperamentos e condições humanas, os caracteres do romance desse nome são típicos sem ser estereotípicos. Daí que, em vez de ser meramente corroborativa, como no romance de ação, a duração exerça uma função *aditiva* no romance de caracteres.

A tipicidade dos caracteres está intimamente ligada às ocupações, inclinações e modo de vida deles, pelo que a abrangência do compasso narrativo precisa ir mais longe que no romance de ação. Cumpre-lhe considerar também aspectos que, sem estarem diretamente imbricados na ação – como o espaço exótico da aventuras –, têm relevância para a caracterização dos personagens. No *Tristram Shandy*, por exemplo, Laurence Sterne reporta em pormenor as disparadas teorias do velho Shandy acerca dos assuntos mais disparatados e as intempestivas perorações do tio Toby sobre engenharia militar. Isso para ilustrar uma candidez e extravagância de espírito que acaba se revelando, consubstancialmente, a marca de fábrica da própria narrativa por eles protagonizada.

Mas é no que Edwin Muir chama de "romance dramático" que as funções de duração e abrangência alcançam o máximo de suas potencialidades. Conforme já vimos, tanto no romance de ação quanto no de caracteres, o curso dos acontecimentos não modifica o feitio das personagens – apenas o corrobora ou põe gradualmente à mostra. No romance dramático, pelo contrário, há estrita interdependência entre ambos. Se, de um lado, determinados traços de caráter das personagens influenciam a ação dramática, esta irá por sua vez modificá-las de alguma maneira. Já não cabe, pois, falar simplesmente em corroboração ou adição: tem-se de falar agora em *modificação*.

O exemplo mais ostensivo disso é o *Bildungsroman*, o romance de formação ou de aprendizagem cujo paradigma é o *Wilhelm Meister* de Goethe. Esse tipo de romance ocupa-se em relatar as experiências de vida que, num processo de amadurecimento interior, vão moldando o caráter do protagonista, o qual assume explicitamente o papel de aprendiz. É o caso de *O Ateneu*, de Raul Pompeia, onde a convivência com o microcosmo ali congregado inicia Sérgio nas cruezas da vida. Por sua vez, o Harry Haller de *O Lobo da Estepe*, de Herman Hesse, aprende de Armanda a arte de viver no mundo burguês mantendo dele as devidas distâncias. E em *O Amante de Lady Chatterley*, o guarda-caça Mellors faz a feminilidade de Constance desabrochar através de uma pedagogia erótica de cunho prático e teórico.

No geral, porém, as mudanças suscitadas pelos sucessos do enredo no modo de sentir, pensar e agir das personagens não resultam de um objetivo pedagógico ostensivo. São eventuais ou contingentes, embora confluam no fazer com que o desfecho do enredo se afigure necessário. Ou seja, o que se passou com as personagens poderia ter-se passado de outro jeito, mas aí não faria tanto sentido. Com isso, o curso aparentemente casual das coisas adquire feições de destino, como se a forma romanesca estivesse investida da atribuição metafísica de introduzir, por via figurativa, a ordem da necessidade nas incertezas e desconcertos da vida humana[4].

Sublinha Edwin Muir que "o enredo [plot] do romance de caracteres é expansivo e o do romance dramático intensivo"[5]. A intensidade decorre de o centro de gravidade da narração ter-se transferido dos acontecimentos para as personagens: as repercussões interiores da ação exterior passam a interessar mais do que esta propriamente dita. Corolário imediato de tal deslocamento de interesse é a crescente depreciação do enredo no romance do século xx, se bem que já nos dois séculos anteriores, em obras como o *Tristram Shandy* de Sterne e o *Às Avessas* J.K. Huysmans, aflorasse essa tendência na profusão com que o material digressivo apequenava o fio fabular, até quase obliterá-lo.

Digressivo, entenda-se, porque não intervém diretamente na dinâmica da ação, conquanto esteja ligado indiretamente a ela por ter a ver de perto com a caracterização das personagens. Esse tipo de ligação ilustra-o bem o *Às Avessas*, romance praticamente sem enredo e de uma só personagem, já que as demais são figurantes tão apagadas quanto ocasionais. Tal personagem totalitária, Des Esseintes, é um dândi cujos gostos refinados o levaram a afastar-se da agitação mundana de Paris para refugiar-se na solidão de uma tebaida semicampestre. Com zelos de perfeccionista, ele próprio cuidou de equipar sua tebaida de Fontainay-aux-Roses de tudo quanto fosse mister para atender-lhe as exigências de diletante da vida, da literatura e da arte.

Para que o leitor possa ter a medida de quão extremadas eram essas exigências, a maior parte da narrativa se ocupa em descrever os itens indispensáveis à satisfação delas. Assim é que há capítulos inteiros sobre mobiliário e decoração, sobre literatura latina da decadência, sobre plantas exóticas, sobre pedras preciosas, bebidas e perfumes, sobre pintura, gravura, desenho e mú-

---

4. Ver Jean Pouillon, *O Tempo no Romance*, trad. H. L. Dantas, São Paulo, Cultrix, 1984, p. 22-23.
5. Edwin Muir, *The Structure of the Novel*, p. 59.

sica, sobre poesia e ficção francesa do século XIX, e assim por diante. Embora pareçam excrescentes, os vários itens desse inventário, como instrumentos de exacerbação dos sentidos e das faculdades intelectuais, estão mediatamente ligados ao curso da ação dramática, a qual se cifra no progressivo agravamento da nevrose de Des Esseintes. A falta de comércio humano e os excessos imaginativos acabam por comprometer-lhe a saúde da mente e do corpo. No desfecho do romance, vêmo-lo acabrunhadamente deixando, por determinação médica, a sua tebaida para retornar ao bulício mundano de Paris.

Temos aí um caso de maximização da abrangência do compasso narrativo, que se demora mais nas circunstâncias de vida da personagem que na ação dramática. Concomitantemente, há uma maximização da duração, se entendermos esta menos como tempo de relógio do que grau de convivência do leitor com a personagem: ele lhe fica conhecendo intimamente as preferências e idiossincrasias, o estilo de vida e a rotina doméstica, as manias e os achaques.

A minuciosidade descritiva de Huysmans pode parecer excessiva ou irrelevante, mas não é. Além de realçar a primazia da personagem na economia na forma romanesca, intensifica-lhe a presença pelo recurso ao método que, em *Ideas sobre la Novela*, Ortega y Gasset chama de autóptico. Ou seja: em vez de dizer o que é a personagem, o romancista a mostra sendo o que é, através do levantamento dos "miúdos componentes" de cada circunstância de vida. O mesmo Ortega sublinha que "a essência do romanesco – note-se que me refiro tão só ao romance moderno – não está no que se passa, mas precisamente no que não é 'passar-se algo', no puro viver, no ser e no estar dos personagens, sobretudo em seu conjunto ou ambiente"[6]. Pelo que acabamos de ver mais acima, estas palavras quadram como luva à escrita romanesca do *Às Avessas*.

Nada faz supor que Des Esseintes fosse, sequer remotamente, um *alter ego* de Huysmans. Este lhe compôs a figura de flor e espelho da estesia decadentista a partir de materiais colhidos pela observação e afeiçoados pela imaginação. No estilo de vida de Des Esseintes há, sabidamente, traços das excentricidades mundanas do conde Robert de Montesquiou; os gostos exclusivistas de Des Esseintes em matéria de literatura e arte ecoam opiniões do círculo de poetas e escritores simbolistas frequentado por Huysmans[7]. Tal capacidade de sair

6. Ortega y Gasset, *La Deshumanización del Arte / Ideas sobre la Novela*, Santiago de Chile, Cultura, 1937, p. 78.
7. Ver "Huysmans ou a Nevrose do Novo", em J. K. Huysmans, *Às Avessas*, trad. e introd. de J. P. Paes, São Paulo, Companhia das Letras, 1987.

de si mesmo para criar um *outro* ficcional ilustra a pertinência da observação de François Mauriac de que "só quando começamos a nos desprender (enquanto escritores) da nossa própria alma, é que também o romancista começa a se configurar em nós"[8].

Esta referência ao "outro" nos leva finalmente àquilo que parece ser a definição mais lata da forma romanesca: *o lugar por excelência da representação literária da outridade*. Para avaliar-lhe a latitude, é mister uma vista de olhos à teoria ou filosofia da outridade. E aqui também, com a mesma clareza das suas *Ideas sobre la Novela*, vai-nos socorrer o Ortega y Gasset de *O Homem e a Gente*[9]. Nesse livro socrático, cujo propósito é inquirir as raízes da convivialidade, Ortega mostra que, à diferença do animal, sempre fora de si porque permanentemente em alerta para os perigos do mundo circundante, o homem conseguiu, atuando sobre as coisas, criar à sua volta uma margem de segurança suficiente para poder *ensimesmar-se*, isto é, voltar-se para si próprio e descobrir o seu "eu".

Nos primeiros meses de vida da criança, esse "eu" não tem fronteiras, porque tudo quanto a cerca ela a sente como "eu" ou, o que dá na mesma, como "meu". Mais tarde, quando a criança começa a engatinhar e a chocar-se contra os móveis da casa, a resistência que eles lhe opõem ensina a ela que o "eu" tem limites. E a resistência passiva das coisas torna-se ativa nas pessoas com quem ela convive e que, através de proibições ou ralhos, lhe contestam os desejos. A criança tem então a percepção do "tu" – de uma outra vontade que, por poder opor-se à sua, é semelhante a ela.

O "tu" funciona, pois, como um espelho para o "eu" precisar-se como tal num mundo de outros "eus". Esse "eu" delimitado é diverso do "eu" ilimitado de antes que, por ilimitado, não tinha consciência de si. A propósito do espelho, assinala Ortega que o selvagem o reverenciava como objeto mágico não porque se reconhecesse na imagem refletida, mas porque, ao contrário, a tinha como de outra pessoa. A essa luz, o mito de Narciso também ganha

---

8. *Apud* Antonio Candido, em *A Personagem de Ficção*, São Paulo, FFCL-USP, 1963, boletim 284, p. 56.

9. Ortega y Gasset, *O Homem e a Gente; Intercomunicação Humana*, 2ª ed., nota introdutória e trad. de J. C. Lisboa, Rio de Janeiro, Livro Ibero-Americano, 1973. Na sua abordagem da problemática da outridade, Ortega y Gasset combina o enfoque sociológico ao filosófico sem recorrer ao jargão dos filósofos supostamente "profissionais". Tal jargão torna penosa a leitura dos livros de Emanuel Levinas consagrados à discussão da outridade, notadamente *Le Temps et l'Autre* e *Humanisme de l'Autre Homme*. A visada de Levinas, fenomenológica e metafísica, não me parece trazer subsídios úteis ao estudo da representação romanesca da outridade.

seu verdadeiro sentido: o adolescente que desprezara o amor das ninfas e se retirara para a solidão, cura-se das agruras dela ao ver no rosto espelhado nas águas da fonte não sua própria imagem mas de um "outro" por quem finalmente se apaixona.

A experiência da outridade é, portanto, o avesso do solipsismo; é o caminho para a autoavaliação crítica do "eu". Quando encontro um compatriota que fala uma língua estrangeira melhor do que eu, dou-me conta da limitação dos meus conhecimentos linguísticos. Em compensação, alguém que escreva menos fluentemente do que eu serve de medida da qualidade da minha redação. Como diz Ortega, é forcejando com os "tus" que o "eu" se descobre, pelo que, contrariamente ao que se poderia supor, "a primeira pessoa é a última que aparece"[10].

Salta aos olhos a pertinência destas ideias orteguianas, aqui expostas de modo tão esquemático, para a nossa concepção do romance como lugar por excelência da representação literária da outridade. Na vida real, só temos vislumbres ocasionais da interioridade das pessoas. São seus atos, gestos, atitudes, expressões fisionômicas e palavras, presenciados por nós mesmos ou relatados por terceiros, que nos dão alguma notícia a respeito. A partir desses dados fragmentários e insuficientes fazemo-nos, por via indutiva, uma representação do seu caráter. Representação sempre provisória, passível de ser corrigida por novas informações, diretas ou indiretas, que nos cheguem.

Diferentemente da opacidade das pessoas reais, a cujo íntimo só temos acesso por via conjectural, as personagens de ficção são permeáveis ao nosso olhar. Ademais, os traços de que o romancista se vale para lhes desenhar os caracteres governam-se por uma economia expressiva onde não há lugar para a impertinência: cada ação, cada palavra, cada cena, mesmo que pareça anódina, traz a sua carga de informação ou de sugestão. "Desenhar" é, no caso, a palavra certa, pois o romancista não se limita a analisar a psicologia das suas personagens em discurso autoral: no-la *mostra figuradamente* em situações exemplares que a indiciam.

Por outro lado, o destino das pessoas reais fica sempre em aberto enquanto elas estejam vivas, ao passo que o das personagens de ficção se conclui dentro das páginas do romance. Os acontecimentos de suas vidas fictícias não são contingentes como os da vida real, onde o futuro é sempre uma incógnita,

10. Ortega y Gasset, *O Homem e a Gente*, p. 147.

mas ligam-se entre si por misteriosos vínculos que lhes conferem um sentido, fazendo-os convergir para algum ponto de fuga. Não se trata de determinismo – a tal situação, necessariamente tal desfecho – mas de ordenação retrospectiva: excluída de vez a incerteza do futuro, sempre é possível encontrar algum sentido no fluxo do passado.

Anatol Rosenfeld sumariou bem o estatuto privilegiado da personagem de ficção quando nela apontou "maior coerência do que as pessoas reais (e mesmo quando incoerentes mostram pelo menos nisso coerência); maior exemplaridade (mesmo quando banais; pense-se na banalidade exemplar de certas personagens de Tchekov ou Ionesco); maior significação; e, paradoxalmente, também maior riqueza – não por serem mais ricas do que as pessoas reais, e sim em virtude da concentração, seleção, densidade e estilização do contexto imaginário, que reúne os fios dispersos e esfarrapados da realidade num padrão firme e consistente"[11].

Por força da sua exemplaridade, tais personagens, e as situações dramáticas em que se envolvem, oferecem-nos um leque de experiências humanas possíveis cuja amplitude é incomparavelmente maior que a daquelas que nos seja dado viver na realidade. Com isso, a par de exercer a função primacial de toda arte – deleitar – a arte de ficção também é uma escola de "educação sentimental", como diz o título do romance de Gustave Flaubert. E no de outro romance, esse do peruano Ciro Alegria, está nomeada a maior lição que ela nos ministra – a de quão grande e estranho é o mundo.

Levando-nos a olhar para além do círculo de giz dos valores convencionais, os grandes romances descortinam a complexidade das pulsões, compulsões e motivações humanas, pondo sob suspeita o mecanismo de reflexos condicionados por via dos quais são comumente formulados os juízos morais. Ao fim e ao cabo, esses romances aprofundam a nossa capacidade de compreensão, naquele processo de autoavaliação do "eu" pelo profuso sortimento de "tus" que a outridade figurativa do romance, melhor que todos os tratados de psicologia, põe generosamente ao nosso dispor.

---

11. Anatol Rosenfeld, *A Personagem de Ficção*, p. 28.

O Escritor que Fugia de Si Mesmo
(Sobre Monteiro Lobato Escritor e Editor)

Escovar a poeira da legenda de Monteiro Lobato nesta antevéspera de mais uma Bienal do Livro talvez seja, mais do que oportuno, recomendável. Uso a palavra "legenda" no seu sentido etimológico de "coisa que deve ser lida": legendas chamavam-se, na Idade Média, os relatos de vidas de santos compilados com o propósito de estimular os fiéis a seguir-lhes o exemplo de conduta reta e devota. Dos nossos santos de casa, força é reconhecer que Monteiro Lobato foi um dos pouquíssimos a conseguir realizar seu milagre, qual fosse a criação de uma indústria brasileira do livro. Mas criou-a, paradoxalmente, não porque nascesse editor, mas porque nasceu escritor. E, ainda mais paradoxalmente, seu rápido sucesso editorial não tardou a levá-lo à falência, assim como seu não menos rápido sucesso literário cedo o desiludiu das letras.

Foi relendo *A Barca de Gleyre*, em busca de dados para uma palestra sobre correspondências de escritores, que me dei boa conta de a história de vida de Lobato ter muito de antilegenda. Isso porque boa parte das cartas coligidas nesse livro pode ser lida como uma espécie de fábula admonitória de que, embora estreitamente correlatas, as atividades do escritor e do editor regem-se por valores que raras vezes são congeniais. Mal terminara eu de reler *A Barca de Gleyre*, recebo do editor Cláudio Giordano um interessante trabalho seu que serviu para espicaçar certas instigações da releitura das cartas de Lobato a Godofredo Rangel. O trabalho de Cláudio Giordano, que se intitula *Monteiro Lobato Editor* e acaba de ser publicado num pequeno volume de caprichada editoração, ocupa-se em fazer um levantamento analítico dos lançamentos da Editora Monteiro Lobato Ltda. entre sua fundação em 1918 e sua falência em 1925.

Nesse breve período, Lobato operou, no ronceiro sistema de edição e comercialização do livro *brasileiro*, uma revolução cujo alcance foi bem sumariado por Edgard Cavalheiro no capítulo "Livros, Livros a Mancheias" do seu — até hoje insuperado *Monteiro Lobato, Vida e Obra*. Nesse capítulo, Cavalheiro

XI. O Lugar do Outro: Ensaios

sublinha o caráter *sui generis* da política de Lobato-editor: "lançar somente novos" escritores cujas obras estavam na gaveta por não encontrarem editor com discernimento e coragem bastantes para publicá-las: "Apesar de critério tão pouco comercial, Monteiro Lobato acertava. Os resultados materiais eram esplêndidos. O dinheiro pingava diariamente, vindo dos lugares mais distantes, e o negócio crescia tão vertiginosamente que a firma [...] precisou transformar-se em sociedade anônima".

No seu ensaio-levantamento, Cláudio Giordano não esquece tampouco de chamar a atenção para esse ponto nevrálgico, que justifica eu ter grifado mais acima o adjetivo "brasileiro". Diz ele a certa altura: "Das cerca de 250 edições feitas por ele que levantamos, talvez menos de uma dezena seja de traduções. E como salientamos, empenhou-se em publicar os novos, sem descurar os consagrados". Na nossa atual produção livreira, a porcentagem de obras literárias traduzidas é muitíssimo superior, como se sabe, às de obras vernáculas, e, destas, são ainda mais raras as de autores novos. Se se tiver outrossim em conta que o pouco que sobrou de imprensa literária entre nós mal lhes dá atenção, percebe-se que não há exagero em falar de ponto nevrálgico.

Entre os autores novos lançados pela Editora Monteiro Lobato Ltda., estava o seu próprio fundador e diretor. Embora ele tivesse dito a Godofredo Rangel, numa carta de 1909, que "quem se edita por conta própria faz uma coisa antinatural – como entre as mulheres o parir pela barriga, na cesariana", Lobato não tardaria muito a cometer a antinaturalidade de editar-se a si próprio. Em 1918, saiu *Urupês*, o seu livro de estreia. Ajudado pela nomeada que seu autor já granjeara entre os leitores de *O Estado de S. Paulo*, onde vinha publicando artigos de grande repercussão – entre eles o histórico "Velha Praga", sobre Jeca Tatu, – *Urupês* alcançou rápido e estrondoso sucesso. Lobato não desmerecia da bravata que fizera a Rangel numa carta de 1905: "Ou dou um dia coisa que preste, que esborrache o indígena, ou não dou coisa nenhuma".

Para atender a um público a cada dia mais ávido de novos livros seus, o autor de *Urupês* apressou-se a recolher, em volumes de caráter miscelânea, não só artigos mais recentes, publicados na chamada grande imprensa, como também coisas mais antigas – crônicas, contos, reflexões e anotações fragmentárias – divulgadas na imprensa interiorana. É de supor que essa apressada recolta, feita para atender solicitações de mercado, fosse presidida mais pelo interesse comercial do editor do que pelo senso crítico do autor. Assim é que, em cinco anos, Lobato lançou nada menos de oito livros seus, entre eles

Ideias de Jeca Tatu, Cidades Mortas e *Negrinha*. Em carta a Rangel, de novembro de 1919, confessa que o fez oportunisticamente, para "explorar o nome que, diz você, até no sertão está popular". Dois meses depois, não se peja de dizer que não é literato e que escreve livros e os vende "porque há mercado para a mercadoria; exatamente o negócio do que faz vassouras e vende-as, do que faz chouriços e vende-os". E em maio de 1921 vai ainda mais longe: "A minha obra literária, Rangel, está cada vez mais prejudicada pelo comércio. Acho que é melhor encostar a literatura e enriquecer".

Estamos, é fácil ver, bem longe dos tempos do "Aqui só se come o pão do espírito", divisa escrita na parede do Minarete pelos aspirantes a escritor que lá moravam. Nessa república estudantil do Belenzinho, viveu Lobato, como se sabe, seus anos juvenis de total fervor pela literatura. Fervor que, numa de suas primeiras cartas ao ex-companheiro do Minarete e desde então seu confidente e correspondente para o resto da vida, ele assim caracterizava: "Tentei arrancar de mim o carnegão da literatura. Só consegui uma coisa: adiar para depois dos 30 o meu aparecimento. Literatura é cachaça. Vicia. A gente começa com um cálice e acaba pau d'água de cadeia". Nas cartas que escreve a Rangel de 1904 a 1918, Lobato fala obsessivamente de literatura e quase que só dela. Comenta autores e livros, faz observações sobre estética literária, anota descobertas estilísticas, critica suas próprias produções e as de seu correspondente.

A partir de 1917, as cartas começam a mudar de tom. Preocupações pragmáticas, ligadas antes aos seus interesses de editor que às suas paixões de escritor, vão invadindo cada vez mais o espaço outrora dedicado exclusivamente à literatura. Até mesmo a anterior e irrestrita admiração de Lobato pela ficção de Rangel, a quem ele considerava o único escritor autêntico do grupo do Minarete, começa a empalidecer. Embora insista em publicar pela Editora Monteiro Lobato Ltda. o livro de estreia do amigo, *Vida Ociosa*, que até então cumulara de elogios, nele descobre, uma vez editado, o defeito de não ser "romance de enredo intenso, dos que o público adora e determinam grande venda". Público, venda – o pão do espírito cede lugar ao pão do estômago e Mercúrio vai substituindo Apolo no santuário das devoções íntimas de Lobato.

Sua aventura editorial foi o primeiro passo num caminho que tenderia a afastá-lo cada vez mais da literatura, pelo menos tal como até então a entendera. As etapas ulteriores de sua história de vida – adido comercial do Brasil em Nova York, fundador de uma companhia metalúrgica, idealizador de uma empresa de prospecção de petróleo – mostram-lhe a insistência em trilhar o caminho da ação empresarial, contraposto ao da mera especulação literária: "O Lobato que fazia contos e os discutia com você está morto, enterradíssimo", diz a Rangel em carta de 1928; "Porque tenho sido tudo, e creio que *minha verdadeira vocação é procurar o que valha a pena ser*".

Ironicamente, o que valeria a pena ser, ele o era desde o nascimento – um escritor pela graça de Deus. O malogro de suas ambições empresariais, primeiro como editor, depois como metalurgista e petroleiro – e o sonho do petróleo nacional o acabaria levando aos cárceres do Estado Novo, – teve o condão de devolvê-lo à literatura. Não mais como o contista maupassantiano e kiplinguiano de *Urupês* e outras coletâneas – cujo momento histórico havia passado com o advento do Modernismo programático a que ele se mostrou infenso – mas como o maior dos autores brasileiros de literatura infantojuvenil. Nessa área, Lobato fez o mesmo tipo de revolução que os modernistas haviam feito na área da chamada literatura de proposta, pelo que não é demasia ver em Emília e na sua turma do Sítio do Picapau Amarelo os Macunaímas anunciadores dessa outra revolução.

Livrando-se dos pruridos da prosa de arte que praticara na ficção adulta – preço que teve de pagar pelo fervor de suas leituras portuguesas e francesas fim de século, – Lobato alcançou desenvolver, na literatura para crianças e jovens, um inimitável estilo de narrar, despojado, vivaz, entranhadamente brasileiro. Numa reveladora carta de 1943, ele confessa a Rangel, grifando a frase, que "*o certo em literatura é escrever com o mínimo possível de literatura!*", e acrescenta que foi salvo pelas crianças: "De tanto escrever para elas, simplifiquei-me, aproximei-me do certo (que é o claro, o transparente como o céu)". Daí poder confessar, de alma leve: "Também creio, Rangel, que estou sarado da mania de negócios. Cortei as relações com a ambição monetária e fiquei sozinho com a literatura – a sem aspas. E estou até em lua de mel com a coitadinha".

Uma lua de mel, na verdade, que remontava a *Narizinho Arrebitado*, de 1921, e que se prolongou, sem desfalecimentos, até *A Chave do Tamanho*, de 1945, um ano antes da morte do escritor[1], que já em 1926 aspirava a escrever livros "onde as nossas crianças possam morar [...] como morei no *Robinson* e

---

1. *A Chave do Tamanho* saiu pela Companhia Editora Nacional em 1942, e Monteiro Lobato faleceu em 1948.

nos *Filhos do Capitão Grant*". Pelo trampolim lúdico do humor, que é o avesso da chatice da lição de moral, Lobato conseguiu chegar, desde o seu primeiro livro para crianças, ao coração da infância brasileira. Levou-o até lá não o saber de psicólogo, mas a intuição de escritor. Ao transcrever, numa de suas últimas cartas a Rangel, a carta de uma pequena leitora que o havia particularmente impressionado, Lobato a faz preceder destas palavras nascidas de uma longa experiência: "Ah, Rangel, que mundos diferentes, o do adulto e o da criança! Por não compreender isso e considerar a criança 'um adulto em ponto pequeno', é que tantos escritores fracassam na literatura infantil e um Andersen fica eterno. Estou nesse setor há já vinte anos, e o intenso grau da minha 'reeditabilidade' mostra que o meu verdeiro setor é esse. A reeditabilidade dos meus livros para adultos é muito menor. Não posso dar a receita. Entram em cena imponderáveis inapreensíveis".

O reencontro consigo mesmo como escritor, após os descaminhos da sua teimosia empresarial, poderia dar a pensar que a antilegenda de Lobato é a de uma oposição de raiz entre os valores estéticos do mundo da criação e os valores comerciais do mundo da edição. Mas a experiência do editor Lobato com as idiossincrasias do público ledor foi que, bem feitas as contas, acabou levando o escritor Lobato ao seu "verdadeiro setor". Isso para o seu próprio bem e da literatura infantojuvenil brasileira, de que foi, a bem dizer, o fundador. E assim, sob a égide dos males que vêm para bem, a antilegenda lobatiana ganhou um final feliz de legenda.

Jornada pela Noite Escura
(*A Noite Escura e Mais Eu* de Lygia Fagundes Telles)

Andou bem Victor Burton ao escolher *Eva*, um quadro de Ismael Nery, para ilustrar a capa de *A Noite Escura e Mais Eu* (Rio, Nova Fronteira, 1995). A discreta geometrização daquele rosto de mulher como que adverte o leitor do livro de que a arte narrativa neste praticada não se deixa tampouco pear pelas convenções da estética da fatia de vida ou do *trompe-l'oeil*. Dois dos nove contos ali reunidos ultrapassam inclusive os limites do verossímil ao fazer um macaco de circo virar homem e ao atribuir alma sentiente e pensante a um anão de jardim. Nos demais contos, todavia, vige uma sutil mas eficaz estilização que, sem subverter a verossimilhança das situações enfocadas, torna cada uma delas emblemática deste ou daquele aspecto da condição feminina.

Se o olhar oblíquo da mulher do quadro de Ismael Nery leva a supor uma atitude de desconfiança em relação ao mundo além-moldura, a expressão de firmeza em sua boca dá a perceber que ela já lhe conhece, com o saber da experiência – talvez se dissesse melhor do desencanto, – as armadilhas e os desconcertos. Mas nem desconfiança nem desencanto lograram embotar-lhe a finura da sensibilidade, gestualmente marcada na delicadeza com que seus longos dedos seguram o estojo de maquiagem. Em todos esses pormenores, a *Eva* de Ismael Nery se inculca, mais que uma ilustração ocasional, o próprio diagrama das linhas de força da novelística tão entranhadamente feminina de Lygia Fagundes Telles.

Nada mais longe dos meus propósitos que discutir aqui a propriedade ou impropriedade de um construto teórico como "literatura feminina". Se aplico tal adjetivo às ficções de Lygia Fagundes Telles é tão somente para ressaltar que elas se comprazem em perscrutar, com uma visão eminentemente "de dentro", a interioridade feminina. Quase escusava dizer que o poder de convencimento dessa visão é diretamente proporcional à mestria – a cada livro mais apurada – da prosa de ficção de Lygia Fagundes Telles.

Em *A Noite Escura e Mais Eu*, três contos dão privilegiado testemunho disso tudo. No primeiro deles, "Dolly", a desconfiança do olhar feminino não traduz o já-visto da experiência, mas o nunca-visto da descoberta, com o que se filia, malgrado seu compasso de história curta, à linhagem do romance de formação ou aprendizagem. O breve contato de Adelaide, narradora do conto, com a vida irregular, os sonhos hollywoodianos e o trágico fim de Dolly, protagonista dele, conto, abre uma fresta ameaçadora na segurança do seu ... mundo bem-comportado de aulas de datilografia e luvas de crochê.

Indício dessa fresta é a incongruência do gesto defensivo de Adelaide, de atirar a um bueiro as luvas manchadas de sangue, com o seu desejo de ter uma boina de pena tão vermelha quanto a túnica da deusa que viu no vitral da casa de Dolly – casa de que fugira em pânico ao ali encontrá-la assassinada.

Um aspecto da estrutura desse conto de abertura de *A Noite Escura e Mais Eu* merece ser sublinhado. Qual seja a ênfase assumida, na semântica da narrativa, pelo vitral, a luva de crochê manchada de sangue e a boina de pena vermelha. Por si só, tal ênfase alcança converter os três objetos em suportes de significados latentes. Não se trata de símbolos entremeados à fabulação, mas de elementos intrínsecos dela que se investem de valor simbólico. A naturalidade dessa investidura é que dá a medida do refinamento da arte de Lygia Fagundes Telles, conforme tive ocasião de acentuar anteriormente, a propósito de seu romance *As Horas Nuas*[1].

Diferentemente do olhar ingênuo das duas jovens de "Dolly", que ainda se deslumbram com os ouropéis do mundo e se aterrorizam com as suas surpresas, no olhar experiente de Kori, protagonista de "Você Não Acha Que Esfriou?", transluz um desencanto que não chega a ser cínico. Daí poder ela já pensar sem desespero nem ilusões, às vésperas do $45°$ aniversário, na sua "pele de papel de seda amarfanhado" e nos seus "seios que lembravam dois ovos fritos" em meio à penumbra na qual, por piedade ou desgosto, o amante escolheu recebê-la. Daí também poder ela aceitar sem recriminações o momentâneo insucesso dele na realização do ato amoroso, assim como não o recrimina de estar apaixonado pelo seu próprio, dela, marido. E não há amargor, só calma ironia, no olhar com que Kori acompanha os movimentos estudados do amante cobrindo a nudez: "Sentia-se observado e se exibia até nesse mínimo movimento de vestir o chambre que estava na poltrona... Ele

---

1. Ver "Entre a Nudez e o Mito" no meu *Transleituras*, São Paulo, Ática, 1995. E também neste volume.

fechara as cortinas, deixando apenas uma luminosidade embaçada num canto, todas as providências para que não ficasse exposto o patinho feio enquanto o cisne merecia toda a luz do mundo".

No final de "Você Não Acha Que Esfriou?", logo após revelar ao amante, para desespero dele, que o marido dela tinha um caso com outra mulher a quem engravidara, Kori o consola: "Não se preocupe, querido... fica calmo, vamos continuar igual... Ninguém está enganando ninguém... é um jogo silencioso mas limpo". E lhe pede então que troque, no aparelho de som, a música de Mozart por um disco de Maria Callas.

Eis mais uma vez um pormenor da fabulação investindo-se do valor simbólico ou metafórico de um "como se", porém agora de conotações sarcásticas. A estridência passional da ópera como que vai desmascarar, numa espécie de *gran finale* bufo, aquela comédia de desencontros emocionais e sexuais, cujos ridículos a penumbra e a suave música de fundo buscavam baldadamente mascarar. E se atentar para a circunstância de que se trata, no caso, de uma cantora também de meia-idade, o sarcasmo assume uma pungência a cuja difusa tristeza só mesmo a obliquidade do simbólico ou metafórico poderia fazer jus.

Em "Uma Branca Sombra Pálida", terceiro e último conto que escolhi para comentar, os desencontros se transferem para o plano do trágico e o desmascaramento se denuncia um ato de pura crueldade. Para que ele possa denunciar-se a si próprio como tal, sem a intermediação moralizante do comentário de autor, Lygia Fagundes Telles habilmente recorre à técnica do narrador não fidedigno.

Em nossa prosa de ficção, o exemplo mais ilustre dessa técnica é, como se sabe, o *D. Casmurro*, onde o envolvimento emocional de Bentinho no que narra põe-lhe a narração sob suspeita, a ponto de poder suscitar a descabida pergunta de se Capitu teria mesmo sido adúltera. Descabida porque a resposta, mesmo que fosse possível, só empobreceria nossa fruição do texto. Tampouco importa saber se entre Gina e Oriana, as protagonistas de "Uma Branca Sombra Pálida", houve mesmo a relação lésbica de que a mãe de Gina a acusa e que a leva ao suicídio. O que importa é, antes, o conflito de temperamentos entre mãe, de um lado, e filha e pai, de outro. Insensível ao "ritual de belas frases" assim como à "mentira das superfícies arrumadas escondendo lá no fundo a desordem, o avesso dessa ordem", a mãe desprezava o romantismo do marido, seu coração delicado – "os delicados não têm resistência".

Enciumava-a, sem que o confessasse a si própria, a afinidade dele com Gina, que lhe herdara o gosto da arte e a delicadeza de índole. Morto o marido, o ciúme se transfere para Oriana, a amiga em cuja companhia Gina estudava, a portas fechadas, ao som de música de jazz. Mas é em nome do "mais honesto", do "abrir o jogo", do "mais limpo", que a mãe denuncia a "relação nojenta" entre as duas e intima a filha a escolher: ou ela ou a amiga.

Se a morte de Gina rematasse o conto, este seria apenas mais um conto linear do tipo vítima x vilão. Mas a uma contista sutil como Lygia Fagundes Telles aborrece a linearidade, sobretudo no terreno moral. Para rompê-la, ela lança mão, mais uma vez, do recurso da figuração simbólica ou metafórica para sugerir que mesmo a crueldade e a intolerância têm os seus avessos. Depois da morte de Gina, trava-se, na arena do seu túmulo, um duelo floral entre a mãe e a amiga. Uma e outra vêm regularmente ao cemitério trazer-lhe flores, aquela flores brancas, esta flores vermelhas. A leitura simbólica é elementar: o branco da limpeza x o vermelho da paixão. Todavia, o simbolismo ultrapassa os domínios do elementar e aponta para as complexidades da alma humana quando a mãe se pergunta, no último parágrafo do texto, se o seu duelo floral não vai acabar no dia em que Oriana arranjar uma nova amiga. Então, ao "lado de suas rosas ressequidas ficarão apenas as minhas rosas brancas. Difícil explicar, mas quando isso acontecer, esta será para mim a sua maior traição".

Haveria muito a comentar no restante de *A Noite Escura e Mais Eu*. Abstenho-me contudo de o fazer para que algum leitor ranzinza não me acuse de, ao revelar o enredo de alguns dos seus contos, estar-lhe estragando o prazer da descoberta. Mas não será leitor digno de uma ficcionista como Lygia Fagundes Telles quem suponha que o interesse de suas ficções se esgote no nível do enredo. Ao contrário, o interesse persiste mesmo depois de terminada a leitura, quando, viva ainda na memória a ressonância das situações emblemáticas representadas no livro, ficamos a matutar no esquivo significado das figurações que enriquecem a semântica do dito com as instigações do não dito ou do quase dito.

Nessa ordem de ideias, não resisto à tentação de chamar a atenção do leitor ranzinza para a importância simbólica do túnel em "Boa Noite, Maria", a meu ver o melhor conto do volume, tanto assim que não me atrevi a submetê-lo ao crivo de uma interpretação redutora. Não se esqueça ainda o mesmo leitor de correlacionar os horrores que, com fria curiosidade, a menina de "A

Rosa Verde" discerne no mundo dos insetos devassado por sua lupa com a sua atitude em relação ao mundo adulto que a circunda. Ou de contrastar a significatividade da figura do anão de jardim do último conto do livro com a ciranda de pedra do romance homônimo da mesma autora. E mais não digo para não parecer, eu também, outro ranzinza.

A Sabedoria do Bobo da Aldeia

[*Romance Negro e Outras Histórias*, de Rubem Fonseca]

Depois do que alguns resenhadores, incomodados talvez com o sucesso de público dos romances de Rubem Fonseca, diagnosticaram em *Agosto*, ali detectando, entre reprobativos e satisfeitos, um rebaixamento do nível de sua arte, este *Romance Negro e Outras Histórias* (São Paulo, Companhia das Letras, 1992) soa como uma espécie de resposta. Resposta não argumentativa mas tácita, a mostrar pela só eloquência do exemplo o quanto havia de infundado nesse diagnóstico.

Apesar do título, *Romance Negro* não é um romance e sim uma coletânea de contos, gênero pelo qual fez Rubem Fonseca sua entrada na ficção brasileira para nela deixar indelevelmente registrada, com os livros que se seguiram ao de estreia em 1963, a sua marca de fábrica – um estilo de narrar que Alfredo Bosi chamou com propriedade de brutalista e que, na sua objetividade e vividez cinematográficas, presta-se como nenhum outro para veicular os temas de agressividade social a que particularmente se afeiçoou. Esses temas têm como espaço de corporificação, as mais das vezes, a zona sul do Rio de Janeiro de nossos dias. Entretanto, a primeira das sete narrativas reunidas em *Romance Negro* não privilegia esse espaço urbano. Volta-se antes para a parte mais antiga da cidade, o seu centro, cuja decadência, "depois da grande debandada para os bairros, principalmente para a Zona Sul", focaliza em uma sequência de tomadas bem escolhidas.

Essas tomadas se articulam entre si pelo mesmo ponto focal, a figura de um escritor andarilho que está escrevendo *A Arte de Andar pelas Ruas do Rio de Janeiro*, título aliás do próprio conto. Há algo de dostoievskiano nesse escritor que mora num apartamento com claraboia, gosta de ratos e se empenha em ensinar as prostitutas a ler, pagando-lhes inclusive para isso. Contudo, o seu niilismo de quem, por não ter mais "desejo, nem esperança, nem fé, nem medo", leva-nos de Dostoiévski ao Kazantzákis que fez do lema "nada temo, nada espero, sou livre" o seu epitáfio de niilista heroico[1]. Da surda guerra social que se trava nas ruas do Rio de Janeiro, o conto de abertura de *Romance Negro* nos dá dois flagrantes cáusticos: o da família de "marquiseiros" que vive de catar papel na rua e mora numa casa de papelão armada à noite sob a marquise de uma agência bancária; o da fala do presidente da União dos Desabrigados e Descamisados acerca da estratégia de choque dos seus comandados contra os bacanas que moram em lugares bonitos: "temos de feder e enojar como um monte de lixo no meio da rua".

Em outra narrativa, "O Livro dos Panegíricos", ao trazer novamente à cena o enfermeiro de idosos que protagoniza um dos contos de *Lúcia McCartney*, Rubem Fonseca confirma a mestria de sua arte na representação dos aspectos mais chocantes da condição humana. A esse enfermeiro confidencia o novo paciente a progressiva descoberta do seu envelhecimento através de indícios observados com impiedosa precisão: "Sabe quando descobri que estava velho? Quando passei a gostar mais de comer do que de foder. Esse é um indício terrível, pior do que os cabelos crescendo no nariz. Agora não gosto nem de comer". Por sua vez, com o mistério dos seus telefonemas, com a sua recusa de, embora assumindo o privilégio da voz narrativa, dar-nos acesso às suas motivações o enfermeiro desse conto compõe exemplarmente a figura do protagonista opaco, de interioridade por assim dizer no grau zero[2], que, tanto quanto sei, estreou em nossa ficção com o Naziazeno de *Os Ratos*, de Dyonélio Machado, mas cujo representante mais ilustre é sem dúvida o Mersault de *O Estrangeiro* de Albert Camus.

Mais que misteriosos, são totalmente ambíguos os personagens vienenses de "A Santa de Schoeneberg", assim como os elementos de sua fabulação: os quadros de Schiele, a carta comprada na feira de pulgas, a estátua da santa no pátio do edifício onde se vai passar o episódio conclusivo (?) da narrativa. É como se o contista se comprouvesse numa composição abstrata cuja razão de ser estivesse tão só na ordenação e no valor intrínseco dos seus elementos, sem apontar para um significado global deles dedutível.

Os três exemplos citados devem ter bastado para dar uma ideia da variedade de registros dos contos de *Romance Negro*. Tal variedade tem o seu leque

---

1. Ver a introdução à minha tradução de *Ascese; os Salvadores de Deus*, de Nikos Kazantzákis, São Paulo, Ática, 1997.

2. Ver meu *A Aventura Literária*, São Paulo, Companhia das Letras, 1990, pp. 51 ss. Também no primeiro volume desta obra.

ampliado com a técnica de pasticho de "Labareda das Trevas", perceptível desde a alusão do título a *O Coração das Trevas* de Joseph Conrad, o qual, num suposto diário secreto, acerta suas contas póstumas com a genialidade e o sucesso literário de Stephen Crane, *bête noir* a assombrar-lhe até o fim dos seus dias a ainda acesa vaidade de "o maior escritor vivo da língua inglesa" e a já doída consciência dos "esplendores ilusórios da glória". Da técnica de pasticho transitamos para a colagem em "A Recusa dos Carniceiros", onde discussões sobre a pena de morte no parlamento brasileiro de 1830 são entremeadas das notícias de publicação de obras literárias famosas, num contraponto satírico que põe a nu as contradições do século do liberalismo e o nosso atraso ainda colonial em relação a ele. O satírico se abranda em irônico no conto "Olhar", protagonizado por um escritor meio canastrão cujo ascetismo vegetariano vai ser posto em xeque por tentações alimentares bem mais refinadas e perigosas.

Com esse, chega a quatro o número de contos que têm escritores como protagonistas, o que faz de *Romance Negro*, em boa medida, uma reflexão ficcional em torno das ilusões, desapontamentos, dilemas, altos e baixos – em suma, das vicissitudes da vida autoral. Estas encontram sua melhor representação no conto de encerramento da coletânea que, com dar-lhe título, tem assim confirmada a sua maior representatividade em relação aos demais. Pode-se inclusive ver na exageração paródica desse conto, com a sua insistência no negro, a pedanteria de suas discussões teóricas e o melodramático do seu entrecho, culminado nos gêmeos do tragicômico desenlace, a marca de uma visão irônica do ofício das letras que lhe matiza e aguça o viés metalinguístico, para usar um adjetivo ainda, ai de nós!, em moda.

É significativo que o protagonista de *Romance Negro* seja um escritor de "roman noir, novela negra, *kriminal roman*, romance de mistério ou que nome possua", conforme ele mesmo se define. O gosto de Rubem Fonseca por tal modalidade de literatura de entretenimento, da qual tem tirado frequentemente elementos para a sua obra de ficção, levou alguns a filiarem-no inclusive a esse nível "inferior" de criação literária. Ponho o adjetivo entre aspas para acentuar o sentido depreciativo com que é comumente usado, embora esteja envolvida no caso não uma questão de valor e sim de destinação. Para os aficionados de ficção policial, Agatha Christie tem a mesma importância hierárquica que James Joyce tem para os aficionados de ficção experimental: uma e outro são mestres, cada qual no seu respectivo campo de atuação. Mas deixemos as obviedades de lado para voltar à ficção de Rubem Fonseca.

Se bem *Romance Negro* seja um conto policial que versa um dos lugares-
-comuns do gênero – a tentativa do crime perfeito, – ele lhe extrapola as
limitações quando mais não fosse pelo seu registro irônico-paródico, em que
se trai a óptica do *outsider*, simpático sem dúvida, mas exterior a ele. E a, com
perdão da má palavra, extraterritorialidade de visão se confirma na moral da
fábula. Enquanto a única moral da literatura de entretenimento é o entrete-
nimento por si só, a do conto de Rubem Fonseca tem ambições mais altas.
Por via da complicada história de Peter Winner e de seu duplo, quer ela dar
a entender, mais do que a verdade de "as palavras [serem] nossas inimigas",
que a literatura, mesmo sendo sob certo ponto de vista o caminho da evasão,
é também o caminho do equilíbrio e da sabedoria, ainda que esta seja não "a
do poeta nem a do filósofo, mas a do bobo da aldeia depois que viu a sereia".

Leiam, leiam o instigante livro de Rubem Fonseca que compreenderão o
que ele quis dizer com isso.

Gesta e Antigesta
(*Os Desvalidos*, Francisco J. C. Dantas)

É dura empresa transpor o Rubicão de uma estreia literária bem-sucedida. Bem-sucedida, entenda-se, não em termos de êxito de público, mas de excelência intrínseca, pois esta é que vai suscitar no espírito do leitor um nível de expectativa a cujas exigências o autor fica desde então obrigado a atender no livro seguinte.

Dificilmente o segundo romance de Francisco J. C. Dantas desapontará os leitores de *Coivara da Memória*. Talvez os menos avisados lamentem não reencontrar em *Os Desvalidos* (São Paulo, Companhia das Letras, 1993) a mesma vibração emocional que, própria da ficção rememorativa lastreada em conteúdos real ou supostamente autobiográficos, dava ao livro de estreia desse romancista sergipano um imediato poder de convencimento. A narração em primeira pessoa anunciava ostensivamente ali o primado de uma subjetividade todo-poderosa sob cuja óptica o outro aparecia menos como um em-si do que como um em-mim. Se a essa óptica se deve creditar a persuasividade lírica de *Coivara da Memória*, cabe também debitar-lhe algo de redutor. Já disso não se poderá acusar *Os Desvalidos*, onde a narração predominantemente em terceira pessoa faz-se a marca estilística de uma nítida distinção entre narrador e personagem. Todavia, os bruscos câmbios da terceira para a primeira pessoa nos monólogos interiores mostram que o em-si da outridade recusa dissolver--se na descaracterizadora onisciência da visão de fora.

A despeito dessa mudança de foco ou ponto de vista, o muito que há de comum entre o primeiro e o segundo romances de Francisco J. C. Dantas aponta para uma essencial coerência do seu projeto criativo. O espaço geográfico da ação de ambos é o mesmo, a vila de Rio-das-Paridas e suas cercanias; tampouco é diversa a escrita, que continua empenhada em estilizar a fala rústica do Nordeste numa profusão léxica em que o inusitado de termos e construções soa saborosamente exótico a ouvidos entorpecidos pela pobreza e sensaboria da língua geral dos meios de comunicação de massa. Não seria descabido ver nessa estilização, que tem antecessores ilustres tanto em *Macunaíma* quanto em *Grande Sertão: Veredas*, um homólogo *ad hoc* da prosa de arte do último quartel do século xix.

Uma referência cronológica que tal insinua haver algo de anacrônico na escrita de Francisco J. C. Dantas. Anacronia a que, num artigo sobre *Coivara da Memória*[1], chamei de oportuna não só por servir de corretivo a certo abastardamento vernacular da nossa prosa de ficção mais recente como por demonstrar, com a prova insofismável da sua qualidade literária, que o filão da ficção nordestina de 1930 tem ainda o que oferecer a quem saiba lavrá-lo com engenho e arte. Nem o meio século decorrido desse ano-marco nem os sinais periféricos de modernização do Nordeste invalidam a retomada da lavra. A grandeza da obra de Guimarães Rosa, por um lado, deu testemunho de que a linhagem do regionalismo pré-modernista estava como que a pedir continuação e aprofundamento; de outro lado, o agravamento da miséria das massas nordestinas do campo e da cidade desmente pretensões modernizadoras que pouco mudaram no regime de propriedade ou na estrutura oligárquica de um sistema brutalmente espoliador e retrógrado.

Mesmo não levando isso em conta, sempre restaria a *Os Desvalidos*, para eximir-se da acusação de inatual, o álibi de ser uma narrativa datada. Nos acontecimentos que narra, um personagem histórico dialoga de corpo presente com personagens imaginários, remontando outrossim a ação dramática a uma época satisfatoriamente pretérita: o apagar das luzes dos anos 30, quando Lampião e seu bando são finalmente liquidados pelas tropas volantes que os perseguiam sem êxito havia tanto tempo.

Embora esse Lampião de fim de carreira seja um dos personagens principais de *Os Desvalidos*, seu verdadeiro protagonista é o corcunda Coriolano, ex-boticário e ex-seleiro que os percalços da vida acabaram por reduzir a sapateiro remendão. Com isso, duas tradições ficcionais distintas vêm entrecruzar-se para mútua iluminação – a gesta do cangaço e a antigesta do pobre-diabo.

Acerca deste tipo de herói fracassado, cuja proliferação na ficção brasileira das décadas de 30 e 40 alarmou Mário de Andrade como uma espécie de ominoso sinal dos tempos, escrevi um ensaio[2] onde tentava traçar-lhe a ge-

---

1. Ver "No Rescaldo do Fogo Morto", em *Transleituras*, São Paulo, Ática, 1995. E também neste volume.
2. Ver "O Pobre-Diabo no Romance Brasileiro", em *A Aventura Literária*, São Paulo, Companhia das Letras, 1990. E no primeiro volume desta obra.

nealogia, a tipologia e as condicionantes. Aqui, importa apenas ressaltar que um dos traços da estrutura moral do pobre-diabo é, a par da sua impotência diante da ruína econômica em que se vai afundando, um apego grotesco aos fiapos de consideração social de que se ufanava outrora.

Esse é precisamente o caso de Coriolano. A sua proficiência no aviar os medicamentos da botica herdada do mesmo tio que lhe ensinara a arte oficinal, granjeia-lhe o respeito dos moradores de Rio-das-Paridas. Todavia, para manter-se fiel à palavra empenhada ao tio, de jamais vender na botica produtos dos laboratórios industriais que começavam a invadir o mercado, ele acaba se arruinando na concorrência com boticários menos apegados à fé do ofício. Tampouco conseguem concorrer com os preços mais baratos das selas de carregação produzidas em série as selas que Coriolano afeiçoa caprichosamente com as próprias mãos, seguindo as lições de mestre Isaías, de quem, após perder a botica, foi ser aprendiz. O duplo malogro, com forçá-lo a abdicar do orgulho e probidade de artesão, rebaixa-o a mero remendador ambulante unicamente preocupado em sobreviver como possa sem chegar ao fundo do poço – "o cabo da enxada pra cavar o barro duro, em troca de algum andrajo para cobrir as vergonhas e do mais desgraçado passadio".

A antigesta de Coriolano a remoer os próprios fracassos e a lamentar-se do seu rebaixamento social assume, no contexto histórico-social de *Os Desvalidos*, um sentido distinto do de outras figurações do pobre-diabo. Tal condição aparece ali ligada de perto ao declínio da artesania com o advento da produção em série, num processo paralelo ao da derrocada do engenho pelo surgimento da usina, tema que o romance de estreia de Francisco J. C. Dantas retomava de *Fogo Morto* para enriquecê-lo de novos matizes. Nos dois casos, a mudança do sistema tradicional de produção gera situações de crise em destinos individuais e é a partir daí que passa a merecer a atenção do ficcionista, o qual se aplica em desenvolver-lhe as repercussões humanas no registro por assim dizer elegíaco do romance da desilusão e do malogro em cuja órbita gravita o romance do pobre-diabo.

É bem de ver entretanto que, no enredo de *Os Desvalidos*, o destino de Coriolano está dramaticamente ligado ao de Lampião. Liga-os um tipo de nexo que, pelo marcado contraste de pavidez e passividade, de um lado, com destemor e violência, de outro, se afigura à primeira vista opositivo. Mas a arte do romancista é demasiado sutil para deter-se em antítese tão obviamente polar; prefere ir além dela e subsumir, num mesmo clima de derrota histórica, tanto a gesta do herói cangaceiro quanto a antigesta do pobre-diabo remendão. A origem da ligação entre este e aquele é-nos revelada numa cena de sangue da segunda parte do romance, transcorrida na pequena estalagem de Aribé onde Coriolano conseguira um pouco de fugaz prosperidade. Guardo-me de descrever a cena para não estragar a surpresa da leitura. Pela mesma razão, abstenho-me de referir o tocante caso de amor entre tio Felipe e Maria Melona, personagens de segundo plano desenhados com mão igualmente segura. Para a nossa linha de argumentação, interessa apenas assinalar que Coriolano perde a última oportunidade de firmar-se na vida e afunda no abismo de uma pobre-diabice sem retomo ao ter de fugir, apavorado, da violência do cangaceiro.

Na dramática de *Os Desvalidos*, a figura deste último é redimida dos dois estereótipos antitéticos a que costuma ser habitualmente reduzida – o do vilão e o do herói. Por via de um longo monólogo interior de Lampião, temos a certa altura vislumbres da sua distorcida e dolorosa humanidade em que os dois opostos confluem para a definir como tal. Nesse monólogo, a arte de Francisco J. C. Dantas alcança o ponto mais alto em dois momentos epifânicos. Um é a rememoração dos passos da paixão de Virgulino por Maria Bonita, lance que, pela força da linguagem, soa como um verdadeiro epitalâmio em prosa.

O outro é a diatribe contra o poder dos coronéis, poder que é o ponto de fuga da semântica social de uma fábula na qual, em nó aparentemente disparado, se confundem as linhas do destino do pobre-diabo e do cangaceiro. A certa altura do seu monólogo interior, Lampião, "rei corrido e engendrado pela penúria do seu próprio povo", chama os coronéis do sertão de "'monarcas' treitentos que chupam o sangue da pobreza". No entanto, para poder sustentar o seu bando e sobreviver às perseguições da volante, ele próprio sempre dependeu do secreto apoio desses mesmos coronéis. Em troca, e a mando deles, viu-se obrigado numerosas vezes a "punir sem justiça um ou outro sujeito de bom calibre e boa raça que não sabia viver varrendo o chão". Com isso, não só lhes foi "adubando o poderio" como transformando-se em cego instrumento deles.

Essa paradoxal condição do *social bandit*, cuja violência acaba mais cedo ou mais tarde recaindo nos mesmos humilhados e ofendidos de quem ele seria o suposto vingador, está exemplarmente ilustrada em *Os Desvalidos*. Seu protagonista fala em certo momento do "fogo cruzado do patrão e do cangaço, que mandam e desmandam por estas bandas onde ninguém mais tem força". E é sob o mesmo signo da derrota comum (do qual a verossimilhança manda evidentemente excluir o patrão) que, no epílogo dessa antigesta do pobre-diabo, reúnem-se, ao cadáver do arquicangaceiro verdugo dos outros dois, o pávido e inofensivo tio Felipe, endoidecido pelas torturas às mãos da tropa volante, e o próprio Coriolano que, "derrubado pelas forças do passado", fica a vagar insone nas ruelas de Rio-das-Paridas, "arrastado pela noite, dando pernadas por aí em vão, prisioneiro do seu íntimo conflito".

Sob o Peso do Passado
(*Boca de Chafariz*, de Rui Mourão)

À lembrança de mais de um leitor de *Boca de Chafariz* (Belo Horizonte, Vila Rica, 1991) há de ter ocorrido, durante o percurso do seu texto, a conhecida *boutade* de Mário de Andrade de ser conto tudo aquilo que seu autor chame de conto. Só que no caso se trata de um romance, gênero ainda mais proteico do que o conto. Pela elasticidade de suas fronteiras, o romance pode dar-se ao desfrute de invadir impunemente os domínios do ensaio de ideias, do registro historiográfico, da reportagem de imprensa, da alegoria poética e de outras numerosas modalidades de discurso. Isso, porém, na medida em que continue a ter o seu centro de gravidade numa narrativa de ficção.

Felizmente, é o que acontece neste recente romance de Rui Mourão. Nos seus 33 capítulos, sem títulos nem numeração, gente de carne e osso contracena com fantasmas de um passado remoto, a discussão de questões de preservação de bens culturais alterna com a crônica de costumes, e a especulação historiográfica acerca da Inconfidência Mineira divide terreno com o registro jornalístico de sucessos da história contemporânea de Ouro Preto. Todavia, todos esses materiais heterogêneos são unificados por um mesmo sopro ficcional que lhes dá vida e confere ao real estatuto de equivalência com o imaginário, ampliando-lhe assim o significado.

Na dedicatória de *Boca de Chafariz*, o romancista fala de sua "paixão por Ouro Preto". Mas estamos diante de algo mais profundo do aquela descomprometida admiração de caráter estético-cultuai que todo turista com um mínimo de sensibilidade necessariamente experimenta pela velha cidade à primeira visita. Na sua condição de diretor do Museu da Inconfidência, Rui Mourão tem um comprometimento de ordem profissional com o passado de Ouro Preto; na qualidade de romancista atento ao dia a dia das pessoas, um comprometimento com o presente dela. Daí não estranhar haja situado a ação do seu romance em 1979. Esse foi um ano fatídico para a cidade que, castigada por repetidos aguaceiros, esteve a pique de ter boa parte de seu casario e de suas igrejas arrastada pelas águas.

A escolha desse momento por assim dizer agônico possibilitou ao romancista focalizar com naturalidade, dentro do romance, a problemática da conservação de monumentos históricos, particularmente relevante em Ouro Preto, que, como nenhuma outra entre nós, é toda ela uma cidade-monumento. No capítulo 27 de *Boca de Chafariz*, em que discute com um grupo de especialistas a preservação de bens históricos em função da estrutura social da cidade, o diretor do Museu da Inconfidência mostra ter uma perspectiva que ultrapassa de muito o campo estritamente museológico. Ele considera "uma violência ao meio" as iniciativas culturais ali implantadas de fora para dentro pelo poder público estadual e/ou federal, a exemplo do Festival de Inverno.

Vê a cidade inclusive como uma entidade tripartida em que as duas partes históricas e naturais, os antigos arraiais de Pilar e Antônio Dias onde vive a população ouropretana *stricto sensu*, estão separadas uma da outra pela artificialidade da praça Tiradentes, o "espaço do turista". No entanto, paradoxalmente, a praça é por excelência o espaço cultural do histórico, por sediar o Museu da Inconfidência, ao mesmo tempo em que, com ser o espaço do turismo, constitui-se no eixo da economia da cidade, que dele tanto depende. Ao ter sido compelida a assumir profissionalmente o passado como seu presente, Ouro Preto como que passou a compactuar com o artificial, enveredando pelo caminho da representação teatral de si mesma. É como se tivesse capitalizado o seu próprio infortúnio: foi por ter ficado à margem do progresso, findo o ciclo do ouro e perdida a antiga condição de capital da província, que ela pôde manter a velha fisionomia urbana, hoje seu maior atrativo turístico. Como diz a certa altura do romance o fantasma do fundador Antônio Dias: "Ouro Preto não é: foi e se acabou. Essa vida que pretendem para ela não pode ser considerada nem mesmo sobrevida – é continuação forçada de algo que se esgotou, passou com o tempo, selado para a eternidade. O que sobra dela: memória de memória, coisa tão sem existência quanto os fantasmas que tiveram a missão de a povoar".

Quatro fantasmas – os de Antônio Dias, Luís da Cunha Meneses (o Fanfarrão Minésio das *Cartas Chilenas*), Tiradentes e Aleijadinho – são aliás os protagonistas de *Boca de Chafariz*, os seus verdadeiros personagens de ficção. Os demais são quase todos gente de verdade cujos nomes – adverte-nos o autor –"constam do registro civil", ainda que suas ações, se é que se pode usar tal palavra no tocante a um romance de tão pouca ação, sejam imaginárias. Com seus longos monólogos, os quatro fantasmas interrompem a intervalos a contemporaneidade da narrativa para fazer sentir o peso inarredável do passado, de que cada qual representa uma faceta. Antônio Dias é o minerador fundador cuja fala retraça o itinerário da descoberta, apogeu e declínio das lavras de ouro do sertão dos Cataguases. Cunha Meneses, a encarnação do Poder a vigiar obsessivamente quaisquer assomos de rebeldia contra a Ordem. Tiradentes, o idealista de cuja simplória imprudência se valem os interesses econômicos para atingir suas metas. E o Aleijadinho, o gênio criador que, na luta contra a adversidade, acaba por vencer o próprio Tempo.

O passado, tais fantasmas o representam aliás como o Tempo congelado. Mallarmaicamente convertidos em si mesmos pela eternidade, eles estão como que condenados a remoer sem descanso as peripécias, alegrias, mágoas e desilusões de quando viveram no mundo. Só que, póstumos agora, podem revê-lo com olhos críticos: a "eternidade é o caminho da sabedoria", adverte Tiradentes ao invisível juiz a quem endereça todas as suas falas. Só não o parece ser para Cunha Meneses, que num repente de ira, chega a acusar os Inconfidentes de, acumpliciados com o engenheiro Henri Gorceix, fundador da Escola de Minas e Metalurgia, terem conspirado a fim de conseguir para Ouro Preto o título de patrimônio cultural da humanidade que lhe foi conferido pela Unesco.

Esse lance de humor histórico quebra um pouco o tom predominantemente dramático das falas dos fantasmas de *Boca de Chafariz*, cujo clímax é sem dúvida o monólogo em que o Aleijadinho revisita os anos finais de sua existência terrena. Reduzido a um espantalho de gente pelas progressivas devastações da moléstia, e escondendo ciosamente do mundo o espetáculo da sua degradação física, ele a transcende e derrota simbolicamente ao fazer mais vigorosos e belos do que nunca os corpos que esculpe na pedra ou na madeira. Nessas páginas de contida mas tocante pungência, Rui Mourão dá sinal da mestria de sua escrita narrativa.

Os ocasionais anacronismos que de quando em quando pontilham os monólogos dos fantasmas históricos de *Boca de Chafariz* não chegam a comprometer tal mestria. A circunstância, por exemplo, de Cunha Meneses usar ocasionalmente expressões modernas como "pragmatismo", "base ideológica", "revolução industrial burguesa" ou "espaço urbano", pode-se explicá-la pela sua convivência, ainda que fantasmagórica, com os ouropretanos de hoje.

Aliás, gente de nossos dias divide com esses ilustres espectros o privilégio de aparecer como protagonistas da narrativa. Protagonistas de segundo grau, é verdade, mas com direito a capítulo em separado. É o caso do estudante Cupica, do escultor e poeta popular Benê da Flauta, do restaurador Jair Afonso Inácio e do historiador Tarquínio J. B. de Oliveira. Os dois primeiros representam o meio popular e boêmio da cidade, os dois últimos pertencem ao *establishment* histórico por ela acoroçoado. A figura de Tarquínio J. B. de Oliveira ganha relevo num dos capítulos finais em que, à tradicional visão romântica da Inconfidência, contrapõe uma visão crítica e desmistificadora dela. As pesquisas de historiador o levam à conclusão de que, em vez de suicidar-se na prisão, Cláudio Manuel da Costa teria sido assassinado a mando do contratador João Rodrigues de Macedo. Este poderoso financista estaria, invisível, por trás da Conjuração, que tramou para servir aos seus interesses econômicos. Interesses com os quais o ouvidor Cláudio Manuel estaria mancomunado e que poderia pôr em risco se, intimidado, os delatasse durante o processo da Devassa.

O iterativo contraponto entre presente e passado, entre vivos e fantasmas, parece representar, em *Boca de Chafariz*, a duplicidade de uma cidade cindida entre o que foi e o que é. Em nível de estilo, a cisão dá sinal de si na diferença de registro entre as falas dos mortos e as falas dos vivos. Aqueles monologam na primeira pessoa e o leitor os vê por dentro; destes, por estarem impessoalmente descritos na terceira pessoa, só temos vislumbres indiretos da sua interioridade. É como se, diante da opacidade do presente, ainda não atravessado de ponta a ponta pelo Tempo, o romancista assumisse a posição passiva do repórter a relatar apenas o que vê e o que escuta.

Já o passado, transparente porque concluso, convida-o a soltar as rédeas da imaginação para impor à massa dos fatos o nexo de alguma lógica humana. Daí ele assumir a *persona* de seus personagens históricos para, conhecendo-os interiormente, figurar-lhes a essencial humanidade.

Pois para o autor de *Boca de Chafariz* a História semelha ser, mais que um registro encerrado onde o vivido se petrificasse em significantes e significados finais, um livro sempre em aberto onde vivos e mortos, ao ajustarem suas contas, vão redefinindo sem cessar o sentido jamais definitivo do humano, demasiadamente humano. Nessa ordem de ideias, o capítulo final do romance é um belo achado. Depois de ter assistido na praça Tiradentes à cerimônia da concessão do título de patrimônio cultural da humanidade a Ouro Preto, Benê da Flauta, enquanto expõe na calçada uma miniatura da cidade que esculpira em pedra-sabão, é sabatinado por um estudante acerca dos heróis e fastos ouropretanos. Suas respostas, tanto mais poéticas quanto simplórias, fazem finalmente ouvir, dentro da polifonia de *Boca de Chafariz*, a voz do povo anônimo da cidade. Até então, só haviam ali soado as vozes ou do seu passado ou de profissionais hodiernos sobre ele debruçados. Agora, é a voz popular que finalmente fala e nem por ser ingênua deixa ela de mostrar uma sábia e orgulhosa consciência da importância de sua herança histórica.

Com propor-se retratar, pelo recurso à sua experiência de administrador cultural e à sua diária convivência de ficcionista com a população de Ouro Preto, a atmosfera espiritual da cidade, logrou Rui Mourão escrever um romance curioso e original sob mais de um aspecto. Romance cuja leitura só não há de aproveitar a turistas irremediáveis, de olhos para sempre cegos a quanto não sejam exterioridades pitorescas.

Os Dois Mundos do Filho Pródigo
(*As Aves de Cassandra*; *Cemitérios Marinhos às vezes São Festivos*, de Per Johns)

Não sei se a algum doutorando ou doutorável das inúmeras Faculdades de Letras desta nação, onde se ensina tanta literatura e se mostra tão pouco apreço por ela, já ocorreu estudar a representação do anfíbio cultural em nossa prosa de ficção. Anfíbio não no sentido figurado de quem "tem sentimentos opostos, ou segue duas opiniões diferentes" – embora essa acepção possa ser também pertinente – e sim no sentido próprio de quem foi criado dentro de duas línguas-culturas diversas. Num país como o nosso, aonde aportaram variados contingentes imigratórios, a figura do anfíbio cultural é assaz comum. Entretanto, poucos, pouquíssimos deles tiveram sensibilidade e talento bastantes para dar um testemunho *literariamente* qualificado de sua experiência de duplicidade. Grifo o advérbio para acentuar que o que tenho em vista não é o mero depoimento acerca de peculiaridades da vivência anfíbia e sim a sua transfiguração ficcional. Só para exemplificar, lembro, no caso de descendentes de imigrantes árabes, o Raduan Nassar de *Lavoura Arcaica* e o Milton Hatoum de *Relato de um Certo Oriente*; no caso de descendentes de imigrantes judeus, o Samuel Rawet do *Contos do Imigrante* e o Moacyr Scliar de textos como "Leo" e outros de sua extensa novelística. A gente de ampla leitura e melhor memória talvez ocorram mais exemplos.

É bem de ver, todavia, que essa questão não nos vai aqui interessar em sentido geral ou panorâmico, mas num sentido assaz restrito, qual seja o do anfíbio cultural de origem nórdica. Tanto quanto sei, o carioca Per Johns é o único deles que até hoje se debruçou sobre sua experiência de filho de dinamarqueses para transfigurá-la em dois romances. O primeiro, *As Aves de Cassandra*, é de 1990; o segundo, *Cemitérios Marinhos às Vezes São Festivos*, acaba de ser lançado pela Topbooks, uma editora ainda nova que se vai destacando pelo nível de suas publicações na área de ficção, poesia e ensaística brasileiras. A rigor, Per Johns teria tido um predecessor: em *Riacho Doce*, malogrado romance ao qual a crítica torceu o nariz com fundadas razões, José Lins do Rego abriu mão da memória, que era o seu forte, em favor da imaginação, que era o seu fraco, para temerariamente fazer de uma ex-campônia sueca imigrada para o litoral de Sergipe a protagonista da narrativa. Mas a descolorida "nordicidade" – se cabe o termo – dessa protagonista é tão artificial que nem merece ser levada em linha de conta.

O que é anódina visão de fora em *Riacho Doce* faz-se, nos dois romances de Per Johns, dramática visão por dentro. Dramática porque involucra uma tensão de contrários que lhe dá rara força de convencimento. A duplicidade de línguas-culturas é vivida pelo menino de *As Aves de Cassandra* e pelo seu prolongamento adulto de *Cemitérios Marinhos às vezes São Festivos* como um dilema em que sofridamente se configura aquele choque de "sentimentos opostos" e de "opiniões diferentes" dicionarizado como o sentido figurado de *anfíbio*. Mas a arte de Per Johns, destra no recurso aos efeitos de humor tanto quanto sutil no aliciamento de figurações poéticas, sabe aparar as arestas mais grosseiras do patético para dar-nos, da confusão de sentimentos vivida pelo seu protagonista entre o rigor luterano do mundo nórdico e a complacência católico-fetichista do trópico brasileiro, uma representação a um só tempo intensa e sóbria.

O primeiro dos dois romances volta-se para a infância do protagonista, que é nele designado apenas como o "magrelo Pê Jota". A circunstância de essas duas iniciais coincidirem com as do autor do livro, se aponta para um aproveitamento de material autobiográfico, nem por isso deve levar ao equívoco de confundir autor com personagem. Conforme adverte Ivan Junqueira no seu belo prefácio a *As Aves de Cassandra*, não há ali nenhum "intimismo confessional", ainda que a narrativa tenha seu fulcro na questão do anfibismo cultural. Questão equacionada sob as espécies de um conflito de temperamentos e de valores entre pai e filho. O espírito pragmático, o rígido moralismo de Odin Fusk, engenheiro dinamarquês fixado no Rio de Janeiro que fazia do culto ao sucesso pelo trabalho e da estrita observância das aparências os pilares do seu credo de vida, estavam nos antípodas da imaginação fantasiosa de Pê Jota, que ia buscar nos livros de aventuras, no devaneio e no sonho, no convívio com os criados "nativos", um antídoto para a severidade da sua educação nórdico-burguesa. Nada mais natural, nessa sensibilidade desde cedo afeiçoada pelo imaginário da literatura, que a dilemática de valores do anfibismo cultural mais bem transparecesse no campo da linguagem. Disso dá privilegiado testemunho o capítulo 9 de *As Aves de Cassandra*, onde são analisadas, com admirável finura poética, certas divergências de base entre os modos-de-ser dinamarquês e brasileiro tal como espelhadas em nível idiomático.

Em *Cemitérios Marinhos às vezes São Festivos*, o menino das iniciais do romance anterior ganha o nome duplo de Ion Fusk/João Fusco, dicotomizando-se assim em personagem real (o primeiro) e personagem ficcional (o segundo), intermediados pelo "eu" narrador, terceira voz que não se confunde com nenhum deles. A duplicação prolonga, de um a outro romance, o binômio pai x filho, o pai agora interiorizado, sob nome dinamarquês, como uma espécie de super-ego do seu já de todo abrasileirado filho – se é que se possa aplicar a um anfíbio cultural a locução "de todo".

Radicalizando a "rebelião branca ou inativa" de Pê Jota, Ion Fusk vai estudar direito em vez de engenharia, porque detestava o pragmatismo da profissão paterna. Não chega nunca a advogar, mas vale-se de retórica por assim dizer advocatícia para redigir os currículos fictícios graças aos quais consegue, e os relatórios imaginosos graças aos quais neles se mantêm bons cargos em firmas dinamarquesas sediadas no Brasil, e depois numa empresa de consultoria empresarial de que é sócio fundador. Tudo isso faculta ao humor de Per Johns dar o melhor de si na sátira, feita com óbvio conhecimento de causa, às empulhações com que os métodos de administração de empresas se comprazem em cosmetizar "cientificamente" aquilo que é apenas, no melhor dos casos, elementar bom senso.

Das peripécias profissionais de João Fusco, a principal é ter ele trabalhado em S. Paulo como uma espécie de escriba ou pena alugada de Henning Mansa, presidente de uma distribuidora dinamarquesa de gás engarrafado e cabeça de uma organização anticomunista aliada aos órgãos de repressão do regime militar de 64. Ele inventa inclusive um aparelho de tortura que se compraz em manejar pessoalmente durante os interrogatórios de presos políticos. Logo depois de Henning Mansa morrer justiçado numa rua perto da Augusta pela guerrilha urbana, João Fosco é demitido pela nova direção da companhia de gás engarrafado que, desligando-se da ação política para cuidar apenas de atividades econômicas, não mais necessita dos serviços de um *ghost-writer*.

Mas é graças às relações pessoais desse *ghost-writer* com um dos corifeus civis do regime de 64 que o leitor de *Cemitérios Marinhos às vezes São Festivos* tem um acesso privilegiado aos bastidores da repressão. A óptica das vítimas, hegemonicamente adotada pela literatura de denúncia da repressão, não devassa tais bastidores tão bem quanto os pode devassar a óptica dos torturadores. Também nesse particular, portanto, o romance de Per Johns inova e acrescenta.

A parte final de *Cemitérios Marinhos às vezes São Festivos* narra o regresso de João Fosco ao Rio, a fortuna por ele ganha na Bolsa com as ações herdadas do pai, e o interlúdio idílico-pastoral do seu casamento com uma roceira filha do administrador da fazenda que também lhe coubera por herança. Todavia, a inquietude do seu temperamento visionário não se compadece nem com as benesses da opulência nem com a estagnação do bucolismo, cedo trocado pelos azares de uma longa viagem à Europa. Viagem sem outro propósito que não fosse vagabundear, "ver e ouvir tudo quanto haja para ver e ouvir no mundo", conforme está dito na epígrafe de Victor Segalen com que se abre o penúltimo capítulo de *Cemitérios Marinhos às vezes São Festivos*.

Numa das etapas dessa longa viagem é que se esclarece o porquê do estranho título do romance. Durante sua estada na Dinamarca, aonde vai cumprir o ritual da visita à casa paterna, que é também um ritual do autorreconhecimento, Ion Fusk passa pela ilha de Bornholm, cujo cemitério marinho lhe parece ter "a alegria de uma feira". Ali, um velho pintor com quem conversa casualmente lhe pergunta se ele é do Sul. Em resposta, Fusk confessa sentir-se do Sul quando está no Norte e do Norte quando está no Sul. Seu interlocutor lembra-lhe então o caso de Gauguin, que daquela mesma ilha avistou o horizonte que o levaria para longe da Europa: "Teve de chegar aos antípodas de sua própria terra [...] para descobrir a vida, que *adivinhou* em Bomholm".

O sentido emblemático desse episódio se completa com a circunstância de a neta do velho pintor ter o estranho nome de Dilema, propositalmente dado a ela pelo avô a fim de sublinhar "a injustiça que vai obrigá-la a deixar de ser criança um dia para escolher o indefensável: uma verdade *alheia*, seja ela qual for naquele instante".

Se a "rebelião branca" de Pê Jota contra a "verdade" dos artigos de fé do credo luterano-pragmático de Odin, e se a resistência do andarilho João Fusco a quanto cheirasse a bem-posto na vida não alcançaram superar as aporias e ambiguidades dos dois mundos simultâneos que traziam dentro de si, pelo menos não foram em vão. O romance que, remanejando fragmentos escritos ao longo dos sucessivos tropeços e amores por que passou, João Fusco consegue finalmente completar e que seu severo *alter ego* Ion Fusk elogia como uma parábola próxima do "recado certo", mostra ter Per Johns sabido colher, no tempo e na hora mais propícios, o melhor fruto a que só os filhos pródigos fazem jus.

As Vidas Paralelas de Moacyr Scliar
(*A Majestade do Xingu*, de Moacyr Scliar)

Tempos atrás, propus o conceito de anfíbio cultural para caracterizar a psicologia do protagonista de dois romances de Per Johns. Ambos os romances se ocupavam de fixar o conflito de valores entre a severidade luterana da educação que o dito protagonista recebera de seus pais dinamarqueses e a liberalidade de costumes do ambiente brasileiro em que ele vivia e dos quais se sentia bem mais congenial. Conflitos que tais haverão de ser ou de ter sido comuns num país como o nosso, a que aportou tão variado contingente imigratório. Entretanto, são raras na ficção brasileira as abordagens dessa vivência anfíbia entre dois universos culturais, se não necessariamente antagônicos, pelo menos com marcadas diferenças de valores a estremá-los.

No artigo sobre os romances de Per Johns[1], lembrava eu algumas dessas abordagens – pelo ângulo da imigração libanesa, as de Raduan Nassar em *Lavoura Arcaica* e Milton Hatoum em *Relato de um Certo Oriente*; pelo ângulo da imigração judaica, as de Samuel Rawet em *Contos do Imigrante* e Moacyr Scliar em vários dos seus contos. Agora, no quadro mais amplo do romance, volta Moacyr Scliar a focalizar o mesmo tema. Os dois protagonistas de seu recém-lançado *A Majestade do Xingu* (São Paulo, Companhia das Letras, 1997) são ambos judeus da Bessarábia que, vindos ainda meninos para o Brasil, aqui se educaram e estabeleceram.

Um deles é uma figura histórica – ninguém menos do que Noel Nutels, sanitarista que teve papel tão destacado na luta em prol das populações indígenas do norte do país. O outro é uma figura fictícia que sequer tem nome, embora desempenhe o importante papel de narrador-protagonista de *A Majestade do Xingu*. É através de suas longas falas que vamos sendo informados da história de vida de Nutels e, subsidiariamente, da história de vida de quem se ocupa em contá-la.

---

1. Ver "Os Dois Mundos do Filho Pródigo".

Esse formato narrativo tem um precedente ilustre nas *Vidas Paralelas* de Plutarco, que se propunham a biografar alternadamente pró-homens da Grécia e de Roma a fim de apontar pontos de semelhança nos feitos de uns e outros. Só que ao adotar tal formato em seu romance, Moacyr Scliar o faz sob o signo da paródia, signo por excelência modernista – ou pós-modernista, se quiserem. Isso porque não há semelhança alguma entre Nutels e o narrador de sua vida, afora a circunstância de terem sido companheiros de bordo na viagem da Bessarábia ao Brasil. Depois disso, nunca mais se cruzaram.

Enquanto, pela importância de sua ação em prol dos índios do Xingu e pelo desabrimento com que enfrentava os donos do poder militar, Nutels se ia tornando uma figura pública, o anônimo narrador de seus feitos levava uma desacidentada e anódina vidinha de lojista no bairro do Bom Retiro, em S. Paulo. Vidinha a que só o culto pelo antigo companheiro de viagem dava alguma elevação. O lojista guardava religiosamente tudo quanto saía publicado na imprensa acerca de Nutels. Malgrado tal idolatria, jamais tentou comunicar-se com o seu ídolo, embora vivesse o tempo todo compondo cartas imaginárias a ele.

O contraste polar entre essas duas vidas – "ele era um grande homem e eu um homem muito pequeno, ele era a luz e eu a sombra" – não teria, por si só, maior relevância não fosse o tempero de comicidade que a fina arte de Moacyr Scliar soube infundir-lhe nas doses e nos momentos certos. Nos seus repentes de humor judaico dinamizado pela irreverência brasileira, o narrador de *A Majestade do Xingu* renova, pelo anfibismo cultural, a tradição que vai de Sholem Aleichem a Saul Bellow, de Charles Chaplin a Woody Allen. Embora as farpas que ocasionalmente dirige contra si próprio e à gente de sua fé tragam na ponta uma leve mas indisfarçável gota de amargor, é com elas que vai aguçando o próprio estro satírico para cometimentos de maior porte. Trazer alguns deles à colação, ainda que resumidamente, seria roubar do futuro leitor de *A Majestade do Xingu* a insubstituível alegria de desfrutá-los em primeira mão.

Contento-me apenas em chamar-lhe a atenção para alguns dos melhores: a secreta providência tomada pelo pai da agitadora Sarita após as ordens do Comintem de mobilizar os índios brasileiros para a revolução; a teoria do eco-marxismo e as vantagens da passagem direta do comunismo primitivo para o científico; Noel Nutels como colecionador de frases de mictório público e as momentosas consequências da frase acerca da mulher do major Azevedo durante os tempos de repressão pós-64; os maus efluvios do suposto cemitério índio sob a lojinha do Bom Retiro; as taxas de escambo de engenhocas eletrônicas por produtos naturais praticadas na futura loja "A Majestade do Xingu" – que, se bem jamais fosse instalada, serviu para dar título ao romance.

Ao misturar, brasileiramente, o indianismo satírico ao humor judaico – sem prejuízo do que possa haver de amargor num e noutro –, Moacyr Scliar não só soube dar, de seu anfibismo cultural, o mais saboroso dos testemunhos como pôr de pernas para o ar o tradicional formato das vidas paralelas. E, mais que isso, ao contrapor, dentro dos quadros da paródia, a vida ilustre à vida anódina, subverteu a escala de valores daquele formato ao demonstrar matreiramente que pode haver tanta força de humanidade numa como noutra. Desde que, a galvanizá-lo, fale pelo anódino a voz de um grande criador literário a exclamar, tácita ou declaradamente: "Eu sou Emma Bovary".

Nenhum leitor com um mínimo de audição interior poderá deixar de ouvir uma voz dessas galvanizando todas as páginas de *A Majestade do Xingu*.

A Longa Viagem de Volta
(*Tratado da Altura das Estrelas*, de Sinval Medina)

Não sei se algum sociólogo da literatura será capaz de encontrar uma explicação que, por sua abrangência, possa dar boa conta do atual pendor da ficção brasileira para o chamado romance histórico. Aliás, em nossa tradição literária já houve pelo menos dois outros momentos nos quais igual pendor se fez notar. A ficção histórica de Alencar e epígonos espelhava a preocupação dos nossos primeiros românticos, coetâneos da Independência, em rastrear desde suas origens mais remotas os lineamentos de formação de uma identidade brasileira. Um século mais tarde, quando a nação se preparava para comemorar o primeiro centenário de seu nascimento, a ficção histórica de Paulo Setúbal iria amalgamar o frívolo ao celebratório para dar testemunho de uma vertente do espírito pré-modernista que, por amável, refletia os tempos eufóricos do café republicano em alta.

Outras hão de ser certamente as condicionantes históricas e os pressupostos ideológicos desta terceira onda de ficção histórica a que ora se filiam – para citar apenas três de numerosos exemplos, – romances como *O Boca do Inferno*, de Ana Miranda, *O Chalaça*, de José Roberto Torero, ou *Os Rios Inumeráveis*, de Álvaro Cardoso Gomes. Ou então o recém-lançado *Tratado da Altura das Estrelas*, de Sinval Medina, que tem em comum com *Os Rios Inumeráveis* o mesmo esmero no trato da linguagem. Para poder infundir no leitor a noção da distância histórica dos acontecimentos narrados, o *Tratado da Altura das Estrelas* cuida de estilizar habilmente, em seu registro narrativo, os torneios da dicção quinhentista, já que a ação do romance transcorre toda ela na primeira metade do século XVI.

Estilizar é a palavra certa, pois, para se fazer compreendido do leitor, Sinval Medina dá à linguagem de nossos dias apenas uma pátina de arcaísmos, colhidos sem dúvida no curso das aturadas leituras que, em busca de dados históricos, fez de velhos cronistas portugueses. Todavia, mais do que a linguagem deles, o registro narrativo do *Tratado* parece ecoar, em diapasão de paródia, a linguagem de Cervantes e dos fundadores da picaresca espanhola – o que, dada a inexistência de uma prosa de ficção digna do nome no quinhentismo português, não é coisa de estranhar.

O diapasão de paródia justifica a frequente mistura, no nível dos torneios de expressão, do atual ao arcaico. Alguns dos arcaísmos que aparecem nas páginas do *Tratado* não figuram sequer no Aurélio, como é o caso de "estrólico", forma antiquada de "astrólogo". Por sua vez, uma locução como "rir a cus escancarados", de marcado cunho lusitano, tampouco consta no *Tesouro da Fraseologia Brasileira* de Laudelino Freire. Mas o que dá particular realce a essas antigualhas é ombrearem no mesmo texto com galicismos modernos como "sabotador", "constatar" ou "complô" ou com versos de marchinhas carnavalescas como "daqui não saio, daqui ninguém me tira".

Também no nível da paródia, Sinval Medina aproveita do modelo cervantino as intromissões da voz metalinguística do narrador a discutir seu método de narrar. Para o leitor familiarizado com as piruetas do meta-romance contemporâneo, essas intromissões ganham redobrado sabor paródico pelo grão de ironia – nada de novo sob o sol – de que agora se revestem. Mais importante, contudo, é o *Tratado* retomar, em polo oposto ao esgarçamento do enredo na ficção de hoje, o gosto da novelística cervantina e picaresca pela sucessão de aventuras, canônica na forma da novela, a qual privilegia, como se sabe, a sucessão espacial como eixo de ordenação do enredo.

Outra não poderia ser, aliás, a opção de Sinval Medina, que foi buscar a matéria do seu romance ao ciclo das grandes navegações do século XVI, por si só uma fonte inesgotável de lances de aventura. Desse ciclo, escolheu ele o mais aventuroso deles, qual fosse a viagem de Fernão de Magalhães ao redor do mundo. Embora se funde na ordem novelesca da sucessão de aventuras, a efabulação do *Tratado* não é porém linear e consecutiva como na ficção ibérica dos séculos XVI e XVII.

Duas ou três linhas narrativas se entrecruzam na ordenação dos seus capítulos. Se bem essas linhas tenham como foco os mesmos protagonistas – João Carvalho, piloto da nau capitânia de Fernão de Magalhães, e o filho dele, um mameluco brasileiro cognominado Carvalhinho, – a ação que versam se passa em épocas diferentes. Tal embaralhamento da ordem cronológica confere dinamismo à narrativa, do mesmo passo em que realça o caprichoso desenho de aproximações e afastamentos entre os destinos do pai e do filho, até o *stretto* ou encontro final dos dois.

XI. O Lugar do Outro: Ensaios

A história de vida de João Carvalho é acidentada – encantador de serpentes, gajeiro da Nau Catarineta, piloto da nau Vadia, náufrago nas costas do Brasil, pai de um mameluco (que um dia haveria de matá-lo segundo certa sinistra profecia), e finalmente piloto da frota de Fernão de Magalhães na sua viagem de circum-navegação do globo, viagem de cujos perigos e desastres consegue sobreviver para voltar rico a Lisboa, mas sob nome falso para furtar-se às penas dos crimes e maldades que cometera ao longo de sua tortuosa vida.

Não menos acidentada é a história de Carvalhinho, que embarca como clandestino na frota de Fernão de Magalhães quando de sua passagem pelo Rio de Janeiro e logo conquista as boas graças do almirante, do mesmo passo em que é hostilizado por Carvalho, que acaba por abandoná-lo em Bornéu. Mas levado por uma obscura e obstinada compulsão de reencontrar o pai que o odiava, Carvalhinho consegue chegar à Europa e, ao fim de uma série de vicissitudes, juntar-se a ele em Lisboa.

Conquanto Sinval Medina não esclareça em momento algum o que é ficcional e o que real no seu romance, sabe-se que João Carvalho e Carvalhinho, o mameluco brasileiro que participou da histórica viagem de Fernão de Magalhães, são figuras históricas e, ao lado de outras figuras históricas, contracenam com personagens fictícios nas páginas do *Tratado da Altura das Estrelas*. Esse é também o título de um manuscrito sobre astronomia e arte de navegar com que João Carvalho foi supostamente presenteado pelo rabi Abrão Usque, a quem ele salvara em Lisboa de um ataque de gatunos.

O amálgama de histórico e fictício no *Tratado da Altura das Estrelas* rodeia-se de uma aura mítica que não chega a ser explicitada pelo romancista. Ele a sugere, contudo, no episódio final, que me escuso de pormenorizar para não roubar aos futuros leitores do livro o prazer da surpresa. Basta apenas mencionar serem a antropofagia ritual e a utopia edênica seus ingredientes de base.

O primeiro desses ingredientes aponta, por analogia, para a semântica do mito grego de Crono, titã da primeira geração divina que corta os testículos do pai, Urano, toma-lhe o lugar no céu e devora os próprios filhos à medida que vão nascendo a fim de não ser por eles destronado. Tendo em mente o significado de *chronos* em grego, não é difícil ver nessa devoração filhicida a tentativa paradoxal do tempo de abolir a própria ordem da sucessão em que se funda. Daí que o gesto de Zeus de declarar guerra ao seu pai Crono, vencê-lo e sucedê-lo no trono, implique num reinício dos tempos, ao tempo titânico sucedendo o tempo olímpico.

321

No episódio de remate do enredo do *Tratado da Altura dos Astros* há também uma remissão implícita ao parricídio primevo versado por Freud em *Totem e Tabu* e que Oswald de Andrade vinculou à antropofagia como técnica de "transformação permanente do Tabu em totem". A técnica da devoração e deglutição do legado europeu abriria o caminho para a utopia brasileira entrevista pelo autor do Manifesto Antropófago como um retorno aos tempos pré-cabralinos: "Antes dos portugueses descobrirem o Brasil, o Brasil tinha descoberto a felicidade".

Na história política do Brasil não houve infelizmente nenhum desenlace parricida. O que houve, de D. João vi aos dois Pedros, foi uma delegação de poderes. Delegação acomodatícia que não chegou sequer a interromper-se com o advento da República, *journée de dupes* onde o poder fugiu das mãos dos jovens militares positivistas para as do mesmo patriciado agrícola a que o império fora buscar seus sustentáculos. Daí que, após ter cumprido seu gesto ritual sobre o cadáver do pai, Carvalhinho possa dizer ao demônio de olhos verdes que os acossara o tempo todo: "Doravante, eu sou ele e ele é eu, do que de resto vamos ambos mui contentes e consolados. E com isso, perro satânico, livramo-nos para sempre das tuas diabólicas ciladas. Deixa-te ficar por este Velho Mundo a apequenar consciências como costumas, que no Novo, que é o meu, tem o horizonte outra largueza e a humana existência uma alegria que desconheces".

Que não reconhece nessa fala utópica o anúncio de um reinício dos tempos detidos pelo pai titânico devorador de filhos, pelo velho antropoide monopolizador das fêmeas do bando ou por hipóstases de algum poder colonial? O golpe militar de 64 poderia inclusive ser visto como uma dessas hipóstases, com o que a dimensão mítico-utópica do *Tratado da Altura das Estrelas* ganharia um enquadramento de época. Especialmente se cotejado com o romance anterior de Sinval Medina, cujo protagonista morre durante a vigência do regime militar.

Um enquadramento que tal poderia interessar ao sociólogo da literatura hipoteticamente interessado em explicar o pendor da ficção brasileira de hoje pelos temas históricos. Infelizmente, nossos lítero-sociólogos não costumam voltar os olhos para o domínio da ação simbólica. Com isso perdem o melhor da história e da História.

Sob o Olhar Hiper-Realista
(*Benjamin*, de Chico Buarque)

Da leitura de *Benjamin* (São Paulo, Companhia das Letras, 1995), fica a impressão de uma atropelada sequência de imagens meio fora de foco mas sempre na iminência de se definir, o que não chega nunca a acontecer. Essa impressão é em certa medida antecipada pela ilustração de capa do volume – uma fotomontagem de instantâneos disparatados, ora do corpo inteiro, ora de pormenores de um homem de terno e gravata.

Não se deve entender "fora de foco" no sentido ortodoxamente visual da expressão. Pelo contrário, as descrições de ambientes, pessoas e objetos envolvidos na trama de *Benjamin* são tão minuciosas e tão nítidas quanto aquelas que o Novo Romance francês pôs em moda. A falta de nitidez tem antes a ver com a dificuldade de compreensão, por parte do leitor, dos motivos que levam os personagens a agir como agem.

Em certos momentos, suas ações parecem totalmente imotivadas e gratuitas. É como se fossem opacos também para o narrador, que tampouco lhes poderia entender o comportamento, muito embora a narração se enuncie em registro de terceira pessoa, voz de onisciência na tradição do romance, especialmente do romance de análise psicológica. Acresce que o momento de clímax com que se inicia e se fecha em simetria a ação dramática – o fuzilamento do protagonista por um esquadrão da morte – é um acidente, o que lhe rouba a dramaticidade. Dada a circunstância de o autor de *Benjamin* mostrar pleno domínio da forma narrativa, não é de pensar que tudo isso possa ser fruto de inabilidade autoral.

A narração se articula em torno do fluxo de consciência do protagonista, Benjamin Zambraia. No brevíssimo intervalo de tempo entre ver as armas apontadas para si e ouvir o estrondo dos disparos que o irão matar instantaneamente, ele revive num relâmpago os sucessos de sua vida, sobretudo aqueles que de um ou outro modo acabaram por conduzi-lo ao lugar e momento de sua execução.

Não é a primeira vez que se aproveita ficcionalmente a noção popular de que, nas vascas da agonia, as pessoas costumam reviver o curso de suas vidas em velocíssima retrospecção. Utilizou-a, por exemplo, Ambrose Bierce num dos seus contos sobre a Guerra Civil americana, e dela se valeu igualmente Carlos Fuentes em *A Morte de Artêmio Cruz*, romance sobre os descaminhos da Revolução Mexicana. Não é para contabilizar débitos epigonais que se lembram esses dois precedentes, mas antes para ressaltar a novidade do mesmo procedimento em *Benjamin*.

Bierce se vale do tópico da morte do herói em combate para, através do *flash-back* da consciência de um combatente ante a mira da arma inimiga que o vai abater um instante depois, fundamentar um bem logrado experimento com a maleabilidade do tempo interior ou psicológico. Tempo que, conforme o tipo de vivência a que esteja ligado, pode contrair-se ou alargar-se muito aquém ou além do estrito tempo do relógio. Cumpre ainda notar que a morte do soldado do conto de Bierce[1] é uma decorrência *natural* do risco de vida inerente à profissão das armas. Quanto a Fuentes, ele utiliza o recurso da rememoração *in extremis* para, através da história de vida de um ex-revolucionário, ilustrar o processo de corrosão do idealismo pelos ácidos do interesse próprio. Aqui também é de notar que a morte de Artêmio Cruz é um corolário *natural* dos achaques de sua idade avançada.

"Natural" tem, nos dois casos, a acepção de explicável por si mesmo, no que contrasta com o, se não inexplicável, no mínimo desconcertante fuzilamento de Benjamin Zambraia. Isso em termos da lógica narrativa, a qual, embora implique igualmente a noção de coerência entre antecedentes e consequentes, difere da lógica formal, em cujo âmbito se situa, de certa forma, o raciocínio ético. Mais abrangente e mais sutil, a coerência da lógica narrativa não atende necessariamente a exigências lineares do tipo causa-efeito, certo-errado, crime-castigo. Por via de um jogo distributivo de ênfases, atende antes às exigências do esteticamente convincente, que não são as mesmas do racionalmente correto, do cientificamente comprovável ou do eticamente justo.

É de presumir que, ao recorrer às técnicas do *flash-back* autobiográfico, o autor de *Benjamin* tivesse em vista fundamentar, à luz dessa lógica estética, a abrupta execução de seu herói na abertura e/ou desfecho da narrativa. Posição

---

1. Ver o conto "An Ocurrence at Owl Creek Bridge", em *In the Midst of Life; Tales of Soldiers and Civilians*, Nova York, Random House, 1927.

xi. O Lugar do Outro: Ensaios

tão enfática exigiria que o curso da vida de Benjamin Zambraia tivesse um nexo de coerência mais profundo com a dramaticidade do seu fim. O nexo existe, e é explicitado ao longo da narrativa, mas é demasiado fortuito, demasiado superficial para ter poder de convencimento. Senão vejamos.

Modelo fotográfico na juventude, o protagonista de *Benjamin* já está na meia-idade, desempregado e decadente, à altura em que é apresentado ao leitor. Vive atormentado pela lembrança de Castana Beatriz, com quem tivera uma breve ligação amorosa. Ela se ligara a outros homens, tanto antes como depois de Benjamin. O último deles foi um professor implicado na militância política clandestina, presumivelmente durante o regime militar. A obsessão de Benjamin pela ex-amante o leva a segui-la de longe, certo dia em que a avista casualmente numa rua do centro, até o subúrbio afastado onde ela está vivendo com o professor. Assim, inadvertidamente, por delação do motorista que o conduziu até lá, ele acaba dando à polícia a pista do esconderijo de Castana, o que o torna indiretamente culpado da morte dela.

Essa culpa difusa como que lhe aguça a fixação, a ponto de, muitos anos depois, reconhecer as feições de Castana numa jovem corretora de imóveis, Ariela Masé. Chega a supô-la filha dela e faz-lhe uma corte insistente mas respeitosa. Ariela concorda finalmente em ir viver com ele, mas quando está a caminho do seu apartamento é detida por uma manifestação política de um candidato a deputado. Incorpora-se à manifestação e acaba passando a noite na cama do candidato.

Mais de uma vez, em imóveis vazios que lhe competia mostrar a clientes, a mesma Ariela fora assediada e/ou violentada por homens supostamente interessados em alugá-los. Quando Jeovan, um policial entrevado que a protegera desde a chegada dela ao Rio, fica sabendo disso, providencia para que colegas seus da ativa cuidem de justiciar os assediadores. E é quando vai a um encontro combinado com Ariela num desses imóveis que, por engano, Benjamin é fuzilado pelos colegas do ex-policial.

Esta grosseira sinopse do entrecho de *Benjamin* não faz evidentemente justiça, mínima que seja, à rica trama dos incidentes de que é tecido. Incidentes que se sucedem, ou melhor, se atropelam em ritmo febril, visto os personagens estarem se deslocando o tempo todo de um para outro lugar, numa agitação deambulatória semelhante à de certos tipos de doentes mentais. Essa deambulação constante, e a rápida sucessão de cenas que ela implica, lembra de perto as de *Estorvo*. No atropelo, cenas essenciais e acessórias se baralham inextricavelmente, com aparente prejuízo da economia dramática. Em algumas, as reações dos personagens a certas situações com que se deparam roçam o absurdo. Entre outros exemplos, é o caso da indiferença com que o narrador-protagonista de *Estorvo* aceita a presença dos delinquentes que lhe invadiram o sítio, assim como o é, no outro romance, a prontidão com que Ariela muda de itinerário, esquecendo o rumo do apartamento de Benjamin para, sem mais aquela, ir passar a noite nos braços do candidato a deputado que mal conhecia.

À luz da coerência própria da lógica narrativa, fundada na distribuição de ênfases, há sobretudo gritante incongruência na circunstância de Benjamin morrer executado como estuprador de Ariela, ele que, para usar o eufemismo bíblico, jamais chegara a conhecê-la carnalmente. Com vistas a aparar as arestas da incongruência, poder-se-ia alegar o clima semialucinatório que pervaga a narração e que apontaria para traços psicóticos dos próprios personagens, justificando-lhes assim o comportamento errático. Ou então se poderia invocar o construto arquetípico dos meandros da justiça poética – o herói ou anti-herói terminando seus dias da mesma maneira que a Castana Beatriz a quem indireta e involuntariamente denunciara a seus algozes policiais.

Mas talvez seja mais produtivo considerar as aparentes incongruências de *Benjamin* à luz do que, sem nenhum rigor terminológico, se pode chamar de hiper-realismo. Essa modalidade de realismo não se preocupa, como o do romance experimental de Zola, em criar personagens que sejam "tão parecidos quanto possível com a média das pessoas", nem muito menos em condensar, num ou mais personagens-tipos, "as determinantes essenciais, humanas e sociais" de uma situação histórica, como no realismo crítico postulado por Lukács. Prefere antes voltar-se para o individual, o singular, e esquadrinhar-lhe as peculiaridades tão de perto quanto possível, numa visada de lupa ou microscópio.

Sob a magnificação desse extremado *close-up*, o real perde a tranquilizadora fisionomia que costuma ostentar quando visto da distância "normal" e sofre uma deformação óptica até quase o anômalo e o grotesco, quando não o monstruoso. Mais ainda: ao eximir-se da preocupação da média zolaesca e do típico lukacsiano, de meter o contingente na camisa de força da lógica causal – "tal circunstância, tal resultado" – a visada hiper-realista abre-se sem mais peias para o indeterminável do acaso, em que vige a lógica ou ilógica do aleatório e do errático.

xi. O Lugar do Outro: Ensaios

Não estranha pois que, na ficção hiper-realista, os atos dos personagens e as formas de conduta por que se articulam possam parecer amiúde tão imotivados e gratuitos quanto os do comportamento psicótico. É o que já se pode sentir em *O Jogador* e *O Estranho Marido*, onde Dostoiévski se compraz em escrutar, lente psicológica na mão, as obsessões de seus protagonistas. Também a minuciosidade burocrática com que Kafka registra os extravagantes e irrealmente prosaicos diálogos de "O Foguista" tem muito a ver com a visada hiper-realista. Com ela tem a ver de igual modo a absoluta isenção emocional, a quase completa insensibilidade com que, na pormenorizada descrição fenomenológica de Camus, o protagonista de *O Estrangeiro*, sob o causticante sol argelino, acompanha o enterro da mãe, faz amor com uma conhecida de passagem e mata um desconhecido numa praia. Por sua vez, a objetividade por assim dizer fotográfica e taquigráfica das desacidentadas narrativas de Peter Handke exemplifica a tendência mais recente da escrita hiper-realista.

Ao filiar *Benjamin* e *Estorvo* — para mais bem compreender-lhes as peculiaridades por vezes desconcertantes — em tão ilustre tradição, é de elementar justiça reconhecer que nenhum dos dois romances de Chico Buarque a deixa estagnar-se na repetição, mas logram ambos levá-la à frente com duas criações de indiscutível originalidade.

Entre o Cálice e o Lábio
(*Mulher Fatal*, de Jorge Miguel Marinho)

Quando, a certa altura da sua *Poética do Espaço*, Gaston Bachelard define o conto como "uma imagem que raciocina", logo acodem à lembrança do leitor exemplos probantes dessa definição no mínimo sedutora: "O Poço e o Pêndulo", de Edgar Allan Poe; "A Pele de Onagro", de Honoré de Balzac; "A Mão do Macaco", de W. W. Jacob; e outros que tais. Se se entender por raciocínio a luz lançada sobre os nexos latentes entre os elementos de uma situação para desenvolver-lhe as virtualidades, entende-se por que cada um desses contos se ocupa em narrar o influxo de objetos – respectivamente o poço e o pêndulo, a pele de onagro e a mão do macaco – sobre as pessoas com eles relacionadas[1].

Tais objetos lhes afetam o destino porque estão carregados de uma significação que vem delas próprias, pessoas. Mais que simples objetos, são emblemas ou imagens de desvãos, as mais das vezes ocultos, da interioridade humana. Daí não só concentrarem em si, à maneira de espelhos côncavos, o núcleo da ação dramática como ampliá-lo com uma aura sugestiva de outros significados não explicitados na narrativa. Quase escusava encarecer a importância desse dúplice movimento de concentração e ampliação de sentidos numa forma tão concisa quanto a do conto.

As sete histórias que Jorge Miguel Marinho reuniu em *Mulher Fatal* podem ser vistas como exemplos de uma exploração particularmente bem-lograda das possibilidades da técnica da imagem "raciocinante". Só que as imagens que orientam, em cada uma dessas histórias, a ação narrativa, não são objetos, como nos exemplos citados acima, e sim pessoas. Pessoas como as atrizes Mae West e Marilyn Monroe, as cantoras Edith Piaf, Carmen Miranda e Elis Regina, a dançarina Josephine Baker, o poeta Fernando Pessoa, e as lendárias Helena de Troia, Dalila e Cleópatra.

---

1. Gaston Bachelard, *A Filosofia do Não / O Novo Espírito Científico / A Poética do Espaço*, org. J. A. Motta Pessanha, São Paulo, Abril Cultural, 1978, p. 303.

Nesse rol, há um claro predomínio de ídolos criados pelos meios de comunicação de massa. Mal comparando, as estrelas do cinema e da canção popular – para nada dizer dos campeões esportivos – desempenham, no mundo profano de nossos dias, funções semelhantes às desempenhadas pelos heróis e pelos santos no mundo religioso do Medievo. Heróis e santos que as canções de gesta e as legendas piedosas se encarregavam de inculcar como modelos ideais de humanidade ao comum das gentes, ontem como hoje carecidas de fantasias capazes de compensá-las das frustrações e limitações do dia a dia.

Nas vidas limitadas e frustras dos personagens de Jorge Miguel Marinho avulta, com particular nitidez, a função compensativa das imagens de fantasia que a televisão, o cinema, o rádio, os jornais e as revistas lhes prodigalizam a cada dia. Em "As mil e uma noites" de Edith Piaf, a paixão de uma pequena prostituta do Brás pela voz e pela história de vida da cantora tem o mágico condão de lhe musicalizar o corpo sem maiores atrativos e de a converter numa outra bem-sucedida Scherazade. O modelo fotográfico desempregado de "Um Spotlight para Mae West" consola-se de sua carência de sexo e cidadania nas carnes hiperbólicas da eterna Dama Escarlate, magicamente trazida a São Paulo como pipoqueira do Teatro Ruth Escobar.

Esses exemplos, dos dois primeiros contos de *Mulher Fatal*, poderiam ser multiplicados com a citação dos demais contos do volume, todos eles construídos sobre um mesmo esquema de base: as interações de um personagem real com uma figura de fantasia, se é que uma palavra como "real" significa alguma coisa no contexto de uma obra de ficção. A circunstância de recorrerem sistematicamente a um esquema de base em nada prejudica a variedade e o interesse das histórias de Jorge Miguel Marinho, que sabe encontrar soluções inventivas para que as diferentes imagens de base possam "raciocinar" cada qual à sua maneira. Soluções como a de Mae West estourando, feito as pipocas que vende, após engolir todo o dinheiro ganho com elas. Ou a miraculosa menstruação floral com que as protagonistas de "No quarto com duas pequenas notáveis" emulam as fiorituras vocais de suas hóspedes, Carmen Miranda e Elis Regina redivivas.

À finura da escrita ficcional de Jorge Miguel Marinho devem, tais soluções, muito do seu poder de surpresa e de convencimento. A característica principal dessa escrita é um humor repassado de compaixão (no sentido etimológico de comunhão de sentimentos) que se compraz em perseguir, através de *shots* ou tomadas lírico-realistas, o caprichoso jogo de interações entre o real e o imaginário. E se o jogo de imagens "raciocinantes" dos contos de *Mulher Fatal* alcança fazer deles instantâneos inverossimilmente verossímeis é porque o seu foco está estrategicamente voltado para aquele instante infinito de que fala um epigrama de Paladas de Alexandria: "Muita coisa pode acontecer entre o cálice e o lábio". Nesse minúsculo ponto de espaço-tempo, possibilidades e impossibilidades vêm desde sempre trocando seus papéis na imprevisível ciranda da vida.

Uma Contista do Interior
(*Contos de Cidadezinha*, de Ruth Guimarães)

Quem, preocupado com os rigores da moda, cuidou de acertar pontualmente seu relógio de leitor pela hora do chamado pós-modernismo, terá no mínimo por anacrônicos os recém-lançados *Contos de Cidadezinha*, de Ruth Guimarães (Lorena, Centro Cultural Teresa D'Ávila, 1996). Neles, não há nada daquele brutalismo metropolitano, daquela fragmentação do relato, daquelas piruetas metalinguísticas e daquelas colagens de sucata da mídia com que, transformando em convenção o que um dia fora invenção, os narradores mais *up-to-date* vêm oficiando no altar da novidade pela novidade. Diferentemente desses novidadeiros, Ruth Guimarães continua praticando a narrativa de tipo tradicional. Compraz-se em contar histórias com começo, meio e fim, e pior ainda, a fala acaipirada de seus personagens e a miúda vida interiorana sobre que ela amorosamente se debruça denunciam-lhe desde logo a filiação a um regionalismo dado como irremediavelmente morto pela crítica de plantão.

Que ele não morreu de todo provou-o, há dois ou três anos, o sergipano Francisco J. C. Dantas ao retomar e atualizar a tradição do romance nordestino de 30 em *Coivara da Memória* e *Os Desvalidos*. Agora, uma ficcionista do Vale do Paraíba que desde *Água Funda*, seu romance de estreia, publicado em 1946, estava afastada da prosa de ficção, vem reatar o fio interrompido de outra tradição – a do conto regional paulista de Valdomiro Silveira, Monteiro Lobato, Ribeiro Couto e Amadeu de Queirós.

Em comum com Francisco J. C. Dantas, tem Ruth Guimarães o mesmo gosto do coloquial e a mesma capacidade de descobrir, no dia a dia da gente mais simples, as raízes da humana condição. Descoberta a que acedemos por via de uma escrita intensa, que se vale da dialogação captada por assim dizer ao vivo e do discurso indireto empaticamente sintonizado com a interioridade dos protagonistas para, em poucos traços, pôr-nos diante dos olhos do espírito a humanidade de cada um.

Um dos *Contos de cidadezinha* ilustra à maravilha as características da escrita de Ruth Guimarães. Refiro-me a "O dia em que deu a cobra", cuja ação se desenrola num beco de casas ocupadas por famílias de ferroviários. Embora o foco narrativo esteja centrado na figura da protagonista do conto, uma compulsiva apostadora do jogo do bicho, ele se desvia repetidas vezes para as figuras de outras moradoras do beco que lhe bisbilhotam a vida. Com isso se estabelece uma espécie de simbiose entre o indivíduo e o grupo dinamicamente figurada, no plano da escrita, pela alternância de diálogos breves entre os vários personagens com trechos de narração onisciente em terceira pessoa que se alinha, numa espécie de registro coral, com a voz do grupo.

Chamo a atenção para essa particularidade do conteúdo e da forma de *Contos de Cidadezinha* porque ela me parece particularmente ilustrativa da felicidade com que a contista logra capturar o *ethos* da vida na cidade pequena. Ali, os vínculos familiares se alargam, sem solução de continuidade, até os vínculos comunitários para articular uma rede definidora dos limites da individuação. Esta se constitui dentro de padrões grupais de linguagem e de comportamento que lhe irão dar identidade social prontamente reconhecível. Para se ter uma ideia do que possa significar esse tipo de individuação, basta contrastá-lo com a anomia e o anonimato das multidões solitárias da metrópole.

Nem é preciso dizer que os meios de comunicação de massa a serviço da globalização econômica vão diminuindo cada dia mais depressa as distâncias entre metrópole e interior, a ponto de o *piccolo mondo* evocado nos contos de Ruth Guimarães se nos afigurar, por vezes, um mundo senão já pretérito, pelo menos à beira da extinção. É de se perguntar, por exemplo, se o tipo de oferta religiosa que serve de mola propulsora à dramática de "Moleque Zé-Inácio" ainda continua a ser praticado nas cidades do Vale do Paraíba.

Seja como for, o importante é a mestria de fatura e o poder de convencimento da arte narrativa de Ruth Guimarães, bem como a variedade de soluções a que recorre para dar interesse aos seus textos. Soluções que podem ir da justiça poética de "Figueira marcada" à ironia macabra de "A Descoberta", da sondagem psicológica de "Os Castiçais de Santo Antônio" ao surpreendente remate de "Escuro". Tais características dos *Contos de Cidadezinha*, tão bons de ler, persuadem o leitor mais sensível a pôr definitivamente em suspeição o mito de uma só hora certa no mundo da criação literária. Como o mundo real de que propõe a ser o duplo imaginário, aquele também tem uma porção de fusos horários. Quem por ele souber viajar verá.

Pinguelos em Guerra no Mato e na Maloca
(*A Guerra dos Pinguelos*, de Betty Mindlin)

No décimo capítulo de *Macunaíma*, o herói supostamente sem nenhum cará-
ter criado pela irreverência modernista de Mário de Andrade irrita-se com o
discurso de um mulato acerca da simbologia patriótica do Cruzeiro do Sul e
lhe contrapõe a lenda da ave Pauí-Podole que, para se livrar das formigas, foi
morar no céu, onde se metamorfoseou nas quatro estrelas do Cruzeiro. A nar-
rativa de Macunaíma encanta a tal ponto seus ouvintes paulistanos que eles,
com o "coração cheio de explicações e cheio das estrelas vivas", passam a ver
desde então as luzes do céu como as vê o imaginário indígena, ou seja, como
brasão dos "assombros misteriosos que fizeram nascer todos os seres vivos".

Com ambientar em São Paulo alguns lances fundamentais da sua rapsódia
folclórica, Mário de Andrade como que lhe estava atribuindo a função peda-
gógica de não deixar os homens da cidade das máquinas esquecerem de todo
as raízes silvestres mais remotas da sua cultura – o mundo de assombros da
mítica indígena. Que tal lição não foi em pura perda prova-o agora o só fato
de que quem já tenha lido o *Macunaíma* com um mínimo de empatia estar com
a sensibilidade suficientemente afinada para deleitar-se também com os con-
tos de *A Guerra dos Pinguelos*. Não só porque neles voltará a encontrar outras
versões de episódios aproveitados por Mário de Andrade na sua rapsódia – a
exemplo do esmagamento dos bagos de Macunaíma por culpa do logro nele
pregado pelo macaco comedor de coquinhos – como sobretudo porque irá
mergulhar mais fundo naquela estranha aura de ingenuidade, violência, ma-
lícia, horror, sortilégios e prodígios que coroa os mitos e que parece evolar-se
diretamente das solfataras do inconsciente coletivo – construto discutível,
mas nem por isso menos sedutor.

A Guerra dos Pinguelos foi o título originalmente dado pela antropóloga
Betty Mindlin a uma coletânea de contos eróticos de aborígines da Amazônia
brasileira que ela coligiu e que acaba de ser editada com o título bem menos
apropriado de *Moqueca de Maridos* (Rio de Janeiro, Record, 1997). Com essa

coletânea, Betty Mindlin dá continuidade a um projeto de extrema importância, qual seja o de salvar, antes que seja tarde, a memória cultural de povos indígenas do Brasil cujas línguas estão à beira da extinção. Iniciado com *Vozes da Origem* (São Paulo, Ática, 1996), o projeto vem sendo desenvolvido com rigor científico tanto na coleta do material quanto nos escólios antropológicos de que a sua organizadora os enriquece. Nem por isso tais publicações se destinam apenas aos especialistas. Pelo seu interesse humano e estético, agradarão igualmente ao leitor comum.

Ao dar o título de *A Guerra dos Pinguelos* à segunda dessas coletâneas, quis Betty Mindlin certamente ressaltar, através de um coloquialismo emblemático, a "enorme liberdade de expressão erótica, [...] sem nenhuma censura" com que eles lhe foram transmitidos pelos trinta e seis narradores indígenas relacionados na página de rosto do volume. Transmissão oral, feita nas línguas maternas dos povos a que eles (ou elas) pertencem – Macurap, Tupari, Jabuti, Aruá, Arikapu e Ajuru, todos de Rondônia.

A partir de registros gravados e com auxílio de tradutores também indígenas, Betty Mindlin verteu para o português e pôs por escrito os contos, mantendo na medida do possível o estilo oral dos tradutores. Mas são inevitáveis as perdas nessa transposição do oral para o escrito. Perdem-se as inflexões de voz com que o narrador busca manter desperto o interesse dos ouvintes, o jogo de ênfases com que vai realçando os pontos altos da narrativa. Para se ter uma ideia da medida dessa perda, basta ouvir a faixa 16 do CD *Ihu: Todos os Sons*, de Marlui Miranda. Ali, ela imita à perfeição uma índia Suyá recitando o mito da origem do milho, recitativo onde as variações de timbre e os prolongamentos silábicos musicalizam tão expressivamente a narrativa.

Em alguns momentos de *A Guerra dos Pinguelos*, a própria narração faz referências a elipses desses valores vocais. Por exemplo, no conto Tupari 24, sobre a donzela Piripidpit que, por recusar o marido escolhido para ela, foi morta, assada e comida pelos primos dele, diz a narradora que enquanto moqueavam o corpo, os assassinos "cantavam *como eu estou cantando agora*". Também no conto Ajuru 39, a desconsolada menina cujo sogro-onça lhe devorou o irmão pequeno, "cantava o choro, *como eu estou cantando agora*, dizendo o nome do sogro" [itálicos meus].

No domínio da oralidade, as modulações melódicas, as expressões fisionômicas e gestuais do narrador cumprem a mesma função que recursos retóricos como a descrição, o suspense, a reiteração, a elipse, a hipérbole etc.

cumprem no domínio do conto literário. Tais modulações e expressões são um complemento *formal* ao enredo esquemático da estória, que se limita a arrolar sucintamente as peripécias do entrecho, sem demorar-se na descrição de seus ambientes ou personagens. Daí que se possa estender à audiência dos contos folclóricos o dito de Ortega y Gasset acerca do "primitivo leitor de romances", que era como "o menino que, numas poucas linhas, num simples esquema, crê ver, com vigorosa presença, o objeto íntegro"[1].

Embora as peripécias dos enredos dos 67 contos coligidos em *A Guerra dos Pinguelos* sejam narradas as mais das vezes em apenas duas ou três páginas e o caráter de suas personagens esboçado nuns poucos traços, a impressão que eles deixam no espírito do leitor letrado é da "vigorosa presença" de um imaginário cujos sortilégios semelham ser, a um só tempo, exóticos e estranhamente familiares. Isso porque têm todos a ver com o universo dos mitos, conforme explicita o subtítulo do livro de Betty Mindlin e seus narradores: "uma Antologia dos Mitos Indígenas da Rondônia".

Se bem a palavra grega *mythos* designe qualquer espécie de conto, o certo é que ela não tardou a adquirir, pelo menos desde Platão e Evêmeros, a acepção restritiva de narrativas em torno de seres divinos ou superiores e das origens das coisas e fenômenos da natureza. Por sua vez, os etnólogos reservam a designação de contos míticos para aqueles que dizem respeito a um mundo anterior ao mundo presente. Essa duplicidade de mundos, que é sistêmica no imaginário dos povos ditos "primitivos", poderá ser encontrada em vários contos de *A Guerra dos Pinguelos*, como em pouco se verá.

A sensação de exotismo que tais contos suscitam tem a ver obviamente com a distância cultural que estrema a vida "civilizada" do leitor, da vida selvagem neles figurada – visando as aspas em "civilizada" abrandar com um grão de ceticismo voltairiano o que possa ainda haver de triunfalista nesse adjetivo de desastrosa carreira. Quanto à aura de estranha familiaridade de que se faz contraditoriamente acompanhar a sensação de exotismo, não é nada fácil explicá-la.

Na teoria junguiana dos arquétipos ou imagens primordiais, os motivos míticos são "elementos estruturais da psique"[2] – melhor dizendo, da sua parte mais profunda ou inconsciente. Ao reencontrá-los sob outras figurações

---

1. Ortega y Gasset, *La Deshumanizacion del Arte / Ideas sobre la Novela*, Santiago do Chile, Cultura, 1937.
2. *Apud* Raphael Patai, *O Mito e o Homem Moderno*, trad. O. M. Cajado, São Paulo, Cultrix, 1974, p. 29.

num conto que não conhecíamos, surge então aquela impressão de familiaridade/estranheza que nos dão numerosas passagens de *A Guerra dos Pinguelos*. Mesmo pondo sob suspeição o construto junguiano de um inconsciente coletivo, não há como fechar os olhos à intrigante similitude estrutural dos mitos dos mais diferentes povos – similitude indicativa, quando mais não seja, das mesmas operações básicas da imaginação mitopoética, a despeito da variedade dos materiais que elas se aplicam em afeiçoar dentro de cada cultura. Ao opor reparos à noção postulada por Ernst Cassirer, de o mito ser sinônimo do modo mitopoético de consciência, Philip Wheelwright[3] faz uma distinção assaz pertinente entre a universalidade da imaginação mitopoética e a especificidade dos mitos que engendra.

Nas narrativas de *A Guerra dos Pinguelos*, três operações básicas da imaginação mitopoética avultam. A primeira é a ingerência constante de espíritos ou entidades sobrenaturais – Txocopods, Epaitsits, Tapurás – na vida dos indígenas, subvertendo-lhe a normalidade com feitos prodigiosos. Tais feitos pertencem as mais das vezes à ordem da metamorfose, outra operação a que o imaginário mitopoético recorre para dar conta, em lendas etiológicas, da origem de grande parte dos seres, coisas e fenômenos da natureza; daí o poeta Ovídio ter subsumido sob o título de *Metamorfoses* sua narrativa versificada de episódios da mitologia grega. A terceira operação mitopoética iterativa nos contos de *A Guerra dos Pinguelos* é a duplicação temporal do mundo em anterior e presente.

Releva notar que esse presente é sempre o dos personagens da narrativa e nas pouquíssimas vezes que traz algum indício de datação *histórica*, ele se revela mais ou menos remoto do presente dos narradores. Assim, o conto 46, sobre a Raposa Antiga que roubava bichos de estimação das malocas dos Jabuti, exclui a galinha desse rol de bichos, porque "nesse tempo não existia galinha", ave introduzida na região com a chegada dos brancos. Já a circunstância de a protagonista do conto 23 ter sido bisavó da narradora situa a ação narrada num "presente" bem menos remoto. Note-se outrossim que enquanto o registro do conto 46 é claramente *mítico*, por atribuir dom de fala humana à Raposa Antiga e referir intercurso sexual de onças com mulheres, o conto 23 limita-se ao registro *histórico* de um ataque sanguinário sofrido pelos Tupari de seus inimigos Pawatü. Os itálicos nos adjetivos "histórico" e "mítico"

---

3. Philip Wheelwright, *Metaphor & Reality*, 3ª ed., Bloomington, Indiana U. P., 1967, p. 133.

visam a contrapô-los: aquele implica algum tipo de determinação temporal; este é, quando não intemporal, anterior ao tempo histórico.

Podem-se distinguir três níveis de temporalidade em *A Guerra dos Pinguelos*. O primeiro e mais longínquo é o tempo mítico da origem das coisas em que se situa a ação dos contos de caráter etiológico. É o tempo por excelência da realização utópica, da soberania do desejo, da fundação pelo Verbo: "Nesse tempo de antigamente, o que se dizia acontecia" (conto 46); "nesse tempo, tudo o que se falava acontecia de verdade" (conto 49).

Sucede-lhe um tempo não mais etiológico, mas ainda ante-histórico e mítico, cujos sucessos, também permeados de maravilhoso, envolvem conúbios de seres humanos com animais ou entidades sobrenaturais investidas de traços antropomórficos. Finalmente, nuns poucos contos, o tempo histórico começa a insinuar-se timidamente num ou noutro tipo de circunstância datadora.

Um dos mais líricos, entre os contos etiológicos, é o 17, sobre como os Macurap aprenderam a cantar "música de verdade", a qual foi ensinada a uma jovem da tribo pela cobra Botxatô, encarnação zoomórfica do arco-íris: essa aproximação entre cores e sons faz lembrar a teoria das correspondências de Baudelaire, Rimbaud e outros simbolistas. Passa-se do lírico ao erótico-grotesco no conto n. 2, também Macurap, acerca da origem do peixe-elétrico da Amazônia: enjoada do marido, uma mulher casada passara a deleitar-se com um Txocopod ou assombração que de noite enfiava o braço por entre as palhas da maloca para acariciar-lhe o clitóris; mas este começa a crescer até alcançar proporções catastróficas, quando então é cortado e atirado n'água, onde se converte no poraquê ou peixe elétrico...

Este conto traz à tona outras características da mítica erótica de *A Guerra dos Pinguelos*. A começar da palavra emblemática com acerto escolhida pela organizadora da coletânea para dar-lhe título. *Pinguelo* designa, ali, não apenas o pênis mas também o clitóris. O "não apenas" e o "também" servem para marcar uma dualidade cujos termos têm pesos específicos diferentes. Conquanto os contos que estamos comentando deem voz a um imaginário predominantemente falocêntrico, isso não obsta a que neles se faça ouvir de quando em quanto a voz da libido feminina, abafada mas reconhecível.

Na aparência, o conto etiológico do peixe elétrico é um típico conto de exemplo. Por querer ser dona do seu desejo, como o é o homem na sociedade homossocial (para usar um adjetivo feminista em moda), a mulher é punida com o agigantamento falomórfico do órgão com que transgrediu o direito marital de posse. Mas esse agigantamento, ao hiperbolizar *também* a transgressão, dá-lhe uma ênfase que torna no mínimo ambígua a exemplaridade.

O conflito entre libido masculina e feminina reaparece em várias outras estórias. Na 1, Macurap, as mulheres da tribo encantam-se com um ser fluvial e vão atrás dele, declarando contra seus maridos uma greve do sexo, como as atenienses da *Lisístrata* de Aristófanes. Também na estória 52, Jabuti, as mulheres, enojadas dos homens que antigamente comiam as próprias fezes com pamonha, metamorfoseiam-se em pássaros e os abandonam. A estória 5, Macurap, versa o tema das amazonas, donzelas sem homens que viviam numa ginocracia mas um dia se apaixonam por um caçador extraviado a quem ensinam "os segredos das folhas, da caça e da pesca abundante"; tais segredos são todavia postos a perder por culpa de um intrometido ou "teimoso", personagem que em vários contos assume o papel estereotípico de transgressor ou violador de mistérios. Na estória 4, as mulheres não só abandonam os maridos como, incitadas por Katuxuréu, a velha hedionda que vive no fundo de uma lagoa, passam a matá-los e devorá-los.

Dois outros curiosos contos "feministas" dos Macurap merecem referência à parte, por se reportarem ambos ao "antigamente" das origens míticas. O 10 fala do tempo utópico em que as mulheres "não tinham nem barriga grande, nem dor durante o parto" porque copulavam e partejavam pela unha do pé, isso até o dia em que um homem, apaixonado pela esposa do Caburé ou coruja, fez nela uma vagina; desde então as mulheres passaram a menstruar, com o que as "unhas do pé perderam o encanto anterior"... E no conto 73 o *tópos* do mundo às avessas rastreado por Ernst Robert Curtius na literatura antiga e medieval[4] aparece em registro utópico-humorístico: "Antigamente os homens é que ficavam menstruados"; tinham de ficar reclusos numa pequena choça e aguentar a caçoada das mocinhas; irritado com isso, um rapaz atirou um pouco do seu sangue menstrual numa delas, "acertou em cheio, bem no meio das pernas", e a partir daí o mundo às avessas recompôs-se: "As mulheres é que passaram a ficar menstruadas, em reclusão cada mês".

Além da duplicação do tempo em mítico e histórico no universo narrativo de *A Guerra dos Pinguelos*, cumpre atentar para a organização do seu espaço vital em duas áreas contrastantes: a maloca e o mato. Embora o adjetivo "sel-

---

4. Ernst Robert Curtius, *Literatura Europeia e Idade Média Latina*, trad. T. Cabral e P. Rónai, Rio de Janeiro, INL, 1957, p. 98 ss.

vagem" nomeie aquele que vive na selva, o índio, pela circunstância de estar tão perto dela, estabelece uma nítida distinção entre a taba onde vive e o mato que, intermediado pela roça – ou seja, pela vegetação já domesticada por ele –, lhe rodeia as malocas. Disso dão claro testemunho as suas estórias míticas.

Nelas, como já vimos, os humanos convivem permanentemente com espíritos a cujos poderes mágicos se devem as metamorfoses que acionam a dramática da narrativa. Esses espíritos são entidades maléficas, gulosas de carne humana e com gostos contrários aos dos homens, tanto assim que preferem os lugares imundos e os bichos que neles vivem, sobretudo ratos. À semelhança das vítimas do lobisomem e do vampiro europeu, as vítimas de tais espíritos podem se transformar em assombrações: a protagonista do conto Tupari 30 namora um Epaitsit e, depois de devorada por ele, vira também Epaitsit. O mesmo acontece nas várias versões (7, 44 e 48) do macabro conto da mulher voraz cuja cabeça se soltava à noite e vagava em busca de comida. Impedida de retornar ao corpo, porque o enterram ou queimam, a cabeça vai morar no mato, lá vira um Txocopod que reina sobre os ratos e devora qualquer humano que lhe passe perto.

Enquanto na taba e na maloca a presença humana congregada tem o dom de afastar os espíritos maléficos, o mato ermo está infestado deles, que ali encontram o seu espaço de eleição. Tal contraste entre espaço humano e espaço sobrenatural ganha relevo nas estórias de malocas abandonadas por seus moradores que passam a ser habitadas por espíritos. Como no conto Tupari 29, em que uma mulher, por estéril, é rejeitada pelo marido e vai morar numa maloca abandonada onde vive um casal de espíritos. Ela aceita ser babá do filhinho-espírito deles, mas rouba-o um dia e foge para a aldeia; o pai-espírito, ameaçando matar todos os habitantes da aldeia, consegue recuperar o filho. Essa invasão, por uma entidade sobrenatural, do espaço humano defeso, justifica-se pela violação do direito parental cometida por um humano.

Com os seus espíritos comedores de gente viva, o mato é um espaço titânico: os Txopocod aterradores que o dominam lembram os Titãs da mítica grega chefiados pelo Crono devorador dos próprios filhos. A esses protodeuses monstruosos, tão próximos do Caos primevo que, anteriores ao tabu do incesto, consorciam-se com suas irmãs Titânidas, sucedem os deuses civilizadores do Olimpo.

Pelo fato de os perigos e horrores titânicos que dominam as representações do Além nos contos eróticos de Rondônia não deixarem nenhum lugar

JOSÉ PAULO PAES *Crítica Reunida Sobre Literatura Brasileira & Inéditos em Livros*

para entidades favoráveis de índole olímpica e civilizadora, nem por isso o interdito do incesto deixa de ser ali menos categórico. O incesto só chega a consumar-se num conto (Macurap 13) curiosamente evocador da lenda grega da Psiquê que perde o amor de Eros quando desobedece à proibição de ver-lhe o rosto. Na estória Macurap, certa donzela visitada toda noite por um amante incógnito fica curiosa de conhecê-lo e, enquanto ele dorme, pinta-lhe a cara com jenipapo; no dia seguinte, descobre que se trata do seu próprio irmão; este, coberto de tristeza e de vergonha, foge para o céu, onde se converte em Uri, a lua.

Não obstante a devoradora ferocidade dos Txocopods, humanos de ambos os sexos eventualmente se arriscam, para sua desgraça, a consociar-se com eles. É o caso do filho do cacique do conto 15, que toma por esposa a órfã de um Txocopod e acaba sendo devorado por ela. Já os conúbios com bichos oferecem menos perigo, talvez pelos laços totêmicos que os aproximam do mundo humano. Outrora, bichos como o caburé (conto 10), a anta (conto 14), a arara (conto 16), o urubu (conto 34), o sapo (conto 43) e a onça (conto 46) podiam assumir a forma de gente e casar-se com humanos. Estes, em contra-partida, podiam metamorfosear-se em animais.

No conto Jabuti 55, uma esposa adúltera namora secretamente uma anta-macho, que antes de fazer amor tira a pele, pendura-a num galho e se torna gente; apesar de advertido a não fazê-lo, um jovem veste a pele da anta e se metamorfoseia nela. Outras vezes, a metamorfose é incompleta, como a sogra que por um feitiço do genro virá metade mulher, metade bacurau (conto 56), ou a jovem que, por recusar o marido escolhido para ela, torna-se, por feitiço dele, metade mulher e metade cobra (conto 67).

Para a imaginação mitopoética dos índios Jabuti, tais metamorfoses são naturais porque a aparência é só casca, como está dito no conto 45: "É a pele que fica, uma coisa vira outra, como o lagarto vira borboleta". Num belo conto Tupari (28), de que há também uma versão Arikabu, a introdução da arte cerâmica num tempo em que "as mulheres ainda não tinham potes para cozinhar" é figurada, num lance de dedicação maternal, na mãe que se metamorfoseia em pote de barro para ajudar a filha a cozinhar chicha, bebida fermentada da maior importância na dieta dos indígenas.

Essa constância do processo metamórfico nos contos de *A Guerra dos Pinguelos* ilustra quão próximo está, no imaginário indígena, o mundo dos homens do mundo dos espíritos e do mundo dos animais e das plantas. A fluidez das fronteiras que os separam ostenta-se, quando mais não fosse, na rapidez das mágicas transformações que as rompem a cada passo e que fazem lembrar o que Italo Calvino disse das *Metamorfoses* de Ovídio: de nelas a "mescla deuses-homens-natureza" instituir um "campo de tensão em que tais forças se defrontam e equilibram"[5].

Não deve causar maior espécie essa prodigiosa mescla metamórfica se fazer, na mítica dos povos indígenas de Roraima, sob o signo do desejo erótico. Nas mais antigas cosmogonias, o ímpeto genésico está na origem das coisas e à sua força avassaladora ninguém escapa. É ele que faz de todos os seres, naturais ou sobrenaturais, incansáveis combatentes da eterna e universal guerra dos pinguelos.

---

5. Italo Calvino, *Por que Ler os Clássicos*, trad. N. Moulin, São Paulo, Companhia das Letras, 1990, p. 34 e 37.

Boletim de Saúde
(Sobre a Poesia de Ruy Proença, Fabio Weintraub
e Roberval Pereyr)

– E a poesia brasileira, como vai?

– Vai indo, vai indo...

Este diálogo de comadres soa inverossímil porque comadres não costumam ler poesia. No entanto, até que se torna plausível se o imaginarmos travado entre um leitor e um crítico. Crítico que não seja, escusava dizer, da tribo dos apocalípticos, para quem João Cabral é o último dos moicanos, nem da tribo dos integrados, cujos ouvidos julgam captar a todo momento o borbulhar de novos gênios.

Respalda o pessimismo dos apocalípticos a enxurrada de má poesia ano após ano publicada neste país que, por força de sua configuração geográfica de harpa, estaria incuravelmente predestinado para o serviço das Musas, segundo frei Vicente do Salvador. Já o otimismo dos integrados tem de satisfazer-se com a pequena porcentagem de poesia mediana que de quando em quando sobrenada e que, por um explicável fenômeno de miopia relativista, acaba parecendo boa a olhos fatigados da ruindade hegemônica. Mas seria injustiça, e das grandes, esquecer a porcentagem ainda menor de lances verdadeiramente inventivos que costumam escapar tanto à assumida cegueira dos apocalípticos quanto à complacente miopia dos integrados.

Lances assim podem ser encontrados nuns poucos dos muitos livros de poesia de autores jovens ultimamente publicados. A inventividade, no caso, não deve ser entendida como um *fiat* a partir do nada – *fiat* de resto impensável nessa corrida de revezamento que é a tradição literária, – mas como acréscimo, e não mera repetição, a uma ou várias das linhas que, a partir de 22, vêm compondo o campo de força da poesia brasileira.

Em *A Lua Investirá com Seus Chifres*, de Ruy Proença (São Paulo, Giordano, 1996), há por exemplo habilidosos exercícios metafóricos e aliterativos que não chegam à plenitude de significado: ficam só na promessa dele, promes-

xi. O Lugar do Outro: Ensaios

sa que todavia vai-se cumprir nalgumas peças onde a técnica enumerativa de itens disparatados, posta em moda pelo gosto surrealista das imagens de "absurdez imediata", é eficazmente usada para dar ossatura ao poema e ordenar-lhe o fluxo significativo. Em "Edifício de Heróis", tal ossatura se monta em função da ordem dos andares do edifício, habitados por uma extravagante fauna de inquilinos, tais como o jornalista louco do terceiro andar, que todo dia se atira pela janela, e o chimpanzé melancólico do segundo, que vive no mundo da lua por lá ter ido antes que qualquer homem. Em "A Casa", os objetos de uso que uma explosão espalha pela vizinhança – velocímetro de bicicletinha, bota preta de borracha, despertador de vísceras expostas etc. – articulam não menos eficazmente uma *imago mundi* cujo sentido apocalíptico fica bem marcado na estrofe final:

Entre os escombros
ainda não há
vestígios
de cogumelos.

A lição experimentalista, de sistemática exploração das simetrias e paronomásias como processo de composição, sobressai desde o título em "Certo Deserto" ("o carro corre/ o vento varre/ o sol dissolve") e ganha enxutez de haicai ou tanka em "Outro Ouro":

Ouro de
outono

o novo
velho

rubro
quimono

Embora não pareça ter os olhos hipnotizados pelo umbigo da Poesia, como alguns coetâneos seus ainda afetados do mal de Anfíon, nem por isso deixa Ruy Proença de prestar tributo à moda do metapoema. Presta-o com discrição e bom gosto em duas peças – uma em que compara seu ofício de poeta ao do escultor de ferro e outra em que se representa como o plantador de "uma árvore antes da árvore". Restaria assinalar que, além das lições surrealista, experimentalista e metapoética, o autor de *A Lua Investirá com Seus Chifres* soube também assimilar com proveito a lição objetivista dos poemas-coisas de Rilke e Williams, pingando com mão segura, no objetivo, as duas ou três gotas de subjetivo indispensáveis para realçar-lhe o sabor:

fissuras, porosidade
alvura maculada
alguma umidade
certa aspereza

somos no íntimo parentes
desta quente e velha parede
tantas vezes caiada

Um entrecruzamento semelhante de linhas de força ressalta em *Sistema de Erros*, de Fabio Weintraub (São Paulo, Arte Pau-Brasil, 1996). Conquanto se deixe às vezes conduzir pelo demônio do exibicionismo paronomástico, como em "O inviolável/ do seio/ mamilos são asilo/ de lácteo silêncio", ou de um metaforismo que não alcança outras vezes dizer a que vem, a poesia de Weintraub, nos seus melhores momentos, é de uma visualidade tensa e econômica. Como em "O Carimbo da Noite":

manhã
luz em frestas

na cama desfeita
os desenhos do sono

segredos
nas dobras

do travesseiro

XI. O Lugar do Outro: Ensaios

Sob o signo do alusivo, o viés metapoético também comparece em *Sistema de Erros* nos poemas sobre poetas – Mário de Andrade e Tomás Antônio Gonzaga. Deste último a Tiradentes o trânsito é natural. Só que nos dois poemas sobre o herói esquartejado o tom é menos de celebração que de advertência: a nós, pósteros dele, impõe-se forjar de modo "mais perfeito" o "nosso próximo ex-herói", atentos à circunstância de que os verdes com que Portinari pintou seu Tiradentes não são de esperança mas de bolor:

sobre o que foi pólen
e já não arde
certas coisas não podem
chegar tarde.

A simetria sonora "arde/tarde", em vez de corroborar semelhança ou identidade, subsume aqui a oposição "bolor/pólen". Essa hábil utilização da rima, promovida de *bijou* ornamental a cimento epigramático, avulta no poema que dá título ao livro. Ali se fala do erro primevo de Deus de fazer tão imperfeita a "humana cópia" da sua imagem que a vida do homem ficou necessariamente regida pela falha, pelo incerto, pelo fado, ao contrário do curso invariável dos astros, do "exato tempo" de crescimento da relva, do pascer "igual e lento" do gado. Mas paradoxalmente, e com sal epigramático, a errática condição do humano se exprime em quadras cujas rimas consoantes inculcariam antes a noção de acerto.

Em *Ocidentais* e *O Súbito Cenário* (Feira de Santana, Cordel, 1987 e 1996), de Roberval Pereyr, o epigramático atua igualmente em regime de condensação, não de rarefação de sentido, como está dito em "Tao":

Quanta eloquência

Quanto silêncio

A brevidade dos poemas desses dois livros se rege por uma economia expressiva que sabe tirar o devido partido dos paralelismos sonoros. Nada faz supor que o poeta a eles recorra por mero comprazimento; deles se vale antes para amarrar as ideias mais solidamente entre si, por nexos de consequência ou de oposição. Pois a poesia de Pereyr é uma poesia eminentemente de ideias

345

e como tal se inscreve, ainda que em compasso minimalista, naquela tradição meditativa que, em língua portuguesa, se prolonga do Camões de "Sôbolos Rios" ao Pessoa de "A Tabacaria" e ao Drummond de "A Máquina do Mundo". Nas peças mais bem logradas de *Ocidentais* e *O Súbito Sentido* avulta uma subjetividade que, em vez de fechar-se sobre si, interroga os limites da condição humana para saber do seu lugar dentro deles, num constante ir e vir entre o pessoal e o geral. Desse movimento pendular dá testemunho, entre outros, "Ecce Homo":

> Nasci entre feras
> e entre elas me vou
> fera que sou entre feras.
> Vou devorado por elas
> e as devoro
> (os dias difíceis?
> as horas belas?)
> elas e eu num declive
> elas presas e eu livre nelas.

Num dos últimos poemas de *O Súbito Cenário*, o adensamento da dicção se faz ao preço de uma diminuição da sua transparência, reconhecivelmente maior em *Ocidentais*. Esse poema intitula-se "O Degredo" e revisita, de maneira própria, o tema da terra gasta através de uma hábil combinatória de elementos repetitivos ligados por elos de assonância:

> No templo assolado
> havia um deus morto
>
> e um mendigo calvo
> colhia seus ossos.
>
> Era um templo amorfo
> era um deus amargo
>
> e um cenário roto
> e um mendigo calvo.

É de esperar que estas poucas e breves citações de poemas tenham bastado para pôr em evidência dois pontos capitais. Primeiro: a despeito da variedade de dicções, os três autores integram uma mesma geração literária por compartilhar referentes comuns. Segundo: essa comunidade de referenciais em nada lhes diminui a pessoalidade, visto cada um ilustrar um tipo diferente de alinhamento. E é essa diferença que faz deles não epígonos, mas continuadores. Eles levam avante um impulso inventivo cujos afloramentos, ainda que raros – ou por isso mesmo, – dão testemunho de que a saúde da poesia brasileira não inspira maiores cuidados. Ela continua viva, e isso basta.

Um Alucinar quase Lúcido
(*Novolume*, de Rubens Rodrigues Torres Filho)

O poema de abertura de *Novolume*, "composição" (p. 15), recorre à imagem da paisagem lunar para enaltecer o corpo feminino:

> Enceguecido por esse teu corpo,
> paisagem lunar em noite de Terra cheia,
> vejo que o Mar da Tranquilidade me hipnotiza
> com sua ausência de algas e sereias.
> Mas quem quer atmosfera? Basta
> a vertigem veloz soprando nos cabelos
> que ornam as regiões mais aprazíveis
> da imensidão resplandecente e sem arestas.

Embora os laços metafóricos entre lua e mulher sejam notoriamente cediços, força é reconhecer-lhes um remoçamento aqui por via do deslocamento qualificativo, da alusão desdobrada e da notação paradoxal. Deslocado de Lua para Terra, o adjetivo "cheia" se desautomatiza, do mesmo passo em que o "sem arestas" requalifica a acidentada orografia lunar em maciez de curva feminina. Isso dentro da lógica do símile, o que já não se pode dizer da "vertigem veloz" soprando num mundo sem atmosfera, notação que serve para transfigurar paradoxalmente a fria impassibilidade mineral em tepidez de carne viva. Sob esse sopro vertiginoso — que torna supérfluo o penduricalho mítico das sereias a que a alusão marítima implicitamente convidaria, — o Mar da Tranquilidade sexualiza-se de imediato naquelas "regiões mais aprazíveis" sobre cuja precisa localização anatômica os ornatos pilosos não deixam pairar qualquer dúvida.

O leitor com um mínimo de sensibilidade para o poético certamente entenderá os versos acima sem auxílio da simplória análise de texto de que os fiz acompanhar, tão só para ilustrar aquilo que, recorrendo de novo ao símile

XI. O Lugar do Outro: Ensaios

lunar, se poderia chamar de face visível da poesia de Rubens Rodrigues Torres Filho. Visível porque o imbricamento, ali, da subjetividade do poeta com a do leitor se faz por pontos de contato comuns sobre os quais assenta a ponte empática da compreensão ou coapreensão.

No avesso dessa face visível, a produção de Torres Filho ostenta o que se poderia chamar uma face oculta em cujas sombras se embosca uma subjetividade esquiva. Esquiva não a ponto enclausurar-se em silêncio de autista, mas dando sinal de si numa fala que se configura, as mais das vezes, como um quase idioleto. "Quase" porque, recorrendo ele às palavras comuns da tribo, estaríamos aptos a compreendê-lo não fosse o caprichoso encadeamento com que as agencia numa espécie de código privativo onde os vínculos gramaticais parecem só levar a uma entropia do sentido. É o que dá a pensar, três páginas adiante de "composição", um poema como "atmosférica":

Chuva com tijolos bolor
falada enfileirados falta pouco
iluminasse novo e pingo um só
ociosamente instala-se feliz
líquida e triunfante demorar-se

Essa face oculta parece ser tão consubstancial à poesia de Torres Filho quando a sua face visível. Uma e outra coexistem ao longo dos cinco livros que, acrescidos de outros poemas novos ou inéditos e de traduções esparsas, constituem este recém-lançado *Novolume* (São Paulo, Iluminuras, 1997). Trata-se de uma *summa* que abrange retrospectivamente 34 anos de atividade poética e que se ordena em ordem cronológica inversa. Ou seja, começa com os *Poemas Novos* de 1994-1997, a que se seguem, sucessivamente, *Retrovar* de 1993, *Poros* de 1989, *A Letra Descalça* de 1985, *O Voo Circunflexo* de 1981 e *Investigação do Olhar* de 1963.

A despeito da sua variedade de temas e motivos, registros de dicção e tipos de enfoque, os numerosos poemas de *Novolume* estão interligados por um nexo de unidade, o qual é mais prontamente reconhecível, como seria de esperar, nos poemas que lhe compõem a face visível. No prefácio que escreveu para *Novolume*, Fernando Paixão sublinha os traços fisionômicos dessa face quando ali aponta a alternância de momentos de "fulguração lírica" com momentos de "suspensão reflexiva" e quando vê virtuosismo de trapezista nos "volteios, giros e torções de sintaxe", nos "saltos" da "matéria autobiográfica" para a "particularidade dos objetos" ou para a "música dos nomes" em que o autor de *Novolume* repetidamente se compraz.

É ilustrativo do virtuosismo de Torres Filho o seu gosto pelos poemas de uma rima só, como "comunicação" com a sua ladainha de "-ês" e "-es" a agenciar, por paralelismos sonoros à maneira de Lewis Carroll ou Edward Lear, um elenco de itens tão disparatado quanto saboroso. Ilustrativo também do mesmo virtuosismo é o ouvido sempre afiado para o jogo de ecos/ideias dos trocadilhos, conforme pode ser exemplarmente visto em "senha", onde "abracadabra", ligado umbilicalmente ao título do poema, governa todo o desenvolvimento da elocução.

Mais que a mera noção de semelhança, os paralelos de som/sentido servem para explorar, em poesia, a noção de diferença na semelhança. À mesma óptica das similitudes diferenciadoras recorre também a ironia quando, um olho voltado para o sim, o outro atento ao não, se dispõe ela a esquadrinhar os desconcertos do mundo. Nos poemas de Torres Filho, os jogos trocadilhescos não são gratuitos. Traduzem, homorganicamente, os vislumbres de uma visão irônica, porque tanto crítica como autocrítica, do eu e do mundo. Nessa visão, os múltiplos ângulos de visada – lírico, reflexivo, autobiográfico, objetivista, metalinguístico – acabam por se resolver numa unidade feita ora de contraposições, ora de contaminações, cuja instabilidade é o melhor penhor do seu continuado dinamismo.

Assim é que ao registro ardiloso de um epigrama como "elogio do oco" pode-se contrapor o registro ingênuo de "trovas populares" – contraposição aliás bastante relativa, porque um e outras foram escritos sob o mesmo signo da paródia. E se "outra miragem" cobre o encontro amoroso com "uma rede levíssima de nexos e de elisões", não hesita "poesia pura" em dar estatuto lírico a uma chulice como "peido" para hiperbolizar o mesmo tipo de encontro. As apenas três páginas a separar um do outro os dois momentos líricos parecem apontar antes para nexos mais de contaminação que de contraposição.

Não me parece uma recorrência mimética daquele viés metalinguístico que há já um bom tempo enferma a poesia brasileira, sobretudo a proclamadamente mais jovem, o frequente debruçamento da poesia de Torres Filho sobre o seu próprio fazer-se. Teria antes a ver com o viés sistematicamente irônico da visada que a enforma: o olho da ironia compraz-se amiúde em esquadrinhar o próprio ato de ver. Em "o lamento" por exemplo, a literatura aparece como uma empresa onírica apostada em compor "pontes de absurdo sentido entre imagens" ante cujo "inatingível esplendor [...] o real se retira humilhado". Já "relance" desqualifica a poética coleridgiana da emoção relembrada na tranquilidade para postular a impossibilidade de recuperarmos *a posteriori* a tonalidade original da sensação: "o que se quer, por se querer, não está mais".

É bem de ver que as pontes de sentido que, na sua face visível, a poesia de Torres Filho costuma lançar entre as palavras nada têm daquele absurdo de programa que o surrealismo – cartesianismo do inconsciente: "sonho, logo existo" – se comprazia em cultivar. São pontes antes de uma agudeza por assim dizer conceptista, a qual não é de estranhar em quem, poeta e filósofo a um só tempo, sabe jogar tão destramente com as ideias como joga com as palavras. Mas a circunstância de, face visível, a lucidez conceptista dividir amiúde o terreno com a obscuridade da face oculta aponta, mais uma vez, para o primado da ironia como faculdade-mestra a governar todas as aporias da poética de Torres Filho. É ela quem lhe faculta, sem risco de contradição, praticar desembaraçadamente aquele "alucinar quase lúcido" a que faz referência em "lunático" e de que, com a sua riqueza de visadas e a sua mestria artesanal, *Novolume* nos dá tão repetida notícia.

Um Crítico contra a Corrente
(Volume 12 de *Pontos de Vista*, de Wilson Martins)

Apesar de seu timbre melancólico – ou melhor, por causa dele mesmo, – o epíteto que mais bem quadra a Wilson Martins é o de último moicano da nossa crítica literária. Crítica, entenda-se, no sentido estrito de acompanhamento e avaliação seletiva da produção literária corrente, tal como os praticou, em tempos menos ingratos, gente da estatura intelectual de um Tristão de Ataíde, de um Álvaro Lins ou de um Sérgio Milliet. Esse tipo de acompanhamento, feito em sincronia com a publicação das obras criticadas e veiculado no espaço aberto do jornal, nada tem a ver, claro está, com os estudos literários que, sob a égide da tese de concurso e prudentemente voltados para valores passados em julgado, se processam no espaço fechado da Universidade.

Com o desaparecimento dos suplementos literários dos grandes jornais, a crítica de livros sofreu, entre nós, um sensível rebaixamento de nível. O artigo de rodapé semanalmente assinado por um crítico de profissão cedeu lugar à resenha de circunstância confiada não raras vezes a um foca de redação ou a um estudante de Letras. Passou-se assim do juízo crítico sistemático, fundamentado e responsável, ao palpite ocasional, as mais das vezes infundado e leviano.

Mesmo aqueles que se abespinharam algum dia com a contundência ou acrimônia da crítica de Wilson Martins hão de reconhecer-lhe o mérito de ser uma crítica feita de juízos, ainda que passíveis de contestação, não de palpites cuja gratuidade dispensa até o esforço de contestá-los. A esses juízos subjaz um tirocínio de meio século de ininterrupta atividade, servido por qualificações profissionais sumariamente explicitadas, a propósito do crítico em geral, nalguns passos do recém-lançado volume 12 dos *Pontos de Vista* (São Paulo, T. A. Queiroz, 1997).

É esse o título geral da série de quinze volumes onde vêm sendo reunidos os rodapés de crítica escritos por Wilson Martins desde 1954. Para o autor dos *Pontos de Vista*, um crítico digno do nome tem de ser sobretudo um "intelectual crítico", isto é, alguém que, embora com a atenção voltada para a literatura, não negligencia outros setores do vasto contexto cultural em que ela se insere. Assim, o referido volume 12 volta-se principalmente para obras de poesia, prosa de ficção e ensaísmo literário, mas nem por isso deixa de discutir livros que tratam de questões de teoria política, historiografia, economia e religião.

Num artigo de outubro de 1988, ao destacar as qualidades de um biógrafo de Lúcio Cardoso – "lucidez e ceticismo", "competência, maturidade intelectual e a paixão literária sem a qual não há, tampouco, boa crítica (embora a crítica apaixonada não seja, nem de longe, a sua única forma legítima)" – estava Wilson Martins involuntariamente sublinhando as características de sua própria atitude crítica. Da lucidez com que ele sabe expor as ideias dá testemunho a clareza da sua escrita, endereçada ao leitor de jornal e desde sempre avessa à pedanteria do jargão que a moda estruturalista e suas sequelas institucionalizaram no âmbito acadêmico. Quanto ao ceticismo, este aflora na ironia, ora mais, ora menos sutil, com que ele se compraz em zombar do que chama de "inércia das ideias feitas e das verdades convencionais".

A competência e maturidade intelectual do crítico de *Pontos de Vista* foram sendo edificadas, em anos e anos de militância, por um cabedal de leituras no mínimo impressionante cuja amplitude é atestada, quando mais não fosse, pela massa de informações compiladas e sistematizadas nos sete alentados volumes da *História da Inteligência Brasileira*. E da paixão literária que os vivifica tiram seus pronunciamentos tanto o poder de convencer tanto quanto o de irritar. Embora não chegue a ser o crítico de maus bofes a que se refere de passagem num dos artigos do volume 12, Wilson Martins cultiva visíveis idiossincrasias. Se elas servem, por um lado, para dar caráter à sua crítica, impedindo-a de estagnar-se na anodinia, não deixam de afetar, por outro, o equilíbrio entre lucidez e ceticismo que a recomenda nos melhores momentos.

Entre tais idiossincrasias está uma visceral aversão ao pensamento de esquerda, em geral, e ao marxismo em particular. Por aí se explica a abundância de artigos, no volume 12, que se ocupam em discutir-lhes, acidamente, recentes manifestações no campo da literatura ou da teoria e prática políticas. Outra marcada idiossincrasia de Wilson Martins é a sua suspicácia em relação a novidades metodológicas no campo da hermenêutica literária. Essa suspicácia já o levara nos anos 60, em revide à cruzada neocriticista de Afrânio Coutinho, a sair em defesa da crítica jornalística contra as pretensões da crítica universitária. Agora, em vários dos artigos recolhidos no volume 12 dos *Pontos de Vista*, volta ele a colocar em tela de juízo as superfetações da teoria literária, negando-lhe qualquer utilidade para a crítica propriamente dita. Restaria ainda mencionar a desestima em que Wilson Martins tem a arte dita de vanguarda, em especial o concretismo. Donde não estranhar as duras restrições que, em mais de uma ocasião, faz à poesia de João Cabral de Melo Neto.

Não me parece, todavia, que o melhor do volume 12 dos *Pontos de Vista* esteja nesses lances idiossincrásicos em que a parcialidade da paixão ofusca a equanimidade do senso crítico. A este, não àquela, é que devem ser creditados os *insights* mais felizes com que, na contracorrente, Wilson Martins vai questionando ideias feitas e verdades convencionais. Atente-se, por exemplo, para a justeza de suas restrições ao que chama de literatura "de segundo grau" e de "poesia livresca", isto é, ficção e poesia nascidas não de uma experiência pessoal do mundo sensível mas tão só de sugestões de leituras glosadas e recicladas. Autores desse tipo de literatura de segunda mão escrevem pelo simples fato de que "outros escreveram".

Atente-se igualmente, em outro artigo do volume 12, para a reivindicação não menos justa de Monteiro Lobato como precursor do modernismo de 22, cujos corifeus no entanto o rejeitaram numa espécie de "parricídio simbólico". Ainda que, pelos influxos camilianos e maupassantianos neles tão perceptíveis, os contos de Lobato estivessem longe do experimentalismo da escrita modernista, a contundência irreverente e polêmica dos seus artigos de crítica às mazelas brasileiras antecipam pelo menos de uma década o espírito de 22. Lembra Wilson Martins que Lobato realizou boa parte do programa modernista não só como editor e industrial mas também – e sobretudo, permito-me acrescentar – como fundador da literatura infantil brasileira. Daí parecer-me mais apropositado do que apontar em Macunaíma uma "transposição modernista" de Jeca Tatu – como o faz Vasda Landers com a concordância de Wilson Martins, – ver na desbocada e desmistificadora Emília da saga do sítio do Picapau Amarelo um avatar mirim do herói da rapsódia marioandradina.

Uma lição importante que a crítica de Wilson Martins ensina a quem queira aprendê-la é como dar boa conta, dentro do espaço restrito de um artigo de imprensa, do que haja de essencial e mais característico num livro resenhado ou numa questão discutida. Ainda bem que me sobra aqui ainda algum espaço para referir, pelo menos, mais quatro altos momentos do volume 12 de *Pontos de Vista*. O primeiro é a sucinta mas exata apreciação, na novelística de

Antonio Callado, da dialética que leva da mística revolucionária à revolução mística. Outro, o severo balanço que faz do teatro de Nelson Rodrigues, com a sua "psicanálise de amador" e as suas repetidas escorregadelas no "território traiçoeiro do humor involuntário". Outro, ainda, o breve paralelo entre a ficção de João Antônio e a do primeiro Céline, ambos moralistas desencantados, mestres da picaresca e criadores de anti-heróis associais. E, *the last but not the least*, o artigo sobre Dalton Trevisan como precursor do minimalismo literário com os seus contos que instauram um contraditório "populismo da solidão humana" tal como vista por "um olho implacável que se recusa às idealizações convencionais".

É bom não esquecer, aliás, ter sido Wilson Martins o primeiro crítico de reputação nacional a chamar as atenções para o quanto havia de inovador na contística de Trevisan. Isso em fins dos anos 40, quando o nome do então jovem contista de Curitiba não havia ainda transposto as fronteiras da província e do país, como o faria depois. Mas o faro literário do então também jovem crítico já dava sinal de uma agudeza que com o tempo só faria crescer. O faro de um legítimo moicano da crítica de rodapé – talvez, *hélas!*, o último deles.

CIRCUNSTANCIALIDADES

Por Direito de Conquista
(Sobre as minhas *Troias Paulistanas*)

"São Paulo, comoção da minha vida!" O verso de Mário de Andrade veio naturalmente à lembrança do rapazola assim que ele avistou, deslumbrado, a festa de luzes da avenida São João e do vale do Anhangabaú. Tinha acabado de chegar do interior para tentar a vida na capital. Pegara um bonde em frente da estação da Luz e rumara para o centro na companhia de uns colegas de sua cidadezinha da antiga Araraquarense que já trabalhavam em S. Paulo. Junto deles, metropolitanos, o rapazola se sentia um matuto. Como eram tempos de guerra e muita gente estava vindo para a capital, ficava difícil achar quarto em hotel. Naquela noite, depois de muita procura sem fruto, ele teve de dormir numa casa de *rendez-vous* do Abaixo-o-Piques, a única que consentiu em alojá-lo até o dia seguinte, quando os conterrâneos tentariam lhe arranjar vaga numa pensão de estudantes.

De lá para cá muita água do Tietê correu sob a Ponte Grande. O Abaixo-o--Piques, reurbanizado, é agora a praça da Bandeira, e os *rendez-vous*, casas discretas até onde se ia a pé ou de bonde, foram substituídas pelo sexo motorizado e alardeado dos motéis. Neste meio século, a cidade se agigantou; se cobriu de poluição industrial, estufou de migrantes de toda parte, esparrantou-se tentacularmente pelos subúrbios, o seu trânsito se tornou um caos. Mudou a cidade, mudei eu. O rapazola dos anos 40 é hoje um sexagenário que já andou por Oropa, França e Bahia, casou com uma paulistana da Barra Funda e mora no bairro de Santo Amaro, a 20 quilômetros do vale do Anhangabaú. É o poeta mais importante de sua rua, mesmo porque é o único nela. Faz mais de cinco anos que não vai ao centro da cidade. Mas sabe, pela televisão, que o viaduto do Chá, a rua Direita, a praça da Sé estão entupidos de marreteiros, como aqueles que, muitos anos atrás, viu espantado pelas ruas de Lima, numa profusão bem reveladora de quão grave era a crise econômica do Peru. Agora, para vê-la igual ou pior, ele não precisaria mais atravessar os Andes. Bastaria tomar um ônibus até a praça da Bandeira ou até o largo Treze de Maio, em

Santo Amaro mesmo. Ou então passar diante das favelas do Morumbi, ao lado das mansões e edifícios de apartamentos de luxo. Ou espiar os sem-teto acampados debaixo dos viadutos.

Na verdade, para sentir a cidade, na sua miséria e na sua pujança, na sua pequenez e na sua grandeza, na sua impiedade e no seu encanto, o poeta distrital nem precisa mais sair de casa. A cidade se transfundiu nele ao longo desse diário, lento, imperceptível processo de naturalização do homem pela sua circunstância que o tempo vai efetuando. Não acontece coisa alguma no seu coração quando ele hoje atravessa a Ipiranga e a avenida São João. O que tinha de acontecer aconteceu há muitos anos atrás. Agora ele não é nenhum forasteiro: é um paulistano por direito de conquista. O que não quer dizer que tenha abdicado de sua raiz interioriana. Mas faz tanto que saiu da sua Taquaritinga de ruas em pé que já não sabe como lá voltar: só se pode voltar no espaço, não se pode voltar no tempo. Com a Pauliceia desvairada é diferente – as suas cidades foram se sedimentando pouco a pouco dentro dele, à semelhança das Troias sucessivas que o arqueólogo Schliemann desenterrou na costa da Ásia Menor. Cidades no plural, sim, que São Paulo é um empilhamento delas.

Há pelo menos três, diversas, guardadas nos desvãos da minha memória sentimental, essa velha senhora que, para meu vexame, se diverte em misturar datas, baralhar a ordem dos acontecimentos, confundir rostos e nomes. A mais antiga São Paulo de que me recordo e que recebe a classificação de pré-histórica na minha cronologia pessoal, é a dos anos 40, quando aqui cheguei pela primeira vez. Quantos habitantes teria a cidade a essa altura? Um milhão, dois milhões? Não sei, nunca procurei saber. Só sei que a escassez de produtos manufaturados, nos anos de guerra, dera um bom empurrão na indústria paulista, cujo crescimento atraía para cá mão de obra, sobretudo do interior do Estado. Empregos não eram difíceis de encontrar e no geral se vivia com um mínimo de decência na pobreza, sem o aviltamento da miséria cada vez maior que divide atualmente espaço com o arrogante desperdício do consumismo. São Paulo era uma cidade ainda boa para nela se viver. Podia-se andar pelas ruas sem medo de assalto e, a não ser nas horas de entrada e saída do trabalho, viajar sentado nos bondes. Bondes abertos que possibilitavam ao passageiro não só respirar a plenos pulmões (havia ar respirável naquela época!) como distrair-se vendo a agilidade com que o cobrador pulava de balaústre em balaústre para receber os tostões da passagem. Quem vinha do interior só fazia jus à cidadania quando conseguisse finalmente saltar do bonde em pleno movimento sem esparramar-se no chão, arte que, após alguns tombos humilhantes, consegui dominar.

Diferentemente da frenética verticalização à americana de agora, que multiplica biombos de cimento armado cada vez mais altos entre os olhos e a paisagem, a cidade guardava ainda um certo ar europeu no aberto de suas perspectivas, a exemplo dos dois viadutos, o do Chá e o de Santa Ifigênia. Lembrava, esse europeísmo de segunda mão, o de Montevidéu e Buenos Aires, inclusive no estilo das construções – o da estação da Luz, do prédio dos Correios, dos edifícios comerciais da Barão de Itapetininga e da Líbero Badaró, dos casarões de Higienópolis e da avenida Paulista, tanto quanto dos sobradinhos classe média de Vila Pompeia ou Vila Mariana e das casinhas operárias de porta e janela do Brás e da Barra Funda. O sistema de transportes urbanos como que fazia a cidade voltar-se toda para o seu próprio centro, cujo coração era a praça da Sé. Embora alguns bairros já tivessem vida própria – um dos programas dominicais era atravessar as porteiras do Brás para jantar numa cantina e apreciar a beleza das "intalianinhas" dos contos de Alcântara Machado, – tal vida não alcançara o grau de independência que hoje tem. Sábado e domingo era de rigor vir-se do bairro para o centro admirar as vitrines iluminadas da Barão de Itapetininga e depois fazer o *footing* na São Bento. Isto é, percorrê-la a passo lento de uma ponta à outra, repetidas vezes, conversando com os amigos e trocando olhares cifrados com as garotas que, engajadas no mesmo ritual, transitavam em sentido oposto. Mais tarde se descia até a Cinelândia, a festa de luzes na São João com ramificações pela D. José de Barros e pela Ipiranga.

Era nesta última que ficava o cinema do mesmo nome, o mais luxuoso da cidade. Nele, supremo requinte, uma organista tocava órgão elétrico antes do início de cada sessão. O requinte estava em que o órgão ia surgindo de sob o palco e ali voltava a desaparecer aos poucos enquanto as luzes diminuíam até apagar-se para a exibição do filme. Filmes americanos, as mais das vezes de guerra. De quando em quando, um dramalhão mexicano: o bolero estava então em moda. O mais famoso desses dramalhões, *Santa*, com Augustin Lara no papel de pianista (um pianista cego…), ficou mais de ano em cartaz, com a sala lotada. Dali, os rapazes de mais idade rumavam para algum *dancing* das proximidades. Isso quando tinham dinheiro de sobra, pois cada número de dança era cobrado, pelas damas contratadas da casa, com um picote no cartão antecipadamente comprado pelo cavaleiro dançarino. Se mais dinheiro sobrasse, terminava-se a noite num dos *rendez-vous* da rua Aurora ou da praça Princesa Isabel, quando não, mais proletariamente, num cubículo da Itabocas ou da Aimorés, a famigerada "zona" que a pudicícia do governo Garcez mandou fechar definitivamente poucos anos mais tarde.

Se depois do bauru com um pingado ou chope só tivesse sobrado dinheiro para o bonde, o jeito era ficar perambulando pela avenida, a apreciar o movimento, até a hora em que o sono convidasse a voltar ao bairro para mais uma semana de trabalho. Aos olhos de interioranos como eu, que vinha de uma cidadezinha onde às dez da noite não havia viva alma nas ruas, era fonte de perene espanto a vida noturna da capital. Pouco tempo depois de aqui chegado, passei a noite toda de um sábado em vigília pela São João, na companhia de dois ou três amigos, para assistir, sucessivamente, à saída da última sessão de cinema, ao fechamento dos bares e por fim dos *dancings* não muito antes de, no fiozinho da madrugada, aparecerem os primeiros varredores de rua que vinham limpar os detritos da noite.

A segunda São Paulo da minha caprichosa cronologia, vale dizer, a São Paulo propriamente histórica, é a dos anos 50 quando, após quatro anos de ausência, voltei para aqui ficar de vez. Esses quatro anos haviam sido passados em Curitiba, onde eu fizera um curso de química industrial e me deixara infectar por dois vírus perigosos. Do vício da política me curei em tempo hábil, embora sem abdicar do sonho igualitário. Do vírus da literatura nunca me quis curar e nem creio que haja cura possível. A pouca química que pude aprender nas horas em que não estava ocupado com poemas e artigos – alguns deles publicados na revista *Joaquim*, de Dalton Trevisan, um dos meus companheiros curitibanos de ilusão literária – foi suficiente para me arranjar um emprego de analista no laboratório de controle de uma indústria farmacêutica. A indústria ficava no Pacaembu, o mesmo Pacaembu em cujo estádio, perdido num mar de gente, tinha ouvido Prestes discursar e Neruda recitar logo após o fim do Estado Novo.

Fui morar perto do trabalho, numa pensão da rua Lopes Chaves, Barra Funda, vizinha da casa de Mário de Andrade. Com parte do primeiro salário que recebi, comprei a prazo um terno azul-marinho, pois bastava ser um rapaz direito para ter crédito na Exposição. Assim rezava o *slogan* dessa loja que

XI. O Lugar do Outro: Ensaios

foi pioneira nas vendas por crediário, sistema que o poeta Menotti del Picchia, num arroubo de eloquência, chamou na época de verdadeira revolução social. Basta atentar nos baús da felicidade e outras arapucas do gênero para perceber no que deu essa pretensa revolução. O restante do salário, descontado o dinheiro da pensão e uns trocados para o cigarro, gastei-o todo na Livraria Francesa. Durante a guerra, estivera totalmente suspensa a importação de livros da Europa, pelo que aquela primeira compra de livros importados, então muito baratos devido ao câmbio favorável, foi um verdadeiro banquete intelectual.

O terno azul-marinho comprado a crédito tinha sido um gesto não de vaidade mas de necessidade. Apesar da modernização dos costumes que se acelerou nos anos de pós-guerra, São Paulo era ainda uma cidade ciosa das convenções, tanto que se andava e se trabalhava habitualmente de terno e gravata. Lembro-me do caso de um cidadão, barrado pelo porteiro de um cinema porque estava de camisa esporte, ter perdido o processo que moveu contra o proprietário do cinema. Assim como me lembro do caso de duas turistas haverem chamado as atenções gerais por aparecerem de calças compridas no centro da cidade, isso até serem detidas por um guarda e levadas à delegacia. Por aí se pode imaginar o rebocho causado pelo pintor Flávio de Carvalho desfilando tempos depois, pelo mesmo centro, numa exótica vestimenta de saia curta, moda ecológica de sua invenção que, como seria de esperar, não conquistou adeptos.

Mas, para mim, o melhor daqueles anos de esperanças democráticas, apesar de reveses como a cassação do registro do PCB, estava no desenvolvimento cultural da cidade. Surgiam grandes livrarias, bem sortidas de títulos nacionais e importados, que ficavam abertas até tarde da noite, a exemplo da Monteiro Lobato, na São João, e do Palácio do Livro, na praça da República. Na Barão de Itapetininga a gente cruzava com artistas plásticos como Aldemir Martins, Clóvis Graciano ou Quirino da Silva; com escritores como Sérgio Milliet, diretor da Biblioteca Municipal, Mário Donato, o romancista do escabroso (para os filisteus da época) *Presença de Anita*, Fernando Góes, o contista do nunca escrito *Boa Noite, Rosa*, ou Edgard Cavalheiro, em cuja casa da Aclimação eu encontrara, sobrancelhas de taturana, o Monteiro Lobato que ele iria depois biografar. Nas agitadas reuniões do Clube de Poesia os jovens poetas da geração de 45 polemizavam com um Oswald de Andrade já sessentão mas que nada perdera da mordacidade de 22. Conheci-o por intermédio de seu filho mais velho, Nonê, àquela altura diretor do Teatro Municipal, onde tive

363

oportunidade de ver Serge Lifar dançando *A Tarde de um Fauno* de Debussy e Jean-Louis Barrault representando *As Mãos Sujas* de Sartre. Havíamos elegido o nosso querido Oswald de Andrade Filho diretor do Grupo Experimental de Ballet, organizado por Dorinha Costa, que montou um espetáculo no Municipal com cenários de Flávio de Carvalho e música de Camargo Guarnieri. Pela mesma época, o moderno teatro paulista se firmava, no TBC, com atores da envergadura de Cacilda Becker e Sérgio Cardoso. Grudado ao TBC ficava o Nick Bar, onde noivei com Dorinha nos intervalos de aulas da estética do gesto que ela dava aos atores. Praticamente todos os jornais da cidade mantinham uma página ou suplemento literário e circulavam regularmente revistas de ideias como a *Brasiliense*. Além disso, a Associação Brasileira de Escritores promovia cursos de literatura para plateias de mais de mil pessoas. Eu colaborava nos suplementos e participava como palestrista dos cursos da ABDE. Era um típico escritor de fim de semana, já que os demais dias estavam ocupados pelo trabalho no laboratório farmacêutico.

Foi na ilusão de poder dedicar mais tempo à literatura que resolvi trocar o emprego de período integral no laboratório por um emprego de meio período numa editora de livros. Eu não iria demorar a perceber que quem cuida dos livros dos outros acaba não tendo tempo para escrever os seus próprios. Entretanto, os muitos anos de editora, então sediada na Liberdade, me levaram a conhecer uma parte de São Paulo que eu não conhecia. Depois do expediente, eu e Dora íamos às vezes fuçar as lojinhas de quinquilharias do bairro oriental para depois jantar comida típica num dos seus modestos e simpáticos restaurantes e assistir, num dos seus cinemas, a algum filme japonês. Pudemos então curtir, em ambiente congenial, a fase de ouro dessa estranha e vigorosa cinematografia. Uma década antes, eu curtira sozinho, no Cine Santa Cecília, quase em frente da minha pensão na Barra Funda, algumas das maravilhas do neorrealismo italiano, ao mesmo tempo em que ia aprendendo de ouvido o idioma cujos acentos principiara a entreouvir, música de fundo, na fala ítalo-paulista do bairro.

E, sem que percebêssemos, eis que chegam os anos 60, quando, findo o desastroso entreato Jânio-Jango, a jovialidade eleita de Juscelino vai ser sucedida pela carranca dos generais impostos. A eles devemos o milagre econômico que, em nome de um desenvolvimento a toque de caixa (não fossem os tempos militares), acabou nos levando para mais perto do abismo inflacionário que ora nos engole. Da natureza desse milagre, dá testemunho a cidade de

XI. O Lugar do Outro: Ensaios

São Paulo, onde seus efeitos mais negativos se fizeram sentir como sob uma enorme lente de aumento. A avalanche de veículos posta nas ruas pelas fábricas do ABC lançaram uma pá de cal definitiva sobre os sonhos outrora sonhados pelo urbanista Prestes Maia. À falta de vias que chegassem para dar vazão à avalanche, começaram a surgir monstrengos como o minhocão da Olímpio da Silveira. E enquanto a classe média se deixava enganar por um simulacro de abastança, os magnatas da indústria e as raposas da especulação imobiliária recebiam sinal verde para verticalizar e horizontalizar a cidade até onde os levasse a sede de lucro, empestando-lhe a atmosfera e poluindo-lhe as águas sem se preocupar com a qualidade de vida. Eles nos roubam o espaço de diante dos olhos, o ar de dentro dos pulmões.

De como o desenvolvimento selvagem desfigurou a fisionomia e a alma da cidade, disse-o melhor do que ninguém o contista João Antônio em "Abraçado ao Meu Rancor", texto incluído no seu livro do mesmo nome. Quanto a mim, dos vinte anos de regime militar, sombrio *iceberg* cujos afloramentos mais notórios foram em São Paulo o assassinato de Vlado Herzog e a ascensão política de Paulo Maluf, só quero me lembrar, avesso reconfortante, de dois momentos históricos a que assisti em primeira mão: a montagem de *O Rei da Vela* de Oswald de Andrade no Teatro Oficina e de *Morte e Vida Severina* de João Cabral de Melo Neto no Tuca.

Os anos 1980 iniciam a fase pós-histórica da cronologia do poeta distrital. Advertido pelo exemplo de seu amigo Osman Lins, que só nos últimos anos de vida pôde assumir em plenitude o seu destino de escritor, ele resolveu deixar o emprego na editora para se dedicar só a escrever e traduzir. Passa agora os dias enfurnado entre os seus livros, batucando na velha Remington. Raramente sai de casa, para visitar um amigo dos velhos ou dos novos tempos, atender a algum compromisso de trabalho, fazer uma ocasional palestra sobre literatura. A perna mecânica que hoje tem de usar dificulta-lhe andar sozinho na cidade. Já não pode perambular pelo centro, sem destino, como gostava de fazer há muitos anos atrás. De vez em quando vai a um cinema de *shopping* onde se angustia de ver os adolescentes gastando as horas de lazer naquela atmosfera confinada de penitenciária do consumismo. Aliás, a São Paulo afluente dos hipermercados, dos grandes centros de compra, dos condomínios fechados, dos restaurantes cinco estrelas, pouco lhe interessa.

Reverso da medalha, dá-lhe um difuso sentimento de culpa a São Paulo das crianças esmolando nos cruzamentos com farol, dos humilhados e ofendidos morando debaixo de pontes, dos pingentes de trens de subúrbio e de ônibus superlotados, dos garotos de rua a cheirar cola de sapateiro, das vilas de periferia a conviver com a violência e a insegurança de cada dia e de todas as noites.

Mas entre o desinteresse pela riqueza despudorada da cidade e o sentimento de culpa pela sua miséria impossível de esconder abre-se uma fresta de esperança. Que se alarga quando, passando por algum dos seus bairros antigos, os olhos do poeta dão com algum canto de rua ainda não desfigurado, alguma singela pracinha ainda verde. Ou quando, do jardim de sua casa, admira um dia de céu azul após a lavagem da chuva, uma noite de lua em domingo de quase silêncio. Dá-se conta, então, de que, apesar de todas as degradações, a cidade não perdeu inteiramente o caráter. Assim como ele próprio guarda intacto no fundo da memória o deslumbramento de rapazola do interior com as ruas feéricas da capital.

Dentro de dois anos vai fazer exatamente meio século que ele vive em São Paulo. Espera poder ainda assistir aos fogos de artifício com que a cidade irá saudar a chegada do terceiro milênio. Curioso que, nesses tantos anos, ele nunca tivesse sentido vontade de fazer um poema sobre ela. Talvez porque, depois da *Pauliceia Desvairada* e da *Lira Paulistana* de Mário de Andrade, não sobrasse mais nada de poeticamente fundamental a dizer sobre ela. Tampouco almeja ele, como o mesmo Mário de Andrade, que quando morrer lhe enterrem a cabeça na Lopes Chaves, no Pátio do Colégio o coração paulistano, a língua no alto do Ipiranga para cantar a liberdade. Bem mais modestamente, contenta-se em ser cremado na Vila Alpina para que de lá mesmo a mão de algum amigo sobrevivente lhe espalhe as cinzas ao vento, aumentando assim de mais uns grãozinhos de poeira a poluição da *sua*, por direito de conquista, desvairada Pauliceia.

O Amigo dos Bilhetes
(Sobre Minha Correspondência com Dalton Trevisan)

Os bilhetes de que se vai falar aqui nada têm a ver com os de um certo ex-presidente que, na sua ânsia de publicidade, não dava ponto sem nó sequer nos memorandos de serviço. Nunca fui seu eleitor, quanto mais seu amigo. Seus amigos eram os grandes empreiteiros cuja desinteressada amizade parece ter-se transferido para um outro alcaide também com ambições presidenciais, felizmente frustradas até agora.

Há meio século coleciono, com o maior desvelo, os bilhetes e os livros que de vez em quando me chegam de um contista de Curitiba a quem o crítico Fausto Cunha considerou, com fundadas razões, um dos melhores do mundo. Aliás, das mãos desse mesmo contista recebeu Curitiba, como Dublin das de Joyce ou os campos gerais das de Guimarães Rosa, sua carta de cidadania literária. Sobre ele já tive ocasião de escrever uma orelha de livro e dois ensaios, além de um verbete de dicionário ao qual ele costumava remeter leitores que o iam importunar à cata de informações sobre sua vida e obra. Avesso a toda forma de promoção pessoal, o contista de que falo detesta dar entrevistas.

A pretexto de comemorar-lhe os 70 anos, um jornal curitibano teve a infeliz ideia de pedir a intelectuais e escritores que lhe endereçassem perguntas, embora ele jamais as fosse responder. Ciente disso, assim formulei a minha: "Quando tenho alguma curiosidade sobre você, vou aos seus livros, interrogo-os e com o que consigo apurar escrevo um artigo. Por isso me limito agora a perguntar: 'você vai bem, Dalton Trevisan?'".

Espero em Deus que ele esteja tão bem como quando o conheci nos meados dos anos 40. Por essa época eu estudava química industrial em Curitiba. A bem da verdade, estudei-a muito pouco: a política e a literatura quase não me deixavam tempo para ela. Política dentro da linha justa do Partido, que malgrado os pés de mau barro staliniano, ainda se aguentava então sobre eles. Quanto à literatura, Curitiba dispunha de um espaço privilegiado para o seu cultivo – o Café Belas Artes, ponto de reunião de escritores, artistas, corretores e comunistas. Tentei preservar-lhe a lembrança numa balada cujas primeiras estrofes diziam:

No mármore das mesas
do café Belas-Artes
os problemas se resolviam
como em passe de mágica.

Não que as leis do real
se abolissem de todo
mas ali dentro Curitiba
era quase Paris.

Dalton Trevisan aparecia pouco no Belas-Artes e tanto quanto sei não se interessava por linhas justas dentro ou fora da literatura. Sua roda era do outro lado da rua Quinze, na Livraria Ghignone, onde pontificavam também Temístocles Linhares e Wilson Martins. Wilson foi o primeiro crítico de prestígio nacional a chamar a atenção para a novidade e excelência das histórias do jovem contista que *Joaquim* regularmente divulgava. Dalton e *Joaquim* eram uma só pessoa: a revista tinha a mesma irreverência e inquietude do seu fundador. Por isso logo se afirmou ela como a mais combativa da geração de pós-guerra, designação que prefiro às de geração de 45 ou geração neomodernista.

O pessoal do nosso grupo do Belas-Artes passou a colaborar em *Joaquim* quando nos aproximamos de Dalton para fazer frente comum com ele na empresa de passar uma rasteira nos velhotes acadêmicos e organizar, para o segundo Congresso Brasileiro de Escritores, uma comitiva paranaense só de jovens. A rasteira teve êxito e lá seguimos nós – Samuel Guimarães da Costa, Armando Ribeiro Pinto, Glauco Flores de Sá Brito, Colombo de Sousa, Dalton Trevisan, Temístocles Linhares e eu – para Belo Horizonte, sede do Congresso.

O crítico Temístocles Linhares era o menos jovem de nós, um já senhor de hábitos morigerados, como lhe convinha à idade. Mas quando passamos pelo Rio, não me lembro se na ida para Belo Horizonte ou na volta de lá, Dalton conseguiu mefistofelicamente arrastá-lo até um *dancing*. Dalton era grande conhecedor da vida noturna de Curitiba, cujos *rendez-vous*, inferninhos e bares mais esconsos lhe iriam fornecer os ambientes e tipos humanos de alguns dos seus contos mais característicos. Esses poucos lugares de má fama destoavam da respeitabilidade burguesa e provinciana da Curitiba dos anos 40, que costumava ir dormir cedo.

O que possibilitava a um grupo de notívagos entregar-se ao seu esporte favorito – "frestar". Frestar era sair à procura de casas onde houvesse ainda alguma luz acesa e espiar sorrateiramente lá para dentro através de buraco de fechadura, fresta de porta ou janela malfechada. De suas caçadas noturnas voltavam esses *voyeurs* contando coisas de arrepiar, frutos naturalmente mais de imaginações fecundas que de vistas aguçadas. Ainda que o futuro autor de *O Vampiro de Curitiba* não pertencesse ao clube dos frestadores, soube traduzir em vários dos seus contos mais grotescos e patéticos, como expressão literária de um certo *genius loci*, o voyeurismo curitibano dos anos 40, que já lá vão tão longe.

Terminado o curso de química aos trancos e barrancos, deixei Curitiba e nunca mais vi Dalton Trevisan. Isso não impediu que continuássemos a nos comunicar por carta, mantendo viva a chama da amizade. Falar de cartas, no caso de escritor tão conciso quanto ele, é positivamente um exagero. Dalton não escreve cartas, escreve haicais epistolares – bilhetes de umas poucas linhas nas quais o essencial é dito com economia e com humor.

Comunicamo-nos também por livros: ele me manda praticamente todos os que publica. Orgulho-me da minha Daltoniana. Nela só faltam *Sonata ao Luar* e *Sete Anos de Pastor*, duas obras de juventude que o autor parece ter renegado e não são encontráveis em nenhum sebo de Curitiba. Dizem as más línguas que o próprio Dalton se empenhou em comprar quantos exemplares achasse à venda para tirá-los de circulação. Na minha Daltoniana constam inclusive os folhetos de cordel editados pelo próprio contista e uma coleção incompleta de *Joaquim*, a desfalcar-se ainda mais em futuro próximo. Prometi doar à preciosa biblioteca de José Mindlin os números que a ajudem a completar sua coleção.

Como amizade é rua de mão dupla, costumo também mandar a Dalton meus livros originais e minhas traduções. Quando lhe chegaram os *Sonetos Luxuriosos* de Aretino, ele lamentou que eu tivesse usado só duas palavras na nossa riquíssima sinonímia de palavrões para traduzir a *potta* e o *cazzo* tão iterativos nos sonetos. E, para minha edificação, deu-se ao trabalho de arrolar duas dezenas de designações populares do órgão sexual feminino. Desconfio tenham sido os *Sonetos Luxuriosos* e, anos depois, o *Poesia Erótica em Tradução* que lhe mandei, os responsáveis pela marota ideia de usar o meu nome para apresentar-se nos inferninhos onde não fosse conhecido pelo seu próprio. Eu soube disso por um amigo comum que conversou há dois ou três anos atrás com esse meu até então insuspeitado duplo curitibano.

Quase desnecessário dizer que a troca de bilhetes entre dois velhos amigos — no devido tempo também acabei contaminado pelo vírus do haicaísmo epistolar — envolve uma troca sadia de mútuos elogios. Na sua correspondência com Godofredo Rangel reunida em *A Barca de Gleyre*, livro que no conjunto da obra de Lobato ocupa a mesma privilegiada posição das *Conversações com Eckermann* na de Goethe, diz ele em certo momento: "O elogio, concordo, é o mesmo néctar dos deuses do Olimpo. O paladar de nossa mente reclama-o como o paladar físico reclama sal na comida. [...] Nas nossas cartas os melhores pedaços eram os em que personalizávamos e permutávamos amabilidades chinesas".

Entre as amabilidades chinesas que tenho trocado com o meu haicaísta epistolar de Curitiba, citarei um só exemplo de parte a parte, para não levar mais longe o censurável ato de inconfidência que sempre é tornar pública uma correspondência originariamente privada. Quando Dalton me mandou seu *A Faca no Coração*, acusei-lhe o recebimento num bilhete:

> Passei o último fim de semana saboreando, com vagares de *gourmet*, o seu guisado de pão com sangue, apurado com perícias de *cordon-bleu*. Ou de minimalista, diria alguém mais atualizado que eu, do *tour de force* dos seus haicais. Eles também me impressionaram; foi mais um caminho que você abriu pioneiramente no conto brasileiro e que a rapaziada anda agora explorando com avidez de novo-rico.
>
> Obrigado pela remessa do livro e parabéns pela manutenção do pique: você nunca deixa a bola cair.
>
> Junto com a mixórdia metafórica de futebol com culinária e francês de carregação vai o abraço velho do.

Por sua vez, tempos depois de ter recebido a minha poesia reunida, Dalton me escreveu:

> Que vergonha, será que não agradeci o seu belíssimo *Um por Todos?* Toda a culpa do A. Bosi, que nos tira as palavras da boca. Você bem sabe o segredo do nosso Anton

xi. O Lugar do Outro: Ensaios

Pavlovitch: falar curto das coisas longas. Que grande poesia, Zé Paulo, a que fica de pé na estante. E não menos importante, que grandíssimo amor, pela sua Dora. A mim então, chegado a um haicai, os seus versos perfeitos me dão arrepio no céu da boca e titilam o terceiro dedinho do pé esquerdo.

O velho abraço do seu sempre e cada vez mais admirador.

Perdoe-se a imodéstia da citação *pro domo*, mas a vaidade autoral se lamentaria o resto da vida se perdesse tão preciosa ocasião de, para citar outra frase de Lobato, lambuzar-se com o mel do elogio. Quando ele vem de um escritor da grandeza de Dalton Trevisan — amigo de quem recebi tantos bilhetes premiados, como sempre o foram e serão os seus —, seria um ato de no mínimo sovinice escondê-lo do mundo. Ainda que o mundo, *vanitas vanitatum*, não vá a se dignar a dar-lhe a mínima.

O Vagabundo e a Usura
(Sobre o Aviltamento Publicitário da Figura de Carlito)

Uma campanha de publicidade recentemente veiculada por certa grande instituição financeira trouxe-me à lembrança um ensaio de T. S. Eliot lido há muitos anos atrás. Esse ensaio focalizava o problema da função social da poesia[1]. Não em termos de engajamento ideológico, tal como costumava ser então focalizado, mas antes em termos de engajamento eminentemente artístico. Sublinhava Eliot que, mais do que quebrar lanças em favor desta ou daquela crença, cabe ao poeta a suprema missão de zelar pela expressividade da língua que usa como seu instrumento de trabalho. Isso porque a saúde dos idiomas é minada a todo momento pelos desmandos de corruptores que, tanto por ignorância como por má fé, aviltam-lhe os recursos de expressão ao se aproveitarem deles para fins subalternos. O discurso eleitoreiro, o editorial da imprensa mais ou menos amarela e, *the last but not the least*, a maior parte dos textos de publicidade, fornecem um bom mostruário da variedade e extensão dessa empresa corruptora. Por culpa dela, ainda que não se perca de todo, o poder de significação das palavras se banaliza em lugar-comum ou se degrada em papo furado.

Mas a corrupção das significações não se restringe apenas ao domínio da palavra escrita ou falada. Por força dos recursos visuais hoje tão amplamente explorados pela mídia, ela atinge de igual modo o domínio das significações imagéticas. Nunca me esqueci (caso-limite em que o mau gosto raiava pela impiedade) de um comercial de desodorante exibido há cerca de uma década atrás. Punha ele em cena uma veloz sucessão de imagens cujo centro de interesse eram as axilas. Imagens de obras famosas, de escultura e pintura, entre elas o quadro de um Cristo na cruz: a câmera esmerava-se em mostrar a cabeça

---

1. T. S. Eliot, "The Social Function of Poetry", em *On Poetry and Poets*, Nova York, Noonday, 1961, pp. 3-16.

do crucificado tombada para o lado esquerdo, a fim de nela detalhar o nariz próximo da axila...

Poderia haver exemplo mais radical de aviltamento simbólico do que essa safada utilização da imagem do deus-homem para vender desodorante? Felizmente, a campanha publicitária que serve de ponto de partida para as presentes considerações não chega a tais extremos. Em vez de recorrer a uma imagem sagrada, contenta-se com uma imagem profana, cuja expressividade simbólica nem por isso deixa de degradar. Ao se apropriar, com a maior sem-cerimônia, da figura do vagabundo Carlito para a vincular a planos de poupança que forceja por impingir nos consumidores, o comercial da grande instituição financeira comete um duplo delito, ético e estético.

Ainda que, no caso de pequenos investidores, a poupança bancária seja um meio legítimo de proteger da inflação economias feitas à custa de muito suor, o mesmo álibi não vale para os grandes investidores. No caso destes, ela se caracteriza de imediato como ato de usura pura e simples, da mesma usura sob cuja mágica de dinheiro produzindo mais dinheiro se embuçam, em mau disfarce, as manobras espoliadoras do capital. E é precisamente contra as engrenagens desumanizadoras do capital que Carlito luta com bravura em *Tempos Modernos*, donde ser no mínimo uma abominação fazer dele um chamariz publicitário dessas mesmas engrenagens. É minar pela base tudo aquilo que, nas suas agilíssimas estripulias contra os agentes da ordem e os donos da vida, a figura do pequeno vagabundo inventada pela genialidade de Chaplin simboliza até hoje. Com os seus sapatos cambaios, com a sua cartola e a sua bengalinha de dândi das sarjetas, Carlito deu inesquecíveis lições de como sobreviver com delicadeza, desambição, independência, compaixão e ternura humana numa ordem social onde não há lugar para tais sentimentos. A corrida de ratos que a todos nos arrasta, corrida na qual a única lei é tirar a maior vantagem para si e que os outros se danem, não pode tolerar nem consentir sentimentos dessa espécie.

Não é de crer que os promotores da campanha publicitária se tivessem dado conta de tais implicações quando a idearam e veicularam. Possivelmente tinham em mente tão só valer-se de um velho recurso da propaganda, qual seja de associar o produto a ser vendido com a imagem de uma figura bem conhecida do público e dele estimada, ainda que entre um e outra não haja nenhuma ligação natural. A simples proximidade é quanto basta para que o produto se beneficie da aura de prestígio da figura a ele arbitrariamente associada. É fácil ver que se trata de um caso patente de usurpação de valores e, como tal, de degradação simbólica.

Se bem pouquíssimo prezada num mundo que o rolo compressor da indústria cultural reduziu à mais chata das planícies, a poesia ainda forceja por devolver significação e dignidade às palavras e às imagens, tão corrompidas pelos que, em nome do lucro, dela se servem para iludir e enganar. Com apurar a sensibilidade e a consciência do leitor, ela o convida a distinguir, a separar o joio do trigo no campo dos valores éticos e estéticos. Daí que, para remate destas considerações, nada seja mais apropositado do que contrapor, à deturpação publicitária da simbólica de Carlito, o encarecimento lírico que dela faz Carlos Drummond de Andrade em "Canto ao Homem do Povo Charlie Chaplin". Um inesquecível poema que diz a certa altura:

> apenas sempre entretanto tu mesmo,
> o que não está de acordo e é meigo,
> o incapaz de propriedade, o pé
> errante, a estrada
> fugindo, o amigo
> que desejaríamos reter
> na chuva, no espelho, na memória
> e todavia perdemos [...]
> ó Carlito, meu e nosso amigo, teus sapatos e teu bigode
> caminham
> numa estrada de pó e de esperança.

Viva a Diferença
(Sobre o Palavrão, o Erotismo e a Tolerância)

Passei outro dia por um *outdoor* onde, sob um belo rosto de mulher, estava escrito: "A inveja é uma merda". Nem me preocupei em saber que produto o *slogan* mal-cheiroso anunciava. Bastou-me a alegria de ver finalmente escrito, em cinco letras garrafais, o nome daquilo que é tudo quanto, com a sapiência dos seus departamentos de criação e com as verbas milionárias dos seus anunciantes, a publicidade costuma nos oferecer, ou melhor dizendo, nos impingir. Com as raras e honrosas exceções de praxe, tanto mais honrosas quanto cada vez mais raras.

É de justiça reconhecer que essa palavra a que o general Cambronne ficou devendo o seu quinhão de imortalidade é hoje usada com o maior desembaraço pelo comum das pessoas, mulheres inclusive, tanto no círculo familiar quanto social. Daí que, ao transpô-la garrafalmente para um anúncio, a publicidade estaria apenas sancionando um uso genérico. Mas mesmo nisto de escolher, no comportamento habitual das pessoas, o que ele possa ter de mais vulgar, a propaganda mostra bem a que vem.

Em tempos menos permissivos e menos desbocados que os nossos, palavras que tais costumavam ser reservadas para ocasiões especiais. Ou seja, para aqueles momentos de raiva ou de admiração extremada em que as expressões ditas de bom-tom não conseguiam exprimir satisfatoriamente a intensidade de nossos sentimentos. O palavrão ou nome feio – se preferirem uma designação mais técnica, "disfemismo", em contraposição a "eufemismo" – pertence, ou pertencia outrora, à esfera do socialmente proibido. A ele opunham o bom gosto e o senso das conveniências um interdito ou proibição de uso. Empregá-lo era violar uma espécie de tabu, e precisamente disso é que lhe vinha o poder de ênfase.

Largamente cultivado hoje em dia, sobretudo pelos jovens, como uma espécie de emblema da descontração e de anticaretice, o palavrão tende, pelo uso indiscriminado, a perder sua força enfática. Tal como aconteceu com os superlativos, que o abuso publicitário acabou por ir progressivamente enfraquecendo – desgastada a expressividade de "grande", passou-se a "super", cujo esgotamento levou, por sua vez, a "hiper".

Um exemplo literariamente ilustre de moderação e de eficácia disfêmica, se me permitem o adjetivo pernóstico, é dado em *Angústia*, de Graciliano Ramos, que não precisou de palavrões para criar a atmosfera de erotismo doentio em que se movem os seus personagens. Daí que quando aparece a certa altura do romance a exclamação "Puta!", ela ganhe uma intensidade dramática fora do comum.

Por falar em erotismo, a maneira por que ele é atualmente explorado pela mídia – onde a nudez virou arroz de festa e as cenas de sexo no cinema e na televisão já mal despertam a atenção do espectador, – só tende a prejudicar-lhe a eficácia. Isso porque a repetitividade mecânica dos mesmos estímulos acaba por embotar a percepção, com automatizá-la. George Bataille sublinha ser o interdito ou proibição que, com espicaçar o desejo, funda o erotismo. Ao tabu da nudez é que o desnudamento parcial do corpo, banalizado no *strip-tease*, deve o seu atrativo: melhor que ninguém, sabem disso os fabricantes de lingerie feminina.

No mesmo jogo manhoso do interdito e da violação, de que o palavrão retira a sua força de ênfase e o erotismo a eficácia dos seus estímulos, tem a própria criação artística o motor da sua dinâmica de inovação. Certa feita, um poeta de vanguarda disse a Julio Cortázar que àquela altura da vida só lhe interessava fazer o que não pudesse ser feito. Ao que respondeu o romancista: "Muito bem, mas não se esqueça de que aquilo que não se pode fazer é sempre definido e delimitado pelo que se *pode* fazer".

No século passado, Nietzsche declarou que Deus estava morto, pelo que tudo era doravante permitido. E quando, no nosso século, mais precisamente em 1968, os estudantes de Paris se insurgiram contra a ordem burguesa respaldada por seus pais e rabiscaram nos muros a célebre divisa do "É proibido proibir", estavam retocando sem saber, com as tintas do libertarismo, a mesma velha cara da intolerância. Ao coibir qualquer manifestação que não se enquadre estritamente na sua ortodoxia, a intolerância busca anular a diferença e barrar a emergência do novo. Ao aceitar passivamente tudo quanto surja, a permissividade embota a percepção da diferença e deixa que o novo se perca na anodinia geral.

XI. O Lugar do Outro: Ensaios

Revidar uma negação com outra negação é fazer o jogo dela: a estrada real da liberdade não passa por aí. Passa antes pela afirmatividade da tolerância, que se empenha a cada passo em reconhecer a diferença e compreender-lhe as razões. Mesmo que não seja para adotá-las, para reconhecer-lhes direito de cidadania. Comparando agora alhos com bugalhos, só para fins de ilustração: graças à sua lucidez *crítica*, que não abdica do direito de analisar e escolher, pode o espírito de tolerância distinguir as razões de ser de uma obra de choque como O *Império dos Sentidos* – para citar um exemplo "clássico" – da morna vulgaridade, que se inculca por chocante, de estratagemas publicitários como o que nos serviu aqui de ponto de partida.

O Latim do *Marketing*
(O Inglês como um Latim Mercadológico)

Num dos filmes dos irmãos Marx, se não me engano *Uma Noite em Casablanca*, Groucho se torna gerente de um hotel de luxo. É auxiliado nas suas funções executivas por Harpo e Chico, que não tardam a descobrir um bico muito lucrativo. Como a procura de mesas na boate do hotel é sempre maior que a disponibilidade delas, os dois encontram uma solução tão simples quanto rendosa para esse desequilíbrio entre oferta e procura.

Vão colocando mais mesas e cadeiras na pista de dança até ela se converter rapidamente numa pequena clareira onde mal cabe um casal de dançarinos. No caso, Groucho e sua parceira, a quem ele observa, despertando do enlevo com que até então a enlaçava e olhando espantado em redor: "Ué, antigamente se dançava aqui!".

Lembro-me desse episódio e digo comigo: "Ué, antigamente se falava português aqui!" toda vez que presto atenção ao número cada vez maior de palavras do inglês americano incorporadas à linguagem do *marketing* – mercadologia, corrigiria o último purista – tal como veiculada entre nós pelo rádio, pela TV e pela imprensa. Há já muito que as multinacionais não se dão ao trabalho de traduzir, ou sequer adaptar à ortografia de nossa língua, os nomes de seus produtos e marcas registradas. Isso se compreende: para elas, a ideia de um mundo só é, não uma utopia solidarista, mas uma conveniência comercial.

Mas eis que agora empresas brasileiras começam também a falar inglês de *marketing*. Basta ler, nos jornais de domingo, os anúncios de imóveis, particularmente de edifícios de preço mais ou menos astronômico. Neles, você tem o privilégio de desfrutar um *penthouse garden*, dormir numa *suíte master*, dispor de *flat service*, lanchar na *coffee shop*, bronzear-se no *deck* da piscina ou bebericar no *wave bar*, enquanto seus filhos ficam no *playground* e o seu carro no *wash car box*. Depois você vai para o seu *first class office* nalgum *commercial building* e moureja até a *happy hour* em que no *American bar* pode fazer um *relax* ao som de um *stereo system* tomando seu *Scotch* ou, na pior das hipóteses, *whisky*, que uísque é coisa que só dicionarista aguenta beber.

Como se vê, o *marketing* tupiniquim está falando o idioma oficial do *hit parade*, onde ao *rock* feito em casa, na língua da terra, só cabe a parte do cordeiro, jamais a do leão. E se se pensar que 90% dos jovens consumidores desse tipo de música não entende o inglês berrado pelos seus cantores mais badalados, chega-se à fácil conclusão de que para curtir não é preciso entender, antes pelo contrário. E é aqui que, como Pilatos no Credo, entra o latim.

O latim que foi primeiro a língua do poder temporal dos césares para depois ser, dentro da lógica da dominação, a língua do poder espiritual dos papas. Era o idioma litúrgico ouvido pelo vulgo nas igrejas de outrora com ignorância e fervor inversamente proporcionais um ao outro. Soava como a fala do próprio Deus, tanto mais autêntica quanto dela não entendesse patavina, ficando com isso bem marcada a imensa distância que separa o lá em cima do cá embaixo.

Hoje que, na esteira do populismo das seitas protestantes e a fim de não perder para elas ainda mais fiéis, a Igreja de Roma houve por bem banir o latim da sua liturgia, deixou o lugar vago para um substituto. Que outro não é senão esse novo latim em que se transformou o inglês do *marketing*. Se aquele era a voz de Deus, este é indubitavelmente a voz de Mammon, palavra aramaica que, explica o dicionário, "serve, no Evangelho, para personalizar as riquezas mal adquiridas". E daí? Ouvindo-a mesmo sem entendê-la de fato, o pequeno-burguês imitador do Terceiro Mundo se sente em pé de igualdade com o do Primeiro, inventor e dono da patente. E é isso que conta no evangelho do consumo: freguês satisfeito, milagre feito.

Nunca será demais lembrar que o novo latim dispensa acentos gráficos e que os seus gramáticos não vivem a mudar-lhe a ortografia por dá cá aquela palha. Isso lhe confere inegável superioridade sobre a nossa pobre língua, periodicamente vítima de reformas na sua acentuação e grafia. É o que acontece toda vez que, para mal dos nossos pecados, a Academia Brasileira de Letras acorda do seu bem-aventurado torpor para assinar algum novo acordo com a Academia de Ciências de Lisboa. Só um doutor em estatística seria capaz de dizer quantos já foram feitos até hoje.

Agora mesmo outro já foi ou está em vias de ser firmado, para desespero dos professores de português e dos seus cada vez mais arredios alunos. Ora, uma possível solução para o insolúvel problema de melhorar o aprendizado da língua vernácula seria a adoção definitiva do inglês como idioma oficial do Brasil, ficando o português como língua estrangeira optativa. Então seriam fundados, em quantidade e com rapidez cada vez maiores, institutos culturais do tipo Brasil-Estados Unidos, Aliança Francesa ou Cultura Inglesa e todos imediatamente se interessariam em aprender a antiga língua nacional, agora sedutoramente promovida a estrangeira. Trata-se, todos hão de convir, de uma interessante aplicação pedagógica da filosofia da galinha do vizinho, principalmente se ele for rico, ser sempre mais gorda, como desde sempre souberam os Maquiavéis do *marketing*.

Brincadeiras à parte, nada disto diminui uma polegada que seja a enorme importância do inglês como língua de cultura, ciência e diplomacia. Nela está escrita grande parte da literatura mais importante da modernidade, ela veicula as principais descobertas da pesquisa laboratorial e teórica contemporânea, e quem alguma vez viajou ao estrangeiro conhece bem a sua utilidade como esperanto turístico. Mas quando se amesquinha em utilizações matreiras como as aqui sumariamente indicadas, sente-se logo aquele cheirinho de podridão em reinos de Dinamarca há quatrocentos anos atrás denunciado pelo nariz profético do seu mais genial poeta.

Bruxaria de Primeiro Mundo
(Tecnologia e Fetichismo na Voga Esotérica)

Quando você mistura pedacinhos de frutas variadas, faz uma salada de frutas. Quando você gruda recortes de jornal numa tela, tem uma colagem. Ora muito bem: se pela variedade de ingredientes que entram na composição de sua trama a atual novela das sete da rede Globo[1] tem muito de salada, a circunstância de esses ingredientes serem material já-visto ou já-lido por boa parte dos espectadores não deixa de fazer dela também uma colagem.

Quem está se dando ao trabalho de acompanhar a referida novela, que ora entra na fase de água morna, não deve ter tido maiores dificuldades em identificar a origem dos disparatados materiais de cuja colagem é feita a sua trama. Da nossa história política mais recente veio-lhe o tema da corrupção e da fraude previdenciária. Do cinema de horror, a figura do exorcista a combater forças diabólicas que ameaçam apoderar-se do mundo, naquele maniqueísmo de mocinho x bandidos sem o qual não há filme que emplaque em cinema ou loja de vídeo. Da crescente voga esotérica que continua a enriquecer a mancheias autores, editores e espertalhões de toda a espécie, o álibi da parapsicologia para dar uma aura de respeitabilidade científica a crendices e manipulações mágicas cujas raízes se perdem na noite dos tempos.

O entrecho da novela, cheio de desvios tragicômicos e de complicações sentimentais, como é de praxe no gênero desde os dias do romance-folhetim, põe em cena dois paranormais – um mauzão, o outro bonzinho. Este não nos vai interessar aqui; nosso negócio é com aquele, quando mais não fosse porque os demônios têm sempre mais a oferecer do que os anjos, embora cobrem mais pelos seus serviços. Para edificação dos leitores que não assistam à novela, convém explicar que o paranormal mauzão faz parte e está a serviço de uma corrupta e poderosa família que os roteiristas tiveram a infeliz ideia de chamar de Zapata. Esse sobrenome lembra de pronto o de Emiliano Zapata,

---

1. O título da novela era *Olho no Olho*. Não me recordo do nome do seu autor.

líder camponês da Revolução Mexicana cuja legenda de herói serviu ainda há pouco de bandeira para os insurrectos zapatistas da província de Chiapas na sua luta contra o poder oligárquico e a espoliação dos índios.

Mas, deixando de lado a infelicidade do sobrenome, o que importa acentuar é que os poderes desse Zapata mauzão extravasam o campo supostamente verossímil da paranormalidade para invadir os domínios da mais descabelada sobrenaturalidade. Ele não só consegue localizar mentalmente o paradeiro de qualquer fugitivo, por mais bem escondido que esteja, como sabe tudo o que se passa na cabeça das pessoas, além de conseguir hipnotizá-las a distância e levá-las cegamente à própria destruição.

Para realizar essas proezas, nosso paranormal conta com duas espécies de ajuda. Primeiro, a ajuda de uma imagem em metal de uma antiquíssima divindade maligna vinda dos Andes, da região de Macchu Picchu. Com isso, os roteiristas da novela, num louvável assomo de pan-americanismo, deram nacionalidade incaica ou pré-incaica à estatueta oriental de *O exorcista 1* (ou seria de *Profecia 1*?) em que visivelmente se "inspiraram".

Todavia, os poderes da estatueta maligna de pouco valeriam sem a ulterior ajuda de um sofisticado aparelhamento eletrônico à base de computadores e telas de vídeo que, acoplado aos olhos e às faculdades paranormais do seu operador, possibilita-lhe fazer o diabo a quatro. Tal locução proverbial, convenha-se, está mais do que apropriada num contexto maniqueísta como o que ora examinamos.

Na sua esdrúxula simbiose de tecnologia de ponta com o fetichismo mais primitivo reside, sem dúvida, o aspecto relevante da novela em tela – se me perdoam o trocadilho involuntário. Relevante porque sintomático de algumas das características de base do imaginário contemporâneo. Mais especificamente, do imaginário brasileiro de hoje, ou, melhor ainda, do imaginário da nossa classe média mais ou menos abonada. Como ninguém ignora, é para o poder aquisitivo dessa apetitosa fatia do mercado de consumo que se volta tanto a tática de *merchandising* quanto de programação recreativa da Globo, uma praticamente indistinguível da outra.

A confiança da classe média brasileira na racionalidade científica de cuja tecnologia de ponta lhe vêm símbolos de *status* como o telefone celular e o vídeo-laser não impede sua crença na irracionalidade de técnicas mágicas que vão das curas espirituais aos florais de Bach, dos baralhos de tarô aos mapas astrológicos, dos passes de médiuns aos despachos de pais-de-santo. Daí o acerto da estratégia fetichista-tecnológica da novela global das sete.

Uma estratégia que tal não é diversa, em essência, da adotada por um escritor brasileiro de fulgurante sucesso comercial nos últimos tempos. Um sucesso cujas raízes sociológicas foram esmiuçadas por Mário Maestri num interessante artigo acerca do que chama de neomágica ou neofeitiçaria dos livros de Paulo Coelho. Como na nossa novela das sete, haveria nesses livros uma "feliz modernização" e "nacionalização" de temas da "ideologia mágico-tradicional, na sua vertente europeia".

Segundo Mário Maestri, Paulo Coelho "inaugurou entre nós a feitiçaria *yuppie*" com bruxos "de sucesso, sedutores, modernos" e bruxas cujas compras "revelam um sofisticado bom gosto", uns e outras a circularem a seu bel-prazer pelo Primeiro Mundo, para gáudio do "imaginário arrivista e fantasioso do brasileiro de classe média".

Gáudio que começa a ser partilhado pela classe média de outros países para cujas línguas os livros desse invejado autor de *best-sellers* estão sendo ou já foram traduzidos. E quem sabe não chegue logo mais aos vídeos primeiro-mundistas a novela inspiradora destes comentários? Pois, num como no outro caso, aplica-se à perfeição o velho ditado de que, lá como cá, más bruxas há.

Somos Todos Réus
(O Complexo de Culpa do Brasileiro diante do Poder)

Embora seja um país despoliciado, onde a criminalidade cresce com rapidez cada vez mais alarmante, nem por isso deixa o Brasil de ser um país de mentalidade policial. Quando falo em mentalidade, não me refiro à das classes populares (que só contam na hora de se lhes pedir o voto) mas à das chamadas classes dirigentes. Uma conhecida minha, a Sra. D., me contou recentemente, muito assustada, que recebera uma *intimação* do Poder Judiciário. Grifei a palavra para imitar o tom de susto com que a Sra. D. a pronunciou quando me explicava que, a pedido de uma amiga injustamente acusada num processo, aceitara testemunhar em juízo sobre o que conhecia do caráter e da conduta dela.

Ri-me do susto da Sra. D., mas quando ela insistiu em mostrar-me o texto da intimação, percebi, consternado, que tinha razões de assustar-se. Pela sua linguagem, o documento parecia estar dirigido, não a uma inocente testemunha, mas a um réu de delito confesso. A começar do seu título, *Carta de Intimação de Testemunha*. O verbo "intimar" tem a acepção de "falar com arrogância ou mando", donde caber a pergunta: por que falar arrogante ou mandonamente com quem se dispõe, de espontânea vontade, a cumprir seu dever de cidadão e colaborar com a lei? Não seria o caso de, em vez dessa policialesca "intimação", usar "convocação", um substantivo tão mais civil? Civil no duplo sentido de "cortês, polido" e de "relativo às relações dos cidadãos entre si". Se não estou enganado, testemunhas e juízes são ambos cidadãos em face da lei maior, a Constituição.

Mas o problema não para aí. Na sua parte final, a *Carta de Intimação de Testemunha* diz enfaticamente: "ficando, desde já, cientificado(a) de que poderá vir a ser processado(a) por desobediência e condenado(a), SE DEIXAR DE COMPARECER SEM MOTIVO JUSTIFICADO, IMPLICANDO, AINDA, EM SER CONDUZIDO(A) COERCITIVAMENTE POR OFICIAL DE JUSTIÇA DESTE JUÍZO OU PELA POLÍCIA". Essas maiúsculas, que soam como um berro de "Mãos ao alto!", não são minhas, são do próprio documento. Parecem pressupor, na testemunha intimada, a intenção implícita de desobedecer. Se assim não fosse, por que as maiúsculas intimidadoras? Não bastaria dizer, *civilmente* e em letra minúscula, "se deixar de comparecer estará sujeito(a) às penas da lei" ou algo que lhe equivalha no jargão jurídico?

Por sob estas miúdas questões de redação oculta-se algo que todos nós subliminarmente conhecemos por experiência própria. Ou seja, que no Brasil o cidadão é visto sempre como culpado pela autoridade a quem tenha de prestar contas, seja ela qual for – municipal, estadual, federal, policial, fazendária, judiciária, que sei eu mais. Ele está obrigado a provar, a cada passo, sua inocência, quando o contrário seria de esperar numa sociedade democrática de fato, onde o ônus da prova recai sobre o acusador, não sobre o acusado. Fico a cogitar com os meus botões se esse inato, kafkiano sentimento de culpa que o brasileiro traz dentro de si, e que as mais das vezes o faz baixar a cabeça diante da arrogância do Poder, não teria raízes na própria formação histórica, eminentemente católica, do nosso país. Todo católico aceita, pelo batismo, uma parte de culpa no pecado original cometido pelos pais primevos, Adão e Eva. Mas o sentimento de culpa a que me refiro tem raízes menos remotas. Deve ter vindo dos tempos da Inquisição, aqui chegada com o colonizador português.

Ninguém ignora haver sido em Portugal e na Espanha que o Santo Ofício surgiu e prosperou, e isso no mesmo século em que se deu a descoberta e se iniciou a colonização do Brasil. Tanto assim que já em 1591 desembarcava na Bahia a Primeira Visitação do Santo Ofício às Partes do Brasil, que aqui vinha apurar e punir crimes contra a fé e a moral. A terribilidade tanto dos processos de tortura usados pelos inquisidores para arrancar confissões quanto dos processos de punição por via dos quais pretendiam "salvar" a alma dos condenados é sobejamente conhecida. Aos olhos do Santo Ofício, cujo passatempo preferido era acender fogueiras para queimar os inimigos da fé, a heresia estava por toda parte e todos eram suspeitos dela. Uma simples denúncia bastava para que qualquer um fosse parar nas suas masmorras. Daí não estranhar que o zelo fanático dos inquisidores criasse entre o comum das pessoas um pavor generalizado, a que se associava um irracional sentimento de culpa, fácil de medrar em espíritos obsessionados com a noção de pecado.

Quem sabe não provém dessa raiz seiscentista a nossa síndrome de réus subliminares, que o autoritarismo das estruturas brasileiras de poder, também nascido da mesma raiz inquisitorial, só fez aumentar ao longo dos quatro séculos da nossa formação histórica – do absolutismo colonial, passando pelo mandonismo escravocrata, até o republicanismo de quartel que os sucedeu. Pelo que possa valer, aí fica a sugestão para nela meditar o leitor mais imaginativo a quem não assuste a amplitude dos saltos regressivos quando se trata de entender em que medida o presente pode ser filho obediente do pior passado.

PARTE XII

Ensaios Inéditos em Livros do Autor

Nós num Começo de Vida[*]

Nicolau, Curitiba, 1988

A POESIA DE JOSÉ PAULO PAES

A poesia – e suas reverberações – é nata em José Paulo Paes, mas foi em Curitiba, anos 1940, que ele tomou gosto pela coisa e se iniciou – em síntese – nos ossos e issos do ofício.

(Dessa sua experiência aqui na terra poderíamos dizer, como o Brás Cubas machadiano: "Nada menos que uma renascença".)

Com ele, a palavra.

Ainda hoje, quarenta anos após ter deixado definitivamente Curitiba, sou às vezes tido como escritor paranaense. Isso porque, embora paulista da região da antiga Araraquarense, foi em Curitiba que de fato nasci, ou acreditei ter nascido, para a literatura. O parto se deu nos idos de 1947, quando ali saiu o meu primeiro livrinho de poesia, *O Aluno*, publicado pelas Edições O Livro. As atividades dessa editora *ad hoc*, tanto quanto sei, parecem ter se limitado a três modestas, mas simpáticas, brochuras. As duas outras eram *Os Gatos*, de Armando Ribeiro Pinto, e *O Marinheiro*, de Glauco Flores de Sá Brito. Traziam, as três, capas do pintor Carlos Scliar, que não só fez todo o projeto gráfico das edições como convenceu José Cury a emprestá-las sob a égide de sua revista, *O Livro*, de cujo suplemento literário éramos os mentores.

Eu chegara a Curitiba dois anos antes com o propósito de estudar química. Estudei-a, sim, mas nos intervalos da militância política e literária de esquerda. Tinha vindo de São Paulo já mordido pelo vírus de ambas, e em Curitiba encontraram elas clima propício à sua eclosão. Aquela foi, como nenhuma outra, uma época de fermentação de ideias. A luta contra o fascismo levara a

---

[*] "Nós num Começo de Vida". *Nicolau*, Secretaria de Estado de Cultura, Departamento de Imprensa Oficial do Paraná, Paraná, ano I, n. 12, p. 5, jun. 1988.

uma generalizada tomada de consciência, culminada, entre nós, na campanha pró-anistia (a outra), na redemocratização do país (ainda a outra) e na legalização do Partido Comunista (mais uma vez, ai de nós, a outra). Durante a guerra mundial, os olhos provincianos haviam aprendido a se voltar para a amplidão do mundo: um dos romances dessa época se chamava, significativamente, *Grande e Estranho É o Mundo*. O alargamento de visão se traduzia inclusive num boom editorial, já que os livros são janelas permanentemente abertas sobre o mundo. Nessas janelas nos debruçávamos nós, os da geração do imediato pós-guerra – também chamada, com menos propriedade, geração neomodernista ou geração de 45 – para respirar a plenos pulmões os novos ares que começavam a soprar.

Esses ares chegaram até Curitiba, então um pacato burgo de estudantes e funcionários públicos onde floresciam, outrossim, as academias de letras: desconfio que àquela altura tivesse, por quilômetro quadrado, mais acadêmicos do que qualquer outra cidade brasileira. Para contrabalançar esse *handicap*, havia nela, porém, dois grupos literários visceralmente antiacadêmicos. Pouco tempo depois de arribado a Curitiba liguei-me a um deles, o da revista *Ideia*; faríamos em seguida os suplementos literários de *O Dia* e do *Diário Popular*, além do de *O Livro*. Os membros mais "históricos" do grupo eram Armando Ribeiro Pinto, Glauco de Sá Brito e Samuel Guimarães da Costa. Encontrávamo-nos no velho Café Belas Artes, na rua 15, que Eduardo Virmond com razão definiu como a melhor universidade que o Paraná já teve. Pela mesma época, Dalton Trevisan começara a editar o seu *Joaquim*, em que chegamos a colaborar. De Dalton se dizia então, com uma indisfarçável ponta de despeito pela novidade dos seus contos, que eram de quem tivesse lido Faulkner em versão espanhola. Hoje estou muito mais inclinado a crer que foi Faulkner quem leu Trevisan, possivelmente nalguma versão secreta feita por John dos Passos, que sabia algum português.

Os dois grupos antiacadêmicos se aproximaram mais um do outro por ocasião do Segundo Congresso Brasileiro de Escritores, que se realizou em Belo Horizonte, ainda em 1947. Graças a uma estratégia bem planejada, conseguimos evitar que os imortais nos tomassem a dianteira e lá fomos, irreverentes mortais, representar o Paraná. Nossa comitiva era integrada por Temístocles Linhares, Samuel Guimarães da Costa, Armando Ribeiro Pinto, Dalton Trevisan, Glauco de Sá Brito, Colombo Sousa e eu. Em Minas e no Rio tivemos oportunidade de estabelecer contato pessoal com os "novos"

XII. Ensaios Inéditos em Livros do Autor

de outros Estados (que também tinham conseguido passar uma rasteira nos acadêmicos coestaduanos) e com monstros sagrados como Drummond, Graciliano, Zé Lins, Jorge Amado, Carpeaux e outros.

Depois do congresso de Belo Horizonte, ainda me demorei mais um ano em Curitiba para terminar os estudos de química. A paixão política já começara a esfriar, minada pelo processo de entropia que a camisa de força do sectarismo burocratizado necessariamente desencadeia. Mas a paixão da literatura não perdeu o pique. Continuou a crescer em São Paulo, para onde vim nos fins de 1948. Embora se ressentisse da falta do calor humano daquela comunhão de ideias, projetos, realizações e ilusões que os amigos curitibanos haviam prodigalizado ao meu começo de vida literária. Desde então, voltei umas poucas vezes a Curitiba. Mas a cidade tinha crescido demais, se deixara desfigurar pelo câncer desenvolvimentista. E os azares do tempo haviam se encarregado de dispersar o nosso grupo. Senti sobretudo nunca mais ter podido ver Glauco de Sá Brito. Da primeira vez que voltei a Curitiba, ele andava pelo Rio. Da segunda, já estava estupidamente morto, ele que tanto gostava da vida. Esse gosto ilumina toda a poesia que escreveu, poesia em que as incertezas e as promessas do amor serviram para pôr em funcionamento uma admirável máquina lírica. De quantos poetas conheci de perto, Glauco foi quem melhor me deu a impressão do poeta por fatalidade daquele cuja vida coincide com a sua poesia. Em Glauco, vivência e expressão estavam cronologicamente muito próximas uma da outra; quase não havia, a separá-las, a tranquilidade *post-factum* postulada por Coleridge para o recolhimento poético da emoção. Lembro-me até hoje das circunstâncias de ordem pessoal que inspiraram alguns dos poemas do seu primeiro livro. O segundo, publicado no Rio, não cheguei a vê-lo, mas me comovi com o terceiro, *Azulsol*, já póstumo, que a dedicação de amigos do poeta em boa hora salvou do esquecimento. Alegrou-me reencontrar ali, mais maduro no domínio da forma, mas sem nada perder da força de sua imediatez lírica, o mesmo Glauco de quem recebi as primeiras lições de como fazer da poesia, mais que mera arte da palavra, uma arte de vida. Lições que desde o meu segundo nascimento curitibano tenho me esforçado por não esquecer.

CURITIBA

o interventor do estado
era um pinheiro inabalável

inabaláveis pinheiros igualmente
o secretário da segurança pública
o presidente da academia de letras
o dono do jornal
o bispo o arcebispo o magnífico reitor

ah se naqueles tempos
a gente tivesse
(armando glauco dalton)
um bom machado!

Da série "geográfica pessoal".

José Paulo Paes é poeta, ensaísta, tradutor e jornalista. Publicou vários ensaios, entre os quais *As Quatro Vidas de Augusto dos Anjos* (1957) e *Gregos e Baianos* (Brasiliense, 1986). Na poesia, começou com *O Aluno* (1947), passando por *Anatomias* (1967), *Resíduo* (1980) e *Um por todos – Poesia Reunida* (Brasiliense, 1987), entre outros. Traduziu do inglês, do francês, do espanhol, do italiano e do grego moderno cerca de cinquenta obras de ficção, poesia e ensaio, como os *Sonetos Luxuriosos*, de Aretino (Record, 1981), os *Poemas* de Kaváfis (Nova Fronteira, 1982) e os *Poemas* de William Carlos Williams (Companhia das Letras, 1987). Fotografia: Colombo de Sousa, Armando Ribeiro Pinto, Glauco Flores de Sá Brito, Dalton Trevisan, Samuel Guimarães da Costa e José Paulo Paes, no Aeroporto de Congonhas, rumo ao Segundo Congresso Brasileiro de Escritores, fotografados por Temístocles Linhares.

José Paulo Paes: Aventuras de um Escritor.
Entrevista a Antonio Paulo Klein[*]

Nicolau, Paraná, mar. 1990

Polilíngue, brilhante, singular, José Paulo Paes retoma seus primeiros passos num roteiro que sonha Samarcanda, mas acorda Taquaritinga, Curitiba, São Paulo, Atenas. Aqui, lembranças, palavras, poema.

Prosa para Miramar

Rua Ricardo Batista.
Bela Vista
Segundo andar? Eu já nem lembro.
A primeira vez fui levado por Francisco
na sua derradeira aparição entre nós
como aluno e filho torto de Tarsila.

A sala

com o espantoso De Chirico:

O gabinete com os livros
onde discutimos Bachoffen uma tarde inteira:
a geladeira
onde Antonieta lhe guardava à noite
um copo de leite surrupiado pelo Aurasil às vezes.
o cabelo cortado bem curto
por sob a boina azul (na rua).

---

[*] "José Paulo Paes: aventuras de um escritor". Entrevista a Antonio Paulo Klein. *Nicolau*, Secretaria de Estado de Cultura, Departamento de Imprensa Oficial do Paraná, Paraná, ano IV, n. 31, pp. 4-7, mar. 1990.

Os olhos a olhar sempre de frente
numa interrogação ou desafio.
O sorriso, os dentes de antropófago.

Nascido praticamente dentro de uma editora e livraria, José Paulo Paes é um alquimista do texto, poeta de provocações, ensaísta de sabre afiado e preciso. Taquaritinga, Curitiba e Atenas fazem parte de um roteiro que também sonhou Samarcanda, a terra fantástica de Marco Polo.

Traduções de poetas antigos ou modernos, uma antologia de poesia popular erótica, livros para grandes e pequenos, Zé Paulo não para de arquitetar motivos para suas viagens literárias. Mas parou tudo e deu duas horas de entrevista ao jornalista e poeta Antônio Paulo Klein, sendo que o melhor está aqui. Com vocês, José Paulo Paes.

Nicolau: O *Nicolau* você conhece e até já colaborou com ele, mas daí eu pergunto: Quais suas relações literárias com o Paraná? Sabe-se que você viveu em Curitiba e conviveu com Dalton Trevisan e outros talentos da época, alguns em evidência até hoje. Qual o papel do Paraná em sua vida?

José Paulo Paes: Entre 1945 e 1949 morei e estudei em Curitiba, no Instituto de Química do Paraná. Formei-me no padrão técnico de química industrial e daí retornei a São Paulo. Aqui trabalhei onze anos numa indústria farmacêutica, depois numa editora, por 25 anos. Consegui me aposentar e me dedicar exclusivamente à literatura. Mas foi em Curitiba que iniciei minha vida literária. Foi lá que escrevi meus primeiros versos e onde, pela primeira vez, editei meus textos. Meu descobridor, meu pigmaleão poético, foi o artista plástico Carlos Scliar, que de vez em quando passava pelo Paraná e resolveu editar, criar as capas e custear a impressão de alguns novos poetas. Entre eles estavam o Armando Ribeiro Pinto, com *Os Gatos*, o Glauco Flores de Sá Brito, que lançou *O Marinheiro*, e eu, com meu primeiro livro, *O Aluno*.

Nicolau: De Taquaritinga para Atenas, para o universo poético de Ezra Pound, até o convívio com a poesia de Aretino e Kaváfis, com quantos paus e papos se fez sua canoa e sua obra?

José Paulo Paes: Só permaneci em Taquaritinga na minha infância e voltava lá nas férias. Mas ultimamente a cidade sempre ressurge em minha memória. Fiz um poema recentemente para a casa onde a gente morava, assim como fiz outros para meu pai, para minha mãe. Nasci praticamente dentro de uma livraria (de meu avô), que tinha, anexas, gráfica e papelaria. Aquela placa que está ali na porta do meu estúdio era de lá. Tem perto de cem anos (apontando para uma placa de metal onde se lê em letra encaracolada: "Livraria Guimarães/Gráfica e Editora"). Naquela época não havia televisão. Cresci lendo ou brincando nas ruas. Aos domingos havia as matinês no cinema da cidade.

Nicolau: Aí que começa o seu gosto pela aventura?

José Paulo Paes: Lembro que assisti à primeira versão do *Flash Gordon*. Para alimentar a aventura havia também as revistas como a *Tico-Tico* e o *Suplemento Juvenil*, onde apareciam, além do Flash, os heróis da época, como Príncipe Valente, Tarzan, Mandrake, Os Sobrinhos do Capitão. Minha vida de criança foi incrível. Foi nesta época que comecei a descobrir o mundo da fantasia. Tinha outra mania que era a química, certamente por influência dos filmes de ficção científica. Vivia pensando em alquimia, elixir da longa vida, pedra filosofal, mas já tinha sido mordido pela literatura. Quando menino, eu não era muito amigo de escola, não. Escrevi até um Dicionário Infantil que, no verbete *aulas*, informava: "período de interrupção das férias"... A literatura foi muito importante nesta época. Queria ter nascido em Samarcanda, a cidade por onde passou Marco Polo, ou Ofir (aquela cidade bíblica), ou até mesmo na Babilônia. Nunca em Taquaritinga.

Nicolau: Ah! Esse sabor de aventura...

José Paulo Paes: Em meu próximo livro de ensaios, chamado *Aventura Literária*, a sair pela Companhia das Letras, tenho um texto intitulado "As Dimensões da Aventura", sobre o romance de aventura e suas muitas facetas. Para escrevê-lo tive que retornar às leituras de infância, e foi gratificante reler a Coleção Terramarear, idealizada por Monteiro Lobato, onde tinha tradutores como o poeta Manuel Bandeira, que traduziu o *Tarzan*, do Rice Burroughs. Naquela época o romance era datado historicamente, dependia do exotismo, deste sabor aventuresco. Hoje não há mais esse exotismo, porque o turismo acabou com isso. Em qualquer lugar que você for, tem um turista fotografando, e além do mais a velocidade da informação ajuda a desfazer os mistérios. Vem ao acaso uma "Ode ao Turista", que escrevi assim: "No juízo final/ só eles serão poupados/ pois mesmo neste dia/ só estarão de passagem...". O turista sempre está de passagem. Nunca fiz uma excursão de turismo, nem viajei para lugares onde não conhecesse o idioma. Acho um desrespeito. Fui conhecer a Grécia porque queria compreender melhor os poetas gregos. Pedi para meu amigo Wilson Martins, que leciona na Universidade de New York, para me mandar um *linguaphone* para aprender o grego. Cheguei lá e não entendi nada. Só fui compreender, de fato, na terceira viagem.

A língua afiada
nos ridículos de gregos e troianos.
Não de pobres interioranos como eu,
recruta da geração de 45
(inofensiva, apesar do nome
de calibre de arma de fogo)
com a qual ele gostava de brigar
nas suas horas vagas
de guerrilheiro já sem causa.

Para ele (amor: humor) eu era apenas
um poetinha da *jeunesse dorée*,
talento sem dor
mas felizmente com Dora.
Para mim ele era o velho piaga
(meninos eu vi) de uma tribo definitivamente morta
mas cujos ossos haveremos
de carregar conosco muito tempo
queiram ou não
os que só não têm medo de suas próprias sombras.

Rua Ricardo Batista.
Passei por ali ainda outro dia.
O edifício está lá, de pé, mas ele se mudou.
Nunca mais o vi. Frequentei Nonê por uns bons anos
até a sua má ideia de voltar para a Úmbria
onde certamente lhe reconstruíram, tijolo por tijolo,
o ateliê e o casarão da Martiniano de Carvalho,
hoje um hospital.

Nunca mais o vi? Mentira. Vi-o uma última vez.
Em 65 ou 66, estreia
de *O Rei da Vela* no Oficina.

Ele estava sentado na plateia, bem atrás,
com sua boina azul,
já póstumo, mas divertido de ver o irrespeitável público
comendo finalmente
do biscoito de massa mais fina
que com as próprias mãos ele amassara
para o futuro, seu melhor freguês.

Nicolau: Em termos literários quais seus maiores prazeres, encontros e lembranças? Entraria nesta fala sua passagem por Curitiba, a revista *Joaquim*, a convivência com Dalton Trevisan, Temístocles Linhares, entre outros?

José Paulo Paes: Minha estreia foi em Curitiba. Lá escrevi os primeiros versos, meus primeiros poemas. Nosso grupo tinha uma revista literária, a *Ideia*, que na época do Estado Novo teve uma edição recolhida por causa de um artigo do Jorge Amado, que estava exilado. Havia também "O Livro", suplemento literário que saía n'*O Dia* e no *Diário Popular*. Curitiba era muito provinciana, um burgo de funcionários públicos e estudantes, região muito ligada a São Paulo, por causa da política do café. A Curitiba da minha juventude era uma Curitiba polaca, alemã, austríaca, era a cidade dos contos do Dalton. Vivi lá até o momento em que terminava o Estado Novo, com a primeira campanha pró-Anistia, a primeira eleição presidencial. A esquerda foi reconhecida como partido. À festa da vitória da Segunda Grande Guerra eu assisti em Curitiba. Anunciava-se um novo tempo, de concórdia, de democracia, mas não foi assim, e demos com os burros n'água. Era a época em que o Brasil se abria para a cultura estrangeira, europeia, quando surgiram o Existencialismo (de Sartre) e as novas linguagens. Era a época da geração de 45, que tinha o número de calibre de arma de fogo e gerou grandes ficcionistas, como Osman Lins, Clarice Lispector, Dalton Trevisan. O Trevisan tinha a revista *Joaquim*, a mais combativa, mais irreverente, com a qual colaborei. Publiquei, lembro-me, um artigo intitulado "A Geração Neomodernista", e um poema intitulado "Blues para Fats Waller". Aconteceu neste tempo a primeira exposição do Miguel Bakun, uma espécie de Pancetti local. Parece até que ele aprendeu a pintar com o Pancetti, na Marinha. A pintura do Paraná era um lixo e o Bakun foi uma surpresa para todos, um expressionista na linha do Van Gogh. No meio daquele conservadorismo provinciano era um verdadeiro milagre o surgimento de gênios como o Dalton e o Bakun. O Dalton, sem sair do Paraná, conseguiu ser reconhecido internacionalmente, traduzido que está em vários idiomas. No livro *Aventura Literária*, incluí dois ensaios sobre o sexo e a obsessão sexual em Dalton Trevisan. Baseando-me principalmente em *A Polaquinha* e *Meu Querido Assassino* observo que o tema central – me parece – é a frustração do desejo masculino pela mulher, e vice-versa.

Nicolau: E onde era o ponto de encontro, para onde convergiam as cabeças iluminadas da Curitiba de então?

José Paulo Paes: Ah, era sem dúvida o Café Belas Artes, na rua xv de Novembro, em frente à Livraria Ghignone. Eduardo Virmond, hoje um respeitável advogado, dizia: "O Café Belas Artes foi a melhor universidade que o Paraná já teve". Frequentavam nosso círculo o Samuel Guimarães da Costa (jornalista e ensaísta), João Marques (poeta), Esmeraldo Brasil Jr. (pintor) e Glauco de Sá Brito – o primeiro poeta que eu conheci, gaúcho, mas que sempre viveu em Curitiba e acabou morrendo lá. E tinha também o Marcelo Leite, desenhista engraçadíssimo, mas que morreu moço.

Nicolau: São Paulo seria seu porto seguinte. Como foi sua volta para cá?

José Paulo Paes: Vim para São Paulo quando tinha 23 anos. Minha mulher, a Dora, era bailarina e, como digo até hoje, "é minha musa e minha muleta". Em 1951 eu escrevi *Cúmplices* para ela. Éramos amigos do Sérgio Milliet, do Oswald de Andrade e do Nonê, filho do Oswald, que era diretor do Teatro Municipal e presidente do Grupo Experimental de Balé, onde Dora dançava. O cenário de uma das apresentações foi criado pelo Flávio de Carvalho. A Dora conhece toda a vida complicada do Oswald e daquela turma. Quando ele morreu eu estava no interior, pois meu pai morreu no mesmo dia. Eu e o Nonê cruzamos telegramas de pêsames. Oswald prestou dois concursos na Faculdade de Filosofia, o primeiro sobre Os Poetas da Inconfidência, o segundo a respeito de Bachoffen, que tinha uma incrível teoria sobre o matriarcado. Eu era marxista convicto e o Oswald me chamou para treinar com ele para as provas. Na ocasião ele estava casado com Dona Maria Antonieta d'Alkmin. Ela era muito afetuosa com ele – que já estava bastante doente – e deixava sempre um copo de leite guardado na geladeira: mas tinha um amigo nosso que dava um jeito de roubar o leite. Ele ficava possesso.

Enquanto conta, Paulo Paes não se furta de mostrar documentos, sua própria poesia, e algumas dedicatórias das quais se orgulha. Como a que Oswald lhe fez na primeira edição (de 1949) das *Poesias Reunidas*/O. Andrade, numa alusão às Indústrias Reunidas F. Matarazzo. Em edição de duzentos exemplares, ilustrada por Tarsila do Amaral, o escritor-herói do Modernismo escreveu no exemplar de número 87:

"Ao autêntico
José Paulo Paes."

Em um volume encadernado de *A Crise da Filosofia Messiânica*, Oswald deixou registrado de próprio punho:

"ao poeta post-cabralino
de la jeunesse-dourada
Ao talento sem dor
mas felizmente com Dora
o abraço de fé
de Oswaldo
21/2/51."

Nicolau: Você publicou cerca de sete volumes de poesia, quatro ou cinco de ensaios, editou inéditos de Sosígenes Costa, traduziu uma boa leva de poesias e alguns contos fantásticos. Como você resumiria hoje uma bibliografia básica de e sobre José Paulo Paes?

Jose Paulo Paes: Sou motivado a me projetar para o futuro, para o que vou lançar ainda. Além de considerar fundamentais a antologia *Um por Todos* (da Brasiliense), que reúne os livros anteriores de poesia, e a reunião de ensaios *Gregos & Baianos*, da mesma editora, brevemente saem *Prosas*, poemas de dicção que ainda estão sendo preparados. *Aventura Literária*, livro que deve sair logo pela Companhia das Letras, e *Tradução: a Ponte Necessária*, onde reúno diversos artigos sobre tradução, a sair no primeiro semestre pela Ática, que lançará também o terceiro volume de poesia infantil, os *Poemas para Brincar*; é a mesma editora que já lançou *É Isso Ali* e *Olha o Bicho*, e para a qual estou preparando, também com ilustrações de Rubens Matuck, *O Menino de Olho d'Água*.

Nicolau: E a parte de traduzir? Como foi o seu envolvimento com a tradução?

José Paulo Paes: Sou tradutor porque não entendo bem as línguas originalmente, daí preciso traduzir. Virei tradutor para entender melhor. Hoje posso me considerar um tradutor razoavelmente conhecido, pois até recebo direitos autorais e meu nome sai na ficha técnica do livro. Comecei levado pela necessidade econômica, e por isso era muito chato. Hoje só traduzo porque não entendo a língua original. Fui aprendendo pelo método certo/errado, num ritmo estatístico. Por tarefa, revi muitas traduções feitas por outras pessoas – no tempo em que trabalhei em editora – e era um verdadeiro limpa-fossas literário. Lia muitas barbaridades.

Nicolau: E quais as suas traduções preferidas, as que mais lhe deram prazer nesta atividade?

José Paulo Paes: A consciência do tradutor é a consciência de Judas, que sempre acha que traiu, sempre tem remorso por achar que podia ter feito melhor. Mas tenho as minhas traduções preferidas sim, como *Três Vidas*, da Gertrude Stein, e *Tristram Shandy*, romance inglês de Lawrence Sterne, considerado um trabalho revolucionário em termos de forma. Também o ABC da *Literatura*, do Pound, que traduzi com o Augusto de Campos; *As Estruturas Linguísticas em Poesia*, de Samuel Levin, e *Teoria da Forma Literária*, de Keneth Burke. Passei a ter prazer com traduções e hoje sou bastante requisitado. Traduzi e estou traduzindo alguns ensaios do Edmund Wilson [*Estação Finlândia* é tradução sua], e no meu ritmo, sem pressa, estou preparando uma antologia de poesia popular erótica. A tradução de prosa está para a da poesia assim como o jogo de sinuca está para o xadrez. Em poesia, há também os *Sonetos Luxuriosos*, do Aretino, as traduções de Kaváfis e o volume de *Poesia Moderna da Grécia*, que me tomou quatro anos de trabalho e exigiu algumas viagens à Grécia.

Nicolau: Que recado você daria hoje aos poetas iniciantes e aos amantes da poesia?

José Paulo Paes: A poesia se debruça sobre a imanência, fala da permanência na precariedade, é o Reino dos Contrários. É essa espécie de fênix, sempre renascendo das cinzas. É a poesia que me dá as melhores razões, que chega ao cerne da vida. É, como disse Paul Eluard, "uma razão de viver". Aos jovens poetas posso dizer: leiam poetas, evitem estudos sobre a poesia. Primeiro se encharquem de poesia, toda a poesia possível. Primeiro os da língua, depois os universais. Camões, Sá de Miranda, Tomás Gonzaga, Augusto de Campos, e o último poeta nosso que foi o João Cabral. Hoje estamos em compasso de espera. Jovens poetas, errem por conta própria, não aceitem opiniões de velhos poetas.

Antônio Paulo Klein: Poeta e jornalista, do setor de Arte e Cultura do *Diário Popular*, de São Paulo, é colaborador do *Leia*, do *Guia de Artes Plásticas*, entre outros, e autor de *Coeur Rasgado* (Edição do Autor, 1978) e *Voo na Miragem* (a ser lançado) [São Paulo: Massao Ohno, 1996].

Carlos Drummond de Andrade
e o *Humour* – I, II e III[*]

CARLOS DRUMMOND DE ANDRADE E O *HUMOUR* – I

O Dia, Curitiba, 28 mar. 1948

É a poesia criação da inteligência ou da sensibilidade? Em torno dessa falsa antinomia, os exegetas – alguns deles – vêm propondo soluções contraditórias, sem chegar a um ponto de contato que possibilite trabalho e pesquisa mais metódica do assunto.

Não obstante, os poetas escrevem seus poemas, sem cogitarem do mecanismo sutil do que escrevem. Alguns, entretanto, não se conformando com essa ignorância, inventaram sistemas explicativos e aliciaram discípulos que se conformassem à tirania de uma escola ou de um sistema... De um lado, os surrealistas, utilizando o automatismo psíquico como único método criador realmente positivo e eficiente, confiaram-se à mágica do sonho, do absurdo e do instinto. Por outro, o francês Paul Valéry, considerando a inspiração como "hipótese que reduz o autor ao papel de um observador", escreveu poemas de inefável pureza onde a inteligência exerce jurisdição incontestável, num jogo hábil de ritmos, símbolos e imagens. O surrealismo reivindicava a super-realidade, o lirismo absoluto; Paul Valéry, apenas a poesia – coisas complementares, segundo informa o trinômio proposto por Mário de Andrade em *A Escrava que Não É Isaura*: máximo de lirismo – [e] máximo de crítica palavra [sic] [para adquirir o] máximo de expressão (poética).

Como se vê, a virtude não está em nenhum dos extremos, senão na economia estética de ambos: o lirismo não chega à poesia e, paralelamente, a inteligência desligada da sensibilidade é incapaz de criar. Todavia, é preciso admitir ampla margem de variação naquele sistema econômico, a fim de a

---

[*] "Carlos Drummond de Andrade e o *Humour*, I, II e III". *O Dia*, Curitiba, 21 mar. 1948; 28 mar. 1948; 4 abr. 1948.

fórmula adquirir validade frente à enorme riqueza de estilos pessoais. Poetas há em que a sensibilidade predomina sobre a inteligência: são os líricos, no melhor sentido do termo. Outros, pelo contrário, impõem a razão sobre os dados da emoção, selecionando-os segundo imperativos estéticos, morais ou ideológicos: são os poetas intelectuais.

Entre estes últimos, parece-me acertado situar, ressalvando o esquematismo de toda classificação, Carlos Drummond de Andrade. Na sua poesia, percebe-se a constante presença do autor, orientando-a, contendo-lhe a fúria e a dispersão, numa vigília infatigável que ele próprio denominou "polícia". O criador domina a criação, impõe-lhe – na medida do possível e do artístico – a marca de sua vontade em fuga deliberada à solicitação do lirismo puro, da confissão sem controle ou *dignidade*.

Certos críticos quiseram ver nessa contenção um característico racial, geográfico, da gente mineira, de que o poeta seria exemplo.

Um deles assegurou-me que era preciso conhecer Itabira e sua aridez mineral para *sentir* a poesia de Carlos Drummond de Andrade. Parece-me exagero elevar um elemento, embora essencial, de influência, à totalidade, buscando fora do criador sua explicação: uma cidade não define totalmente um homem.

Mais acertado parece-me pesquisar na obra literária aqueles indícios capazes de esclarecer o homem, o que, no caso presente, é viável, visto a poesia drummondiana revestir-se frequentemente de um tom confessional, lúcido e autocrítico, que a justifica em função de seu autor.

O elemento inicial de pesquisa é sem dúvida o predomínio da inteligência sobre os dados da sensibilidade. Um lírico *puro*, que obedeça à emoção poética, sem restrições de ordem racional, deve constituir necessariamente unidade psicológica constante: o poeta está (quase sempre) de acordo consigo mesmo. Ou então a inteligência faz amplas concessões à sensibilidade, intervindo raramente no instante alheio ao significado *real* de sua poesia.

Em Carlos Drummond de Andrade, inversamente, a inteligência não faz concessão: perscruta sem fadiga o território da emoção, pronta a neutralizar tudo aquilo que hostilize seu quadro de valores intelectuais e morais. Daí o tom de confissão autocrítica que caracteriza grande parte de sua poesia, apesar de uma vontade de lirismo sem compromissos:

... não se disperse, meu filho, nas
mil análises proustianas.

O predomínio da inteligência é resultante de um equilíbrio e de uma luta dialéticos entre razão e emoção. Enquanto no lírico a primeira renuncia a grande parte de sua intensidade em favor da segunda, no intelectual é a última que se ajusta às exigências e limites da primeira, alcançando-se desse modo uma unidade dinâmica e criadora.

A poesia de Carlos Drummond de Andrade é exatamente o conjunto de soluções ou sínteses circunstanciais desse jogo de forças contraditórias, a soma dialética da razão intencional e limitadora e da emoção não intencional inconsciente. A inteligência, nessa operação, entra com quantidades maiores, estabelecendo assim a forma singularmente lúcida por que se manifesta, como vivência, a unidade de contrários realizada em síntese.

Resta agora caracterizar o significado objetivo da luta ou, se quiserem, da unidade, indicando simultaneamente a *forma* de sua revelação poética.

(Continua)

CARLOS DRUMMOND DE ANDRADE E O *HUMOUR* — II

O Dia, Curitiba, 28 mar. 1948

Observa Manuel Villegas Lopes que: "quem procura diretamente o puro valor estético será um artista puro; quem procura manifestá-lo pelos temas do nosso tempo, com o que constitui nossa vida, nossa luta e a luta dos demais, será um artista social. E, ademais do valor eterno, estará na obra de arte a época em que foi criada e à qual correspondia".

Em linhas gerais, a poesia de Carlos Drummond de Andrade se insere na categoria de arte *social* — termo perigoso pelas confusões que gera, mas válido ainda por inexistência de substituto eficiente. Porque é necessário estabelecer sempre distinção entre arte tematicamente social e arte socializante ou funcional; por exemplo, eu incluiria na segunda espécie a poesia efetivamente revolucionária, como a de Castro Alves e a de Maiakovski, considerando que desempenharam papel político militante numa época revolucionária, num determinado instante histórico.

A poesia drummondiana revela, desde logo, um *engagement*, uma posição em face da realidade político-social do tempo, e a considera de um ponto de vista determinado:

O poeta
declina de toda responsabilidade
na marcha do mundo capitalista
e com suas palavras, intuições, símbolos e outras armas
promete ajudar
a destruí-lo
como uma pedreira, uma floresta
um verme.

Mas a afirmativa não basta; é mister considerar mais de perto os detalhes dessa visão das coisas, verificar a *maneira* como se realiza, poeticamente, sua promessa de destruição.

Assinale-se, inicialmente, que CDA não considera a realidade imediata, circunstancial, nem os fatos menores que se desenrolam à sua volta. Valendo-se de prerrogativas estéticas, transpõe o social para um plano de abstração, deformando as situações concretas em mitos, em símbolos, em equivalentes de raiz ideal, senão metafísica. A esse respeito, convém transcrever um juízo de Hector P. Agosti, referente à "subjetividade porfiadíssima que abominava a realidade e convertia o artista em supremo demiurgo dos objetos, nascidos nele antes de existir materialmente fora dele, e aureolados, por ele, de uma fria vibração abstrata que aspirava à eternidade emocional". O poeta Carlos Drummond de Andrade capta o real, mesmo aquele de raiz política ou limitado por implicações ideológicas, somente depois de fazê-los passar pelo crivo de sua subjetividade, de seus prejuízos pessoais, de modo que a realidade transmitida pelo poema é uma realidade abstrata e parcial no seu significado.

Outro seria o caminho percorrido por um poeta revolucionário, como Maiakovski, por exemplo. Seu verso ligava-se indissoluvelmente à luta política objetiva, fugindo de toda generalização para considerar a realidade social de um ângulo mais *próximo*, não abstrato ou idealmente mitológico. Daí o inferir-se que, apesar de seus detalhes temáticos, a poesia de Carlos Drummond de Andrade é, de certo modo, uma poesia de fuga, pelo *abuso* da abstração, filiado evidentemente à metafísica angustiada que preconiza a intuição, a prioridade absoluta do subjetivo, contrapondo-a à limitação inevitável do mundo objetivo.

Por outro lado, deve-se levar em conta o *comportamento* do autor, suas reações emocionais ou conceituais, relativamente ao conflito social de nosso tempo. Em primeiro lugar, a insistência na sua incapacidade de luta, a indecisão em participar, pela ação, de um combate que julga necessário e justo (*Poesia até Agora*, p. 216):

> Coração orgulhoso, tens pressa em confessar tua derrota
> e adiar para outro século a felicidade coletiva.
> Aceitas a chuva, a guerra, o desemprego e a injusta distribuição
> porque não podes, sozinho, dinamitar a ilha de Manhattan.

Ou a angústia, o pessimismo em face de uma cidade futura que ele deseja mas teme:

> No teu tempo nem haverá beijos.
> Os lábios serão metálicos,
> Civil, e mais nada, será o amor
> dos indivíduos perdidos na massa
> e só uma estrela
> guardará o reflexo
> do mundo esvaído
> (aliás sem importância).

Ou, finalmente, os reiterados autoconvites à fuga, que surgem repetidamente nos poemas de *A Rosa do Povo* (pp. 149 e 159).

Todas essas contradições convergem para uma afirmativa: a de que Carlos Drummond de Andrade não é o poeta *revolucionário* que o sr. Álvaro Lins descobriu, senão o poeta nitidamente representativo da pequena burguesia, de seus dilemas e de suas indecisões em face de uma escolha política frequentemente difícil e dolorosa. Expliquemo-nos melhor.

Jean Paul Sartre refere-se com propriedade ao dilema do escritor de nossos dias, chamando-o de "burguês em crise de ruptura de classe". Condicionado por uma educação classista que determinou sua sensibilidade, o automatismo reflexivo de suas reações emocionais, mas solicitado pela inteligência a romper esses laços em benefício de ação revolucionária vinculada a uma classe antagônica em quem reconhece a *verdade* histórica, o intelectual contemporâneo (pelo menos em grande parte) levita angustiosamente entre dois extremos, com sua personalidade total dicotomizada em razão e emoção, já que não pode se aproximar da classe desejada, por todos os prejuízos de sua educação.

Carlos Drummond de Andrade ilustra bem o dilema, quando confessa:

Assim nascemos burgueses.
Nosso caminho: traçado.

Além disso, em "O Operário no Mar", examina sua incapacidade de comunicação com o operário que marcha milagrosamente sobre as águas, e conclui por uma débil esperança de compreensão futura.

Este o dilema fundamental que explica quase satisfatoriamente as contradições da poesia drummondiana: a oposição entre inteligência e sensibilidade, a incapacidade da segunda em obedecer aos comandos da primeira.

Ou, valendo-me de uma imagem do poeta, a luta entre o oficial administrativo e o antigo menino rebelde que reivindica um reino abstrato: o território perdido da infância onde

Devolve-se a infância
a troco de nada
e o espaço reaberto
deixará passar
os menores homens,
as coisas mais frágeis...

(Continua)

Nota: Os números das páginas onde se encontram os poemas aqui citados referem-se a *Poesia até Agora*, Rio, 1948.

CARLOS DRUMMOND DE ANDRADE E O HUMOUR — III (CONCLUSÃO)

Todavia, deve-se assinalar que o jogo dialético entre razão e emoção não constitui antinomia mecânica em que uma das forças anule a outra ou cuja resultante seja a soma vetorial de dois elementos exclusivos. Pelo contrário, trata-se de uma unidade dialética, de uma interpenetração, de mútuo condicionamento de forças cuja síntese é realidade de ordem superior, participando simultaneamente da tese e da antítese.

Assim, a sensibilidade – fixadora de experiência vital inconsciente, condicionada por situações econômicas e sociais –, se bem que orientada relativamente pela razão, influi por sua vez sobre ela, limitando-a em sua liberdade conceptiva. O artista burguês, se consegue determinado nível de independentização das influências de classe, graças à inteligência crítica, dificilmente alcança ajuste entre suas concepções heréticas e uma sensibilidade tradicional, definida por fatores alheios à sua vontade.

E a arte, nascida do binômio razão-emoção, necessariamente reflete tal condição.

Isto esclarecido, vejamos sumariamente as funções do *humour* na poesia de CDA.

$$\star\ \star\ \star$$

Ensina Manuel Villegas Lopes que o humorismo é a maneira de expressar alguma coisa além do riso mesmo. Essa alguma coisa pode assumir amplo significado, atribuindo assim ao humorismo um campo de movimentação bastante extenso.

Se o riso é utilizado como mecanismo expressivo de uma ideia, tem-se a farsa. Os personagens de uma farsa são símbolos de conceitos ou sistema de conceitos *a priori*, que o artista se propõe concretizar por um procedimento estético cuja base é o riso. Mas, apesar de toda sua possível humanidade, os personagens da farsa são inevitavelmente bonecos, interpretando um papel de antemão estabelecido. A respeito, veja-se *Les Caves du Vatican*, de André Gide, ou certos detalhes da obra romanesca de Aldous Huxley, onde os personagens – como bem assinalou certo crítico – são autênticos silogismos ambulantes.

Se o riso serve, porém, de veículo a uma emoção, esta será prova de que o exposto pelo riso é "a vida total de um homem, sem limitações". Um homem acionado por causas psicológicas e concretas, não um boneco a serviço de conceitos anteriores. Nesta hipótese, o humorismo perde todo vestígio de esquematismo expositivo, para ganhar máxima amplitude artística: a de instrumento analítico, por cujo intermédio o artista considera a realidade humana, transpondo-a depois ao plano da arte, amalgamada ao riso.

Observe-se finalmente que o *humour* é sempre procedimento crítico condicionado e manejado por uma sensibilidade e uma inteligência. Com ele, o artista deforma certos aspectos do real, em função de um quadro de valores morais, que se articula a um quadro simultâneo de valores estéticos.

★ ★ ★

CDA utilizou o *humour* em todas as suas modalidades – do poema-piada modernista ao sorriso doloroso dos versos mais recentes – visando à revelação total que Villegas Lopes preconiza, pelo uso da emoção humana.

Tal presença do *humour*, explicável por razões de ordem extrapoética, justifica-se antes como solução para a antinomia sensibilidade-inteligência; uma solução intelectual da razão exercida sobre coisas e sentimentos, revelando-se por forma artística profundamente lúcida.

A capacidade de crítica moral do *humour*, ao lado de suas possibilidades puramente estéticas, justificam-no nos quadros da poética drummondiana: por seu intermédio, o poeta deforma aqueles aspectos da realidade interior ou exterior que contradigam seus valores morais, anulando-os (os aspectos) pois, consequentemente. Em primeiro lugar, a realidade capitalista que o poeta recusa com sarcasmo:

E dentro do pranto minha face trocista
meu olho que ri e despreza,
minha repugnância total por vosso lirismo deteriorado
que polui a essência mesma dos diamantes.

Depois, a realidade interior, em seus pontos de confluência com a realidade burguesa, ou na sua incapacidade de luta producente contra essa última realidade:

Inútil conservar [reter]
a ignóbil mão suja
posta sobre a mesa.
Depressa, cortá-la,
fazê-la em pedaços
e jogá-la ao mar!

Se na crítica ao mundo capitalista, o *humour* exerce função de arma ofensiva, na crítica ao comportamento pessoal, funciona como arma defensiva: a inteligência previne-se da emoção que tenta amarrá-la a um mundo inaceitável, anulando tal movimento retroativo, policiando rigorosamente toda exteriorização sentimental.

Cabe finalmente indagar da legitimidade do *humour* em face dos conflitos sociais. Responde-nos Herman Hess, no seu curioso "Tratado do Lobo da Estepe" quando, opondo-se ao burguês – considerado não simples fenômeno histórico, mas estado latente dentro do humano e caracterizado por uma vontade de compensação entre os extremos contrapostos da conduta humana –, preconiza, pitorescamente, três caminhos de fuga: a santidade, a devassidão ou o humorismo. Os dois primeiros implicam recusa definitiva aos padrões do homem médio, enquanto o terceiro elide tal desconforto: o humorista permanece na classe média, posto que situado moralmente acima dela pela zombaria constante aos seus valores. Exemplo: o senhor George Bernard Shaw. Todavia, a própria colocação hessiana do *humour* imediatamente o denuncia como solução confortável, anti-heroica e... pequeno-burguesa.

Evidentemente, o caráter pequeno-burguês do *humour* decorre do modo por que é utilizado: – se como fim em si, ou apenas como meio de anular certas coisas para cantar outras mais puras. Se o centro de gravidade da poesia drummondiana permanecerá no *humour* em si, ou se o poeta se prepara para cantar os lineamentos iniciais do futuro, depois de destruir a obsessão do mundo burguês, ainda ponderável em seus versos – é o que não sabemos responder.

Em todo caso, um poeta é uma surpresa constante. Quando deixar de sê-lo, já não será mais poeta.

Pós-Modernismo*

I

Como rótulo literário, o vocábulo "geração" parece-me perigoso, quando pretende designar outra coisa além de um simples fenômeno cronológico. É o que vislumbro na fórmula de Hector P. Agostí, para quem uma geração se caracteriza por programa, sensibilidade e maneiras comuns de expressão. Aplicada ao pós-modernismo, a fórmula leva à conclusão de que não existe uma geração pós-modernista, o que seria paradoxal. Vejamos.

Em primeiro lugar não temos programa — aceito o termo no sentido de obrigatoriedade a determinadas cláusulas ideológicas ou simplesmente estéticas, previamente estabelecidas como roteiro de trabalho. Procuramos a realização de algo livre, pessoal, a-programático ou limitado apenas por imperativos de ordem interior, não coletiva.

Em segundo lugar, não temos sensibilidade comum. A procura de uma verdade estética e ontológica diversifica, necessariamente, nossos modos de captar as coisas, ao mesmo tempo que solicita formas de expressão próprias, para cada sensibilidade que entra em relação criadora com a realidade exterior ou interior; valemo-nos, pois, da liberdade de pesquisa conquistada pelos modernistas.

Todavia, observe-se que poucos alcançaram tal individualização artística. Poetas que somos, comungamos de um vocabulário comum, de comuns prejuízos em técnica formal, anulando frequentemente as volições sensíveis e criadoras que exigem concreção artística *sui generis*. De modo que estamos ligados, não por um programa ou por sensibilidade comuns, mas pelos defeitos comuns, decorrentes de fontes de influência respectivamente comuns. As qualidades a surgirem futuramente vão separar-nos, transformando-nos em artistas, isto é, indivíduos que transportam um tesouro pessoal e secreto

---

* "Pós-Modernismo". *Joaquim*, Curitiba, ano III, n. 18, maio 1948.

JOSÉ PAULO PAES *Crítica Reunida Sobre Literatura Brasileira & Inéditos em Livros*

ao plano da equivalência estética, desatendendo a preconceitos de grupo ou tribo literária.

2

Carlos Drummond de Andrade exerceu influência decisiva sobre os pós-modernistas por duas razões: primeiro, porque sua obra, ao lado de outros valores realmente admiráveis, exibia um equilíbrio orgânico entre forma e conteúdo; segundo, porque apresentava uma solução ao problema da obrigação moral do artista frente aos conflitos sociais da época.

Aceitamos o primeiro item com entusiasmo, verificando o axioma fundamental e ineludível de que arte é artesanato, é realização formal. Porém, admitindo que forma e conteúdo artísticos constituem unidade indissolúvel, justifica-se simultaneamente o fato de que, se recolhemos certos dados de pesquisa formal na poesia drummondiana, recolhemos também, inconscientemente, dados de [falta uma linha, que está truncada] [em fa]ce do mundo. Mas as atitudes políticas de Carlos Drummond de Andrade não derivam de um sistema geral; são antes o resultado de território individual bastante específico: um homem fechado nos limites de sua educação, incapaz de participar totalmente em favor de uma classe antinômica daquela que gerou sua personalidade pequeno-burguesa.

Essa gesticulação original, nós a repetimos em nossos versos. Fizemos poemas amargamente humorísticos, pretensamente noturnos, desesperadamente inteligentes; deixamos o lirismo pelo descarnamento, pelo angustiado hermetismo; trocamos a vitalidade de juventude por um intelectualismo pessimista, que não creio, absolutamente, representar nossa resposta de escritores de vinte e poucos anos, em face de uma encruzilhada histórica que exige, apesar de tudo, um pouco de esperança, um pouco de solidariedade humana, simplesmente humana.

3

Encontramos na poesia de Murilo Mendes razões equivalentes às anteriores. Além de sua riqueza em símbolos, mistérios, transfusão do mítico no real, os versos de Murilo visitavam a tragédia guerreira do século, ligando indissolu-velmente o poeta à realidade temporal.

Entretanto a aceitação do catolicismo como sistema orientador do demô-nio poético marcava de forte cunho particular sua obra literária: como Au-gusto Frederico Schmidt, Murilo restituiu, à poesia, antigos motivos – Deus, o Amor, o Sobrenatural –, através de uma expressão artística cujos equivalen-tes do real ou do irreal submetiam-se à jurisdição de uma metafísica religiosa, posto que alterada e vitalizada por concepções pessoalíssimas.

Se as inovações técnicas de Murilo reclamaram nossa pesquisa e nossa aten-ção, contaminou-nos, entretanto, sua visão original das coisas, violentando igualmente o lirismo de cada um, impondo-lhe formas de expressão absoluta-mente estrangeiras.

Assim, apareceram na poesia pós-modernista solenes invocações a Deus, visitações seráficas, considerações discursivas sobre a morte, a beleza (com *B* maiúsculo) e a imortalidade – que não podem evidentemente representar mitologia própria ao Olimpo secreto de cada um de nós.

4

Encerrando estas anotações rápidas e possivelmente esquemáticas, quero es-clarecer que, de modo algum, considero meus colegas pós-modernistas (e a mim mesmo) como simples rebanho de alvas ovelhas, incapazes de abandonar a segurança de seu atual aprisco; pelo contrário, alguns poemas lidos provam--me que são virtualmente ovelhas negras, embora tal virtualidade se contenha ainda sob o cajado imperioso de certos pastores tradicionais.

Sabe-se a luta mantida pelo artista na conquista de sua verdade estética. Contudo, parece-me que essa conquista deve efetuar-se paralelamente a um processo crítico e autocrítico, confrontando severamente nossas obras com as precedentes, destas selecionando o que melhor se ajuste às exigências pessoais e circunstanciais de cada um.

Por fim, não devemos nos esquecer, levados por um vago universalismo ou por metafísicas intemporais, da triste e apelativa realidade brasileira: nossa obra precisa ter outras raízes mergulhadas na terra, além de simples malaba-rismos folclóricos.

Nesse sentido, a contribuição de alguns poetas baianos, como Sosígenes Costa e Jacinta Passos, parece-me fundamental; eles também compreenderam que o poema não é ilha nem torre indiferente, em meio à prodigiosa vida do tempo, e incluíram em seus versos o coração do povo, cumprindo certa tarefa histórica de que andamos, por muito, muito tempo, completamente esquecidos.

Uma Profissão de Fé

[Sobre "Procura da Poesia", de Carlos Drummond de Andrade]*

Jornal de Notícias, 25 jun. 1950

Num ensaio muito sagaz sobre a literatura alemã, Georges Lukács[1], discorrendo sobre o método que adotara em seu trabalho de exegese, refere-se à precariedade dos juízos críticos que se baseiam na mera confrontação entre o que um autor disse sobre a sua obra e o quanto conseguiu realizar, nela, de seus princípios conscientes, ao mesmo tempo que reafirma sua preferência pela interpretação direta do texto literário, relegado a segundo plano o depoimento do autor.

A desconfiança do ensaísta húngaro se justifica se refletirmos no quanto o homem se desconhece a si mesmo, no quanto nos enganamos quando passamos da esfera da imaginação à esfera da ação. Acresce que as autoanálises sempre pecaram por uma falta de perspectiva a que se aliam a paixão e o interesse, de modo que somos frequentemente levados a ver em nós mesmos, não o que existe, mas o que desejaríamos existisse.

A tais razões, aplicáveis aos casos genéricos, outras se adicionam quando nos defrontamos com o caso particular do pensador ou do poeta, que fazem da ideia e do sentimento valores sociais, inseridos num patrimônio comum de tradição, a que vem enriquecer com sua relativa novidade. O pensador pertence sempre a uma época com determinantes econômicos e ideológicos que impõem certas fronteiras às suas elucubrações particulares, limitando assim a originalidade, bem como a repercussão exterior a qualquer sistema intelectual. Quanto ao poeta, a emoção e a circunstância agem muitas vezes contra a sua vontade reflexiva, de modo que o poema desvenda mais a figura de alguém dominado pelo involuntário e pelo emocional que a de um ser coerente, capaz de ajustar, a todo instante, suas ideias com uma forma de ex-

---

* "Uma Profissão de Fé", *Jornal de Notícias*, São Paulo, Segundo Caderno, 25 jun. 1950

1. Georges Lukács. *Brève Histoire de la Littérature Allemande: Du XVIIIᵉ Siècle à nos Jours*. Traduit de l'allemand par L. Goldmann et M. Butor. Paris, Nagel, 1949.

José Paulo Paes *Crítica Reunida Sobre Literatura Brasileira & Inéditos em Livros*

pressão que deriva primeiramente da sensibilidade, antes de sofrer o controle ulterior da inteligência.

Entretanto, quando estudamos um poeta como o sr. Carlos Drummond de Andrade, o critério de Lukács deve ser manejado com extrema cautela, pois aqui o verso não é apenas um símbolo, um equivalente espontâneo da emoção de momento (ou lírica, na acepção goethiana do termo), mas a ponte que liga dois territórios aparentemente exclusivos: o da ideia e o do sentimento, o permanente ao transitório, o coerente ao sensível, o calculado ao gratuito.

Embora observe argutamente Valery[2] que a obra literária, quando realiza sua essencial função de comunicar, cinde-se em dois momentos diversos, posto que paralelos – o da criação e o do gozo artístico, o público valorizando e alterando por vezes a mensagem original do autor –, nunca se pode levar a extremo tal cisão, a ponto de invalidar como desimportantes as intenções que o escritor atribuiu à sua obra. Estaríamos, em tal conjectura, reduzindo o poema ou o romance a um simples estímulo a cujo toque feérico os mecanismos de nossa imaginação e de nossa memória se poriam em funcionamento e, assim, o que pretendeu ser mensagem, isto é, processo de mútuo enriquecimento de ideias e emoções, limita-se ao pobre ofício de despertar algo que já existia, aprioristicamente, em nosso íntimo.

Daí a importância que assume, no conjunto de uma obra caracterizada pela sua unidade de propósitos, a profissão de fé poética que o sr. Carlos Drummond de Andrade sistematizou em "Procura da Poesia"[3]. Diante desses versos, a imaginação do leitor perde sua capacidade ilimitada de voo e tem que se ater à letra do texto para descobrir a indispensável reação entre prédica e sacerdócio, entre a poesia drummondiana e as regras de ação programadas no mencionado poema.

Essa tarefa não parece ter sido suficientemente cumprida pelo sr. Álvaro Lins que, no seu ensaio "Um Poeta Revolucionário"[4], afirma, com relação à "Procura da Poesia": "Vista em face dessa 'arte poética', a poesia de Carlos Drummond de Andrade, quanto à substância e aos temas, acha-se em contradição com a doutrina, mas a ela permanece exemplarmente fiel quanto à forma", e então exemplifica sua assertiva com o fato de o poeta dizer: "Não

2. Paul Valéry. *Introducción a la Poética*. Editorial Argos, Buenos Aires, 1944.
3. Carlos Drummond de Andrade. *Poesia Até Agora*. Rio de Janeiro, José Olympio, 1948.
4. Álvaro Lins. *Jornal de Crítica*. Rio de Janeiro, 1947.

cantes tua cidade, deixa-a em paz" e cantar Itabira, ou recomendar: "Não faças versos sobre acontecimentos" e escrever uma "Carta a Stalingrado".

Como explicar tais contradições? Qual o sentido particular que assumem diante do sentido maior da poética drummondiana?

Ora, a profissão de fé do sr. Carlos Drummond de Andrade, do mesmo modo que seu antecedente imediato, "O Lutador"[5], é uma apologia da palavra, considerada, não como argila informe à qual o artista transfunde sua emoção e cria assim uma mensagem significativa, mas da palavra em si mesma, pequeno deus sonoro contendo todas as virtualidades e todos os poderes, a ponto de a função do poeta ser apenas a de faiscar, na ganga do dicionário e da palestra cotidiana, o ouro do verbo celeste, portador da insuspeitada e misteriosa riqueza.

Assim compreendido, "Procura da Poesia" se ajusta perfeitamente ao critério gidiano de arte, segundo o qual o assunto é sempre um pretexto e o modo de tratá-lo o que esteticamente importa.

Será ocioso, senão acadêmico, discutir tal concepção, pois a vivência artística é essencialmente um amálgama indecomponível de forma e conteúdo, assunto e estilo, significado e contorno, que criam, pela sua mesma conivência, essa unidade superior a que chamamos "obra de arte". Contudo, pode-se discutir o problema da maior ou menor importância do assunto. Nessa discussão o moralista reivindicará necessariamente assuntos edificantes, o político assuntos políticos, o religioso assuntos religiosos. Mas tal escolha jamais deve ficar a critério de moralistas, de políticos ou de religiosos. Só o artista pode decidir quanto ao tema de *sua* obra, pois apenas os temas que solicitam sua total adesão levam-no a gerar legítimos testemunhos estéticos.

Vê-se, pois, que não se trata nunca, em arte, da preponderância de forma ou de assunto, pois ambos se completam, nem da importância significativa ou aliciante da anedota, mas da maior ou menor identificação entre o artista e o motivo que elegeu para seu trabalho transfigurador.

À luz destas rápidas considerações compreende-se melhor aquela contradição que o sr. Álvaro Lins assinalou entre "Procura da Poesia" e grande parte do conteúdo poético de *A Rosa do Povo*. Não se trata, contudo, como pensa o ensaísta, de um drama "complementar, da poesia já dramática por si mesma do sr. Carlos Drummond de Andrade: uma inspiração – em pensamentos,

---

5. Carlos Drummond de Andrade, *Poesia Até Agora*, Rio de Janeiro, José Olympio, 1948.

ideias e sentimentos – revolucionária, contendo por isso uma substância em parte popular, ao lado de uma forma difícil e não disposta às concessões, um estilo aristocrático e por isso inacessível ao grande público". A raiz desse drama transcende a de mera oposição entre conteúdo revolucionário e forma aristocrática. Verifica-se, pelo contrário, um desajuste profundo entre a sensibilidade do poeta e os temas que sua inteligência política escolheu, de maneira que inexiste aquela aderência total entre criador e criação, única a condicionar manifestações artísticas efetivamente válidas. O poeta, que é essencial, vence o político, que é acidental.

Eis por que existem diferenças de qualidade estética e de autenticidade humana entre os poemas que compõem os dois últimos livros do sr. Carlos Drummond de Andrade. Entre, por exemplo, "Telegrama de Moscou" e "Nosso Tempo". No primeiro o poeta canta coisas que sua inteligência propõe e que sua sensibilidade superficialmente aceita, mas não sofre, em profundeza e veracidade. Já no segundo, a inteligência apenas ordena dados de que o poeta, como homem total, participa e que são constantes em sua temática literária: o da falência no mundo burguês e o da angústia de todos aqueles que assistem, ou se cumpliciam com esse drama. O desprezo, a amargura, o sarcasmo explodem então num jorro verbal realmente poderoso, nascido, não somente do hábil manejo da palavra todo-poderosa, mas também da humanidade e da paixão latentes num escritor que, apesar de aparentemente obcecado pelos estratagemas da técnica de expressão, sabe transcendê-los para criar uma mensagem exemplar a que nos identificamos totalmente. E isso é o que sempre importa.

Do Cotidiano

[Sobre *Poemas de Câmera*, de José Escobar Faria]*

Jornal de Notícias, 6 ago. 1950

I – Confesso-me totalmente persuadido pela definição que, certa vez, Matthew Arnold propôs para a arte poética: uma crítica da vida – *"a criticism of life"*. Sei que muitos protestarão contra o aforismo, apoiando-se, descontadas as várias e possíveis formulações, em dois argumentos principais; consideremo-los, então.

Dirão alguns que a poesia é simplesmente uma linguagem emotiva e não pode, por isso mesmo, reivindicar-se um papel crítico que antes cabe à inteligência, poder organizador de nossa experiência diária.

Outros afirmarão que a palavra *vida* tem certas ressonâncias suspeitas a comprometerem a translucidez da palavra *poesia*. A tais objurgadores, *vida* soa sempre como *vida cotidiana*, com diário acúmulo de pequenos deveres e pequenos prazeres que afastam o indivíduo dos altos horizontes do espírito, sendo pois, em tal sentido, uma prisão angustiosa à qual importa escapar, quer pelo desprezo, quer pela imaginação, quer pela loucura. Aos adversários do cotidiano, o poeta aparece como um fugitivo da realidade, como o criador de um pequeno mundo estético que se basta a si mesmo e que, em si mesmo, se completa, desligado definitivamente das limitações do real.

Ambas as objeções, como se vê, não procedem. Baseiam-se num equívoco ou num prejuízo, em lugar de buscarem provas na história social, que antes nos mostra a arte como um dos instrumentos da luta do homem contra a natureza, da luta pela edificação de um mundo humano que transcenda e supere o mundo natural.

À primeira objeção – poesia, como simples linguagem emotiva – responde o fato de que é impossível separar ou distinguir, em nossa conduta, o sentido do pensado. Pensamos o que sentimos, sentimos o que pensamos.

★ "Do Cotidiano", *Jornal de Notícias*, São Paulo, Segundo Caderno, 6 ago. 1950, pp. 1 e 2.

Qualquer emoção, para ganhar foros de ação, deve, primeiro, ascender à consciência e, daí, a impossibilidade prática de uma linguagem puramente emocional, visto ser toda palavra um amálgama indecomponível de significação e estímulo emotivo.

À outra objeção – poesia como oposição sistemática ao cotidiano – responde a evidência palpável de que somos sempre o produto de nossos atos diários. É a vida de todos os dias, a vida miúda do emprego, dos amigos, das pequenas alegrias, das pequenas desilusões, que nos educa para o grande, para o universal, para o metafísico. Essa existência cotidiana é mesmo o próprio cerne de nossa experiência total, de que a experiência poética, como o demonstra tão convincentemente o crítico inglês I. A. Richards, difere apenas em grau de organização, por ser uma experiência mais complexa e mais rica de implicações. Se o poeta nos surge como um ser dotado de raros e preciosos atributos, capazes de elevá-lo à categoria de arauto, sua mensagem, para alcançar aquela comunicabilidade específica de toda atividade estética, deve vir sempre impregnada de vida cotidiana, pois este é o território onde nos entendemos, o território que Tolstói povoava das mais simples sensações vitais, acessíveis a todos os homens, sem exceção.

Voltamos, pois, ao aforismo de Matthew Arnold. O poeta é, simultaneamente, um guia para o crítico do cotidiano. Através dele, reaprendemos a valorizar a *vida menor*, que os anjos da metafísica e os propagandistas do inefável tentam desesperadamente negar com suas mãos aflitas.

II – Uma crítica da vida é o que encontramos no último livro do sr. José Escobar Faria, *Poemas de Câmera* (São Paulo, 1950). Ao leitor distraído a afirmativa pode parecer gratuita, já que ele vê, naqueles poemas, apenas um conjunto sensível de metáforas e recursos poéticos, ordenados segundo uma lógica formal que tem por finalidade única a de provocar, em quem os lê, admiração pelas habilidades artesanais de seu autor.

Todavia, uma leitura mais simpática do livro do sr. José Escobar Faria mostrará, além do exercício verbal, o exercício do homem procurando desvendar os enigmas do mundo. É exatamente tal vocação decifrativa que faz do sr. Escobar Faria um poeta, ao mesmo tempo que torna acessível, a eventuais leitores, sua mensagem, que evita perder-se nas brumas de um sobrenaturalismo fácil, para atribuir-se caracteres de testemunho, para dizer dos dilemas que o mundo impõe ao homem.

XII. Ensaios Inéditos em Livros do Autor

Qual o comportamento humano que se vislumbra nesse testemunho poético? Quais os valores de que lança mão o poeta para cumprir sua função precípua de crítico da vida, segundo o critério proposto por Matthew Arnold?

Os "Poemas de Câmera", que constituem a primeira parte do volume e lhe dão nome geral, parecem indicar uma atitude poética a que, comodamente, poderíamos chamar *descritiva*. O poeta coloca-se diante do mundo mais como observador do que como cúmplice. Considerando-o desse posto de sentinela avançado, que assiste ao combate sem dele participar aparentemente, denuncia então suas manobras, suas armadilhas ocultas, suas fraquezas viscerais, e transpõe assim para o plano da arte, pelo sortilégio do verbo, esses segmentos de existência diária que seus olhos contemplam. Mas seus olhos são olhos perspicazes que ultrapassam as aparências e indagam do sentido profundo das coisas, cumprindo assim uma tarefa metafísica. Desse modo, no poema da página 9, enquanto os mortos falam sua linguagem cifrada, o duplo do poeta, a quem ele se dirige pelo disfarce do pronome *tu*, angustia-se na realidade problemática do aquém-túmulo e perturba-se ao ouvir estas palavras misteriosas que parecem surdir de um mundo sem problemas nem angústias:

Serenos, conversam sem ruído
em torva linguagem...
Olhas, meditas,
e não os entendes.

A solidão imaginativa e contemplativa é, pois, o país preferido pelo duplo do poeta, em quem existe uma hesitação, uma dolorosa inaptidão para essa vida onde "cantam pássaros e os frutos lentamente... se entumescem".

Nos "Novos Poemas", que completam o volume, parece haver uma mudança visível de itinerário: o observador começa a participar do seu campo de observação. O verbo aparece com mais frequência na primeira pessoa e há uma insistência constante no tema da fuga:

Embarco em navio de nuvens
quando, a sol-posto.
os trabalhos se aninham
em suas alcovas de sono.

421

Esses poemas, pela sua predominante feição elegíaca, perpassados de lamentações, de saudades, de evocações de infância, são a resposta decidida do poeta às solicitações da vida diária. Ele não a contempla mais como observador, *"au dessus de la malée"*, mas como cúmplice sofre-lhe os problemas, angustia-se com suas limitações, apavora-se com as suas crueldades. Depois, tatuada na carne essa experiência preliminar, acumula-as no coração e no cérebro as parcelas do cotidiano, o poeta tenta então decifrá-lo, tenta então julgá-lo. Tal atividade judicativa se faz agora em função de certos valores que a contemplação, testemunhada pelos "Poemas de Câmera", permitiu-lhe adquirir. Esses valores são, de modo sucinto, a fuga à realidade e a integração silenciosa no plano da morte, concebida não como extinção do viver físico, mas como extinção do viver público, o homem fechando-se a sete chaves com os seus problemas íntimos, surdo aos ruídos dissonantes do mundo lá fora:

Caminho nos veios da morte
Vivo e me salvo
na morte consoladora.

Esse caminho sofrido de integração num universo subjetivo exibe-se por intermédio de uma forma poética cuidadosa onde, paralelamente à imagética objetiva e plástica que deriva da atitude descritiva dos "Poemas de Câmera", surge uma linguagem mais abstrata, de tonalidade camoniana, cantando o tempo e a mudança como inimigos do mundo introspectivo do poeta, que aspira a uma calma e a uma firmeza indiscerníveis no turbilhão da vida diária.

Essa calma e essa serenidade, ganhas após uma luta encarniçada com o cotidiano, são uma conquista que podemos recusar como moralmente inválida, mas sobre cuja autenticidade não podemos levantar dúvidas.

Tal autenticidade, por sua vez, é certamente o aspecto mais significativo da personalidade literária do sr. Escobar Faria, ao mesmo tempo que todos quantos mereçam o honroso e árduo título de poeta.

Divertimentos[*]

Jornal de Notícias, 8 out. 1950

1 – Quando o avô paleolítico descobriu, na caverna, um abrigo contra os rigores do tempo e decorou suas paredes rochosas com figuras coloridas, praticou um ato arquitetônico. Fez-se arquiteto. Já nesse gesto milenar vislumbramos os dois elementos fundamentais do ato de construir: o utilitário e o sentimental. Aproveitar a natureza para defender-se contra a natureza, eis o utilitário. Dar ao inorgânico uma feição humana, decorando-o, eis o sentimental.

Estamos, pois, já em condições de propor uma definição para a arquitetura: é a arte de humanizar a paisagem. Humanizar significa atribuir utilidade humana a algo. Tornar útil, claro está, não é apenas higienizar, tornar cômodo, mas, sobretudo, tornar esteticamente, emotivamente humano o que antes foi matéria bruta, argamassa, tijolo.

A arquitetura é, então, um ato humano e, como tal, envolve sempre uma revelação do homem. Daí o fato de a estética da arquitetura dever necessariamente comportar uma metafísica do humano.

Se formos procurar essa metafísica na arquitetura moderna, achá-la-emos e com características nitidamente cartesianas. Para o construtor de nossos dias, o homem é uma máquina inteligente, racional, padronizada, sem arestas inúteis, sem lágrimas inúteis. Eis por que o seu lar deve ser geométrico, sem adornos, funcional, desprovido de ornamentos cuja existência não se possa explicar, pelo equilíbrio do todo, pela necessidade tirânica do todo. Essa arquitetura padece, pois, de um excesso de ordem. Tudo tem um lugar designado e invariável, nada pode ser mudado de lugar, subtraído ou acrescentado, sem comprometer, definitivamente, a unidade do edifício.

Entretanto, se a ordem é universal e válida para todos, o mesmo não acontece com seu antônimo. Somos, em geral, capazes de arrumar uma mesa de modo mais ou menos unânime. Entretanto, quando a pomos em desordem,

[*] "Divertimentos", *Jornal de Notícias*, São Paulo, Segundo Caderno, 8 out. 1950.

fazemo-lo de modo exacerbadamente pessoal. A ordem generaliza, a desordem individualiza.

A desordem é a nossa carteira de identidade. O quadro mal colocado, a estatueta supérflua, contradizendo a linha cubista dos móveis, os arabescos abstratos do tapete – eis a desordem. Eis-nos. Porque a desordem é, também, um dos aspectos do sentimental, esse sentimental cuja falta mutila o ato arquitetônico de um de seus constituintes essenciais. Desordem que é, talvez, uma das justificações estéticas do barroco. É o fascínio do inútil marcando nossa presença; é o exagero dos detalhes, a delícia redonda do adorno, servindo como símbolos a sentimentos caóticos que latejam dentro de nós.

Por essas e outras razões, ao entrar num prédio moderno de apartamentos, num museu de arte contemporânea, num edifício público *"a la mode"* – munidos todos do que de mais atual a arte de construir e mobiliar fornece à sede dos compradores – sinto-me como que encerrado numa caixa asséptica: imagino-me num hospital imaculado. O que nunca experimento quando, ao virar um beco sombrio, deparo com um sobradinho centenário onde um arquiteto caprichoso e provinciano dispôs, sob a cornija ondulosa, um lampião inútil, um inútil trecho de ladrilhos portugueses, um inútil e comovente frontispício de ramos entrelaçados, a cuja sombra dois anjos gorduchos, soprando gaias trombetas, se defrontam sob as nuvens de verão.

2 – Imitação de Baudelaire: "O homem só se parece ao leão quando boceja".

3 – Traduzir, ao mesmo tempo que um ato de inteligência, é um ato de humildade. Calar para que os outros falem pela nossa voz: calar-se e dizer, com palavras da língua materna, algo que alguém, alheio a essa língua e aos seus singulares poderes, um dia escreveu – eis a ética do tradutor.

Tradução é, pois, sacerdócio. Se o sacerdote, como ensinava Santo Agostinho, serve de instrumento à voz divina, o tradutor serve de instrumento a uma voz mais próxima e, por isso mesmo, mais aliciante: a voz humana.

Por outro lado, traduzir é também um ato de inteligência. Distinguir, além da penumbra do verbo, a luz do pensamento e dar a essa luz uma nova penumbra – eis a lógica do tradutor.

Todavia, é preciso lembrar que se o pensamento objetivo, explicativo, guarda certa independência quanto ao seu meio de expressão (sempre é possível dizer, com outras palavras, o conteúdo de um comentário político, de uma notícia cotidiana, de uma explicação científica), o mesmo não acontece com o pensamento poético! Este vive indissoluvelmente ligado à palavra que o torna sensível (arte é forma e conteúdo) e ambos se aliam durante todo o tempo para despertar em nós o impulso da compreensão e da cumplicidade, pois um poeta, além de compreensão, exige adesão.

Para o poeta, o idioma é mais que um instrumento submisso pelo qual ele nos transmite o seu sofrimento das coisas. É sobretudo um universo de possibilidades, de sugestões, onde descobre, a cada instante, paisagens, horizontes, ecos insuspeitados.

O idioma é o tesouro de gerações. Nele está implícito tudo que outros, antes de nós, viram, sentiram e experimentaram diante do mundo ou, diria melhor, diante de uma paisagem, diante de um mundo geograficamente limitado, o país, a terra natal.

A substância popular do idioma, o roteiro comum de conhecimentos, experiências, modos de sentir, eis as ferramentas do poeta. Quando ele escreve a palavra mais trivial, ressoa a seus ouvidos a voz de seu povo e o indivíduo se une ao grupo quando utiliza esse instrumento unânime.

Por isso, a tradução de um poema é uma tarefa espinhosa. As palavras são fatos geográficos e sua repercussão sentimental prende-se a essa determinante. Se a palavra poética é um apelo simultâneo à inteligência e ao coração, mais ao último do que à primeira, essa condição a marca indelevelmente, porque o coração, órgão regional, contrapõe-se ao cérebro, órgão universal. O cérebro atravessa continentes, mas o coração prefere as delícias da aldeia, os recantos familiares.

Cabe ao tradutor de poesia mostrar que o coração é também um órgão universal. Se, a cada passo, altera-se a ondulação das colinas, o cristal dos riachos, o perfil das nuvens, o coração permanece entretanto fiel a si próprio. Mostrar essa fidelidade e universalizar a sua linguagem obscura – eis o ponto em que o tradutor transcende a ética e a lógica de seu ofício para entrar, audaciosamente, nos planos misteriosos da própria criação artística.

4 – A vida pública deve criar, no escritor, o que se poderia chamar, com razoável acerto, de "complexo maternal". Ao entrar no salão ruidoso onde, entre goladas de líquidos amarelos e sorrisos correspondentemente amarelos, intelectuais (o termo é cômodo e serve a uma porção de gente com ofícios ou aptidões dificilmente classificáveis) e senhoras prendadas discutem as últimas

edições dos últimos escândalos, no primeiro encontro, perguntam logo ao pobre: "Como vai seu livro? Já saiu?". Como se perguntassem: "Como vai seu filho? Já nasceu?". A diferença é que os filhos podem ficar abrigados na tepidez do lar. E os livros, pobres bastardos, esses devem, por destino inelutável, correr mundo para acabar num sebo, no melhor dos casos, ou nas mãos iconoclastas do crítico literário mais em evidência, no pior dos casos...

Caderno Ocioso

[Erico Verissimo]*

Jornal de Notícias, 29 out. 1950

OS IRRESPONSÁVEIS

Terminaram as eleições. A chuva de primavera começa a descorar, nos tapumes, nos muros, nas paredes, os últimos cartazes. Pouco a pouco, a cidade readquire ares graves. Silencia, por fim, a ronda carnavalesca que precedeu o dia 3, enchendo nossos ouvidos de promessas miríficas, de solenes declarações de princípios.

Nem os escritores escaparam à voragem. Alguns deles, ombro a ombro com sambistas de rádio e jogadores de futebol, candidataram-se à legislatura, dispostos a salvar o país de todos os males imagináveis, como compete aos verdadeiros patriotas.

Que não se fale mais, pois, em torre de marfim. Foram-se os tempos em que qualquer colunista sem assunto imprecava contra os rouxinóis literários, zelosos em preservar sua obra e sua vida das solicitações mundanas. Poetas, romancistas, críticos, todos saíram agora a campo aberto, imiscuíram-se na engrenagem eleitoral, para aprender, com louvável destreza, as artimanhas do ofício.

Fizeram bem, talvez. Por que perder tempo com angústias íntimas, na árdua luta de conciliar a realidade e o sonho, transformando convicções em gestos políticos eficazes? Por que aceitar, sem lucro visível, o anonimato dos que escrevem levados apenas pelo frágil dever de oferecer o melhor de si mesmos aos outros, exemplo e advertência, simultaneamente? Ora, é tão cômoda a cadeira parlamentar, o subsídio certo, o retrato sorridente, a esperança, sempre verde, de um bustozinho de bronze...

---

* "Caderno Ocioso", *Jornal de Notícias*, São Paulo, Segundo Caderno, 29 out. 1950.

Adeus, velho Whitman, adeus, Gonzaga, adeus, Castro Alves. Em vosso lugar, falam agora os servos dos fazedores de chuva, dos heróis aposentados.

Não, M. Benda, não é possível vesti-los com a estamenha de clérigo. Nem com o zuarte operário, camarada Gorki. O traje que realmente lhes serve é a libré de mordomo, meu profético André Maurois.

FAULKNER

Foi Faulkner quem descobriu o grande mito norte-americano e lhe deu magnífico equivalente romanesco. Essa fusão entre mito e técnica literária é que assegura unidade e verdade à sua obra. Verdade e unidade menos evidentes na de outros ficcionistas norte-americanos modernos que, como Faulkner, tentaram também penetrar o coração de sua terra e de seu povo – John dos Passos, com amplos murais metropolitanos ou Nathan, com pequenos instantâneos nova-iorquinos, por exemplo.

Que mito é esse e em que medida permite ele ao romancista e ao artista alcançarem o fulcro de íntima energia unânime que é a alma de um povo?

Devido a seu vertiginoso processo de desenvolvimento, os Estados Unidos não tiveram tempo histórico suficiente para elaborarem uma mitologia coletiva, um folclore nacional. Quando o puritano do May Flower tocou terras americanas, recusou-se, por razões de ordem religiosa e étnica, a qualquer comércio cultural com os índios, como repudiaria futuramente qualquer ligação afetiva com o negro escravo, para ele nada mais que um instrumento de trabalho.

Os índios e seus deuses nativos foram dizimados. Confinados aos guetos de Nova Orleans e de Charleston, os negros, todavia, fundiram Oriente e Ocidente num admirável amálgama: o jazz. Essa maneira de fazer música, que simboliza admiravelmente o espanto do negro supersticioso e nostálgico em meio à selva de máquinas e arranha-céus monstruosos, atravessou logo as fronteiras nacionais para se espraiar pelo mundo todo, como mensagem original da América do Norte, esse mesmo país que, agarrado às suas origens europeias, hesita em aceitar o *colored* como ser humano.

Mas o negro é apenas uma parcela do povo norte-americano, a parcela menor, por sinal. A parcela maior, a parcela branca, vive sem mitologia própria, sem tradição comum cujas raízes mergulhem profundamente no íntimo de

XII. Ensaios Inéditos em Livros do Autor

todos e de cada um. Entretanto, o Sul dos Estados Unidos tem esse mito coletivo que falta ao resto do país. E a Guerra de Secessão – personagem invisível em quase todos os livros de Faulkner mas, apesar disso, a mais importante delas. Para Faulkner, a guerra civil não foi somente um acontecimento histórico que plasmou sua pátria política e economicamente. Mais do que isso, foi um encontro memorável entre dois mundos exclusivos; entre duas formas antagônicas de conduta: o campo e a metrópole, o patriarca e o industrial. Venceu o último e plantou suas cidades mecânicas por todo o país, destruindo-lhe a velha fisionomia campestre e provinciana, relegando ao passado os antigos hábitos patriarcais. Esse câmbio brusco de estilo de vida deixou traços indeléveis no coração do sulista. Preso a uma tradição veneranda e incapaz de ajustar-se, de momento para outro, a novas formas, o comportamento social sulista passou a ver com olhos supersticiosos a guerra civil e divinizou-a, folclorizou-a, deu-lhe atributos de mito.

Faulkner soube captar magnificamente essa persistência do passado no presente. Transcendendo qualquer consideração de ordem especulativa, Faulkner viu a cena toda com olhos de romancista: não perquiriu tratados de economia nem calhamaços de história, mas procurou, antes no rosto e no coração dos homens, o próprio passado sombrio e doloroso. Suas personagens – Joe Christmas, de *Luz de Agosto*, os contrabandistas de *Santuário*, os camponeses de *Enquanto Agonizo* – nunca se mostram à luz do sol. Quando esta incidentalmente os ilumina, é apenas de relance. No fundo, além do perfil crispado, além dos músculos retesos, mora o noturno, o ancestral, o revolto. Com essa argila, de abismos Faulkner modela seus heróis e o cenário onde se movimentam. O cenário é sempre o Sul dos Estados Unidos – Jefferson, – mas não Sul cinematográfico, com aristocratas cerimoniosos, com negros de banjo e algema. O Sul de Faulkner é uma região soturna, pântanos amortalhados de neblina, onde perpassa o espectro do coronel Sartoris, de longas luvas brancas. Os fantasmas da guerra civil andam ombro a ombro com os vivos, sentam-se à sua mesa, exigindo vingança, exigindo fidelidade.

Essa paisagem agonizante, fantasmagórica, é Faulkner. É um retrato em profundidade, é uma tenebrosa fotografia. Esse retrato, bem como seu estranho fotógrafo têm inegavelmente algo de genial.

429

A CIDADE E AS SERRAS

Com a publicação de *O Tempo e o Vento*, o sr. Erico Verissimo obrigou-nos, de certo modo, a uma releitura de sua obra. Seu último romance, audacioso painel gauchesco, como que deu outro sentido e outros valores à sua novelística.

Confesso que não me senti com forças para a tarefa. Lembro-me, entretanto, dos livros do sr. Erico Verissimo o suficiente para reconhecê-los do mesmo modo que o sr. Osmar Pimentel, como experiências, como vitórias parciais no caminho da efetiva *reussite* literária.

Não creio que tais experiências tenham sido experiências de técnica, de aprendizado de ofício. Nos romances anteriores do sr. Erico Verissimo, é verdade, a construção novelística avultava em primeiro plano, huxleymente, como em *O Resto é Silêncio* ou *Caminhos Cruzados* que, em mais de um momento, fazem lembrar *Contraponto* e *Sem Olhos em Gaza*. Todavia, em *O Tempo e o Vento* o esqueleto técnico desaparece, obnubilado pela grandeza do relato, pela autenticidade de sua textura profundamente humana.

Tenho para mim que a obra do sr. Erico Verissimo é uma longa procura. Não procura de técnica, mas procura de tema. Nos outros livros anteriores, o sr. Erico Verissimo fixou aspectos urbanos, tentou retratar, romanescamente, a vida das cidades brasileiras, seus dilemas humanos, suas incontáveis surpresas. Entretanto, as personagens desses livros não eram suficientemente verdadeiras para nos convencer, para nos comover. Em todas havia um certo ar contrafeito, artificial. As filantropas obesas eram caricaturas; a angelitude de Olívia soava falso; o bucolismo do antigo miliciano de *Saga* tinha muito de apressado, de *happy end*. Essa frustração do romancista parece indicar, entre ele e os temas escolhidos, uma distância, uma falta de aderência emotiva e estética sem a qual não se faz obra de arte.

Mas em *O Tempo e o Vento*, que grandeza! É um livro ambicioso que pretende contar a atribulada crônica do Rio Grande do Sul, desde as primeiras missões jesuíticas, desde as primeiras escaramuças de fronteira, até os dias de hoje. Cada personagem é um mundo em si, com suas próprias leis, com suas íntimas razões, contra as quais nada vale a vontade do romancista ou a tirania do pensador. Os homens rudes e as mulheres exemplares de *O Tempo e o Vento* agem num cenário que, ao mesmo tempo que os hostiliza, prolonga-os. O homem é o inimigo da terra, mas é também seu filho. E o romancista soube traçar, com paixão, a terra e o homem. Já não é mais o comentarista levemen-

XII. Ensaios Inéditos em Livros do Autor

te irônico, levemente compassivo, dos outros livros, mas o artista que se perde dentro da sua obra com amor, entregando-se totalmente a ela. A personagem não se destaca mais como indivíduo cheio de singularidades curiosas, mas insere-se antes na história de seus ascendentes, de sua grei, degrau de uma escada secular que é a própria vida de um país, de um povo.

A grandeza de *O Tempo e o Vento* vem comprovar, mais uma vez, que o Brasil não teve ainda desta vez o seu romancista urbano, pois Machado de Assis e Lima Barreto foram, apesar de tudo, dois provincianos geniais, é claro, mas sempre provincianos. E o que é a província senão o prolongamento da roça?

Estamos, pois, ainda muito perto das serras para podermos falar, com propriedade, dos mistérios da cidade. Mas de qualquer modo é sempre preferível um bom provinciano a um falso citadino...

Grandeza e Decadência do Samba[*]

Jornal de Notícias, Segundo Caderno, 11 mar. 1951

I – Redescobriram Noel Rosa. Suas composições estão sendo novamente gravadas, no mesmo tempo que se anuncia um filme sobre a sua vida lendária e um livro sobre a sua vida real.

Não sei se essa redescoberta valeu a pena. Sei, porém, que o cantor de Vila Isabel dificilmente encontrará público capaz se entendê-lo e amá-lo como deve. Os inteligentes deplorarão seu talento perdido, enquanto os pobres de espírito se contentarão em ignorá-lo, em confundi-lo à áurea mediocridade que atualmente pulula nas estações de rádio, nos estúdios de gravação, nas revistas teatrais.

Poucos, muito poucos, hão de se entregar inteiramente à música irônica e triste desse bardo suburbano, cuja obra revela uma consciência que nada tem de primitiva – palavra hoje tão útil aos conservadores de museu, quando não conseguem rotular melhor, em suas estéticas de bolso, os artistas inteiramente fiéis à cultura de seu povo. Porque Noel Rosa soube descobrir, com lucidez, na vida dos morros, das ruas, dos homens, a presença dessa poesia, que ele tão bem transcreveu musicalmente nos seus sambas-canção. É um equívoco, pois, e dos grandes, pensar que Noel foi apenas um sambista; mais do que isso, como bem observou Edgard Cavalheiro[1], foi ele um poeta, que se exprimiu pelo violão e pelas trovas populares. Cumpre, então, estudá-lo sob esse ângulo: como um artista que usou elementos formais da tradição popular para configurar a sua mensagem pessoal.

II – Como o próprio povo brasileiro, o samba nasceu da fusão do europeu ao africano. Pelo ritmo, o samba é negro: pandeiros, tamborins, cuícas, todo o instrumental de marcação veio da África. Pela melodia, porém, ele é europeu;

---

[*] "Grandeza e Decadência do Samba", *Jornal de Notícias*, São Paulo, Segundo Caderno, 11 mar. 1951
1. Edgard Cavalheiro. "Discoteca". *Jornal de Notícias*, 25 fev. 1951.

sua harmonia se baseia, salvo algumas passagens ou alguns acordes soltos, derivados também do rito religioso dos macumbeiros e pais de santo, no tirânico *Modo de Dó*, que dominou, por tantos séculos, a música ocidental. Acresce que os instrumentos harmônicos e melódicos usados no samba (violão, flauta, clarinete, cavaquinho) são também de ascendência branca: o violão é espanhol, a flauta grega.

Esse sincretismo de origens explica-lhe os caracteres: ao lirismo sentimental dos versos (herança remota dos trovadores galaicos) une-se a sensualidade do ritmo, a cadência moça dos atabaques africanos.

Por outro lado, é preciso não esquecer que o samba foi produzido por circunstâncias particulares de vida e de localização geográfica de uma parcela do povo brasileiro. Diferenciando-se do resto do nosso folclore musical, de filiação campestre e condicionado pelas crenças, costumes e métodos do trabalho do nosso homem do campo, o samba é, contrariamente, um produto das cidades. Como o demonstrou Oneyda Alvarenga, na sua preciosa *Música Popular Brasileira*[2], o samba descende, em linha reta, do maxixe, "primeiro tipo de dança urbana criado no Brasil". Nascido nos morros do Rio de Janeiro, o samba foi a voz da população negra carioca que, premida pela necessidade econômica, se refugiou nos morros isolados, constituindo as famosas favelas – equivalentes nacionais do Harlem norte-americano, embora exista entre ambos uma fundamental diferença: enquanto o negro brasileiro forma suas favelas movido antes pela necessidade econômica, o negro americano o faz mais por motivos de ordem étnica, vítima que é de uma odiosa e ostensiva discriminação racial.

Esses poucos dados elementares já são o suficiente para se compreender a forma e a função do samba. Criação coletiva, forma musical onde alternavam um coro ensaiado e um solista improvisador, o samba satisfazia às necessidades estéticas e sentimentais de um grupo social. O texto cantado referia-se às experiências de vida dessa entidade múltipla que o criara: o povo. Embora certo esmero na sua fatura indicasse a presença do artista, da individualidade criadora, o samba de morro (para usar o termo de Oneyda Alvarenga) tinha sempre uma função unanimizante, muito próxima à das cerimônias religiosas, cujos praticantes – os negros mais intensamente que os brancos – comungam de idêntica exaltação. Se, na macumba, tal exaltação provém

---

2. Oneyda Alvarenga. *Música Popular Brasileña*, México, 1947.

de uma crença religiosa, no samba de morro advém, antes, de uma entrega física ao ritmo; a monotonia rítmica – que Hugues Panassié[3], sob o nome de *"pulsation noire"*, crê específica do negro – dá-lhe uma plenitude corporal, um "entrar-no-sangue", que a melodia, isoladamente, seria incapaz de conferir--lhe. Por outro lado, como todo ritmo regular convida à dança, o samba de morro era bailado pelas escolas. E aqui temos outro característico, ainda de acordo com Panassié, de toda música negra: ela é sempre feita para a dança, donde sua regularidade de cadências, sua sensualidade de acentos, enquanto a música ocidental (a erudita, pelo menos) é mais para ser ouvida, o que explica sua variedade rítmica, bem como a predominância da melodia que se dirige sempre mais à alma do que ao corpo.

O samba de morro teve um grande nome em Sinhô; suas obras são exemplos irisantes dos caracteres acima apontados. A importância de Sinhô foi inclusive percebida por escritores e artistas cultos, quase sempre alheios à arte plebeia. Nas suas *Crônicas da Província do Brasil*, Manuel Bandeira escreveu uma bela página sobre a morte de Sinhô, e o pintor Oswald de Andrade Filho é hoje um dos mais fiéis admiradores dos sambas desse talentoso "primitivo": sabe de memória uma infinidade deles.

Atualmente, o samba de morro está fadado a desaparecer. Produto da circunstância étnica e geográfica peculiar – o negro no morro – com a liquidação das favelas, com o comércio do disco e do rádio, o legítimo samba de morro foi condenado à morte. Reduzido ao papel subalterno de mercadoria e desligado das fontes autênticas que presidiram ao seu nascimento, ele vai desaparecendo aos poucos, amputado de tudo que lhe era essencial – a rudeza nativa, a simplicidade de seus motivos harmônicos e melódicos, a pureza maliciosa de seus versos. O que agora se faz sob o rótulo de samba do morro, é apenas música para turista ouvir. Sirva de exemplo um Ari Barroso que, em tempos melhores, criou "Rancho Fundo", escrevendo hoje hibridismo vazio que se intitula pomposamente "samba sinfônico". Utilizando elementos formais roubados ao jazz (ao falso, por sinal, ao dos Benny Goodman e Artie Shaw) e ilustrando-os com uma linguagem de novela radiofônica, os atuais cultivadores do gênero abastardaram-no, embora um Lupicínio Rodrigues e um Ataulfo Alves tentem ainda, heroicamente, salvá-lo do naufrágio definitivo.

---

3. Hugues Penassié. *Jazz Panorama*. Paris, 1950.

III – Informa Edgard Cavalheiro, citando Lúcio Rangel, que Noel Rosa, na adolescência, gazeteava "as aulas do Ginásio São Bento, para timidamente aproximar-se dos maiores do samba – Sinhô, Pixinguinha, Donga". A notícia é elucidativa: realmente, o grande mérito de Noel foi o de ter prolongado, enriquecendo-a, a melhor tradição do samba. Com o talento que lhe era natural, compreendeu que não bastava se limitar ao consagrado, mas era preciso renová-lo, enriquecê-lo, adaptá-lo à sua personalidade e à sua mensagem. Foi o que fez, ganhando com isso um lugar à parte, um lugar de relevo na história da nossa música popular.

Noel trocou o tradicional samba do morro pelo samba-canção. Como vimos anteriormente, o primeiro era um "modo" coletivo de arte, quanto à forma e ao conteúdo (a forma mais ou menos fixa, alternância de coro e solista; o conteúdo figurando experiências simples, comuns a qualquer unidade do grupo), enquanto o segundo já é individualista, comporta matizes mais delicados, emoções e experiências mais sutis. O artista não serve apenas de um veículo ao grupo, mas impõe-se a esse, com sua voz pessoal.

Por outro lado, no tempo de Noel, a Favela, com suas cabrochas e seus malandros, já não era absoluta. Havia também Vila Isabel, bairro mais comportado, sem macumbas, "sem vela nem vintém", mas, nem por isso, menos valoroso no samba. E Vila Isabel permitiu que florescesse o talento único de Noel Rosa. Embora mantendo-se fiel à pureza de contornos do samba tradicional, Noel introduziu, nele, sua personalidade, suas idiossincrasias, sua tragédia.

Não obstante a falta de dados biográficos precisos, Noel deve ter sido uma figura humana curiosa, um homem cheio de arestas e de contrastes. Seus sambas revelam-no como alguém dotado de um agudo senso de autocrítica, alguém que se conhecia em seus defeitos mais íntimos e era capaz de renunciar a si mesmo, como neste trecho de "Último Desejo":

Às pessoas que eu detesto
Diga sempre que eu não presto
Que meu lar é um botequim.

Essa autoconsciência trazia como corolário inevitável a necessidade de *humour*, do *humour* bem britânico, que se define como o poder de saber rir de si próprio, antes de rir dos outros. Nestes versos, que fazem lembrar insistentemente o poema "Fim", de Sá Carneiro, Noel chega ao sarcasmo de desejar-se anulado por ocasião da morte, em lugar das lágrimas ou das flores funerárias,

Choro de roda
Com violão e cavaquinho.

Essas poucas referências são suficientes para se compreender que Noel Rosa fez do samba, como todo artista, de sua obra um testemunho de si próprio e de sua vida. A vida talvez importe menos que o homem, o homem, sim, era notável. Observador arguto, traçou retratos admiráveis de seus semelhantes; sirva-se de exemplo "Conversa de Botequim" ou, como amostra de tipo humano, o famoso "Samba do Gago", que muitos citam e poucos conhecem realmente. De outra parte, havia em Noel um comovente apego à terra, não ao Brasil dos livros de escola, mas ao Brasil de Vila Isabel:

São Paulo dá café, Minas dá leite
E Vila Isabel dá o samba.

O amor ao bairro se prolonga num amor aos amigos de boêmia, numa fidelidade de classe – se assim posso dizer – que se expressa magnificamente nestes versos de "O X do Problema":

Palmeira do Mangue
Não vive na areia
De Copacabana,

Esse amor e essa fidelidade faziam-no suspeitar da decadência muito próxima de seu mundo e de seu valor mais precioso – o samba, "o século do progresso" e o cosmopolitismo iriam corromper o seu universo suburbano. Por isso, ele nos deixou esta advertência:

... o samba
Não tem tradução.

XII. Ensaios Inéditos em Livros do Autor

A maior glória de Noel foi a de não ter tentado traduzir o samba a idiomas e costumes alheios ao seu espírito telúrico. Sua obra é, pelo contrário, um testemunho de fidelidade, de talentosa e criadora fidelidade. Um testemunho que talvez não se repita, pois Noel Rosa foi — *hélas* — o último grande sambista do Brasil.

Caderno Ocioso

[Sobre "Permanência e Tempo", de Cesar Mêmolo Júnior, e "Penumbra Murmurante", de Domingos Paolielo]*

Jornal de Notícias, 25 mar. 1951

[...]¹

I – ESTREANTES – O vocábulo "geração", que alguns críticos usam comodamente para resumir, numa única, todo um grupo de manifestações individuais, é um desses vocábulos perigosos, que conduzem aos maiores equívocos. O simples fato de escritores diferentes escreverem no mesmo instante histórico não basta para justificar o congregá-los sob o rótulo de "geração"; algo mais que a mera circunstância temporal deve uni-los, seja um parentesco de estilo ou de temas, seja um parentesco de comportamentos. Acentue-se que, neste contexto, a palavra "comportamento" tem sentido específico, visto que significa, aqui, a resposta que o escritor dá ao "seu" mundo. Embora todos nós tenhamos uma concepção mais ou menos lúcida das coisas, ela é mais um produto do hábito que da reflexão cuidadosa sobre as nossas experiências particulares. No escritor, todavia, essa reflexão é essencial; dá-lhe uma personalidade literária e articula coerentemente seus atos. Como, por definição, o ato fundamental de todo escritor é escrever, segue-se que sua visão do mundo estará necessariamente evidenciada ou subentendida na sua obra escrita.

Aplicando aos novos escritores brasileiros – os "pós-modernistas", no dizer do sr. Tristão de Ataíde – essas considerações, concluímos, sem grande dificuldade, que eles se integram numa "geração". Embora separados pelo estilo literário, pelo abismo de suas convicções artísticas, filosóficas ou religiosas, quase todos revelam, no entanto, idêntico comportamento em face do mundo que lhes coube por fatalidade histórica: o inquieto e convulso mundo de hoje, onde as ameaças se cruzam e as ideologias se combatem vio-

---

* "Caderno Ocioso", *Jornal de Notícias*, São Paulo, Segundo Caderno, 25 mar. 1951
1. A seção inicial do texto trata de "Valéry e o Demônio".

lentamente. Quais, então, as linhas e as coordenadas que definem tal comportamento unânime?

Esquematicamente, a coordenada principal seria a "demissão". Diante da morte do conceito de indivíduo, legado pelos filósofos do século XVIII (Montaigne, Rousseau, Diderot), aos poucos anulado pelas engrenagens de um progresso material coletivizante, os poetas respondem com um "não" às exigências do tempo. Recusando o "mundo de multidões", que se anuncia, os bardos contemporâneos refugiam-se numa metafísica que despreza o secular em favor do eterno, ou numa ironia amarga e precavida, em cujo íntimo está latente a suspeita da próxima extinção do homem e de seu reino terrestre. O que Spender observou com relação aos poetas ingleses pode ser aplicado aos nossos: a guerra tirou os poetas de seus refúgios e obrigou-os a participar da luta geral; o resultado dessa atividade combativa foi o recrudescimento de temas metafísicos na poesia, de considerações transcendentais sobre o sentido e a finalidade do conceito de humano. Poesia metafísica, e não política, foi a consequência intrigante da ingerência do poeta numa guerra nitidamente política...

II – Estreantes – Como exemplo objetivo dessa "demissão", escolho um pequeno livro de versos de Cesar Mêmolo Júnior ("Permanência e Tempo", 1950). Como o título bem indica, o cuidado maior desse estreante é o de relacionar o temporal – o homem e seus problemas pessoais – ao eterno. Do relacionamento, o poeta conclui pela anulação completa do homem frente ao destino implacável, a implacáveis conflitos cuja única e possível solução é a morte:

> Não ser.
> Antes e depois de tudo
> Não ser.

Prejudicado pela vulgaridade de certos clichês de estilo e temática, Cesar Mêmolo evidencia, contudo, um desejo de reconduzir a linguagem poética ao plano do coloquial, em vez de limitá-la à retórica angustiada e especulativa de seus companheiros de geração. Se o amor à simplicidade o leva por vezes ao mau gosto:

E do sol farei um colar
que se engastará
em teu corpo

promete-lhe, todavia, invenções futuras anunciadas já em certos trechos de "Permanência e Tempo".

III – Participando ainda do tempo oficial dos "novos", Domingos Paolielo ("Penumbra Murmurante", 1951) deixa entrever, assim mesmo, o desejo de se livrar daquele "ar de família" característico dos de sua geração. O que o individualiza, em seu primeiro livro. É uma avidez e um desprezo pela vida, simultâneos e complementares. Se, em alguns momentos, atormenta-o a inutilidade de viver,

Carrego dentro de mim
Carrego insepulto em mim
O cadáver de mim mesmo

em outros domina-o uma vontade insistente de entregar-se ao mundo, sensualmente, desinteressado do seu significado metafísico:

Polpa macia de fruto
Esta ternura, que chupo

Essa duplicidade de atitudes tem uma consequência estilística curiosa: na sua linguagem poética, funde-se uma aridez abstrata a um colorido barroco; este último, pela adjetivação exagerada, pelas palavras inusitadas, pelos ritmos regulares, faz lembrar poetas brasileiros da fase romântica e parnasiana, como nestes versos de nove sílabas:

Vão bailando o seu baile de morte:
E no meio da estranha coorte
Vais cantando o porvir moribundo

Atento à herança da nossa poesia histórica e procurando atualizá-la pela anexação das conquistas modernas, Domingos Paolielo é quase um precursor, visto que os nossos escritores atuais preferem ignorar o que antecedeu 22, em lugar de saber o que antes houve de útil e permanente. Essa atenção, unida à sua religiosidade latente, ajudará sem dúvida Domingos Paolielo a organizar poeticamente, no futuro, o caos de suas experiências de agora, num testemunho realmente autêntico.

A Musa da Agonia

[Sobre a *Obra Poética*, de Jorge de Lima]*

Jornal de Notícias, 15 abr. 1951

I – Quando um escritor reúne velhos manuscritos, tira o nó de primeiras edições, corrige os últimos poemas e dispõe-se a publicar obras completas, corre o perigo mais grave de sua carreira literária: o de lavrar o próprio epitáfio.

Trabalhos surgidos ao correr do tempo, comungando de virtudes e defeitos de uma época, perdem agora as vantagens dessa perspectiva temporal que unia, num mesmo estado de espírito, autor e leitor. Diante de livro reeditado, o leitor não sofre influências do tempo: o juiz que examina o passado, sem compromissos, sem se deixar arrastar à cumplicidade do momento, da oportunidade, da circunstância.

Os críticos, então, esses são os mais severos. Além de erudição e sensibilidade, o crítico cultiva, sobretudo, o amor ao esquema. Diante de uma obra e de um autor, sua maior preocupação é a de estabelecer uma hipótese dentro da qual possa enquadrar e resolver, sumária ou minuciosamente, os problemas que essa obra e esse autor lhe sugerem; comprovada a hipótese, arquive-se o autor. E o que antes era carne e espírito, sofrimento e alegria, enfileira-se obedientemente numa vitrina de museu, já sem encantos, já sem mistérios, já sem surpresas a oferecer.

A *Obra Poética* de Jorge de Lima, organizada, prefaciada e anotada por Otto Maria Carpeaux, desmente, no entanto, essas considerações pessimistas: a ela não se poderá aplicar o "arquive-se". Primeiramente, porque o poeta teve o cuidado de avisar-nos, numa das páginas iniciais do volume, que tem em preparo um novo poema, "Invenção de Orfeu", com estudo introdutório de João Gaspar Simões. Depois, porque Jorge de Lima, enquanto viver, não deixará de escrever versos; sente-se nele uma necessidade obstinada e orgânica de cantar, de testemunhar, pelo verbo, sua vida e trabalhos.

---

* "A Musa da Agonia", *Jornal de Notícias*, São Paulo, Segundo Caderno, 15 abr. 1951.

Esse testemunho derrama-se impetuosamente pelos dez livros que compõem a *Obra Poética*. Dos primeiros rascunhos de infância, dos primeiros sonetos de juventude aos versículos amplos de *A Túnica Inconsútil* – passando pelas dolências de *Poemas Negros* – o poeta faz-nos partícipes, faz-nos comparsas de sua visão das coisas. Embora enriquecida a cada nova coletânea de versos, essa visão permanece substancialmente a mesma: – uma visão religiosa do mundo e do homem. Todavia, embora fiel a si mesma, quanto à substância, não o é quanto à forma; pode-se traçar teoricamente o caminho que Jorge de Lima perfez, nos seus poemas, em busca de Deus, começando por procurá-lo fora de si até finalmente encontrá-lo dentro de si. Desse modo, à leitura de seus *"collected poems"* passamos gradualmente de uma poesia objetiva a uma poesia de introspecção, ambas revestidas de igual importância, no conjunto de uma obra cujo alto significado, na história de nossa literatura, seria ocioso encarecer.

II – *Poemas*, *Novos Poemas*, *Poemas Escolhidos* e *Poemas Negros* evidenciam uma visão religiosa das coisas a que poderíamos comodamente dar o nome de municipal, para usar a curiosa expressão de Carlos Drummond de Andrade. O poeta descobre a vida, a fala, as crendices do seu povo e, integrado profundamente nessa atmosfera colorida, faz-se devoto dela. Disso deriva uma consequência digna de nota: a poesia regional de Jorge de Lima nada tem de folclórica, de transposição erudita das coisas populares. Pelo contrário, o poeta sente e pensa como o povo; torna-se adepto de Lampião, crente fervoroso do Padre Cícero de Juazeiro; embriaga-se visceralmente com a cadência dos atabaques, com a coreografia das macumbas, com os deuses afro-católicos. De *Poemas* a *Poemas Negros* a linguagem tende progressivamente para o coloquial. O verbo na primeira pessoa é a prova sintática de que o poeta assumiu a psicologia de suas personagens, em lugar de descrever-lhes o pitoresco, o exótico, como é de uso na poesia folclórica descritiva. Sirva de exemplo este monólogo dos *Poemas Negros*:

Na fé de Zambi te digo:
Te vira em meu sangue.
Obambá é batizado, confirmado e coroado.

III – *Tempo e Eternidade*, escrito em colaboração com Murilo Mendes, traz como epígrafe estas palavras políticas: "Restauremos a poesia em Cristo". Distanciando-se do afro-brasileirismo dos versos anteriores, o poeta volta à severidade do cristianismo lírico. Sua linguagem poética abandona os saborosos ritmos e metáforas da vida popular e procura agora atualizar, adequando-a aos tempos modernos, a simbologia do Velho Testamento. Essa adequação, todavia, ainda prolonga o populismo dos *Poemas Negros*, visto que as falas bíblicas nada mais são que a grafia, em documento, da sabedoria coletiva das Doze Tribos de Israel. Por outro lado, o *"mot d'ordre"* que epigrafa *Tempo e Eternidade* é catequético, é aliciante; o imperativo plural mostra que "restaurar a poesia em Cristo" não é apenas uma tarefa exclusiva do poeta Jorge de Lima, mas de todos os poetas, de todos nós. De modo que a simbologia bíblica recém-adotada serve a dois propósitos: o de integrar no cristianismo o amor do poeta ao povo e o de propagar sua fé, politicamente.

Aos figurantes da Bíblia, aos judeus primitivos, a religião aparecia como elo espiritual a unir, num todo, os membros da comunidade, atribuindo-lhe assim caráter nacional. Adonai não falava ao pastor ou ao agricultor individualmente, mas a toda a comunidade israelita, pela voz de seus sacerdotes e de seus reis. Nesse sentido, Moisés e David não eram indivíduos privilegiados a quem Deus concedesse a graça de seus mandamentos, mas prepostos do povo eleito e embaixadores desse iracundo Jeová distribuidor de recompensas e castigos. Por isso, a linguagem do Velho Testamento é uma linguagem pública e funcional, cujos símbolos são tomados à vida diária do povo, aos seus costumes, aos seus instrumentos de trabalho, às paisagens, à flora e fauna da Terra Prometida: é o cordeiro, é a ovelha, são os rebanhos, é o vinho, o trigo, o pão ázimo, os lagares, o leite, o mel.

Esse espírito parabólico, que utiliza elementos da vida cotidiana para tornar inteligíveis ideias abstratas, é o que encontramos não só em *Tempo e Eternidade*, como em *A Túnica Inconsútil*. Ali, o poeta faz de seus versos um apelo aos crentes extraviados e uma advertência aos incrédulos, mostrando-lhes o poder divino. Nesse sentido, sua poesia é política; como os profetas dos livros bíblicos, o poeta é o "vidente de Deus", ponte entre o mundo eivado de crimes e o céu para onde ascenderão os justos no dia do Juízo. E o poema deixa de ser uma confissão, um diálogo entre o indivíduo e a Divindade, para ser revelação, augúrio, ensinamento coletivo:

XII. Ensaios Inéditos em Livros do Autor

E por isso revelarei também
esta musa de sabedoria
e a revelarei a todos.
E muitos serão os que primeiro
a poderão contemplar.

IV – *Anunciação e Encontro de Mira-Celi* permaneceu inédito até o momento
em que Jorge de Lima resolveu incluí-lo na *Obra Poética*. Trata-se de um extenso poema, escrito com técnica irregular: prosa poética, versículos, estrofes
regulares quanto à métrica e número, ritmos curtos de cantiga, estribilhos.
Pelo seu hermetismo, lembra as alegorias do Apocalipse:

O inesperado ser começou a desenrolar as suas faixas em
que estava escrita a história da criação passada e futura.

Não obstante o hermetismo de certas passagens, é fácil perceber, no poema, um enriquecimento da linguagem e da visão religiosa de Jorge de Lima,
em termos de poesia. Diferentemente do comunal que caracterizava *Tempo e
Eternidade* e *A Túnica Inconsútil*, o que identifica esta nova "fase" do poeta é o
individualismo de suas concepções cristãs, muito próximo, aliás, nesse sentido, do pensamento de Miguel de Unamuno.

Para Unamuno, o cristianismo é algo de individual, algo que pertence
mais às intuições pessoais do que à inteligência social do homem; pergunta
o filósofo espanhol: "*se do acaso el cristianismo fuera de cada uno de nosotros?*". Por
isso, ser cristão não é sujeitar-se passivamente a um código de prescrições que,
cumpridas à letra, assegurem paz de consciência e certeza de salvação ao crente. Para Unamuno, pelo contrário, ser cristão é agonizar, é lutar permanentemente consigo próprio contra a dúvida, contra a falta de provas das verdades
sobrenaturais, contra a inteligência insaciável. Nesse combate doloroso entre
Jacob e o Anjo, o homem repete o martírio de Cristo ("*El cristiano se hace un
Cristo*") e modela assim a sua alma, "*una alma que es la propia obra*".

Esses temas unamunescos, vamos reencontrá-los, poeticamente enunciados, nos versos de *Anunciação e Encontro de Mira-Celi*. Quem é Mira-Celi? perguntar-se-á porém. Mira-Celi é a musa, a musa sobrenatural do poeta, que
lhe fala do céu:

Mira-Celi se refugiará em mim,
e eu comparecerei diante de vós,
ó Formas Imensas da Trindade Perfeita.

Contudo, o poeta é um ser natural, vivendo neste mundo pecaminoso e asilando em si todas as mazelas humanas, para redimi-las um dia diante do Juiz:

Pendem de meus dois flancos:
enforcados, dementes, surdos-mudos,
órfãos de guerra, pretos escravos,
reis libertinos, prostitutas, negras
e até aves sem ninho e pombas cegas.

Por isso, entre o poeta, ser terrestre, e a musa, ser celeste, se estabelece um combate surdo, um combate agônico, em que o poeta mergulha introspectivamente dentro de si mesmo, buscando a verdade e a face de Deus em lugar de erigir-se em arauto delas como nos seus dois livros imediatamente anteriores. Mira-Celi é, pois, a musa da agonia:

Mira-Celi aparece para combater
tudo que intercepte os homens de contemplar seu rosto.

Mas se na introspecção agônica Unamuno apenas encontrou, dentro de si, a dúvida, Jorge de Lima encontrou a eternidade; ao fim da agonia o poeta vislumbra, inscrita e tatuada em sua carne, a salvação, conquistada agora não como verdade exterior a ele, mas como verdade dentro dele. A Amnese platônica, que Otto Maria Carpeaux assinalara já em *A Túnica Inconsútil*, aparece novamente, desta vez como fim da agonia; depois de analisar-se profundamente, o poeta recupera as memórias do céu, de onde veio e de que se esquecera, entre os ruídos e as riquezas enganadoras do mundo exterior:

Nascem apelos secretos de nossos membros,
possuímos reminiscências de asas

mas ao qual voltará depois da morte, para perder-se nesse Deus por que tanto clama. E o poeta, que anunciava Deus em *Tempo e Eternidade*, converte-se no poeta que achou Deus, através de sua musa agônica.

V – Apesar das considerações no início desse comentário, acabamos incluindo a poesia de Jorge de Lima dentro de uma hipótese: a de que a sua visão religiosa partiu do exterior, do comunal, para o interior, o subjetivo, o individual. Se, levados pelo demônio do esquema, desenvolvêssemos a tese, chegaríamos possivelmente à conclusão de que essa tendência interiorista, observável em muitos cristãos modernos, é um sintoma de decadência, visto que toda fé, quando renuncia aos seus caracteres de verdade geral para limitar-se ao arbítrio das verdades pessoais, é porque perdeu sua vitalidade bem como o poder de influir na conduta dos homens. Entretanto, deixemos que a hipótese fique no enquadramento de um testemunho poético. Não a prolonguemos até a profecia. Profetizar é trabalho dos poetas, não dos que falam sobre os poetas…

As Duas Viagens de Graciliano Ramos[*]

O Tempo, Suplemento Literário, 12 dez. 1954

Alguém, não sei se Rainer Maria Rilke, escreveu certa feita que a fama não era mais que a consequência de um mal-entendido. Muito da fama de Graciliano Ramos nasceu assim − de um mal-entendido. Ainda hoje se conta admirativamente, do romancista de *Vidas Secas*, que foi ele homem ensimesmado, irascível, lacônico, inimigo das efusões e dos derramamentos. Só quem o conheceu de perto sabe, porém, o quanto havia de precário naquele exterior intimidativo: atrás da máscara do gárgula, batia um coração imenso, sofrendo o drama de todos os Fabianos deste mundo.

Os que não tiveram o privilégio de conhecer *in vivo* o verdadeiro Graciliano Ramos devem ler sem perda de tempo *Viagem* (Tchecoslováquia-URSS), obra póstuma lançada neste fim de ano pela Livraria José Olympio Editora. Ali encontrarão eles um Graciliano que jamais sonharam encontrar − fraterno, confessional, lírico, bem-humorado, mas, hoje como ontem, minucioso, objetivo, ponderado, escrupuloso.

Viagem, iniciado pouco antes da morte do autor e "interrompido quando restavam alguns capítulos em esboço", foi livro escrito em cinco meses, a se acreditar nas datas encimando os diversos capítulos. Apesar da escassez de tempo, Graciliano trabalhou pacientemente suas notas até alcançar aquela maravilhosa e pujante simplicidade de estilo que lhe era característica. As cinco páginas e meia, por exemplo, que compõem o primeiro capítulo, trazem duas datas: Cannes-31-Maio-1952 e Cannes-2-Junho-1952. Três dias para escrever menos de seis páginas! *Ecce* Graciliano.

O livro começa com o velho Graça resmungando contra as perspectivas de viagem: "Faltavam-me recursos para realizá-la; a experiência me afirmava que não me deixariam sair do Brasil: e, para falar com franqueza, não

---

[*] José Paulo Paes, "As duas viagens de Graciliano Ramos". *O Tempo*. Suplemento Literário, São Paulo, 12 dez. 1954.

me sentia disposto a mexer-me, a abandonar a toca onde vivo". Mas, não obstante os resmungos, ei-lo finalmente "metido na encrenca voadora, o cinto amarrado, os cigarros inúteis, em obediência ao letreiro exigente aceso à porta da cabina".

Quando o avião levanta voo, deixando para trás o Rio de Janeiro, começa uma vida nova e surpreendente para o sertanejo casmurro, que terá agora de dialogar, discursar, indagar, ele que, mesmo escrevendo, falava o mínimo possível. Tempos depois, amainada a balbúrdia, o taciturno ex-prefeito de Palmeira dos Índios confessará: "Após tantos abalos, a andar para um lado e para outro como barata doida, necessitamos espalhar as nossas recordações, livrar-nos de um peso, voltar enfim à normalidade. E procuramos lançar no papel cenas, fatos, indivíduos, articular notas colhidas à pressa, num mês, tornar o sonho realidade".

Entretanto, menos que o desejo de "tornar o sonho realidade", foi a consciência de um dever a cumprir que levou Graciliano a escrever este diário de viagem. Dever de fidelidade para com os amigos que deixou na terra visitada; dever de fidelidade para com os amigos e leitores que o esperavam na volta; e, não menos importante, dever de fidelidade para consigo mesmo.

Certos corifeus da crítica bem-pensante, que amam descobrir pelos em ovos, lidarão sem dúvida por encontrar em *Viagem* o abismo que juram existir entre Graciliano Ramos romancista e Graciliano Ramos político. Mas lidarão debalde, mais uma vez: em Graciliano, arte e vida eram projeções de uma mesma e única personalidade, a arte espelhando a vida, conforme o demonstrou irretorquivelmente o sr. Floriano Gonçalves no seu ensaio-prefácio à reedição de *Caetés*.

Sobre ser escritor ou político, Graciliano Ramos foi, sobretudo, um homem honesto. O credo filosófico nunca lhe obliterou o incoercível apego à verdade. Tanto assim que, em *Viagem*, anima-o principalmente "o intuito de não revelar[-se] parcial em demasia", mas parcial apenas na medida em que a parcialidade lhe permita sentir as coisas em toda a sua plenitude: "Vi efetivamente o grande país com bons olhos. Se assim não fosse, como poderia senti-lo?".

Não roubarei aos leitores o prazer de descobrirem por conta própria o que Graciliano Ramos viu e sentiu no "grande país", nem os aborrecerei com uma discussão bizantina sobre as conclusões a que chegou o ilustre viajante. Deixo essa empresa aos cronistas políticos especializados em tapar o sol com peneira

449

e limito-me a comentar alguns tópicos do livro que têm relação imediata com a atividade literária de Graciliano Ramos.

Quando lhe perguntaram em Moscou quais os livros seus que poderiam ser traduzidos em russo, respondeu melancolicamente o romancista que "talvez nenhum". E justificando-se consigo mesmo da resposta intempestiva: "são narrativas de um mundo morto, as minhas personagens comportam-se como doentes. [...] Vivendo em sepulturas, ocupara-me em relatar cadáveres".

Não sei de epitáfio mais amargo em toda a literatura brasileira. Ao fim da vida, dando balanço no que fez e no que deixou de fazer, um escritor famoso, apontado como genuíno herdeiro de Machado de Assis, renega o caminho percorrido e contempla, impassível, o desmoronamento do edifício cimentado com seu próprio sangue. Como aceitar a impassibilidade? Como admitir a apostasia?

Cabe à crítica, algumas vezes, defender o autor dos malefícios de um autojulgamento excessivamente severo. Entre nós, porém, raras oportunidades teve ela de exercer esse piedoso mister: nossos autores já nascem sonhando com as obras completas e o fardão acadêmico. Para eles, o exemplo de Graciliano há de surgir como novidade subversiva e perigosa...

Mas, voltando à pergunta, assistirá razão ao apóstata?

Os três romances de Graciliano Ramos, *S. Bernardo*, *Angústia* e *Vidas Secas*, tratam, os três, duma situação fundamental – o homem esmagado pelo mundo. Paulo Honório, de *S. Bernardo*, esmagado pelo mundo que ajudou a criar; Luís, de *Angústia*, esmagado pelo mundo dos Julião Tavares; Fabiano, de *Vidas Secas*, esmagado pelo mundo do soldado amarelo.

Tanta insistência no tema do fracasso fez supor aos menos avisados que Graciliano Ramos fosse um pessimista irremediável e se enganaram redondamente.

Em primeiro lugar, o mundo de Graciliano Ramos não é o mundo *tout court*, mas um mundo localizado no tempo e no espaço. É o Brasil de nossos dias, estagnado por um capitalismo, de imitação, roído pela imoralidade burocrática, lacerado pelo arbítrio caudilhesco.

Depois, em que pese a amargura de seus enredos, Graciliano acreditava sinceramente na possibilidade de o homem vir, um dia, a dominar o próprio destino. Fabiano, Luís e Paulo Honório fracassaram, não por qualquer obscura fatalidade metafísica, mas simplesmente porque não lhes foi permitido viver uma vida menos indigna.

Diante do mundo novo que conheceu e descreveu em *Viagem*, mundo onde o homem principiava a tomar nas mãos as rédeas do Destino, era explicável que Graciliano Ramos visse em seus romances "coisas miúdas, casos vagos de uma região quase deserta do Brasil" e se acusasse injustamente de "escrevinhador vagabundo" que, "nascido entre cardos, apresentava espinhos". A culpa não foi sua, foi daquela honestidade que não lhe consentia pintar de cor-de-rosa coisas sabidamente pretas.

Isentado, assim, o romancista da culpa que julgava toda sua, nada mais nos resta senão lamentar que Graciliano não tivesse tido tempo de aproveitar, em obras futuras, as lições de sua longa viagem. Que livros não resultariam dessas lições?

Infelizmente, Graciliano Ramos já não nos pode responder. Ele partiu de novo para outra viagem. Só que desta vez definitiva.

As Tentações do Biógrafo

[Sobre *Monteiro Lobato, Vida e Obra*, de Edgard Cavalheiro]*

Diário do Paraná, 15 abr. 1956

Num ensaio muito curioso sobre a arte da novela, Arthur Koestler imagina o novelista como um ser solicitado por duas tentações contraditórias. Primeira, a de fechar a janela do seu gabinete de trabalho e, esquecido do mundo lá fora, perder-se numa insofrida autocontemplação. Segunda, a de debruçar na janela e absorver-se nas peripécias do mundo exterior, furtando-se ao sortilégio do narcisismo. Em outras palavras, o novelista koestleriano vive dividido entre a tentação psicológica e a tentação sociológica.

Irmão gêmeo do novelista, o biógrafo também é vítima de atrações semelhantes. Uma delas é a de imaginar o biografado como uma espécie de bicho da seda, que tira tudo de dentro de si mesmo e para quem o mundo circundante não passa de folha de amoreira alimentícia. Outra, a de ver o mesmo biografado como simples produto do meio, neste caso a moldura valendo mais do que o próprio quadro e a *dramatis persona* sendo mera roda de engrenagem, importante ou desimportante apenas na medida em que concorra para o bom ou mau funcionamento da máquina social.

A melhor virtude do biógrafo Edgard Cavalheiro é a de ter sabido harmonizar ambas as tentações, jamais consentindo que o demônio psicológico vencesse o sociológico, ou vice-versa. A vitória exclusiva de um ou outro implicaria parcialidade e pobreza de interpretação, defeitos que, em sã consciência, não se podem imputar a esse modelo de exegese biográfica que é *Monteiro Lobato, Vida e Obra*. Livro escrito com base em rica documentação, pacientemente recolhida e digerida durante vários anos de trabalho, *Monteiro Lobato* é fruto de uma longa familiaridade com, e de uma lúcida meditação sobre o métier de biógrafo. A familiaridade remonta a 1940, quando Cavalheiro estreou em livro com *Fagundes Varela*, obra de pesquisa e reexame, que veio

---

* "As Tentações do Biógrafo", *Diário do Paraná*, 15 abr. 1956, Primeiro Caderno, p. 8.

preencher falha sensível na historiografia do nosso romantismo, tão pobre até hoje, de estudos objetivos e meditados. Rebuscando velhos jornais; e analisando os versos à luz, relendo os escritos do poeta de modernos critérios, Cavalheiro redimiu-o, tanto das acusações, quanto dos louvores descabidos. Do seu livro emerge, viva e tocante, a figura de um homem de carne e osso, não a de um vago fantasma letrado, nem a de um bêbado tão pitoresco quão irreal.

Biógrafos e Biografias, ensaio publicado três anos após *Fagundes Varela*, constitui uma inteligente incursão aos bastidores da arte de escrever biografia. Nele são passados em revista alguns luminares do gênero – Plutarco, Strachey, Ludwig, Morais e Feuchtwanger. Investigando a "receita" de cada um, e ajuizando da validade do método empregado pelos resultados conseguidos, Edgard Cavalheiro como que se armava para tarefa de maior audácia, qual seja a de retratar um contemporâneo, façanha de Hércules, já que importa, inevitavelmente, em limpar estrebarias de Augias...

Não foi inútil essa meditação prévia sobre os problemas do método biográfico. Graças a ela *Monteiro Lobato, Vida e Obra* saiu um livro equilibrado onde, a qualquer momento, percebe-se a justa equidistância entre o estudo de caracteres e a digressão sociológica.

Equidistância tanto mais de estimar quanto se trata de Monteiro Lobato, homem cheio de contradições e idiossincrasias. Tendo adotado, desde os dias de mocidade, o moto nietzschiano do "Queres seguir-me? Segue-te a ti mesmo", Lobato seria um banquete para os defensores da teoria do bicho da seda. Durante toda a vida, lutou ele contra a incompreensão e a má-fé dos seus contemporâneos; daí não ser de todo absurdo defini-lo como um grande brasileiro apesar do Brasil, autêntico bômbix que pouco deveu a sua terra e ao seu tempo.

Entretanto, a teoria, posto que sedutora, é falaciosa: o bômbix depende da folha de amoreira que o alimenta. Se for nutritiva, a seda sairá macia, brilhante, resistente; do contrário, tem-se fio de qualidade inferior.

Com Lobato, aconteceu isso quase sempre. Em que pese sua inegável importância de pioneiro, de campeão das boas causas, a maneira por que levou a cabo suas campanhas estava a denunciar o pauperismo ideológico do meio que lhe formou o caráter e a inteligência. Lobato foi, via de regra, um apressado, guiado mais pelo entusiasmo que pelo conhecimento aprofundado das questões debatidas. Nele havia constante a tendência para o esquema. Confrontado com a mesmice de sua pátria, ronceira, tradicionalista e letárgica, surgiam-lhe à mente soluções messiânicas que apenas afloravam a comple-

José Paulo Paes *Crítica Reunida Sobre Literatura Brasileira & Inéditos em Livros*

xidade dos nossos problemas econômicos e sociais. Primeiramente, fez-se campeão do saneamento e denunciou, nas endemias do nosso homem rural, a causa única do atraso brasileiro. Depois, era a siderurgia quem haveria de salvar-nos, magicamente, da miséria. Por fim, depositou na indústria petrolífera suas melhores esperanças de um Brasil rico e emancipado – uma vez arrancado à terra, o óleo negro acabaria, automaticamente, com a pobreza, a politicalha, o analfabetismo, e todos os outros males pátrios. Só ao fim da vida perceberia Lobato que as soluções unilaterais de pouco adiantavam, se aplicadas cada uma de per si, sem um plano do conjunto a integrá-las numa efetiva campanha de salvação nacional.

Esta, uma das faces da questão; a outra é paradoxal. Não fosse a parcialidade e Lobato talvez não tivesse sido a admirável figura do lutador que todos conhecemos. Concentrando-se numa única causa, apaixonando-se e entusiasmando-se por ela, fazia-se ele um apóstolo pugnacíssimo, cuja tenacidade e firmeza de convicções acabavam por conquistar mesmo os refratários. Fora homem de gabinete, filósofo mirim permanentemente enleado em meia dúzia de sofismas sobre "a complexidade das coisas" ou "a inanidade das soluções simplistas", e não teria passado de mais um Cassandra, a bradar contra os homens de boa vontade, a profetizar o fim do fundo. Graças a Deus, não obstante suas veleidades de cético à moda anatoliana, o pai do Jeca Tatu era, no fundo, um crédulo. Um crédulo, sim, como todos os profetas. Daí ter deixado sinais indeléveis de sua passagem por este vale de lágrimas, assistindo inteira razão o seu minucioso biógrafo quando afirma ter-se Lobato adiantado de, pelo menos, cinquenta anos em relação a sua época.

Edgard Cavalheiro soube mostrar, excelentemente, em que consistiu o pioneirismo lobatiano: o livro, o petróleo, o ferro, o voto secreto, a profilaxia, o regionalismo, o socialismo, a literatura infantil – eis alguns dos inúmeros temas em que Lobato aplicou sua inteligência e sua coragem de desbravador de caminhos.

Diante de homem assim realizador e extrovertido, seria descabido intentar uma análise psicológica "*à la mode*", recheada de citações eruditas e termos rebarbativos. Ao invés de fazer psicanálise de bolso, Edgard Cavalheiro preferiu estudar os momentos históricos em que Lobato fez sentir a sua presença de pioneiro, e demonstrar, quando era o caso, a defasagem entre o homem e o tempo, o primeiro adiante do segundo. Nesse sentido muitas páginas de *Monteiro Lobato, Vida e Obra* são verdadeiros ensaios sobre questões políticas, econômicas e tecnológicas; sirvam de exemplo os capítulos intitulados "O Brasil é um Vasto Hospital", "Livros, Livros a Mancheias", "O Mar do Peixe Lobato", "O Ouro Negro", nos quais, para melhor situar a posição do biografado, estuda o biógrafo alguns dos mais palpitantes problemas do Brasil moderno.

O fato de Edgard Cavalheiro ter-se preocupado mais com o aspecto invisível, digamo-lo assim, da biografia de Lobato depõe a favor da sua sagacidade. Em homens como Lobato, não importantes os bastidores, mas o proscênio. De outra parte, acredito que os freudianos atribuírem ao autor de *Urupês* toda aquela pitoresca série de complexos, traumas, fixações, desvios de libido, com que amam explicar os atos humanos, dos simples aos complexos, do bocejo à vontade de poder: Lobato era lúcido e sadio demais para se entregar à ruminação de draminhas subjetivos.

Um último aspecto cumpre ressaltar no belo livro de Edgard Cavalheiro – o que diz respeito às atividades literárias de Lobato. Não obstante a curta duração da sua carreira de escritor (restabelecendo a data certa de vários contos, Cavalheiro demonstra terem a maior parte dos livros lobatianos dormido na gaveta durante muitos anos, antes de serem dados à estampa), seria injusto esquecer, como se vem fazendo ultimamente, ou por ignorância ou por maldade, a contribuição de Lobato à nossa literatura dita moderna. Escritor de pulso adestrado nas manhas do ofício por um longo convívio com os mestres (*A Barca de Gleyre*: aí está à prova a amplitude de leituras de Lobato), o contista de "O Jardineiro Timóteo" é um dos precursores da Semana de Arte Moderna. Em que pesem as perfidiazinhas dos indecentes e dos malandros do Leblon sobre a "incompreensão" e a "incultura" e a "ignorância" lobatianas, o que se verifica é ainda esta vez ter sido Lobato um pioneiro. Pregando o regionalismo, batendo-se contra o nosso bovarismo intelectual, o autor de *Mundo da Lua* preparou campo para a eclosão do modernismo brasileiro, não tanto o de 1922, cosmopolita e decalcado em Marinetti, Apollinaire, Cendrars, mas o de 1930, autóctone e telúrico.

Em "Guerra aos Macacos", um dos melhores capítulos do livro, Edgard Cavalheiro pinga os pingos nos ii e retifica muitos julgamentos errados ao acentuar o papel precursor exercido por Lobato em relação à famosa Semana. Retificação essa que, há muito, era devida à memória do criador do Jeca Tatu e que seu biógrafo paga ainda em tempo, restituindo-nos verdadeira, indeformada e comovente, a figura daquele que foi não apenas um dos grandes escritores do Brasil, como um dos poucos grandes homens da nossa história.

O Cachimbo de Orígenes Lessa[*]

Diário Caioca, 13 jan. 1957

Ao ler *Rua do Sol*, o segundo romance de Orígenes Lessa (Livraria José Olympio, 1955), a gente fica pensando naquela velha história do cachimbo e da boca torta. O contista de *Omelete em Bombaim* é tão bom contista que, nem mesmo escrevendo romance, consegue se livrar inteiramente do fascínio da *"short story"*, gênero em que é mestre, dos mais legítimos e categorizados entre nós. Trazendo embora o subtítulo de romance, *Rua do Sol* pode ser lido (e tem de ser lido, em certos momentos), como um livro de contos. As aventuras de Paulinho no mundo infantil, e suas desventuras no mundo adulto, vêm narradas em pequenos capítulos, cada capítulo constituindo, de per si, uma unidade autossuficiente, com começo, meio e fim.

Os catedráticos de literatura aproveitariam o ensejo para tecer, a esta altura, uma fiada de considerações, tão sisudas quão enfadonhas, sobre a geografia dos gêneros literários, sobre a nitidez das fronteiras que os separam. Afirmariam, gravemente, que conto não é romance, nem romance é conto; inventariam, diligentemente, toda uma crise de caracteres diferenciativos: traçariam, por fim – golpe de misericórdia no transgressor – a genealogia do romance moderno, desde os *"fabliaux"* medievais até a audácia nobelizada de William Faulkner. Baldada canseira: *Rua do Sol* atravessaria, intato, desafiante e vitorioso, toda essa tempestade de erudição.

Isso porque o talento de Orígenes Lessa lhe consente sobrelevar as ninharias de técnica, as insignificâncias de casuística. O cachimbo não conseguiu entortar-lhe a boca: deu-lhe, se tanto, uma leve inflexão caçoísta de quem sabe zombar do formalismo dos que, à míngua de poder criador, se consolam fazendo da literatura uma espécie de chá mandarinesco, regulado por leis minuciosas e tirânicas.

[*] "O Cachimbo de Orígenes Lessa", *Diário Carioca*, Rio de Janeiro, 13 jan. 1957. Publicado também em: *Diário de São Paulo*, 18 mar. 1956.

Por amor à severidade, poder-se-ia censurar, em *Rua do Sol*, uma certa complacência nas chaves de ouro humorísticas que encerram cada capítulo. Complacência típica de contista habituado a pingar, nas suas histórias curtas, um ponto final categórico, desses que ficam ressoando na memória do leitor, mesmo depois de esvanecido o sortilégio da leitura.

Mas tudo isso é secundário. O importante é que, malgrado sua aparente descontinuidade, *Rua do Sol* acaba por conquistar-nos e, lida a última página, fechamos o livro absolutamente convencidos de ter lido, não apenas um romance, mas um romance de méritos. O que antes nos parecia descontínuo, mostra-se agora contínuo: os episódios isolados articulam-se num todo; os enredos particulares entrosam-se no enredo geral. Orígenes Lessa venceu-nos em toda a linha: o contista virou romancista, e dos bons.

A vitória nada tem de surpreendente. Aconteceu apenas que, obnubilados pela desunidade dos capítulos, não prestamos atenção a uma certa unidade subjacente em todo o livro. Refiro-me à unidade humana do relato, unidade difícil de ser conseguida porque não resulta de truques mais ou menos habilidosos de "métier"; porque advém, única e exclusivamente, da verdade da criação romanesca.

Acredito que grande parte dessa verdade se deve ao que possa haver de autobiográfico nas páginas de *Rua do Sol*. Inocência, Paulinho, Benedito, Raimundinho são verdadeiros demais para terem nascido apenas da imaginação. Neles, Orígenes Lessa deve ter insuflado muito da sua experiência do mundo, dos homens e das coisas, muito das suas "vivências" para usar o vocabulário pernóstico de Dilthey.

A figura de Teixeira, por exemplo, metido com os seus livros, mal tomando consciência da complexidade do mundo infantil, até o momento em que descobre, estarrecido, o quanto pode haver de instintivamente perverso nesse microcosmo, dá bem a medida da "sinceridade" do romancista. Este também teve de abrir mão de inúmeros preconceitos de adulto, teve de se despir de todo um rosário de ilusões sobre aquilo que os filisteus gostam de chamar a "saudosa idade de ouro", antes de conseguir livre ingresso ao reino da infância.

Ausência de ilusões não significa, porém, necessariamente, desilusão. Iluminando as escurezas da alma infantil com luzes realistas, nem por isso Orígenes Lessa escreveu um livro amargo. *Rua do Sol*, se me consentem o lugar-comum, foi escrito com as tintas da ternura.

O último capítulo do livro é significativo, neste particular. Vale a pena recordá-lo. Paulinho e Tito, os dois "enfants terribles" da narrativa, roubam dinheiro do pai, dinheiro que não lhe pertencia e do qual era apenas depositário. Descoberto o furto, identificados os ladrões, Teixeira mal consegue acreditar na evidência dos fatos. Perplexo e angustiado, não castiga os culpados: fica remoendo, consigo mesmo, a sua surpresa, a sua dor, o seu desamparo. Afinal decide-se: embrulha o volume mais precioso da sua biblioteca, o mesmo que afirmara não vender por quantia alguma, e sai para negociá-lo: era a única maneira de repor o dinheiro roubado.

Eis, agora, como o romancista resolve a situação:

– Tu viu o que tu fez, tu viu?
Paulinho baixou os olhos.
A grossa mão da negra acariciou-lhe os cabelos:
– Até foi bom, meu filho. Agora tu aprendeu. Tu não vai mais dar desgosto a teu pai. Tua mãe devia era estar viva pra ver. Tu agora vai ser um homem...
[...] Paulinho deixou-se cair na cadeira de embalo, enxugando as lágrimas. Um clarão iluminou os olhos de Inocência. Dirigiu-se, a passo rápido, para as janelas. Abriu-as.
Estonteado, surpreso, Paulinho encarou-a, sem entender.
– Foi teu pai que mandou.
Os cantos e alegrias da rua enchiam a casa.

Sim, os cantos e alegrias da rua. Pouco importa que, na penumbra da sua biblioteca, um pai desiludido filosofe sobre a mentira da infância. – "Todas as más qualidades do adulto brotam espontâneas na vida infantil e se eliminam com o tempo e a educação: a crueldade, a hipocrisia, o instinto de rapina". Pouco importa: lá fora há a rua ensolarada, e sol significa vida. Como a vida, a infância é dúplice – boa e má, inocente e corrupta, ingênua e dissimulada. Há, pois, que compreendê-la no que tem de artificioso e no que tem de espontâneo, para poder amá-la no que tem de lírico.

Orígenes Lessa soube, como poucos, fazer-nos participar desse lirismo. Seus personagens infantis – e mesmo seus personagens adultos ligados, de uma forma ou outra, à arraia miúda (é o caso de Inocência, a preta contadora de histórias) – foram desenhados com uma finura de traço realmente exemplar. Dentre eles, dois, pelo menos, ficarão para sempre gravados na nossa memória – Raimundinho, o filho do leproso, e Benedito, o negrinho das ruas. Um pobre menino solitário, incompreendido, desprezado, escarnecido. Outro, um pequeno Malasarte, cheio de recursos, arteiro, sabido.

Poemas Inéditos

[de Lúcio Cardoso]*

O Livro da Semana: *Poemas Inéditos*, de Lúcio Cardoso, Editora Nova Fronteira, Rio de Janeiro

O Estado de S. Paulo, Suplemento Literário, 4 jul. 1982

Além de sua obra de ficção, Lúcio Cardoso deixou também um livro de poemas, no qual se evidenciam os traços da sua personalidade.

Um texto de José Paulo Paes.

Foi o devotamento e a admiração dos amigos de Lúcio Cardoso que lograram salvar do esquecimento, quando não da destruição, estes seus *Poemas Inéditos*. Ao mesmo tempo, porém, tal devotamento e admiração impuseram ao livro ora lançado pela Nova Fronteira, em sua excelente coleção "Poiesis", a incômoda obrigação de justificar, perante o leitor, os adjetivos altissonantes de que lhe cumularam o autor. Na sua nota editorial, chama-o Otávio de Faria de "poeta extraordinário" e no seu prefácio João Etienne Filho declara-se um "altíssimo poeta, à altura dos maiores do Brasil", não se esquecendo de ressaltar-lhe o teor de "mineiridade" da obra, como se se tratasse de uma virtude adicional a somar-se às virtudes propriamente literárias...

Lembra Otávio de Faria ter sido Lúcio Cardoso um poeta de hábitos boêmios, que escrevia em qualquer pedaço de papel ao alcance da mão, até mesmo o verso de notas de restaurante e as margens em branco de receitas médicas. Isso não só dá uma ideia das dificuldades enfrentadas pelo compilador do volume como ressalta o fato fundamental de tratar-se de livro não organizado pelo seu próprio autor. Ele possivelmente teria excluído este ou aquele texto, sobretudo no caso de diferentes versões de um mesmo poema,

---

* "Poemas Inéditos" [de Lúcio Cardoso], *O Estado de S. Paulo*, 4 jul. 1982, Suplemento Literário, ano II, n. 108, p. 14.

como acontece com "Neste jardim votado aos verões da carne", da página 67, e suas variantes às páginas 155 e 170, ou com "Quando sobre as ondas em fúria" (p. 184), de que vários versos foram reaproveitados em "Há um momento onde um silêncio enorme desce" (p. 190). E teria certamente dado uma organização mais satisfatória ao livro, pois, malgrado os esforços de Otávio de Faria, em ordenar, com um mínimo de organicidade, o avultado número de poemas – 265, se não errei a conta –, o todo infunde no leitor uma sensação de desordem, especialmente devido ao contraste entre os dois diferentes tipos de dicção ocorrentes ao longo do volume. Uma, a dicção mais larga, mais solene, mais concatenada, a lembrar um pouco os versículos anafóricos de Augusto Frederico Schmidt, dos poemas de data mais recuada, ainda próximos, portanto, dos dois livros anteriores do poeta (*Poesias*, 1941, e *Novas Poesias*, 1944). Outra, a dicção dos poemas de data mais recente, no geral de metros curtos e ágeis, agilidade para a qual concorre o uso sistemático da elipse, do anacoluto, do oximoro e de uma sintaxe por assim dizer analógica. Perdoe-me o leitor estas designações algo arrevesadas, próprias daqueles "doutores linguistas" e daqueles "sofistas da poesia" verberados na nota editorial de Otávio de Faria, a quem só interessava a "pulsação humana" dos livros de seu amigo. Mas elas servem para descrever com um mínimo de precisão as peculiaridades dos versos mais recentes de Lúcio Cardoso. Neles se faz sentir certo influxo de Fernando Pessoa e Sá Carneiro, e até mesmo do "formalismo" posto em moda pela geração de 45 (responsável pela ressurreição do soneto, forma fixa que, praticada embora com ampla liberdade, predomina na primeira seção dos *Poemas Inéditos*) tanto quanto pela poesia concreta. Ao apontar tais influências, não quero de maneira alguma diminuir a vincada originalidade destes *Poemas Inéditos*, mas tão só dar-lhes o indispensável enquadramento estilístico.

O curioso a notar é que a dicção mais explicativa dos poemas antigos, assim como a dicção mais elíptica dos poemas novos, sirva, cada qual a sua maneira, ao mesmo propósito de dar voz àquela dolorosa visão metafísica do mundo que marca a obra de Lúcio Cardoso, quer na prosa de ficção, quer na poesia. A componente de base dessa visão é aquilo a que Otávio de Faria apropriadamente chamou de "desespero ético", uma consciência dividida a inquirir-se sobre a validade dos preceitos do bem e a possibilidade de salvação, enquanto sente, intensas e próximas, as seduções do mal e a volúpia da perdição, as mesmas que, de Santo Agostinho a Baudelaire e os corifeus literários do *renoveau catholique*, marcam certa consciência cristã. A essa consciência a

José Paulo Paes *Crítica Reunida Sobre Literatura Brasileira & Inéditos em Livros*

vida se afigura uma jornada a cujas perplexidades e sofrimentos só a morte pode dar sentido, pelo que ela a vive por antecipação, numa contraditória ânsia de permanência, a todo momento desafiada pelo sentimento da fugacidade do existir, gerador de dúvida e de angústia.

O PARADOXO, UM RECURSO DA POESIA

Para atualizar em concretude poética essas abstrações e revelá-las como experiência vivencial, a arte de Lúcio Cardoso vale-se amiúde de símiles e metáforas tradicionais – a rosa, o azul mallarmaico, o mar, o vento, a casa –, buscando a cada passo reduzir-lhes a cota de redundância por um uso inventivo daqueles recursos retóricos de nomes arrevesados a que ainda há pouco fiz referência. O oximoro, isto é, a contiguidade de palavras de significados contraditórios ou paradoxais numa mesma frase, aparece em versos como "volto a mim mesmo como quem não volta" ou "arder uma cidade que não há", no primeiro dos quais impera o gosto pelos jogos conceituais com o pronome de primeira pessoa típico do atormentado subjetivismo de Sá Carneiro, ao passo que o segundo tem um ar reconhecivelmente pessoano.

A frequência do oximoro nos *Poemas Inéditos* serve para equilibrar, em certa medida, a não menor frequência de fórmulas afirmativas do tipo "o mal é acontecer", "nascer é não pertencer", "o ser é breve", que culminam na redundância de "Ser, é ser", onde a vírgula busca anular a tautologia, indicando uma diferença qualitativa na igualdade: o primeiro "Ser" seria talvez a unidade da essência, contraposta à ilusória variedade do segundo "ser", o das aparências. Como se pode ver, tanto as afirmativas como os paradoxos estão igualmente a serviço de uma consciência metafísica à procura da ordem subjacente, secreta, do mundo ("Amo o que não consigo decifrar./ Amo o escuro que não responde"), ordem na qual, para além das contradições dolorosas do existir ("Só o que dilacera é grande"), reluziria a unidade final, ainda que fosse a da morte. Contudo, na metafísica poética de Lúcio Cardoso, a morte não é o fim, porquanto "morre-se, vivo: anoitecer é eterno", e nem sequer há fim: "morrer é recomeçar. Porque duramos/ das infindáveis mortes que recomeçamos". Diante dessa reversibilidade entre vida e morte, que faculta ao poeta dizer a certo momento "renasço menino acima do meu cadáver", o próprio ato de viver, fonte embora de sofrimento ("Sei que fomos feitos para

XII. Ensaios Inéditos em Livros do Autor

sofrer"), é uma perene invenção: "vivo essa vida de inventado". Estar vivo é, correspondentemente, "ser constante neste esforço de ser caminho –/ é ser caminho quando o escuro nos ronda em sua fome,/ e flecha, marcar o limite de uma invenção destinada ao nada".

RETRATO DO HUMANO FLUXO DO VIVER

O culto do caminho e da invenção, a desembocar inclusive no niilismo daquela "invenção destinada ao nada", contraditada de resto pelos chamamentos a Deus, que uma ou outra vez repontam na poesia de Lúcio Cardoso, explicaria a repetida ocorrência, especialmente nos poemas de metro mais curto, do anacoluto, figura de retórica caracterizada pela repentina mudança da construção da frase, e da elipse, ou seja, a omissão de palavras que se subentendem. Um bom exemplo da ambiguidade e do hermetismo de dicção gerados pelo uso repetido desses dois recursos está num poema sem título, datado de 1958: "Se quando, dessa vida/ puder o ido/ desvaído o bem,/ que perdido/ imaginar o bem?// Acontecido./ Somos, o anoitecido./ Ser, é ser./ Acontecer é alguém?/ O ido é acontecer/ branco./ Acontecer só,/ claro – e ninguém".

Observe-se, nesse poema tão breve quanto sibilino, além das bruscas mudanças de fraseado e da omissão de quaisquer nexos explicativos, como que espelhando, em nível estilístico, a sofreguidão existencial de inventar sempre novos caminhos e esquecer os já trilhados – observe-se, dizia eu, a dialética do ser e do acontecer, da essência e da aparência, do eterno e do efêmero, de uma arte visceralmente metafísica que, na sua vocação para o paradoxo, faz da transitoriedade da experiência vivida o próprio emblema de uma ânsia de permanência, e do minuto único, o minuto da chegada do amor, a soma de todos os minutos possíveis: "Todos os minutos existem apenas/ porque existe esse único minuto que vem". Ou melhor ainda: "O passar é imortal./ Acontecer existe:/ em forma de sol". Nestes versos heraclitianos, o fluxo constante da vida, do nascimento à morte, com figurar a instabilidade de quanto existe, constitui ao mesmo tempo o penhor de sua permanência, já que se trata de um fluxo eterno, tão bem simbolizado no surgimento e ocaso do sol todos os dias.

O humano fluxo do viver, que se inventa a si mesmo à medida que transcorre, traduz-se, no microcosmo da poesia, por uma sintaxe igualmente inventiva, surpreendente, analógica: uma sintaxe de formas, sobreposta à sintaxe gramatical dos conceitos. É o primado da paronomásia, similitude de sons a propor insuspeitadas correlações de sentido, vista por Jakobson como a figura geratriz da própria linguagem poética. Em sua forma mais elementar, manifesta-se ela pelo fenômeno da rima terminal que articula entre si, num nexo a um só tempo de forma e de sentido, versos mais ou menos distanciados. Na maioria dos seus sonetos, Lúcio Cardoso atém-se à convenção da rima terminal; noutros poemas de forma livre, entretanto, a paronomásia permeia toda a elocução, constituindo-lhe o esqueleto formal e conceptivo. No breve poema transcrito acima, a palavra-chave "ido", marca do transitório, congloba-se nos outros adjetivos ("desvaído", "perdido", "anoitecido"), enquanto "ser", marca de permanência contraposta à efemeridade do "acontecer", congloba-se igualmente na sílaba final desta última palavra, estabelecendo paradoxal afinidade entre conceitos antitéticos.

Porquanto possam ter de pedanteria, ou pior, de obviedade, as poucas considerações analíticas que aí ficam não visam absolutamente a minimizar, com ressaltar-lhes a pertinência ou refinamento de fatura, a "pulsação humana" dos *Poemas Inéditos* de Lúcio Cardoso. Ao contrário: é pela consubstancial adequação entre fatura e sentimento do mundo que eles revelam seu autor, senão como extraordinário ou altíssimo poeta, certamente como um artista no pleno domínio de sua arte – o que não é dizer pouco.

Cantografia: a Festa da Linguagem

[Carlos Vogt]*

O Estado de S. Paulo, Suplemento Literário, 29 ago. 1982

Para aqueles que, tomando as coisas muito ao pé da letra, costumam ver na poesia, festa da fala, o antípoda da linguística, autópsia dessa mesma fala, o recente livro de poemas de Carlos Vogt há de soar como verdadeira heresia. De que modo conciliar o douto ensaísta de *O Intervalo Semântico* e de *Linguagem, Pragmática e Ideologia* com o ágil e amiúde irreverente poeta desta *Cantografia* (São Paulo, Massao Ono; Hucitec; INL, 1982) cujas "lúcidas elipses" são incisivamente analisadas no breve prefácio de Antonio Candido e constelarmente valorizadas no projeto gráfico de João Baptista Costa Aguiar?

Ora, pelo menos desde Mallarmé, a distância entre festa e autópsia é bem menor do que comumente se pensa; os mesmos poetas que nomeiam o mundo para fazê-lo existir também se inquirem hoje, sistematicamente, sobre os limites de toda nomeação. Em *Cantografia*, poeta e semanticista se confundem às vezes quando se debruçam, juntos, sobre os *handicaps* da linguagem ("Falamos tudo e ainda/ há o que/ silenciar"), ou sobre as suas inesperadas e denunciadoras reverberações ("Na realidade/ Os generais são/ em geral mais realistas/ do que generosos"). Mas tenho para mim que o melhor desse livro de estreia está nos seus momentos mais ortodoxamente "poéticos", vale dizer, naqueles lances de ruminação lírica *tout court* em que as palavras fluem sem interrogar-se sobre a razão do seu fluir com os desconcertos do mundo a que servem de álibi ou denúncia. Entre tais momentos epifânicos, eu destacaria dois: os tercetos de "Insônia", com o tenso vigor de suas metáforas em série ("treme a descarga num estertor/ de pranto"), e o "Soneto de Ocasião", cujo *cantábile*, sem nenhum medo vanguardeiro à rima rica e ao quase clichê, ainda é bom de ouvir-se. Com isso, não quero absolutamente negar o interesse dos

---

★ "*Cantografia*: a Festa da Linguagem [Carlos Vogt]". *O Estado de S. Paulo*, Suplemento Literário, 29 ago. 1982, ano I, n. 116, p. 14.

outros caminhos – mais contundentes talvez, mas menos fáceis de trilhar pela brusquidão de suas curvas epigramáticas – que percorre o carteiro-cartógrafo, de cujas perambulações o livro de Carlos Vogt seria o suposto roteiro, conforme se explicita no seu "Léxico" prologal. Quero tão só acentuar que no *élan* lírico desse poeta estreante está a prosa mais satisfatória de que o ofício da autópsia não lhe obnubilou, felizmente, para ele e para nós o gosto pela pura festa da linguagem.

Traições da Tradução[*]

O Estado de S. Paulo, Suplemento Literário, 6 mar. 1983

Um dos efeitos salutares exercidos pelo advento da poesia concreta, nos anos 1950, foi o de valorizar a tradução de poesia como atividade tão importante quanto a sua mesma criação. Fundados no exemplo teórico e prático de Ezra Pound, para quem traduzir era um ato, senão de invenção *tout court*, ao menos de reinvenção, Augusto de Campos, Haroldo de Campos e Décio Pignatari desenvolveram entre nós um modelo teórico de tradução poética cuja eficácia se comprovou no caráter por assim dizer magistral de suas versões de textos considerados quase impossíveis de transpor, desde *o Finnegans Wake* de Joyce ou o *Lance de Dados* de Mallarmé até o *"Jabberwockýde"* de Lewis Carroll ou a *"Ballade de la Grosse Margot"* de Villon. O adjetivo "magistral" é aqui usado inclusive na sua acepção pedagógica, pois a atividade tradutória dos fundadores da poesia concreta encontra hoje continuadores da competência de Régis Bonvicino, Paulo Leminski ou Nelson Ascher, a quem se devem versões de textos de Tristan Corbière divulgadas no número 3, da revista *Corpo Extranho*.

Cronologicamente falando, estes poetas-tradutores pertencem à geração pós-concreta. Já José Lino Grünewald, cujas recriações poéticas, com o título de *Transas, Traições, Traduções*, ocupam todo o número 7 da revista-livro *Código*, é um concreto "histórico", com numerosos poemas incluídos na não menos histórica antologia *Noigandres 5*. *Transas, Traições, Traduções* reúne trabalhos seus divulgados esparsamente nos últimos vinte anos, acerca de poetas como Shakespeare, Pound, William Carlos Williams, E.E. Cummings, Dylan Thomas, Ronsard, Baudelaire, Mallarmé, Apollinaire e Guido Cavalcanti, bem como um poema feito pelo próprio José Lino Grünewald "à moda de João Cabral de Melo Neto". Digo "trabalhos" porque a cada uma das versões de poemas desses autores paradigmáticos – versões feitas à luz da fórmula poundiana de que traduzir é "trair, recriar, proporcionar, em outra língua,

---

[*] "Traições da Tradução", *O Estado de S. Paulo*, Suplemento Literário, 6 mar. 1983, n. 143, p. 14.

os efeitos do original" – segue-se um pequeno ensaio acerca do texto e do poeta traduzido. Nesses miniensaios, a erudição não aborrece a informação indispensável ao bom entendimento do que se lê. Pena que ao lado das traduções não figurassem também os textos originais, para permitir ao leitor, comparando-os, toda a finura e inventividade das recriações poéticas de José Lino Grünewald.

Cantar de Amigo

[Sobre *Cantar de Amigo ao Outro Homem da Mulher Amada*, de Geir Campos]*

O Estado de S. Paulo, Suplemento Literário, 20 mar. 1983

Lançado por uma instituição universitária do Espírito Santo, o novo livro de poemas de Geir Campos está fadado a ter menos leitores do que merece. Para conseguir um exemplar, o interessado fará melhor se enviar um cheque de trezentos cruzeiros diretamente ao endereço do poeta, na Praia de Icaraí, 267/202, 24.230, Niterói, Rio.

Esta informação consta do *press release* anexado aos exemplares de imprensa do *Cantar de Amigo ao Outro Homem da Mulher Amada*. Ali se lembra também que o seu autor pertence à "discutida" Geração de 45, filiação desde logo confirmada pela particularidade de os 27 poemas do livro serem todos sonetos conservadoramente rimados e metrificados. A novidade estaria, pois, menos na forma que no conteúdo do livro, onde o poeta, segundo suas próprias palavras, se propõe a apresentar "uma visão do mundo capaz de chocar alguns leitores menos abertos a novas concepções de amor, de amizade". De fato, o tema recorrente em todos os sonetos deste moderno *Cantar de Amigo* é a louvação do *ménage à trois* feita não com a maliciosa superficialidade das comédias de *boulevard*, mas com o entusiasmo lírico de quem nele vê um "exemplo de amor quase perfeito". A quase perfeição desse triângulo amoroso cujos vértices de base são ocupados por dois homens, ficando reservado à mesma mulher o vértice de topo, decorreria da ausência, nele, do egoísmo da "propriedade privada" (soneto 21), assim como do seu empenho de fazer de "amor e amizade [...] dois nomes de uma única emoção" (soneto de abertura).

Extravasa dos limites de uma resenha discutir o mérito dessas "novas concepções de amor, de amizade". Importa antes assinalar o poder de convencimento da dicção lírica escolhida por Geir Campos para as defender. Tal dicção é regida pelo signo de um humor discreto que encontra nas sugestões

---

* "Cantar de Amigo". *O Estado de S. Paulo*, Suplemento Literário, 20 mar. 1983, n. 145, p. 9.

do ambiente ou circunstância, as mais das vezes cotidiano, tematizando em cada soneto os elementos metafóricos com que dar sal poético à sua defesa e ilustração do "amor plural". Exemplo particularmente feliz da finura desse humor é o soneto 7, talvez o melhor do livro, onde a história bíblica da arca de Noé fornece ao poeta saborosas figuras para caracterizar a peculiaridade da navegação amorosa a três.

O Jogo dos Derrotados, não dos Triunfadores

[Sobre *O Jogo Terminado*, de Edilberto Coutinho]*

O Estado de S. Paulo, Suplemento Literário, 19 jun. 1983

Em *O Jogo Terminado*, cujos protagonistas jogam "não jogos de triunfadores, antes de derrotados", reuniu Edilberto Coutinho 21 narrativas, umas inéditas, outras tiradas de livros seus anteriores, mas especialmente revistas para esta republicação. No texto de abertura da coletânea, informa o contista que, depois de haver publicado nos tempos de estudante em Recife "dois livrinhos adolescentes" generosamente recebidos pela crítica, optou por deixar de lado a ficção a fim de dedicar-se profissionalmente ao jornalismo, que vem exercendo até hoje. Somente nos anos 1970, quando do "pequeno boom do conto" no Brasil, foi que voltou ao gênero por solicitação de amigos. Sua nova produção contística, em boa parte originariamente publicada em revistas, foi depois reunida em três volumes editados entre 1977 e 1980.

A julgar pelos três contos sobre touradas que compõem o capítulo central de *O Jogo Terminado*, em dois dos quais, "Sangue na Praça" e "Ofícios Perigosos", aparece com destaque a figura de Ernest Hemingway (a quem o contista teve ocasião de conhecer e entrevistar na Espanha), a experiência jornalística foi sobremodo benéfica para o amadurecimento da técnica narrativa de Edilberto Coutinho. A esses três contos tauromáquicos poder-se-ia chamar com propriedade contos-reportagem. Não se veja no rótulo, porém, nenhum propósito de restrição e sim de louvor, já que a carga de interesse humano de tais contos, bem assim como a vivacidade e o colorido da linguagem com que são narrados devem muito certamente à circunstância jornalística que os viu nascer.

De fatura por assim dizer mais "literária", os outros contos da coletânea ficam um pouco prejudicados pela convizinhança desses textos tão vivazes e

---

* "O Jogo dos Derrotados, não dos Triunfadores". *O Estado de S. Paulo*, Suplemento Literário, 19 jun. 1983, n. 158, p. 15.

tão diretos. Não obstante, revelam também bom domínio da arte de contar, singularizando-se alguns deles inclusive por soluções inovadoras bem logradas. Exemplo disso é "Ano Bom para Ganhar Dinheiro", onde a dicção elíptica, o recurso aos versais e versaletes, o trecho composto em duas colunas e a mistura de narração indireta com direta se revelam particularmente eficazes. Destaque-se ainda, pelo cortante da sátira, "Genoveva de Alencar", um conto à *clef* que chega a beirar a desrazão, quando não a crueldade.

Os Poemas de Régis Bonvicino[*]

O Estado de S. Paulo, Suplemento Literário, 10 jul. 1983

Entre os poetas da geração posterior àquela que assistiu ao surgimento e afirmação da poesia concreta entre nós, Régis Bonvicino parece ser um dos poucos em que o seu influxo alcançou finalmente transitar da imitação para a invenção. No que ele faz, percebe-se, as mais das vezes, menos o epígono diligente a copiar modelos do que o poeta por direito próprio a se inspirar nas lições da frugalidade concreta para chegar ao domínio de uma dicção pessoal. Esse domínio, algo timidamente esboçado em *Bicho Papel*, de 1974, e *Régis Hotel*, de 1978, ascende agora à maioridade em *Sósia da Cópia*, onde estão reunidos poemas escritos entre 1978 e 1983, alguns dos quais já divulgados em revistas de vanguarda.

Certa frequência das palavras "poeta" e "poesia" nas 41 peças do simpático volume com desenho de capa de Edgard Braga faria recear em seu autor uma perigosa inclinação para o "literário" não fosse a dita inclinação saudavelmente contrabalançada por um olho-ouvido atento às surpresas do não literário, vale dizer: da fala comum. A exemplo do Oswald de Andrade que serve de título a um dos textos de *Sósia da Cópia* e cujo gosto pela anedota de efeito é implicitamente lembrado noutro texto, "Vingança de Português", Régis Bonvicino tem alguns dos seus melhores poemas centrados na revitalização da frase feita. Como "o céu/ não cai do céu", onde o longo espaço em branco entre os dois primeiros versos e o último completa iconicamente a semântica do poema, realçando-lhe a lapidaridade. De destacar-se ainda, em *Sósia da Cópia*, o recorrente senso de humor que dá nervo e agilidade à maioria dos textos. E ele que policia igualmente os raros momentos de introspecção do poeta, como "Mera Praga", um texto de severa autoanálise em que, na melhor tradição inglesa e drummondiana, a ironia se volta contra o próprio ironista para,

---

[*] "Os Poemas de Régis Bonvicino". *O Estado de S. Paulo*, Suplemento Literário, 10 jul. 1983, n. 161, p. 15.

num rol de lugares-comuns habilmente reanimados – "rabo entre as pernas", "fio a pavio", "fogo de palha", para não falar da "tradução da tradução da tra" retomando alusivamente o "avesso do avesso do avesso" de Caetano Veloso –, pôr-lhe a nu o complexo de "dilutor com todas as letras". Paradoxalmente, porém, este acesso de autocrítica, que felizmente nada tem a ver com o exibicionismo confessional de certa má poesia hoje em voga, é um bom sinal de autodomínio. O sósia da cópia não é outra cópia, mas o original. Enfim.

Paisagem Doméstica

[Sobre poemas de Carlos Vogt]*

O *Estado de S. Paulo*, Suplemento Literário, 20 jan. 1985, nº 240, p. 10

Em *Paisagem Doméstica*, sua segunda coletânea de poemas, Carlos Vogt retoma os dois registros que lhe caracterizavam a dicção do livro de estreia no gênero, *Cantografia* (1982). De um lado, o epigrama fundado na simetria fônica, no jogo de palavras e na agudeza dos conceitos. Em "Poeminha Cafajeste", por exemplo, onde duas pequenas estrofes de versos curtos dizem "Quem tem nome/ deita/ rola/ e come/ quem não tem/ faz tudo isso/ e some", percebe-se de pronto o desenvolvimento de uma frase feita da gíria, "deitar e rolar", convertida em provérbio por via da oposição conceitual entre ter e não ter nome, oposição realçada pela rima em *-ome*, na qual está a maior parte do sal epigramático. Como acontece habitualmente no epigrama moderno, a sua própria brevidade dá-lhe leveza de dardo viajando célere para cravar-se no alvo de algum ridículo. No caso do "Poeminha Cafajeste", esse alvo é social, já que nele se distingue o figurão do joão-ninguém. Os melhores epigramas do volume, como "Grafitto", "Caeiro Revisitado", "Acordo Político", "São Paulo", "Do Diário de um Machista" e "Identidade" são do mesmo tipo, com exceção de "Produto Perecível", "Fabulário Sintético para Computadores" e "Módulo para Duplos", em que a visada é antes existencial ou metafísica.

O outro registro de dicção de *Paisagem Doméstica* é o poema de maior fôlego e de índole entre meditativa e confessional. Neles, ao falar na primeira pessoa de suas vivências e frustrações, do que "lhe resta de todas as bravatas heroicas/ de todos os futuros que suportaram tédios", conforme está dito no belo e longo poema "Geração" com que se fecha o volume, fazendo par com a "Volta ao Lar" do seu início, Carlos Vogt como que se exime da obrigação de ser conciso, inteligente e irônico, para deixar livremente manifestar-se o

---

* "Paisagem Doméstica". O *Estado de S. Paulo*, Suplemento Literário, 20 jan. 1985, n. 240, p. 10.

JOSÉ PAULO PAES *Crítica Reunida Sobre Literatura Brasileira & Inéditos em Livros*

lado lírico de sua personalidade de poeta, talvez mais pessoal (com perdão do aparente pleonasmo) do que o outro.

É bom de ver, porém, que em "Geração" o subjetivo não se fecha sobre si mesmo para isolar-se do mundo, mas antes para poder enfrentar-lhes os "pontapés e injúrias" pelo recurso àquele "centro de força" que o determina no solitário orgulho da sua dor. Uma dor expressa sem pieguice por metáforas contidas onde está preservado o "gramaticalmente indecifrável" de uma arte diante da qual, como confessa no poema de abertura de *Paisagem Doméstica*, o linguista Carlos Vogt abre mão de "todos os binarismos e termos médios" para ser apenas (apenas?) poeta.

Lira dos Cinquent'Anos

[Sobre *Delírio dos Cinquent'Anos*, de Affonso Ávila]*

O Estado de S. Paulo, Suplemento Literário, 27 jan. 1985

O título da mais recente coletânea de poemas de Affonso Ávila retoma, em clave trocadilhesca, o da *Lira dos Cinquent'Anos*, de Manuel Bandeira, que é por sua vez, como se sabe, glosa do título da primeira coleção de versos de Álvares de Azevedo, a *Lira dos Vinte Anos*. Ao chamar de *Delírio dos Cinquent'Anos* os treze epigramas reunidos na plaquete belamente diagramada e ilustrada com colagens por Evandro Salles (Edições Barbárie, Brasília, 1984), quis certamente o seu autor destacar, nesse quase oximoro, mais o que o afasta do que aproxima do poeta a quem uma frase feita de "Emmannuele", o epigrama de abertura da coletânea, faz alusão: "que minha lira/ também delire/ e dê bandeira".

Da lira cinquentona de Bandeira parece ter Affonso Ávila retido apenas a lição de encantamento com a concha bivalve obliquamente celebrada em "Água Forte", deixando de lado, por incompatíveis com o seu projeto de vida/poesia, as lições de desencanto ministradas por outros poemas. Assim, quando, com o ânimo trocadilhesco desde logo anunciado no título, o autor de *Delírio dos Cinquent'Anos* fala, em vez de pedras, de "pernas preciosas" em "museologia", ou, em "senilidade", com um só verso, "semenilidade", destrói qualquer implicação demissiva daquele título, ou ainda, em "laurel", preconiza "não dormir sobre os louros/ antes sobre as louras" — está ele implicitamente mostrando que, do ponto de vista da desejável performance, não há por que as liras de cinquent'anos abdicarem da sofreguidão das de vinte, a não ser talvez na sabedoria mais madura de, "ao provar todos os pratos/ eu próprio adicionar o meu tempero", como está fina e maliciosamente dito nos dois únicos versos de "apetite".

Os exemplos acima citados devem ser o bastante para atestar a mudança de dicção ocorrida na poesia de Affonso Ávila. A modulação paronomásica

---

* "Lira dos Cinquent'Anos". *O Estado de S. Paulo*, Suplemento Literário, 27 jan. 1985, n. 241, p. 10.

e serial dos elementos de um verso-base, técnica que se tornara uma espécie de marca de fábrica da sua oficina poética e que epígonos de menos talento tentaram baldamente imitar, cede agora lugar ao paralelismo do epigrama de extremada concisão, a explorar hábil e ferinamente as virtualidades da frase feita. Com isso demonstra o autor de *Delírio dos Cinquent'Anos* que a perícia da meia-idade lhe faculta, na vida como na arte, adicionar o seu próprio tempero criativo a quantos novos pratos o seu apetite de homem e de poeta lhe possa sugerir.

História da Literatura Brasileira

[Massaud Moisés]*

O *Estado de S. Paulo*, Suplemento Literário, 11 set. 1983

O ensino de literatura no Brasil deve a Massaud Moisés alguns manuais modernos e fidedignos. Além deles, e de publicação mais recente, dois outros livros que, pelo seu caráter ensaístico, extrapolam do campo por assim dizer pedagógico para atingir um público mais amplo do que o das universidades: o *Dicionário de Termos Literários*, valiosa obra de referência, e *Literatura: Mundo e Forma*, uma reflexão acerca dos eventuais nexos de consubstancialidade entre a forma das obras literárias e a visão diferencial do mundo que exprimem.

A meio caminho entre o manual e o ensaio se lima, agora, o recém-aparecido primeiro volume, dedicado às "Origens, Barroco, Arcadismo", de uma *História da Literatura Brasileira* em três volumes. Na introdução desse volume inicial, esclarece Massaud Moisés ter nele adotado um enfoque que privilegia o texto como "condição *sine qua non* da historiografia e da crítica literárias", donde processar-se "a análise histórico-crítica de dentro para fora (partindo do texto) e não de fora para dentro". Com isso, obras e autores avultam em primeiro plano como centro de interesse, em vez de se constituir em simples pretexto para aquelas generalizações de ordem estético-sociológica em que se compraz tantas vezes a nossa *intelligentsia universitária*. No caso do primeiro volume da *História da Literatura Brasileira*, as generalidades ficam devidamente confinadas à rubrica "Preliminares" com que se inicia cada uma de suas três partes e sob a qual são apresentadas as coordenadas históricas e as características estéticas de cada período considerado.

O primado metodológico do texto, com levar o historiógrafo-crítico a uma releitura atenta da nossa literatura jesuítica e de informação, no século XVI, bem como da produção barroca e arcádica dos dois séculos seguintes, possibilitou-lhe reaferi-la para iluminar alguns dos seus aspectos descurados,

---

* "História da Literatura Brasileira". O *Estado de S. Paulo*, Suplemento Literário, 11 set. 1983, n. 170, p. 7.

como a prosa de Diogo Gomes Carneiro e Diogo Lopes de Santiago, para citar apenas dois exemplos. Todavia, o interesse por tais escritores secundários não impediu o autor desta nova *História da Literatura Brasileira* de deter-se como cumpre nos principais – Gregório de Matos, Antônio Vieira, Cláudio Manuel da Costa, Tomás Antônio Gonzaga etc. –, com o que não ficou prejudicada aquela hierarquia de valores a cujo estabelecimento, mais do que qualquer outra, está obrigada a historiografia literária em face do seu permanente compromisso com a crítica.

História da Literatura Brasileira.
Os Méritos de um Método Historiográfico
[Massaud Moisés]*

O Estado de S. Paulo, Suplemento Literário, 19 maio 1985

É durante a leitura do volume II da *História da Literatura Brasileira* de Massaud Moisés (Ed. Cultrix), dedicado ao estudo do Romantismo e do Realismo, que melhor se percebem os méritos do método por ele adotado no escrevê-la. Método cujos fundamentos estão indicados sumariamente (talvez sumariamente demais) na introdução ao volume I, onde se diz que a ênfase será dada ali aos textos em si, considerados a um só tempo como documentos de um "contexto histórico-sociocultural" e como testemunhos de "uma continuidade específica", a da diacronia literária. Com isso, acentua Massaud Moisés, as análises histórico-críticas a serem por ele empreendidas ao longo da sua *História* o serão sempre "de dentro para fora (partindo do texto) e não de fora para dentro".

Os resultados que semelhante opção metodológica possibilita alcançar a quem saiba conjugá-la àquele discernimento e àquela figura crítica sem as quais método algum pode dar certo, estão muito bem ilustrados nos "achados" dessa obra de Massaud Moisés, achados que servem para vivificar uma sólida construção historiográfica, de alicerces plantados menos na cômoda e automática adesão ao consenso do que na leitura ou releitura quiçá cansativa, mas sempre compensadora, da maior parte do acervo literário dos dois períodos, a fim de chegar a uma visão própria e a um juízo fundamentado de cada obra individual. Foi isso que fez Massaud Moisés, como o dá a perceber a própria estrutura da sua *História*, em que as generalidades acerca do contexto histórico e da estética de cada período, ou mesmo das características de seus principais autores, servem apenas de moldura ao que realmente lhe importa: a análise e avaliação das obras literárias de *per se*. Nisso, deixa ele patente a sua

---

* "*História da Literatura Brasileira*. Os Méritos de um Método Historiográfico". *O Estado de S. Paulo*, Suplemento Literário, 19 maio 1985, n. 257, p. 9.

inconformidade com um tipo de "tradição crítica, composta de juízos perpetrados em razão da lei da inércia", a que faz referência a certa altura do livro.

Que o método usado na *História da Literatura Brasileira* tivesse dado melhores frutos neste seu segundo volume deve-se certamente ao fato de o *corpus* de obras a que se aplicou ser muito mais rico e representativo. É no Romantismo e no Realismo que começa enfim a constituir-se e afirmar-se uma literatura diferencialmente brasileira, da qual o nosso Barroco e Arcadismo coloniais, estudados no volume I, não passaram de tímido prenúncio. Entre os lances mais felizes da análise do contributo romântico levada a cabo por Massaud Moisés, ressalte-se, pela ordem, o que ele escreveu a propósito da poesia de Gonçalves Dias. Longe de ver o medievalismo lusitanizante das *Sextilhas de Frei Antão* como algo acidental ou secundário no percurso do poeta, vê-o antes como sinal ostensivo de uma "aliança entre as duas fontes de arquétipos nacionais – o substrato europeu (nomeadamente o ibérico) e a mitologia indígena". Daí que possa ele caracterizar um poema indianista do feitio de "Leito de Folhas Verdes" como uma "espécie de *alba* às avessas" com raízes na poesia trovadoresca portuguesa, onde também as tem o lirismo amoroso *tout court* do mesmo Gonçalves Dias, cujo "brasileirismo" é, paradoxalmente, "o de quem não se despojou das obsessões de juventude, ou melhor, de quem, nos albores do Romantismo, se descobriu brasileiro na medida em que se mantinha português".

A inconformidade de Massaud Moisés com "os juízos perpetrados em razão da lei da inércia" ressalta, quando mais não fosse, no destaque dado à arte de ruptura de Sousândrade, que ele considera "a voz mais poderosa da poesia romântica" brasileira e a respeito da qual faz observações sagazes, como quando aponta no *Guesa* a rebeldia instalada "no reino da convenção clássica, estilhaçando-a, mas preservando-lhe as lactências", o que o faz um "poema épico estético" em que fragmentos se justapõem por nexos metafóricos, e não mais lógicos, como na epopeia filosófico-doutrinal de Camões.

Ainda com relação aos arquétipos subjacentes à nossa produção romântica, Massaud Moisés propõe uma leitura inovadora da ficção de Alencar ao examinar o problema de sua unidade. Seja na vertente urbana, seja na regionalista, nela só "os dados exteriores e a cenografia mudam, sem comprometer o núcleo primitivo". Tal núcleo está num "arquétipo brasileiro" que corresponde a "uma visão estacionária da História", introjetada pelo romancista desde as suas leituras de infância e adolescência, quando assimilou modelos heroicos

XII. Ensaios Inéditos em Livros do Autor

herdados pela nossa literatura popular da península Ibérica e que iriam informar-lhe a visão do Brasil como "um mundo mágico, imobilizado pela fantasia", no qual "a óptica infantil, desdobrada pela imaginação do adulto, adorna tudo de maravilhoso, seja a paisagem desconhecida, como os pampas, seja a do sertão mais próximo, como o de *O Sertanejo*".

Análise das mais bem logradas é a de *Inocência*, solitária, obra-prima que, pela sobriedade de sua linguagem e pela justeza de suas tintas, ultrapassa a estética do Romantismo para anunciar a do Realismo – não o programático, entenda-se, mas um "realismo-atitude, espontâneo". Ao pôr em relevo, como linha de força dessa obra, "um conflito de natureza ética e não de ordem sentimental", conflito em que, numa superação da estereotipia romântica, bem e mal surgem como "categorias *elementares*, arquetípicas, para além do plano social, uma vez que o sertão nivela todos os seres reduzindo-os à dimensão ontológica", Massaud Moisés lança uma luz nova sobre o despretensioso mas afortunado romance de Taunay.

O empenho de discernir raízes míticas ou arquetípicas e uma dimensão ontológica em obras até agora focalizadas, pela crítica, de ângulos mais ou menos convencionais, faculta ao autor traçar entre elas nexos insuspeitados. Assim é que, ao destacar nos contos amazônicos de Inglês de Souza "o fantástico primitivo, em tensão com os valores civilizados" e, em *Luzia Homem* de Domingos Olímpio, o primado da fatalidade catártica, não se esquece de situá-los, tanto quanto *Inocência*, naquele "plano onde se articula a mitologia de um povo e se vai gestando o *regionalismo mítico*" (grifo meu) que, com a epifania do *Grande Sertão: Veredas*, ergueria nossa ficção sertanejista "a níveis de universalidade".

Igualmente merecedores de destaque seriam outros lances de interpretação renovadora, sobretudo os que têm por objeto romances de Machado de Assis e de Raul Pompeia, bem como a ensaística de Euclides da Cunha. Já tais lances são menos frequentes na análise de obras poéticas, talvez porque Massaud Moisés se deixe levar, então, por uma tendência a simetrizar poesia e vida como critério de valor. É isso o que o induz a encarecer em peças líricas de Gonçalves Dias o "sofrimento realmente experimentado" por quem as escreveu; a louvar a "sinceridade existencial" de certo poema de Álvares de Azevedo em detrimento do "caráter livresco" de tantos outros; a condicionar a "elevada pulsação épica" de uma célebre elegia de Fagundes Varela ao transe de "dor profunda" por que ele passou; a capitular como "autêntica, quando não de superior qualidade", em Raimundo Correia, a poesia que resultasse "da adesão sensata, equilibrada, à correção formal, e da expressão — fingida — de um sentimento verdadeiro". Semelhante subordinação do "fingir" poético ao sentir "verdadeiro" leva as mais das vezes a um beco hermenêutico sem saída, pelo que talvez fosse mais avisado conceber o poema, não como um meio de transporte do sentimento do poeta até o leitor, mas antes como uma autônoma "máquina de comover", para traduzir em vernáculo a epígrafe de Le Corbusier usada por João Cabral de Melo Neto num dos seus primeiros livros. Desse modo, em vez de extraviar-se nos labirintos da extratextualidade, o analista se contentaria em modestamente tentar compreender o funcionamento retórico da dita "máquina de comover" em função do conceito de forma como "a psicologia do leitor", conceito proposto cerca de quarenta anos antes da estética da recepção pelo hoje marotamente escamoteado crítico Kenneth Burke. Mas tudo isso são questões metodológicas que desbordam dos limites de uma resenha preocupada tão só em chamar a atenção para alguns dos "achados" interpretativos do volume com que Massaud Moisés dá seguimento à sua sólida e criteriosa *História da Literatura Brasileira*.

Um Panorama Crítico do Modernismo

[Massaud Moisés]

Com a publicação de O *Modernismo* (S. Paulo, Cultrix/Edusp, 1989), quinto e último volume da sua *História da Literatura Brasileira*, Massaud Moisés remata com mão de mestre aquela que é, sem dúvida, a mais ambiciosa de quantas obras escreveu. Pois que outro adjetivo conviria melhor para qualificar esse vasto projeto de reavaliação que, em quase 2 mil páginas de texto, se propõe a passar em revista a produção literária brasileira ao longo de quatro séculos de sua história, desde a carta de Vaz de Caminha e a literatura jesuítica dos primórdios da colonização até a poesia marginal dos anos 70 deste século e a abundante safra de contistas e romancistas da nossa prosa de ficção mais recente? Também a referência à "mão de mestre" carece de uma explicação: com ela se aponta menos para a competência com que o historiógrafo-crítico soube quase sempre levar a cabo a sua tarefa reavaliadora, do que para as qualidades pedagógicas de ordem e clareza da sua exposição, que participa a um só tempo das virtudes do manual didático, da obra de referência e do ensaio de interpretação. Nesse sentido, o autor de O *Modernismo* preferiu adotar o modelo tradicional de desenvolvimento, fazendo seguir-se, a uma introdução acerca das características gerais de cada um dos três momentos em que divide o período modernista, o exame individual do contributo dos autores que neles se destacaram, seja em primeiro, seja em segundo plano. Tal exame consta de uma notícia biobibliográfica completada por uma apreciação das obras mais marcantes do autor, apreciação que não perde de vista as conexões do singular com o geral, de modo a poder estabelecer os juízos de valor sem os quais a historiografia literária abdicaria do seu empenho crítico para se converter em mera técnica de catalogação de autores e obras.

É de se imaginar que, dos cinco volumes, tenha sido este último o que mais esforço exigiu do seu autor. Isso porque, em vez de avir-se com matéria já passada pelo crivo seletivo do tempo, teve ele de enfrentar, particularmente no terceiro momento modernista, o que vai de 1945 até os dias de hoje, um processo em curso cujas linhas mestras ainda não alcançaram o ponto de fuga. Mas precisamente aí, na coragem de tomar o contemporâneo como objeto historiografável, é que reside um dos méritos de *O Modernismo*. Não apenas soube Massaud Moisés proceder ao levantamento judicioso dos autores realmente significativos do período como, através de um exame sumário, mas equilibrado, de sua produção, sugerir quais possam ser as linhas mestras do projeto criativo contemporâneo e em que medida, sem deixar de prolongar diretrizes de um passado mais ou menos remoto, desenham elas a fisionomia diferenciada do presente. Como exemplos da isenção e equilíbrio do seu enfoque crítico, considerem-se, entre outras, as páginas em que reavalia as obras de Jorge Amado e de Erico Verissimo, sobre as quais a crítica mais bem-pensante, pelo menos dos últimos tempos, tem desdenhado debruçar-se.

Outro aspecto digno de atenção é o de, conforme deixou explicitado no primeiro volume dela, ter o autor da *História da Literatura Brasileira* empreendido sistematicamente a "análise histórico-crítica de *dentro para fora* (partindo do texto) e não de fora para dentro". Esse ir primeiramente à obra literária para depois poder generalizar com pertinência, ainda que se possa afigurar um imperativo elementar de hermenêutica, não raras vezes é postergado por mais de um historiador literário. Preocupados com os traços contextuais, sejam de ordem estilística, sejam de ordem ideológica, quando não sócio-histórica, às vezes se afastam eles demasiado da insubstituível concretude das obras em si para se perder em generalizações cujo crescente grau de abstração as vai tornando menos e menos convincentes ou iluminadoras. O demônio da generalização os incita também, com excessiva frequência, a discutir as questões a partir da bibliografia crítica por elas suscitada, distanciando-os ainda mais dos textos criativos propriamente ditos, que são substituídos aí pelo seu reflexo ou fantasma hermenêutico.

Como se depreende da bibliografia com que se encerra *O Modernismo*, seu autor não negligenciou absolutamente os subsídios da multidão de críticos e historiadores que o precedeu. O que ressalta porém dos seus comentários exegéticos é antes uma certa ingenuidade ou inocência de visão, no bom sentido da palavra. Não receia ele dizer coisas aparentemente óbvias, ou já passadas em julgado, acerca das obras comentadas. Mas o importante é que tais obviedades, marcas de origem de um contato imediato de primeiro grau com o texto, não se esgotam aí. Servem de ponto de partida para incursões analíticas que apresentam de modo novo aspectos já analisados por outrem, ou descortinam aspectos que haviam ficado despercebidos ou inexplorados. Na captação desses aspectos, em vez de impor ao objeto sob análise esquemas conceptuais que não lhe sejam afins, empenha-se antes o historiógrafo de *O Modernismo* em dele extrair os próprios parâmetros do processo analítico. Assim é que, no caso da poesia de João Cabral de Melo Neto, pode ele falar com propriedade de um "surrealismo realista" em que, com apoio no "sustentáculo da metáfora [...] a descrição se dá por meio de palavras-coisas articuladas a coisas-palavras". Ou, no caso da ficção existencial de Clarice Lispector, apontar para uma dialética de "exteriorização do oculto, ou ocultamento do ser, num movimento pendular que se reproduz noutro ou que lhe é simultâneo: consciência/inconsciência". Ou, ainda, sugerir a "ascendência medieval e cavaleiresca" do *Grande Sertão: Veredas*, cujos "dois eixos dramáticos e temáticos [...] o impasse amoroso, em meio às aventuras, e o misticismo" atualizam a dualidade místico-amatória das novelas de cavalaria e conduzem a uma "mitificação do regional" em que "a moralidade, peculiar às novelas de cavalaria, se une à visão oracular".

De minha parte, se algum reparo, e mesmo assim menor, tivesse de fazer a *O Modernismo*, seria no tocante a um certo apego a distinções de gênero que me parece por vezes um tanto rígido. Como no caso de *O Espelho Partido*, de Marques Rebelo, cuja hesitação entre a forma de diário e a forma de romance, ou entre a do romance *à clef* ou do romance puramente fictício, criaria um impasse não resolvido pelo romancista, isso para não falar de uma suposta "impossibilidade de construir o vasto ciclo novelesco" numa estrutura fragmentária. Mas não estaria exatamente nisso, na audácia da tentativa, no afã de romper limites e rondar o impossível, tão do gosto do experimentalismo artístico, o valor de modernidade desse romance-rio (ou romance-Rio) que Marques Rebelo infelizmente não chegou a concluir?

Percebe-se outrossim aqui e ali, em *O Modernismo*, a preocupação de estabelecer distinções demasiado cortantes entre prosa e poesia, o que ressalta sobretudo na aversão do seu autor ao poema-piada e ao "poema reportagem" dos primórdios do nosso modernismo. Todavia, deve-se ter em conta que, para se livrar do pegajosa e convencionalmente poético, a poesia tem de vez em quando de se lavar nas águas da prosa a fim de retemperar-se. Não fosse o banho lustral do prosaísmo de 22-28 e o verso brasileiro de nossos dias não teria conquistado a fluência e a naturalidade de dicção que hoje lhe reconhecemos nos seus melhores artesãos. Por isso, para se apreciar em seu justo valor o chamado "espírito de 22", não se deve levar muito ao pé da letra o severo exame de consciência de Mário de Andrade em *O Movimento Modernista*, com as suas restrições *post prandium* ao "sentido destrutivo e festeiro" do grupo paulista, ao "individualismo entorpecente" dos seus principais participantes e ao seu gosto juvenil da blague. O certo é que, na produção amiúde canhestra e "prosaica" dos primitivistas de 22, havia uma fragrância e uma novidade que hoje só nos é dado saborear sob a forma de nostalgia – um sabor para o qual nunca se deve perder a apetência.

Oswald de Andrade, um Testemunho Pessoal

Antes de iniciar minha exposição, eu gostaria de agradecer à União Brasileira de Escritores, através de Dalila Veras, coordenadora deste ciclo, o convite que me fez para dele participar. Quero ainda aproveitar a oportunidade para cumprimentar o setor cultural da Prefeitura de Santo André pela oportuna iniciativa de lembrar, aos estudantes de Letras e a todos aqueles que se interessam por literatura brasileira, a importância histórica e a crescente atualidade da obra, por todos os títulos inovadora, de Oswald de Andrade, cujo primeiro centenário de nascimento se comemora este ano. Como imagino que os outros palestrantes do ciclo, na qualidade de professores universitários, estejam mais bem qualificados do que eu para iluminar didaticamente os aspectos fundamentais da atividade de Oswald de Andrade nos vários campos a que se aplicou – a poesia, o romance, o teatro e a literatura de ideias, – preferi me voltar sobretudo para a sua figura humana. Tive o privilégio de conhecê-lo pessoalmente e de conviver com ele nos seus três últimos anos de vida. Esse convívio exerceu forte influência sobre mim, principalmente depois que pude conhecer mais de perto a sua poesia. E ao intitular a minha palestra "Oswald de Andrade, um Testemunho Pessoal", quis ressaltar essa influência, não levado por motivos de vaidade pessoal ou desejo de autopromoção, mas para mostrar um exemplo concreto de que a presença de Oswald de Andrade, como abridor de novos caminhos, ultrapassou o seu próprio tempo para se projetar sobre as gerações que o sucederam.

Se bem me lembro, o meu primeiro encontro com o romancista das *Memórias Sentimentais de João Miramar* e com o poeta de *Pau-Brasil* se deu nos meados de 1950. A essa altura, eu já era amigo do filho mais velho de Oswald, Oswald de Andrade Filho, a quem os familiares e amigos chamavam carinhosamente de Nonê. Nonê era um pintor de talento, que havia sido aluno de Tarsila, a segunda das sete sucessivas esposas de Oswald. Com ela aprendera a utilizar os refinamentos da pintura europeia de vanguarda para exprimir, com sábia simplicidade, aquele sentimento de Brasil, primitivo e vigoroso, feito de "encadeamentos profundos" com a alma nacional, como disse Raul Bopp, que caracterizou o espírito do Modernismo de 22. Certo fim de semana, fui visitar Nonê na sua casa-ateliê da rua Martiniano de Carvalho, onde construíram depois um hospital, e lá encontrei, posando para um retrato, o seu famoso pai. Esse retrato pintado por Nonê iria ilustrar, quinze anos mais tarde, a capa de O Rei da Vela. Embora tivesse sido escrita nos anos 30, essa peça de Oswald só foi representada, na montagem de José Celso Martinez Corrêa, logo depois do golpe de 1964. Constituiu-se, então, na mais radical e eficaz forma de protesto da inteligência brasileira contra o clima de sufoco político, cultural e moral imposto pela ditadura militar, que iria durar 25 infindáveis anos.

O primeiro encontro com Oswald me causou impressão indelével. Lembro-me até hoje, como se o tivesse diante de mim, do seu aspecto físico. Era de estatura mediana, gordo sem ser balofo, e no seu rosto cheio dois traços avultavam. Primeiro, os olhos muito vivos e inquietos, de quem estivesse sempre procurando, nas instituições e nas pessoas, o seu lado ridículo. Depois, os dentes salientes, dentes de antropófago, como eu diria muito depois num poema de homenagem a ele, entreabertos em sorriso de desafio ao mundo. Oswald usava o cabelo aparado curto, à maneira militar, ainda em uso na época, e quando saía de casa não esquecia de se cobrir com uma boina azul, que ficou sendo uma espécie de insígnia vestimental da sua figura pública de sexagenário. Melhor dizendo: de sex-appeal-genário, como ele se definiu num dos trocadilhos em que era mestre. Mas o que sobretudo impressionava na personalidade de Oswald era a vivacidade de espírito, que se manifestava de forma imediata na sua conversa, nos jogos de palavras e nas frases de efeito, que atingiam o alvo com a precisão de um dardo. A quase totalidade dessas frases se perdeu: *verba volant*, diziam os latinos. Umas poucas foram preservadas pela memória dos amigos mais fiéis, e outras o próprio Oswald as espalhou nos artigos de jornal que escreveu esporadicamente ao longo da vida. Alguns desses artigos foram reunidos pela Profa. Vera Chalmers num dos volumes das obras completas de Oswald de Andrade, na edição Civilização Brasileira. O volume tem o título de *Telefonema* e é uma delícia de ler.

Fui testemunha de ouvido de duas tiradas oswaldianas. Uma ouvi em casa do próprio Oswald, numa reunião de escritores a que estavam presentes dois poetas paulistas, bem conhecidos na época: Jamil Almansur Haddad e Ciro Pimentel. Havia uma sensível diferença de idade entre eles – Jamil era mais

XII. Ensaios Inéditos em Livros do Autor

velho que Ciro – assim como a havia nos temas e no estilo de suas respectivas produções poéticas. A ascendência árabe de Jamil o levara a uma poesia de sensualidade oriental, ao passo que a de Ciro, então estreante, se caracterizava por vago misticismo, pelo gosto do mítico e por um certo vocabulário esotérico. Estávamos discutindo precisamente essas diferenças quando Oswald atalhou a conversa para dizer que, a seu ver, entre os dois poetas havia uma diferença mínima, de uma simples letra: um era Ciro e o outro era sírio. Risada geral, e a conversa imediatamente mudou de rumo, naquela volubilidade típica das conversas entre escritores. A outra frase eu a ouvi no Clube de Poesia de S. Paulo, durante um debate entre Oswald e Ledo Ivo. Para se poder entender a precisão e a felicidade do dito de Oswald, é indispensável lembrar que naquele tempo Ledo Ivo vinha se destacando pela publicação de sonetos muito bem elaborados tecnicamente, de uma compostura formal por assim dizer apolínea – o *apolínea* é a palavra-chave, como se verá em seguida. Em nome de tal compostura formal, que era também a da sua geração, a geração de 45, Ledo Ivo criticava a poesia de Oswald como o flanco mais vulnerável de 22, porque ela cultivava o poema-piada e se voltava para temas corriqueiros, anedóticos, em prejuízo daquela elevação que, a seu ver, a linguagem da poesia devia ostentar. Por tudo isso, disse Ledo Ivo, Oswald seria o calcanhar de Aquiles do modernismo de 22. Imediatamente, numa tirada feliz, respondeu Oswald: "Se eu sou o calcanhar de Aquiles do Modernismo, você é o chulé de Apolo do pós-modernismo".

Havia inclusive em Oswald um lado moleque, um lado Macunaíma, bem ilustrado num pequeno episódio de que participei. Como eu tinha pontos de vista diferentes dos de Oswald em certas questões de literatura e de política, acabávamos discutindo nas ocasiões em que nos encontrávamos. Por essa razão, quando ele se preparava para defender, na Faculdade de Filosofia da USP, a sua tese *A Crise da Filosofia Messiânica*, me convidou para almoçar em sua casa a fim de discutirmos depois os pontos principais da tese, atuando eu como uma espécie de opositor ou advogado do diabo. Assim ele treinaria para enfrentar a banca examinadora da USP. Depois de um belo almoço preparado por Maria Antonieta d'Alkimin, sua última esposa e a musa do seu mais belo poema, o "Cântico dos Cânticos para Flauta e Violão", fomos para a biblioteca e lá passamos a tarde trocando argumentos e contra-argumentos. A certa altura, acalorado, Oswald disse que eu era um rapazola ignorante, de poucas leituras. E começou a enumerar autores que eu nunca teria lido. Entre os nomes por ele citados, identifiquei alguns, como Bachoffen, Max Weber; os outros me eram, de fato, inteiramente desconhecidos. Desconfiado, a certo momento o interrompi acusando-o de estar inventando nomes só para me confundir. Ele não respondeu nada, deu um risinho maroto e mudou de assunto, de modo que fiquei, até hoje, sem saber se a acusação era ou não procedente. Este episódio faz lembrar um outro contado por Mário de Andrade. Ao que parece, Oswald não gostava muito de Villa-Lobos e numa reunião social se pôs a fazer restrições a ele. Um dos presentes, em defesa do compositor, disse a Oswald que ele não entendia nada de música. Mas Oswald insistiu, garantindo estar respaldado pela autoridade musical, indiscutível, de Mário de Andrade, que teria também feito, numa conversa com ele, restrições à obra de Villa-Lobos. Mário soube do fato e foi pedir explicações a Oswald, visto ter sido sempre ele, Mário, admirador incondicional do compositor. Então, com a maior desfaçatez, Oswald confessou que tinha mentido. Mário aproveitou depois o episódio em *Macunaíma*, numa passagem em que o herói "sem nenhum caráter" declara cinicamente que pregara uma mentira.

O brilho da personalidade de Oswald, sua capacidade de improvisar, de apanhar as coisas no ar – capacidade tão à flor do texto nos seus dois manifestos, o do Pau-Brasil e o Antropófago – fizeram com que muitos dos seus contemporâneos menosprezassem a importância da sua obra, dizendo que ele fora muito maior na vida do que nos livros. Comparavam-no inclusive a Oscar Wilde, o escritor inglês que se celebrizou nos salões elegantes da Inglaterra e da França do fim do século pelas suas tiradas irônicas e espirituosas, bem mais do que pelo que escreveu – peças de sucesso como *Salomé* ou romances de escândalo como *O Retrato de Dorian Gray*.

No caso de Oswald, uma visão desse tipo era injusta. O mesmo humor satírico, o mesmo espírito irreverente que aflorava na sua conversa foi a força-motriz da sua obra de poeta, romancista, teatrólogo e pensador polêmico. Crítica por natureza, essa obra pôs a nu, por um lado, as mazelas do Brasil atrasado e passadista contra o qual se voltava a fúria iconoclasta dos modernistas de S. Paulo. Lírica e utópica, por outro, sonhou um país moderno, onde a liberdade natural do índio convivesse com os benefícios da tecnologia europeia, numa síntese antropofágica tipicamente brasileira. Mas isso a maioria dos contemporâneos de Oswald não soube ver, a não ser excepcionalmente, como foi o caso de Antonio Candido, a cuja argúcia não passou despercebido, já nos anos 40, o caráter revolucionário da técnica romanesca de *Miramar* e *Serafim Ponte-Grande*.

XII. Ensaios Inéditos em Livros do Autor

Hoje, quando se comemora o primeiro centenário de nascimento de Oswald, a atualidade e a importância histórica da sua contribuição de escritor são reconhecidas por todos. Os seus livros foram reeditados, escreveram-se teses universitárias sobre ele, e a marca da sua irreverência é reconhecível em livros de autores das novas gerações que levaram avante o legado de 22. Entretanto, na época em que o conheci, isto é, no começo dos anos 50, Oswald vivia numa espécie de ostracismo, evitado por uns, negligenciado ou combatido por outros. Creio que esse ostracismo se explicava por três razões fundamentais. Primeira: por ter rompido publicamente com o Partido Comunista, sob cuja bandeira militara cerca de quinze anos, de 30 a 45, ele fora marginalizado pelos escritores simpatizantes ou partidários da chamada "linha justa" de Luís Carlos Prestes. A outra razão era a de, naquela época, estar se afirmando, no terreno da poesia e do romance, a geração pós-modernista ou de 45. Os porta-vozes dessa geração tinham uma concepção de poesia bem diversa da dos poetas de 22, Oswald à frente, muito embora se beneficiassem das inovações que haviam instaurado na luta contra o passadismo. Para tais porta-vozes, o modernismo de 22 se esgotara no poema-piada e na falta de elevação de versos voltados para os temas do dia a dia. Daí a intenção deles de devolver à poesia brasileira a dignidade que perdera e a compostura da linguagem indispensável para tratar os grandes temas: a Beleza, a Amada, a Morte, o Tempo etc. etc. Evidentemente, essa concepção de poesia era o oposto da desafetação de linguagem e do humor vivaz dos epigramas de *Pau-Brasil*, do *Primeiro Caderno de Poesia do Aluno Oswald de Andrade* e até mesmo do *Cântico dos Cânticos para Flauta e Violão*.

Haveria ainda que lembrar uma terceira razão para o relativo isolamento em que vivia Oswald nos anos 50. O seu espírito polêmico, o seu pendor para a briga intelectual o levava sempre a tomar posição contra ou a favor desta ou daquela ideia, desta ou daquela opção política, desta ou daquela pessoa. E na hora da polêmica ele não media palavras. Por causa dos seus destemperos de linguagem, perdeu alguns amigos definitivamente e com outros teve de se reconciliar mais tarde. Com Mário de Andrade, companheiro histórico das lutas de 22, não chegou nunca a fazer as pazes. Já com Menotti del Picchia e com Cassiano Ricardo, para quem chegou a dizer "Basta a gente ver você de fardão na Academia, para sentir que a sua natureza participa da dos paquidermes diluvianos e da tartaruga de água-doce", ele se reconciliou em 47, chamando-os, num artigo de jornal desse ano, "o grande poeta Cassiano Ricardo, e um dos mais dinâmicos participantes da Semana de 22, Menotti del Picchia".

493

Fosse por esta ou aquela razão, o certo é que, quando conheci Oswald, ele já não ocupava o centro do palco literário de S. Paulo, embora a sua presença, para alguns incômoda, se fizesse sentir, mesmo fora dele, o tempo todo. Uma consequência do seu ostracismo era a dificuldade de se encontrar então, nas livrarias, seus livros mais importantes, que não voltaram a ser republicados depois da primeira edição. Eu mesmo, da sua poesia, só conhecia o belíssimo "Ditirambo", do *Pau-Brasil*, que lera numa antologia qualquer e nunca mais esquecera:

Meu amor me ensinou a ser simples
Como um largo de igreja
Onde não há nem um sino
Nem um lápis
Nem uma sensualidade

Um ano depois de ter conhecido Oswald, num livro meu intitulado *Cúmplices*, que aliás trazia duas ilustrações a cores de Oswald de Andrade Filho e que eu dedicara a minha então noiva, hoje minha esposa Dora, procurei levar adiante a simplicidade amorosa e visual do "Ditirambo" num breve poema a que dei o nome de "Epitalâmio":

O meu amor é simples, Dora
Como a água e o pão.

Como o céu refletido
Nas pupilas de um cão.

Eis aí um pequeno exemplo de influência, não de imitação, dessa qualidade fundamental que é a pedra de toque da poesia oswaldiana: a quase milagrosa união do máximo de simplicidade com o máximo de expressividade. Quando escrevi *Cúmplices*, eu já tinha tido acesso à poesia completa de Oswald graças a um exemplar que ele me oferecera da *Poesia Reunida O. de Andrade* (título que parodiava as *Indústrias reunidas F. Matarazzo*). Ofereceu-o com uma dedicatória lisonjeira: "Ao autêntico José Paulo Paes oferece o Oswald". Tratava-se de uma preciosidade bibliográfica: a edição era de apenas duzentos exemplares numerados (o meu é o 87) e trazia ilustrações de Tarsila e do próprio Oswald.

Um ano depois retribuí modestamente a oferta com exemplar da edição de apenas cinquenta exemplares de *Cúmplices*. Pouco antes de o receber, Oswald me mandara um volume da edição que pagara do seu próprio bolso, de *A Crise da Filosofia Messiânica*, com uma dedicatória brincalhona: "Ao José Paulo Paes, poeta post-cabralino da *jeunesse dorée* (referência irônica à geração de 45). Ao talento sem dor mas felizmente com Dora o abraço de fé do Oswald".

Não foi apenas na minha produção lírica que se fez sentir a influência salutar de Oswald, afastando-me definitivamente da seriedade um pouco incômoda da geração de 45 a que eu pertencia por fatalidade cronológica. Também na minha poesia epigramática, onde procurei levar às últimas consequências o poema-piada de 22, há traços da sua influência, a começar nas *Novas Cartas Chilenas*, escritas no mesmo ano da sua morte, 1954, mas só publicadas em livro sete anos depois. Nelas, glosando o título da famosa sátira política da Inconfidência Mineira atribuída a Tomás Antônio Gonzaga, eu procurava retomar a linha satírica e brasileira de *Pau-Brasil* para traçar, em versos, um panorama crítico da nossa história, desde a Carta de Pero Vaz Caminha até as consequências da revolução de 30. Escritos sob o signo de uma paródia do português quinhentista, os epigramas das *Novas Cartas Chilenas* empenhavam-se em ressaltar os abusos do Poder ao longo da nossa história oficial, onde só os vencedores puderam fazer ouvir a sua voz; a dos vencidos ficou para sempre calada. Tomo a liberdade de citar um exemplo para que se possa ver a natureza e os limites da influência oswaldiana, que procurei sempre assimilar criativamente evitando cair na imitação pura e simples. Primeiro, um poema tipicamente pau-brasil de Oswald, datado de 1925, mas que não chegou a ser incluído na primeira edição desse livro-marco:

erro de português

Quando o português chegou
Debaixo duma bruta chuva
Vestiu o índio
Que pena!
Fosse uma manhã de sol
O índio tinha despido
O português

Agora, um epigrama pós-oswaldiano das minhas *Novas Cartas Chilenas* inspirado num dos mais conhecidos episódios da nossa história colonial: a devoração do bispo Sardinha pelos índios caetés, após seu naufrágio nas costas de Alagoas. Aliás, o mesmo episódio é ironicamente lembrado por Graciliano Ramos em seu romance *Caetés*. Chama-se, o meu poema, "L'Affaire Sardinha", ou seja, "O Caso Sardinha":

O bispo ensinou ao bugre
que pão não é pão, mas Deus
presente em eucaristia.

E como um dia faltasse
pão ao bugre, ele comeu
o bispo, eucaristicamente.

Pelo menos até o advento da poesia concreta, fiquei mais ou menos isolado dentro da minha geração na fidelidade ao espírito oswaldiano da sátira, no gosto dos temas prosaicos e na exploração das possibilidades expressivas da linguagem de todos os dias, a linguagem do lugar-comum e da frase feita. Um dos méritos do movimento concreto, em reação ao formalismo algo convencional da geração de 45, que chegou a ressuscitar o soneto metrificado e rimado, foi o de ter proposto um novo tipo de formalismo que, através da pulverização do discurso e da libertação da palavra em si, retomava de certo modo o espírito experimental de 22, o qual procurou aclimatar aqui as audácias do futurismo e do cubismo literário. Por isso não é de estranhar fossem os concretos os primeiros a chamar a atenção para a importância da poesia e da prosa inovadoras, mas então esquecidas, de Oswald de Andrade, repondo o seu nome e a sua obra em circulação entre os escritores mais jovens e, depois, dentro do próprio *establishment* universitário. Os artigos de jornal que publicaram, analisando a contribuição de Oswald no sentido de atualizar a prática criativa de nossa literatura e propondo a retomada do experimentalismo por ele introduzido entre nós, exerceram papel decisivo no que se poderia chamar com propriedade, ainda que com certo exagero, de renascimento oswaldiano literário. Os estudos críticos de Haroldo de Campos à reedição Difel do romance e da poesia de Oswald e, pouco depois, o exame feito por Benedito Nunes do seu pensamento antropofágico como filosofia de vida representam dois momentos decisivos do processo renascentista. Não se deve esquecer tampouco a montagem de *O Rei da Vela* pelo Teatro Oficina. Daí resultou o Tropicalismo gozador e demolidor que popularizou, no terreno da MPB, a irreverência oswaldiana. Nos anos 70, com a geração marginal pondo na ordem do dia a liberação sexual e o desafio aos tabus da moralidade burguesa, reforçados pela censura pós-64, houve outra clara recorrência oswaldiana. E finalmente, com a encampação, pela universidade brasileira, do movimento de revalorização crítica de Oswald como ponta de lança da modernidade brasileira, culminou, numa por assim dizer oficialização, o reconhecimento, tantos anos adiado, da atualidade cada vez maior da sua obra.

Não é difícil entender que, oswaldiano de primeira hora, eu acompanhasse com emoção e entusiasmo esse processo histórico de renascimento. Assisti à estreia de *O Rei da Vela*; reli toda a obra de Oswald nas suas duas reedições; acompanhei a produção meio caótica da poesia da geração marginal, participei em segundo plano da inovação concreta, embora jamais tenha sido um concretista ortodoxo. Hoje me sinto mais próximo do que nunca do Oswald que conheci ainda nos primórdios da minha carreira de escritor. Há dois ou três anos sonhei certa noite com ele. Um desses sonhos estranhos, de que a gente desperta de repente, sem saber bem o que acabou de sonhar. No dia seguinte, sentei-me à mesa de trabalho e escrevi num jato, quase que por ditado mediúnico, um poema no qual, fixando as lembranças confusas do sonho, tentei ordená-las. Eu sonhara que voltava a visitar o apartamento de Oswald na Bela Vista, onde o frequentei até a sua mudança para a casa da rua Bolívar, pouco antes de falecer em 54. Entretanto, cheguei ao apartamento levado por S. Francisco de Assis. Só ao transformar o sonho em poema foi que decifrei o símbolo onírico meio estapafúrdio. S. Francisco era Nonê, o amigo morto havia já um bom número de anos, mas que ficou gravado para sempre na minha memória como um homem de bondade, de afetividade, de desprendimento verdadeiramente franciscanos. E nada melhor, para encerrar estas recordações meio descosidas da minha breve convivência com Oswald de Andrade, este testemunho de admiração e de saudade, do que ler para vocês esse poema. Ele se intitula "Prosa para Miramar", o personagem do romance em que Oswald de Andrade se retratou autocriticamente.

Prosa para Miramar

Rua Ricardo Batista.
Bela Vista
Segundo andar? Eu já nem lembro.
A primeira vez fui levado por Francisco
na sua derradeira aparição entre nós
como aluno e filho torto de Tarsila.

A sala
com o espantoso De Chirico:
o gabinete com os livros
onde discutimos Bachoffen uma tarde inteira:
a geladeira
onde Antonieta lhe guardava à noite
um copo de leite surrupiado pelo Aurasil às vezes.

O cabelo cortado bem curto
por sob a boina azul (na rua).
Os olhos a olhar sempre de frente
numa interrogação ou desafio.
O sorriso, os dentes de antropófago.
A língua afiada
nos ridículos de gregos e troianos.

Não de pobres interioranos como eu, recruta
da geração de 45
(inofensiva, apesar do nome
de calibre de arma de fogo)
com a qual ele gostava de brigar
nas suas horas vagas
de guerrilheiro já sem causa.

Para ele (amor: humor) eu era apenas
um poetinha da *jeunesse dorée*
talento sem dor

mas felizmente com Dora.
Para mim ele era o velho piaga
(meninos eu vi) de uma tribo definitivamente morta
mas cujos ossos haveremos de carregar conosco muito tempo
queiram ou não
os que só não têm medo de suas próprias sombras.

Rua Ricardo Batista.
Passei por ali ainda outro dia.
O edifício está lá de pé mas ele se mudou.
Nunca mais o vi. Frequentei Nonê por uns bons anos
até a sua má ideia de voltar para a Úmbria
onde certamente lhe reconstruíram tijolo por tijolo
o ateliê e o casarão da Martiniano de Carvalho
hoje um hospital.

Nunca mais o vi? Mentira. Vi-o uma última vez
em 65 ou 66, estreia
de *O Rei da Vela* no Oficina.
Ele estava sentado na plateia bem atrás
com sua boina azul
já póstumo mas divertido de ver o irrespeitável público
comendo finalmente
do biscoito de massa mais fina
que com suas próprias mãos ele amassara
para o futuro, seu melhor freguês[1].

1. José Paulo Paes, *Poesia Completa*. Apresentação de Rodrigo Naves. São Paulo, Companhia das Letras, 2008, pp. 381-382.

Entre Lirismo e Ideologia

[Sobre a Poesia de Jacinta Passos]*

I

Nas abas dos *Poemas Políticos*, terceira e última coletânea de versos de Jacinta Passos, publicada em 1951, estão transcritas opiniões da crítica acerca de seu livro anterior, *Canção da Partida*, de 1945. Roger Bastide louvava ali a "síntese entre o sabor das formas folclóricas e o sentimento da miséria dos homens, da solidariedade no sofrimento, a profecia de um mundo mais justo e mais fraternal", ao passo que Aníbal Machado sublinhava a sua amplitude de "canto de poesia que vai da ternura mais íntima ao grito largo de libertação, voz da maioria das mulheres conscientes e profundas". Também Sérgio Milliet chamava a atenção, naquele a seu ver "belo livro de poemas", para a afirmação de uma "sensibilidade que, por ser bem feminina, nada tem de piegas". Mário de Andrade, por sua vez, não se furtava a reconhecer-lhe "realidade poética" fora de qualquer dúvida, e Antonio Candido ia mais longe quando dizia que "Jacinta Passos se firmou com este livro […] numa posição de primeira plana na moderna poesia brasileira".

Diante de opiniões tão favoráveis, se não é de surpreender, é sempre de lamentar esteja a poesia de Jacinta Passos ausente das livrarias há tantos anos, já que nenhuma de suas obras foi jamais reeditada. Para essa ausência, há razões de vária ordem, desde o reconhecido descaso do leitor brasileiro de hoje pelos livros de poesia, o que os condena, com raríssimas exceções, a uma vida editorial lamentavelmente curta, até as perturbações mentais de que, pouco depois da publicação dos *Poemas Políticos*, enfermou sua autora e que acabariam por levá-la à morte. Com isso truncou-se uma vocação cuja legitimidade se anunciava desde *Momentos de Poesia*. Neste volume de 1942 estavam reunidos os

---

* Este ensaio, cujo datiloscrito se encontra no Arquivo José Paulo Paes, foi composto para a segunda edição de *Canção da Partida*: Salvador, Fundação das Artes, 1990.

primeiros versos de Jacinta ao lado dos de seu irmão Manuel Caetano Filho. Versos, os dela, de uma forte religiosidade que se diria inspirada pelo *genius loci* do seu nascimento, Cruz das Almas. Não foi porém na sede do município que ela nasceu, a 30 de novembro de 1914, e sim numa fazenda das proximidades, a de Campo Limpo, propriedade de seu pai. Nessa típica fazenda do interior baiano, cujos hábitos patriarcais seriam rapsodicamente evocados no poema--título da *Canção da Partida*, viveu Jacinta uma parte de sua infância; a outra seria passada numa cidade vizinha, S. Félix, à beira do rio Paraguaçu, que defrontava Cachoeira, onde seu pai foi fiscal do imposto de consumo; todos esses toponímicos aparecem também no mesmo poema. Nele é referida ainda a mudança da família para Salvador, quando o seu chefe foi eleito deputado estadual na legenda da UDN, investidura que voltaria a conquistar outras vezes e que em duas ocasiões alternaria com a do deputado federal constituinte. Na capital da Bahia, Jacinta cursou a Escola Normal, diplomando-se em 1932 com distinção. No ano seguinte, passou a ensinar matemática e depois literatura brasileira no Instituto de Educação Isaías Alves.

Os seus anos de juventude foram marcados por uma religiosidade que, como já se disse, transparece ostensivamente nos 38 poemas que lhe formam o livro de estreia. Pouco tendo a ver com os lugares-comuns do catecismo em que, por sua condição de Filha de Maria, ela era então doutrinada, essa religiosidade nascia de um temperamento místico para o qual só a comunhão da alma com o seu Criador se podia constituir na desejada via de transcendência. Segundo o depoimento de familiares, a Jacinta dessa época "costumava comunicar-se diretamente com Deus, sem intermédio de orações, através de intensa concentração"[1]. O sinal estilístico de tal comunicação é a frequência com que o vocativo "Senhor" e o imperativo na segunda pessoa do singular — a flexão verbal da súplica — aparecem nos versos de *Momentos de Poesia*. Como não podia deixar de ser, estes pagavam tributo aos modelos de poesia religiosa postos em circulação entre nós pelo *renouveau* católico dos anos 20 e 30. Não me refiro aos modelos mais radicais do surrealismo de Murilo Mendes e Jorge de Lima, mas aos modelos mais conservadores do espiritualismo conceituoso de Tasso da Silveira. Esta filiação ajudaria a explicar a modernice ainda tímida dos poemas de estreia de Jacinta Passos, onde o verso livre, de

---

1. Esta informação, assim como as demais informações biográficas aqui utilizadas, me foram fornecidas por Janaina Amado Figueiredo, filha de Jacinta Passos.

JOSÉ PAULO PAES *Crítica Reunida Sobre Literatura Brasileira & Inéditos em Livros*

amplo respiro e tom discursivo, nem sempre dispensa o apoio retórico da rima nem obsta o eventual recurso ao verso metrificado. Ajudaria a explicar, além disso, o gosto por motivos convencionais como a tristeza do fim do dia, em "Crepúsculo", ou a ânsia do inatingível, em "O Mar", tanto quanto a adjetivação redundante de frases feitas como "negro abismo insondável", de "Vida Morta", ou "fecundo labor humano", de "A Guerra", que logo trazem à lembrança os reparos feitos por Péricles Eugênio da Silva Ramos a "certas debilidades" da poesia de Tasso da Silveira, sobretudo à sua "adjetivação fraca e por demais repetida"[2].

Há inclusive algo de condoreiro no destemor juvenil com que os *Momentos de Poesia* enfrentavam os chamados grandes temas, a exemplo de a glória e a beleza da vida, a desumanidade do mundo moderno, os enigmas do universo, a integração dos seres no mistério do Ser, e outros que tais. Esses grandes temas são versados, as mais das vezes, numa linguagem cujo poder de convencimento parece ser inversamente proporcional aos recursos de ênfase por ela mobilizados. É o que se pode ver em poemas do tipo de "O Momento Eterno", em que a efusão amorosa assume, hiperbolicamente, dimensões cósmicas:

> Apagaram-se todas as limitações porque tu e eu desaparecemos.
> Existimos fundidos num ser único
> que ignora a sucessão no tempo,
> que desconhece as fronteiras onde sua vida termina e a vida cósmica se inicia,
> perdidos no êxtase imenso
> como um astro sem memória perdido no espaço sem princípio e sem fim.

Ainda que lances assim hiperbólicos possam ser tidos como consubstanciais a uma alma vocacionalmente mística, ansiosa de unir-se com o seu Criador, – cuja infinitude, numa redução panteísta frequente na poesia religiosa, é confundida à multiplicidade da Sua criação –, não é neles que se faz ouvir a voz mais característica da autora de *Momentos de Poesia*. Esta soaria antes naquelas passagens em que, à semelhança de Poverello do "Cântico das Criaturas", ela se identifica com as coisas mais simples para através delas celebrar,

---

2. Péricles Eugênio da Silva Ramos. "O Modernismo na Poesia", in: Afrânio Coutinho (dir.). *A Literatura no Brasil*. Rio de Janeiro, Livraria São José, 1959, vol. III, t. I, p. 560.

por diminuição ou hipérbole às avessas, a grandeza do universo-Deus. É o que acontece nesta estrofe de "Súplica":

Quebra todas as ásperas durezas do meu ser,
para que eu possa captar as mínimas vibrações da vida cósmica
e elevar para ti
o canto de louvor da terra toda.

A vontade de captar o mínimo irá adquirir aos poucos conotações de índole antes social do que estritamente mística. Em "Comunhão", por exemplo, o "canto de amor universal" que ali se propõe, embora proclame abranger "homens de todas as raças, de todas as nações e de todas as classes", acima das "barreiras criadas pelo egoísmo do homem", já se compraz em estabelecer certas distinções não destituídas de consequências, extremando

Homens ricos e pobres,
pobres escravizados aos ricos e ricos escravos do dinheiro,
capitalistas importantes e proletários humildes,
gordos burgueses satisfeitos,
operários que ruminais o surdo rancor das injustiças acumuladas,
reacionários conservadores da ordem estabelecida,
comunistas que tendes sede de comunhão humana [...].

A consciência social a que, por via de suas inquietações religiosas, chegara a autora de *Momentos de Poesia*, vai-se precisar ainda mais na *Canção da Partida*, ali adquirindo nítida dimensão política, mas por sob cujo utopismo transluz, não obstante, uma religiosidade residual ou fantasmática. De outro lado, o pendor franciscano pelas "coisas mais simples" proclamado em "Poesia Perdida", a peça de abertura do livro de estreia – onde, num paradoxo típico da psicologia do misticismo, convive com a soberba de uma alma que, noutra peça do mesmo livro, se confessa "faminta de beleza", "ávida de perfeição" e tomada de "ânsia infinita", – esse pendor irá encontrar na simplicidade de linguagem das cantigas de roda e dos cantos de trabalho o clima ideal para o seu florescimento. Tanto que, mais para o fim de *Momentos de Poesia*, o discursivo do verso longo começa a dividir terreno com o cantábile do redondilho, e os grandes temas vão sendo preteridos por motivos do cotidiano. Três poemas,

"Canção Simples", "Cantiga das Mães" e "Carnaval", são particularmente ilustrativos dessa mudança de registro, prenunciando a dicção icástica da *Canção da Partida*. Daí não estranhar fossem aproveitados, com pequenas modificações de forma, no novo livro.

A "Canção Simples" tematiza a desigualdade de direitos e deveres do homem e da mulher na empresa amorosa. Ainda que tal desigualdade possa ser vista como historicamente condicionada, fruto dos *mores* da sociedade patriarcalista, nem tudo nela é redutível ao social. Foi o que D.H. Lawrence viu muito bem ao dizer que "o verdadeiro problema das mulheres é terem sempre de procurar adaptar-se às teorias masculinas acerca da mulher"[3]. Infundindo outras conotações ao símile tradicional da flor arrastada pelo ímpeto do rio, Jacinta Passos exprime desafetadamente, nas primeiras quadras da "Canção Simples", a dependência da mulher para com a vontade de poder do desejo masculino:

A flor caída no rio
que a leva para onde quer,
sabia disso e caiu,
seu destino é ser mulher.

Leva tudo e segue em frente,
amor de homem é tufão,
o de mulher é semente
que o vento enterrou no chão.

Mulher quando ama, empobrece
porque dá tudo o que tem,
homem recebe, enriquece,
vai receber mais além.

Patenteia-se nesta e em outras passagens não apenas aquela sensibilidade marcadamente feminina ressaltada por Sérgio Milliet na *Canção da Partida* como sobretudo uma visão *crítica* da condição da mulher rara de encontrar-se na poesia brasileira. Visão eminentemente poética, entenda-se, não conceitual

3. "Give Her Pattern", *Selected Essays*. Harmondsworth, Penguin Books, 1950, p. 19.

ou conceituosa, sendo dela parte integrante um vincado sentimento maternal que informa a temática e a simbólica da poesia de Jacinta Passos. Na "Canção Simples", a imagem da semente enterrada no chão, imagem tectônica de que iremos encontrar outras variantes na *Canção da Partida*, foi agenciada por esse sentimento, assim como dele provêm as constantes referências à infância rastreáveis nos dois livros posteriores aos *Momentos de Poesia*. E é ainda a partir de um símile tradicional, o das árvores a perder seus frutos maduros, que ele aparece pela primeira vez tematizado em "Cantiga das Mães":

Fruto quando amadurece
cai das árvores no chão
o filho depois que cresce
não é mais da gente, não.
Eu tive cinco filhinhos
e hoje sozinha estou.
Não foi a morte, não foi
oi!
foi a vida que roubou.

O fato de este poema ter sido aproveitado na *Canção da Partida* mostra que, a despeito da preocupação do social ali tão imperiosa, não vai ficar esquecido o existencial, vale dizer, aquilo que diz respeito antes à condição humana em si do que à sua circunstância histórica. Do mesmo modo que na "Canção Simples", aqui também a visada ultrapassa o histórico e o social: o rompimento do vínculo mãe-filho, natural e necessário, como o dá a entender o símile do fruto caído, em nível biológico, acarreta em nível humano um sentimento de perda nele não menos natural e necessário.

Quanto a "Carnaval", o terceiro dos poemas ilustrativos de uma mudança de rumos na poesia de Jacinta Passos, ele se faz notar tanto pelo localismo do seu enfoque quanto pelo timbre coloquial da sua linguagem, um e outro em contraste frontal com a visada universalista de *Momentos de Poesia* e com a sua linguagem as mais das vezes empostada, "literária". O interesse da poetisa por essa manifestação tão característica da vida popular da Bahia não decorre tão só do seu pitoresco folclórico – ainda que o folclórico vá ser uma das matrizes da *Canção da Partida* – mas principalmente da efêmera mistura de raças e classes por ele ensejada, irrupção de uma "nova realidade sem nome que dança na rua" e que, numa recorrente imagem tectônico-maternal, vemos emergir de um ainda ignorado "subsolo" cuja natureza os futuros poemas de Jacinta Passos cuidarão de precisar.

II

Canção da Partida foi publicado em 1945. Nos anos imediatamente anteriores, sua autora estivera ligada, na Bahia, a movimentos populares encabeçados por grupos de esquerda, o que deixou a sua marca em *Momentos de Poesia*. Não nos versos de inquietação religiosa escritos entre 1937 e 1940, mas naqueles dos dois anos seguintes, em que à inquietação religiosa se vem somar a humanitária. Quando saiu a *Canção da Partida*, Jacinta estava recém-casada com o escritor James Amado, militante do PCB, partido então na ilegalidade e a que ela se filiou em fins de 1945. Mas nem seria preciso recorrer a dados de ordem biográfica para explicar a preocupação participante dos poemas da *Canção da Partida*. Eles eram, nisto, o espelho da consciência eminentemente social de uma época a que a resistência antifascista e as agruras da guerra haviam ensinado o sentido prático dos versos de John Donne acerca de que "homem nenhum é uma ilha, completa em si; cada homem é uma parte do continente, uma parte do todo".

É o generalizado sentimento de solidariedade dessa época, o seu sonho de um mundo só, tão depressa desmentido pela realidade do pós-guerra, que se reflete na *Canção da Partida*. Isso não quer dizer estejam dele ausentes certos exclusivismos de partido. Ainda que fugazmente, eles transparecem numa invocação de "Pânico no Planeta Marte", o quinto poema da coletânea, quando os donos da vida (antonomásia então usada por Mário de Andrade e que não tardou a popularizar-se) pedem a Trótski que ressuscite para salvá-los da aniquilação. A caracterização dos trotskistas como lacaios da reação era, como se sabe, o espantalho a que o *establishment* stalinista recorria para prevenir quaisquer veleidades de cisma nas suas bem disciplinadas fileiras. Em favor da *Canção da Partida*, é de justiça ressaltar que fugia inteiramente aos moldes da poesia dita social tal como era praticada entre nós. Para justificar o diapasão de oratória de comício em que costumavam incorrer, alegavam os seus praticantes alguns precedentes ilustres, como os de Castro Alves e Walt Whitman, mas sem poder amparar-se nem no "melhor pragmatismo" tão bem lembrado por Mário de Andrade[4] a propósito do primeiro, nem na "maior e estranha delicadeza, originalidade e sensibilidade" que, para Randall Jarrell, faz do segundo muito mais do que um mero "retórico arrebatado"[5]. O mesmo Mário de Andrade, resenhando um dos livros de poesia participante característicos dessa quadra, assinalava que estava eivado dos "vícios técnicos da demagogia", entre os quais enumerava o "excesso de interjeições, excesso de invocações, apelos aos amigos, aos companheiros, aos irmãos, ar profético". Terminava o crítico por confessar a sua irritação ante a "piedade... quase vicentina" da maior parte da literatura social daqueles dias, onde ele encontrava não "uma verdadeira e dura fraternidade, tal como a que vibra nos melhores versos de um atual Aragon, do Maiakowski da boa fase, ou de Whitman, mas os vícios de uma desigualdade tradicional, glutonamente chorosa e esmoler"[6].

Os vícios técnicos da demagogia em que, no arrebatamento místico de sua adolescência, incorreu mais de uma vez a poetisa de *Momentos de Poesia*, estão felizmente ausentes da *Canção da Partida*. Se aqui se faz sentir ainda um certo ar profético, ao que parece consubstancial à poesia politicamente idealista, bem como um certo pendor pelas invocações, estas de índole mais afetiva que oratória, um e outras nada têm a ver com qualquer piedade vicentina, originando-se antes de um sentimento de fraternidade que, não sendo exatamente "duro", adjetivo aliás incompatível com a sensibilidade feminina, é sem dúvida verdadeiro, desde que se dê a este segundo adjetivo, como cumpre em se tratando de arte literária, a acepção de convincente. Tenho para mim que o poder de convencimento dos dezoito poemas enfeixados na *Canção da Partida* advém sobretudo do seu timbre inconfundivelmente lírico, a que não falta de vez em quando, por amor da variedade, uma nota de sátira.

Ao fazer-se uso de um conceito tão fluido quanto o de lirismo, convém ter em mente, com Hegel, que "o conteúdo de um poema lírico é [...] a maneira como a alma, com os seus juízos subjetivos, alegrias e admirações, dores e sensações, toma consciência de si mesma no âmago desse conteúdo"[7].

---

4. "Castro Alves", *Aspectos da Literatura Brasileira*. São Paulo, Martins. s. d., p. 133.
5. "Alguns versos de Whitman". *A Poesia e a Época*, trad. E. C. Caldas, Rio de Janeiro, Revista Branca. s.d., p. 94.
6. Mário de Andrade, "Três Faces do Eu". *O Empalhador de Passarinho*. São Paulo, Martins, s. d., pp. 57-58.
7. *Apud* Massaud Moisés, *Dicionário de Termos Literários*. São Paulo, Cultrix, 1974, p. 309.

Foi essa lírica tomada de consciência de si no próprio ato de exprimir-se que salvou Jacinta Passos do escolho das generalizações retóricas em que, por equivocadamente fiéis às abstrações de uma ideologia, naufragaram outros poetas, como ela animados – para repetir as palavras com que Roger Bastide saudou a *Canção da Partida* – do mesmo "sentimento da miséria dos homens, da solidariedade no sofrimento", do mesmo ideal de "um mundo mais justo e mais fraterno". Em vez de simplesmente tentar pôr em verso as palavras de ordem de uma doutrina política impessoal, cuidou ela de interrogar-se acerca das raízes do *seu* sentimento do mundo. Tal anamnese, de par com a matéria vincadamente pessoal do seu canto, que Aníbal Machado disse bem ir "da ternura mais íntima ao grito largo de libertação", deitando assim por terra a falsa barreira entre o individual e o coletivo, lhe daria, de quebra, o instrumento linguístico mais adequado para exprimi-la, qual seja a singeleza folclórica das cantigas de roda e de trabalho. Uma análise do poema-título da *Canção da Partida* nos possibilitará entender melhor os nexos de necessidade entre matéria e expressão lírica na poesia de Jacinta Passos.

Fez-se referência, mais atrás, aos elementos autobiográficos que lastreiam esse poema, marcos de uma viagem de retorno aos dias da infância. A contradição que, do ponto de vista da lógica estrita, se possa enxergar entre a partida anunciada no seu título e o retorno por ela tematizado, se resolve em termos de lógica poética pela circunstância de o passado ser apenas porto de escala numa viagem que em verdade *parte* do presente para o futuro. Quando a poetisa refaz o percurso de sua vida, é para recolher familiares e amigos disseminados ao longo dela e levá-los consigo no rumo da utopia:

> O país para onde vamos,
> Estelita!
> é uma terra tão bonita,
> parece até invenção
> [...]
> Já não vou sozinha agora,
> vamos, meu povo,
> digo adeus, vamos embora.

A figuração da passagem ou viagem da vida – e neste sentido *Canção da Partida* pode ser vista como um rito de passagem da inconsciência à consciência social – se faz pelo desenvolvimento das sugestões formais de uma cantiga de brinquedo cujo refrão, "passa passa passará/ derradeiro ficará", abre o poema, que está escrito em redondilha maior ocasionalmente entremeada de versos mais curtos, de andamento quase sempre anapéstico, duas sílabas não acentuadas seguidas de uma acentuada, num ritmo martelado de marcha ou galope. Acresce notar a pertinência ou isomorfia de essa reversão à infância se exprimir por via da estilização de uma brincadeira tradicional, mais adiante enriquecida com refrões de outras toadas folclóricas, inclusive cantos de trabalho, como os da manocadora de fumo e do canoeiro:

– Vitalina!
manoca o fumo, menina,
você hoje vadiou.
[...]
Rema
rema
remador,
caranguejo peixe é,
remar contra a sua sorte
é remar contra a maré.

Se se tiver presente que, no curso da anamnese, a elocutora do poema vai focalizando sobretudo personagens da sua infância e adolescência ligadas ao mundo popular, trabalhadores rurais da fazenda Campo Limpo, empregados domésticos e operários de Salvador, percebe-se não ser gratuito ou meramente ornamental o recurso a material folclórico como parâmetro da invenção poética. Trata-se, ao contrário, de um lance típico de estabelecimento de nexos de necessidade entre significante e significado por meio dos quais o poeta luta contra a arbitrariedade do signo linguístico.

Durante o processo de evocação dos figurantes proletários do seu passado – processo que se assinala na frequência de vocativos cujo tom afetivo, não ideológico e/ou retórico, impede capitulá-los entre os "vícios técnicos da demagogia" verberados por Mário de Andrade –, se vai progressivamente afirmando a consciência social da evocadora. A cada evocação avulta um destino marcado pelo ferrete da desigualdade, donde a significatividade da repetição do verso "Nós somos gente marcada". Marcada é Dade, a ama de leite de Campo Limpo, que trabalhou a vida inteira na roça e na casa dos patrões, criou-lhes "cinco filhos brancos", além dos dez que ela própria deu ao mundo, e mesmo assim "morreu sozinha". Marcado é Augusto Braço Cotó, que entrega doces no Triunfo, tanto quanto Bernadete, "preta que nem tição" e "pobre sem um tostão", ou José, "que desde menino/ trabalhas nas Sete Portas", ou Manuel da Maria, "compadre, estivador". A marca da desigualdade pode ser tríplice:

> – Pelo sinal da pobreza!
> – Pelo sinal da mulher!
> – Pelo sinal
> da nossa cor!

Ao ferrete da pobreza, ainda que remediada, não escapará a própria elocutora. Quando a família se transfere para Salvador, e as meninas são postas a estudar na Escola Normal porque "é mais seguro,/ professora é meio de vida,/ ninguém sabe do futuro", a mãe passa o dia fazendo doces para fora, conquanto, em nome da respeitabilidade pequeno-burguesa, seja preciso esconder o comércio vexatório:

> Minha mãe, minha mãezinha,
> todo dia na cozinha,
> faz doce para vender:
> – Augusto Braço Cotó,
> vá entregar no Triunfo
> e cobre!
> Não diga nada a ninguém,
> meu bem.
> Sou pobre!

O ferrete da condição feminina, de que já encontramos vislumbres críticos na "Canção Simples" e na "Cantiga das Mães", é alusivamente referido nesta passagem onde o cediço símile da "Canção do Exílio" serve para ironizar a liberdade vigiada da mulher dentro dos limites do estereótipo em que a encarcera o desejo masculino:

Menina, minha menina,
carocinho de araçá,
cante
estude
reze
case
faça esporte e até discurso
faça tudo o que quiser
menina!
não esqueça que é mulher.
Minha terra tem gaiola
onde canta o sabiá.

Mesmo na série "Três Canções de Amor", de notável limpidez e despojamento de expressão, o abandono amoroso não exclui uma consciência crítica diferenciadamente feminina. A primeira canção, que desenvolve uma parlenda infantil, "Eu fui por um caminho./ Eu também./ Encontrei um passarinho./ Eu também", aponta no amor menos a segurança matrimonial do ninho que os riscos de uma aventura a dois, um "vai e vem" sujeito, "como tudo", a mudanças e rupturas: "Podes virar um passarinho./ Eu também". Na segunda canção, motivos de contos de fadas configuram o amor como gruta sombria em cujo recesso se embosca a vontade proprietária do homem:

Nunca se fie no seu sono,
sono de El-rei, meu senhor.

Não queiras nunca ser dono,
negro!
Ah! negro do meu amor.

Em "Chiquinha", o tema da sujeição feminina se historiciza num desfile de séculos e o corpo-mercadoria da mulher vai assumindo seus diferentes avatares: escrava do Egito, prostituta da Mesopotâmia, pária da Índia, odalisca da Arábia, matrona-serva de Roma, "mistério e tabu" do Medievo, ventre paridor de escravos na aurora dos tempos modernos, operária da era da máquina – a mesma máquina que, com pôr abaixo as "fronteiras/ do lar, doce lar/ – prisão milenar" –, traz afinal ao "corpo,/ cansado,/ explorado" dessa obstinada e metamórfica Chiquinha uma esperança de libertação.

É bem de ver que o sentimento libertário difuso por toda a *Canção da Partida* ecoa menos as teses de uma ideologia ou as palavras de ordem de um partido que a voz de uma sensibilidade a fazer-se consciência no próprio ato de se enunciar, por via da indissolúvel unidade de vivência e expressão característica do lirismo. O timbre inconfundivelmente feminino dessa voz, ao mesmo tempo que lhe garante a autenticidade, a singulariza no quadro da nossa poesia participante ou engajada. E dentro da mesma ordem de ideias, impõe-se ainda lembrar a componente maternal dessa feminilidade, que já apontava nos *Momentos de Poesia*. Ela vai avultar na *Canção da Partida*, quando mais não fosse pela ênfase ali dada ao mundo da criança, mundo do qual, por força da tarefa a ela confiada pela maternidade, de ter de acompanhar passo a passo os primeiros anos de vida dos filhos, a mulher está muito mais próxima do que o homem. A ternura de que a infância é objeto na *Canção da Partida* não fica restrita à esfera do individual. Tanto quanto a feminilidade de que provém, reveste-se de implicações sociais, mesmo nos momentos em que menos seriam de esperar, como na "Cantiga de Ninar", onde a refrões e motivos de nanas brasileiras tradicionais vem-se juntar um novo ingrediente utópico-político:

> Senhora Onda do Mar
> vestida de verde com franjas de luar,
> ninai meu filhinho, fechai seu olhinho
> seu soninho velai
> que mamãe precisa fazer com papai
> Senhora Onda do Mar,
> um planeta novo para neném morar.

Esta conexão do infantil com o social, apenas insinuada no cantábile de "Cantiga de Ninar", vai-se explicitar no discursivo de "Mensagem às Crianças do Mundo", onde a mudança de tom, do sugestivo para o exortativo, se faz sentir desde a troca do redondilho por um verso de medida mais longa, de até dezesseis sílabas. Ademais, na designação "mensagem" está implícita certa solenidade retórica, consentânea com a amplitude de visada do poema, o qual abandona a área do familiar, do local, do vivido – de onde procede o melhor da poesia de Jacinta Passos — para tentar abarcar o universal, numa como que recaída nos esquemas generalizantes de *Momentos de Poesia*. Entretanto, ao dirigir-se às crianças sofredoras das várias partes do mundo — asiáticas, em especial chinesas; europeias, dos países então ocupados pelos exércitos nazistas; alemãs, "que aprendem somente a odiar"; judias, russas, oceânicas, africanas, americanas, — a poetisa lhes transmite uma mensagem que não se pode a rigor chamar de ideológica. Lembra-lhes que, para além da "hora terrível" da guerra, permanecem as "alegrias elementares pelas quais os homens lutam" e permanece a vida, do que é lícito esperar:

[...] um tempo no tempo
em que a polícia, a moral, as leis e todas as coisas acidentais
serão inúteis para a comunidade humana
como remédios para um organismo que recuperou a saúde.

Chegará um tempo no tempo
em que a terra conquistada, os homens, todos os homens, como vós,
[minhas puras criancinhas,
receberão a vida, a vida simplesmente, como o dom supremo.

A aceitação da vida como um valor absoluto, impossível de ser medido pela escala de uma teoria ética ou filosófica, qualquer que ela seja, parece ser aliás a tônica da *Canção da Partida*, cuja epígrafe, "Que vontade de cantar:/ a vida vale por si", pode ser vista como uma definição do próprio lirismo que lhe anima as páginas. Entretanto, o fato de, na "Mensagem às Crianças do Mundo", o discursivo desembocar num fecho de ouro lírico, transideológico, não impede a ideologia de ali assomar a certa altura:

Crianças da Rússia, a pátria misteriosa
cujo roteiro os donos do mundo ocultavam
como os antigos roteiros dos tesouros que os bandeirantes, ávidos, buscavam,
crianças da Rússia, a pátria misteriosa
que Stalingrado revelou ao mundo.

A vinculação desta referência à fé política de sua autora é de ordem imediata, instrumental e, como tal, ideológica, o mesmo se podendo dizer da Estrela do Oriente do poema homônimo, a qual, por trazer "uma foice na mão", se despe de sua aura de conotações para adquirir uma obviedade emblemática capitulável entre "os vícios técnicos da demagogia". E quando, no poema em questão, nos é dito que "só na voz da própria Estrela/ podemos cantar", eis o lírico posto a reboque do ideológico. Desse perigoso atrelamento se salvam outros poemas na linha de "Estrela do Oriente", como "Pânico no Planeta Marte" e "Louvação do Dinheiro", pela finura do tom de ironia e sátira com que a mensagem ideológica é ali veiculada, enquanto em "Metamorfose" o tema da mudança (e traição) de classe fica felizmente implícito na série de perguntas que balizam o poema, perguntas que, respondidas, o teriam convertido em mera peça de propaganda.

Se em "Sangue Negro", em que não há ironia ou sátira, nem tampouco obliquidade sugestiva, a louvação do operário mestiço dos poços de petróleo do Recôncavo como fautor do progresso do Brasil não descai no lugar-comum ideológico, isso se deve às ressonâncias de sua estrutura simbólica, cujas imagens de base aparecem nas duas estrofes que abrem e fecham o poema à guisa de refrão:

> Terras curvas do Recôncavo
> onde adormece o oceano,
> no teu subsolo circula
> sangue negro cor da noite,
> da cor do preto africano,
> preto cujo sangue escravo
> regou o solo baiano.
>
> Terras curvas do Recôncavo
> onde adormece o oceano,
> de tuas veias abertas
> escorre
> o petróleo baiano,
> sangue negro do Brasil.

A ordem que aqui prepondera, governando a semântica do poema, é a do telúrico, do subterrâneo, do oculto, a ordem primordial da Terra-Mater nas curvas em cujo seio acolhedor o oceano – vínculo geográfico entre África e

XII. Ensaios Inéditos em Livros do Autor

Bahia reiterado pela simetria fônica da rima unindo "oceano" a "africano" e "baiano" — vem adormecer num apequenamento metafórico ao gosto da ternura maternal, tão afeita aos diminutivos. A referência a "subsolo", no terceiro verso, articulada a "Recôncavo", no primeiro, traz logo à lembrança articulação semelhante que já encontráramos em "Carnaval", uma das peças finais de *Momentos de Poesia* transferida para a *Canção da Partida*. Ali, era do subsolo de Salvador que irrompia uma "nova realidade sem nome" a dançar na rua o efêmero mito carnavalesco da mistura e/ou indistinção de classes. Agora, é nas veias do operário mestiço dos poços de petróleo do Recôncavo que o sangue branco dos senhores e o sangue negro dos escravos confluem não para reconciliar-se mas para denunciar o embuste da supremacia racial: o que surde das entranhas do Poço é "sangue negro", o petróleo de que se nutrem as máquinas para levar "mensagens de aproximação" do metalúrgico de Volta Redonda ao gaúcho dos pagos, o seringueiro da Amazônia, o vaqueiro do Nordeste e o proletariado das grandes cidades brasileiras. A ordem tectônica do subsolo vai-se completar, mais adiante no poema, com o mineralógico "ventre da terra" de onde são extraídos o ferro e os metais; com as "forças primordiais" adormecidas no vale amazônico, simétricas das "forças latentes" do interior do Poço; com o chão nordestino de onde o homem tira "a chuva que o céu não dá". E à mesma topologia do subterrâneo e do oculto implícita na simbólica da Terra-Mater se vincula ainda o sangue, espécie vital e sacrificial que dá nome ao poema. Neste, ela assume cor negra para poder identificar-se metaforicamente ao petróleo do Recôncavo, metaforização por meio da qual o escravo-Cristo, com redimir a terra da sua paixão — no sentido evangélico de martírio —, com o sangue-petróleo de suas "veias abertas", passa a emblematizá-la e a fazer da Bahia *locus* de redenção, célula-mater da fraternidade proletária[8].

Vem a propósito lembrar, nesta altura, que ao motivo do Filho vítima e redentor, a um só tempo, está ligada de perto, no simbolismo cristão, a figura da Mater Dolorosa, com o que se explicita a sua ligação profunda à ordem do telúrico. É apropositado sublinhar, outrossim, que o recurso à mítica religiosa não se confina a "Sangue Negro" mas é encontrável em outros textos da *Canção da Partida*. Já vimos, no seu poema-título, o gesto litúrgico do pelo-sinal

---

8. Também na poesia de Sosígenes Costa, com a qual a de Jacinta Passos tem mais de um ponto de afinidade, a Bahia é vista como bendito fruto da África e como *locus* de fraternidade e paz. Cf. meu ensaio *Pavão Parlenda Paraíso: uma Tentativa de Descrição Crítica da Poesia de Sosígenes Costa*. São Paulo, Cultrix-cgl, Pacce, 1977, pp. 51-56.

515

revestir-se de implicações sociais ao ser traçado em nome da pobreza, da mulher e da cor, cor cujo ferrete seria exorcizado em "Sangue Negro"; mais para o fim da mesma "Canção da Partida", a travessia do mar Vermelho por Moisés figura o trânsito do passado para o futuro, o rumo da utopia. Em outra clave, a irônico-satírica "Louvação do dinheiro parodia, com a sua enfiada de epítetos ("Chave do mundo,/ porta do céu,/ poder divino,/ submarino,/ louvado seja/ o vosso nome"), as ladainhas do culto mariano. "Estrela do Oriente" retoma o motivo da estrela que guiou magos e pastores a Belém para colocar, como vimos, a causa dos "párias de todo o mundo" sob o signo partidário da Foice. E em "Navio de Imigrantes", as alusões são, como seria de esperar, ao dilúvio, à arca da aliança e à terra prometida.

Se bem se possa traçar um nexo mediato de coerência entre estas alusões bíblicas e o profetismo salvacionista apontado por mais de um crítico como ponto de fuga do sistema de Marx, há um nexo imediato delas com os *Momentos de Poesia*. Ao analisar este último livro, tive ocasião de observar haver sido através das suas inquietações místicas que a poetisa chegara a uma consciência social, donde não estranhar transluza, por sob a dimensão abertamente política da *Canção da Partida*, uma dimensão religiosa fantasmática ou residual. Tal caráter fantasmático calha bem de resto à obliquidade, à finura alusiva que faz da *Canção da Partida* a melhor das três coletâneas de versos de Jacinta Passos. A anamnese lírica e localista em que se funda o tocante sentimento de mundo desse livro intermédio dá-lhe um poder de convencimento muito maior, sem dúvida, do que as abstrações religiosas do livro anterior ou o sectarismo político do livro seguinte.

III

No título éluardiano[9] daquela que seria a sua derradeira coletânea, *Poemas Políticos*, Jacinta Passos deixava bem patentes as suas preocupações à época. Em 1946 havia-se ela candidatado a deputada estadual pelo PCB da Bahia, sem conseguir todavia eleger-se. No ano seguinte, depois de sete meses de repouso obrigatório, conseguiu ela dar à luz sua única filha, Janaína. De 1947 a 1950, viveu no sul da Bahia, numa fazenda de propriedade do sogro e então administrada pelo

9. O volume *Poemes Politiques* de Paul Éluard havia sido publicado em 1948.

marido, onde escreveu os *Poemas Políticos*. Estes foram editados no Rio em 1951, logo que para ali se havia transferido. Por essa época, era das mais intensas a sua atividade política, na qual parecia pôr o mesmo ardor religioso que a animava nos dias de juventude. Além de haver participado de três congressos de escritores, militava em organizações empenhadas na defesa dos direitos da mulher, da paz e da legalização do PCB, e colaborava na imprensa de esquerda (*Voz Operária, Imprensa Popular, Hoje, Paratodos* etc.) A primeira crise da sua doença mental manifestou-se em fins de 1951 e daí por diante ela passou por sucessivos períodos de internamento hospitalar; nos intervalos, continuava a desenvolver atividades políticas, sobretudo com mulheres e crianças da periferia de Salvador. Quando do golpe militar de 1964, sua família, por precaução, resolveu queimar os originais dos poemas e peças de teatro adulto e infantil por ela escritos, com o que se perdeu definitivamente toda a sua produção posterior aos *Poemas Políticos*. Isso não obstou a que Jacinta fosse então presa; ulteriormente, por diligência de familiares, foi transferida para um hospital psiquiátrico. Seus últimos anos, já num estágio avançado da doença, ela os passou num sanatório de Aracaju, onde viria a morrer em 28 de fevereiro de 1973.

Os cinco textos reunidos na primeira parte do volume de 1951, ou seja, os *Poemas Políticos* propriamente ditos – a segunda parte se compõe de cinco "Canções Líricas" e a terceira de nove poemas da *Canção da Partida* – trazem a marca desses anos de militância partidária. Estava-se no começo da Guerra Fria e no crepúsculo do stalinismo; a cassação do registro do PCB em 1947 levara a uma natural radicalização de posições, acoroçoada, no plano intelectual, pelo pronunciamento de Zhdanov contra o cosmopolitismo em arte (1946). A tal cosmopolitismo, expressão da "decadência" da arte burguesa, eram contrapostas as "virtudes exaltantes da literatura otimista" cuja inspiração eram os "valores essenciais [que tinham] a sua fonte na luta das massas", a luta da "classe operária sob a direção do Partido Comunista". As frases entre aspas foram tiradas de um livro de Laurent Casanova, *Le parti comuniste, les intelectuels et la nation*,[10] um dos muitos testemunhos da repercussão na França e nos demais países do mundo capitalista, das palavras de ordem do credo zhdanovista.

No caso específico dos *Poemas Políticos*, a fidelidade a esse credo acarretava um estreitamento de foco: o sentimento de mundo da poetisa se diminuía em sentimento de partido. É o que dão a perceber os dois textos

---

10. Paris, Éditions Sociales, 1949, pp. 7, 41 e 46.

mais longos e mais representativos do volume, a saber, "O Rio" e "Elegia das Quatro Mortas". No primeiro, o "Partido, Esperança Nossa", aparece como um "rio de águas inúmeras" cujo curso histórico as nove seções do poema se ocupam em celebrar. Do nascimento dele, em 1922, tratam as duas primeiras seções, em que imagens maternais – o Partido, "criatura de desejo e sonho", é uma "criança concebida/ na injustiça" – e personagens de contos de fadas – a burguesia traveste-se de "velha/ bruxa criminosa avara" para morrer pelas mãos do Partido – convivem canhestramente com alusões a Marx, que viu a História com "olhos novos./ E exatos", e a heróis cívicos como Zumbi dos Palmares e Tiradentes. A dicção não consegue mais fugir dos "vícios técnicos da demagogia", entre os quais avulta o abuso de antíteses do tipo de "leito de pedras e pranto" ou "carne de luar na boca das profecias". Essas fórmulas retóricas recorrem no "novembro/ de esperança e precipício", "novembro de sangue e heróis" com que é metaforizado, na quarta seção do poema, o malogrado levante de 1935, e se ampliam na "Palavra inédita/ de gume e fogo e rumo e onda" dos "comícios de pétalas e palmas" com que é figurada a conquista pelo Partido, em 1945, de legalidade e representação parlamentar. Ambas logo cassadas pela mesma Câmara que, na sexta parte de "O Rio", quando o verso livre é substituído pelo redondilho de rimas ocasionais, assume a elocução na primeira pessoa. O tom passa então de solene a irônico, como em "Pânico no Planeta Marte", da *Canção da Partida*, embora menos convincentemente do que ali, talvez por culpa do traço excessivamente carregado, de que é exemplo a alusão ao marechal Dutra no sexto e sétimo versos desta estrofe:

Agora meus instrumentos
de uso revelarei.
Meu olho policial,
togas sujas, meus partidos,
os inventores da lei
a cabeça sifilítica
do meu curto presidente.
Agora aqui lembrarei
com licença, nosso dólar.
Prazer de servir o rei.

XII. Ensaios Inéditos em Livros do Autor

O caricatural cede lugar ao patético na "Elegia das Quatro Mortas". A primeira das mortas é Olga Benário Prestes, cujo martírio, num campo de concentração da Alemanha, se inspira justa indignação à poetisa, não lhe consegue inspirar qualificativo menos convencional que o de "crime de feras contra flor tão pura". Militantes políticas como Olga são também Zélia e Angelina, ambas mortas a tiros pela polícia, uma em 1948, no Rio de Janeiro, em meio a uma manifestação de protesto, a outra dois anos depois, no Rio Grande do Sul, durante uma passeata de 1° de maio. Aqui tampouco alcança a poetisa ultrapassar os "vícios técnicos da demagogia" quando promete a Zélia que o seu sonho "de fartura e paz" será um dia realizado "Pelas mãos dos pobres/ que têm fome e sede de justiça/ na terra", ou quando nos descreve, "Levantando a bandeira [...]/ Era o dia da classe operária./ Na frente./ Protetora da pátria, Angelina". Já a comoção suscitada pela morte de Dade, malgrado a moral da fábula dela extraída ("foi de morte matada que morreste [...] o latifúndio acabou contigo") e de certas imperícias, como o hipérbato do verso final, "é de esperança flor recuperada", alcança transmitir-se ao leitor. Sendo Dade uma das personagens da infância da poetisa evocadas na "Canção da Partida", talvez não seja de todo despropositado supor fosse tal vínculo de ordem *pessoal*, favorável ao trânsito do impulso lírico, o responsável por a seção dedicada à morte de Dade ter maior poder de convencimento que as outras da "Elegia das Quatro Mortas". A ilação valeria também para as "Canções Líricas" da segunda parte dos *Poemas Políticos*, as quais, pela dicção cristalina, pelo feliz aproveitamento de refrãos de cantigas de roda, pela discrição da nota de engajamento político que nelas ocasionalmente reponta, são comparáveis a peças homólogas da *Canção da Partida*.

Visto deste prisma, o último livro de Jacinta Passos se constitui numa dramática ilustração de como podem ser nocivos os efeitos do sectarismo político no terreno das artes. Com exigir da poesia uma ação prática imediata, de natureza por assim dizer apostólica, e com impor ao poeta diretivas e restrições de todo exteriores à sua oficina de criação, o sectarismo atua de maneira quase sempre desvirtuadora. No caso de Jacinta Passos, um indício desse desvirtuamento é a abrupta separação, em grupos estanques, dos "Poemas Políticos" e das "Canções Líricas", como se a ideologia tornasse a erguer, entre individual e coletivo, aquela mesma barreira que o impulso lírico da *Canção da Partida* deitara por terra, convertendo, sem contradição nem conflito, o sentimento de si em sentimento do mundo. Ao acumpliciar-se com a restauração dessa barreira por amor ao Partido, Jacinta Passos pagou o alto preço que a orto-doxia costuma exigir de quantos se disponham a servi-la. Mas, em defesa da autora dos *Poemas Políticos*, acentue-se que nem a ortodoxia conseguiu secar a fonte do seu lirismo. Esta, mesmo reprimida, continuou a fluir e a cantar, quando mais não fosse por saber, desde sempre, que "a vida vale por si".

[Jorge Amado, Oitenta Anos]

Prefeita Luiza Erundina
Secretária Marilena Chaui
Zélia, Jorge

Senhoras, senhores:

Há cerca de duas semanas atrás, participei em Salvador de um Simpósio Internacional de Estudos sobre Jorge Amado, comemorativo dos seus vigorosos oitenta anos de idade. Para discutir os livros com que, desde 1931, esse brasileiro da Bahia vem encantando milhões de leitores e espectadores pelos quatro cantos do mundo, ali estavam reunidos escritores, professores universitários, tradutores, diretores e atores de cinema, de teatro e de televisão. Como seria de esperar do título do Simpósio, "Um Grapiúna no País do Carnaval", Mikhail Bakthtin parece ter sido uma espécie de divindade protetora dos expositores; eles não se cansavam de invocar-lhe o santo nome. Todavia, em meio a tantas e tão eruditas citações da teoria da carnavalização, sempre sobrou algum espaço para uma ou outra referência ao caráter eminentemente popular da ficção de Jorge.

Popular não apenas no sentido de, com o sabor da sua linguagem, a humanidade dos seus personagens, o interesse dramático ou cômico dos seus enredos, atingir ela de imediato uma grande massa de leitores. Mas popular sobretudo porque é na vida das camadas mais humildes da população brasileira que Jorge costuma ir buscar os materiais de sua arte, desde protagonistas e enredos até a própria linguagem narrativa, sempre tão próxima do registro oral dos contadores e dos cantadores de histórias.

Às vésperas do Simpósio, tivemos todos uma impressionante ilustração do grau dessa popularidade. O largo do Pelourinho e as ladeiras que levam até ele ficaram apinhados dos milhares e milhares de pessoas que lá foram saudar o aniversariante e ouvir os compositores e artistas da Bahia cantarem em sua homenagem; inclusive o maior deles, Dorival Caymmi. Dois dias depois, num colégio de Ilhéus, assistimos a um espetáculo encenado por crianças que, vestidas a caráter, reproduziram em quadros vivos personagens e episódios dos principais romances de Jorge. Comentei eu então, com James Amado, a surpreendente significação daquilo tudo. Afinal de contas, o homenageado do largo do Pelourinho e do pátio de recreio do colégio de Ilhéus não era nenhum político importante, nenhum campeão de futebol, nenhum astro de televisão. Era apenas um escritor.

Neste "apenas" não vai o mínimo traço de ironia elitista – para usar um adjetivo antipático mas ainda em moda. Vai, isto sim, a constatação objetiva de que, num meio culturalmente tão ralo quanto o nosso, o escritor tem pouca representatividade social. Daí o comum das pessoas tender a ver na literatura uma espécie de "tricô para homens". Esta expressão, cunhada por Jamil Almansur Haddad, faz um eco sarcástico à infeliz definição de Afrânio Peixoto de ser a literatura "o sorriso da sociedade" – sorriso tanto mais amável quanto inócuo. Dos livros de Jorge ninguém poderá dizer, em sã consciência, que tivessem sido jamais inócuos. Isso porque, como raríssimos entre nós, ele soube assumir em plenitude o seu destino e a sua responsabilidade de escritor. Não só dignificou o ofício para o qual nasceu tão extraordinariamente dotado como, graças à força de persuasão de sua arte, fez ouvir a voz da nossa gente nos mais de cinquenta idiomas em que estão hoje traduzidos os seus livros. Longe de serem simplesmente amáveis ou inócuos, esses livros, cada um à sua maneira, mexem com as ideias e com os sentimentos do leitor. Foi por exemplo em *Cacau* e *Suor* que, nos distantes anos da adolescência, tive o primeiro vislumbre da chamada "questão social" e de uma realidade brasileira que desmentia o ufanismo vazio dos meus compêndios de escola.

Cacau e *Suor* pertencem à primeira fase da carreira do romancista, marcada pela preocupação ideológico-política. A partir de 1958, porém, com *Gabriela, Cravo e Canela*, inaugura ele uma segunda fase que se estende até os dias de hoje. Nela, a visada ideológica vai ser substituída por outra visada a que poderíamos chamar populista, se despirmos o substantivo "populismo" de suas atuais conotações demagógicas para reter só o sentido próprio que lhe davam os populistas russos do século xix: de uma ida para dentro do povo em busca de valores, comportamentos e formas de vida mais legítimos. É o que Jorge passa a fazer desde *Gabriela*, cuja protagonista é uma retirante do sertão que arriba a Ilhéus para desmascarar, sob a óptica pastoral de sua simplicidade de filha do povo, os tabus sexuais da classe média e dos coronéis do cacau e para se afirmar como uma subversiva encarnação feminina da liberdade do desejo.

A partir desse romance polifônico em que as vozes das diferentes classes sociais soam cada qual com o seu timbre próprio, sem deformações de qualquer *parti-pris* ideológico, um novo registro narrativo passa a predominar na escrita de Jorge. À falta de melhor designação, vamos rotulá-lo de registro herói-cômico. Ele se fará ouvir exemplarmente numa novela ou pequeno romance de 1960, *A Morte e a Morte de Quincas Berro Dágua*, que é a meu ver o texto mais lapidar de quantos Jorge até hoje escreveu. A narrativa da dupla morte desse trânsfuga da respeitabilidade é feita numa escrita onde, sob o signo do grotesco, humor e ironia se acumpliciam para questionar a ordem burguesa. Na fábula de Quincas Berro D'Água, o problema da liberdade pessoal em face das coerções sociais é mais uma vez criticamente equacionado, como já o havia sido antes em *Gabriela*. Não para exaltar o individualismo enquanto valor em si, entenda-se bem, mas para pôr em relevo, no seio da vida popular da Bahia, formas de livre e fraterna convivência que a ética mercantilista do interesse próprio timbra em desconhecer ou menosprezar.

Tais formas de convivência irão ter mais ilustrações ficcionais em outras obras de Jorge. Menção à parte merece *Tenda dos Milagres*, romance de 1970 onde o mundo do candomblé, que já aparecera com destaque em *Jubiabá*, é pintado em pormenor como a mais rica manifestação da cultura popular afro-brasileira. Além disso, na luta de Pedro Archanjo contra os teóricos do racismo e na sua encarniçada defesa da mestiçagem, temos uma nova versão da figura do militante social que, de José Cordeiro a Antônio Balduíno e Sérgio Moura, aparecia amiúde nos romances da primeira fase. Versões ainda dessa figura iterativa são Tieta do Agreste e Teresa Batista. "Operárias do sexo" – para citar uma designação que remonta a *Cacau*, – elas cumprem, no desassombro com que enfrentam os preconceitos e as hipocrisias, as funções daquela prostituta pastoralizada e denunciadora que William Empson tão bem analisou na *Ópera dos Três Vinténs*.

Tive oportunidade de aplicar alguns dos conceitos de Empson num breve ensaio em que tentei fazer uma releitura crítica de *Cacau* e de *Gabriela, Cravo e Canela*. Aliás, depois dos estudos clássicos de Tristão de Ataíde, Álvaro Lins, Antonio Candido e Eduardo Portela, já é hora de a crítica mais recente, particularmente a universitária, dar um intervalo de paz à alma de Guimarães Rosa para cuidar de lançar novas luzes sobre o fundamental contributo de Jorge à arte de ficção da modernidade brasileira. Estou absolutamente convencido de que essa retomada interpretativa trará boas surpresas, até mesmo para aqueles esnobes que costumam torcer o nariz à extraordinária – não há como fugir à repetição do adjetivo – popularidade dos livros dele.

Qualquer retomada, seja ela qual for, não deverá nunca esquecer que, a despeito de a obra de Jorge poder ser dividida em duas fases distintas, o seu alinhamento em favor dos despossuídos, dos humilhados e ofendidos permaneceu substancialmente o mesmo, só mudando de visada não de natureza. Na primeira fase, a preocupação do engajamento político fazia a narrativa orientar-se para uma utopia ideológica posta no futuro – a revolução como tomada do poder pelos que dele foram desde sempre excluídos. A partir de *Gabriela*, o utópico volta-se para o presente e passa a ver no aqui e agora do povo a fonte permanente de todos os valores.

No meu modo de entender, a difusão dos romances de Jorge em tantas línguas e em tantos países do mundo se deve bem menos ao tempero do exótico e do sensual que ocasionalmente os condimentam do que à essencial humanidade de que estão impregnados. Humanidade que, sendo visceralmente baiana e, por baiana, brasileira, é também, sem contradição, eminentemente universal. Talvez a nenhum outro autor brasileiro se aplique com tanta propriedade como a Jorge o dito do pintor Maurice Vlaminck de que a inteligência é universal, a burrice nacional e a arte local. Ao transpor superiormente para o plano da representação artística gente, ambiências e motivos da região cacaueira do sul da Bahia, onde nasceu e passou a infância, e de Salvador, onde estudou, iniciou-se no jornalismo e na literatura e viveu boa parte da vida, alcançou ele, com o vigor de sua arte, dar foros de universalidade ao local.

Meu caro Jorge: até aqui falei de você como se estivesse falando de um terceiro. Fiz isso de caso pensado, para sublinhar que ao escritor, sobretudo ao romancista capaz de ampliar o registro civil com as criaturas de sua imaginação, é dado viver duas vidas distintas, ainda que complementares: a de homem e a de autor. Mas para mim, que a par de ter sido sempre velho e fiel leitor dos seus livros, tenho o privilégio de ser seu amigo e de Zélia, bem como meio-irmão seu em James e Joelson, é difícil não confundir o escritor e o homem na mesma admiração.

Esta palavra, "admiração", me impele de igual modo, neste momento em que sou apresentado pessoalmente à prefeita Luiza Erundina, agradecer a ela haver honrado, com dignidade, dedicação e competência em nenhum momento desmentidas, o mandato que, juntamente com o voto de milhões de outros munícipes seus, tive a honra de poder ajudá-la a conquistar.

Para rematar a falação meio canhestra com que procurei me desincumbir como pude da tarefa que me foi confiada por Marilena Chaui e que aceitei com a maior alegria – dizer umas palavras sobre você e os seus livros –, permito-me lembrar a primeira vez que o vi de perto. Se a memória não me trai, foi em 1944 ou 1945, no seu antigo apartamento da praça Júlio de Mesquita, até onde fui levar-lhe presente de um amigo comum, o pintor Ben Ami. Nesse dia, em companhia de Caymmi, você preparava o roteiro de um espetáculo que ele daria à noite no Teatro Boa Vista e cuja renda reverteria para a campanha em prol da anistia aos presos políticos do Estado Novo. De lá para cá, muita água correu sob as pontes do mundo, e a História se encarregou de desfazer impiedosamente algumas de nossas mais caras ilusões. Mas – aí estão os seus livros admiráveis para prová-lo – não fez você perder nenhuma de suas generosas esperanças nem o gosto de viver em plenitude. E é em nome dessas esperanças e desse gosto que quero agora repetir-lhe, ínfima oferenda pelos seus oitenta jovens anos, um poeminha que me parece apropriado para a ocasião:

Partido:
o que partiu rumo ao futuro
mas no caminho esqueceu
a razão da partida.

Só perdemos a viagem,
camarada,
não a estrada
nem a vida.[1]

---

1. De "Brecht Revisitado": "partido: o que partiu/ rumo ao futuro/ mas no caminho esqueceu/ a razão da partida// (só perdemos/ a viagem camaradas/ não a estrada/ nem a vida)". José Paulo Paes. *Poesia Completa*. São Paulo, Companhia das Letras, 2008.

Amor/Humor por Via Postal

[Sobre *Cartas de Amor a Heloísa*, de Graciliano Ramos]*

Pelo que tudo indica, o mito Graciliano Ramos foi forjado à sombra da surrada definição de Bouffon de que o estilo é o próprio homem. Nesse caso também, o demônio da simetria levou à identificação homológica do efeito com a causa. Ou seja, tomou-se como ponto de partida uma prosa ficcional cuja tensa economia, avessa a qualquer tipo de sentimentalidade, estava a serviço de uma visão de mundo as mais das vezes pessimista, autocrítica e sarcástica. Dela então se deduziu, como nos axiomas matemáticos, o caráter do seu criador: um homem de poucas palavras, rude, mordaz, negativista e de difícil aproximação.[1]

Talvez, tomados com bem mais do que um grão de sal, os lineamentos desse mito não sejam totalmente infundados. Mas, em globo, ele é um exagero. Quem algum dia privou com Graciliano Ramos sabe disso. Uma pequena ilustração: nos idos de 1947, quando lhe fui apresentado, tive o privilégio de passar uma tarde inteira conversando com ele, primeiro na Livraria José Olympio, depois na mesa de um café das proximidades. Posso assim confirmar, por testemunho pessoal, aquilo que, no seu livro póstumo sobre o pai, Ricardo Ramos não esqueceu de anotar a páginas tantas: que Graciliano

---

* "Amor/Humor por Via Postal". Prefácio de: RAMOS, Graciliano. *Cartas de Amor a Heloísa*. Rio de Janeiro, Record, 1992, pp. 7-25.

1. No prólogo de *Graciliano: Retrato Fragmentado* (São Paulo, Siciliano, 1992), Ricardo Ramos diz, a respeito das "visões bem surpreendentes" acerca do seu pai: "Aqui ele nos aparece feito personagem inteiriça, compacta, quase olímpica, sem a menor sombra de conflito ou dúvida. Ali ele nos surge uma criatura rude, sertanejo primitivo e pitoresco, o autodidata que certo dia simplesmente resolveu escrever. Mais adiante ele pode mostrar-se como um partidário, cego seguidor da regra política, ou como um negativista fazedor de frases, ao estilo do liberal ressentido". Já em seu estudo sobre *Vidas Secas* publicado originariamente na segunda série do *Jornal de Crítica* e reproduzido como posfácio nas edições correntes desse romance, Álvaro Lins postulava que os "romances do Sr. Graciliano Ramos esclarecerão mais tarde o 'mistério' Graciliano Ramos" e recomendava a "interpretação da sua figura psicológica através dos seus romances".

"tinha prazer" no convívio com os mais moços, "vivia ali o seu lado descontraído [...] ficava natural".

Para quem ainda acredite na verdade global do mito Graciliano Ramos, a leitura das suas cartas de amor à noiva, Heloísa Medeiros, há de ser no mínimo desconcertante. O derramamento sentimental delas obedece ao pé da letra os cânones tradicionais da epistolografia do amor-paixão, a qual costuma ser tanto mais hiperbólica nos seus arroubos quanto casta nos seus propósitos confessos. Mas, uma vez admitida a homologia entre criador e criação, como conciliar a sentimentalidade dessas cartas com a desencantada e/ou cínica visão do amor que, na primeira pessoa da experiência vivida, nos propõem João Valério, Paulo Honório e Luís da Silva em *Caetés*, *S. Bernardo* e *Angústia*, respectivamente?

Antes de considerar mais de perto a questão, convém lembrar que, do ponto de vista cronológico, as sete cartas de amor de Graciliano a Heloísa (numeradas de 35 a 41 na coleção compilada, anotada e editada por James Amado)[2] remontam à sua pré-história de romancista: datadas de 1928, precedem elas de cinco anos a publicação do seu livro de estreia. Mas é bem de ver que, tendo começado a escrever *Caetés* já em 1925, ele estava perto de concluí-lo no mesmo ano de 1928 em que conheceu Heloísa, com quem se casaria menos de dois meses depois de tê-la visto pela primeira vez. Não se pode dizer, portanto, que o epistológrafo amoroso fosse anterior ao romancista; numa das cartas há inclusive uma alusão indireta ao romance nessa altura em fase de acabamento.

A diferença de idade entre os namorados – ela então com dezoito anos incompletos; ele, viúvo e já pai de quatro filhos, com trinta e cinco – só parece ter aumentado a força de *coup de foudre* do primeiro encontro deles. E a julgar pelo teor da correspondência, Graciliano foi quem sofreu as devastações do raio. Embora as cartas de resposta de Heloísa nunca tenham sido publicadas, as referências que lhes faz seu apaixonado missivista dão a entender ter havido nelas uma reserva, um comedimento totalmente nos antípodas do arrebatamento dele. Aliás, esse silêncio da outra voz no diálogo amoroso tem um efeito de amplificação retórica, na medida em que sublinha, pela sua mesma ausência, o descompasso passional entre amador e coisa amada – para dizê-lo

---

2. Graciliano Ramos, *Cartas*. Seleção das ilustrações, diagramação, edição do texto, notas e apresentação de James Amado. 7 ed. aumentada. Rio de Janeiro: Record, 1992.

camonianamente. De um descompasso que tal, as cartas de Mariana Alcofo-
rado são, como se sabe, a ilustração por assim dizer clássica.

Nisso, e em outros particulares, as missivas de Graciliano a Heloísa ilus-
tram à maravilha alguns dos principais lugares-comuns da retórica amorosa.
A desproporção de intensidade entre os sentimentos do missivista e os da sua
correspondente é que induz aquele a exacerbá-los ainda mais. No nível da
linguagem, evidentemente, numa espécie de preito aos poderes persuasivos
da hipérbole, com o seu mecanismo de intimidação e engolfamento. Na carta
36, reconhece o missivista desagradarem à recém-noiva "sentimentos tão ex-
cessivos", e na 39 supõe desejar ela "mais circunspecção, mais conveniência"
de parte dele. Todavia, tudo quanto a paixão não possa medir pela sua escala
de desmesuras, ela o tem como a negação de si própria. Daí a circunspecção
ser vista como frieza: na carta 35, o missivista se queixa das "palavras frias"
da correspondente, que "lhe tiram o sono". Por sua vez, a prudência dela lhe
parece impiedade: na carta 36, identificando-a ao protótipo da *belle dame sans
merci* ("todas vocês gostam de rasgar o coração da gente"), acusa-a de feroz:
"Com [...] esse rosto de santa que desce do altar, és uma fera".

Não deixa tampouco de situar-se no campo do hiperbólico outro lugar-
-comum da passionalidade – afetação de loucura. Dela faz o autor das cartas
a Heloísa um álibi justificador dos seus, dele, arroubos, contrastando-a com
a sensatez circunspecta dela, a quem confessa na carta 35: "Eu te procurei
porque endoideci por tua causa quando te vi pela primeira vez". Prova de
doidice é a confusão de sentimentos em que ele passa a viver desde o en-
contro: "Amo-te com ternura, com saudade, com indignação e com ódio".
Na retórica da paixão, outrossim, loucura ou arrebatamento é sinônimo de
sinceridade: após ter-lhe falado dessa contraditória mistura de amor e ódio,
conclui ele: "Confesso-te honestamente o que sou". Frase que reafirma o teor
de outra, anterior, da mesma carta: "Vou jogar aqui o que me vier à cabeça,
à toa, sem ordem".

Este arrolamento de alguns dos recursos retóricos mais convencionais das
cartas de Graciliano a Heloísa ficaria imperdoavelmente incompleto se se dei-
xasse de fora outro recurso que, por menos convencional, é por isso mesmo
mais gracilianesco do que os outros. Refiro-me aos lances de humor irônico
e autocrítico que servem para conter, à guisa de corretivo, as demasias da
passionalidade. Na carta 35, ele exclama reprobativamente, a propósito de sua
inflamada epistolografia: "Santo Deus! Como isto é pedantesco!", *mea culpa*

XII. Ensaios Inéditos em Livros do Autor

completado pelo reconhecimento (carta 38) de o seu estilo ali ser "pulha". Na carta 37, em que se dispõe a confessar à noiva – ele que se recusava a confessar-se com padre – seus próprios defeitos de caráter, uma oportuna facécia vem aliviar o ridículo da postura confessional: "estou ajoelhado a teus pés (figuradamente, é claro, porque não posso escrever numa posição tão incômoda)". E enumera a seguir seus pecados, a começar do "lamentável estado de embriaguez" em que sempre se encontra, seguido das autoacusações de "leviano, inconstante, irascível e preguiçoso [...] ingrato e injusto, grosseiro e insensível à dor alheia", e rematando-os, mais grave ainda, com o de ser "muitíssimo pobre"; na carta seguinte, 38, pergunta à noiva: "Achas extraordinário que me ajoelhe a teus pés e te adore? Por que não me ajoelharia, se não tenho deuses e o sentimento de religiosidade de que sou capaz se concentra em ti?".

Para completar o arrolamento, algumas miudezas não de todo insignificativas, como logo se verá. Na carta 37, a referência jocosa a escriturar "num registro [...] o assunto, a data, o número de palavras" das cartas; na 38, a descrição da instabilidade de ânimo do missivista pelo símile "de estar de manhã pela cabeça, à tarde pelos pés, à noite sem pés nem cabeça"; na 40, a caracterização de si como "quitandeiro e homem de ordem"; e, ainda nessa carta, a críptica alusão a "uma pequenina indiscrição" que James Amado esclarece em nota: o Pe. Macedo, amigo de Graciliano, no intuito de valorizá-lo aos olhos do pai de Heloísa, contara a este que seu futuro genro estava escrevendo um romance.

Para um leitor mais atento de *Caetés*, a curiosa mescla de passionalidade e humor autocrítico das cartas de amor de Graciliano a Heloísa há de soar remotamente familiar. Isso porque, em mais de um momento, trazem à memória o tom, entre caçoísta e sentimental, com que João Valério nos confidencia a história de sua paixão por Luísa. E, tanto quanto o autor das cartas, compraz-se ele também, ao longo do romance, em enumerar defeitos de seu próprio caráter muito semelhantes aos daquele. Por sua vez, a breve alusão numa das cartas ao registro contábil de datas e número de palavras mais parece um eco longínquo das alusões de *Caetés* aos lançamentos sobre que o seu protagonista, guarda-livros de ofício, diariamente se debruçava. O símile dos pés, mãos e cabeça lembra de perto o de "mulher incoerente, ora pelos pés, ora pela cabeça" com que João Valério descreve as reações, para ele incompreensíveis, da ciumenta Luísa. E à mesmíssima ordem de ideias pertencem, de um lado, a confissão do protagonista, no capítulo de abertura de *Caetés*, de que a "religiosidade de que a minha alma é capaz ali se concentrava, diante de

Luísa", e, de outro, a do missivista das cartas a Heloísa de que "o sentimento de religiosidade de que sou capaz se concentra em ti".

No desfecho de *Caetés*, aparentemente ajustado à sua nova condição de sócio da firma do recém-falecido Adrião, declara João Valério ter abandonado em definitivo o romance que pretendera escrever, sob a alegação de que "um negociante não se deve meter em coisas de arte"; no entanto, dá a saber que lhe vem "de longe em longe o desejo de retomar aquilo". A atração da literatura como fonte de prestígio e o desprezo por ela em nome da respeitabilidade comercial, conflito tão à flor do texto no primeiro romance de Graciliano, reaparece-lhe implicitamente na correspondência amorosa. Na carta 40, depois de declarar-se "quitandeiro e homem de ordem", apressa-se em refutar a suspeita da noiva de que ele pudesse entregar-se a "ocupações tão censuráveis" quanto as de poeta ou literato, e mais adiante, ainda na carta 40, preocupa-se com a "pequenina indiscrição" que o Pe. Macedo cometera "contra mim" (grifo meu) ao apresentá-lo como tal ao futuro sogro.

Por discretos e ocasionais, esses pontos de contato entre as cartas de amor de Graciliano Ramos e o seu livro de estreia estão longe de apontar para uma suposta simetria entre criador e criação que convalidasse o mito mencionado no começo destas considerações. Mas eles convalidam certamente a noção bouffoniana de o estilo ser o próprio homem. Comparado à passionalidade das cartas de amor, o distanciamento autocrítico de romances como *Caetés*, *S. Bernardo* e *Angústia* parece situar-se em polo diametralmente oposto. A oposição deixa porém de ser assim tão diametral quando se têm na devida conta os ingredientes de humor e ironia que condimentam aqui e ali, com o sabor da diferença, a dita passionalidade. O escritor não é todo o homem, mas uma de suas virtualidades. No caso de Graciliano Ramos, a mais rica sem dúvida, a julgar pela excelência e pela permanência das suas criações.

Índice Cronológico

A seguir, oferecemos aos leitores uma lista dos ensaios de José Paulo Paes aqui coligidos, enumerada conforme um critério cronológico da matéria neles tratada. O propósito é mostrar como a obra crítica de Paes compõe uma historiografia hermenêutica da literatura brasileira. Evidentemente, há aproximações na ordem cronológica delineada, considerando sobretudo o fato de alguns ensaios abarcarem diversos autores, casos em que se levaram em conta as datas mais antigas estudadas nos artigos. Procurou-se ainda agrupar textos voltados a um mesmo escritor. Portanto, esse índice possibilita um rol onomástico dos escritores a que José Paulo Paes dedicou seu olhar crítico.

1. O Sapateiro e o Canário [**José de Anchieta**: o Catequista, o "Intelectual Puro"] (II. *Mistério em Casa*, 1961).
2. Um Bacharel no Purgatório [**Gregório de Matos**, Boca do Inferno: Sátira a Brasileiros e a Portugueses] (II. *Mistério em Casa*, 1961).
3. A Alma do Negócio [**André João Antonil**, *Cultura e Opulência do Brasil por Suas Drogas e Minas*, a Restauração da Indústria Açucareira] (II. *Mistério em Casa*, 1961).
4. A Tradução Literária no Brasil [**José Bonifácio, Gonçalves Dias, Fagundes Varela, D. Pedro II, Machado de Assis, Monteiro Lobato** e **Erico Verissimo** como Tradutores; **Caetano Lopes de Moura** (1780-1860), Primeiro Tradutor Profissional Brasileiro; **Emílio Zaluar**, Tradutor de Folhetins; Traduções de Ficção Europeia, de Peças Teatrais, de Best-Sellers, de Literatura Juvenil, de Poesia] (VI. *Tradução, a Ponte Necessária*, 1990).
5. Utopia e Distopia nas Selvas Amazônicas (Sobre o Romance *Frei Apolônio* de **Von Martius**) (IX. *Transleituras*, 1995), 1831.
6. Por uma Literatura Brasileira de Entretenimento (ou: O Mordomo Não é o Único Culpado) [Literatura de Problematização *x* Literatura de Mas-

sa; Folhetim; **José de Alencar**; **José Mauro de Vasconcelos**; a Ficção Infantojuvenil de **Monteiro Lobato**; o Analfabetismo; a Telenovela; a Leitura Obrigatória, Não Prazerosa, pelos Alunos] (II. *A Aventura Literária*, 1990).

7. **Luís Gama**, Poeta Menor [Primeiras Trovas Burlescas, Luta Abolicionista] (II. *Mistério em Casa*, 1961), 1859.

8. Ainda o Bom Criminoso ["Rouba dos Ricos para Favorecer os Pobres": "Bandido Negro" e Outros Poemas de **Castro Alves**] (II. *Mistério em Casa*, 1961), 1870.

9. O Condor Pragmático (Sobre a Poesia Abolicionista de Castro Alves) (IX. *Transleituras*, 1995).

10. O Régio Saltimbanco [Ridicularização de **D. Pedro II** por Republicanos] (II. *Mistério em Casa*, 1961), 1877.

11. O Remorso de **Bernardo Guimarães** [Romances Sertanejos e Regionais, A *Ilha Maldita*, Agudo Senso de Humor] (II. *Mistério em Casa*, 1961), 1879.

12. O Verso da Medalha [**Antônio Félix Martins**, *Decorofobia* ou *As Eleições*: a Lição Neoclássica de **Filinto Elísio** e a Defesa da Ordem Constituída] (II. *Mistério em Casa*, 1961), 1879.

13. Pela República, com Humor (Sobre *Os Latifúndios* e os *Humorismos da Propaganda Republicana* de **Hipólito da Silva**) (X. *Os Perigos da Poesia*, 1997), 1887.

14. O Pobre-Diabo no Romance Brasileiro [*O Coruja*, de **Aluísio Azevedo**; *Recordações do Escrivão Isaías Caminha*, de **Lima Barreto**; *Angústia*, de **Graciliano Ramos**; *Os Ratos*, de **Dyonélio Machado**] (II. *A Aventura Literária*, 1990), 1887; 1909; 1936; 1935.

15. Sobre as Ilustrações d'*O Ateneu* (IV. *Gregos & Baianos*, 1985), **Raul Pompeia**, 1888.

16. Ainda **Machado de Assis** [Críticos que Refutaram a Imagem de Machado Absenteísta: **Astrojildo Pereira, Brito Broca, Magalhães Júnior** e **Galante de Sousa**; Poemas Sociais Machadianos da Mocidade] (II. *Mistério em Casa*, 1961).

17. A Armadilha de Narciso [*Memórias Póstumas de Brás Cubas*, de Machado de Assis] (IV. *Gregos & Baianos*, 1985).

18. Um Aprendiz de Morto [*Memorial de Aires*, de Machado de Assis] (IV. *Gregos & Baianos*, 1985).

19. O Art Nouveau na Literatura Brasileira [*Belle Époque*, o Chamado "Pré-Modernismo" na Prosa e na Poesia Brasileiras] (IV. *Gregos & Baianos*, 1985), 1890.

20. Cancioneiro de Floriano [**Floriano Peixoto** como Esfinge] (II. *Mistério em Casa*, 1961), 1893.

21. Soldados e Fanáticos [*Canudos, a Tragédia Épica*, de **Francisco Mangabeira**, e *Os Sertões*, de **Euclides da Cunha**] (IV. *Gregos & Baianos*, 1985), 1900.

22. VIII. *Canaã e o Ideário Modernista* (1992), **Graça Aranha**, 1902.

23. A Rosa Mais que Rosa (Religiosidade e Erotismo numa Valsa de **Pixinguinha**) (IX. *Transleituras*, 1995), 1917.

24. Exilados e Nativistas [A Geração Perdida dos Estados Unidos e a Geração Modernista do Brasil no Pós-Primeira Guerra; **Ernest Hemingway** e **Mário de Andrade**] (II. *Mistério em Casa*, 1961), 1918.

25. I. *As Quatro Vidas de **Augusto dos Anjos*** (1957).

26. Augusto dos Anjos e o Art Nouveau (IV. *Gregos & Baianos*, 1985).

27. Do Particular ao Universal ["Último Credo", de *Eu e Outras Poesias*, de Augusto dos Anjos] (IV. *Gregos & Baianos*, 1985).

28. Uma Microscopia do Monstruoso (a Estética do Horror na Poesia de Augusto dos Anjos) (IX. *Transleituras*, 1995).

29. O Escritor que Fugia de Si Mesmo (Sobre **Monteiro Lobato** Escritor e Editor) (XI. *O Lugar do Outro*, 1999).

30. As Tentações do Biógrafo [Sobre *Monteiro Lobato, Vida e Obra*, de **Edgard Cavalheiro**] (XII. Ensaios Inéditos em Livros do Autor), 1956.

31. O Surrealismo na Literatura Brasileira [**Luís Aranha, Prudente de Morais Neto, Murilo Mendes, Jorge de Lima, Aníbal Machado, João Cabral de Melo Neto, Sosígenes Costa, Claudio Willer, Roberto Piva**] (IV. *Gregos & Baianos*, 1985).

32. **Poesia Operária**? (Sobre *Ouve Meu Grito, Antologia de Poesia Supostamente Operária*) (X. *Os Perigos da Poesia*, 1997), 1894-1923/1987.

33. Pulmões Feitos Coração (Sobre **Manuel Bandeira**) (X. *Os Perigos da Poesia*, 1997).

34. Cinco Livros do Modernismo Brasileiro [*Pauliceia Desvairada*, de **Mário de Andrade**; *Pau-Brasil* e *Memórias Sentimentais de João Miramar*, de **Oswald de Andrade**; *Macunaíma*, de **Mário de Andrade**; *Brás, Bexiga e Barra Funda*, de **Alcântara Machado**] (II. *A Aventura Literária*, 1990).

35. O Juiz de Si Mesmo [*Meditação sobre o Tietê*, de **Mário de Andrade**, e o Ajuste de Contas entre o Homem Solitário e o Solidário] (II. *Mistério em Casa*, 1961), 1945.

36. **Oswald de Andrade**, um Testemunho Pessoal, 1990 (XII. Ensaios Inéditos em Livros do Autor).

37. A Semana e o Mito (**22** como a Última Fronteira da Modernidade) (IX. *Transleituras*, 1995).

38. Revisitação de **Jorge de Lima** (Sobre *Os Melhores Poemas de Jorge de Lima*) (X. *Os Perigos da Poesia*, 1997), 1927.

39. A Musa da Agonia [Sobre a *Obra Poética*, de Jorge de Lima], 1951 (XII. Ensaios Inéditos em Livros do Autor).

40. Mistério em Casa [O Olhar da Antropofagia Modernista para um Brasil Mítico; *Cobra Norato*, de **Raul Bopp**, Poema do Tenentismo, de Renovação Saudosista] (II. *Mistério em Casa*, 1961), 1931.

41. O Poeta/ Profeta da Bagunça Transcendente (sobre *Os Melhores Poemas de* **Murilo Mendes**) (X. *Os Perigos da Poesia*, 1997).

42. Adeus ao Pânico [*Contemplação de Ouro Preto*, de Murilo Mendes: Poemas Descrevem Realidades; a Reconciliação entre o Místico e o Cético] (II. *Mistério em Casa*, 1961), 1949.

43. **Carlos Drummond de Andrade** e o Humour – I, II e III, 1948 (XII. Ensaios Inéditos em Livros do Autor).

44. Uma Profissão de Fé [Sobre "Procura da Poesia", de Carlos Drummond de Andrade], 1950 (XII. Ensaios Inéditos em Livros do Autor).

45. Entre Lirismo e Ideologia [Sobre a Poesia de **Jacinta Passos**], 1990 (XII. Ensaios Inéditos em Livros do Autor), 1945-50.

46. Amor/Humor por Via Postal [Sobre *Cartas de Amor a Heloísa*, de **Graciliano Ramos**], 1992 (XII. Ensaios Inéditos em Livros do Autor).

47. Do Fidalgo ao Guarda-Livros (Um Paralelo entre *Caetés* e *A Ilustre Casa de Ramires*) (IX. *Transleituras*, 1995), Graciliano Ramos, 1933, e Eça de Queiroz.

48. As Duas Viagens de Graciliano Ramos, 1954 (XII. Ensaios Inéditos em Livros do Autor).

49. VII. De *Cacau* a *Gabriela*: um Percurso Pastoral (1991), **Jorge Amado**, 1933.

50. Poesia nas Alturas/ Sonetos Florbelos (sobre a Poesia de **Cecília Meireles** e Florbela Espanca) (X. *Os Perigos da Poesia*, 1997), 1939.

51. **Bandeira** Tradutor ou o Esquizofrênico Incompleto [Poemas Traduzidos: do Francês, Inglês, Alemão e Espanhol – Éluard, Maurois, Shakespeare, Goethe, Heine, Hölderlin, Schiller etc.; as "Traduções para o Moderno"; o Paradoxo da Intraduzibilidade da Poesia] (VI. *Tradução, a Ponte Necessária*, 1990).

52. Poemas Inéditos [de **Lúcio Cardoso**], 1982 (XII. Ensaios Inéditos em Livros do Autor).

53. Um Sequestro do Divino (Sobre os Contos de **Murilo Rubião**) (II. *A Aventura Literária*, 1990), 1947.

54. **Pós-Modernismo**, 1948 (XII. Ensaios Inéditos em Livros do Autor)

55. Caderno Ocioso [**Erico Verissimo**], 1950 (XII. Ensaios Inéditos em Livros do Autor), 1949.

56. Do Cotidiano [Sobre *Poemas de Câmera*, de **José Escobar Faria**], 1950 (XII. Ensaios Inéditos em Livros do Autor).

57. Divertimentos, 1950 (XII. Ensaios Inéditos em Livros do Autor).

58. Caderno Ocioso [Sobre "Permanência e Tempo", de **Cesar Mêmolo Júnior**, e "Penumbra Murmurante", de **Domingos Paolielo**], 1951 (XII. Ensaios Inéditos em Livros do Autor).

59. A Perda no Caminho [**Do Rádio para a Televisão**] (IV. *Gregos & Baianos*, 1985).

60. Samba, Estereótipos, Desforra [**Adoniran Barbosa**] (IV. *Gregos & Baianos*, 1985) 1951.

61. O Cachimbo de **Orígenes Lessa**, 1957 (XII. Ensaios Inéditos em Livros do Autor) 1955.

62. A Morte Carnavalizada (Sobre *A Morte e a Morte de Quincas Berro d'Água*) (IX. *Transleituras*, 1995), **Jorge Amado**, 1960.

63. [Jorge Amado, Oitenta Anos, 1992] (XII. Ensaios Inéditos em Livros do Autor)

64. III. *Pavão, Parlenda, Paraíso: uma Tentativa de Descrição Crítica da Poesia de* **Sosígenes Costa** (1977), 1959.

65. Sobre um Pretenso Cástrida [A Presença de Castro Alves na Obra Poética de Sosígenes Costa] (IV. *Gregos & Baianos*, 1985), 1959.

66. Sob o Estigma da Beleza Adolescente (Sobre a Poesia de **Glauco Flores de Sá Brito**) (X. *Os Perigos da Poesia*, 1997), 1960.

67. A Hora e a Vez do Leitor (Um Precursor da **Estética da Recepção**) (IX. *Transleituras*, 1995), 1931, 1969.

68. Sobre a Crítica de **Tradução** [**Manuel Bandeira, Augusto Meyer, Mário de Andrade, Sérgio Milliet, João Cabral de Melo Neto**; a Tradução Possível, Falsos Cognatos, a Transcriação] (*Tradução, a Ponte Necessária*, 1990), 1971.

69. Uma Poesia Hierofânica (Sobre Retratos da Origem de **Dora Ferreira da Silva**) (x. *Os Perigos da Poesia*, 1997), 1970.

70. O Mundo sem Aspas (Sobre *A Rainha dos Cárceres da Grécia* de **Osman Lins**) (IX. *Transleituras*, 1995), 1976.

71. O Jogo dos Derrotados, não dos Triunfadores [Sobre *O Jogo Terminado*, de **Edilberto Coutinho**], 1983 (XII. Ensaios Inéditos em Livros do Autor), 1977-80.

72. Os Poemas de **Régis Bonvicino**, 1983 (XII. Ensaios Inéditos em Livros do Autor), 1978-83.

73. Arcádia Revisitada [**Música Sertaneja**, Indústria Cultural, o Contraste entre Cidade e Campo, Nostalgia Pastoral] (IV. *Gregos & Baianos*, 1985), 1981.

74. A Poesia no Purgatório [Antologias Didáticas de Literatura; a **Crise da Poesia**; Poesia e Canção] (IV. *Gregos & Baianos*, 1985), 1982.

75. Cantografia: a Festa da Linguagem [**Carlos Vogt**], 1982 (XII. Ensaios Inéditos em Livros do Autor).

76. Paisagem Doméstica [Sobre Poemas de Carlos Vogt], 1985 (XII. Ensaios Inéditos em Livros do Autor).

77. Traições da **Tradução**, 1983 (XII. Ensaios Inéditos em Livros do Autor).

78. Cantar de Amigo [Sobre *Cantar de Amigo ao Outro Homem da Mulher Amada*, de **Geir Campos**] (XII. Ensaios Inéditos em Livros do Autor), 1983.

79. Da Arte de Ler Anúncios [**Metalinguagem** nos Comerciais de Televisão] (IV. *Gregos & Baianos*, 1985), 1983.

80. Um Herói Enciclopédico (Sobre *Memorial de Santa Cruz*, de **Sinval Medina**) (II. *A Aventura Literária*, 1990), 1983.

81. A Longa Viagem de Volta [*Tratado da Altura das Estrelas*, de Sinval Medina] (XI. *O Lugar do Outro*, 1999), 1997.

82. *História da Literatura Brasileira* [**Massaud Moisés**], 1983 (XII. Ensaios Inéditos em Livros do Autor).

83. *História da Literatura Brasileira*. Os Méritos de um Método Historiográfico [Massaud Moisés], 1985 (XII. Ensaios Inéditos em Livros do Autor).

84. Um Panorama Crítico do Modernismo [Massaud Moisés], 1989 (xii. Ensaios Inéditos em Livros do Autor).

85. Uma Voz da Babilônia (Sobre *Meu Querido Assassino*, de **Dalton Trevisan**) (ii. *A Aventura Literária*, 1990), 1984.

86. A Guerra Sexual (sobre *A Polaquinha*, de Dalton Trevisan) (ii. *A Aventura Literária*, 1990), 1985.

87. O Amigo dos Bilhetes (Sobre Minha Correspondência com Dalton Trevisan) (xi. *O Lugar do Outro*, 1999), 1940-1995.

88. Anacrônico-Paródico-Nostálgico (Sobre *De Repente, às Três da Tarde*, de **Orlando Bastos**) (ii. *A Aventura Literária*, 1990), 1984.

89. Literatura Descalça (Sobre *O Sobrevivente*, de **Ricardo Ramos**) (ii. *A Aventura Literária*, 1990), 1984.

90. Lira dos Cinquent'Anos [Sobre *Delírio dos Cinquent'Anos*, de **Affonso Ávila**], 1985 (xii. Ensaios Inéditos em Livros do Autor).

91. O Tempero do Exotismo (Sobre a *Poesia de **Alberto da Costa e Silva***) (x. *Os Perigos da Poesia*, 1997), 1953, 1986.

92. Ilustração e Defesa do Rancor (Sobre *Abraçado ao Meu Rancor*, de **João Antônio**) (ii. *A Aventura Literária*, 1990), 1986.

93. **Violência e Literatura** (de Rambo a Homero e Kafka) (ix. *Transleituras*, 1995), 1986.

94. O Mais do Sinal de Menos (Sobre *Decurso de Prazo* de **Laís Correa de Araújo** e *Sinal de Menos* de **Carlos Ávila**) (x. *Os Perigos da Poesia*, 1997), 1988.

95. Para uma Arqueologia da Ficção Científica (Sobre *A Espinha Dorsal da Memória* de **Bráulio Tavares**) (ix. *Transleituras*, 1995), 1989.

96. A Vida na Flauta (Sobre *Subsolo* de **Carlos Felipe Moisés**) (x. *Os Perigos da Poesia*, 1997), 1989.

97. Erudito em Grafito (Sobre a Obra de **Glauco Mattoso**) (x. *Os Perigos da Poesia*, 1997), 1989.

98. Entre a Nudez e o Mito (Sobre *As Horas Nuas* de **Lygia Fagundes Telles**) (ix. *Transleituras*, 1995), 1989.

99. Jornada pela Noite Escura (xi. *O Lugar do Outro*, 1999) [*A Noite Escura e Mais Eu*, Lygia Fagundes Telles], 1995.

100. Um Poeta do Interior (sobre *Minuto Diminuto* de **Flávio Luís Ferrarini**) (x. *Os Perigos da Poesia*, 1997), 1990.

101. A Trova como Embuste (Sobre a Poesia de **Jorge Cooper**) (IX. *Transleituras*, 1995), 1990.
102. No Rescaldo do Fogo Morto (Sobre *Coivara da Memória* de **Francisco José da Costa Dantas**) (IX. *Transleituras*, 1995), 1991.
103. Gesta e Antigesta [*Os Desvalidos*, Francisco J. C. Dantas] (XI. *O Lugar do Outro*, 1999), 1993.
104. Sob O Peso do Passado [*Boca de Chafariz*, de **Rui Mourão**] (XI. *O Lugar do Outro*, 1999), 1991.
105. Uma Poética da Estranheza (Sobre *Atrito* de **Felipe Fortuna**) (X. *Os Perigos da Poesia*, 1997), 1992.
106. A Sabedoria do Bobo da Aldeia (XI. *O Lugar do Outro*, 1999) [*Romance Negro e Outras Histórias*, de **Rubem Fonseca**] 1992
107. O Vagabundo e a Usura (Sobre o Aviltamento Publicitário da Figura de Carlito) (XI. *O Lugar do Outro*, 1999), 1994.
108. Viva a Diferença (Sobre o Palavrão, o Erotismo e a Tolerância) (XI. *O Lugar do Outro*, 1999), 1994.
109. O Latim do Marketing (O Inglês como um Latim Mercadológico) (XI. *O Lugar do Outro*, 1999), 1994.
110. Bruxaria de Primeiro Mundo (Tecnologia e Fetichismo na Voga Esotérica) (XI. *O Lugar do Outro*, 1999), 1994.
111. Somos Todos Réus (O Complexo de Culpa do Brasileiro diante do Poder) (XI. *O Lugar do Outro*, 1999), 1994.
112. Entre o Erótico e o Herético (Sobre *A Dança do Fogo* de **Armindo Trevisan**) (X. *Os Perigos da Poesia*, 1997), 1995.
113. Eu é um Outro e o Poeta Outro Outro (Sobre *O Livro Diverso/ A Peleja dos Falsários* de **Bernardo de Mendonça**) (X. *Os Perigos da Poesia*, 1997), 1995.
114. Sob o Olhar Hiper-Realista [*Benjamin*, de **Chico Buarque**] (XI. *O Lugar do Outro*, 1999), 1995.
115. As Lições da Pedra (Sobre *Do Silêncio da Pedra* de **Donizete Galvão**) (X. *Os Perigos da Poesia*, 1997), 1996.
116. O Lugar do Outro (A Representação da **Outridade** na Prosa de Ficção) 1995 (XI. *O Lugar do Outro*, 1999), 1996.
117. Os Dois Mundos do Filho Pródigo [*As Aves de Cassandra* e *Cemitérios Marinhos Às Vezes São Festivos*, de **Per Johns** (XI. *O Lugar do Outro*, 1999), 1995.

118. Entre o Cálice e o Lábio [*Mulher Fatal*, de **Jorge Miguel Marinho**] (XI. *O Lugar do Outro*, 1999), 1996.

119. Uma Contista do Interior [*Contos de Cidadezinha*, de **Ruth Guimarães**] (XI. *O Lugar do Outro*, 1999), 1996.

120. Boletim de Saúde (Sobre a Poesia de **Ruy Proença, Fabio Weintraub** e **Roberval Pereyr**) (XI. *O Lugar do Outro*, 1999), 1996.

121. Pinguelos em Guerra no Mato e na Maloca [*Moqueca de Maridos*, de **Betty Mindlin**] (XI. *O Lugar do Outro*, 1999), 1997.

122. As Vidas Paralelas de **Moacyr Scliar** [A Majestade do Xingu] (XI. *O Lugar do Outro*, 1999), 1997.

123. Um Alucinar Quase Lúcido [*Novolume*, de **Rubens Rodrigues Torres Filho**] (XI. *O Lugar do Outro*, 1999), 1997.

124. Um Crítico contra a Corrente [Volume 12 de *Pontos de Vista*, de **Wilson Martins**] (XI. *O Lugar do Outro*, 1999), 1997.

125. Por Direito de Conquista (Sobre as minhas *Troias Paulistanas*) (XI. *O Lugar do Outro*, 1999).

126. Nós num Começo de Vida, 1988 (XII. Ensaios Inéditos em Livros do Autor).

127. José Paulo Paes: Aventuras de um Escritor. Entrevista a Antonio Paulo Klein (XII. Ensaios Inéditos em Livros do Autor).

O texto deste livro foi composto em Bembo Book MT Pro, corpo 11,2/14 pt.
O papel utilizado para o miolo é Off-white 80 g/m² e, para a capa, Cartão 250 g/m².
Junho de 2023.